U0414614

书香守正　笃行创新

清华大学图书馆110周年馆庆纪念文集

清华大学图书馆 ◎ 编

清華大學出版社
北　京

内 容 简 介

2022 年 12 月清华大学图书馆迎来了 110 年华诞。自建馆以来，图书馆人在服务中开展研究，又通过研究促进服务水平的提高，在建设研究型世界一流大学图书馆的过程中不断探索和创新，发表了大量研究成果。本论文集收录了清华大学图书馆工作人员近十年来发表的优秀论文和研究报告共计 66 篇，分为图书馆建设与发展、资源建设与信息组织、读者服务与阅读推广、信息服务与信息素养教育、新信息技术应用、特色馆藏建设与图书馆史、科技史与古文献研究七个单元，力求尽可能全面反映本馆近十年来的学术研究面貌。读者对象为图书馆学、情报学领域研究者和图书馆、文献馆及信息管理相关机构。

图书在版编目(CIP)数据

书香守正　笃行创新：清华大学图书馆 110 周年馆庆纪念文集 / 清华大学图书馆编. -- 北京：清华大学出版社，2024. 12. -- ISBN 978-7-302-67793-2

Ⅰ. G259.256-53

中国国家版本馆 CIP 数据核字第 2024NV1617 号

责任编辑：张维嘉
封面设计：何凤霞
责任校对：王淑云
责任印制：宋　林

出版发行：清华大学出版社
网　　址：https://www.tup.com.cn, https://www.wqxuetang.com
地　　址：北京清华大学学研大厦 A 座　　**邮　　编：**100084
社 总 机：010-83470000　　**邮　　购：**010-62786544
投稿与读者服务：010-62776969, c-service@tup.tsinghua.edu.cn
质量反馈：010-62772015, zhiliang@tup.tsinghua.edu.cn
印 装 者：三河市龙大印装有限公司
经　　销：全国新华书店
开　　本：185mm×260mm　　**印　　张：**39　　**字　　数：**948 千字
版　　次：2024 年 12 月第 1 版　　**印　　次：**2024 年 12 月第 1 次印刷
定　　价：198.00 元

产品编号：105970-01

编　委　会

主　编：刘　蕾

副主编：张成昱

编　委：（按姓氏拼音排序）

邓景康　窦天芳　冯立昇　韩丽风　贾延霞

蒋耘中　金兼斌　林　佳　马雪梅　王有强

杨　慧　于丽英　张　岚　张　秋

序

2022 年 11 月 19 日，庆祝清华大学图书馆建馆 110 周年纪念大会在清华大学大礼堂举行。其时距我受学校委派来图书馆担任新一任馆长不足两个月。当时新冠疫情风声日紧，因此当天的庆祝大会采用线上线下结合的形式举行，大部分校外嘉宾，包括一些住在校外的校内嘉宾都未能到场。但当天的庆祝活动仍给不少业界同人和本馆同事们留下了深刻的印象，成为清华大学图书馆百十年发展史上的一个重要时刻。对我个人而言，其中有两个环节尤其触动人心：一是发布建馆 110 周年宣传片《万卷长青》，其中以时光隧道的方式，回顾了过往 110 年岁月长河中，清华图书馆从馆舍建设到部门架构、服务方式和资源管理平台一步步演变发展的历程，以及亲历这些变化的一代代清华图书馆人的珍贵影像；另外一个环节是颁发“在馆工作 30 年”荣誉奖，表彰在图书馆工作超过 30 年的 47 位离退休馆员和 18 位在职馆员。我作为在场资历最浅的馆员，和校党委副书记向波涛老师一起，向到场的获奖馆员颁发奖杯，并代表全校师生向他们多年来为学校的教学、科研和人才培养所提供的专业服务表达深深的敬意和感谢。获奖者中不仅有学养深厚、经验丰富的资深图书馆员，也有从事日常馆舍运维的普通员工，正是他们和前辈图书馆人长年默默无闻的接续努力，共同支撑着清华图书馆百十年来的书香守正和笃行创新，服务学校的高质量发展。

1911 年 4 月 29 日，清华大学的前身清华学堂在清华园开学。1912 年，清华学堂改建为清华学校，同时建立了一个小规模的清华学校图书室，清华大学图书馆的早期雏形就此形成。110 年来，清华图书馆伴随清华的发展不断壮大。经过几代图书馆人的不懈努力、接续奋斗，图书馆由最初开始时的 3 间平房、2000 多册藏书的小图书室，发展到现在成为拥有一个总馆、六个分馆，馆舍面积接近 8 万平方米，实体馆藏超过 590 万册件，拥有大量数字资源的学术图书馆。一路走来，图书馆与大学风雨同舟，为学校的教学、科研和人才培养提供了有力的支撑和保障，成为一代一代清华学子栖息和依恋的精神家园。

图书馆本身是大学的学术资源中心。在各种各样的资源建设中，清华大学图书馆和校史馆、档案馆一起，十分注意积累和保存清华大学发展一百多年来各个时期的学科发展资料，以及不同时期的学校和院系领导、专家学者在学校发展、学科建设、人才培养方面的思考和论述，以为中国现当代的高等教育发展留下尽可能完整的文本和文献记录，提供一个在中国这样具有独特历史、社会、文化背景的国家建设世界一流大学的案例材料。我想这是我们作为历史长河中的“过客”所应有的自觉和担当。自从担任图书馆馆长以来，我也同时担任了清华大学校史编辑委员会委员。清华大学校史编辑委员会每年都会召开一次会议，来讨论、回顾、总结一年来学校在校史整理和建设方面的进展和成果。作为大学发展的支撑服务机构，作为大学的学术资源中心，图书馆对自身百十年来的发展历程做好总结，自然也是一代一代清华图书馆人服务和研究工作的题中之义。在各种各样的有关图书馆发展的资料文献积累中，收录清华图书馆人对图书馆创新发展和管理服务思考的研究性文集，因此具有独特的意义和价值。

2012年，在清华大学图书馆建馆100周年之际，图书馆学术委员会在林佳老师和杨慧老师牵头下，组织出版了《探索 改革 奋进：纪念清华大学图书馆百年华诞论文集》。在编后记中，两位主编特别强调编辑这样的论文集的初衷和意义，即“从侧面展示我馆馆员在图书馆工作实践和研究方面的成果，一起为图书馆事业的发展提供有价值的参考，并以此为契机，进一步活跃本馆学术氛围，增强图书馆人的责任感和使命感”。

清华大学图书馆作为一个背靠一流大学的学术型、研究型图书馆，一直以来坚持服务与研究并重的良好传统，鼓励和倡导馆员注重在服务中开展研究，并通过研究更好地促进、反哺服务水平和质量的提升。从建馆100周年到建馆110周年，十年时间转瞬即逝。“萧瑟秋风今又是，换了人间。”伴随学校“扎根中国大地建设世界一流大学”的进程，在学校的大力支持下，过往十年，图书馆也加快了建设世界一流大学杰出图书馆的步伐，在图书馆建设与发展、资源建设与信息组织、读者服务与阅读推广、信息服务与信息素养教育、新信息技术应用、特色馆藏建设与图书馆史、科技史与古文献研究等方面，皆取得了长足进步，进行了诸多前沿探索。一代人有一代人的际遇和使命。如今，这一代清华图书馆人在上述各方面的实践探索和思考总结，汇集沉淀成这本逾600页的厚重纪念文集，这是我们这一代图书馆人对共同经历和见证的高等教育和图书馆发展过往十年征程的记录和思考，是这一代清图人留给时代和后人的一个独特文本，相信自有其学术价值和史料价值。

展望未来，图书馆领域的新理念、新技术、新模式不断涌现。面对数字化、智能化以及开放科学大潮，伴随清华大学加快建设世界一流大学的步伐，清华图书馆也将继续为建设研究型、数字化、开放式的世界一流大学杰出图书馆而不懈努力。记得在本序文开头提到的百十年馆庆纪念大会上，在一个暖场视频中，有一位同学说：“图书馆对于大学，是承载着精神的底托，决定一个大学高度的地方。”我想这既是对我们图书馆人所做工作的肯定和褒扬，也是对我们工作的激励和鞭策。书香守正，笃行创新。我相信，清华图书馆人一定会建设和守护好图书馆这个我们全体清华人共同的精神家园，不负时代，不负韶华，在接下来的新十年续写华章。

最后需要说明的是，由于疫情以及其他一些原因，这本文集的选编出版历经了比较长的时间，未能在2023年按原计划出版。馆学术委员会主任刘蔷老师早早就约我写序，但我一直拖沓未能交稿，也延误了不少时日，深感歉意。如今全书付梓在即，将求教于社会和图书馆界同人，希望各界朋友不吝指正为盼。

金兼斌

2024年9月

目　录

图书馆建设与发展

资源建设与信息组织

读者服务与阅读推广

信息服务与信息素养教育

新信息技术应用

特色馆藏建设与图书馆史

科技史与古文献研究

图书馆建设与发展

清华大学图书馆的建筑与历史

董　锦　刘宇婧　庄　玫　韦庆媛　邓景康

清华大学图书馆总馆建筑群由四个时期的建筑组成，第一期由美国著名建筑师墨菲（Henry Killam Murphy, 1877—1954）设计，1919 年建成；第二期由清华校友、中国著名建筑师、中国科学院院士杨廷宝（1901—1982）设计，1931 年扩建；第三期由中国著名建筑师、中国工程院院士关肇邺（1929—2022）设计，1991 年建成；第四期亦由关肇邺院士设计，2016 年建成。由中美三位著名建筑师在不同时期设计的图书馆建筑，构成一幅流动的华彩乐章，演绎百年不绝于耳的经典老歌。建筑是凝固的音乐，清华大学图书馆是由四个乐章共同演绎的交响乐。“乐章的起点在东端，由一个南北走向的修长的两层楼形成一个主题旋律，然后以一个西南向的中心塔楼为连接点，折而向西，把那南北走向的主题旋律重奏一遍，这是第一乐章。第二乐章是个过渡，在第一乐章重奏部分的中间，向北边的深处略略延伸，与第一乐章拉开一段距离，又一折，如一流清溪向西流去。在第二乐章的尽头，回环过来向南折，经过一个小小的过渡，进入第三乐章，整个交响曲也进入高潮。第三部分以一个东西走向的主楼为中心，四面环以配楼，鳞次栉比，构成厚重而灵动的高潮。”[1]高潮过后一路向北串联，奏响终乐章。第四部分采用上部逐层内收的手法，在平面组织上发展出内、外两层的空间嵌套关系：在最外沿三层高的通透表皮之内，包裹着更具实体感的四层高的墙体。[2]乐章在此集中升华，随后渐渐于北端淡出，余音袅袅。

三代建筑师，四期工程，共同完成了清华大学图书馆这件艺术品。百年建筑，连绵不断，既有继承，又有创新，她记录了不同时期的建筑风格和文化传承，成为清华校园的标志性建筑（见图 1）。

图 1　清华大学图书馆总馆鸟瞰图

第一节 建设背景

义和团运动失败后，1901 年，清政府被迫与八国列强签订《辛丑条约》。列强要求清政府赔款 4 亿 5000 万两白银，年息 4%，分 39 年还清，史称“庚子赔款”。自 1909 年起，美国退回部分赔款，充作留美学习基金。1909 年 6 月，清政府决定设立游美学务处，由外务部会同学部共同管辖，负责选派游美学生和筹建游美肄业馆。1909 年 7 月 10 日（宣统元年五月二十三日）颁布《遣派游美学生办法大纲》，计划设立肄业馆，“（约容学生三百名，其中办事室、讲舍、书库、操场、教习学生居室均备。）沿用美国高等初级各科教习，所有办法均照美国学堂，以便学生熟习课程，到美入学可无扞格”。1909 年 9 月 28 日（宣统元年八月十五日）在《外务部为兴筑游美肄业馆奏稿》中称：“查有西直门外成府东北清华园旧址一区，方广约四百余亩，尚存房屋数十间，卉木萧疏，泉流映带，清爽高旷，于卫生最为合宜，且与京张铁道路线距离仅有半里，往来亦称利便，以之建筑讲堂、操场、办事室、图书馆、教习寓庐、学生斋舍，庶几藏修游息各得其宜。”1909 年 10 月 26 日（宣统元年九月十三日）宣统皇帝批准了奏章，赏拨清华园作为游美肄业馆馆址。

清华学堂开学时，已经有一些公书，建了一个小图书室。1911 年 2 月公布清华学堂章程，1911 年 9 月 6 日修订章程，修订后的学堂章程第三十五条规定在教务内设图书馆经理员，负责管理学堂的图书。据吴宓日记记载，1911 年 6 月 8 日图书室开始清理书籍，“学生凡有用学堂书籍者，皆依次携至图书室，分别购取、借用二项，凡借用者，即时盖图书章于上，作为学堂公书，读毕即当归还”。

1911 年 10 月 10 日爆发了辛亥革命，外籍教师纷纷离校，多数学生也四散回家，同时清政府挪用了这一年退还的庚款弥补军费的不足，清华学堂经费断绝，11 月 9 日学校只好宣布停课。1912 年 5 月 1 日学校重新开学，7 月初放暑假，1912 年 8 月 20 日新学期开学。

暑假期间，对图书室书目进行了全面整理，书籍置于书柜中，1912 年 7 月完成《核对华文书籍与旧目录不符残缺不完全特记簿》。据吴宓日记记载，1912 年 8 月 10 日“校中之图书馆（室）近复移设高等科，日来装车搬运，堆置纷乱，并停止阅书”。图书室地点在清华园同方部西侧，为临时图书室。据资料记载，此时有书籍 2000 册，大房一间，小房两间。1912 年 8 月 20 日临时图书室正式开门。1912 年 10 月 17 日，清华学堂改称清华学校，学校监督改称校长。根据前《清华学堂章程》规定，图书室应属教务处管辖，但从 1912—1913 年“清华学校组织系统表”上看，图书室隶属于庶务处。这是因为该处是由原游美学务处之提调处改组而成，权限极大，学校行政除教学事宜外，几乎均属于该处管辖。1914 年图书室脱离庶务处，自成学校直属管辖的一个行政单位。

一、清华图书馆初建

近代图书馆事业兴起以后，各地建立了不少图书馆，但馆舍一般利用旧有房屋，如民国初年的北京大学图书馆是由京师大学堂藏书楼发展而来的，馆址原为清和嘉公主的梳妆楼，尽管楼中藏书万卷，但极不适用。[3]而中国旧式房屋以木结构为主，极易发生火灾。1923 年 12 月 12 日，原东南大学图书馆所在地口字房发生火灾，数万图书巨册化为灰烬。建设新式图书馆馆舍在中国显得极为重要，然而在当时却是凤毛麟角。

1914年以后，随着藏书量的较快增长，清华学校图书室空间不足的矛盾开始凸显，周贻春校长在任内考虑建设独立图书馆舍。1914年，周校长聘请年轻的美国建筑师墨菲为清华进行总体规划，并设计了图书馆、科学馆、大礼堂、体育馆等清华园中著名的早期四大建筑。初建的图书馆有大厅出纳台、阅览室、书库等，主要发挥学习空间的作用，为师生提供读书阅览服务。图2是清华图书馆的第一期馆舍。

图2　清华图书馆第一期馆舍效果图

二、第一次扩建

随着学校的发展，图书馆第一期的规模逐渐不能满足师生的需求，图书馆时任馆长戴志骞在1926年就曾提出图书馆扩建方案。1928年清华改为国立大学后，首任校长罗家伦非常重视图书馆的建设，他在其就职典礼中提出："清华现在的弱点是房子太华丽，设备太稀少。设备最重要的是两方面：一方面是仪器；一方面是图书。我以后的政策是极力减少行政的费用，每年在大学总预算里规定一个比例数，我想至少百分之二十，为购置图书仪器之用。呈准大学院，垂为定法，做清华设备上永久的基础。"他还强调："图书馆阅览座位、中西文书籍都太少，所以非积极扩充不可。我认为图书馆不厌舒适，不厌便利，不厌书籍丰富，才可以维系读者。希望图书馆和实验室成为教员学生的家庭。我希望学生不在运动场就在实验室和图书馆，我只希望学生除晚上睡觉外不在宿舍！"

1928年11月，清华学校教授会、学生会分别讨论图书馆扩建问题。教授会通过建筑设备预算，其中图书购置费5万，仪器购置费5万，图书馆建筑费（扩充）20万。但后遭到学校董事会阻碍。直到1929年5月清华大学划归教育部管辖后，学校在呈请教育部批准的《校务进行计划大纲》中规定，清华大学的经费固定每年为120万，其中图书仪器购置费至少占总预算的20%。至此，图书馆馆舍和图书的扩充有了资金保障。

另外，关于扩建的方案也一直在设计规划中。原计划为在第一期馆舍两侧各加阅览室、杂志室，在书库后面加盖书库。但由于扩建图书馆工程需在原馆舍基础上接建，而原馆舍左临河、背靠山，没有发展余地，经过多方比较研究，最终选定1921届校友杨廷宝先生设计的方案开始图书馆的第一次扩建工程。

杨廷宝先生把扩建图书馆作为一项重要任务，进行重点设计。扩建工程与原馆舍连为一体，向西发展，构成清华图书馆的第二期馆舍。两次接建工程天衣无缝，成为一个整体，也为后来的历次扩建奠定了基础。如今，清华师生将第一期和第二期馆舍统称为“老馆”。

三、西馆（逸夫馆）的扩建

1978 年党的十一届三中全会以后，教育战线拨乱反正，迅速发展。清华大学自 20 世纪 70 年代末期开始进行学科调整，逐渐恢复理科、文科等院系，发展成为一所综合性大学。随着学校学科布局的调整和规模的不断扩大，图书馆馆藏的种类和数量也有了较大的发展，到了 1978 年馆藏已经达到 173 万册（件）[4]，1990 年更是达到了 240 万册（件）[5]。快速增长的馆藏书远远超出馆舍的承载能力，走廊内、过道上堆满了书刊，不仅管理困难，使用也非常困难。除此之外，老馆座位数仅 600 余席，很难满足师生（1984 年 11 月统计在校师生共 1.9 万余人[6]）对图书馆阅览座位的需求。据 1977 级校友回忆，1978 年年初入校后，图书馆的馆舍还只有老馆。要想在图书馆求得一个座位，每天早上六点半之前就要到大铜门前的台阶排队。等到六点半大铜门一开，所有学生一拥而入。那时由于座位少，图书馆里占座情况很严重，图书馆馆员常常都在处理占座纠纷。为缓解占座问题，有一段时间，图书馆曾给各院系发图书馆座位卡，每班两张，只有持卡学生在图书馆才有座位。

1982 年，学校决定扩建图书馆，刚从美国回来的关肇邺先生接受了设计任务。在西馆建设中，遇到的第一个重要问题是选址。清华大学建筑学院高冀生教授曾做客“邺架轩 • 读者面对面”活动，提到图书馆当年的三个候选地：一是在主楼后方，现在学校综合体育馆的位置；二是北院的位置，现在学生称作“情人坡”的地方；第三个便是如今西馆的位置。主楼后方地方宽敞，设计自由度大，但与老馆缺乏联系。其余两个候选地都在老图书馆旁扩建，新旧二馆联系方便，利于管理，节约人力。[7]考虑到北院附近有几棵需要保护的古树，图书馆不适合向东边发展。旧馆西侧“三院”（旧平房教室）附近地段因距离图书馆太近，不适于他用，为充分利用土地，决定拆除“三院”，在此扩建西馆。[7]

在设计方案不断修订的同时，国家教委的 940 万元人民币拨款以及邵逸夫先生 2000 万港币的捐赠也相继投入使用，图书馆三期工程得以顺利开工。西馆建成后，馆舍面积增加，图书馆的环境大大改善（见图 3）。

图 3　图书馆第三期馆舍西馆

四、北馆（李文正馆）的扩建

西馆建成之后，图书馆经过十余年的发展，逐渐超出了最初规划的保障能力，书库空间不足，很多珍贵的馆藏没有符合规定的保存和陈列空间，而且图书馆读者阅览座位也不足，每天开馆前的大门外总是有大批学生等候。此外，随着学校学科建设的迅速发展，图书馆需要为一些新学科提供必要的文献资源保障和专业阅览条件，原有馆舍已无法适应新形势的要求。作为教学、科研支撑单位的图书馆，无论从自身事业新发展还是从服务学校的功能上，扩建新馆舍的需求都已十分紧迫。

2011 年关肇邺先生再次领衔设计北馆建设工程，著名华人金融家、实业家、印尼力宝集团董事局主席李文正先生为北馆建设捐资 800 万美元。经过五年的建设，2016 年 4 月北馆建成并交付使用。北馆开馆极大地改善了图书馆的条件，并推动清华大学图书馆进一步发展。李文正先生在北馆落成典礼上表示："看到清华校园里处处洋溢着喜庆的氛围和青春活跃的身影，仿佛看到了中华民族的未来。作为一名华裔企业家，能够为清华大学新百年的腾飞尽一份力，自己感到无比光荣和自豪！"北馆成为校图书馆总馆的第四期建筑，与图书馆原有三个时期的建筑融为一体。

清华大学图书馆百年以来四个时期的建筑，就像一首经典的老歌，温润如水，绵绵不绝。

第二节　馆舍概况

清华大学图书馆总馆建筑群位于校园中部，大礼堂北面。前后四期工程总建筑面积约为 4.3 万平方米，提供阅览座位 2700 余席。跨越近百年的三次扩建，建筑师们都遵循"尊重历史、尊重环境、尊重先人的创作"的理念，并赋予了图书馆建筑群"和而不同"的特质，各期建筑在和谐统一的前提下，表现出时代精神，是我国建筑史上文脉主义设计的代表性作品。[2]

建成于 1919 年的图书馆第一期馆舍由德国泰来洋行承办，1916 年 4 月开始设计，1917 年春开工兴建。1919 年春图书馆的大阅览室首先建成，原先清华图书馆的图书悉数迁入。又过了两年，即 1921 年，进口的书库钢架运至并安装完毕。至此，图书馆第一期建筑全部落成（见图 4）。整个建筑面积 2114 平方米，共计费银 175000 万元[8]。据 1917 年《清华学校校务报告》记载，在迁入新馆舍的同时，清华学校图书室改称清华学校图书馆。

图 4　图书馆第一期馆舍建成后外景图

第一期建筑为二层楼房，前为主建筑，呈“一”字形，包括阅览室、研究室、办公室等，中、西文阅览室可同时容纳读者240人；后为书库三层，每层书架数十排，可藏书15万册。阅览室与书库整体呈T字形。

整个馆舍用钢筋水泥建造，图书馆内书库全部采用钢制书架，整栋建筑均采用欧美新式防火材料，书库用厚玻璃地板，阅览室地面用软木铺成，其他部分则用花石铺砌。中部建筑廊道内地面与墙壁均使用大理石，围栏采用汉白玉石。建筑材料、窗帘及书库内钢制书架几乎全部购自美国。书库内还设有升降运书机，是当时国内最先进的图书馆设备。

1919年建成的清华学校图书馆成为国内建筑最早、规模最大、最先采用新式避火材料建造的图书馆馆舍。1925 年鲍士伟博士考察中国图书馆之后说：“用最新方法办理图书馆事业，新式避火图书馆房屋之建筑，现有二处，南京东南大学图书馆和北京清华学校图书馆是也。”[9]

1931年完工的图书馆第一次扩建，采用了天津基泰工程司杨廷宝设计的方案，由协顺木厂承办。扩建工程于1930年3月开工，1931年11月完工，建筑面积5600平方米，费银25万余元。

杨廷宝先生巧妙地用一个斜的连接体将第一、第二期建筑连接在了一起。二期中间的轴线又呼应了大礼堂中心的轴线，更好地衬托大礼堂。据《清华图书馆新筑续闻》记载[10]，整个扩建分三部分进行。

在原书库的基础上向西北延伸加建的新书库，占地“七千零四十方呎”，共三层，可放书40～60万册[11]，将来书库仍可向西北扩充。

中部连接处设计大厅和楼梯，设在中部二层的大门成为全馆的主要出入口，直接连通各大阅览室。新、老建筑之间的两个八角形过厅和楼梯天衣无缝地把两期建筑的内外连接起来。这一部分占地“七千七百零六方呎”，共四层。一层有大阅报室；二层为图书馆办公室；三层为史地图表等室；四层则为陈列室及毕业论文特藏室等。

在一期馆舍的西北方向与原建筑成90°直角设计了两层楼，占地“九千六百四十八方呎”。一层为研究室，二层整体为一大阅览室，可容300多人。

扩建后馆舍总面积达7700平方米，新旧书库连通，共可容书约80万册，可同时容纳约600人阅览。两期馆舍外形对称呈L形，中部四层，两侧翼阅览室二层。扩建后图书馆内部部门也有调整，将办公室移至西边，原来的西文阅览室改为杂志阅览室等。

第二期馆舍扩建工程建筑材料采用高标准要求，力求与原建筑风格一致，砖块经过精挑细选，门厅用大理石镶嵌。阅览室内墙壁安放有固定的榆木书柜，阅览桌上装有新式台灯。书库内的钢制书架从英国罗历公司订购，地板用花石铺砌。两次建筑浑然一体，越是随着时间的推移，越是难以发现它们是不同时期的建筑，被誉为接建史上的一个成功范例。2001年6月25日，由墨菲、杨廷宝等设计师设计建造的清华大学早期建筑被国务院批准列入第五批全国重点文物保护单位名单，成为近现代重要史迹及代表性建筑。[12]

1920—1936年，清华图书馆经历了一段迅速发展的时期，成为清华师生们精神的家园和学习的天堂。

“七七事变”后，学校被迫南迁。1938年春到昆明后，清华在西南联大时期独设图书部继续为南迁的师生服务。一批历经战火的图书在唐贯方等图书馆人的守护下幸存下来。

留守清华园的馆员毕树棠成为1937年8月学校成立的校产保管委员会委员之一，一年之内守护图书馆留存的图书、器物无任何变动。但随着进驻校园的日军增多，1938年8月，北平校产保管委员会被赶出学校，至抗战胜利，图书、器物损失惨重[13]，图书馆满目疮痍。1939年春，日本陆军第152兵站病院进驻清华，而图书馆沦为医院本部。为使用方便，日军在图书馆正门口修筑水泥柜台一座，作为接待处，通向各阅览室的铁栅栏门被全部去掉，二楼西部大阅览室变成病房，阅览室内甚至还装上厕所，东部阅览室被作为医院办公室，一楼原文科各系研究室被隔成许多小间，作为将校病室，有些房间还装上了日式木炕。原馆内各办公室变为诊疗室和药房，大书库变成手术室及药库。书库中的西文书贵重部分多被掠往日本，中文书及期刊遭到焚毁，在书库后面设有专门的“书类烧场”。书库第三层书架被拆走，阅览室中桌椅荡然无存，樟木书案被盗卖，木地板遭到破坏，书架、目录柜、书档被洗劫一空，一个战前拥有三十多万馆藏的图书馆，一本存书不剩！[14]

抗战时期遭到破坏的图书馆，在学校复员后经过紧急整理修复，自1946年10月底陆续开放。第一阅览室可阅西文书及指定参考书，第二阅览室可阅中文书，第三阅览室可阅期刊，第四阅览室可阅报纸。经过馆员们艰苦的努力，各处收回的图书终于排进了书库。当时，玻璃书库无大损坏，二期扩建的新书库已经修复好两层，办公室及文法两院各学系研究室也已恢复。但是门窗、地板、灯光等工作设备，因为涉及全校工程的步骤，暂时没有全部恢复。当时共有座位624个，按当时学生2499人[15]计算，平均约4人分得一座位，较为拥挤。因此图书馆多次改动开馆时间来缓解座位紧张的问题。[13]

新中国成立后的图书馆仍以她7700平方米的馆舍面积服务着清华师生，整个馆舍随着学校的发展和师生的需求，也适时地做出布局调整。

20世纪五六十年代，图书馆门前右侧设有展览橱窗，配合时事举办各种展览。60年代图书馆书库中仍然设有研究桌椅，师生可以在书库内看书。但因日军占作伤兵医院而拆掉的第三层书库还没有修复。1972年年初，图书馆开始馆舍修缮工程。曾备受读者欢迎的阅览室软木地板因年久失修而破烂不堪，此次大修换上了水磨石地面。楼内建筑设施粉刷一新，阅览桌椅重新油漆，部分阅览桌更换了桌面。1973年夏，修复了日军占领图书馆时拆毁的书库第三层钢制书架，在第二、第三层书库之间加装了楼板。

1982年，学校决定扩建不敷使用的图书馆。第三期扩建工程于1982年开始设计，1984年落实方案，之后的三年进行方案修改、扩初设计、报批并完成全部的施工图，1987年年底正式施工，1991年9月竣工落成，用时近十年。扩建的西馆（见图5）终于在1991年10月14日部分开放，1992年全面投入使用。[16]西馆建筑面积20120平方米，馆内设有两个书库，八个阅览室兼库区，共可容书230余万册，提供约2000个阅览座位。

备受读者好评的西馆，曾多次获国家各类优秀建筑奖，如国家教委邵逸夫先生赠款工程一等奖（1992年）、中国建筑学会建筑创作奖（1993年）、国家教委优秀工程设计一等奖（1993年）、建设部优秀工程设计一等奖（1993年）等，并被评为“北京市九十年代十大建筑”之一。1996年8月28日，国际图联主席罗伯特·韦奇沃斯和国际图联总部其他人员参观清华大学图书馆，罗伯特·韦奇沃斯主席称：“这是一个在世界上任何地方都堪称杰出的图书馆，令人印象深刻。”

最新建成的北馆，于2011年4月23日奠基，经过多次讨论、沟通、深化建筑布局和风格后，2013年12月工程正式启动，2014年9月主体结构基本完成，后续随着二次结构施工、地面施工、内部装修以及景观施工等各项建设的顺利进行，2016年4月北馆落成开馆。北馆建筑面积为15000平方米，可藏书60万余册，提供800余阅览座席。

图5 图书馆西馆

北馆建成后，与原来的西馆通过三个通道连成一个整体，各类图书按照中国图书馆分类法顺序排列，集中收藏中外文图书并提供借阅。馆舍分为地面以上五层，地面以下两层。另外，多楼层分布有自助文印、自助借还、自助咨询电话、检索终端、读报机等便捷服务设施。地下B层为密集书库区，G层与下沉广场相通。北馆在功能上补充了图书馆建筑群大开间阅览室的不足，增加了展厅、咖啡厅、开放书店、单人研读间、团体研讨间等，自2016年开馆以来，深受清华师生喜爱。北馆建筑（见图6）获得了中国建筑学会2017—2018年度建筑设计奖建筑创作奖公共建筑类金奖。

图6 图书馆北馆

自北馆落成后，图书馆对馆舍空间再次调整。老馆主要用于特藏、老报刊的收藏与服务。北馆和与其相连的西馆阅览室组成图书借、阅、藏一体的开放服务区。

不同时期建成的老馆、西馆和北馆形成一个综合性、藏书丰富、多功能、现代化、一流的大学图书馆，共同组成清华大学图书馆体系中的总馆。

第三节　设计理念与功能布局

一、古典西式的老馆

墨菲设计的清华校园，主要采用美国当时流行的校园建筑风格。整个设计一改中国传统校园的建筑格局，为古老的中国带来西洋建筑的新风。

第一期馆舍的整个建筑是砖混结构，外形对称、比例端庄、立面三段划分。清水砖墙面砌出线脚，有些地方模仿文艺复兴式的柱式、基座、檐口及门窗等重点部位点缀一些石料古典柱式、线脚花饰等。[17]

图书馆从外形到内部皆采用西洋古典形式，尽量讲求气派，追求一种永恒的、有纪念意义的建筑风格，因此建筑用材极为讲究，主要的建筑材料都是从美国、英国、意大利等国直接订购，如图书馆的钢书架（见图 7）、钢楼梯、玻璃地板，甚至一些附属用品，也都从美国购买。

图 7　第一期馆舍中的书库（玻璃书库）

温暖的红砖墙，灰瓦坡屋顶，局部平顶女儿墙，典雅的拱形门窗，这些建筑形式体现了早期校园建筑的风格，长期以来形成清华园建筑的形象特征。还有馆前水池中古朴的铜质喷水塔，透出图书馆浓浓的书卷味和人文气息。

清华图书馆第一期馆舍是我国最早的按当时欧美流行的图书馆 T 形平面建筑格局设计的一座近代图书馆建筑，也是我国按图书馆闭架管理要求，将藏、借、阅和办公等不同功能明确分开的早期图书馆建筑之范例。它突破了我国古老的藏书楼的建筑模式，实行藏、阅并重和藏、阅分开的近代图书馆的闭架管理模式，这种设计模式日后被广泛采用。

整个图书馆“分上下二层：下层是办公室，同各教员预备室；上层是阅览室二大间，分中、西文二部，同时可坐二百二十余人。馆后为藏书库，共分三层，每层列架数十，可容书十万有余。全馆地面或用软木，或用花石，墙壁如阅览室等处，系用大理石，轮奂壮丽，可谓全国冠”。[18]下层（一层）还设有装订室、阅报室、接待室等；上层（二层）大厅后面是图书管理员办公室，守着书库。这里的教员预备室，又称研究室，是为教师就近使用图书馆资料提供方便而设。每间预备室配有一张桌子、一个辅助书架、一套案卷柜、三张椅子以及一个衣架，还制定有教员研究室使用简章。

新建成的图书馆为建校初期的清华学子们创造了优越的学习环境，受到了广大师生们的喜爱。在《不尽书缘》一书中，众多校友们回忆图书馆时多称其为乐园、知识宝矿、天堂。当时《清华周刊》中写道："吾清华图书馆之建筑，固为东亚独步（此系某报之评论，非夸张也）。"[19]

图书馆自图书室创立至独立馆舍的落成，经过近十年的积累，初步形成了一定的规模，而且给初创时期的清华图书馆提供了一个极好的发展空间，为清华图书馆在下一个阶段的迅速发展和繁荣奠定了坚实的基础。

二、浑然一体的扩建

1919年建成的图书馆，仅2000平方米有余。随着学校发展，扩建图书馆成为紧迫需求。如何扩建？校长、馆长们经过多方调研，采用了清华校友杨廷宝的方案。

据杨廷宝先生回忆，"1930年扩建时学校要求把新建部分作为主体，并要求新建阅览大厅南北向，因此，我就把正门放在东北角直上二层，使之壮观，而建筑细部及各种用料尽量和原有细部协调，以使全部建筑表现出一种完整统一的章法"。[20]

这种浑然一体的扩建根据建筑环境组织建筑形体和轴线关系，以一个与原楼从总体到细节完全一样的新楼与它垂直方向布置，并用一个以45°方向布置的4层高的中楼将二者连接起来，在细部处理上衔接得几乎天衣无缝，成为一个整体，避免了可能产生的过于零碎的缺点。图书馆天衣无缝的扩建也是杨廷宝先生"融贯中西"建筑文化观的代表之作。

扩建后的图书馆主门厅面积不大，但上下左右四通八达，是一个经济而高效的交通空间。扩建后的L形图书馆位于校园的中心建筑——大礼堂之后，从东面和北面把礼堂拱卫、衬托起来。它的屋顶轮廓在平缓之中又有变化，在这一组建筑群中扮演着积极而恰当的角色。它的每个局部或构件，无不在尺度上、构图的繁简上做次一级处理，使人们在这个环境中享受到一种平和、庄重和有秩序的整体之美，并营造出浓郁的学术氛围。

两个八角形小过厅和两个旋转楼梯间（见图8）成为新老楼间在平面上和外形上的连接与过渡，十分自然妥帖，天衣无缝。中楼的大门设在二层，成为全馆的主要入口，直接联系各大阅览室，它没有重复原馆由一层入口后再上大扶梯的手法，既在外观上表现了入口的主次，形象上也有个变换。

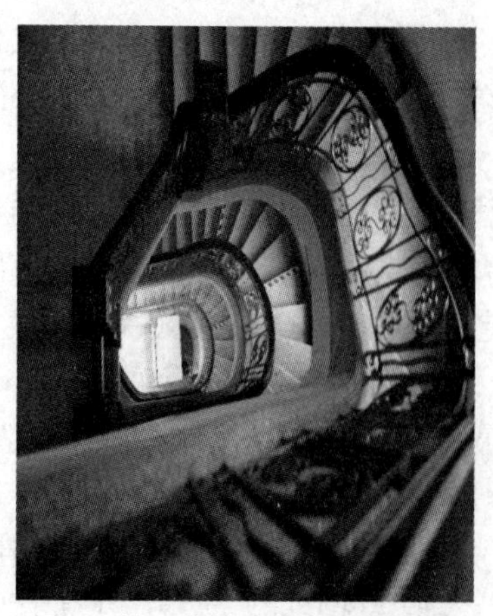

图8 第二期馆舍中的旋转楼梯

这一方面完成了当时校长所要求的轴线，另一方面又把一、二期融为一体，衬托了大礼堂的形状。既达到了校长的要求，又解决了设计中艺术的问题，这个设计是中国近代建筑史上很重要的一笔。[12]

为提升图书馆学习和研究的服务功能，第二期建筑设置了大阅览室。罗家伦校长富于激情地说："大阅览室是最可以使人兴奋、最能刺激人好学兴趣的场所。所以这次在西面所建的大阅览室中，预计可设一千个座位，而且每一个或两个座位上都安置台灯。"这样一个良好的学习环境得到同学们的无比喜爱，让同学们流连忘返，留下了很多美好的回忆。

为了方便利用图书馆，扩建后在图书馆一层增加了许多研究室，供教授使用，使图书馆更好地发挥为学习和研究服务的作用。此时的图书馆按文种、文献类型分设了 4 个阅览室：期刊阅览室、中文阅览室、西文阅览室、报纸阅览室，并且采用了开架阅览的形式。

在抗战前图书馆经历了一段稳定发展的时期，专业的馆长、敬业的馆员、努力的学子共同在图书馆这一美好的建筑里谱写传承着清华行胜于言、自强不息的精神。19 世纪 30 年代，泡图书馆被清华学生戏称为"开矿"。每天开门前，总有不少好学的年轻人排队等待，准备冲入图书馆去探寻这座藏满知识的宝矿。

1929 年入校的钱钟书先生面对图书馆丰富的中西文馆藏，进校就立志要"横扫图书馆"。1934 年毕业的季羡林先生曾回忆道："一想到清华图书馆，一股温馨的暖流便立即油然涌上心头。"还有 1933 年考取研究生的杨绛先生曾深情回忆："我在许多学校上过学，但最爱的是清华大学；清华大学里，最爱清华图书馆。……我敢肯定，钱钟书最爱的也是清华图书馆。"

老馆自建成到投入使用后的时光里，陪伴着一代代清华师生成长，也让清华校友们始终怀念。校友杨振宁先生曾深情回忆：每当有外地朋友来清华，总要带他们去看看这座全中国最讲究的图书馆。

在这座讲究的图书馆里，承载着一代代清华人青春记忆的老阅览桌椅已逾古稀。从 1946 年定制使用 70 年来已经不堪重负。1980 级的校友在毕业 30 周年之际捐款，更换了老馆全部实木桌椅，这些新桌椅按照老馆的老桌椅风格和样式制作。2017 年国庆节期间，新桌椅在老馆安装完成并全部正式投入使用。一位 1980 级校友表示：以班级为单位捐赠桌椅是充满归属感的一件事；毕业三十年了，"班级"的概念还如此强烈，他们不仅在大学期间互相扶持，更是一生的兄弟姐妹。这些校友捐赠的座椅不仅传递着从这里走出的学子对母校的深深眷恋与反哺之义，还将陪伴更多清华学子遨游知识的海洋。

三、珠联璧合的西馆

1991 年落成的西馆，是关肇邺先生对"重要的是得体，不是豪华与新奇"这个理念的生动诠释。[21]关先生巧妙地处理了西馆与老馆的相互关系，从整体上力求取得和谐一体的效果，使西馆与老馆脉络相连，珠联璧合，完美续写了清华百年弦歌。

西馆建筑面积接近老馆面积的三倍，总体上可划分为六个部分（见图 9）。第一部分为主体，高 5 层，包括门厅、目录厅、出纳台、书库、阅览室等功能空间；第二部分为北翼，层高 2 层，与后来的北馆相连；第三部分为南翼，亦为二层，均为阅览室；第四部分则是第二期馆舍的对应体，包括馆长室、贵宾接待室等；第五部分为东翼，层高 3 层，均为阅览室；第六部分为连接体，层高 2 层，首层为计算机房和空调机房，二层为图书馆报告厅。

为了不使大体量的西馆对老馆造成喧宾夺主之势，保持大礼堂在构图上的中心地位，关先生将西馆的主体往后移，高度控制在低于南面大礼堂圆顶 5 米左右（见图 10）。在主体北面和南面，东侧的外围裙房设计成与老馆高度相适宜，主体南翼与主体围合成为内庭院，对应体、主体、东翼和连接体形成一个半开敞的庭院空间[7,22]，西馆的入口藏于庭院内可谓

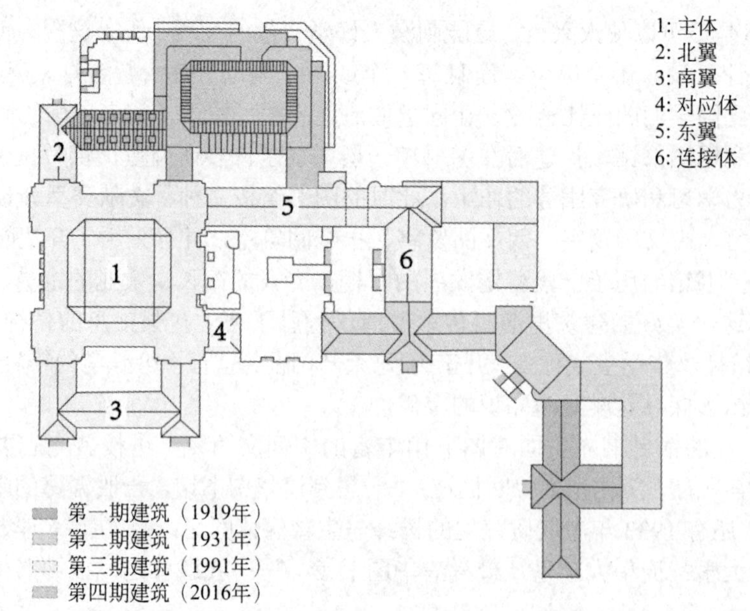

图 9 图书馆总馆平面图

图 10 关肇邺 1985 年绘制的图书馆西馆建筑设计草图

神来之笔，这样的处理避免了同老馆入口争高低的局面，一虚一实，相得益彰，从而使扩建工程与老馆紧密连成一个整体。[7,23]庭院正中置一青铜喷泉，与西馆入口相呼应，丰富庭院景观。青铜喷泉由 1922 级校友捐赠，最初放置在第一期建筑门前，后来在校园中的位置几经变更，返校的老校友提议放回图书馆，西馆建好后，便搬至此处[21,24]，着实为整个庭院增辉添色。西馆与老馆的入口均在南侧，在庭院偏东北处设置的过街楼成为北面师生来馆的主要通道。[7]

"清水红砖墙，灰瓦坡屋顶"的清华园建筑特色，已成为历代清华人的"集体记忆"。半圆拱窗是老图书馆最显著的外形特征，在西馆设计中，关先生恰当地再现这一建筑符号，使西馆与老馆之间讲述同一种"语言"，这也是建筑取得和谐统一的重要手段。[7]在建筑风格上，西馆延续老馆古色古香、"和谐"的红砖灰瓦、坡屋顶，局部平顶女儿墙，并在主要部分巧妙地运用拱形门窗[7]，新扩建的图书馆在结构和色调上与原来的图书馆浑然一体，相映成趣，可谓匠心独具，建造精美。[25]

然而，西馆不是照搬老馆的特征，其在细节上的处理颇具时代新意。[23]细看西馆，便会发觉西馆与老馆“神似而不形似”，清华校友熊明曾回忆，“每逢校庆或因其他事情回清华，我总要抽空到老校园区走走。三次从不同的方向接近新建图书馆，都有一种既新颖又熟悉的感觉”[23]。从建筑细节上来看，新材料的使用和对老馆构件与符号元素的变形处理，取消之前馆舍窗檐下的牛腿装饰，改为开间内做三个小窗户，并使用白色的装饰[26]，以及平顶与坡顶的混合使用等，都彰显着“和而不同”的时代特色。从空间环境上来看，西馆在老馆的基础上更加丰富周边环境，注重细节打造，形成令人印象深刻的庭院空间，营造出图书馆良好的学术文化氛围。

“接建的新馆在大玻璃入口面上用米红色砖镶嵌就了一只拱形门框，它好像是要告诉人们，在这现代化的光洁玻璃墙的后面，有一条漫长的历史隧道，千年古砖用它最喜欢的形式向年轻一代人呼唤着进入、索取、研讨和贡献。”[27]

从门厅进入，沿着向上的楼梯往前，是一个高达 15 米的大厅，纵贯四层楼高，大厅周围是阅览室和书库（见图 11）。站在大厅中央，透过玻璃墙可以看到多层围绕的书架，作为进馆后的第一个印象，使读者产生“进入知识宝库”的心理感受，从而激发其努力学习的热情。为了烘托图书馆的文化气氛，在大厅外面二楼门厅两侧布置了休息厅，墙上悬挂着先贤语录。这些精心挑选的古代、近代、中国、外国、科学家、政治家的励志格言，由清华大学建筑系教授汪国渝先生书写。图书馆坚持“以读者为中心、服务为主导”的办馆理念，积极探索为读者服务的新模式，在馆舍布局上也进行新的尝试，没有沿用过去全闭架的管理方式，而是采用开架和闭架相结合的方式，以开架外借和开架阅览为主，并将各个阅览室按服务对象及书刊类型分层，按阅览室职能划区以形成体系，力求功能合理，动静分区，方便管理，经济实用。[22]

图 11　图书馆西馆大厅

20 世纪 90 年代初，图书馆大力发展自动化、网络化建设，越来越多的先进电子设备进入了馆藏空间，开始向现代化图书馆迈进。1996 年，图书馆成功将计算机系统更换为 INNOPAC 新系统，这是国内第一个先进的图书馆集成管理系统[4]，可通过网络提供馆藏资源的公共查询以及馆内业务工作的系统管理化，标志着一个传统型图书馆向现代化图书馆的转变。1998 年，图书馆在国内率先创立学科馆员制度，依托丰富的实体馆藏，拓宽了图书馆信息服务渠道，这是图书馆服务专业化、个性化、知识化的一次重要创新举措。

两院院士周干峙校友曾在《中国建筑 2000 年展望——探求健康、文明、永续的发展》一文中指出："清华大学图书馆新馆的设计，在尊重老馆的历史价值，维持著名的清华大学中心区建筑的传统特色的同时，做到在总体上和谐又具有时代特征，简洁朴素的设计，表现着深层的思想内涵。从更高层次更全面的整体观进行创作正在影响着中国建筑。"[28]

四、和而不同的北馆

2016 年建成投入使用的北馆，在西馆的基础上，继承与发展了"和而不同"的设计理念。北馆呼应西馆和老馆的风格，沿用红砖墙、坡屋顶等传统元素。建筑形体处理采用上部逐层内收的构成手法，并在最高一层采用与西馆相类似的斜切屋顶形态，在中、远尺度上与紧邻的西馆建筑建立起视觉对话关系。[2]此外，运用大面积的玻璃幕墙，立面调整为更具线条感的竖向柱，建筑的通透感表现强烈，轮廓清晰分明，并设置下沉广场，建筑内部创造内庭院空间，丰富环境景观，"得体"地延续清华图书馆历史文脉的"基因"的同时，充分表达出当代图书馆的建筑特色（见图 12）。

图 12　图书馆北馆

北馆位于西馆北面，总体主要分为三个部分：主体、西翼与下沉广场。主体地上层高 5 层，一层融合展览区、休闲区、阅览区、特色书架区及咖啡厅等，组合为现代化复合式空间，弥补了原馆舍功能空间的不足。入口大厅处点缀圆拱型门廊，与西馆门厅相互呼应，达到和谐一体的效果。二至五层为图书阅览区，形成藏、阅、借一体化布局。

在地面以下还有 2 层：G 层与下沉广场相通，设有"邺架轩"阅读体验书店、古籍阅览室等对外开放空间及辅助办公用房；地下 B 层为密集书库，采用闭架服务模式。

北馆西翼与西馆北翼相通，层高 3 层，一层为"清华印记"互动体验空间，二、三层为研讨间与研读间以及会议室。北馆主体、西翼与西馆围合出两个内庭院空间，中部设置两馆的主要过道，使北馆与西馆连接为统一整体，同时也形成一个幽美宜人的过渡空间。

主体南侧采用通透斜向布置的玻璃幕墙，彰显现代感，玻璃幕墙清晰透出内庭院景观与西馆建筑墙体，巧妙联系馆内空间与院中环境，与西馆相望对话，诉说馆舍的时空流转（见图 13）。

图 13　玻璃幕墙巧妙联系馆内外空间

大开间阅览区摆放着一排排实木桌椅，典雅、厚重、纹理美观，颜色与室内环境相协调，桌上配有电源插座为读者提供便利。北馆桌椅也按老馆的老桌椅样式制作，由 2001 级和 2002 级校友在毕业 10 周年时捐赠，它们承载着清华同窗情谊，与老馆阅览桌椅遥相呼应，传颂着图书馆的历史情缘。

李文正先生曾在北馆落成典礼上指出："图书馆是一所大学的生命，图书馆的内容和设备与一所大学是否能办好有着密切的关系。"北馆多楼层提供多种自助服务设备，满足读者自助借还、自助文印等需求。2017 年，图书馆稳步完成了资源管理系统由 INNOPAC 向 ALMA 系统的迁移。以 ALMA 系统为基础，实现了全网域资源的一体化管理和从资源发现到资源获取的一站式服务，极大地提升了图书馆对全媒体资源的管理能力和服务能力，加速了建设"研究型、数字化、开放式"图书馆的进程。

下沉广场位于北馆西北角，广场入口以廊亭为标示，与对面杨廷宝先生的作品明斋形成对话。下沉庭院为 G 层提供良好的采光，庭院点缀树木，引入瀑布跌水，增加生动趣味，丰富庭院造景，为来访行人提供休息娱乐的场所（见图 14）。

图 14　图书馆北馆下沉广场

第四节　图书馆特色空间

一、清华文库

1988 年清华大学图书馆开始建设清华文库。如今的清华文库是指老馆东侧的阅览室（见图 15），专门收藏清华学人（包括历届校友和曾在清华任职的教师与工作人员）的个人学术著作以及清华自建校以来的校刊及其他内部或对外出版刊物，以及各种有关清华人、事、物、历史的书籍资料等。现文库中分设有院士文库、名人专架、名师专藏等专题图书。

书香氤氲的文库展示着清华学人的学术精神和倔强文脉；来来往往的学子瞻仰着先辈风采，攀登着学术高峰。

回首望，曹禺先生的著名剧作《雷雨》就是在这里诞生的。郑秀先生在其《〈雷雨〉在这里诞生》一文中写道：“（1933 年）6 月初暑假开始了，在图书馆西文阅览室大厅的东北边，靠近借书台的长桌的一段对面两个座位是我们（指的是郑秀和曹禺先生）固定的座椅。上午 8—12 时，下午 2—6 时，晚上 7 时 30 分—10 时开馆时间，我们从不缺席……”[29]

现如今，文库依然是最有生机的地方。每年盛夏，校长选择在文库与优秀毕业生座谈，让年轻学子们带着先辈的力量，乘着知识的翅膀从这里展翅飞翔。

图 15　位于老馆的“清华文库”

二、“邺架轩”阅读体验书店

“邺架轩”阅读体验书店建在北馆下沉广场，书店之名来自校歌中的“左图右史，邺架巍巍”“肴核仁义，闻道日肥”，意在通过阅读滋养身心，培育精神丰满的清华学子。

“邺架轩”总面积 700 多平方米，包括了 500 多平方米的图书展示与阅读空间，提供阅览座位 150 席，为读者提供一个安宁舒适的阅读体验环境，为广大师生在第一时间阅读、购买各家出版社的新书、好书提供机会（见图 16）。书店甄选国内百余家优秀出版社的精品图书一万余种、三万余册，以人文社科、思想文化类图书为主，并为清华师生提供图书订购服务。“邺架轩”内还有近 200 平方米的读书沙龙讲座空间，为读者提供一个交流互动的平台。在此开展的如“真人图书馆”“邺架轩 · 作者面对面”“邺架轩 · 科学在身边”等系列读书沙龙活动，倡导跨学科、超专业的通识教育，提供有深度的阅读体验。

“邺架轩”以“服务阅读，引领阅读”为理念，努力成为连接读者与作者、译者、专家、学者、出版者的平台和清华校园中有高度、有温度的文化地标。“邺架轩”书店获得2019年度实体书店项目扶持，并被评为2019年度“北京市特色书店”。

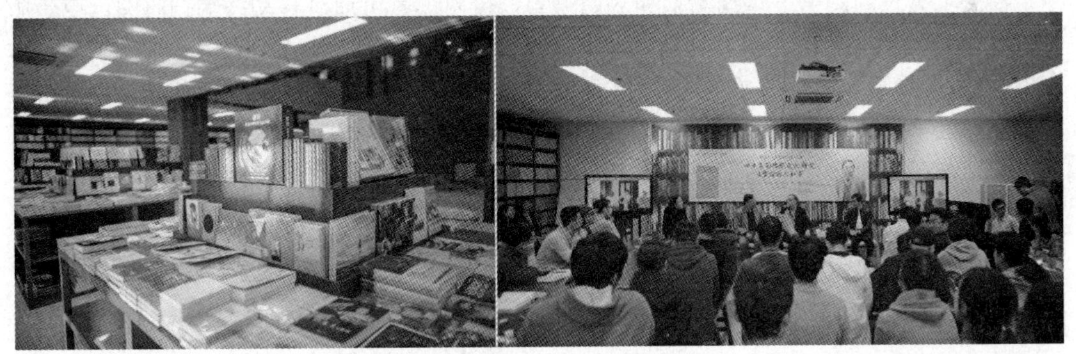

图16 “邺架轩”阅读体验书店

三、“清华印记”互动体验区

清华大学百余年的文化积淀，滋养了一代代清华人成长。随着信息技术及智能终端的发展，世界已开启万物皆媒模式，知识交流的新范式正待重建。作为知识交流中心，图书馆亦努力寻找新媒体技术与图书馆服务的恰当结合点，以便快速融入新媒体环境，成为探索新型知识交流体系的助推器。为此，图书馆在北馆一楼开辟“清华印记”互动体验空间（见图17）。在“清华印记”中，通过运用新媒体技术来讲述清华的文化与故事。

图17 “清华印记”互动体验空间

“清华印记”中包含若干人与媒体和数据的互动项目。空间的开篇，是入口处展示清华大学图书馆发展历程的信息墙。在“清华记忆”中，汇集了展现清华大学历史风貌的老照片，并增加读者照片嵌入互动体验。再向前是视觉冲击力强烈的“电子书瀑布流”，瀑布流中主要展示高预约图书、每周新书和热门书等，校内读者可通过移动终端扫码阅读电子版本。“数字学术”项目利用可视化技术和海量文献数据，展示清华人一百多年来的丰硕学术成果。“历史长廊”项目将《清华周刊》数字化，六百多期的内容随历史年代缓缓展开，展现清华绵延不息的文化传承。“数字人文”项目利用现代数字化、3D 扫描与打印技术，将珍贵的馆藏文物与典籍文献直观呈现出来，使读者真切感受学校深厚的文化内涵。

“清华印记”互动体验区意在通过人、媒体、数据的互动，孕育不一样的知识和服务，为从容实现清华大学“更创新、更国际、更人文”的新百年目标求索实践。

四、展览空间

图书馆的展览空间，是图书馆基本阅览空间的延伸，能提供除馆藏资源以外的人文、艺术、科学方面的阅览体验。图书馆提供展览服务，一方面，能充分发挥图书馆在传承历史文化、普及科普知识、陶冶艺术情操、拓宽资源视野、引领先进文化[30]等方面的作用；另一方面，以展览服务为载体，采集文献资源，进一步丰富图书馆的馆藏。

总馆主要包含两个展览空间：北馆展区和西馆展区。北馆展区靠北馆入口门厅设置，入口与北馆进出口相对，出入馆与观展人流在门厅处自然分流，互不干扰。西馆展区位于西馆二层检索大厅，展区丰富的阅览空间营造了优雅、休闲、人文的阅览氛围，吸引了更多不同类型的读者入馆。展区均设置可活动的展板与桌椅，方便师生布展与展示作品。

清华大学图书馆展览内容呈现多元化特征，有各出版社提供的中外文图书展，有促进两岸文化交流的台湾原版学术图书展，有展现馆藏资源的清华藏珍馆藏历史文书展，有启迪摄影爱好者创作灵感的风光、人物、人文纪实等主题摄影展，有提升读者美学修养的插花、布艺、手工制品、折纸展，有激发师生想象力的抽象画展，也有展望未来、感受科技魅力的体验展等。展览空间的展出作品能够开拓师生视野，为读者提供丰富的“精神食粮”，承载着学校、图书馆浓厚的历史文化底蕴。

五、古籍阅览室

2019 年 4 月 27 日上午，图书馆古籍阅览室在北馆正式揭牌。该阅览室取名为“观止堂”，由美院副院长方晓风采用马王堆出土的帛书书体题字。古籍阅览室位于图书馆北馆 G 层。其环境典雅精致，十几个通顶玻璃书柜里藏有古籍上万册（见图 18），还有部分使用率较高的古代典籍和常用古籍工具书供读者阅览。该阅览室还负责办理闭架古籍的阅览手续，备有馆藏古籍卡片式书名目录，供读者查阅，读者亦可通过查询清华馆藏古籍目录系统进行预约服务。

值得一提的是，该阅览室的书柜、藏书架、桌椅等都是由 1991 级全体校友在 2016 年毕业 20 周年之际向母校捐赠的。校友们在校庆返校的参观中表示，一流的大学必须要有一流的图书馆，每一位清华人都对图书馆有着热烈而持久的感情，因此他们也始终关心着图书馆的发展，并愿意奉献自己作为清华人的一份力量参与到图书馆的建设中。

图 18　北馆 G 层的古籍阅览室

六、音乐图书馆

音乐图书馆的建设，是清华大学图书馆舍空间再造的新实例，是满足师生对音乐文化和艺术教育多元需求做出的积极尝试。音乐图书馆是大学音乐教育非常重要的资源，也是大学生音乐素养培养的重要场所。

建设音乐图书馆，最重要的内容有两点，一个是音像与文献资源，另一个是场地与设施设备。

音像与文献资源体现了一个音乐图书馆的核心价值。清华音乐图书馆定位以古典音乐为主，再加上民族音乐和戏曲等，全部为高清、无损音源，CD 光盘以品质为起步，将来主要朝着高清和无损方向发展。

音视频欣赏场地，包括设施设备，是音乐图书馆最直接的跟读者面对面的形式，也是读者最能感受到音乐魅力的场所。音乐图书馆主要包含三种场地。一是个人赏析区（见图 19），为综合性的区域，包含 64 座个人戴耳机欣赏音乐区和三组集体欣赏区，每组集体赏析区可供 24 人共同欣赏。二是音乐研讨间 2 间，读者团队在欣赏音乐之后可以开展讨论。三是音乐讲堂，可以举办音乐讲座，讲座中可以带有小型的演奏和表演，也能欣赏国内外优秀的音乐会实况。

图 19　音乐图书馆个人赏析区

音乐图书馆个人赏析区自 2018 年 12 月开放以来，非常受读者欢迎。音乐研讨间和音乐讲堂也陆续开放使用。2018 年校庆期间，1998 级校友在毕业 20 周年之际，向音乐图书馆捐赠了钢琴和家具，进一步丰富了音乐图书馆设备资源。

历经百年沧桑的清华大学图书馆，陪伴着一代代清华人留下他们努力的身影。无论是曹禺、钱钟书、杨绛、资中筠等学子，还是朱自清、潘光旦、冯友兰、季羡林等老师，数不尽的清华师生同图书馆一起见证记录着清华这一个世纪的历史。

图书馆静静滋养着一代代朝气蓬勃的清华人，丰满着清华精神，传承着清华文化。邺架巍巍，书海浩瀚，百年清图，文脉相传。

2019 年 10 月 9 日，一年 365 天不曾闭馆的老馆关上了大门，开启维修工程。我们期待与那些穿越岁月的文字在“修旧如旧”后的老馆里早日再相遇。

参考文献

[1] 张建军. 清华图书馆：展开的多乐章交响曲[M]//邓景康、韦庆媛. 邺架巍巍——忆清华大学图书馆. 北京：清华大学出版社, 2011: 36-38.

[2] 中国建筑学会 2017—2018 年度建筑设计奖丨清华大学图书馆北楼[EB/OL]. [2019-1-10]. https://mp.weixin.qq.com/s/Q_wAkaeUFM9X6wu4espTcw.

[3] 吴晞. 北京大学图书馆九十年记略[M]. 北京：北京大学出版社, 1992.

[4] 韦庆媛, 邓景康. 清华大学图书馆百年图史[M]. 北京：清华大学出版社, 2013.

[5] 清华大学图书馆九十三年历史回顾展览[EB/OL]. [2005-4-24]. https://lib.tsinghua.edu.cn/about/celebrate-2005.html.

[6] 清华大学校史研究室. 清华大学一百年[M]. 北京：清华大学出版社, 2011: 370.

[7] 关肇邺. 尊重历史、尊重环境、为今人服务、为先贤增辉——清华大学图书馆新馆设计[J]. 建筑学报, 1985(7): 24-29.

[8] 戴志骞. 清华学校图书馆之过去现在与将来[J]. 清华周刊, 1927, 27(408): 550.

[9] 朱家治, 译. 鲍士伟博士考查中国图书馆后之言论[J]. 图书馆学季刊, 1926(1): 81-86.

[10] 清华图书馆新筑续闻[N]. 中华图书馆协会会报, 1930, 5(5): 37-38.

[11] 王文山. 图书馆新书库[J]. 清华副刊, 1932(9): 10.

[12] 走进巨匠|杨廷宝为母校清华大学设计建筑[EB/OL]. [2019-5-8]. https://mp.weixin.qq.com/s/mgs61vZBO_AQ9H-c0jpKKw.

[13] 国立清华大学图书馆概况[N]. 中华图书馆协会会报, 1947, 21(1,2): 6-7.

[14] 朱育和, 陈兆玲. 日军铁蹄下的清华园[M]. 北京：清华大学出版社, 1995.

[15] 清华大学校史研究室. 清华大学一百年[M]. 北京：清华大学出版社, 2011: 163.

[16] 《百年清华图书馆》编写委员会.百年清华图书馆[M]. 北京：清华大学出版社, 2012: 142-144.

[17] 屈德印. 时代风格与尊重人性(自然)——对清华大学早期四大建筑的几点认识[J]. 河南城建高等专科学校学报, 1999, 8(1): 3-5,17.

[18] 清华大学校史研究室. 清华大学史料选编[M]. 北京：清华大学出版社, 1991: 1, 449.

[19] 凤. 本校图书馆纪要[J]. 清华周刊, 1919: 24.

[20] 杨廷宝. 关于图书馆扩建问题[M]//侯竹筠, 韦庆缘. 不尽书缘：忆清华大学图书馆. 北京：清华大学出版社, 2001: 3-4.

[21] 关肇邺. 重要的是得体不是豪华与新奇[J] .建筑学报, 1992(1): 8-11.

[22] 叶茂旭. 艰辛探索精耕细作——清华大学图书馆新馆设计与实践[M]//侯竹筠, 韦庆缘. 不尽书缘：忆清华大学图书馆. 北京：清华大学出版社, 2001: 27-33.

[23] 张祖刚, 彭培根, 熊明, 等. 清华大学图书馆新馆工程建筑设计评论会[J]. 建筑学报, 1992(1): 12-22.

[24] 关肇邺, 周榕. 缀玉联珠尽菩提——关肇邺先生访谈[J]. 建筑学报, 2019(1):2-7.

[25] 王树文. 日新月异四十年[M]//侯竹筠, 韦庆缘. 不尽书缘：忆清华大学图书馆. 北京：清华大学出版社, 2001: 216-218.
[26] 得体和谐的总体和而不同的细节——访清华大学图书馆“李文正馆”设计者关肇邺院士[EB/OL]. [2016-4-28]. https://mp.weixin.qq.com/s/F_b7-shATRcj6FccPwPxhg.
[27] 曹群英. 看清华图书馆[M]//侯竹筠, 韦庆缘. 不尽书缘：忆清华大学图书馆. 北京：清华大学出版社, 2001: 39-41.
[28] 周干峙. 中国建筑 2000 年展望——探求健康、文明、永续的发展[J]. 建筑学报, 1993(5): 2-7.
[29] 郑秀.《雷雨》在这里诞生[M]//侯竹筠, 韦庆缘. 不尽书缘：忆清华大学图书馆. 北京：清华大学出版社, 2001: 5-6.
[30] 庄玫, 张蓓, 李洁芳. 高校图书馆展览服务的“移动”时代[J]. 图书情报工作, 2014, 58(5): 48-52.

高校图书馆固定资产全生命周期精细化管理实践
——以清华大学图书馆为例

刘宇婧　庄　玫　鲁　杰

摘　要：在数字化时代，高校图书馆的资产管理在与图书馆事业发展相衔接的过程中体现出精细化全周期管理的趋向。清华大学图书馆通过完善资产管理制度体系、信息化改革及平台高效管理，细分流程，建立统一的固定资产统计方法等措施实现了固定资产全生命周期的高效精准管理，为数字化转型环境下高校图书馆的资产管理升级提供了重要参考实例。

关键词：高校图书馆；固定资产；全生命周期；精细化管理

0　前言

高校图书馆固定资产种类繁杂，数量庞大，其中馆藏图书文献及文物属于具备行业特殊性的固定资产，管理的专业性较强，针对性至关重要。2021 年 2 月，我国行政事业性国有资产管理的第一部行政法规《行政事业性国有资产管理条例》出台。[1]图书馆如何在数字化时代实现固定资产管理的强化与精细化，不断实现固定资产管理模式、资源配置的优化安排，逐步成为图书馆管理关注的焦点之一。本文从梳理高校图书馆固定资产管理中存在的普遍问题出发，立足于清华大学图书馆固定资产管理工作的具体实践，对清华大学图书馆固定资产管理的基本情况与工作经验进行了介绍，并提出多项推进高校图书馆固定资产全生命周期精细化管理的具体措施，以期助力高校图书馆固定资产管理水平的提升。

1　高校图书馆固定资产管理的现状与存在的问题

1.1　固定资产管理制度不健全、精细化程度不够、无法适应数字化的新要求

高校图书馆固定资产管理制度目前存在以下不足：一是制度不健全，固定资产管理职责诠释不明确，容易在采购、建账、清查等环节出现责任不清的现象；二是制度粗放，固定资产管理中的具体操作流程不够规范，处理随意性强，从而影响了管理的可持续性；

三是制度没有与时俱进，无法适应数字化的要求，通常以学校规章制度为参照制定，无法准确反映图书馆资产管理的细化特点，也未针对数字化转型的要求进行完善，使得制度与操作有时会出现“两张皮”的问题。

1.2 固定资产管理信息化平台应用不足

应用固定资产管理信息化平台是数字化转型时代的必然发展趋势。不少高校已上线固定资产管理信息化平台[2-4]，但部分学校固定资产管理信息化平台建设仍停留在初级阶段，搭建的管理模块比较范化与笼统，如在针对图书类资产时，套用模板搭建的平台很容易出现信息字段不完善、流程无法定制等问题。部分学校的固定资产管理信息化平台只涵盖固定资产管理的部分环节，大量工作仍然需手工录入，信息化管理优势不明显。[4]此外，很多情况下资产管理形成信息孤岛，不利于深入开展资产信息的整合。[5]

1.3 固定资产全过程管理存在诸多难点与问题

高校图书馆固定资产种类繁多，数量庞大，全过程管理不少环节中仍存在诸多难点与问题，阻碍了高校图书馆推进固定资产全生命周期精细化管理的进程。首先是采购环节，部分高校由于学院之间资产管理相对独立，再加上缺乏统筹规划，导致重复购置资产的现象频出。在清查环节，馆藏图书类资产，具有体积较小、价值差异大、不耐保管、流动性强等特点[6]，清查耗费大量人力物力；馆内仪器设备与家具类资产存在历史数据核查不清，领用人、存放地不准确，账实不符等情况。在处置环节，由于处置流程的烦琐性，人工操作的复杂性（按批建账的图书资产常常要进行资产拆分等操作），以及各固定资产本身固有的特性导致的资产处置定价不准确等方面问题，均加大了处置的难度。

2 清华大学图书馆固定资产管理情况

2.1 固定资产情况

清华大学图书馆由总馆及文科、美术、金融、法律、经管、建筑六个专业图书馆组成，馆舍总面积 7 万余平方米，主要拥有房屋类、图书类、文物及陈列品类、设备（含软件）与家具类等不同种类的固定资产。立足于清华大学图书馆的管理架构特点，图书馆在 2000 年正式提出搭建校图书馆—专业图书馆—院系资料室的三级文献保障体系。[7]截至 2021 年 12 月 31 日，该体系包括校图书馆、六个专业分馆及十余个院系资料室，图书类资产（含中外文图书、期刊合订本、学位论文、资料）约 536 万册（件）。

2.2 固定资产管理体制

2017 年，图书馆根据学校工作安排，成立资产管理组，由主管文献资源建设的馆长统筹，承担全校图书、文物及陈列品类资产的综合管理工作。2021 年，新修订的《清华大学国有资产管理规定》中将全校图书、文物及陈列品的归口管理单位由图书馆调整为文化建设办公室（2019年成立）。图书馆仍是全校图书类资产的具体管理单位，继续推进资产管理工作精细化、专业化、数字化。对于本馆的固定资产管理，清华大学图书馆实行分类分级管理体制。固定资产分类别由分管馆长统筹，例如，图书类资产由主管文献资源的馆长统筹，施行“分层控制、统一规范、动态管理”的管理模式。[6]图书馆综合办公室是图书馆固定资产的综合管理部门，下设馆级资产管理员，负责协调与落实全校图书类、全馆各类型固定资产的管理，图书馆各部门下设部门资产管理员，负责本部门固定资产的日常管理。

3 清华大学图书馆固定资产全生命周期管理实践

3.1 重视规章制度建设，建设资产管理制度体系

清华大学坚持以法治思维和法治方式深化综合改革，努力实现“良法之治”“程序之治”。[8]近几年，清华大学图书馆落实制度体系构建及内部控制工作，梳理不同类别资产的共性与差异，研究适用各种类别资产管理的工作方式，规划长效机制，努力建设科学有效的制度体系，实现了资产全生命周期的精细化管理，防范资产风险。清华大学图书馆明确了资产管理范围、职责分工，使得在对各类资产管理上有据可依，规范有序。

3.2 充分利用信息化平台实现管理的数字化转型

2003年前后，清华大学图书馆开发了第一代网络版设备管理信息系统，实现了管理实名制，记录了设备家具建账、馆内调拨、处置等信息。2006年将设备家具信息纳入学校设备家具信息管理系统，完善了处置审批、增值等功能，推进了固定资产的精细化管理。2012年建立图书馆协同办公平台（OA办公平台），嵌入了新的图书馆资产管理模块，模块包括记录资产信息、资产建账、处置、内部资产分配、统计等功能，实现了对全馆设备、家具统一精细化管理的数字化转型。对于图书类资产，图书馆早在20世纪90年代就已启用了专业的业务系统，实现了内部建账、使用管理等功能，但未与学校国资平台实现数据共享，后续将进一步研究业务系统与资产管理信息系统的耦合问题。2016年，清华大学开始部署资产管理信息系统，在设备家具、房地产、图书管理系统等归口管理部门系统之上，建立校级资产管理数据平台，以解决学校各资产归口管理部门信息互联的“信息孤岛”问题。[9]2018年年底，图书馆配合学校上线国有资产管理系统，该系统上线之初基本涵盖固定资产全过程管理功能，并将资产系统与财务业务系统对接。此后，图书馆自身的OA办公平台资产数据迁移至学校国有资产管理系统，包括固定资产建账、资产调拨、处置及资产统计等工作均完成了系统整合。系统中固定资产验收建账、变动、处置等业务进度链条式展示，清晰可查，数据可视化线上留痕，保证了资产管理过程中的透明性和公开性。利用国有资产管理系统建立固定资产相应档案，对应的二维码标签包含资产位置、保管人等信息，将其粘贴在固定资产上，管理人员扫码便能快速掌握资产信息（见图1）。

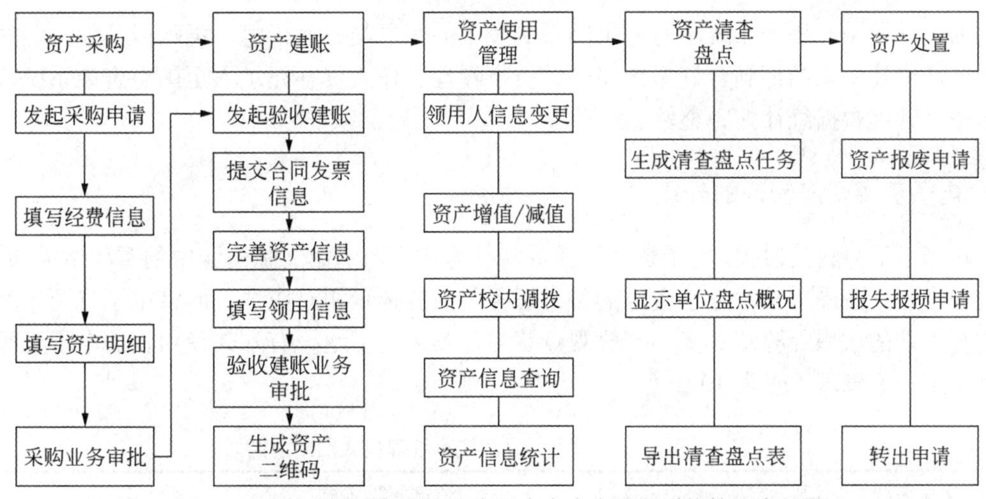

图1 清华大学图书馆固定资产平台全生命周期系统管理流程图

未来，国有资产管理系统将向前衔接采购业务系统，实现学校采购数据与资产管理数据的一体化整合；向后衔接教育部监管系统，方便教育部主管部门对资产数据进行实时动态监控及统计，为实现清华大学智慧校园远景目标奠定良好基础。

3.3 规范的固定资产管理流程

在采购环节，图书馆按照“勤俭节约、量入为出”的原则进行采购预算编制，采购支出严格按照预算标准执行。各主管馆长统筹所管辖业务范围内的常规采购活动，图书馆各采购归口部门负责落实具体采购工作。以办公家具采购为例，图书馆的采购归口管理部门优先通过调配馆内闲置办公家具以满足各部门需求，盘活闲置资产。在市场调研的基础上择优确认供应商，在学校国有资产管理系统发起采购流程。采购后，采购人员与使用人员共同验收。

在固定资产清查环节，以清华大学图书类资产清查工作为例。整个清查工作分为准备、实施和总结阶段。在准备阶段，主要完成上一统计周期资产存量的梳理以及制定图书类资产清查工作方案。在实施阶段，主要完成培训、现场清查、数据校准以及抽查检验。在总结阶段，要梳理清查数据，分类别分析图书类资产情况，形成清查分析报告，以此为基础，探索图书类资产全生命周期实时、动态管理的模式。

在处置环节，以图书类资产处置管理模式为例，图书剔除工作以“保留品种”为基本原则，只允许剔除馆藏书刊的复本，并以剔除复本过多、失去价值、流通率低、损毁严重等情况的图书为主。拟剔除的图书类资产需遵循学校资产处置各项要求，充分提高资产利用率。图书处置完成后除了向上级部门报备，还需将剔除的图书电子清单数据加载到“剔除馆藏数据库”，并同步修改国有资产管理系统以及图书馆馆藏数据，实现全生命周期的最后一环管理。

3.4 统一的固定资产统计方法

固定资产统计工作是固定资产管理中重要的环节之一。以图书馆图书类资产管理数据统计为例，统计对象主要包括图书馆、专业图书馆、院系资料室及藏有图书的学校二级单位。通过学校国有资产系统实时记录因采购发生的图书类资产信息，捐赠或其他来源的图书类资产以及入藏的期刊合订本由图书馆资产管理工作人员补充录入至国有资产系统，保证了资产管理数据统计的完整性。

3.5 电子资源资产管理的升级

在当下信息科技时代，电子资源以其独特优势成为图书馆文献资源中的重要组成部分。然而如今，高校图书馆对电子资源的日常服务与内容揭示相对成熟，而将电子资源作为资产进行管理的成熟经验却不多。一般观点认为，安装在本地、有永久使用权的电子资源应纳入固定资产管理（见表 1）。

表 1 不同学者对电子资源资产管理模式归纳总结

文章来源	资产管理模式
赵立冰、高景山[10]	安装在本地，具有永久使用权纳入固定资产管理，只有使用权限，停止支付即停止使用不纳入
史淑英、张静[11]	以权利型无形资产管理
李泰峰等[12]	三种管理模式：按虚拟资产管理；按虚拟经费管理；安装在本地服务器，具有本地镜像和永久访问权的电子书应纳入固定资产管理
陈涛[13]	安装在本地镜像到图书馆服务器的电子资源作为固定资产管理，只提供远程访问的电子资源按租用产品使用权处理
李斌等[14]	提供镜像数据可免费永久访问，按固定资产管理；数据存放远端服务器且永久免费访问的，按无形资产管理；数据存于远端服务器提供有偿永久访问的及仅有远程访问权，停订即停止使用的，按服务费用处理

近年来，清华大学图书馆电子资源订购量逐年增长，占比在总经费一半以上。2021 年，清华大学图书馆开始探索电子资源资产管理模式，初步决定将买断并安装在本地或具有永久使用权的电子全文型文献资源作为固定资产管理。然而，电子资源资产管理中涉及的诸多方面，如电子资源的资产属性、资产建账问题（统一建账或以电子资源明细建账）以及涉及的产权归属、使用权等问题还需要探索更成熟的方案。

4 推进高校图书馆固定资产全生命周期精细化管理

新时期，面对国家国有资产管理要求的升级，高校图书馆应把握未来数字时代发展方向，探索固定资产全生命周期精细化管理途径。

4.1 健全多维规章制度体系，建立科学长效资产管理模式

高校图书馆应从保障固定资产的安全角度出发，以建立科学长效的固定资产管理模式为宗旨，健全多维规章制度体系。从纵向维度看，固定资产管理体系需涵盖管理层级制度以及工作流程式底层制度。管理层级制度中要明确固定资产管理范围，规范固定资产负责人、保管人、资产管理员等角色职责，提升执行效率，落实管理责任，增设固定资产相关监督制度，增强内部控制；工作流程式底层制度中要注意健全固定资产全过程操作流程，重点

考虑流程的可操作性与合理性。从横向维度看，要提升固定资产业务工作制度的覆盖面，着重在资产形成与退出阶段完善制度，降低管理风险，要针对各类资产特性制定相应流程制度，降低一般性制度可能造成的操作风险。从时间维度看，固定资产管理的规章制度要以国家法律法规为指导，时常对规章制度查漏补缺。

4.2 倡导节约共享理念，促进固定资产管理可持续性发展

高校图书馆要倡导节约共享理念，从源头抓起，落实预算管理与资产管理一体化，依据预算资金科学配置馆内固定资产，按照固定资产存量合理规划编制预算，要打破固定资产流动壁垒，加强跨部门、跨单位闲置固定资产信息互联互通，配合学校建立固定资产共享共用平台，充分盘活闲置资产，以促进固定资产管理可持续发展。

4.3 加强新类型资产管理研究，拓展资产管理覆盖面

高校图书馆要顺应数字化时代发展趋势拓展资产管理覆盖面，探索有效的管理方式。例如电子资源，在高校图书馆的购置经费中占有很大比例，新冠疫情更是催生了开放获取的数字资源的大量涌现。当前，高校图书馆要增强对电子资源的资产管理意识，建立全过程精细化管理机制，制定电子资源资产管理相关规章制度，研究电子资源管理方案，包括电子资源管理范畴、资产属性标准、电子资源使用权与产权归属等，重视电子资源长期保存工作，增强该类资产抗风险能力，探索电子资源的资产管理和业务服务整合方式，延伸资产管理内涵。

4.4 创新升级固定资产管理信息化平台，助推固定资产管理高效化

固定资产管理信息化平台可针对不同资产设计定制化模块，例如图书类固定资产管理，就目前存在的馆藏资源管理平台与学校固定资产管理平台资产信息不能准确映射的问题，后续可定制升级固定资产管理信息化平台，实现图书类固定资产两系统数据同步。固定资产管理信息平台还可考虑将物联网技术（如全球定位系统 GPS、射频识别 RFID、无线通信技术 Wi-Fi、蓝牙定位等）与固定资产管理平台融合，对固定资产进行远程定位、监控等，实现对固定资产的动态监管。

5 结语

固定资产管理已开启高质量发展新征程，高校图书馆要把握机遇，着眼长远，建立长效管理机制，加强新类型资产管理研究，树立节约共享理念，创新升级固定资产管理平台，以推动资产管理行稳致远。各高校图书馆还应结合自身特点和优势，多元角度加强固定资产管理，实现固定资产管理工作精细化、规范化和数字化升级。

参考文献

[1] 司法部网站. 司法部、财政部就《行政事业性国有资产管理条例》有关问题答问[EB/OL]. (2021-03-18) [2021-09-07]. http://www.gov.cn/zhengce/2021-03/18/content_5593712.htm.

[2] 刘静文, 金朝辉. 高校图书馆固定资产管理存在的常见问题及对策探究[J]. 经济师, 2019(8): 92-93.
[3] 郭晓红. 高校图书馆固定资产管理研究[J]. 图书馆建设, 2019(S1): 130-132.
[4] 柴霞. 高校固定资产管理现状及解决对策研究[J]. 现代营销(下旬刊), 2019(9): 134-135.
[5] 王东亮. 推进高校固定资产管理信息化的思考[J]. 产业与科技论坛, 2018, 17(1): 196-197.
[6] 庄玫, 邵敏, 陈辉, 等. 三级文献保障体系下的高校图书资产管理探索[J]. 实验技术与管理, 2014, 31(8): 253-255.
[7] 赵熊, 于丽英, 张力军. 十余年来学校图书馆体系建设回顾[M]//林佳，杨慧. 探索改革奋进——纪念清华大学图书馆百年华诞论文集. 北京：清华大学出版社, 2013: 14-19.
[8] 陈旭. 以法治思维法治方式推进学校治理体系建设——基于清华大学依法治校实践的思考[J]. 国家教育行政学院学报, 2019(1): 10-12.
[9] 张军民. 高校国有资产管理信息系统建设探讨——以清华大学国资管理系统为例[J]. 行政事业资产与财务, 2017(7): 31-32.
[10] 赵立冰, 高景山. 图书馆电子资源资产管理的思考[J]. 内蒙古科技与经济, 2012(9): 158-159.
[11] 史淑英, 张静. 基于契约的数字资源资产管理问题探讨[J]. 图书馆建设, 2019(4): 92-97.
[12] 李泰峰, 王宁, 李斌. 高校图书馆电子书资产管理模式探析[J]. 四川图书馆学报, 2020(3): 33-36.
[13] 陈涛. 高校图书馆资产管理工作探析——以云南民族大学图书馆为例[J]. 四川图书馆学报, 2017(5): 40-42.
[14] 李斌, 王宁, 张赟玥. 高校图书馆电子书资产化管理策略探究[J]. 图书馆工作与研究, 2021(6): 69-73.

清华大学图书馆融媒体宣传体系的创立与实践

何　萌　庄　玫　刘宇婧　鲁　杰

摘　要：结合融媒体发展现状，回顾清华大学图书馆宣传体系的创立与实践，总结不同媒体平台在清华大学图书馆宣传中发挥的作用及其在传播过程中的优劣点。通过调研国内高校图书馆融媒体平台的运用和发展，对未来高校图书馆利用融媒体平台进行宣传提出建议。

关键词：高校图书馆；融媒体；宣传

0　前言

随着图书馆资源的不断丰富和服务的日益多元化，为了能够让读者全面了解并便捷使用图书馆的海量资源和各项服务，提升高校图书馆在支撑教学科研及文化传播方面的职能，宣传体系的建设日趋重要。清华大学图书馆立足传统、与时俱进，不断拓展新的宣传平台，通过总结和创新，丰富和完善宣传渠道和内容，提高宣传质量，打造了立体、全面、生动的网络时代融媒体宣传体系，为学校的教学及科研工作提供了有力支撑，为书香校园的建设发挥了重要作用。

1　清华大学图书馆宣传体系发展回顾

回顾近年来清华大学图书馆宣传体系的发展，从传统的纸媒、公告系统、网站，到新媒体的出现与演化，清华大学图书馆始终以读者的需求为中心，一方面积极改进完善传统媒体平台，另一方面紧跟时代和技术发展趋势，探索建设新媒体平台。

1.1　传统宣传平台稳步发展，与时俱进更新迭代

作为传统媒体平台的代表，图书馆网站具备宣传及提供服务的双重功能，是非常重要的对外展示窗口。自 2009 年至今，结合技术的演进发展，清华大学图书馆多次推出全新的网站系统。

2009 年，清华大学图书馆新版中英文主页上线，集成了强大的立体整合检索功能，增强了人性化设计，动感清新。中文主页日点击量超过 100 万次，英文主页实现了实用检索

功能，为校内近 3000 名留学生提供及时有效的资源导引和检索服务。[1]2015 年，清华大学图书馆中英文主页全年修改、制作、维护超过 1000 次。2017 年，配合清华大学图书馆书目管理系统的更换完成了中英文网站全面整修更新（见图 1）。

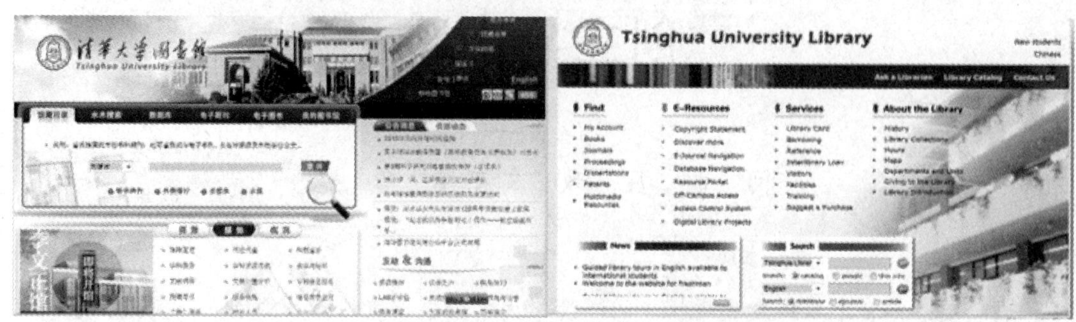

图 1　2009 版清华大学图书馆中英文主页

2019 年年底清华大学图书馆再次应用大数据技术启动了官网的改版工作，新版网站在 2021 年正式启用。在新网站建设中，遵循“以用户为中心”的原则，对图书馆服务进行彻底的编目梳理，使读者在访问网站时实现点击次数的优化，可以更快速便捷地获取信息，同时网站突出本馆特色，创新了不同的展示形式和风格（见图 2）。

图 2　2021 版清华大学图书馆中英文主页

20 世纪 90 年代，传统的报纸、刊物是图书馆宣传服务的主要渠道。清华大学图书馆于 1992 年 6 月创办《图书馆与读者》馆刊。该刊迅速成为清华大学图书馆与读者之间信息交流的重要桥梁之一，同时与国内近 70 家图书馆单位交换寄送。但是随着移动互联信息时代的发展和环保理念的深入，清华大学图书馆自 2016 年 7 月起停印该刊的纸质版。该刊的电子版其后继续编制了 15 期，通过网络、微信、微博、图书馆主页等渠道持续传递清华大学图书馆最新的资讯与服务。受到新媒体传播的深刻影响，清华大学图书馆微信实现了对馆刊栏目的全方位覆盖及推送服务，2018 年年底《图书馆与读者》正式停刊。

一直以来，学校新闻网及学校信息服务平台、图书馆办公系统都是清华大学图书馆内宣的核心平台。其受众以校内师生为主，发布内容主要为图书馆简报、馆内新闻等。清华大学图书馆在各部门均设有信息员，收集和提供馆内相关新闻素材，近年来新闻发布数量及质量稳步提升。此外，清华大学图书馆还利用馆内物理空间资源，依托馆内公告系统发布相关消息和资讯（见图 3）。

图 3　清华大学图书馆公告系统

1.2　新媒体快速成长，社交媒体作用凸显

近年来，微信公众号在宣传中发挥的作用日益突出。清华大学图书馆微信公众号于 2013 年 6 月正式开通，每周发布一期固定内容，同时配合不定期的快讯内容。固定内容主要包括水木华章、清图快讯、新书放送、图影书声、特藏组曲、我的大学、我的图书馆、清华藏珍栏目等。不定期内容以图书馆主页通知、动态新闻、书展等展览内容为主。2013 年共编排发布图文信息 52 期，累积关注人数 3040 人。到 2015 年年底，粉丝数量超过 3.1 万人。同年，清华大学图书馆北馆（李文正馆）正式开放，微信公众号配合该新闻热点发布《北馆诞生记》系列推文，创造了原创微信主题活动宣传的典型案例（见图 4）。同时，清华大学图书馆微信公众号开始加强与清华大学校内微信公众号的合作，发挥宣传联动效应。

图 4　《北馆诞生记》系列推送

伴随微信公众号内容栏目的不断扩展，稿源增多，微信内容更加丰富，增加了专题书架、节日专题、读书文化月、迎新季&毕业季、讲座预告等专题推送，发文量和阅读量不断提高，公众号的活跃度逐年提高。2018 年清华大学音乐馆开馆试运行，官微及时发布相关新闻，该条推送的阅读量超过了 17 万次（见图 5）。清华大学图书馆微信公众号在校内 300 多个微信平台中脱颖而出，排名前十并荣获 2018 清华大学第二届校园网络文化节优秀作品三等奖。

图 5　《清华大学音乐图书馆开馆试运行》推送

2019 年迎新季，清华大学图书馆公众号推出了特别策划的针对九字班新生的“爱你已‘九’”迎新系列推送，让新生全面了解图书馆的“横扫清华图书馆攻略”系列，以及精选新生们大学学习初心的“修炼宣言”系列受到了同学们的喜爱，清华大学图书馆公众号粉丝数量更是突破了 10 万人（见图 6）。

图 6　2019 年迎新系列推送

微信公众号在内容形式上也不断创新，更加注重排版的美观度，加入了音频、视频、小程序等形式，截至 2020 年年底官微的粉丝数量达到 133004 人（见图 7），总阅读量超过 57 万次。2016—2020 年共发布微信信息 1720 篇，累计阅读次数近 185 万次（见图 8）。

随着微信公众号的蓬勃发展，其精准定位优势凸显，读者对微博的关注度有所下降。清华大学图书馆官方微博调整为以转发官网及官微发布内容中图书馆的重要通知、活动信息等内容为主。截至 2020 年年底，清华大学图书馆微博粉丝超过 5.7 万人。

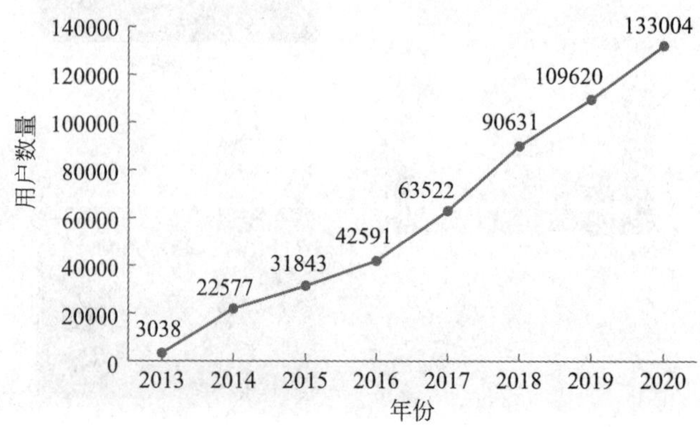

图 7　清华大学图书馆微信公众号用户数量（2013—2020 年）

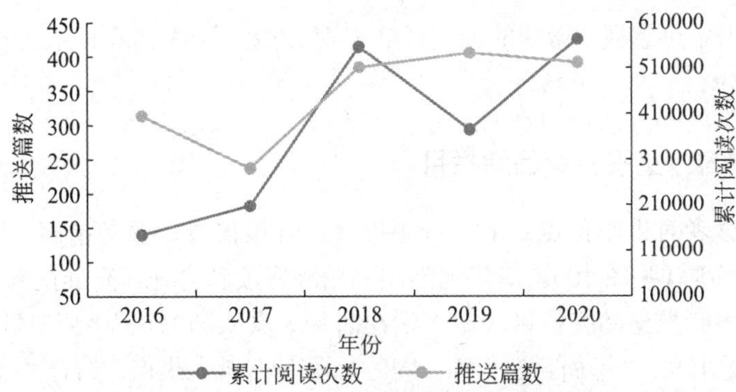

图 8　清华大学图书馆微信公众号推文数量及累计阅读次数统计（2016—2020 年）

2　现阶段清华大学图书馆融媒体平台的推广实践

图书馆传统的宣传推广方式在“互联网+”时代的高速发展大环境下，已不能满足新时代的要求。不同渠道与媒介的信息资源传播方式让读者有了更多选择，读者对信息的需求也更加个性化。习近平总书记提出：“要形成资源集约、结构合理、差异发展、协同高效的全媒体传播体系。”在万物皆媒的时代潮流里，图书馆势必要顺应媒体融合发展趋势，开拓新媒体服务，整合资源，使“融媒体”模式成为阅读与服务推广的“催化剂”，推进图书馆宣传方式多样化、宣传渠道立体化、宣传内容多元化。

2.1　打造多元化融媒体平台，满足不同受众需求

清华大学图书馆目前的宣传推广平台包括图书馆官方网站、微信公众号、微博、短视频平台、馆内公告系统以及校内发布平台等，可以满足图书馆内宣和外宣的需要，并根据各平台的特点以及平台受众的差异，策划发布不同的内容，为读者提供了全新的阅读和学习体验。在成熟媒体平台平稳运营的同时，清华大学图书馆积极尝试使用新兴视频平台，于 2020 年年底开通了抖音、快手、Bilibili 等账号，用视频形式宣传图书馆的服务和特色资源，增加与读者互动的机会，占领新的宣传阵地。此外，清华大学图书馆开展了校内外读者对本校图书馆融媒体平台使用情况的调研（参与调研的用户中 68.8%为本校学生，17.6%为本校老师，13.6%为校外读者），结果显示（见图 9），清华大学图书馆官网和微信公众号为读者最常使用的平台；馆内公告屏及海报在读者常用平台中位列其后，由于拥有受众精准的

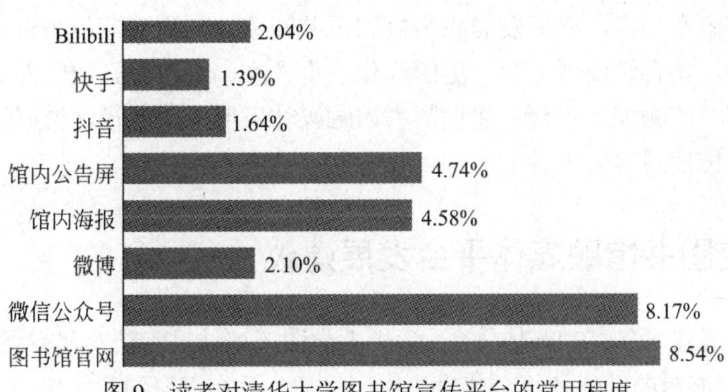

图 9　读者对清华大学图书馆宣传平台的常用程度

特点，其宣传作用不可忽视；微博的使用读者相对较少，新兴视频平台由于推出时间不长，尚未成为常用媒介。

2.2 丰富宣传内容，重视打造品牌栏目

调研显示，读者对讲座预告、电子资源推介、开馆信息、服务指南及阅读推广活动等表现出了更高的兴趣（见图 10）。清华大学图书馆顺应读者喜好，充分挖掘馆藏优势，结合新兴媒体力量，不断推出品牌栏目，如“学在清华 • 真人图书馆”“邺架轩 • 作者面对面”“挖矿系列”“专题书架”“每周甄选”等。同时，图书馆抓住热点，结合“读书文化月”“迎新季”“毕业季”“服务宣传月”等重要活动开展专题宣传，受到读者的关注和喜爱，吸引了一大批粉丝。

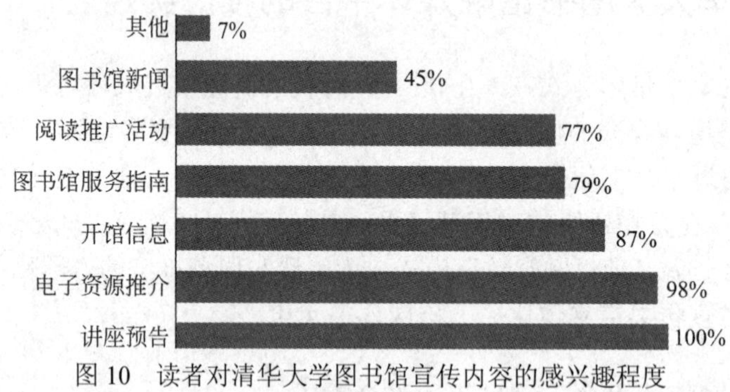

图 10 读者对清华大学图书馆宣传内容的感兴趣程度

2.3 创新宣传形式，推动“无阅读不清华”建设

在宣传形式方面，除了传统的图文结合，清华大学图书馆在日常的宣传内容中增加了音频、视频、直播等形式。2020 年秋季学期，清华大学图书馆为深度阅读系列活动推出了与读者面对面交流的直播服务。活动内容还通过清华大学官方微信、抖音等平台进行了同步直播，以弥补校内学生因时间冲突无法到场参加的遗憾；另外，活动向社会开放，体现高校图书馆的社会价值，做好阅读的推广者。直播收到了很好的反响，播放量超过 37 万次。此外，清华大学图书馆信息素养教育也通过现场授课和线上直播方式，为校内用户提供专业服务，全面挖掘图书馆资源和相关工具，培养读者利用资源高效学习和开展研究的能力。

在倡导全民阅读及融媒体时代的双重背景下，清华大学图书馆打破传统空间的局限，不断拓展服务内容和形式，逐渐发展成为校园公共阅读、文化交流的平台。清华大学图书馆还将继续探索，结合学校更创新、更国际化、更人文、更包容开放的发展理念，打造立体智慧、协同高效的融媒体平台，建设图书馆融媒体发展的新途径，讲好清华大学图书馆特色故事，广泛传播阅读文化。

3 未来高校图书馆融媒体平台发展建议

为更好地发展建设自身融媒体体系，清华大学图书馆通过走访及问卷调研形式对 22 家“双一流”高校图书馆的融媒体平台建设进行了调研，旨在汲取同行宝贵经验。高校图书馆

的反馈意见大多提及图书馆应加强新兴宣传渠道的意识，在对融媒体的建设中注重媒体内容表现形式的多样化，宣传平台的多元化，并且重视宣传团队队伍建设，特别是加强学生团队的建设，为图书馆融媒体建设注入新鲜活力，贡献创意（见图 11）。结合自身情况及高校图书馆调研结果，现提出以下发展建议。

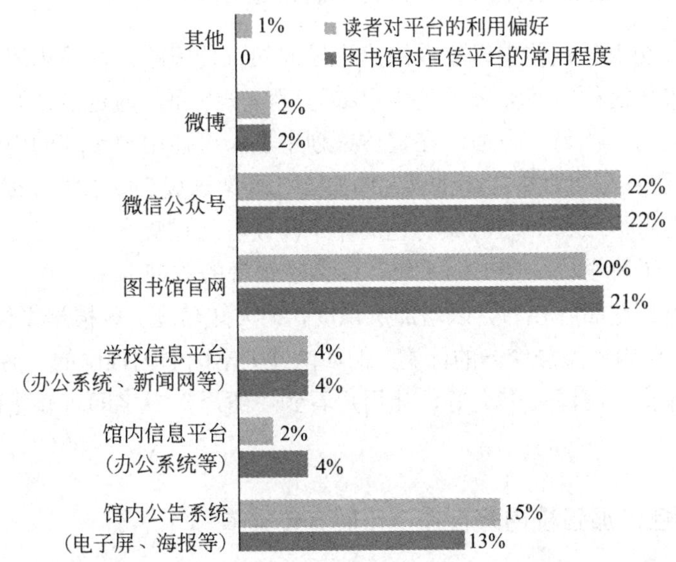

图 11　22 所“双一流”高校图书馆对宣传平台常用程度和读者对平台的利用偏好

3.1　兼顾平台特点，统筹融媒体宣传，推进效果最大化

传统媒体在内宣方面仍具有重要作用，而各高校图书馆外宣时通常会将传统媒体和新媒体相结合，由于新媒体形式多样，兼具共享性和交互性、传播速度快等特点被更多使用。

高校图书馆可针对不同的内容，统筹优化使用内宣和外宣平台。例如馆内活动新闻稿，在内宣时可适当简略；而外宣使用时，就可增加图片、视频等更多内容。活动推广，可以同时在内宣、外宣平台发布，相关信息可在宣传团队内部进行联动式响应，在准备宣传内容时应当进行多种准备，兼顾图文及视频等，在宣推阶段就可以发挥融媒体特点，实现在公告系统、微信、视频平台等多个渠道同时发布。

截至 2020 年 12 月，QuestMobile TRUTH 中国移动互联网数据库的数据显示，互联网用户日上网时间达到 6.4 小时。[2]在用户时长争夺战中，短视频正在重构互联网格局。短视频贡献了全网用户使用时长的 64.1%的增量，月人均使用时长超过 22 小时。根据《2019 年中国短视频行业分析报告》[3]，短视频应用的用户规模超过 8.5 亿，使用时长在用户使用移动互联网总时长中的占比高达 10.5%。

用视频形式推广图书馆的服务是未来宣传的发展趋势之一。通常而言，15～30 秒的短视频在信息量较大的话题中无法满足图书馆用户的需求。所以中长视频更适用于图书馆服务和资源的宣推。公共图书馆由于受众更为广泛，在视频平台的使用方面做出了积极探索。标题详尽、有话题引导、配有字幕的视频更易成为热门；实拍和采访视频易受用户青睐；

知识普及和有关社会文化方面内容的图书馆短视频易成爆款；有名人明星出镜的短视频更受欢迎；带有强烈感情色彩的短视频易获得用户的认同感。[4]优质、持续和差异化的内容是运营视频平台的关键。

3.2 以用户为中心，创新宣传内容，打造品牌形象

高校图书馆应在媒体宣传中建立以用户为导向的宣传策略，注重内容的多样化、特色化和实用化。在宣传过程中应充分重视用户参与度，一方面，通过定期开展用户调研，策划更受读者欢迎的内容；另一方面，在宣传策划中加入可让用户参与的内容，如清华大学图书馆在 2020 年服务宣传月中推出的“左图右史　邺架巍巍”图书馆探秘打卡活动，活动精心设计了探秘专属护照和 8 枚独具特色的印章，读者通过集齐印章可以亲自走访清华大学总馆和各分馆，了解学校的图书馆系统，受到了读者的欢迎。

突出自身特点打造品牌栏目，以增加辨识度，扩大知名度。可根据本校图书馆的特色，为图书馆策划的宣传内容添加统一的标签，例如南开大学图书馆推出的“丽泽”系列，包括丽泽讲堂、丽泽课堂、丽泽读书会等，让用户看到“丽泽”二字即可知是南开大学图书馆出品。

3.3 立足自身特色，加强校内外合作，拓展宣传渠道

融媒体平台包含众多宣发渠道，但是要想发挥融媒体宣传的最大效率，融媒体平台间必须加强合作与协同。

内容策划方面，高校图书馆应加强与校内学生社团组织及各院系的合作，同时发动学生志愿者的力量，使内容制作方面更好地迎合用户需求。作为高校图书馆重要受众之一的学生群体，如果可以参与到内容的策划和制作环节中，可以使宣传内容更贴近学生的喜好，更容易受到学生的欢迎。

发布环节应重视加强与学校的联动，积极动员校内单位转发，扩大影响力。例如清华大学图书馆在对深度阅读系列活动进行宣推时，除在本馆公众号、网站等平台发布之外，还联合学校官方媒体、学生会、校研会及继教学院的宣推平台进行发布，兼顾了本科生、研究生、校外人士等各类受众。

高校图书馆除了为校内读者提供服务，还要兼顾发挥社会价值，让更多的人受益。高校图书馆应积极联动社会媒体，发挥社会媒体的作用，将适合大众了解的内容通过社会媒体投放出去。在打造自身品牌的同时，助力学校品牌形象建设。

3.4 协同全馆力量，建设专业宣传队伍，强化宣传意识

宣传团队是打造融媒体平台最基本的保障。调研结果显示（见图 12），高校图书馆宣传团队可以是专职部门、专职团队（下属某个部门）、协同模式（由各部门抽调人员组建）或学生团队。其中，协同模式为高校图书馆宣传团队的主要组成方式（占总数的 63.64%）。协同模式队伍组建灵活，跨部门合作优势凸显。其次为专职团队（占总数的 31.82%），成员组成均为专职馆员，其优势是可以提升宣传工作的专业程度和系统性。

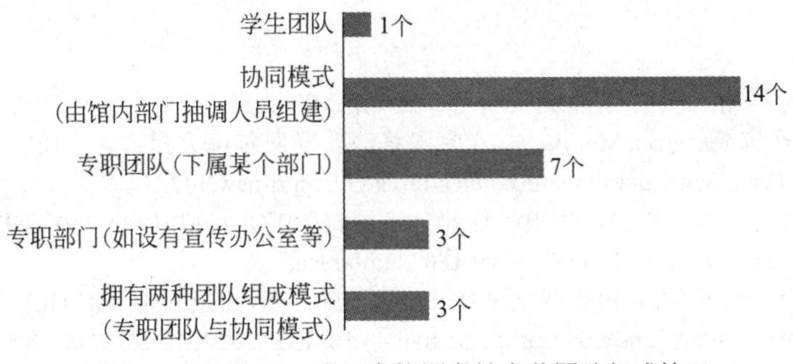

图 12　22 所“双一流”高校图书馆宣传团队组成情况

随着融媒体平台的不断完善，多平台的运营维护需要一支相对稳定的专业团队来保证宣传工作的质量。通过建立宣传员机制，在图书馆各部门中指派专人参与宣传工作，并与宣传团队协作完成后续的编辑发布推广工作，可有效丰富宣传内容、提高宣传质量。

在“人人都是自媒体”的时代，朋友圈、群组内的传播具有覆盖面广、传播速度快等特点。因此，发动全体馆员提高宣传意识，积极参与转发，实现群组的精准投放，会使宣传效果事半功倍。

3.5　规范宣传发布机制，保证宣传时效性，提高宣传质量

“宣传无小事”，工作中的每个环节都应格外重视，避免出现错误而影响宣传效果。在整个宣传工作流程中，需要通过规范发布机制，使发布内容在策划、编辑、制作、校审、发布等各个环节得到控制，一方面保证宣传的及时性，另一方面梳理各平台的内容要求，对发布流程等进行说明，便于全馆馆员了解。

重视舆情控制，关注用户反馈，加强对信息的维护和管理。特别要注意直播过程中的舆情控制，必须保证有专人实时监控现场情况，提前做好应急预案，在出现特殊情况时采取必要的措施。

建立宣传评价机制，重视总结。通过对内容评价，引导宣传内容。对年度宣传内容进行系统梳理，重点评价各平台不同内容的受欢迎程度，可从阅读量、点赞数、转发量等维度对内容进行评价。将评价结果及时反馈，方便各部门了解用户需求和喜好，提升内容质量。

4　小结

回顾过去，展望未来。近十年间，清华大学图书馆的融媒体体系建设不断创新完善。以用户为中心，以资源为基础，以技术为引领，以服务为导向，是我们工作的基础。融媒体平台的发展为高校图书馆宣传工作带来了新的契机，多元化的宣传途径对宣传内容也提出了更高的要求。如何建设好、利用好、融合好这些宣传渠道，做好阅读与推广工作，提升图书馆形象和用户满意度，是高校图书馆宣传工作中需要持续深入思考的问题。各高校图书馆应立足自身特色，以用户为中心，统筹运用、精准定位、协同创新，完善宣传机制、建设专业团队、打造品牌形象，充分发挥融媒体平台优势，积极推广图书馆的资源和服务，助力校园文化建设。

参考文献

[1] 清华时间简史图书馆编委会. 清华时间简史・图书馆[M]. 北京：清华大学出版社, 2021: 191.

[2] QuestMobile 研究院. QuestMobile 2020 中国移动互联网年度大报告・上[EB/OL]. (2021-01-26) [2021-09-09]. https://www.questmobile.com.cn/research/report-new/142.

[3] 前瞻产业研究院. 2019 年中国短视频行业分析报告[EB/OL]. (2019-09-09) [2021-09-09]. https://bg.qianzhan.com/report/detail/1909091648561802.html#read.

[4] 沈丽红. 图书馆热门短视频内容规律探究——基于抖音平台的实证研究[J/OL]. 图书馆, 2020(12): 75-82 [2021-09-09]. htttp://kns.cnki.net/kcms/detail/43.1031.G2.20201224.1427.024.html.

[5] 萧群, 刘雅琼, 张海舰, 等. 高校图书馆宣传推广体系的构建与思考——以北京大学图书馆为例[J]. 大学图书馆学报, 2017, 35(6): 94-99.

十年来清华大学图书馆党建工作的回顾与思考

蒋耘中

2012年，对于清华大学图书馆而言，是具有里程碑意义的一年。这一年，清华大学图书馆迎来了建馆100周年的重要时刻，同时也见证了党的十八大的召开。党的十八大为基层党建工作描绘了新的蓝图，提出了新的要求，为清华大学图书馆党建工作指明了方向。在这个历史性的交汇点上，清华大学图书馆党建工作开启了新的篇章。十年来，图书馆党委在学校党委的坚强领导下，以党的十八大精神为指导，以党的政治建设为统领，聚精会神抓党建，党组织的政治核心和战斗堡垒作用不断加强，较好地推动了图书馆事业的发展和创新。

一、过去十年党建工作的主要成绩

1. 党组织的政治核心作用得到加强

发挥党组织的政治核心作用是党的十八大后以习近平总书记为核心的党中央对党建工作提出的明确要求，也是加强党的政治建设的重要内容。十年来，在学校党委的领导和部署下，图书馆党委加强党的领导，认真发挥政治核心作用，制定和完善了党委会和党政联席会会议制度，进一步明确党委会和党政联席会的分工，明确了党委会前置讨论的议题，健全民主集中制，坚持“三重一大”制度，与行政领导班子一道推动各项工作的开展。我们及时传达上级党组织的工作部署，充分发挥教代会和工会的作用，让广大馆员及时了解学校的工作安排，统一思想，凝聚人心，保证了学校的各项工作部署能够得到及时准确地贯彻执行。在疫情防控、职工队伍改革、图书馆各项业务的推进、图书馆“十四五”事业发展规划的制定等重要工作中，党委总揽全局，把握方向，协调关系，支持图书馆行政创造性地开展工作，较好地完成了各项任务。

馆党委始终把思想理论建设摆在首位，坚持用习近平新时代中国特色社会主义思想武装党员干部的思想，组织党员干部认真学习党的路线、方针和政策，学习习近平新时代中国特色社会主义思想，帮助党员、干部提高思想理论水平。我们以理论学习中心组学习为龙头，先后组织干部和党员学习党的十八届四中全会以来历次中央全会和党的十九大精神，学习习近平总书记系列重要讲话，学习《中国共产党章程》《中国共产党纪律处分条例》《中国共产党党内监督条例》《关于新形势下党内政治生活的若干准则》等党规文件，不断增强党员群众的“四个意识”，坚定“四个自信”，自觉做到“两个维护”，在重大政治问题上明辨是非，与中央保持一致。在先后开展的党的群众路线教育实践活动、“三严三实”专题教育、“两学一做”学习教育、“不忘初心、牢记使命”主题教育和党史学习教育中，馆党委按照学校党委的统一部署，组织领导班子带头深入学习理论，开展调查研究，认真查摆问题，扎实推动整改，把集中教育的成果落实到推动图书馆的建设和发展上，取得了扎扎实实的成效。

在2020年年初开始的新冠疫情防控中，按照学校的要求，我们成立了图书馆疫情防控工作组，由党委书记和馆长任组长，领导班子成员担任工作组成员，全面领导图书馆的疫情防控工作。党委积极做好馆员思想政治工作，及时了解馆员思想动向，做好说明和解释工作，要求全体党员发挥先锋模范作用，增强“四个意识”，坚定“四个自信”，拥护中央决策部署，不信谣，不传谣，令行禁止，在防疫工作中勇挑重担。为保证学校教学科研工作的正常进行，党委根据疫情防控政策的变化，及时调整服务方式，组织力量开发校外访问系统，开展线上教学和服务，保证各项服务不断线。在疫情防控最紧张的日子里，党委召开全馆大会，把疫情防控的形势和可能遇到的困难讲清楚，稳定大家的思想。广大党员冲锋在前，勇挑重担，较好地发挥了模范带头作用，保证了各项工作的顺利进行。同时，党委关心馆员生活，要求党支部书记每天与所辖部门的馆员保持联系，了解他们的身体和思想状况，及时解决他们遇到的困难。在党委的坚强领导下，图书馆平稳度过三年疫情，不仅各项服务没有中断，还开辟了新的服务内容，工作水平和服务水平都迈上了一个新的台阶。

十年来，清华大学图书馆党组织在图书馆的决策和发展中发挥了核心作用。党组织坚持民主集中制原则，确保图书馆的各项工作符合国家和学校的方针政策，为图书馆的长远发展提供了坚强的政治保证。

2. 加强党支部建设，更好地发挥党支部的战斗堡垒作用

在图书馆历届党委的不懈努力下，图书馆的党支部建设有很好的传统，也积累了很多好的经验和做法，形成了比较完备的组织体系和工作体系。但是也要看到，在党的十八大以前，受多种因素的影响，图书馆的党支部建设也存在政治功能弱化，以业务工作代替党的工作的倾向，影响了党支部战斗壁垒作用的发挥。

党的十八大以后，以习近平总书记为核心的党中央对党的建设提出了新的要求，明确要求要加强党的政治建设，党组织要发挥政治作用。学校党委也对党支部政治作用的发挥提出了明确的要求。十年来，图书馆党委着眼于充分发挥党支部的思想政治教育功能，从加强理论学习、推动党支部工作和部门业务工作深度融合、以特色活动为抓手提高支部工作的水平等方面入手，大力加强党支部建设，取得了显著的成效。

加强理论学习是增强党支部思想政治教育的基础。没有理论学习，党支部的思想政治教育功能就无从谈起。十年来，我们以历次集中教育为契机，大力加强党支部的理论学习。一方面，党委在每年的工作计划中都对党支部的理论学习提出了明确的要求；另一方面，重点抓领导干部讲党课。党委明确规定，党委委员每年要在自己所联系的支部讲一次党课，领导班子成员每年要在自己所在支部讲一次党课，党支部书记每年要在本支部讲一次党课。领导干部讲党课，很好地发挥了领导干部在理论学习中的带头作用，既充实了理论学习的内容，也保证了理论学习的深度，避免了理论学习流于形式的问题，收到了良好的效果。十年

来，各支部开展理论学习的次数占到支部活动总次数的 70%以上，党员群众的思想理论水平有了明显的提高。

提高支部活动的质量是加强党的政治建设、提高支部战斗力的基础。我们以校党委组织部组织的特色活动和调研课题为抓手，努力提高支部活动的质量。为落实《关于新形势下党内政治生活的若干准则》提出的"'三会一课'要突出政治学习和教育，突出党性锻炼，坚决防止表面化、形式化、娱乐化、庸俗化"的要求，我们加强了对支部特色活动和调研课题的指导，明确提出特色活动和调研课题要以理论学习为先导，以提高党员的政治思想水平和党性修养为目的，与部门业务工作相结合，采取丰富多样的形式，力争取得实效。各支部精心设计，精心组织，特色活动和调研课题的质量不断提高，有力地促进了支部工作水平的提高，多项成果获得校党委组织部评选的优秀成果奖。

加强党建最根本的目的还是在于推动业务工作的开展。为促进党支部工作和部门业务工作的深度融合，馆党委制定出台了《关于党支部工作的若干规定》，明确规定党支部书记参加部门主任例会，了解全馆总体工作；党支部书记参加部门考核小组和招聘面试小组，对馆员考核和招聘进人发表意见；在党员评议中，支委会要和部门主任一道分析党员的工作表现，对党员的工作提出评价和改进建议。在支部特色活动和调研课题的组织上，我们也要求党支部结合部门特点安排活动内容。这些措施从制度上保证了党支部工作与部门工作的联系，促进了党建工作与部门业务工作的融合。

3. 加强队伍建设，为图书馆长远发展打下良好基础

最近十年，由于多种因素的影响，图书馆的队伍建设面临诸多新的问题和挑战。从 2013 年以后，受学校职工队伍人事制度改革的影响，图书馆的馆员队伍面临工作人员减少、事业编馆员年龄结构老化、合同制人员增加、职称晋升困难等一系列问题，队伍建设成为影响图书馆长远发展的关键性问题。党委解放思想，迎难而上，采取多种措施努力加强队伍建设，队伍状况有了明显改善。

我们首先对现有的岗位进行了优化调整。在职工队伍改革中，学校给我们的岗位数是硬约束。这就要求我们结合工作需要对岗位设置进行优化和调整，用有限的岗位不仅保证图书馆的各项工作能够正常开展，还要推动图书馆的高质量发展。党委提出要按照"解放思想、突出重点，有所为有所不为"的原则，梳理业务流程，优化岗位设置，根据读者需求的变化，将那些传统上比较重要但读者需求已经下降的业务进行简化和压缩，留出岗位来加强需要加强的重点业务，同时积极引进劳务外包服务，适当增加研究生三助岗位。经过优化调整，岗位设置更加合理，实现了在人员总数不变和保证基础业务正常开展的前提下，图书馆各项重点业务有序推进的目标。

其次是加强了在岗人员的业务培训。为提高馆员的业务水平，更好地适应迅速变化的图书馆业务工作的需要，我们加大了对馆员的业务培训。一是加强了新入职馆员的业务培训。每一个新入职馆员都要参加为期一周的新馆员培训，熟悉图书馆各部门的业务工作；在工作一段时间以后，新入职馆员还要参加为期三个月的轮岗培训，到至少三个部门去实际参加工作，更深入地了解其他业务部门的工作；此外，新入职馆员还要参加为期一个学期的前台值班锻炼。这些措施帮助新入职馆员更快地融入图书馆的工作集体和业务工作中。二是要求各部门结合工作组织开展业务交流和培训，帮助馆员不断提高业务水平。三

是组织年轻馆员到兄弟高校图书馆考察交流，拓宽视野、开阔思路。2023年组织年轻馆员外出考察超过200人次。此外，我们还依托馆学术委员会和团支部组织馆员开展业务交流和培训。学术委员会常年坚持举办“401论坛”，组织馆员开展馆立项课题研究、申报国家社科基金，对学术研究优秀者给予表彰和奖励。团支部也组织年轻馆员外出参观考察，组织“图强论坛”开展业务培训和交流。这些培训活动对尽快提高年轻馆员的业务能力起到了很好的促进作用。

最后是努力营造一个团结友爱、奋发向上的工作氛围。党委充分发挥馆工会、教代会代表组和团支部的作用，一方面组织丰富多彩的业余文化体育活动，活跃工作气氛，加强团队建设；另一方面，关心群众利益，听取群众呼声，反映群众诉求，做好沟通解释工作。党的十八大以后，学校加大了改革的力度，其中人事薪酬制度的改革直接涉及图书馆馆员的切身利益。同时，图书馆也在不断推出新的改革与发展举措，这些举措也不可避免地要触及馆员的切身利益。馆党委一方面及时传达学校的有关部署，会同学校有关部门做好相关政策的解释工作，馆领导每学期与馆工会委员和教代会代表座谈，介绍馆里的工作，解答大家关心的问题。另一方面，也通过教代会代表组，积极参加学校的民主管理、民主决策，及时反映群众的意见和呼声，提出意见和建议。由于我们的工作做得比较到位，馆员的思想状态总体稳定，促进了各项改革的顺利推进。

此外，图书馆党委在党的作风建设、纪律建设、意识形态工作、统战工作等方面也开展了大量的工作，取得了可喜的成绩。限于篇幅，这里就不一一赘述了。

总体来看，十年来图书馆党建工作在原有的基础上又取得了新的进展，在图书馆的建设和发展中发挥了应有的作用。

二、对今后图书馆党建工作的思考与展望

党的二十大吹响了全面建设社会主义现代化国家的号角。习近平总书记在党的二十大报告中将高质量发展作为实现中国式现代化的本质要求之一。学校第十五次党代会，以努力开拓中国特色世界一流大学高质量发展新局面为主题，对今后五年的工作做出了全面部署，提出我们要肩负起时代赋予的光荣使命，敢于承担更艰巨的任务、应对更严峻的挑战，实现学校高质量发展，为建设教育强国、以中国式现代化推进中华民族伟大复兴贡献智慧和力量。这些都对我们图书馆的建设提出了更高的要求。

近年来，随着信息技术的飞速发展，人们获取信息资源的途径和方式也在发生重大的变化。特别是近两年以大模型为代表的人工智能技术的突破性发展，正在改变着人们的学习方式和工作方式，也改变着师生使用图书馆的习惯和方式。图书馆必须紧跟信息技术发展的步伐，以用户为中心，以资源为基础，以技术为引领，以服务为导向，坚定不移地走高质量发展之路，建设智慧化的未来学习中心，为学校的世界一流大学建设做出自己的贡献。可以预计，未来十年将是图书馆实现转型升级的关键十年，任务会更加繁重。

越是任务繁重，就越要发挥党建的引领作用。十年来的经验表明，党的领导是图书馆改革和发展顺利进行的根本保证。党组织要发挥把握方向、总览全局、凝心聚力、监督保证的作用，保证图书馆各项工作的顺利开展。

政治建设始终在党的建设中起统领作用。习近平总书记反复强调，世界正在面临百年

未有之大变局，必须进行具有许多新的历史特点的伟大斗争，必须增强忧患意识，坚持底线思维，做到居安思危、未雨绸缪，准备经受风高浪急甚至惊涛骇浪的重大考验。政治建设的核心就是要把党员群众的思想统一到党的路线、方针和政策上来，统一到学校党委的各项工作部署上来，帮助党员群众牢固树立“四个意识”，坚定“四个自信”，自觉做到“两个维护”，共同为建设中国式现代化贡献自己的力量。思想不统一，心气就不顺，就会产生各种矛盾。十年来，我们大力加强党的路线方针政策的学习教育，党员群众的思想理论水平有了较大的提高，在加强政治理论学习方面也取得了一些经验。但是也要看到，我们的政治理论学习形式还比较单一，与党员群众的思想实际结合得还不够紧密，实际效果还有待进一步提高。这是我们今后需要进一步探索和改进的。

基层组织建设是党建工作的基础。支部是党组织的基本细胞，党员是党的形象的具体体现。党组织作用的发挥说到底是通过党支部的战斗堡垒作用和党员的先锋模范作用来体现的。图书馆在党支部的建设上有良好的传统，近年来也摸索出很多好经验、好做法。但是，如何实现支部工作与业务工作的更好融合依然是一个没有很好解决的问题。既不能只讲政治不讲业务，把党的工作变成凌驾于业务工作之上、独立于业务工作之外的副业，那样就是空头政治，不仅不能促进业务工作的开展，还会给业务工作带来不必要的干扰；又不能只讲业务不讲政治，那样的话不仅党员的思想觉悟得不到提高，而且由于党支部和部门负责人都要去做业务工作，同样会给业务工作造成混乱。这两种偏向在我们过去的工作中都曾不同程度地存在过。支部工作和业务工作的融合最根本的就是要把党的工作任务同部门的业务工作有机结合起来。具体地讲，首先就是要认真学习和领会上级党组织的工作部署，结合部门的工作实际，找准两者的结合点。其次就是要关注党员在工作中的表现，对党员改进工作提出明确的要求。这就要求不仅支部书记要了解和熟悉部门的工作，部门主任也要参加和思考支部的工作，对支部的工作提出意见和建议。部门主任和支部书记的密切配合是实现支部工作和部门业务工作融合的关键所在。近两年，我们在主题教育中摸索出了一些融合的好办法，要在今后的工作中进一步完善和推广。

队伍建设是今后图书馆党建工作的重点。图书馆各项工作的开展说到底是要靠馆员的努力来完成的。再好的想法如果没有馆员去落实，也只能是想法。由于职工队伍改革等因素的影响，图书馆的队伍建设欠债较多，队伍结构存在断层。近年来，我们加强了队伍建设，取得了一定的成效，队伍青黄不接的状况得到了明显的改善。但是，图书馆今后的队伍建设不仅有一个改善队伍结构的问题，还有一个提高队伍素质的问题。图书馆今后几年的主要任务是实现图书馆服务的转型升级，这肯定要涉及业务的调整和岗位职责的改变，传统的知识和技能已经不能满足新的工作的需要了，这就要求我们的馆员要不断拓展视野，不断学习新的知识，不断适应新的业务所带来的挑战。如果说过去几年我们的队伍建设主要还是要补欠债的话，今后的队伍建设则是要按照图书馆高质量发展的要求建设一支高质量的馆员队伍。这是新的工作任务对我们提出的新的要求。

在过去十年中，图书馆的党建工作在过去的基础上又有了新的进步，对促进图书馆的建设和发展起到了重要的推动和保证作用。今后图书馆的发展任务会更加繁重，党建工作也更加重要。我们要以高质量党建为引领，进一步提高图书馆党建工作的水平，努力建设世界一流的大学图书馆，为学校的世界一流大学建设提供有力支撑，为实现中国式的现代化贡献我们的力量。

《著作权法》第三次修订与国际著作权立法进展评析

肖　燕

摘　要：我国《著作权法》第三次修订自 2011 年 7 月启动，2012 年 12 月国家版权局向国务院法制办提交《著作权法》修改草案（第三稿）。自 2005 年起，世界知识产权组织（WIPO）著作权与相关权常设委员会（SCCR）将著作权限制和例外列入议事日程，致力于商讨并缔结与保障残疾人、图书馆和档案馆、教育科研机构等获取受著作权保护作品相关的限制与例外国际条约。本文介绍我国《著作权法》第三次修订现状，分析存在的问题，梳理评介 WIPO 主导的国际著作权限制与例外立法实践和最新进展，以期为我国《著作权法》修订提供借鉴。

0　引言

我国《著作权法》第三次修订工作自 2011 年 7 月 13 日启动，2012 年 3 月 31 日与 7 月 6 日国家版权局分别发布《著作权法》修改草案第一稿和第二稿，面向社会各界征求意见。2012 年 10 月第三稿成型并于年底提交国务院法制办，等待启动后续研究审议程序。

就在我国《著作权法》修订的同时，世界知识产权组织（WIPO）先后于 2012 年和 2013 年 6 月召集著作权外交会议，缔结了两部国际著作权条约——《北京条约》（*Beijing Treatyon Audiovisual Performances*）和《马尔喀什条约》（*Marrakesh Treaty*）。此外，自 2005 年起，WIPO 著作权与相关权常设委员会（SCCR）将权利限制和例外列入议事日程，致力于商讨缔结新的国际条约。本文简介我国《著作权法》第三次修订进展，分析存在的问题，梳理评介网络环境下国际著作权限制与例外立法实践和最新进展，以期为我国《著作权法》修订提供借鉴。

1　《著作权法》修订进程与存在的问题

1.1　《著作权法》修订简要回顾

我国现行《著作权法》于 1990 年 9 月 7 日由第七届全国人民代表大会常务委员会第十五次会议通过，自 1991 年 6 月 1 日起施行。在 2011 年 7 月启动第三次修订工作之前，为适应国际、国内形势以及作品创作、传播与利用技术手段变化对著作权保护提出的挑战与要求，先后于 2001 年 10 月和 2010 年 2 月完成首次和第二次修订。

与前两次修订相比，《著作权法》第三次修订的自主性、社会各界的关注和参与程度均大幅提升。2011 年年初，国务院将修订《著作权法》列入“十二五”立法规划[1]，随即着手组建《著作权法》修订领导小组、专家委员会和工作班子。2011 年 7 月至 2012 年 12 月，修订工作先后经历了定向征集修法建议与意见，委托三家教学科研单位撰写《著作权法》修改草案专家建议稿，形成《著作权法》修改草案第一稿，公开征求社会各界意见，形成《著作权法》修改草案第二稿，公开征求社会各界意见，形成《著作权法》修改草案第三稿，专家委员会会议讨论研究、定型并上报修改草案第三稿等环节。

1.2 《著作权法》第三次修订现状

2013 年 4 月 25 日上午，国家版权局副局长阎晓宏在国务院新闻办举行的新闻发布会上回答记者提问时表示，国家版权局已经完成了我国《著作权法》的修订草案并提交国务院法制办，其中重点关注了互联网领域存在的问题。[2]事实上，2012 年 12 月《著作权法》修改草案第三稿上报国务院，标志着第一阶段修法工作的完结。尽管《著作权法》修订已有明确规划，但迄今为止，第二阶段的工作尚未实质性铺开。依据立法程序，《著作权法》修改草案须经国务院和全国人大常委会的研修、审定后方能完成。

在国务院 2012 年 2 月 1 日发布的年度立法计划中，《著作权法》（修订）被列为“需要抓紧工作、适时提出的项目”，系 63 件二档项目之一[3]；笔者追踪国务院 2013 年立法计划，发现《著作权法》（修订）被列为“预备项目”，系 57 件二档项目之一。[4]2013 年 4 月 15 日，十二届全国人大常委会第二次委员长会议通过了全国人大常委会 2013 年工作要点和立法工作计划、监督工作计划。其中，《著作权法》（修订）仍列入立法预备项目，将视情况在 2013 年或者以后年度安排审议。[5]

据《法制日报》2013 年 8 月 20 日报道，中国音像著作权集体管理协会、中国音乐著作权协会、中国电影著作权协会、中国文字著作权协会、中国摄影著作权协会、国际唱片业协会、美国电影协会、日本唱片业协会和韩国著作权委员会等 9 家协会向国务院法制办提交建议书，呼吁将《著作权法》（修订）列入一档立法计划尽快启动，并提出文化创意产业的发展和互联网产业的壮大之间的平衡问题亟待解决，而根本的解决方式就是通过修订《著作权法》来实现。[6]

在笔者看来，上述著作权集体管理组织出于保护创意产业和自身利益的需求呼吁尽快完成《著作权法》修订是可以理解的。然而，《著作权法》绝非保护单一或少数群体利益的法律，面对技术进步引发的作品创作、生产与传播利用方式的转变，修法研究任务繁重，无法一蹴而就，速度放慢未必不是一件好事。即便修订《著作权法》已经提上国务院和全国人大常委会的议事日程，预计在 2014 年也难以进入具体的审议程序。因为《著作权法》内容复杂，涉及多方利益，而且是社会焦点，加上国际著作权条约和其他国家的著作权法正处于快速变化通道，需要进行跟踪研究，并结合我国的实际情况合理吸收新缔结的国际著作权条约的内容。在许多问题还没有调研清楚的情况下匆忙审议《著作权法》修改草案，不仅无法反映最新进展，还将使修法陷入被动，势必面临一出台便落伍的尴尬情形。

2013 年 10 月 30 日，新华社经授权发布第十二届人大常委会立法规划。[7]该规划将《著作权法》（修改）列入一档项目，即在本届任期内需要完成的项目。考虑到从第八届开始，全国人大常委会在届初制定五年立法规划已成为一种惯例，作为全国人大常委会制定的第五个五年立法规划，上述安排为《著作权法》修订留出了足够的时间。

1.3 《著作权法》修改草案第三稿存在的问题

目前，笔者尚无法知晓已上报国务院法制办的《著作权法》修改草案第三稿全貌。然而，从 2012 年 10 月上旬版权局的内部讨论稿看，该稿与前两稿一样，在著作权例外与权利限制条款设置上存在突出问题。例如，尽管形式上将权利限制作为《著作权法》的独立一章列出，但新增著作权保护条款与权利限制条款严重不匹配，对最新国际著作权条约以及 WIPO 持续进行的权利限制与例外立法协商谈判未作出足够反映，未解决权利限制条款内容过时及网络传播权限制条款缺失等问题，甚至缩减原有权利限制条款允许个人使用作品的种类与数量。凡此种种，加剧了利益失衡，有违既定的独立性、平衡性和国际性修法原则。

上述问题亦可通过版权局修法工作领导小组办公室负责人对修改草案的评价得到反证。在总结回顾修法工作时，该负责人指出修改草案较现行《著作权法》有四大变化：一是体例结构由六章六十一条调整为八章九十条；二是权利内容普遍增加，特别注重对智力创作成果的尊重，无论是著作权人还是相关权人的权利内容都得到了不同程度的增加；三是授权机制和交易模式重大调整；四是著作权保护水平显著提高。[8]

显而易见，上述四方面变化的后三点是实质性的。在笔者看来，且不说修改草案对授权机制和交易模式的重大调整赋予著作权集体管理组织和行政管理部门过多的权利，片面强调提高著作权保护水平，拓展著作权人的权利种类与保护范围的同时，不对权利限制条款进行相应拓展，实属短视之举。若后续修订工作沿袭上述做法，势必损害本次修法的公正性、合理性、前瞻性与可持续性。

2 国际著作权限制与例外立法进展评介

2.1 立法进程曲折审慎

2.1.1 成立常设机构应对挑战

1996 年 WIPO 外交会议缔结的两个互联网条约，即《世界知识产权组织著作权条约》（以下简称 WCT）和《世界知识产权组织表演与录音制品条约》（以下简称 WPPT），不仅设置网络传播权，还将著作权人为防止他人未经授权使用作品而添加的技术保护措施列入保护范围。此后，为各种适宜网络传播的传统作品数字化版本和原生数字作品添加技术保护措施大行其道，前网络时代公众享有的著作权合理使用豁免趋于名存实亡。随着新技术的发展和网络应用的普及，由于权利限制和例外条款的缺失，导致包括残疾人在内的特定公众群体、公益性图书馆和档案馆、非营利教学科研机构等使用受著作权保护作品面临一系列困难和不便。加上 WCT 和 WPPT 无法覆盖其他著作权人的权利保护，处于受著作权保护作品的创作、生产、传播、利用链环的不同著作权人之间的利益以及著作权人与用户利益的失衡日益明显。

针对上述问题，WIPO 于 1997—1998 年成立了“著作权与相关权常设委员会”（Standing Committee on Copyright and Related Rights，SCCR）。该委员会以检查实体法存在的问题即著作权与相关权的和谐为宗旨，成员包括所有 WIPO 成员国及《伯尔尼公约》签约国，另有一些联合国成员国、非 WIPO 成员国及非《伯尔尼公约》签约国、政府间组织和非政府组织作为观察员。SCCR 通常每年召开两次会议，凭借成员的广泛代表性和技术专家的优势，负责推动对一系列实质性问题的讨论直至厘清解决方案，向 WIPO 大会和外交会议提交供审议的国际条约草案。[9]

2.1.2 限制与例外需求分析

1998 年 11 月召开的 SCCR 第 1 次会议议题涉及视听表演、数据库和广播组织权利保护。所讨论的视听表演条约文本框架包含了权利限制与例外条款，会议主席认为初始阶段不必对其展开讨论。[10]从 1999 年起，WIPO 秘书处和 SCCR 采取委托研究、问卷调查以及举办专题研讨会等方式，对各国著作权法适用于教育、图书馆和残疾人的权利限制与例外条款的设置情况和需求进行摸底，并陆续就提议的限制和例外事项召集一系列咨询与信息交流会。[11]

2002 年 11 月召开的 SCCR 第 8 次会议议题主要涉及广播组织和非原创数据库保护。丹麦代表欧盟成员国在会上提出，有必要对盲人和视障者的需求以及相关的著作权限制与例外进行研究。加拿大代表团表示赞同并建议将研究范围拓展到聋人及听觉障碍者乃至其他残疾人；联合国教科文组织代表认为，表演者权利的保护立法以及两个互联网条约，尤其是条约中的限制与例外条款的实施应当作为最优先解决的问题[12]。

2003 年 6 月召开的 SCCR 第 9 次会议上分发了 WIPO 秘书处委托澳大利亚墨尔本大学萨姆·里基森（Sam Ricketson）教授完成的《数字环境下著作权及相关权限制与例外研究报告》（*Study on the limitations and exceptions of copyright and related rights in the digital environment*）[13]。

2006 年召开的 SCCR 第 14 次会议和第 15 次会议上分发了 WIPO 秘书处委托国际著名法律专家尼克·加尼特和朱迪思·沙利文分别完成的《自动权利管理系统与著作权限制与例外》[14]以及《面向视障者的著作权限制与例外研究》调研报告[15]。

2.1.3 重要议事日程与提案

在 2004 年 11 月举行的 SCCR 第 12 次会议上，智利代表团要求将限制与例外作为议事日程，随即引发争论，因时间所限未展开充分讨论[16]。

2005 年 11 月召开的 SCCR 第 13 次会议具有里程碑意义。著作权限制与例外被列入首要议事日程。[17]智利代表团提交提案，要求明确各成员国知识产权制度对限制和例外采取的模式和实践，分析促进创造、创新和发展对限制与例外的需求，并着眼于公共利益就限制和例外达成协议[18]。

从 2008 年 3 月举行的 SCCR 第 16 次会议起，限制与例外持续成为 SCCR 会议议程之一。当年 6 月，巴西联合智利、尼加拉瓜和乌拉圭提交提案，要求 SCCR 为促进技术创新就残疾人、图书馆和档案馆以及教育活动有关的限制与例外展开确认信息、分析需求、达成协议三方面的工作，并提出了工作计划建议[19]。

2008 年 11 月举行的 SCCR 第 17 次会议以表演者的权利限制与例外为主题，邀请萨姆·里基森、尼克·加尼特、朱迪思·沙利文和肯尼思·克鲁斯（Kenneth Crews）等著名教授和专家就国际和各国著作权法权利限制和例外规则以及实施现状做报告；世界盲人联盟（WBU）提交《视障与阅读障碍者国际条约草案》；为进一步搜集各国权利限制与例外的信息，秘书处决定制作涵盖教育、图书馆与档案馆、残疾人以及著作权数字技术活动等内容的调查问卷，要求成员国填写并在下次会议之前提交[20]。

2009 年 5 月召开的 SCCR 第 18 次会议上，巴西、厄瓜多尔和巴拉圭代表团以世界盲人联盟《视障与阅读障碍者国际条约草案》为基础联合提交《权利限制与例外提案》[21]。委员会对该提案表示赞赏，表示支持有关盲人立法的提案，希望用更多时间进行案文分析；愿意在全球和更广泛的框架基础上继续进行该工作并在此后的会议上继续讨论该提案和成员国提出的其他提案[22]。

2009 年 12 月召开的 SCCR 第 19 次会议上，秘书处整理分发《限制与例外文献分析》文件，审议了巴西、厄瓜多尔和巴拉圭代表团联合提交的对世界盲人联盟草案的增补案文[23]。

2010 年 6 月召开的 SCCR 第 20 次会议收到巴西联合厄瓜多尔、墨西哥和巴拉圭提交的《缔结改进盲人、视障和其他阅读障碍者国际条约时间表》[24]以及非洲集团提交的《适用于残疾人、教育与研究机构、图书馆和档案中心的限制与例外 WIPO 条约草案》[25]。秘书处分发《限制与例外文献再分析》文件，概要介绍 2003—2009 年 WIPO 主持的 9 项研究成果与结论[26]。

2010 年 11 月召开的 SCCR 第 21 次会议发布了《限制与例外问卷调查最新报告》[27]，通过了著作权限制与例外立法工作计划。该计划提出 2011—2012 年需要完成的工作包括：①制定适用于视障和其他阅读障碍者的限制和例外条约文本并达成一致意见；②制定适用于图书馆、档案馆、教育、教学和研究机构以及其他残疾人的限制与例外条约文本[28]。

2011 年 6 月召开的 SCCR 第 22 次会议上，秘书处编拟《关于视障者和其他阅读障碍者的版权限制与例外提案的比较清单》，作为汇总讨论国际条约工作文件的基础[29]。

2011 年 11 月召开的 SCCR 第 23 次会议收到多份与图书馆和档案馆限制与例外有关的提案。包括：①巴西代表团提交的国际图联（IFLA）、国际档案理事会（ICA）、图书馆电子信息联盟［增加“（EIFL）”］和图书馆非政府组织 Innovarte 撰写的背景文件《缔结图书馆和档案馆的例外与限制国际条约的理由》[30]；②美国代表团提交的《面向图书馆和档案馆的例外与限制的目标与原则》[31]；③巴西、厄瓜多尔和乌拉圭联合提交的《面向图书馆和档案馆限制与例外提案》[32]。会议通过了《关于视障者/阅读障碍者限制与例外国际文书的工作文件》[33]，以分解主题、合并案文、提出评论建议等方式对上述多份提案展开研讨，形成了含有评论意见和建议案文的图书馆和档案馆权利限制与例外工作文件。

2012 年 7 月召开的 SCCR 第 24 次会议通过了《含有关于图书馆和档案馆例外与限制适当国际法律文书（不拘形式）的评论意见和建议案文的工作文件》[34]；厄瓜多尔、秘鲁和乌拉圭联合提交了《与教育有关的限制与例外提案》[35]；巴西代表团提交了《教育教学和研究机构受益的著作权限制与例外专题及条款草案》[36]。

2.2 著作权限制与例外立法取得阶段性成果

经过多年努力，著作权限制与例外立法终于在 2012 年 11 月召开的 SCCR 第 25 次会议上取得重大进展。会议讨论通过了《视障者/阅读障碍者限制与例外国际文书/条约案文草案》（SCCR/25/2），建议 2012 年 12 月 17—18 日召开的 WIPO 大会特别会议对该案文进行评价，并就是否于 2013 年召开一次外交会议，通过一部关于视障者/阅读障碍者适当例外与限制的法律文书/条约作出决定[37]。至此，一部前所未有的规范著作权限制与例外的国际著作权条约呼之欲出。

2.2.1 缔结《马拉喀什条约》

2013 年 6 月 17—28 日在摩洛哥马拉喀什召开的 WIPO 外交会议上，与会代表对 SCCR 提交的《视障者/阅读障碍者限制与例外国际文书/条约案文草案》审议讨论，6 月 27 日通过了《为盲人、视力障碍者或其他印刷品阅读障碍者获得已出版作品提供便利的马拉喀什条约》，简称《马拉喀什条约》。[38]

该条约共 21 条。最大亮点是：在明确定义受著作权保护作品的无障碍格式版、受益人、被授权实体的基础上，规定无障碍格式版的国内法限制与例外条款，限制与例外涉及复制权、发行权、信息网络传播权和修改权等。允许被授权实体在未经权利人授权的情况下制作或者从另一被授权实体获得作品的无障碍格式版，以包括非商业性出借或者有线/无线电子传播在内的任何方式将这些无障碍格式版提供给受益人，以及为达到这些目的采取任何中间步骤。此外，条约还规定了与依法制作的无障碍格式版的跨境交换、进口、技术保护措施和隐私保护等相关的限制与例外条款。

《马拉喀什条约》是对网络环境下著作权限制与例外需求予以确认，本着先易后难、对相关提案分解提炼、反复磋商、包容妥协原则的产物。在网络应用普及的背景下，赋予被授权实体出于向受益人提供各类受著作权保护作品的无障碍格式版之目的进行作品无障碍格式版的制作、复制、发行、出租、网络传播等例外豁免，有利于消减社会弱势群体之一的盲人和视障者所遭遇的难以逾越的数字网络鸿沟。

该条约将于 20 个成员国或合规的政府间组织交存批准书或加入书 3 个月之后生效。笔者从 WIPO 网站获悉，截至 2013 年 11 月 22 日，共有签约国 60 个，尚未收到签约国提交的批准书或加入书，条约生效尚需时日。[39]

相比之下，该条约生效要求低于 2012 年 6 月 24 日在北京召开的 WIPO 外交会议缔结的《北京条约》。截至 2013 年 11 月 20 日，《北京条约》的签约国有 72 个，仅有叙利亚和博茨瓦纳提交了加入书[39]，短时间内难以满足 30 个成员国或合规政府间组织交存批准书或加入书 3 个月之后生效的规定。

2.2.2 通过图书馆、档案馆、教育及研究机构立法文件与日程

2012 年 11 月召开的 SCCR 第 25 次会议，用一天时间讨论了图书馆和档案馆、教育和研究机构有关的两个著作权限制和例外立法工作文件并商定形成条约草案的日程表。对图书馆及档案馆限制与例外立法工作文件 SCCR/23/8 表达了不同观点，同意在 SCCR 第 26 次会议上继续进行基于案文的工作，争取制定一部或多部适当的国际法律文书（可以是示范法、联合建议、条约或其他形式），并审议文件的结构，商讨是否于 2013 年下半年在 SCCR 第 26 次和第 27 次会议期间就图书馆和档案馆的限制与例外举行一次为期 3 天的闭会期间

会议，目标是在 SCCR 第 28 次会议之前就图书馆和档案馆的限制与例外问题向 WIPO 大会提出建议。

此外，委员会商定在 SCCR 第 26 次会议上对教育及研究机构的立法文件继续进行基于案文的工作，争取制定一部或多部适当的国际法律文书（可以是示范法、联合建议、条约或其他形式），并在该次会议上审议是否调整该文件的结构，以及是否找出可由委员会作为案文工作重点的各项问题，目标是在 SCCR 第 30 次会议之前就教育、教学和研究机构及其他残疾人的限制与例外向大会提出建议。[37]

2013 年 12 月 16—20 日举行的 SCCR 第 26 次会议，用两天时间讨论保护广播组织议程，两天时间讨论图书馆和档案馆的限制与例外议程，一天时间讨论教育、教学和研究机构及其他残疾人的限制与例外议程。会议通过了与图书馆及档案馆限制与例外相关的立法工作文件[40]；继续讨论《关于教育、教学和研究机构及其他残疾人限制与例外的适当国际法律文书（不论何种形式）临时工作文件：包括评论意见和案文提案》（SCCR/24/8Prov.）[41]。笔者相信，按照既定的日程表继续努力，为图书馆和档案馆、教育及研究机构缔结新的著作权限制与例外国际条约指日可待。

3　结语

综上所述，我国《著作权法》第三次修订恰逢 WIPO 推动缔结一系列著作权限制与例外国际条约的关键时期。作为世界知识产权组织成员国，尽管我国代表几乎悉数参加 SCCR 常规会议，我国也是《北京条约》和《马尔喀什条约》的缔约国，但遗憾的是，《著作权法》修改草案未设置足够的权利限制与例外条款赋予残疾人、图书馆和档案馆、教学科研机构等使用和传播数字作品的合理使用豁免权。现阶段的《著作权法》修改草案偏重于提高保护水平，满足权利人、集体管理组织乃至行政管理部门竞相扩大自身权利的需求，不仅有违既定的独立性、平衡性和国际性三项修法基本原则，也是与国际潮流背道而驰的。笔者呼吁图书馆界继续关注并跟踪研究国际著作权立法进展，积极参与下一阶段国务院法制办和全国人大层面的《著作权法》修订工作，通过多种方式和渠道反映图书馆、档案馆、非营利教学科研机构依据合理使用豁免条款收集、保存、使用、传播受著作权保护作品的需求，基于最新国际著作权条约的内容，拓展《著作权法》的权利限制条款，以求著作权保护不过分阻碍公众利用新技术接触和使用作品，实现著作权人利益与公众利益的平衡。

参考文献

[1] 魏倩.《著作权法》修订列入“十二五”立法计划[EB/OL]. [2011-02-25]. http://ip.people.com.cn/GB/14008339.html.

[2] 魏艳. 国家版权局完成《著作权法》修订草案重点关注互联网[EB/OL]. [2013-04-26]. http://ip.people.com.cn/n/2013/0425/c136655-21277670.html.

[3] 中华人民共和国国务院办公厅. 关于印发国务院 2012 年立法工作计划的通知. 国办发[2012]12 号.

[4] 中华人民共和国国务院办公厅. 关于印发国务院 2013 年立法工作计划的通知. 国办发[2013]37 号.

[5] 任重远. 全国人大公布 2013 年立法和监督计划[EB/OL]. [2013-05-10]. http://china.caixin.com/2013-04-27/100521838.html.

[6] 胡建辉. 9 协会呼吁著作权法修订提速[EB/OL]. [2013-08-20]. http://news.163.com/13/0820/06/96MVTFPF00014AED.html.

[7] 十二届全国人大常委会立法规划[EB/OL]. [2013-11-12]. http://www.gov.cn/jrzg/2013-10/30/content_2518276.htm.

[8] 王自强.《著作权法》第三次修订工作回顾，中国新闻出版网/报[EB/OL]. [2012-11-06]. http://www.chinaxwcb.com/2012-11/06/content_256106.htm.

[9] Standing Committee on Copyright and Related Rights. [2013-10-30]. http://www.wipo.int/copyright/en/sccr/.

[10] SCCR First Session Report[C/OL]. (1998-11-10) [2013-11-26]. http://www.wipo.int/edocs/mdocs/copyright/en/sccr_1/sccr_1_9.pdf.

[11] Limitations and Exceptions[C/OL]. [2013-10-16]. http://www.wipo.int/copyright/en/limitations.

[12] SCCR Eighth Session Report[C/OL]. (2002-11-08) [2013-11-26]. http://www.wipo.int/edocs/mdocs/copyright/en/sccr_8/sccr_8_9.pdf.

[13] SCCR Ninth Session Report[C/OL]. (2003-06-27) [2013-09-13]. http://www.wipo.int/edocs/mdocs/copyright/en/sccr_9/sccr_9_11.pdf.

[14] Nic Garnett. Automated Rights Management Systems and Copyright limitations and Exceptions[C/OL]. (2006-04-27) [2013-12-10]. http://www.wipo.int/edocs/mdocs/copyright/en/sccr_14/sccr_14_5.pdf.

[15] Judith Sullivan. Study on Copyright Limitations and Exceptions for the Visually Impaired[C/OL]. (2007-02-20) [2013-12-12]. http://www.wipo.int/edocs/mdocs/copyright/en/sccr_15/sccr_15_7.pdf.

[16] SCCR Twelfth Session Report[C/OL]. (2005-03-01) [2013-11-27]. http://www.wipo.int/edocs/mdocs/copyright/en/sccr_12/sccr_12_4.pdf.

[17] SCCR Thirteenth Session Report[C/OL]. (2006-06-09) [2013-09-17]. http://www.wipo.int/edocs/mdocs/copyright/en/sccr_13/sccr_13_6.pdf.

[18] Proposal by Chile on the Analysis of Exceptions and Limitations[C/OL]. (2005-11-22)[2013-11-28]. http://www.wipo.int/edocs/mdocs/copyright/en/sccr_13/sccr_13_5.pdf.

[19] Proposal by Brazil,Chile, Nicaragua and Uruguay for work related to exceptions and limitations[C/OL]. (2008-07-17)[2013-12-16]. http://www.wipo.int/edocs/mdocs/copyright/en/sccr_16/sccr_16_2.pdf.

[20] SCCR Seventeenth Session Report[C/OL]. (2009-03-25)[2013-10-16]. http://www.wipo.int/edocs/mdocs/copyright/en/sccr_17/sccr_17_5.pdf.

[21] Proposal by Brazil, Ecuador and Paraguay, Relating to Limitations and Exceptions:Treaty Proposed by the World Blind Union(WBU).(2009-05-25)[2013-05-23]. http://www.wipo.int/edocs/mdocs/copyright/en/sccr_18/sccr_18_5.pdf.

[22] SCCR eighteenth Session Report[C/OL]. (2009-12-01)[2013-12-16]. http://www.wipo.int/edocs/mdocs/copyright/en/sccr_18/sccr_18_7.pdf.

[23] SCCR Nineteenth Session Report[C/OL]. (2010-06-28)[2013-06-18]. http://www.wipo.int/edocs/mdocs/copyright/en/sccr_19/sccr_19_15.pdf.

[24] Timetable for the Adoption of a WIPO Treaty for an Improved Access for Blind, Visually-Impaired and Other Reading Disabled Persons. [2010-06-04]. http://www.wipo.int/edocs/mdocs/copyright/en/sccr_20/sccr_20_9.pdf.

[25] Draft WIPO Treaty on Exceptions and Limitations for the Disabled, Educational and Research Institutions, Libraries and Archive Centers.[2010-06-15]. http://www.wipo.int/edocs/mdocs/copyright/en/sccr_20/sccr_20_11.pdf.

[26] Second Analytical Document on Limitations and Exceptions. (2010-06-04)[2013-04-16]. http://www.wipo.int/edocs/mdocs/copyright/en/sccr_20/sccr_20_4.pdf.

[27] Updated Report on the Questionnaire on Limitations and Exceptions[C/OL]. (2010-10-02)[2013-06-18]. http://www.wipo.int/edocs/mdocs/copyright/en/sccr_21/sccr_21_7.pdf.

[28] SCCR Twenty-First Session Report[C/OL]. (2012-06-24) [2013-09-26]. http://www.wipo.int/edocs/mdocs/copyright/en/sccr_21/sccr_21_12.pdf.

[29] 关于视障者和其他阅读障碍者的版权限制与例外提案的比较清单. (2011-03-16)[2013-04-24]. http://www.wipo.int/edocs/mdocs/copyright/zh/sccr_22/sccr_22_8.pdf.

[30] The Case for a Treaty on Exceptions and Limitations for Libraries and Archives: Background Paper by IFLA, ICA, EIFL and Innovarte. (2011-11-18)[2013-04-26]. http://www.wipo.int/edocs/mdocs/copyright/en/sccr_23/sccr_23_3.pdf.

[31] Objectives and Principles for Exceptions and Limitations for Libraries and Archives. (2011-11-22)[2012-09-18]. http://www.wipo.int/edocs/mdocs/copyright/en/sccr_23/sccr_23_4.pdf.

[32] Proposal on Limitations and Exceptions for Libraries and Archives. (2011-11-22)[2012-09-18]. http://www.wipo.int/edocs/mdocs/copyright/en/sccr_23/sccr_23_5.pdf.

[33] 关于视障者/阅读障碍者限制与例外国际文书的工作文件. (2011-12-16)[2013-04-24]. http://www.wipo.int/edocs/mdocs/copyright/zh/sccr_23/sccr_23_7.pdf.

[34] Working document containing comments on and textual suggestions towards an appropriate international legal instrument(in whatever form) on exceptions and limitations for libraries and archives (document SCCR/23/8). (2012-08-08)[2013-12-16]. http://www.wipo.int/edocs/mdocs/copyright/en/sccr_23/sccr_23_8.pdf.

[35] Limitations and Exceptions Regarding Education Proposal by the Delegations by Ecuador, Peru and Uruguay. (2012-07-16)[2013-12-19]. http://www.wipo.int/edocs/mdocs/copyright/en/sccr_24/sccr_24_6.pdf.

[36] Draft Articles and Thematic Clusters on Limitations and Exceptions to Copyright for the Benefit of Educational, Teaching and Research Institutions. (2012-07-16)[2012-10-22]. http://www.wipo.int/edocs/mdocs/copyright/en/sccr_24/sccr_24_7.pdf.

[37] SCCR_25_ref_conclusions.(2012-11-23)[2013-03-12]. http://www.wipo.int/edocs/mdocs/copyright/en/sccr_25/sccr_25_ref_conclusions.pdf.

[38] Marrakesh Treaty to Facilitate Access to Published Works for Persons Who Are Blind, Visually Impaired or Otherwise Print Disabled. (2013-06-27) [2013-07-12]. http://www.wipo.int/edocs/mdocs/diplconf/zh/vip_dc/vip_dc_8.pdf.

[39] Signatories.[2013-12-31]. http://www.wipo.int/export/sites/www/treaties/en/documents/pdf/marrakesh.pdf.

[40] Working Document Containing Comments on and Textual Suggestions Towards an Appropriate International Legal Instrument(in Whatever Form) on exceptions and limitations for libraries and archives. (2013-04-15)[2013-12-23]. http://www.wipo.int/edocs/mdocs/copyright/en/sccr_26/sccr_26_3.pdf.

[41] SCCR 第 25 次会议结论. (2012-11-23)[2013-12-27]. http://www.wipo.int/edocs/mdocs/copyright/zh/sccr_25/sccr_25_ref_conclusions.pdf.

原载《图书馆杂志》2014 年第 3 期

高校图书馆韧性协同资源服务体系的构建与思考
——以清华大学图书馆防疫实践为例

张 秋 李 津

摘 要：面对教育模式、用户需求以及技术环境等的深刻变革，图书馆需要在职能定位、创新引领、生态构建等方面做出战略思考和积极应对，紧抓资源和服务核心主线，构建高校图书馆韧性协同资源服务体系，建立具有危机意识、灵活适应性、强大应变性和广泛联结性的有机体系，打造图书馆新方向、新动能和新生态。清华大学图书馆“韧性协同资源服务体系”，在新冠疫情防控期间得到有效实施和深度检验，对清华大学应对教学科研变革及其顺利开展起到重要支撑和保障作用。

0 引言

图书馆学“五定律”指出，“图书馆是一个生长着的有机体”。认清自身发展内外部环境并积极应对是图书馆“生长着”的外在表现，也是图书馆界永恒的探索。在复杂多变的信息化时代，图书馆的有机体不再仅仅是与读者、与图书的互联，更是与泛在资源、服务、技术、文明建设、社会联结等的共生体。面对教育模式、用户需求以及技术环境等的深刻变革，本文提出图书馆应构建与内外部因素相协同、适应内外部环境变化的“韧性协同资源服务体系”，以期对图书馆未来发展进行战略思考、整体谋划、系统重塑和全面提升。

1 高校图书馆韧性协同资源服务体系的内涵

“韧性”是物理学概念，指物体受外力作用时产生变形但不折断的性质[1]，引申为适应并应对变化的能力，并广泛应用于心理学、经济学、社会学等学科领域。澳门大学图书馆馆长吴建中在对公共图书馆社会转型的思考过程中引入了“韧性”这一概念，认为韧性不是简单的防御，而是应对多样化变化的适应力，也就是说，关键是“适应性治理”的能力[2]。陈利华、徐国兰等在馆员培养开发中用到“韧性”，认为韧性有助于提升馆员抗压能力、心理资本[3-4]。

“协同”概念最早于 20 世纪 70 年代由德国斯图加特大学教授、著名物理学家哈肯（Hermann Haken）提出，并于此后系统阐述形成协同理论（synergetics）[5]。其主要观点认为：系统是由各子系统相互作用形成的，系统行为往往不是子系统行为的简单迭加，而是有调节、有目的的自组织起来的。该理论被广泛应用于经济学、社会学、光学、管理科学等学科领域。1986 年娄策群、卢绍君将该理论引入图书馆领域研究[6]，此后“协同学”在图书馆领域的研究持续开展，研究视角涵盖图书馆系统、图书馆管理、图书馆评估、信息服务、学科服务、智库建设、资源建设等多方面。

高校图书馆韧性协同资源服务体系是在复杂多变的信息时代对图书馆职能定位、创新引领、生态建设等方面的战略思考和积极应对。我们认为，高校图书馆“韧性协同资源服务体系”是紧抓资源和服务核心主线，清晰认识高校图书馆有机系统及其子系统，结合对内外部环境的感知建立的具有危机意识、灵活适应性、强大应变性和广泛联结性的有机体系。其中，高校图书馆有机系统包含内部、外部系统，内部系统指以资源为基础的服务系统，包括资源、读者、空间、服务、宣传等，意在从内部保障图书馆有序运行；外部系统指受教育、技术、业态等影响的外部环境，关乎图书馆核心职能和业务发展等。对图书馆韧性协同资源服务体系而言，运作过程中需不断审视内部、外部环境，内部、外部系统需协同运作方能达成有机整体，同时，保持对“变化”的敏感及开放接受，保持强大的问题解决能力和应变能力，建立系统内部、外部广泛联结[7-8]。

2 高校图书馆韧性协同资源服务体系的构建

“韧性协同资源服务体系”的构建需要用全面、辩证和长远的眼光，深刻思考图书馆的核心价值，转变图书馆发展方式，优化图书馆资源结构，转换图书馆增长动能，从“新方向、新动能、新业态”进行战略规划与实施。

2.1 新方向：重新审视核心职能，认清大势，“韧性”担当

韧性意味着“适应”与“应对”，首要的是对图书馆核心职能的重新审视。著名的图书情报学学者 P.威尔逊说：“图书馆的真正重要职能是促进知识的获得和新知识的产生。”北京大学图书馆馆长陈建龙指出：“大学图书馆可以而且确实为学生和教师的学习、教学活动发挥不可替代的积极作用，也就是大学图书馆具有独特的价值。”[9]国际图联大会近年来的会议主题离不开“变化”与“应对”，例如，2018 年的主题为“图书馆转型，社会转型”，2019 年的主题为“图书馆：为变革而对话”[10]，均对图书馆内部、外部环境变化进行了梳理，提出对变革与转型的深入思考，这正是“韧性体系”构建必要性和重要性的最好印证。

纵观经济全球化及生活方式的变革，“知识”被重新定义，图书馆职能边界也将随之发生改变，图书馆应立足“纽带联结”作用，不断拓展职能边界。

（1）构建韧性协同资源保障体系，使图书馆资源建设朝着形式多样化、来源广泛化和使用无缝化方向发展。首先是资源形式多样化。图书馆应适应混合式教学、终身式学习等理念发展，适应主动获取、社群交流、目标驱动等需求新趋势，资源形式需要朝着数字化、网络化、多载体、多媒介等多样化发展。其次是资源来源广泛化。图书馆不仅应保障印刷

资源、电子资源和网络资源的拥有和收藏，还应该通过丰富特色资源和自建资源等方式，精选并保存教育教学优秀成果，促进社会共享与人类文明传播。最后是资源使用无缝化。融入教学、科研过程，在资源发现、资源获取、资源使用等环节，提供结构化、有序化的资源体系，让用户直达所需，降低师生学习成本、“节省读者时间”。

（2）构建韧性协同服务保障体系，以信息素养能力培养和知识服务提供为抓手，为用户信息能力和图书馆服务能力赋能。首先，积极推进信息素养能力培养，加强对用户信息需求识别、信息获取、信息甄别和信息运用等方面的能力培养。其次，深入开展知识服务，以用户为中心，以满足和引领用户需求为驱动，将图书馆视为知识服务联结点，磨炼适应性和应对能力，与信息技术、人工智能和大数据等深度融合，建设智慧型图书馆。

2.2 新动能：坚持创新引领发展，内外部融合，“协同”应对

未来发展动能方面，图书馆应以内涵发展和高质量发展为目标，从推进组织创新、拥抱技术创新和优化发展环境三个方面进行系统重塑。

（1）推进组织创新。加大对人才培养和人才利用的支持力度，强化驱动力建设，加强组织机制对人才队伍建设的有力保障。

（2）拥抱技术创新。通过新的科技革命和行业变革形成图书馆发展新动力，用新技术、新模式等转换传统的以被动提供资源服务为导向的发展模式。

（3）优化发展环境。拓展内部、外部融合发展空间，鼓励加大与校园、知识产业、文化团体、国际同行、国内业界等的优化整合，加强全方位协同，发挥行业引领和示范作用。

2.3 新生态：坚持用户导向和需求驱动，构建“韧性协同”新生态

良好的生态是图书馆可持续发展的重要保障，图书馆应坚持用户导向和需求驱动，以成就用户为目的，促进和推动多方位多要素融合，与内部、外部互联互通，增强连通性和坚韧度，构建韧性协同资源服务新生态。需要注意的是，图书馆新生态不是简单的要素间相加，而是各要素有机融为一体，充分发挥各自优势，取长补短，韧性协同产生整体功能大于部分之和。

（1）新生态需要“互联互通”。用户需求随着网络化、信息化、数字化等的发展已显著改变并快速迭代，图书馆需要与内部、外部保持互联互通，增强新业态的连通性和坚韧度，为新业态发展奠定坚实基础。

（2）新生态需要“数据赋能”。资源建设、读者服务、文化传播、文明保存等都离不开数据的收集和共享，开发利用图书馆生态下的大数据，用数据挖掘用户需求，可以为图书馆新生态注入活力和能量。

（3）新生态需要“协同管理”。新生态发展需要协同管理，以促进整体循序渐进和顺利演进。

3 清华大学图书馆韧性协同资源服务体系构建实践

清华大学图书馆韧性协同资源服务体系是以资源为基础、以服务为抓手的内部、外部协同有机体系。多年来，我们坚持从“新方向、新动能、新业态”进行战略规划与实施。

新冠疫情突发给全球高校和教育系统带来巨大挑战，也在逆境中催化了教育的变革——无数课程从校园转移到网络空间。随着清华大学2020年1月30日做出“延期开学、如期开课”的决定，2月17日3923门课程在线开展[11]。作为学校文献信息资源中心和教学科研支撑部门，清华大学图书馆从资源保障、用户服务和互联共建三个方面推进“韧性协同资源服务体系”，实践证明该体系取得了阶段性成果。

3.1 认清大势，韧性担当：用敏感的思维和开放的心态面对，保持灵活适应性和强大应对性

疫情突如其来，发展扑朔迷离，习惯性保持敏感的思维和开放的心态显得尤为重要。疫情“大考”中，清华大学图书馆以支撑保障“在线教育教学”为主线，以“资源”为基础，以“服务”为抓手，及时成立疫情防控工作组，全馆“统一部署、全员在岗、全时待命、多措并举”。

3.2 资源保障紧跟全校教学任务节奏

经过百余年持续不断的发展和建设，清华大学图书馆在日常业务开展过程中已逐步建立起形式多样化、来源广泛化和使用无缝化的资源保障体系，由于用户多数在校园范围内，因此图书馆的工作重点和服务重心更关注校园范围内的教学科研情景。新冠疫情使我们意识到教育教学形式已发生不可逆转的变革，在线教学和在线科研成为“新常态”。这种情形下，图书馆需以用户为中心，把握在线教育和在线科研的“新方向”，关注由此引发的资源保障变革，从保障现有资源有效利用和扩大可用资源多元供给两个方面制定应对方案（见图1）。

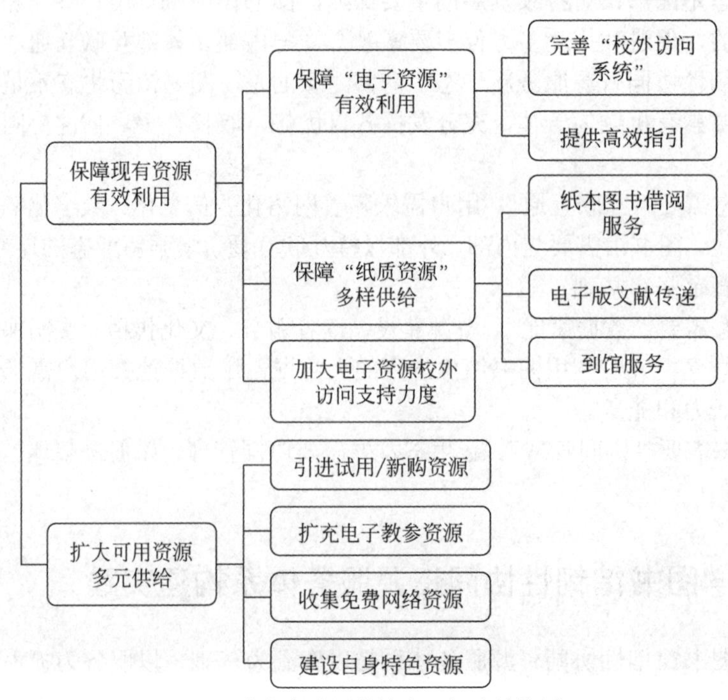

图1 清华大学图书馆资源保障结构图

保障现有资源有效利用，是指与资源提供、技术提供、信息提供等校内外、馆内外因素加强合作，一方面扩大资源的丰富性，另一方面增强获取的便捷性。主要包括：①保障“电子资源”的有效利用，加大资源建设力度；深化资源科学揭示（如数据库说明页、培训讲座、“挖矿系列”内容挖掘等）；建设校园内外网络环境等。②保障“纸质资源”的多样供给，通过将纸本图书电子化，借助文献传递服务、电子教参服务等让用户换种方式获取纸质资源；创新纸本资源借阅方式，将疫情期间的预约借阅、自助借还延续到常态化工作中。③加大电子资源校外访问支持力度，增加访问方式，将尽可能多的访问方式开放给用户，解决资源获取的首要需求，同时，优化整合访问渠道，朝着“一站式”获取努力。

扩大可用资源多元供给，是指始终立足高等教育变革，配套完善“线上+线下”资源服务体系，通过“引进试用/新购资源、扩充电子教参资源、收集免费网络资源、建设自身特色资源”形成资源供给补充体系。主要包括：①引进试用/新购资源。②扩充电子教参资源，采用采购和自建等方式，依托“清华大学教参服务平台”，与教务处、研究生院等教学职能部门合作，建立与授课教师、学生课堂的链接，为教学提供切实有效的优质资源辅助。③收集免费网络资源，以便读者获取和使用。④建设自身特色资源，促进资源共建共享。

3.3　把握用户需求不断优化图书馆服务

“韧性”担当，意味着保持灵活的适应性和强大的应对性，随时审视内部、外部因素，适时做出适应性调整。服务的目的是帮助用户，用户需求是服务的出发点和检验标杆。认清用户需求也是图书馆“韧性”担当的重要指标。用户需求具有多样性和多变性，日常有日常的重点，疫情期间有疫情期间的主线。疫情期间，在线服务阶段性目标明确：疫情发生初期，及时建立读者联系，通过发布服务通知、在线资源利用和在线服务指南等架设沟通渠道；紧急应对初期，以服务“教学科研”为主线，解决“资源”需求，保障资源提供和有效使用；紧急应对中期，做好常态化应对准备，广泛提供“教育”类内容；常态化应对初期，创新“教育”“宣传”“资源”“服务”等服务形式，从科研技能、心理辅助等多方面发挥图书馆教育职能（见图 2）。

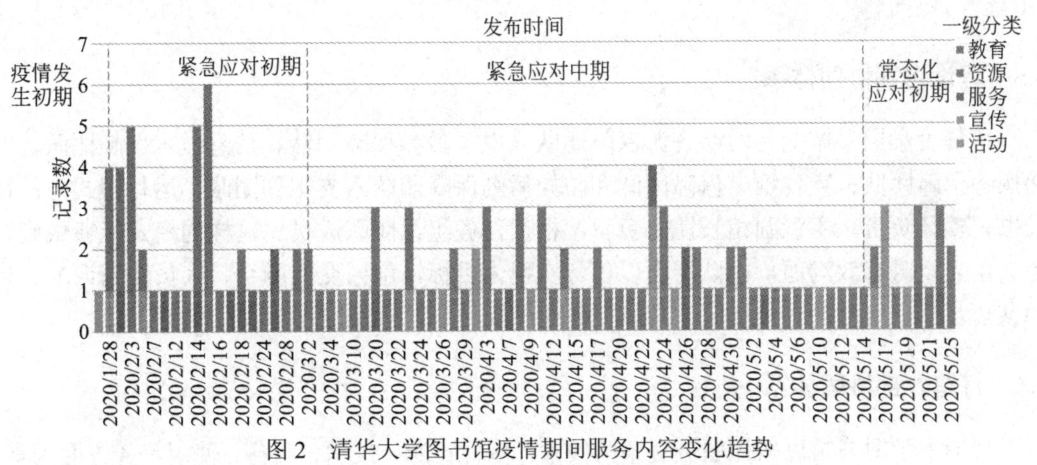

图 2　清华大学图书馆疫情期间服务内容变化趋势

（1）用好信息媒介优化整合信息资源

图书馆学“五定律”引导图书馆把握发展“新动能”，图书馆进行信息资源建设时，要始终立足“节省读者的时间”的目标。清华大学图书馆紧抓“优化”和“整合”两条主线，通过门户网站、微信公众号等媒介，发布图书馆资源和服务信息，信息内容尽力做到精准有实效、多渠道并举。疫情期间，为给用户提供结构化信息导引，推出“疫情防控期间图书馆资源服务指南”专题网页[12]，一站式提供疫情防控期间图书馆通知、资源和服务；适应移动端需求，开发微信小程序“未图 WeLibrary”同步信息查询和获取[13]。

（2）激发馆员创造性保障咨询服务不断线

组织建设与馆员队伍是服务的基础，好的组织能够激发馆员的驱动力、主动作为。疫情期间，清华大学图书馆馆员创新服务方式，咨询服务全时在线：服务电话与馆员手机绑定，24 小时有人值守、随时响应；邮件咨询接收读者在线表单或直发邮箱咨询，每天及时查收响应；开展微信群咨询，读者自助扫码入群，馆员全时在线……根据咨询常见问题随时更新服务指南，咨询热点及时反馈有关防控工作团队，对防疫工作做出有效指引，整体推进校外访问、纸本借阅、电子教参借阅等工作协同开展。

（3）营造积极服务氛围创新服务活力

依托与青年学生、优秀教师、社会资源的天然联结，清华大学图书馆创立并发展了多个信息素养教育和阅读推广活动品牌，创造出积极创新的整体氛围。疫情期间，馆员积极利用在线技术，通过微沙龙、雨课堂、腾讯会议等形式将活动带到线上；开展“云”读书文化月系列活动，通过“云”发布、“云”推荐、“云”讲座、“云”展览和“云”参加等 5 个板块推出活动 20 余场，如“真人图书馆”利用腾讯会议，邀请身在武汉亲临抗疫一线的环境学院张大奕老师为大家分享抗疫真实体验与感悟。

3.4 内外融合，协同应对：清晰认识内部、外部系统及其运作，打造多方面多角度互联共建体系

“协同”意味着对内部、外部系统的清晰认识，并在此基础上有效运作。内部系统即本馆内部人力、技术、资源、服务等的有机体，外部系统即知识服务链条上的所有因素，如资源提供方、资源建设方、资源使用方以及技术支持方等。内部、外部互联共建，方能达到融合与协同。

3.5 建设内部协同体系

清华大学图书馆拥有网络资源保障团队、电子教参保障团队、信息技术保障团队、网络服务保障团队、宣传推广保障团队和防控后勤保障团队六支工作团队，运行模式为：馆长书记整体负责，主管副馆长团队负责，根据任务组织团队成员。这样的模式能够做到馆务会层面及时有效沟通，团队层面以任务实现为目标，部门交叉融合、人员协同调配、资源共建互享、信息及时传达等，具体任务业务部门或业务组层层落实（见图 3）。

3.6 打造外部协同体系

清华大学图书馆以知识服务链条为线索，审视资源、技术、服务、使用等各方面因素，

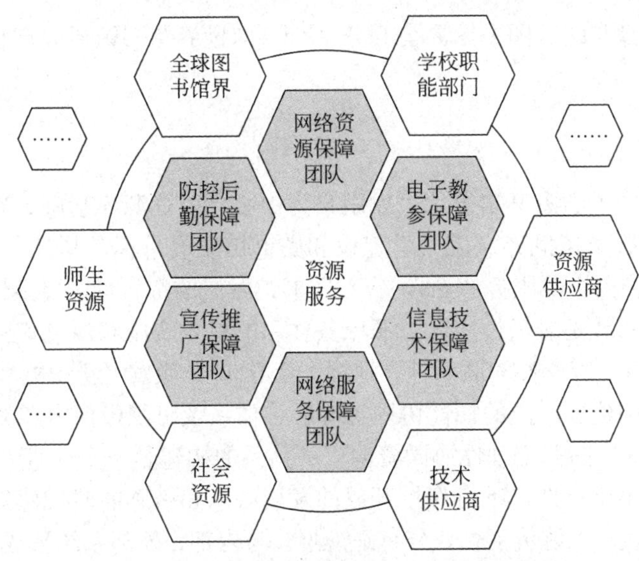

图 3 清华大学图书馆韧性协同三维工作体系

逐步建立资源提供方、资源建设方、资源使用方、技术支持方以及校园内部、全球图书馆界等的互联互通。疫情期间，清华大学图书馆积极推进校内知识服务联结，国内外跨行业、跨领域交流与对话，搭建合作平台，共建全球图书馆抗疫共同体。

（1）搭建多方合作校内知识服务平台

与校内外多家文化建设单位、学生团体及资源提供商紧密合作，为校园师生搭建在线知识服务平台。如与清华大学学生学习与发展指导中心、研究生会联合举办“图书馆专场——科研达人养成记！”系列讲座，馆员进驻学生学习社区，通过“荷塘雨课堂”每周在线提供 1～2 场讲座，并提供课程回放[14]；总分馆联动引进数据库商系列讲座，参与或组织由数据库商专业讲师为师生提供的数据库使用培训或科研资讯，如“经济与金融数据课堂”组织经济与金融类数据库或资源培训、“文图讲堂”组织文科类相关数据库或资源培训等。

（2）建立行业联结凝聚全球交流合作

图书馆界全球化发展日趋增强，一方面需要加强馆员培训以适应全球化趋势，另一方面需要建立国际链接倾听全球声音，发挥自身作用。疫情期间，清华大学图书馆在以上两个方面做出探索，为构建全行业全球抗疫共同体而努力。

利用在线教育提升馆员培养。疫情促使在线教育空前活跃，图书馆在为用户提供在线教育的同时，也应当利用在线教育提升馆员培养。4 月 14—23 日，清华大学图书馆与中国知网、武汉大学图书馆联合举办“2020 年高校图书馆知识服务与创新应用高级研修班”[15]，创新性探索图书馆行业交流的新形式和新局面。利用知网在线教学服务平台，邀请业内专家学者集中推出讲座 22 场，参与人数达 16000 余人。

全球对话助力行业发展。图书馆“新生态”需要我们立足全球视野，主动倾听全球声音并发挥自身作用。疫情期间，清华大学图书馆进行了探索：4 月 27 日，与 Elsevier 联合主办“疫情期间图书馆电子资源的服务保障”线上研讨会，与华中科技大学图书馆、上海交通大学图书馆、深圳大学图书馆以及 Elsevier 共同探讨疫情期间电子资源保障的成效与思考。4 月 28 日，与美国康奈尔大学图书馆联合举办线上交流活动，与武汉大学图书馆和华中科技大学图书馆一起分享疫情防控经验，讨论疫情应对方法。会议设有双语通信馆员，并将会议内容及录像与北美图书馆界公开分享[16]，向世界图书馆界分享智慧，传递信心。

4 结束语

一直以来，清华大学图书馆秉承“以用户为中心、以资源为基础、以服务为导向”的发展理念，紧紧围绕学校世界一流大学建设和图书馆发展目标，紧抓“资源”和“服务”主线，构建“韧性协同资源服务体系”，应对图书馆发展的综合性、复杂性和多变性。2020年的新冠疫情防控实践是对韧性协同资源服务体系的有效实施和深度检验。我们在实践中历练敏感性、适应性、应变性和联结性，把握“新方向”、激发“新动能”、构建“新生态”，加强多方联结，为构建更广泛的韧性协同资源服务体系做出积极探索和努力开拓。

同时，我们深知，图书馆韧性协同资源服务体系的构建是一个一直“在路上”的命题。面对时代的多变与不确定性，唯有保持开放的发展心态和敏感的时代感知，立足于对自身核心职能的不断审视，内练灵活性，外练适应性，与内部、外部系统形成强有力的有机体，才能使图书馆事业充满生机与活力。

参考文献

[1] 莫衡, 等. 当代汉语词典[M]. 上海：上海辞书出版社.

[2] 吴建中. 市民素养与韧性社会——公共图书馆参与社会转型的一个新课题[J]. 图书情报工作, 2020, 64(1): 14-19.

[3] 徐国兰, 王芳. 开发心理资本提高高校图书馆馆员绩效[J]. 农业图书情报学刊, 2017, 29(3): 197-200.

[4] 陈利华, 沙淑欣. 论韧性力量在图书馆工作压力中的积极干预[J]. 山东图书馆学刊, 2011(4): 61-63.

[5] H.哈肯. 协同学及其最新应用领域[J]. 自然杂志, 1983(6): 403-410.

[6] 娄策群, 卢绍君. 论图书馆系统的协同与竞争[J]. 图书馆学研究, 1986(4): 1-5, 150.

[7] Cherry B. Characteristics of resilient people [EB/OL]. (2020-6-14) https://www.verywellmind.com/characteristics-of-resilience-2795062.

[8] Chavez, Lyena C. Finding the Ties that Bind: Coalition Building in Loosely Coupled Academic Libraries[J]. Library Leadership & Management, 2018, 33(1): 1-10.

[9] 陈建龙. 大学图书馆现代化转型发展刍议[J]. 大学图书馆学报, 2020, 38(1): 5-12.

[10] 国际图联大会历年会议. [2020-5-17]. https://www.ifla.org/annual-conference.

[11] 清华大学发起全球大学特别对话共商新冠疫情下在线教育合作与发展[EB/OL]. (2020-4-25) [2020-5-27]. https://news.tsinghua.edu.cn/info/1003/78493.htm.

[12] 清华大学图书馆：疫情防控期间资源服务指南[EB/OL]. [2020/5/27]. https://lib.tsinghua.edu.cn/dra/yqfkservice.

[13] 未图(WeLibrary)来啦！[EB/OL].(2020-2-25) [2020/3/13]. https://mp.weixin.qq.com/s/qgXsRo_8-h10d0PWdWD30w.

[14] 科研达人养成记第三弹！(2020-5-4) [2020/5/27]. https://mp.weixin.qq.com/s/qPpils6N_hqKI3Zha-T3Uw.

[15] 2020 年高校图书馆知识服务与创新应用高级研修班[EB/OL]. [2020/5/27]. http://k.cnki.net/theme/Index/17.

[16] Webinar 4: Three Chinese Academic Libraries' Experiences during the COVID-19 Outbreak. [2020/5/27]. https://www.library.cornell.edu/about/partnerships/academic-libraries-sustainable-development-webinar-series/webinar-4.

原载《大学图书馆学报》2021 年第 1 期

初心如磐，笃行致远
——记前进中的文科图书馆

杨　玲　马雪梅　朱京徽

摘　要：文科图书馆是清华大学图书馆系统的重要组成部分，建筑面积与馆藏数量居专业分馆之首。本文介绍了文科图书馆建成十余年来在读者服务、新技术应用以及人力资源管理各方面的运行概况与发展变化，对若干业务项目拓展创新取得的效果进行了分析小结，确认了今后继续秉承“以读者为中心、以服务为主导”理念，不断提升服务品质、促进人文素养教育和人文精神培育的努力方向。

清华大学人文社科图书馆简称文科图书馆，于 2011 年 4 月百年校庆期间正式落成并投入服务运行，是清华大学图书馆系统的重要组成部分，建筑面积与馆藏数量位于六个专业分馆之首。

文科图书馆由瑞士著名建筑师马里奥·博塔（Mario Botta）和中国建筑科学研究院联合设计，建筑设计简洁大方，形式与功能紧密结合，总建筑面积 20000 平方米，馆舍共七层，包括地上四层、地面层和地下两层（书库），可为读者提供各类阅览座位合计 900 余席。中外文馆藏书刊覆盖人文社科类各学科领域，截至 2021 年年底，印刷型馆藏已超过 100 万册。

文科图书馆坐落于清华大学教学核心区，因其多样化的功能区域及服务空间、便利的交通条件受到师生喜爱，开馆后迅速成为学校文科学术资源、学术活动、文化展示和开放交流的重要场所。根据相关数据统计，文科图书馆年均读者入馆统计超过 90 万人次，占全校各馆数量总和的 30%以上；图书流通数量年均超过 10 万册次，占全校总和的 40%以上。

十年来，文科图书馆始终秉承“以读者为中心、以服务为主导”的建设理念，力求在高品质读者服务、高质量信息资源建设和新技术应用各方面保持优势并不断创新。

一、高品质的读者服务工作

1. 空间服务

文科图书馆自试运行开始至今，一直保持开馆日全楼 8:00—22:00 连续开放，为读者提供连续且全面的到馆服务。2011 年开馆后，同步启用研读间预约管理系统，为校内师生提供个人学习与团体研讨的专用空间；同年 5 月信息空间正式开放，运行过程中数次调整服务模式，更新升级计算机，为读者上机上网提供全方位软硬件支持。2013 年 6 月，全馆部署了座位管理系统，有效解决了读者占座导致的座位资源浪费和秩序冲突等问题。在学校信息中心和校图书馆的支持下，不断优化楼宇网络设施，顺利实现交换机升级改造、IPv6和万兆接入、无线网覆盖全馆。此外，还提供多种自助服务设备，读者可进行自助借还、自助文印。

2. 借阅服务

在秉承热心、耐心、细心原则为读者提供常规书刊借阅服务的基础上，文科图书馆不断实践，延展服务方式，拓宽服务范围，积极尝试各类新型流通业务。

2011年开馆后，文科图书馆率先推出“文科馆/校总馆”之间的图书通还服务，并由文科馆总服台读者服务组同事们承担图书实物运送传递工作。辛勤劳动带来丰富收获，同事们在INNOPAC系统相关参数设置与流通台实操、实物人工分拣、图书转运周期等各个环节摸索改进，积累了宝贵的实践经验，为两年后全校各馆全面实现“图书通还”打下了坚实基础。

2017年秋季，图书馆管理服务系统由MILLENNIUM向ALMA迁移，文科图书馆多位业务骨干馆员参与ALMA系统上线筹备。切换ALMA管理系统时，恰逢文科图书馆因地面维修施工而闭馆，同事们苦恼不已，纠结于闭馆带来的服务停顿。ALMA系统中“预约取书”新功能立即引起文科图书馆读者服务团队的关注，大家带着任务去研究，很快就形成了“闭架库读者预约取书”“馆藏记录临时地址管理”等若干业务规划，并对读者界面展现形式和后台作业清单打印等主要细节反复模拟调试，在闭架库就位图书接受预约、馆员提书后完成预约架处理、预约书就位后系统自动给申请人发送通知的框架上，又进一步解决了预约人排队和复本选择等问题。新服务一经推出，迅速改变了文科图书馆维修闭馆期间读者只能通过邮件申请文献的低效局面，满足了读者大量提书的迫切需求，实现了工作效率和精细管的理共同提升。

3. 参考咨询与学科服务

文科图书馆开馆初期即从细节入手，全方位开展参考咨询工作。除了设置咨询台为读者提供面对面以及电话咨询，也积极向数字信息咨询服务方向转移，从被动咨询服务向主动服务、实时帮助服务和定向服务方向发展，促进各类平台建设。先后建立了文科图书馆主页、搭建了人人网公众号平台、微博等。同时，学科馆员还通过微信方式与院系建立联系，快速、精准地解答读者咨询，并向读者及时推送信息。

2011—2016年，“读者服务组”分设流通服务和学科服务两组岗位，全组协调流通台服务和假日值班。一定程度上来说，学科馆员在获得了较多直接接触老师和同学机会的同时，也有分散精力之嫌。随着学科服务工作的不断深化，2016年秋成立了学科馆员业务组，文科图书馆面向文科院系的学科服务向前迈进了一大步。目前，文科图书馆的学科服务覆盖学校人文学院、社科学院、教育研究院、新闻与传播学院、语言教学中心、出土文献研究与保护中心、国学研究院、日新书院等对口单位。在开展学科服务过程中，学科馆员的工作主要围绕院系信息收集、院系沟通、制作并发放针对院系的图书馆利用指南专版材料、搭建libguides学科导航网页、组织图书选购、担任数据库责任馆员、推送学科信息简报、开展深度学科咨询、开展研究生新生培训和嵌入式教学，以及为院系人才引进、学位点评估等开展的文献计量等展开。学科服务团队成员注重在服务理念、服务形式和服务过程中创新，努力成为老师和学生的学习伙伴和科研伙伴，以多样化的服务助力院系的教学与科研工作。

4. 阅读推广

文科图书馆开馆以来，先后尝试了多种模式的阅读推广活动。具有代表性的工作举例如下：

（1）书刊推荐：包括本周新书推介、《清华大学荐读书目》推荐名著、专题书架、诺贝尔文学奖得主作品推介、名家名著资源推介、书单系列资源推介、当代作家资源推介、期刊文章推介、好文佳句欣赏等系列。

（2）电子资源推介：主要以电子公告的形式及时发布图书馆购买或试用的电子资源。

（3）讲座与展览活动：文科图书馆及校内外相关单位密切协作，先后创办了“学在清华·真人图书馆”活动、文图讲堂活动等；作为学校的信息中心、文化中心和交流中心，文科图书馆积极配合学校工作，协办各类大型讲座活动，如巅峰论坛、文新论坛、西阶论坛、italk、Friday Talk 等活动；开展“走进澳门图片展”“百年《君子》多彩清华书画作品展”“纪念华罗庚先生诞辰 110 周年史料图片巡展”等展览活动。

（4）放映活动：定期举办“文图放映”活动。从 2017 年 4 月 6 日开始，文科图书馆和校图书馆读者服务部联合推出纪录片放映活动，为读者推荐高品质的专题系列纪录片等。

二、高质量的信息资源建设工作

作为清华大学图书馆三级文献保障系统中的研究型专业图书分馆之一，文科图书馆以人文社科类图书和期刊为主要馆藏文献。随着文科图书馆的建设和开放，清华大学图书馆对人文社科类资源的采购和配置给予政策倾斜，加大了对人文社科类资源的购置力度，引进了大量优秀的人文社科类纸质资源。例如，引进了由美国康奈尔大学转让给清华大学的 9 万余册文科图书，其出版时间自 1854 年至 2007 年，是康奈尔大学图书馆经过几十年精心挑选、系统收藏的馆藏图书，这批图书的引进极大地丰富了清华的文科馆藏，为发展清华文科图书馆提供了有力的文献资源保障。除常规经费购书之外，馆藏文献中还包括爱泼斯坦先生赠书、美国波士顿大学罗伯特·科恩教授赠书、日本东北大学服部文男先生赠书，以及诺贝尔文学奖获得者作品、地方志和地方文献等专题收藏。同时，通过与文科院系的不断沟通交流，在了解院系对于专业资源的需求和学科发展方向后，学科馆员通过接收院系师生的外文书日常荐购、大套书荐购，以及小语种图书的荐购，不断扩充馆藏资源的收藏范围和专业深度。正是经过各种渠道和途径的努力，到 2021 年，文科图书馆馆藏总量已经超过 100 万册，形成了包括人文、社会科学及管理科学文献等多种类型的馆藏体系。

在纸本资源和电子资源各具优势的今天，我们在大力发展纸本资源的同时加大了对人文社科类电子资源的建设力度。先后订购了 Brepolis（中世纪百科及古典学）系列数据库、Gale Scholar 珍稀资料数据库、AMD 历史与文化珍稀史料数据库、Cairn 法语数据库、SAGE 研究方法在线数据库等，极大地丰富了人文社科类资源，为广大师生的教学与科研提供便利。

三、新技术的应用

文科图书馆长期致力于大力推动图书馆服务方式的多元化、服务设施的便捷化，促进技术应用，重视读者参与，提供多种自助服务方式，具体包括自助文印系统、自助借书系统（含人脸识别功能）、24 小时自助还书系统、研读间预约系统、信息空间机位管理系统、座位管理系统、自助缴费系统等。这些融馆内自助和馆外自助为一体的新型自助服务模式，不仅丰富了读者的使用体验，也充分显示了图书馆对读者的人文关怀，受到读者的欢迎和喜爱。

设置于文科图书馆一层的信息空间，为读者上机、上网学习研究提供了优越条件，信息空间由学习创作区、自携电脑区、音像视听区等部分构成，读者在此可享受到图书馆一站式服务。其中，学习创作区为读者配置了 PC 机、苹果一体机和双屏机。同时，采用机位管理系统对信息空间计算机实行科学管理，在机位管理系统的待机界面可以清楚地显示机器的空闲与使用情况。需要上机的读者先在机位管理系统控制台进行现场刷卡认证，认证之后即可任意选择一台空闲机器，用自己的账号和密码进行登录。

任何服务项目都不能一劳永逸，与技术应用密不可分的信息空间更是如此。早在 2013 年，文科图书馆就注意到，随着各类智能化移动设备的普及，“网络访问”“获取多媒体资源”之类的功能转瞬间就退去了神秘色彩，正版专用图文处理软件却长期存在，而对于进入论文写作阶段的读者群而言，可靠稳定的文档编辑则是最基础、最重要的服务保障。2014 年年初，信息空间放弃了原有视频区建设计划，改为继续增加普通机位并适量扩展“双屏”机位，并尝试性推出为自携电脑区增加了提供显示器（无 PC 主机）的服务。务实方案得到了读者的热烈称赞，双屏机位成了同学选位时的争夺热点，呼吁“增加”的邮件留言纷纷而至。待 2019 年更新设备时，信心与经验同步增长，经过深入调研考察，这一次大胆引进了性价比更高的“曲面屏显示器”。2020 年新冠疫情促进了个人电子设备应用，根据读者需求，文科图书馆开辟了“扩展屏”专供区域，为部分普通阅览桌配备了大尺寸显示器，提供多款转接接头、可升降调节支座，满足读者个人手机、iPad、小型携带式电脑笔记本等多款设备进行屏幕随时转换的需求（见图 1）。

图 1　信息空间

回顾数年间信息空间的设备变化，国力增强、技术飞越，让人不禁感慨。值得骄傲的是，文科图书馆一直以读者需求为核心，紧密关注发展变化，立足务实，追求创新，有效提升了空间服务能力。

四、在实践中提升团队战斗能力

在文科图书馆的建设与发展过程中，馆员和学生助理（含勤工助学分队和三助研究生）一直是两支强有力的队伍。2014 年后，文科图书馆劳务外包人员比例逐年提升，“外协馆员”成为服务团队主要组成部分，截至 2020 年，外协人员比例已经超过部门在岗人数的 35%。

1. 馆员队伍建设

（1）组织学习资料汇编

自 2012 年 7 月以来，文科图书馆相继推出了《文图快讯》《文图视界》和《图情速递》，三者共同组成文科图书馆的“红黄蓝”系列，成为文科馆馆员工作交流、学习分享和总结提高的三大资讯阵地。其中，《文图快讯》是红色，代表朝气与热情，本着“记录成长、鼓励创新、凝聚智慧、追求卓越”原则将文科图书馆发生的大事小情进行汇总，希望在大家的共同努力下，文科图书馆各项工作能够继续稳步向前发展。《文图视界》是黄色，代表快乐与希望，本着“海阔天空、鸟瞰俯拾、精益求精、更上层楼”原则为大家提供国内外图书情报领域业界动态、重要数据库、图苑名家等信息。《图情速递》是蓝色，代表理智与广阔，本着“承前启后、继往开来、学以致用、勇攀高峰”原则将图情领域最新目次信息提供给大家，希望对大家快速了解图情领域最新动态有所助益。

（2）组织馆员业务知识竞赛活动

“我是服务达人”活动和馆员业务英语学习是文科图书馆开馆以来的两项重要馆员业务培训活动。

“我是服务达人”是一个寓学于乐、知识共享、共同提高的学习平台，主要目的在于促进馆员同学习、共提高。活动中，馆员通过抽签被随机分成“文队”和“图队”两支队伍，由主持人围绕图书馆相关问题进行提问，整场提问由必答题和抢答题两部分组成。“我是服务达人”是一种高效的快乐学习方式，希望自己能在这个平台上快速成长为一名优秀的“服务达人”。

随着清华大学国际化办学的不断推进，以及文科图书馆在校园中的特殊地理位置，文科图书馆吸引了大批留学生读者入馆研习。馆员提高英语口语交流能力，减少跨文化交流过程中的语言障碍，提高为留学生读者服务的质量，成为一项迫切的任务。为此，文科图书馆自 2016 年 12 月 1 日起开展了“1 小时业务英语学习”活动。学习内容紧扣文科图书馆一线服务中的常见用语，例如，图书馆名称、开闭馆时间、馆藏地点、服务设施、馆舍空间、地点指引、使用规则等。学习过程包括“复习”和“学习”两个环节，各占一半的学习时间，温故而知新。已学过的词汇和句子通过反复练习加深记忆，得到巩固后再学习新的内容。新内容的学习先从关键词汇入手，通过这些词汇的学习与练习，使大家在交流时能听得懂读者的主要诉求，在解答读者问题时能够表达关键词汇；然后，再逐步扩大到句子的使用与表达。每次学习的信息量不大，主要是鼓励大家多读多练，不怕出错，敢于开口说英语。通过这样循序渐进的学习，增强大家学习和使用英语口语的信心和兴趣，并借此起到抛砖引玉的作用，引导和激发大家充分利用图书馆的丰富资源，在工作之余开展自主性学习，不断提升业务水平和能力。

2. 学生助理和三助研究生

在图书馆的学生队伍中，勤工助学分队的本科生学生助理和助管岗位的三助研究生同样为图书馆的建设发挥了重要作用，他们不仅是图书馆的使用者，也是图书馆的建设者，更是在图书馆这个大环境中成长起来的。文科图书馆开馆以来，学生队伍已经在书库的架位管理、读者服务、读者意见和建议征询等方面成为图书馆工作的得力助手，并在服务高峰期、节假日、周末、晚班等时段成为图书馆有效的人力资源补充。

在学生队伍的培养过程中，馆员通过实践探索，逐渐形成了全过程的岗位培训、全员的管理模式和全方位的考核评价体系，不断将学生队伍的培养工作融入学校立德树人事业中，践行“三全育人”模式。同时，学生队伍在文科图书馆这个温暖的大家庭中，得到了工作锻炼，学到了管理技能，增长了文献管理与利用的知识，收获了友谊。

3. 尝试“两台一组”轮岗制度

图书馆引入劳务外包馆员的人力组织模式，在一定程度上较好地解决了人事编制计划难、空缺招聘难等体制问题，“外协馆员”逐步成为服务团队重要组成部分，截至2020年9月，文科馆部门共有工作人员20人，其中外协人员7人，比例已经达到在岗人数的35%。

转换视角，总会有意外收获。针对人员流动性带来的新人培训、班次空缺等一系列难题，文科图书馆管埋团队分析思考，认为“外协馆员”在拓展个人业务基础上将具备更强的随机应变能力。“秣马厉兵，砥砺前行”，2021年寒假中十多位馆员参加了动员和业务培训（见图2）。2021春季学期正式启动“总台—IC台—馆藏组”统筹排班。具体业务方案是，按岗位分配馆员，以外协馆员为轮班主力，每站两周一换岗，定岗馆员则统筹人力冗余时段，跨组安排任务。方案实行后，兼顾了个人业务特长、岗位任务需要、潜在技能提升空间，在保障开馆平稳运行中取得了明显效果。轮岗实施过程也考验了具体业务部门（小组）的任务组织能力和部门全员协作精神，与其说是一次创新尝试，不如说是文科图书馆全体成员都参与其中的大考核。

图2 新人培训

五、结语

作为学校图书馆系统的重要组成部分，清华大学人文社科图书馆以优美的环境、便捷的设施、热情周到细致的服务受到了读者的热烈欢迎。一路走来，文科图书馆秉承“以读者为中心、以服务为主导”的理念，不忘初心，追求卓越，在推动和探索学校文理学科的交融发展的实践中，努力前行。未来可期，随着清华大学建设世界一流大学的前进步伐，文科图书馆将继续提升服务品质、为促进人文素养教育和人文精神培育做出更大的贡献。

清华大学美术图书馆建馆六十五周年纪念回顾与展望

袁 欣 于 婷

摘　要：清华大学美术图书馆是清华大学图书馆体系中历史最长的专业分馆，前身是中央工艺美术学院图书馆。本文根据一些历史资料的记载和整理，简要回顾了美术图书馆从建馆之初到建馆六十五周年所经历的部分重要发展历程，包括中央工艺美术学院图书馆时期（1956—2005 年光华路校区搬迁前）的重要事件和发展状况，以及中央工艺美术学院归属到清华大学之后的清华大学美术图书馆时期（2005 年搬迁后—2021 年）的状况，着重介绍了有关资源建设、系统管理、馆藏布局、流通借还、学科服务、人员队伍等多方面的发展变化历程。在简要回顾本馆六十五年发展的基础上，结合目前本馆的 SWOT 分析，借鉴近几年的工作经验，对未来美术图书馆的发展进行展望。

前　言

清华大学美术图书馆，前身是中央工艺美术学院图书馆，是随着中央工艺美术学院 1956 年建立而成立的。建馆之初，本馆以中央美术学院实用美术系资料室为基础，逐渐发展成为小型专业图书馆。1999 年 11 月 20 日，中央工艺美术学院正式合并入清华大学，更名为清华大学美术学院，下属图书馆更名为“清华大学美术学院图书馆”。2005 年 8 月，美术学院图书馆在清华大学的部署下，行政关系由原来隶属于美术学院，改为隶属于校图书馆，成为清华大学图书馆三级文献保障体系中的一个分馆：清华大学美术图书馆。

2021 年是清华大学建校 110 周年，也是美术图书馆成立 65 周年。2022 年是清华大学图书馆建馆 110 周年。在这接踵而至的纪念之年里，我们重点梳理和回顾美术图书馆建馆 65 年走过的重要历程，尤其是近 16 年美术图书馆在清华大学图书馆体系中的建设发展历程。

本文参考了袁珊、高军善、赵呈刚、魏成光、于婷等几位老师在任副馆长期间（2005—2019 年）的年度工作总结的部分内容。另外，赵呈刚、高军善老师前期做过图书馆相关史料的收集、整理工作；孙凤萍、孙洋、赵敏老师也提供了 2009 年以来图书馆工作中的一些基本数据和事实。在此一并向他们以辛勤工作来书写和记录历史表示衷心感谢。

一、中央工艺美术学院图书馆时期（1956—2005年搬迁之前）

美术图书馆是目前全校的六个分馆之一，从成立时间上来说，她是成立最早的分馆；从组织架构上来说，她是更完整、更独立的一个分馆，曾经作为一个独立图书馆——中央工艺美术学院图书馆（以下简称学院图书馆），运行了近50年。

1. 20世纪50年代

中央工艺美术学院成立于1956年11月，学院图书馆以中央美术学院实用美术系的资料室为基础而同时建立。

建馆之初，学院图书馆藏书有6000余册，实物资料2792件，其中部分实物来自1953年12月在劳动人民文化宫举办的首届全国民间美术手工艺品展览会的展品。学院图书馆建立后，经中央工艺美院院长邓洁的努力争取，中华全国手工业合作总社拨给学院30万元作为科研费和资料费，为学院图书馆的发展提供了资金[1]。1959年3月，学院成立了图书资料委员会，负责审查、决定学院图书馆内图书资料的采购工作。当时的图书资料委员会由工美副院长陈叔亮负责，委员有雷圭元、张仃、陈叔亮、张光宇、吴劳、徐振鹏、梅健鹰、程尚仁、田世光、郑乃衡、侯信，秘书蔡诚秀。是时学院图书馆藏书以工艺美术专业图书为主，造型艺术、民间艺术等图书为辅，并收藏文、史、哲等方面的书籍；既有《纂祖英华》《东瀛珠光》《古铜精华》等工艺美术珍贵画册，又有《四部丛刊》《四部备要》《古今图书集成》等丛书。另外，学院积极从各方面搜集有关专业实物资料，其中包括古代陶瓷、国画、外国制品服装等。古代陶瓷大部分由故宫博物院清理时拨送给中央工艺美术学院，小部分从各种市场购买；国画是建院时由邓洁院长拨专款购买；外国染织服装由对外文委等机构赠送[2]。

初创时期，学院图书馆的服务也非常灵活，极具时代特色。如图书馆将图书送到工地，为参加首都十大建筑装饰工作的师生设计工作提供参考；图书馆配合课堂教学提供相关实物资料，布置“资料观摩室”，供教师讲课、学生临摹；图书馆还配合教师，展出授课所需的专题图书，供学生阅览；设立“开架图书室”，开放部分馆藏图书，供读者借阅，而当时一般图书馆大多以闭架借阅服务为主。

建馆之初，图书馆有职工5人。1956—1966年，杨崇恺、蔡诚秀、李枫先后担任图书馆负责人[3]。

2. 20世纪60年代

在学院领导和各方面的大力支持下，1964年5月，学院图书馆藏书已由1956年的6000册增加到50000册；实物资料由2792件增加到8240件。馆藏图片资料逐步增加了金石拓片、民间剪纸、木版年画、邮票等；实物资料包括陶瓷、染织、织锦、刺绣、地毯、壁挂，并有明代家具和古代书画真迹及国内外民间工艺品。20世纪60年代中期，经中央工艺美院副院长陈叔亮邀请，张珩、徐邦达、谢稚柳三位专家对学院图书馆所藏字画一一鉴定，肯定了图书馆收藏的历代书画的价值。学院还从荣宝斋调来裱画大师刘金涛专门负责图书馆书画装裱工作。1961—1965年，图书馆分别开设陶瓷、染织、书画、民间工艺品等实物资料陈列室，按时代、专题定期轮换展出；除为教学服务外，陈列室还接待来国内外来宾参观。1965年图书馆的预算经费为23000元[3]。

3. 20世纪70年代

“文革”期间，图书馆的图书资料没有遭到毁灭性破坏。学院当时的情况正如张仃所言：“值得庆幸的是保住了校舍，保住了教具图书资料，保住了教职工队伍……”[4]“文革”之后，中央工艺美院先后兴建了一批新建筑，图书馆楼是其中之一。重新整顿之后的图书馆为方便师生查阅资料，设立了教师和学生阅览室，并增设中外工艺品藏品陈列室。

1973年蔡诚秀任复校筹备组图书馆负责人。1979年11月，谢家彬任图书馆馆长，兰冰、蔡诚秀任副馆长。

4. 20世纪80年代

改革开放之后，学院图书馆为了方便教师备课和扩大学生视野，订购了外文专业期刊100余种，中文期刊470种；对于国外专业图书，采购复本量从每种一册增加到每种2～3册；图书馆珍藏的实物资料进一步得到丰富，其中中国古代书画、古代陶瓷、古代家具、古代织绣艺术品最具特色。在资源逐步丰富的情况下，1986年共接待读者约20000人次，借出图书19131册[5]。到1989年，馆内藏书17万余册、实物资料12720件，馆舍总面积2593.75平方米[6]。

20世纪80年代学院图书馆的组织结构包括采编组、流通出纳组、教员阅览室、学生阅览室、过刊阅览室、资料室、图片室、裱画室、陈列室、办公室，工作人员28人左右。其中期刊阅览室开架借阅，受到老师和同学们的欢迎；教员阅览室主要接待教员、研究生和毕业班的部分学生。老师们不但在图书馆备课和收集资料，还在图书馆内的教室上课，指导学生在此阅览与教学相关图书[5]。

1985—1986年，蔡诚秀、李葆年先后担任图书馆馆长，张铁山、孙碧霞、韩源（兼书记）、王晓林任副馆长。

5. 20世纪90年代

1999年11月，中央工艺美术学院并入清华大学，更名为“清华大学美术学院”。学院图书馆仍保留在学院[7]。合并以后，在学校的技术支持下，学院图书馆开始建立“数字化图书馆”和“数字化博物馆”工程，成立“数字化博物馆”专家委员会，聘请了学院和故宫、中国美术馆的专家学者尚爱松、叶佩兰等对院藏文物陶瓷、书画、织绣等逐件加以鉴定，分别写出书面说明存档[8]。1999年，图书馆首次购置日本二玄社名家书画高仿真复制品15件，用于绘画系临摹、鉴赏。

1993—1995年，邱承德、杨永善先后任图书馆馆长，郭树林任书记，王连海任常务副馆长，陈瑞林、袁珊任副馆长。

6. 21世纪初10年

2000年，学院对光华路校区进行了修缮和改造。学院图书馆装修改造后，增设了外文期刊阅览室、中文期刊阅览室、社科书库、电子阅览室。截至2005年搬迁之前，学院图书馆在光华路馆舍面积为4200平方米（含艺术品展厅）。

2000年10月，学院图书馆开始进行自动化建设的规划和实施，在计算机网络建设的基础上引入图书馆数据管理系统。图书馆首先使用DataTrans-1000图书馆信息集成管理系统。2001年11月—2002年8月，图书回溯历时9个月，完成图书及CD数据近11万册/件。2002年9月—2006年9月，一直使用的是丹诚DataTrans-1000系统，图书馆的所有业务流程，包括采购、验收、编目、典藏、流通、期刊装订以及统计等工作全部在此系统上完成。

2005年夏季，学院图书馆因中央工艺美院并入清华大学而进行了搬迁工作。实物资料装箱工作于2005年6月28日—8月14日进行，共装验554箱。实物资料装箱组人员有王连海、李正安、周小玉、陈南冰、武元子、袁珊、高军善、张京生。2005年8月20日晚，在美院领导的协调指挥下，由北京武警十六支队官兵全程押运，学院图书馆和清华大学保卫处负责，将首批实物资料安全运至清华大学。书刊装箱工作于2005年7月7日—8月11日进行，共4300箱/包。同年9月进行了全部馆藏书刊的迁运工作。搬迁之后的美术图书馆，坐落在清华大学美术学院大楼A座，共三层，总面积3000平方米。

2005年8月10日，已先期并入清华大学的美术学院院长李当岐、党委书记王进展传达了学校精神，搬迁后学院图书馆行政关系将从美术学院转入清华大学图书馆。美院图书馆搬迁前有在职馆员23人，其中21人调整至新馆舍工作。至此，中央工艺美术学院图书馆从2005年9月起，正式归属校图书馆总馆领导，成为学校三级文献保障体系中的一个分馆：清华大学美术图书馆。2000—2005年，杨永善、王国伦、陈瑞林、李正安、何洁先后任馆长[8]。

纵观近50年的发展，中央工艺美院图书馆资源从6000余册起步，一点一滴地通过采购、接收捐赠、调拨等方式发展各类馆藏资源，集腋成裘、积沙成塔。在各方力量的帮助下，图书馆从小到大，资源由少变多，组织机构由简单到复杂。

二、清华大学美术图书馆时期（2005年搬迁以后—2021年）

2005年10月25日，清华大学美术图书馆迁入新馆舍于整体重新布局之后正式开馆。清华大学党委书记陈希、副校长谢维和、美术学院院长李当岐、校图书馆总馆馆长薛芳渝等领导出席开馆仪式。自此，美术图书馆走向了新的历史发展阶段。2005—2021年，美术图书馆的馆长一直由美术学院教授何洁担任，袁珊、高军善、赵呈刚、于婷、魏成光历任副馆长，袁欣任常务副馆长。

在新的历史进程中，美术图书馆根据不同历史时期不同上级主管部门和不同馆舍环境而发生了相应的变化和调整。主要体现在以下几个方面：

1. 组织结构精简，分工合作密切

2005年在转入校图书馆体系之前，美术图书馆工作人员最多时约28人，分设馆办公室、专业图书借阅处、教师阅览室、中外刊阅览室、学生阅览室、教师图书借阅处、实物资料组、信息服务组、采编组、社科借阅处等多个岗位。

2005 年行政关系转到校图书馆之后，经过 2007 年、2009 年、2012 年、2016 年、2020 年五次校图书馆全员岗位聘任，截至 2021 年，美术图书馆共有馆员 11 人，分布在馆办公室（2 人）、资源组（3 人）、读者服务组（5 人）、学科服务组（1 人）。另外还有支持图书馆运行的外协航兴公司人员 6 人，三助研究生岗位 1 人。

发生组织结构和岗位设置变化的原因，主要基于以下几个方面：

（1）馆舍布局发生大的变化和调整。美术图书馆的读者主要是美院师生，所以为方便美院师生使用，美术学院大楼设计之初，美术图书馆便就近位于美院大楼 A 座 1～3 层。2005 年，美术图书馆完成了从光华路校区到清华园校区的整体搬迁和馆藏调整任务。新的开放式的馆舍建筑格局，决定了馆藏布局的调整，从原来的多个阅览室，调整为三层大开间内设置若干开放的功能区，例如教师阅览室与学生阅览室合并为专业图书阅览区；专业借书处、教师借书处合并为图书借阅区；教师阅览室（库藏）调整为珍本库等；服务台口从之前的 7 个逐步减少为现在的 1 个。

（2）馆藏内容调整。合并入校图书馆体系后，美院师生对图书馆内人文社科类文献的需求，可以通过校图书馆总馆里丰富的通识性文史哲类书刊、文科图书馆里专业精深的人文社科文献，以及诸多专业人文领域的数据库等得到很好的满足。因此在近 16 年中，美术图书馆把原有的、占本馆藏量一半左右的人文社科书刊逐步下架，不再设置社科借阅处，不再区分学生和教师阅览图书等。

另外，在 2016 年清华大学艺术博物馆建成开馆之际，原来本馆所藏的 30000 多件实物资料全部调往艺术博物馆，所以在完成全部交接工作之后，取消了实物资料组相关岗位，相应地也取消了编目组中实物资料编目岗位。

（3）校图书馆总馆对于人、财、物整合管理。并入校图书馆之后，总馆对文科图书馆、美术图书馆、法律图书馆、金融图书馆等几个分馆的人、财、物都有统筹管理，故有些岗位归入总馆，人员可以同时配合和支持总馆、分馆的相关工作，例如 2020 年 1 月进行全馆全员岗位聘任时，资源验收岗就从美术图书馆调整到总馆资源建设部。

（4）新时期服务需求不断变化。2012 年以后，手机逐渐成为移动终端，大量电子资源、数据库资源和网络资源通过手机可以获取和访问，信息技术部门将电子服务的重点由台式机转移到移动终端，由硬盘、光盘转到网盘、云盘，网络由有线转为无线等。因此读者对于图书馆里电子阅览室的需求也较以前有大幅下降，故本馆不但将电子阅览区由室内转为室外开放区域，而且计算机数量也由 30 多台减为 7 台；在最新一次岗位聘任中，本馆取消了电子服务组的相关岗位，转由读者服务组全方位提供支持和服务。另外，2013 年起本馆设立了学科馆员岗位，从而加强了对专业师生的深度知识服务。

组织架构调整之后，虽然本馆岗位减少，但对馆员的要求提高了，例如学科馆员会直接组织美院教师共同参与到本馆资源建设的工作中；读者服务馆员工作内容涉及馆藏管理、前台服务、阅读推广、环境维护等多方面；资源组馆员不仅要加工处理纸本书刊，还需要收集和建设电子资源、维护网站更新等；另外所有馆员都参与到节假日值班工作中等。因此尽管各岗位馆员分工明确，但合作更广泛、更密切。

2. 资源建设更加专业化，特色更加鲜明突出

美术图书馆作为美术及艺术相关资源重点保障的专业图书馆，一直以来都非常重视专

业图书的资源建设工作。资源建设工作主要包括美术及艺术相关中外文纸本图书、中外文纸本报刊、高仿真书画、数据库各类型资源的采访、订购、推荐、评测、编目等。此外，通过读者推荐、个人与集体捐赠、主动收集院系毕业生作品等渠道进行资源补充与扩展，并积极与美术学院联合采购、合作构建特色数据库，筹建美术专业馆特藏资源。

（1）资源建设经费充分保障。2005 年以前图书馆隶属于中央工艺美术学院，资源经费由学院提供。自搬迁到清华大学美术学院大楼后，行政隶属于清华大学图书馆，资源经费也改由图书馆统筹管理，由总馆统筹经费，每年进行经费预算，并在馆藏管理系统中划拨为美术图书馆经费，一直以来经费保障平稳，并有小幅增长。2016—2020 年平均经费 188 万元，其中纸本图书平均经费 122.5 万元，纸本报刊平均经费 42 万元，高仿真画 23 万元，另外光盘等多媒体资源 0.5 万元[9]。电子资源经费依据每年实际订购的艺术数据库而定，每年都根据需求保障 1～2 个艺术类数据库，2020—2021 年受新冠疫情影响经费有一定程度的减低，在保证纸本资源和续订电子资源的基础上，暂缓了电子数据库的订购。

（2）资源建设结构合理配置。2005 年 3 月搬迁前中央工艺美术学院图书馆统计，馆藏图书 14.35 万册，其中社科图书约 4.4 万册，专业图书 7.8 万册，线装书 2.15 万册；中外文期刊合订本 1.5 万册（外文 0.5 万册，中文 1 万册）；中文期刊 240 种，外文期刊 224 种。2021 年图书馆系统数据显示，本馆馆藏图书 21 万册，中外文期刊合订本 3 万册（外文 1.4 万册，中文 1.6 万册），多媒体光盘书附盘 3000 余张，外文期刊 195 种，中文期刊 184 种，报纸 12 种。2018—2020 年平均年入藏图书 4697 册，按资源语种统计，外文图书入藏 1428 册，中文图书入藏 3269 册。按资源来源统计，订购入藏图书 4283 册，捐赠入藏图书 414 册。按目前的采访原则，一般情况下图书的采访复本量为 1，按资源种数统计 2018—2020 年平均订购中外文图书 3309 种，其中外文图书 1347 种，中文图书 1962 种[9]。艺术数据库以每年 1～2 个的增长趋势逐年增加，并且积极推进馆藏特色资源建设，如艺术大师数据库、毕业生作品、史论系必读书目、图册资源等。

（3）专业馆藏资源突出美术专业特点。充分发挥专业馆特色，积极与院系合作进行资源建设。2017—2018 年美术图书馆与美术学院联合购买了艺术特藏图书，极大丰富了馆藏，建立了艺术特藏文库。该艺术专题包括近万册图书，分为三个主题，分别是以 20 世纪设计与工艺为主题的艾伦斯（Philip Aarons）文库、以美国艺术史为主题的希尔斯（Patricia Hills）文库、以欧洲艺术史为主题的卡尔松（Eric G. Carlson）文库。按不同颜色的色带条区分三个专题图书，并设置专区陈列。高仿真书画作为临摹资源一直以来都是美术学院师生积极推荐的重要资源，采访渠道及价格均与纸质资源有较大区别，2016 年以前高仿真书画采购根据需求进行采购，2016 年后在原有采访原则基础上进行了调整，将高仿真书画资源列为年度经费预算进行连续、有步骤、有主题的订购，使该类资源得到了充分的补充；并在采访原则中尝试设定高仿真书画订购主题与师生推荐结合的模式，分别集中入藏了历代珍贵壁画、北京故宫藏国画、台北故宫博物院藏国画、国外大师油画等。

（4）资源信息及资源来源模式丰富。读者推荐为读者提供了最直接、最有效的资源服务，近距离满足读者需求，每每读者收到自己推荐的资源的到馆通知，都会非常感谢图书馆。美术图书馆读者推荐渠道丰富，包括当面推荐（通过总服务台接收信息）、平台推荐（通过图书馆平台接收信息）、馆员推荐（通过学科馆员、采访馆员等联络院系师生接收信息），根据采访原则进行订购。同时，读者直接参与的捐赠也是多渠道开展，通过当面捐赠、邮寄、电话等方式，方便读者参与支持美术图书馆馆藏建设。

（5）图书分类使用独特的自编艺术图书分类法。20世纪50年代，我国尚没有统一的图书分类法体系。建馆之初的1958年，图书馆便根据学院的专业学科设置特点，自行编制了《艺术图书分类初稿》，该艺术图书分类法为列举式分类法，由二位字母和数字混合标记组成，分为艺术理论、艺术史、基础图案、陶瓷、染织、印刷装潢、建筑室内、金属工艺、漆器、民间美术、民间工艺、其他工艺、工业产品设计、雕塑、绘画、书法、篆刻、美术技法等，基本涵盖了美术学院的所有学科门类。几十年间艺术学科随社会进步而不断发展，美术学院的学术机构和专业名称也不断变化调整，新门类不断出现，《艺术图书分类初稿》也几经类目调整与修订。目前使用的是《艺术图书分类法（修订3版）》。该艺术图书分类法与20世纪70年代开始编制实施、五次修订的《中图分类法》中的艺术类目有所不同，在艺术文献入藏时，可以说更超前、更有效地解决了中图法中艺术类目下分类不够细致、不够恰当、交叉领域不好划分等问题。至今美术图书馆的图书仍在使用自编的《艺术图书分类法》对入藏的书刊等文献进行编目加工和排架，极大地方便了专业读者的使用。

（6）使用先进的馆藏图书管理系统。随着计算机技术的不断革新发展，馆藏图书管理逐步升级。2006年9月以前使用丹诚系统，2006年9月以后将所有数据转换到清华大学图书馆使用的INNOPAC系统（Melium系统），2018年图书管理系统数据平台再次升级为ALMA系统，对纸质资源、高仿真书画资源、多媒体资源及电子资源统筹管理。

（7）建立高仿真书画编目标准及非书资料回溯。自2016年起美术图书馆加大了对非书资料的编目，商讨高仿真书画系统管理方式，从讨论MARC数据字段的规范设置和数据源的选取原则，对高仿真书画实物的核对和测量整理，确定分类号索书号的命名规范选用规则，到确认数据规范后的字段数据整理、搜集与填充，最后整理出可导入最新的ALMA图书管理系统的文件。ALMA图书管理系统在图书馆顺利进行切换并稳定运行一段时间后，2019年高仿真书画资源顺利入驻新系统，首批导入274种303册。高仿真书画作为一种新的资源成员顺利导入系统，也如其他资源一样可从系统查找、管理。从此，高仿真书画资源也按相关资源类型进行了非常规范的下订、验收、编目的全流程管理，使高仿真书画资源得到有效的管理使用。此外，依据总馆非书资料编目标准对美术图书馆的全部光盘资源进行了回溯及编目。

（8）实物资源发展方向重点调整。2005年美术图书馆搬迁至清华大学美院大楼后，实物资源的发展也随不同时期有了重点的调整和变化。美术学院专门在美院大楼B区改造一间500平方米的展厅，用于图书馆藏实物资料的定期展陈。2007年10月开始，美术学院大楼B座内的展厅定期开放展览，展出陶瓷、家具、染织、书画等各类藏品200余件，成为美术图书馆实物资料的基础陈列。在此基础上还根据教学科研等需要，不定期举办不同专题的陈列展览，例如“院藏明代家具展”“院藏书画作品展”“院藏民间工艺品展”等。这些展览展示了藏品的艺术价值，极好地宣传了院藏艺术品的特色与优势。

在对实物资料进行展示管理的同时，参与做好艺术博物馆的筹建工作，其中包括整合艺术品、文物和各类实物资料的数据；参加艺术博物馆功能定位、空间定位的讨论，协助完成计划任务书；参与艺术博物馆首次展览的策展工作；为筹备组提供历年来实物资料为教学服务的数据，为艺术博物馆的教育功能定位提供依据。

2016年艺术博物馆正式成立开馆。在艺术博物馆开馆前后，美术图书馆配合完成了重点实物资料的数字化及全部实物资料的清点、交接工作。截至2019年年底，与艺术博物馆的实物清点及交接工作全部完成。自此，馆内实物资料的发展点也由原来的各类具有文物价值的艺术品转向高仿真书画的收藏。1999年，本馆从二玄社购买了一批高仿真画，之后陆续从各大书画收藏机构和制作公司，购买高仿真书画。截至2014年共有高仿真画资源302幅，仅限于中国画。2020年国画、油画等高仿真画共计635幅，复制画142幅。近十年来，高仿真书画逐渐成为本馆每年固定的特色资源采购项目。在绘画系教师的荐购下，已经采购的高仿真书画品种有北京故宫和台北故宫博物院的珍品书画藏品，历代著名壁画，如敦煌壁画、永乐宫壁画、法海寺壁画，以及国外一些知名油画。这些高仿真书画，由于制作精良，仿真程度高，来源范围广，极大地满足了美术学院师生足不出校便可近距离临摹的教学需求，同时也深受全校师生的关注，满足了广大师生提高艺术修养的需求。高仿真书画正在成为新一代的实物资源发展重点。除此之外，一些当代艺术家的书画等作品，本馆也通过接受捐赠等多种渠道积极搜求。

3. 读者服务更加多样化，层次更加丰富立体

（1）开放程度逐步提高。2005年10月美术图书馆开馆时，是面对美术学院师生进行服务；12月对专业临近、院系楼宇也邻近的建筑学院师生开放阅览服务；2006年1月起，对人文社会科学学院师生和老干部字画社的离退休老师开放阅览服务；2006年4月底，对全校师生开放阅览。新馆舍使图书借阅由封闭转向开放，而且开放时间增至每周72.5小时。

2008年通过馆际借书证向全校开放借书服务，本馆办理50个馆际借书证供非美院师生借书使用。2013年6月，馆际借书证取消，本校非美院师生可凭工作证或学生证借阅2册美术图书馆图书。同时，美术学院教师借书权限由7册提高到30册；学生借书权限由5册提高到10册。2013年8月，美院教师学生借书期限统一调整到8周，可续借3次，可预约3册。2013年12月美术学院学生借书量再次提高到15册；2018年提高到30册。2021年11月，全校非美院师生的借书权限开放到20册，极大地满足了全校非美院师生对艺术图书的借阅需求。另外，从2013年6月起，本馆也加入到校图书馆的总分馆通还服务体系中，满足读者就近还书的需求。从表1中可以看出本馆在搬迁前后进馆人数及借还书数量的对比。

表1　美术图书馆搬迁前后进馆人数及借还书数量对比

统计时间	进馆人次	借还书册数
2003.9—2005.6	43899	23977
2006.1—2006.12	57100	60600

（2）多形式多渠道，开展资源推广。2009年发布美术图书馆主页，成为清华大学图书馆体系中第一个有自己网站的分馆。2011年开始，在美术图书馆主页发布本馆的每周新书通报，2017年起在校图书馆主页的新书通报专栏中发布“美术中外文新书”。2020年开始设立“清图小美”微信公众号，再次成为除主馆外第一个有自己微信公众号的分馆。利用“清图小美”平台，每周推出新书选介，用图文并茂的形式为读者推荐好书，被介绍的图书往往很快就被借出。

美术图书馆主页一经推出，栏目内容不断拓宽，除显示图书资源信息之外，还展示有常用数据库、自建数据库等专栏，尤其是 2019 年推出的“吴冠中艺术数据库”，更将美术学院专业院系、研究中心的成果展示出来。“清图小美”微信公众号不仅介绍图书，还介绍数据库、高仿真书画等资源，非常适合新时代手机用户的需求。

（3）举办各种活动，丰富服务形式。本馆正式开馆之后，充分利用馆藏特色，不断举办各种活动，用丰富的服务形式吸引读者，包括展览、讲座、电影展映等，受到读者欢迎。例如 2006 年在馆内举办新购入的二玄社高仿真书画展；在本馆和校图书馆总馆分别举办外版艺术图书展；利用本馆展厅，展出馆藏实物，包括明式家具展、书画展、织绣展等；2007 年举办两次讲座，主题分别为“民间剪纸赏析”和“中国书法精神”；2008 年参与《装饰》杂志创刊 50 周年展览的准备工作，提供 200 本图书作为展品；2009 年举办“王度捐赠织绣展”，展出织绣 148 件；协助《装饰》编辑部举办“中国设计文献展”；2014 年、2017 年和 2018 年馆内举办高仿真书画展，分别展出永乐宫壁画、法海寺壁画和台北故宫博物院书画；2010—2019 年的十年之中，每年数次开展艺术图书展、艺术电影展映等。这些活动扩大了本馆以及馆藏资源的影响力。

（4）开展用户教育活动。2009—2010 年，本馆馆员承担美院史论系 08 级本科“民间美术专题”课程，授课 64 学时，计 4 学分；承担美院研究生选修“古代民间手工艺”课程，授课 32 学时，计 2 学分；参与美院史论系 04 级本科生毕业答辩委员会及 09 级硕士研究生的招考判卷和面试工作。这些为后续本馆开展学科服务打下了良好基础。

除参与学分课程之外，本馆还从 2011 年起每年针对美术学院新生进行“美术图书馆文献检索与利用”专题培训讲座；之后讲座对象逐步扩大到研究生新生、新访问学者等不同身份的读者。

本馆还多次编印、发放纸质宣传册，内容涉及本馆简介、艺术图书馆分类法、流通规则、荐购急编服务、常用数据库等，为读者快速了解本馆相关信息提供通道。

4. 学科服务从无到有，从小到大，成果显著

学科服务是图书馆学科馆员面向特定学院、学科用户提供的，主动化、个性化、知识化的服务。国内图书馆学科服务的探索，起步于清华大学图书馆 1998 年开始的尝试，从总馆逐渐推进到各分馆。

清华大学美术图书馆从 2013 年起设立学科馆员岗位，把面对美术学院各系所和研究方向的信息服务明确到学科馆员的岗位工作中。在工作中不断总结经验，根据校图书馆总馆的要求，逐步建立美术专业学科馆员服务管理规范，并在工作实践中不断加以修订，对美术图书馆学科服务流程、质量标准等做了规范，设计制定美术学科服务工作表，实现了分类管理和统计，完善了美术学科服务的规范管理。工作实践中，我馆开展了多种方式的美术学科服务工作的探索和创新，包括以下几个方面：

（1）开展日常咨询服务。2013 年开始，利用 QQ、飞信、微信等网络交流工具，与用户建立实时联系，施行立即响应服务，解决用户对图片等文献资源不同程度的需求。

（2）开展深度的、专业化的定题检索服务。2014 年开始，为美院教师、研究生等提供定题检索服务，开展与其他学科不同的图片检索服务，以及高难度的反查图片检索服务。

（3）助力教学，完善教参系统。2014 年清华大学艺术史论系推出本科推荐书目，学科

馆员主动整理、核对美术学院教参书目馆藏，将 400 余种图书整合到清华大学图书馆电子教参系统中，丰富了美术专业的在线教参资源。在 2020 年疫情之时，我校图书馆的电子教参系统充分发挥了线上资源的优势，为学校的教学工作提供了有力保障。

（4）对用户进行信息素养教育，开展专题培训讲座。自 2015 年至今，学科馆员坚持每学期开展系列“美术专业数据库检索与利用专题培训讲座”，有针对性地提升用户信息素养；根据用户需求开展“Photoshop 图像处理基础”等讲座。

（5）嵌入美术学院的专业教学和科研项目。

① 嵌入中国画、版画专业教学、陶瓷专业教学。

“美术专业资源检索与利用”“个人文献管理软件 NoteExpress”连续 5 年嵌入艺术史论系的专业写作课程。

2016 年为“清华 MOOC（慕课）”中两门美术专业课程“图案审美与创作”和“铜版画制作”，提供深度专业学科服务。“图案审美与创作”荣获“2016 年学堂在线慕课烛光奖”，截至 2021 年 8 月已有 79463 人在线学习；“铜版画制作”入选首批国家级一流本科在线课程，截至 2021 年 8 月已有 35630 人在线学习。

② 嵌入清华大学本科教改项目 2 个，教育部科研项目 1 个。

2017 年嵌入清华本科课改项目“版画教学创新、创业人才培养与清华大学校园艺术教育普及机制的构建”，参与策展、布展等。2018 年嵌入清华本科课改项目“基于雕塑草稿训练的《雕塑创作实践》课程研究及创新实践”，项目成果之一是美术图书馆自建“雕塑素描草图数据库”。

③ 结合专业特点，开展有特色的学科服务活动。

基于本馆与美术学院吴冠中艺术研究中心共同合作申请的“吴冠中艺术数据库”的建设项目，2019 年本馆与清华大学吴冠中艺术研究中心、南京艺术学院图书馆共同成功组织开展了“品读吴冠中”征文与绘画比赛活动，得到师生们的积极响应。

5. 馆藏布局不断调整优化，环境美化，设备现代化

馆藏布局也因为与原来光华路校区馆舍的不同而有较大的不同。2005 年 9 月在新址上开馆时，一、二楼东侧为借阅区；二楼东北侧为社科图书区，南侧、西侧为专业图书阅览区，A207 为电子阅览室，A202、A203 为美术馆图书闭架库；三楼为现刊、过刊报纸阅览区。之后的若干年中，根据馆藏的变化（如随着社科书数量的逐步减少，架位区域变小直至完全取消）和读者需求的变化有所调整，例如 2009 年图书闭架库调整至一层 A113、A114，增加图册库（A212 室）。电子阅览室调整到二楼北侧，207 室改为多功能教室；开辟新书展厅，主要用于举办外文书展；2013 年借阅区增加书架；三楼中外文现刊过刊调整布局，变为三楼南侧为过刊，北侧和圆厅分别是中外文现刊；2014 年借阅区 LH-LQ 类图书调整至二楼社科图书区，社科区图书调整到二层北侧；2016 年取消了社科书区域，变为报纸休闲区、小组讨论区；过刊因利用率不高，调整到二层及闭架库房中，三层增设了一个艺术史的特藏专题书库；2017 年增设绘画临摹区等。

馆内设施随着信息技术的发展和科技手段的提高不断上新，不但为读者提供了各种便利，还使美术图书馆具有了体现时代特色的先进科技元素。例如，2012 年设立电子存包柜；2013 年添置刷卡缴费机，过期罚款由人工收费改为刷卡交费，阅览区安装兰台书影设备供

读者给书拍照使用；2014 年安装自助复印打印设备；2016 年添置自助扫描仪；2017 年更换进馆闸机及出馆感应系统；2018 年新添自助借书机；2019 年增加电子校友卡进馆核验系统；2020 年疫情之时增加了座位管理系统、在馆人数统计系统、出门刷卡系统和图书消毒柜；2021 年在校图书馆系统中率先使用多功能检索和展示一体机，还引入电话间和隔音间；完成馆内监控改造工程，将原有的 7 台摄像头扩充到近 50 台等。

馆内环境也不断通过完善架位标识、区域标识系统，利用美院师生和院系所赠的绘画雕塑作品和馆藏高仿真画布置环境而得到不断的提升。2020 年利用暑假期间，全馆进行了 15 年来的第一次全面粉刷和墙面维修工程，以及馆内空调管道改造。2021 年启动了安全通道标识改造、消防管道改造、卫生间改造等若干工程。改造之后的美术图书馆，将向着更加雅致、更具有艺术气息的“舒适的阅读空间”不断发展。

三、对工作的思考和未来展望

回顾美术图书馆 65 年的发展变化，结合当下美术图书馆的优劣势所在，我们进行了 SWOT 分析。

我们的优势一是馆舍位置位于在美院大楼内（A 座），与美院系、所、研究中心密切联系，方便美院师生使用图书馆。二是馆藏资源发展重点突出，有大馆的通识性人文、社科资源（包括艺术、音乐、历史、哲学等类别）做强大的后盾支持，故现在清华美术图书馆资源相对其他美术院校来说，在艺术领域的收藏更集中、更丰富；图书分类法与本校专业密切结合，由于历史原因，工美图书馆从 20 世纪 50 年代成立开始就使用自己编制的独特的图书分类法，按照学科系统编制而成，故本馆图书分类非常细致，而且对清华美院的专业设置有较强的针对性，例如绘画类（LR）、建筑与室内装饰（LG）、综合类（LZ）是藏书较多的分类；而且有艺术史（LB）、染织（LE）、陶瓷（LD）等大分类，都与本校美术学院的专业和系所研究密切相关；特色馆藏建设较有成效，本馆除各种艺术专业图书之外，还有艺术古籍、高仿真书画、艺术史等方面的专题艺术馆藏，体现美院传统优势专业和名师资源，以及已经基本建成的吴冠中数据库和正在建设的张仃数据库等特色数据库。三是有总馆强大的资源和技术后盾，图书馆总馆和文科馆及其他专业分馆的全方位的资源支持，总馆专业的计算机、网络等软硬件和技术环境支持，是我们发展的强大后盾。

我们的弱势一是馆员队伍整体年龄偏大，未来五年现有馆员 70% 要退休，在岗位数量固定的情况下，容易出现青黄不接的状况。二是馆内部分业务外包，而外包公司人员队伍极不稳定，年轻人中“00 后”较多，因求学等各种原因造成人员流动大，一般几个月到一年左右就会离职，这些年轻人因为短时工作身份归属感普遍不强，无法持续性地、深入参与馆内长期建设性工作。三是馆内空间有限，制约资源发展。本馆已经在目前的馆舍上运行 15 年，资源空间较为饱和，前些年已数次将人文社科图书下架，运往远程书库储存，目前书架仍然较满；过刊存放空间也已经非常局促，有电子刊的期刊已经储存到远程书库，但 2018 年的过刊回馆后仍需下架其他资源才能分多处存放；2019 年期刊合订后回馆储存空间堪忧。

我们的机遇和挑战，来自未来五年内人员队伍的变化和储存空间的变化。“以人为本”始终是各方面发展的基础。老馆员逐渐退休的这几年中，如果能有工作稳定、做事认真、积极好学的年轻馆员入职，我们将做好工作交接、岗位培训，让年轻馆员能尽快适应岗位要求，让美术图书馆各方面运行平稳、正常和顺畅，将会迎来本馆全方位的新发展阶段。储存空间的变化，源于图书馆总馆远程书库的建设。如果未来几年内远程书库顺利建成并投入使用，我们做好本馆的资源发展规划和馆舍布局调整，将部分复本和使用率较低的过刊调往远程书库，就能给新资源提供更多的空间，也能更好地促进本馆资源的发展。

在把握机遇、迎接挑战的前提下，未来我们将在总结美术图书馆前辈同人工作经验的基础上，结合图书馆"十四五"发展规划，进一步围绕本馆的发展目标和主导思想开展核心工作。

1. 用资源建设推动教学教研

"无论技术怎么迈进，资源建设都是图书馆发展永恒的内核。"资源建设方面，除用常规经费采购和吸纳捐赠之外，需要积极参与某些机构组织的大型采购项目，与学科专家学者合作，确定明确的采购目标。例如我们参与 CASHL 中心主办的大型特藏资源采购项目，陆续申请采购了大套图书《东洋陶瓷》《铁斋大成》《肉笔浮世绘大观》等特色资源，为美术学院的专业研究提供了有力的保障。

大型资源购入后，要更好地介绍和推广资源的使用。我馆于 2018 年和 2021 年成功申请了 CASHL 中心主办的开世览文名师讲堂项目，分别邀请美术学院李正安、张夫也二位教授主讲了 CASHL 名师讲堂"趣谈陶瓷艺术"和"日本传统画"。讲座面向所有 CASHL 成员馆和用户播出，反响甚好。

2. 与院系合作促进资源建设

美术学院每年的毕业生作品都受到广泛关注，这些艺术作品既反映了学生的学术水平和艺术水平，也在一定程度上反映了学院老师的教学内容和质量，可以为未来的学生提供学习参考，也可以为教师的教学提供反馈，促进教学。我们将一方面继续紧跟学院教学方向，主动联系院系，收集毕业生作品，并力争获取更多有价值的特色资料。另一方面，毕业生作品的数字化保存及应用，是计算机技术高速发展的时代需求，我们将继续加强本馆网站毕业作品模块信息化平台的建设和升级，不断推动这些特色资源方便、快捷地为师生所查询和使用。美术学院毕业生作品集的印刷版或电子版文献资料，一方面作为最新资料被检索和利用，另一方面也可作为研究本校美术学院教学方向和教学成果发展的史料长期保存。

美术图书馆积极开展接受捐赠图书业务，学科馆员深入院系配合宣传，得到了美院师生的响应。学科服务馆员与院系密切联系，也极大地促进了通过捐赠途径获取珍贵文献。例如 2018 年 11 月，我馆在清华美院绘画系版画专业闫辉老师的帮助下，邀请到正在美院讲学和举办个人铜版画作品展的波兰著名艺术家、版画家亚采克·斯洛卡先生，其向美术图书馆捐赠了自己的艺术作品专集。亚采克·斯洛卡先生的作品集比较全面地展示了艺术家的创作轨迹，体现了他独树一帜的创作风格，这两种图书对版画专业教学很有帮助。用学科服务进一步促进资源建设也是过去发展经验中非常有效的方法，未来可以继续发扬。

2019 年正值吴冠中先生诞辰 100 周年，许多国家艺术机构都参与到纪念活动中。我馆也借此机会在吴冠中艺术中心的引荐下，与新加坡美术馆交换图书几十种。通过接收新加坡美术馆的图书，我馆扩大了外文艺术资源，包括不易订购到的新加坡美术馆各类展览画册数种。而新加坡美术馆也通过我馆提供的中文艺术图书，补充了中国艺术相关图书，为研究中国艺术提供资料。未来我们将继续保持与各院系的密切联系，寻找各种机会，发展补充美术图书馆资源。

3. 建艺术大师数据库，促数字资源发展

与吴冠中艺术研究中心联合建设的清华大学吴冠中艺术数据库已全面上线，是全方位了解吴冠中先生艺术思想和艺术成就的重要资料库。该数据库系统梳理了吴冠中先生的生平年表，全面汇集了吴冠中先生一生创作的能够充分反映其艺术与教学思想的艺术作品、学术论著、艺术照片及多媒体视频资料。数据库内容翔实，较为完整地反映了吴冠中先生的艺术成就和对当代中国美术的影响，是传播吴冠中先生艺术思想和中国文化艺术不可多得的宝贵财富。所以我们非常重视与学院各艺术研究中心的合作，已与张仃艺术研究中心建立合作，商讨张仃艺术数据库的建设，目前已有计划地稳步推进，对张仃先生各类型资料进行搜集整理，设计数据库软硬件搭建，网站设计等。希望未来能够进一步推进大师艺术数据库的建设，从中促进美术图书馆的数字资源建设。

4. 引师生融入图书馆，充分发挥读者作用

美术图书馆会根据情况组织师生参与一些书展选书活动。2021 年，因疫情影响不便组织书展选书，中图公司特别安排了专场库房选书。在本馆老师的引导和院系老师专业知识的讲解中，美院师生共同选出了两百余种图书，师生们大呼“给力”。为了使选书的师生可以最快速方便地看到所选图书，本馆大胆尝试，一改往日按流程进行的图书采购加工、上架服务流程，从现场选书单开始，先将已有馆藏部分进行了提调和集中展示，供师生一睹为快，可出借图书直接出借，电子书提供书目，点击查看电子书；未馆藏图书，订购验收后，安排优先集中编目和开辟专门区域集中陈列，读者可直接选择借阅。专属的全流程，让资源与读者更近，让读者融入资源建设流程中，并在后续进行全流程优先服务的尝试，得到好评。未来本馆也会汲取经验在各种场景中引师生融入，在资源建设、服务、活动中不断进行创新实践。

5. 对馆舍空间进行进一步科学布局

在馆舍空间有限的情况下，结合本馆的资源发展状况、读者的使用体验和要求，对馆舍空间布局做进一步调整和优化，让本馆内的各个功能区得到更高效的利用，让资源利用更加充分。例如目前馆内的临摹区利用率较高，该区域内的设施可以做进一步改善，使之更方便师生临摹课程的使用；再如目前馆内尚没有专门的展陈区，本馆的一些特色资源无法让大家了解和利用，我们考虑要实现小型展区，先要进行周边陈设的布局优化。另外针对目前馆内每年过刊合订本增量较大的情况，对过刊进行实际使用统计，充分利用未来远程书库的存储空间优势，调整本地过刊区域的布局，平衡好存储和使用之间的关系。

另外在条件允许的情况下，增加环境中的清华元素和艺术氛围，将本馆的特色资源和环境布置相结合，营造有特色的艺术图书馆空间。校图书馆总馆在近几年做了馆舍环境的文化设计和尝试，取得了较好的效果，值得本馆学习和借鉴。

6. 提升智慧管理和智慧服务能力

结合本馆的发展规划和实践，利用各种技术成果，提升本馆智慧管理和智慧服务的能力。2020—2021 年，在全球疫情的大背景下，图书馆的软硬件服务都有了快速变化，以适应疫情期间广大读者的服务需求，例如增加入馆体温测试机、图书消毒柜，启用在馆人数检测系统、选座系统，打通数据库的远程访问，建立微信群进行咨询等。

未来我们还将依靠各种智能设备、智能系统以及网络、通信技术等，对服务对象、文献信息资源、馆内座位、设备设施等进行智能管理，实现资源利用的最大化，包括对文献信息资源、系统平台的建设、整合与维护，设施设备及环境监测与调控、智慧感知等。

为不同需求的读者人群提供不同的服务，包括面向全校读者美育需求的泛在化服务（例如开放更多的借书权限，开展基于艺术欣赏的线上线下馆藏展览和艺术鉴赏讲座），面向专业研究学者的精准化服务（例如嵌入美术学院各专业方向的教学和科研中，提供更深的学科服务，又如对不同专业师生提供精准的资源推荐），面向各种读者提供主动化服务（例如主动将图书馆的服务内容介绍到美术学院教授会上，推送艺术资源和数据库信息给相关院系师生），面向远程读者提供云服务（利用云技术将艺术信息和服务推送到云端）等，用创新的服务模式探索新时期智慧的艺术图书馆的发展。

参考文献

[1] 院史编写组. 清华大学美术学院（原中央工艺美术学院）简史[M]. 北京：清华大学出版社，2011 年，第 26 页.

[2] 院史编写组. 清华大学美术学院（原中央工艺美术学院）简史[M]. 北京：清华大学出版社，2011 年，第 59-60 页.

[3] 院史编写组. 清华大学美术学院（原中央工艺美术学院）简史[M]. 北京：清华大学出版社，2011 年，第 61 页.

[4] 院史编写组. 清华大学美术学院（原中央工艺美术学院）简史[M]. 北京：清华大学出版社，2011 年，第 79 页.

[5] 中央工艺美术学院图书馆. 图书馆发挥“第二课堂”的作用，开展服务育人工作的报告，1987 年 3 月.

[6] 院史编写组. 清华大学美术学院（原中央工艺美术学院）简史[M]. 北京：清华大学出版社，2011 年，第 116 页.

[7] 院史编写组. 清华大学美术学院（原中央工艺美术学院）简史[M]. 北京：清华大学出版社，2011 年，第 156 页.

[8] 院史编写组. 清华大学美术学院（原中央工艺美术学院）简史[M]. 北京：清华大学出版社，2011 年，第 178-179 页.

[9] 于婷，魏成光，张瑞，等. 新形势下高校美术专业图书馆学科资源建设[J]. 图书情报工作，2018, 62(24): 43-49.

秉承专业谱新章
——清华大学法律图书馆建设与展望

于丽英

摘　要：本文全面介绍了清华大学法律图书馆历经的筹备、初创到发展的各个阶段。在不同发展时期，法律图书馆始终立足专业馆的建设目标与服务宗旨，围绕法学学科建设馆藏资源，开展一系列的专业服务，形成了独具特色的服务内容，如馆藏体系化、数据库系列讲座培训、教学参考书及专题书目建设、法律检索教学与培训等。清华大学法律图书馆在国内外法律图书馆领域具有一定的影响力。

高校法律图书馆属专业图书馆，是高校图书馆系统中的组成部分，其宗旨是为学校的法学教学和科研提供专业资源和服务保障。清华大学法律图书馆在建设过程中，明确图书馆的专业定位和发展方向，努力在资源、服务、管理等方面，充分发挥清华大学图书馆及法学院的力量和优势，已经成为一个高起点、有特色的现代化法律图书馆，为法学教育提供专业服务。

法律图书馆原设在清华大学明理楼，2019 年 5 月 29 日迁入清华大学法律图书馆楼（廖凯原楼）试运行。法律图书馆是清华大学专业分馆之一。目前，法律图书馆拥有馆藏资源 20 余万册，同时订阅多个法律专业数据库，拥有德文、日文法律典籍等特色馆藏。馆内阅览座位 600 余席，单人研读间 12 个，面向全校师生开放，提供法学专业信息服务。

一、创建：高起点

可以将法律图书馆筹建、发展至今的整个过程划分为三个阶段。

（一）法学院的重要组成部分（1997—2011 年）

这个时期，法律图书馆在行政管理上隶属于法学院，在业务方面受学校图书馆统一指导。法律图书馆搭建起法律专业资源平台与专业服务平台，馆藏资源日趋丰富，管理制度逐步完善，服务水平不断提高，这些都强有力地支撑法学专业教学和科研工作，同时提供面向全校的法律文献信息服务。

2009 年 2 月，法学院任命张卫平教授担任法律图书馆馆长，于丽英担任常务副馆长。在此之前，馆长由法学院院长王晨光教授兼任，于丽英担任常务副馆长。2010 年 9 月，法学院院务会决定由于丽英担任图书馆馆长，黄晓玲担任副馆长，张卫平教授不再担任馆长职务。

1. 初创

1995 年 9 月，清华大学法律学系正式恢复伊始即着手筹建法律图书馆。1997—1999 年，是法律图书馆的初创阶段，主要工作围绕图书的采集和整理展开。从 1997 年起，学校图书馆在逸夫馆五层 509、510 房间开辟两个阅览室，为法律学系的读者服务，可以称其为法律图书馆的雏形。509 室主要用于整理、存放各种资料，510 室为法律专业阅览室，资料只限于室内阅览。创建时条件有限，系里的学生积极参与图书整理和阅览室值班工作。学校图书馆完成资料的分类、编目和加工，法律阅览室负责上架管理和阅览使用。

这期间，图书馆主要通过各种渠道采购法学图书、订阅法学专业期刊，这是图书馆的基础建设。此外，还有大量随之而来的捐赠，极大地补充了馆藏。如新华社香港分社赠书 150 箱，许多都盖有香港高等法院的印章；香港特区终审法院李义法官赠送了全套的 *Law Reports*（1865—2000）、*Weekly Law Reports*（1953—1999），共 800 百余册；美国 Franklin Pierce 法学院赠书 2000 余册。这些赠书尤其是外文文献资料的数量远远超过了法律馆自己购买的图书数量。

2. 筹建与布局

1999 年 4 月 24 日，清华大学法学院正式恢复建立。同年 12 月底，建筑面积为 10000 平方米的法学大楼——明理楼正式启用，法律图书馆随法学院迁入新馆址。馆舍 2000 平方米，馆内配备系统空调及其他现代化设备，设有阅览座位 300 余席及独立的电子阅览室。这也是国内第一次实现一个大学法学院拥有独立的法学楼，拥有自己独立的法律图书馆。法律图书馆以崭新的面貌步入专业馆正轨。

2000—2003 年，是图书馆从基础建设到规范运行的关键时期，在业务管理、资源建设、读者服务等方面都取得很大进步。

法律馆根据专业文献特点及利用实际，进一步调整布局，特色资源建设初具规模。2001 年，“基本法图书馆”在三层书库挂牌，大批相关的剪报资料开始整理、复制、装订成册，这是法律图书馆特有的资源。2009 年 9 月 18 日，法学院隆重举行“田涛文库成立暨赠书仪式”，设立以田涛先生名字命名的“田涛文库”，集中收藏田涛先生的赠书、个人著述及相关文献资料，彰显田涛先生对法学院图书馆的贡献。

2003 年 3 月 17 日，电子阅览室开始试运行。它包括 156.6 平方米的电子教室和 122.4 平方米的阅览室，拥有计算机 116 台，还有 10 套多媒体设备。电子阅览室服务功能齐备，包括支持远程教学和电子教学的投影、摄像、音响等设备及系统，为师生创造了学习和上网的优良环境。同时，网络、光盘及录像资源也极大地补充了馆藏。法学院图书馆电子阅览室在当时配置非常先进，读者流量迅速攀升。“非典”时期，电子阅览室成为读者们绝佳的学习和休闲场所，对学院的教学活动起到了良好的辅助作用。

3. 规范业务与服务

2000 年 10 月，法律馆开始使用门禁系统管理读者出入图书馆，应用图书馆集成管理系统进行图书的借还、预约、续借，流通管理功能与学校图书馆同步。2004 年，法律馆全面修订、完善了《清华大学法学院图书馆工作人员手册》《电子阅览室工作人员手册》，使各项工作有章可循，实现规范化管理和服务。2006年4月始，法律图书馆向本校其他院系读者开放图书出借服务，并制定了具体的借阅方法。

学科服务工作有声有色。自2001年10月起，图书馆以板报专栏形式定期出版“法律信息荟萃”和“法律专题信息报道”，将最新法律动态信息、热点研究以及相关馆藏资源集中报道，受到了读者的欢迎。同年，开展“教师课程指定参考书专架”和“研究生必读书目”工作。自此，每个学期收集教师开设课程的指定教材和参考书，集中放置，馆内阅览，将参考服务与专业教学和科研相结合。2005年，全面整理图书馆各项电子数据库中的法学资源，制作《清华大学法律电子资源利用指南》并发布在法律图书馆网页上。

2011年4月22日，在喜迎百年校庆的欢乐气氛中，清华大学法学院法律图书馆——廖凯原楼在清华大学奠基。新法律图书馆建设面积10000平方米，是清华大学法学学术资源中心与法学信息服务中心，也是清华大学图书馆的一个重要的专业分馆，并将成为国内一流、在国际上具有重要影响的法律文献信息中心。

（二）法学院与图书馆共建（2012—2018年）

自2012年5月起，法律馆的书刊采购费用交由学校图书馆管理和支出。逐步理顺法律馆与总馆的业务流程，协调合作关系。此外，在馆藏管理和加工方面，图书馆也给予全力支持。在法学院与图书馆的合力作用下，法律馆快速进入高水平发展轨道。

1. 馆藏

法律馆除日常采访工作外，借助于法学院的对外交往与合作关系，不断收到来自海内外机构和个人的大量赠书，如飞利浦知识产权项目赠书，法律出版社赠书，法学院教师和校友赠书，美国哈佛大学、纽约大学等法律图书馆赠书。2016年3月初，法律馆接收学校校办捐赠的《中华再造善本》及《续编》全套文献。

法律馆在学院的支持下，从德国采购一批特色法律典籍。这批图书分别于2013年12月、2015年7月两次运送，总计1.6万余册，放置于学校图书馆并陆续整理、加工。这批图书包括两部分：一部分是德国弗赖堡大学法学院已故民商法学家Dr. Fritz Rittner教授（1921—2010）的全部个人藏书；另一部分是帝国最高法院（Reichgericht）曾经收藏的关于英美法和欧洲若干国家法律制度的图书。这些文献所涉及的语言有德语、拉丁语等多个语种，为国内图书馆少见。法律馆将三层原电子阅览室拆除，安装书柜及书架，开辟德文书特藏室，集中放置这批西文文献。

学校图书馆提供支持经费采购日文法律图书。2017年，经法学院老师介绍，获得书商提供的目录，法律馆积极征求专业老师意见，认为学术品质较高，建议购买，因此入藏了500余种日文原版图书。其中，包括明治时期（1868—1912）的101种；大正时期（1912—1926）的46种；昭和时期（1926—1989）的300余种。其中，穗积陈重的经典性著作《法典论》（1890）、《隐居论》（1891），文献版本好，收藏价值极高。

2. 服务

自2014年3月10日起，法律馆延长开馆时间，开放时间为周一至周日，每天8:00—22:00，在各分馆中开放时间最长。根据学校图书馆的统计，法学院读者每月的入馆人数在全校进馆院系中占首位，图书的流通活动总量位于各分馆前列。同时，图书馆还接待了大量的院外读者，为他们对本馆资源的需求提供咨询和服务。

在专业服务方面，法律馆开展一系列工作，努力发挥特色。加强图书馆工作宣传力度，及时发布各种通知，使读者了解图书馆新增资源与服务内容。每学期举办图书馆资源与数据库资源利用讲座和培训，为读者利用电子资源提供帮助和指导。深入开展专业咨询及教师文献检索服务工作，如 2015 年 12 月，法律馆完成《八校法学院发文分析报告（2010 年至 2014 年）》，为法学院学科建设提供参考。定期编辑、出版“法律信息荟萃”和“法律专题信息报道”，关注立法和法学研究动态，汇集专业信息供读者了解和参考。

2014 年 5 月 8 日，清华大学隆重举行“清华大学胡宝星法律图书馆命名仪式”。为表彰胡宝星先生父子对清华大学法学教育的大力支持和捐资助学的善举，清华大学决定将法律图书馆正式命名为“清华大学胡宝星法律图书馆”（The Woo Po Shing Law Library Tsinghua University）。

2018 年，围绕新馆启用的各项工作全面开展，包括资源清点、架位布局、标识系统、办公家具、人员及岗位设置等，为法律馆搬迁做准备。

（三）完全纳入学校图书馆体系（2019 年至今）

经过一年的筹划、设计，围绕法律新馆的搬迁，陆续完成相关工作。2019 年 5 月 29 日，法律图书馆正式迁入法律图书馆楼，开放试运行，法律馆发展跨上新的台阶。

法律馆更新完成《法律图书馆工作人员手册》（2019 年版），继续加强工作运行与管理的规范化和制度化。2020 年，法律馆的人、财、物全部划归学校图书馆一体化管理，完全隶属于学校图书馆系统。法律馆各项工作与图书馆整体安排是分不开的，如岗位聘任工作，制定疫情防控工作及应急预案，落实及完成座位预约系统、座位标识、设备测试等，全部座位实现预约管理和使用。法律馆组织完成毕业季、开学季、读者服务月等专项活动，取得良好效果。自 2020 年 6 月 1 日起，法律馆取消资源利用限制，面向全校师生开放借阅。

二、发展：承专业

（一）专业图书馆定位

法律图书馆从建立到发展至今，其规模、层次、水平在国内法学院图书馆、学校专业分馆中具有一定的地位与影响。20 多年的时间虽然不长，但是我们起点比较高，定位比较明确，即建设一个和清华大学、清华法学院地位相称的法律图书馆。在 2000 年之前，法学院复建之初，尽管条件艰苦，学院还是决定建设一个自己的专业图书馆，而非限于学院层面的资料室，这个决定是非常英明的，这明确了法律图书馆的专业定位和建设目标。

法学学科是清华大学重点建设、优先发展的学科之一。法学院具有高质量的本科学士学位教育，并且是法学一级学科博士、硕士学位授予单位。面向全国招收本科生、硕士研究生和博士研究生。本科教育设有法学专业和法学（国际）专业。研究生教育设有法学一级学科所涵盖的除军事法学外的所有专业，并设有法律硕士项目和面向外国留学生的 LLM 中国法项目。目前清华大学法学院已具有较高的学术水平和较强的科研实力，收获了较高的国际声誉和国际影响力。法律图书馆的建设依托于法学院的发展以及学校图书馆的支持，承担法学资源保障和学科服务重任。可以说，法律图书馆与法学院同步发展，并达到了国内法律图书馆建设和服务的高水平，与一流大学和一流法学院地位是相称的。

（二）专业力量的投入

法学院师生在法律馆的建设过程中倾注了极大的热情。王晨光院长兼任图书馆馆长，成立法学院图书信息委员会（以下简称“委员会”）。委员会是法学院文献信息工作的咨询机构，由法学院院长、图书馆馆长及各学科教师组成。院长担任委员会主任，委员会的高规格和学院的重视程度可见一斑。2011 年 3 月，法学院院务会议通过《法学院图书信息委员会工作条例》，进一步加强法学院图书文献信息建设，确保图书馆紧密围绕教学和科研开展工作，不断提高服务质量。委员会的主要工作是针对图书馆的年度工作计划和中长期规划、预决算和重大采购项目的经费使用、文献信息资源发展规划以及工作中的其他重大事项进行研究、讨论和制定。所以，从 2000 年 4 月 13 日法学院图书信息委员会第一次会议开始，法律馆的全部工作与法学院领导和教师的指导和支持便是分不开的。

这些设计和举措对法律馆图书资源建设、管理水平与服务质量等各项具体工作给予指导，在人员安排、经费使用方面的支持可谓不遗余力。特别是在馆藏资源建设方面提出专业建议，如对外文期刊订阅工作，认真讨论期刊选择、订阅范围、语种等；为教师提供相关的专业书目，复制重要的教学资料，并争取经费预算。学院和老师主动与相关机构、出版社、国外法学院图书馆和一些学者沟通赠书意向，建立和扩大资料交换关系，不断扩充馆藏。

法律馆广泛征求师生对图书馆工作的意见和要求，师生积极推荐图书文献和电子资源，学生担任法律馆助管和志愿者，成为图书馆与读者之间的桥梁。定期将“新书报导”通过电子邮件发至法学院教师信箱；不断完善“教师课程指定参考书专架”和“研究生必读书目”工作；调整工具书、库存本书，使资源布局趋于合理。这些工作都是从读者利用和需求出发，提高馆藏资源的利用率。在法学院领导、老师和学生们的热情参与和鼎力支持下，法律图书馆不断走入正轨，不断改进工作和服务，日益发展壮大，为法学教学和科研工作提供强有力的保障和服务。

（三）高质量学科资源

法律图书馆的性质，决定了其资源建设和服务的特色，法学院的学术研究、学生培养目标及课程设置成为资源建设的出发点和参考标准，以期实现支持和满足法学教育和科研活动的终极目标。法律图书馆组织法学专家和图书馆馆员共同发展馆藏，并在实践中逐步形成资源采购原则。法律图书馆的图书资料以法学专业文献为主体，对法律、法规全面系统收集；对工具书、学术性较强的专著重点收集；对教材、参考书、案例（判例）书选择性收集，形成专业馆藏结构，体现其专业性、学术性和系统性特点。除馆藏的现实文献外，还订阅主要的法律专业数据库，保证专业资源的学术质量。

法律馆馆藏发展保证核心馆藏，突出专题、特色资源建设，整体资源建设以研究级水平为目标。如法律馆的教学参考书计划，将图书馆资源服务与教学工作紧密联系在一起，取得了很好的效果，得到师生的认可和支持。图书馆及时关注法学院的教学状况和课程特点，如培养目标、课程设置、重点学科、学科结构等；关注学生情况，如不同层次和项目的学生，本科生、硕士生、博士生、留学生、各类项目学生等，这些因素都影响甚至决定着课程的设置。所以，法学课程开设情况不是单一和固定的。这些课程对图书馆专业文献资源的采购、收集及服务有着不同的、变化的要求。法律图书馆根据教学规律提供资源保障和服务支持，从 2001 年至今二十余年来围绕课程设置，开展专业教材和教学参考书的专项服务工作，探索专业图书馆为教学服务的方式和路径，实现图书馆对教学资源的有效保障和支持。

以 2019 年春季学期为例，图书馆收集教参数据包括 41 位老师指定的 59 门课程的教参书 401 种。按授课对象分为：本科生课程 15 门 88 种，硕士生课程 23 门 113 种，博士生课程 12 门 117 种，公共课 3 门 26 种，新雅书院课程 1 门 17 种，其他课程 5 门 40 种。鉴于教学指定参考书的性质和使用特点，图书馆对这部分图书资源进行整合，并优化管理和服务方式。这部分资源是最核心的馆藏，结合纸质和电子资源并存的方式采购和收藏，特别是 2020 年以来受新冠疫情影响，学校图书馆加强“清华大学教参服务平台”建设，法律馆也配合完善教参书数字化，更好地为读者提供课程、教材和教参信息的服务。

结合教学项目发展馆藏。法律馆在王铁崖先生赠书的基础上，重点采集国际法领域的经典出版物和学术文献；配合法学院 LLM 中国法项目，集中、重点采集有关中国法的西文图书文献，逐渐形成特色。2017 年，法学院开设计算法学项目获得学校的大力支持，逐渐成为国内法律与信息技术交叉学科建设和复合型人才建设的范例。法律图书馆积极配合项目文献需求，购买推荐书目及相关文献，设置计算法学图书专架，为教学项目提供专门服务。

（四）多层次专业服务

除承担日常的读者阅览、图书流通活动外，法律图书馆的专业服务更多地体现在专业咨询、信息检索、电子资源培训、法律检索课程、专题性书展宣传等方面。

加强与读者联系，了解读者需求。自 2008 年起，法律图书馆每年与法学院学生会生活权益部组织、举办“图书馆茶座”，加强图书馆与读者之间的沟通和交流；也通过“院长茶座”，了解学生对图书馆的意见和建议，改进服务方式和内容。至今，图书馆与法学院师生建立的微信群，依然与学生办、学生组织保持联系，及时将图书馆的新增资源与服务内容传达到读者中间，保证宣传和服务效果。目前，线上数据库培训已经成为常规方式，法律馆提前做好各种准备，注意征集读者反馈，将相关参考资料放在网上，并发到有需要的读者手中。

在全校读者利用图书馆的统计中，法学院读者在入馆、借阅方面都占有一定比重，多人在清华大学图书馆的服务宣传月中被评选为“读者之星”。例如，法学院贾兵兵教授是法学院推选的图书馆教师顾问，连续多年担任此职，曾三次荣膺“读者之星”的称号。贾老师经常利用法律图书馆，熟悉图书馆的资源和服务，热心推荐图书及电子资源，从学科和文献资源的角度为图书馆及读者提供建议和指导，在建设国际法领域的核心馆藏中发挥重要作用。同时，他还积极指导学生利用图书馆，主动提供教学参考书，等等。贾老师深受图书馆全体人员的尊敬和爱戴，体现了图书馆、图书馆馆员与读者之间最理想的关系。法学院博士生曹文姣同学一直积极利用图书馆，并热心推荐专业图书文献，结合本校馆藏和学习需要提出中肯意见和建议，对图书馆采购工作给予有力支持，是名副其实的“读者之星”。

法律馆努力将学科服务做到深入、细致，承担教师科研成果引证咨询及检索工作，帮助师生利用文献完成馆际互借和文献传递。如法学院高鸿钧教授主持的教育部人文社会科学重点研究基地重大项目“印度法系及其与中华法系的比较研究”有多位老师参与，学科馆员根据课题成员需求，利用各种渠道和方法进行检索，积极订阅图书资料，为项目提供文献支持，受到项目负责人的肯定。

读者教育的规范性形态即课堂教学。法律图书馆很早就与法学院教务部门联系，为每年新入学的研究生举办图书馆资源与法律数据库利用讲座。2003 年，图书馆于丽英老师和田涛老师首次为法学院研究生开设“法律文献学”课程。2008 年，于丽英独立开设“法律文献检索”课程，这在当时领先于其他法学院开设的同类课程。目前，于丽英承担本科生（国际班）限选课“法律文献检索与利用”和法律硕士必修课“法律文献检索”的教学任务。通过课程教学，培养学生的法律信息素养，掌握法律文献检索方法和技能，极大地提升了学生们利用资源的能力，助力法学实践性教学和高素质法学人才培养。

三、启航：谱新章

焕然一新的法律图书馆正处在新的阶段——新团队、新力量、新发展（王有强馆长语），迎来新的契机，以其专业馆的优势与建设目标向新征程出发。

从法律图书馆的发展历史来看，图书馆与法学院、专业读者密切相关，这不是对法学专业读者的特殊待遇，而是法学学科特点赋予了法律图书馆的特别意义。因此，法律图书馆会一如既往继续专注于法学学科发展、法律文献信息发展、法律专业图书馆发展，围绕法学专业教师和学生的教学、科研需求加强资源保障，提供学科服务。同时，作为学校图书馆系统的组成部分，法律图书馆同样承担着为全校师生读者及校外读者服务的重任，充分发挥宣传、教育、利用等各项功能，在保持专业特色的基础上，提供多元化服务。

专业图书馆员在各项工作中发挥着举足轻重的作用。专业馆员除具备服务意识、知识结构和服务能力外，要主动了解法学院发展状况，了解法学领域的发展趋势；关注法律出版物情况，选择高质量的馆藏文献及电子资源；不断改进服务方式，利用多种手段，增加读者利用资源的便利性。只有这样，图书馆才能准确提供资源，满足专业教学需要。所以，法律馆需要加强人员队伍培养，不断提高馆员的职业素养和胜任力，使专业图书馆成为师生信赖的学习课堂和资源服务中心。

清华大学法律图书馆的许多方面走在同行的前列，在国内外法律图书馆界具有一定的知名度和影响力。早在 2002 年 7 月，法律图书馆成功举办了“法律电子资源获取与利用讲习班”和“法律图书馆事业发展国际论坛”，这是当时国内法律图书馆界首次影响大、层次高的学术活动。2010 年 4 月，北京市法学会法律图书馆与法律信息研究会成立，时任法学院图书馆馆长张卫平教授当选首届会长。2015 年 9 月，时任法律图书馆馆长于丽英当选该研究会第二届理事会会长，任职至今。法律图书馆代表多次在国内法律图书馆的各类学术活动及“中美法律信息与图书馆论坛”（CAFLL）中发言，积极宣传图书馆，扩大图书馆的影响力，在同行中发挥带头作用。法律馆仍将继续保持开放性与合作态势，在法律信息与法律图书馆发展潮流中不屈人后。

处于新的历史时期，在清华大学图书馆成立 110 周年之际，法律图书馆响应“建设世界一流大学杰出图书馆”的号召，积极进取，开拓创新，努力在奋斗中做出应有的贡献。

参考文献

[1] 清华大学法学院主页——学院概况：https://www.law.tsinghua.edu.cn/.

[2] 于丽英. 专业图书馆对教学文献保障的实践探索[J]. 图书馆论坛, 2013, 33(6): 139-142, 138.

[3] 于丽英, 韩宁. 中国法律检索教育的新发展[J]. 中国法学教育研究, 2016(2): 31-52.

[4] 于丽英. 法律信息素养的思维与实践[J]. 中国检察官, 2016(11): 71-73.

十年磨一剑　不露也锋芒
——清华大学金融图书馆建馆10年记

晏　凌

摘　要：2022年是清华大学金融图书馆建馆10周年，文章回顾该馆筹建和10年发展历程，重点记述清华大学金融图书馆针对主要读者群的需求特点，在馆藏资源建设、读者服务、馆舍设备方面的改革和成果，展现图书馆对高校教学科研的重要支撑作用。

2022年是清华大学图书馆成立110周年，现在的清华大学图书馆已经不再是110年前那个简陋小巧的图书室了，它已发展成一个图书馆系统，拥有1个总馆、6个专业图书馆和若干资料室；在馆舍位置上散布于清华大学各处，在业务管理上则是一个高效协同的统一体（见图1）。

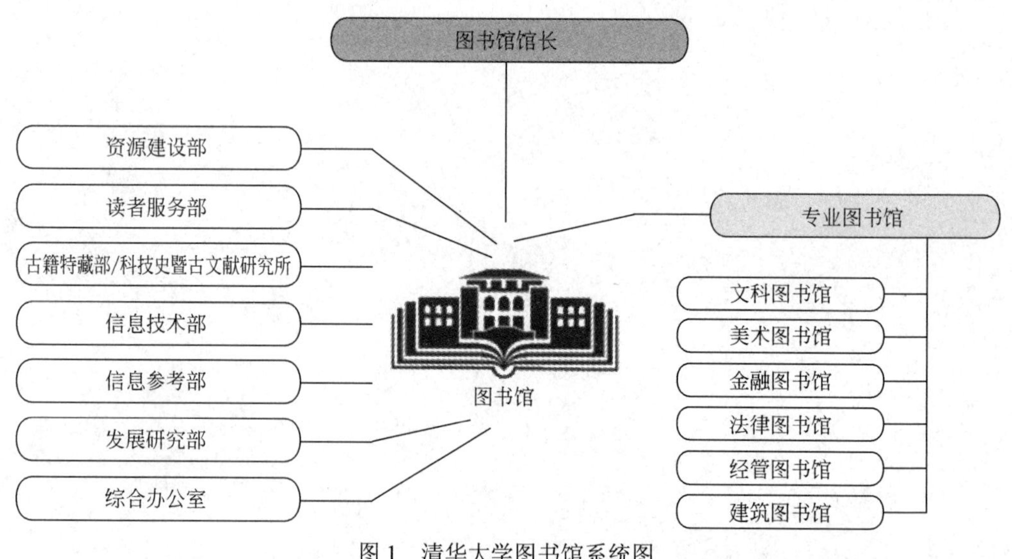

图1　清华大学图书馆系统图

金融图书馆是清华大学图书馆系统的6个专业图书馆之一，从成立到2022年正好走过10年。借清华大学图书馆110年馆庆，笔者作为金融图书馆常务副馆长和当初的筹建负责人之一，撰文回顾清华大学金融图书馆（以下简称“清华金融馆”）的筹建和10年发展历程，提醒自己和清华金融馆全体馆员不忘初心，砥砺前行，再创辉煌。

1　筹建

清华金融馆的前身是成立于 1981 年的人民银行研究生部图书馆（以下简称“人行图书馆”）。

2012 年 3 月 29 日，清华大学五道口金融学院（以下简称“金融学院”）宣布成立。中国人民银行与清华大学合作，在中国人民银行研究生部的基础上，建设清华大学五道口金融学院。金融学院成为当时清华大学第 17 个学院。同时酝酿成立清华大学第 7 个专业图书馆——清华金融馆①。

早在 2011 年 10 月，总馆就逐步介入金融学院的相关建设工作，为成立清华金融馆做准备。时任总馆馆长的邓景康教授多次带领各业务主管馆长到金融学院参加研究生座谈会、与原人行图书馆的负责人会商；总馆的资源建设部完成了清华金融馆 2012 年期刊和报纸的下订工作。

2011 年 11 月 7 日召开的总馆馆务会决定：成立五道口金融学院图书馆接收工作小组（以下简称“筹备组”），邓景康任组长，陈杰渝、晏凌任副组长。2012 年 2 月 20 日，确定了筹备组组员：向阳、姜爱蓉、李新和、冯璐、罗美淑。

2012 年 2 月 29 日—3 月 11 日，筹备组与原人行图书馆进行了工作交接，主要涉及馆舍、书刊资料、机器设备、图书馆集成管理系统等。从 2012 年 2 月 29 日起，原人行图书馆的工作人员除原馆长李守平外都离开了，由筹备组的四位成员（罗美淑、李新和、晏凌、冯璐）全面负责开馆运行，主要开展流通借还、现刊阅览工作，开馆时间为周一至周五的 8:00—19:00。当时金融学院的读者还没拿到清华大学的证件（工作证或者学生证），全部工作还在原有的图书馆集成管理系统②上运行。

2012 年 3 月 9 日，清华金融馆馆藏书目转贮工作启动。该工作由总馆的编目部③负责，目的是尽快实现清华金融馆资源与清华大学整个图书馆系统资源的整合，实现通借通还；主要工作包括对原人行图书馆馆藏书刊粘贴磁条、加盖封口章并粘贴条码，在总馆 Millennium 系统④中逐一查重并建立馆藏记录，如系统中没有相应的书目记录，则需要对该馆藏重新建立书目、馆藏记录并配置新的索书号，最后还要对所有馆藏粘贴新的书标。2012 年 6 月底，该项工作结束，涉及中外文图书和期刊共计 39131 种 80796 册。

2012 年 4 月 14—20 日，清华金融馆开展了“清华大学金融图书馆服务宣传周”暨“2012 世行信息推广”活动，目的是加强清华金融馆与读者之间的沟通与联系，推介图书馆资源及服务。活动期间举办金融相关专题培训讲座 4 场，共计 220 人次听取了讲座并参与培训；制作宣传展板 7 块，宣传海报 5 张，宣传材料 800 份（3 种）；发放图书馆数据库使用宣传资料 4 种，共计 664 份；发放调查问卷 220 份，回收问卷 177 份；发放小礼品 220 份。同时酝酿成立了金融学院图书馆学生管理委员会（以下简称“金融图管会”）。

2012 年 5 月 28 日，为配合金融学院整体装修改造工作，清华金融馆闭馆，启动馆藏下架、打捆工作，为馆藏搬迁做准备。

---

① 2012 年 3 月 29 日金融学院成立之时，清华大学图书馆系统已经有 6 个专业图书馆：文科图书馆、美术图书馆、经管图书馆、建筑图书馆、法律图书馆、医学图书馆（后来医学图书馆因故撤销），所以新筹建的金融图书馆为第 7 个专业图书馆。

② 该系统为北京金沙汇科技有限公司的“金盘图书集成管理系统（GDLIS）”。

③ 2020 年年初，编目部与采访部合并为“资源建设部”。

④ 2017 年 10 月，清华大学图书馆全部业务从 Millennium 系统迁移到 ALMA 系统。

2012 年 6 月 18 日，清华金融馆地下书库开始装修。在馆舍装修改造期间，全部馆藏都将保存在地下书库。

2012 年 6 月底，清华金融馆馆藏整理和清点工作完成。完成 2011 年 298 种期刊的清点、下架工作，另送装订 190 种。剔除不符合清华大学图书馆收藏原则的馆藏图书 6402 册、合订期刊 2945 册。

2012 年 6 月 29 日，总馆馆务会通过了“图书馆 2012—2015 聘期岗位聘任结果”，清华金融馆即日成立：总馆馆长兼任清华金融馆馆长，晏凌任副馆长，馆员包括李新和、王红、冯璐；罗美淑以退休回聘人员的身份参与工作。2012 年 6 月 29 日，在人行图书馆的基础上，建设成立了清华金融馆。它隶属于清华大学图书馆，其管理、文献资料、设备、人员以及运行经费等均由总馆提供；馆舍由清华大学五道口金融学院提供。

2 升级

清华金融馆升级改造包括硬件和软件两个方面。

2.1 硬件——馆舍及设备的改造和迁移

原人行图书馆位于成府路 43 号院内 D 座[①]一、二、三层，共有馆舍面积 1400 平方米。一层为外文图书、中文过刊、外文过刊、学位论文；二层为中文图书；三层为中外文报刊、工具书、国际金融组织资料（IMF、ADB、WB 等）阅览室。这样的馆舍布局对于研究型图书馆来说有以下弊端：①每层楼都有一个甚至多个出入口，且楼梯在馆舍大门之外，这使得每个出入口都至少需要架设一套门禁系统设备并配备相应的工作人员，既不利于图书馆对馆舍空间的集中管理和读者服务，也造成人力和设备的浪费；②D 座没有安装电梯，而图书馆需要经常搬运书刊，因此既不方便又效率低；③整个馆舍没有接入 Internet 的网络信息点，是一座互联网信息孤岛，这在网络时代是硬伤；④馆舍的照度、噪声控制、承重等都未达到图书馆馆舍建筑指标的要求。

因此，清华金融馆正式成立后面临的第一项大工程就是馆舍装修改造。

经与金融学院商议，决定利用学院整体装修改造这个契机，将清华金融馆的馆舍由原来位置迁移到 A 座[②]4 层，以便今后图书馆能更好地为读者服务。整个 A 座 4 层面积约 900 平方米，为了弥补馆舍面积的不足，学院在 B 座[③]地下提供给图书馆约 300 平方米的空间改造成密集书库。

2012 年 7 月 23 日，清华金融馆全部馆藏开始搬迁到刚装修好的地下书库：7 月 26 日完成 1274 箱装箱馆藏的搬运，7 月 31 日完成 5000 捆（约 50000 册）馆藏的搬运，至此馆藏搬迁工作结束，主体馆舍装修改造拉开序幕。

2013 年 1 月 4 日清华金融馆主体馆舍装修改造竣工并交付使用。

装修改造后的清华金融馆由两个部分组成：地下密集书库和开架借阅区（见图 2），总面积约 1200 平方米。

---

① D 座即现在的 4 号楼。
② A 座即现在的 1 号楼。
③ B 座即现在的 2 号楼。

地下密集书库位于清华大学金融学院 2 号楼地下 1 层，设计馆藏容量 7 万册，用于存放闭架借阅的图书和合订期刊。

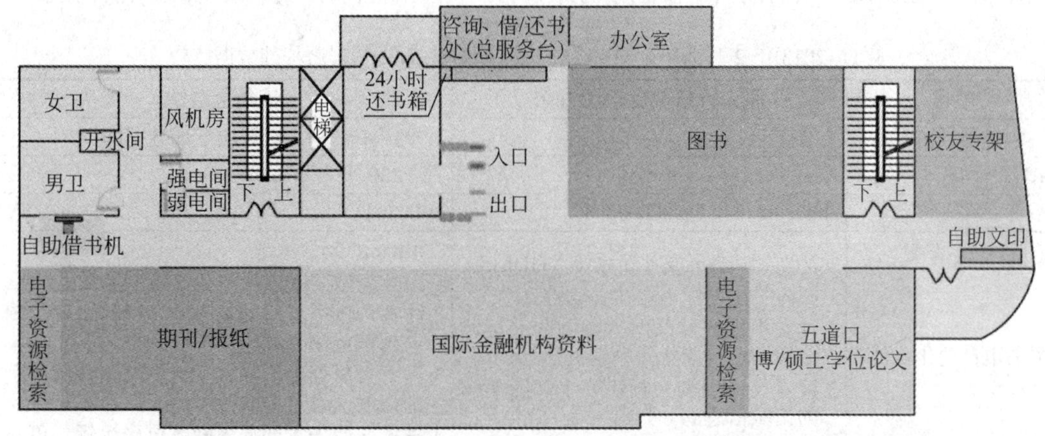

图 2　清华金融馆开架借阅区平面示意图

开架借阅区位于清华大学金融学院 1 号楼 4 层，设计阅览座位 100 个，馆藏容量 6 万册（件），用于存放开架借阅的图书和合订期刊、原五道口纸本硕士学位论文、原五道口纸本博士学位论文、金融特藏资料、现刊、报纸等。在开架借阅区还设有自助借还书机、自助文印机、电子信息检索阅览设备、校园 IC 卡刷卡机、接入 Internet 的网络信息口、电源插口、摄像头、无线接入设备等，能更好地服务读者。

升级改造后的清华金融馆能满足今后 5～8 年的发展需求。

2.2　软件——馆藏资源和服务升级

清华金融馆于 2012 年 6 月成立并对原人行图书馆时期的馆藏资源进行了整理和盘点，信息如下：

（1）实体馆藏：中文图书 32299 种、61758 册；西文图书（含俄文）5084 种、6646 册；日文图书 779 种、894 册；中文合订期刊 810 种、7265 册；西文合订期刊 147 种、4028 册；日文合订期刊 12 种、205 册；博士学位论文 513 册、141 人，硕士学位论文 5712 册、1535 人；每年订购纸本中外文报刊 200 余种。另外，还藏有珍贵的国际金融组织资料（IMF、ADB、WB 等）20000 万余件、刘鸿儒先生赠书专藏约 1600 册。

（2）电子资源：完整的中国学术期刊（CNKI）光盘版，共计 7000 多种电子期刊全文。没有任何其他的数据库或者电子书刊。

（3）图书馆自动化集成管理系统：北京金沙汇科技有限公司的“金盘图书集成管理系统（GDLIS）”。运行环境为人行图书馆内部局域网，由一台服务器带一台终端，实现对流通工作的自动化管理。

人行图书馆提供的服务主要有：图书借还、期刊阅览及 CNKI 学术期刊电子全文单机检索和下载。

2012 年，互联网在我国已经发展快 20 年了，而清华金融馆的起点却是如此。所幸我们并不是从零开始，清华金融馆是整个清华大学图书馆系统中的一员，背后有强有力的支撑。

2013 年 2 月 25 日重装开馆的清华金融馆在硬件和软件上都焕然一新，整个图书馆洋溢着温馨雅致的氛围，依托整个清华大学图书馆系统，读者可以享有更丰富的资源、更便捷多样的服务。在新址开馆后的清华金融馆与原人行研究生部图书馆相比发生的变化详见表 1。

表 1 2013 年 2 月清华金融馆与原人行研究生部图书馆的基础数据比较

项目		原人行研究生部图书馆	清华金融馆
馆舍	地址	4 号楼 1、2、3 层	1 号楼 4 层和 2 号楼地下部分空间
	面积	不详	约 1200 平方米
	阅览座位	不详	100 个
图书馆自动化集成管理系统		“金盘”图书集成管理系统（GDLIS） 1.国内中小型图书馆管理软件； 2.读者不能在互联网上查询图书馆馆藏图书，仅能在图书馆机器上查询； 3.读者仅能查询人行研究生部图书馆的馆藏信息约 8 万册； 4.系统在人行研究生部图书馆局域网范围内运行，不能实现资源共享	“Millennium”系统 1.国际大型图书馆管理软件； 2.读者可以在互联网上查询、续借、预约图书馆馆藏图书； 3.读者可以查询清华大学校图书馆系统的全部馆藏信息约 600 万册； 4.系统在清华大学局域网方位内运行，可与校图书馆及其他各个专业图书馆实现实时业务资源共享
开馆时间		不详	周一至周五：8:00—22:00 周六、周日：14:00—22:00
馆藏书刊		81714 册	87288 册（新增 5574 册）
校友专架		刘鸿儒专架	刘鸿儒专架、焦瑾璞专架
金融机构资料		未整理，无法在计算机中查询	分类整理并纳入非书刊资料管理系统，可在互联网上查询
读者可使用电子资源		无	数据库 480 多个； 中、外文全文电子期刊 6.5 万余种； 中、外文电子图书超过 246.1 万册； 电子版学位论文约有 190.2 万篇
读者可借阅纸本书刊		约 80000 册	419.7 万册（件）
读者可使用图书馆		1 个	7 个（校图书馆、美术图书馆、经管图书馆、建筑图书馆、法律图书馆、文科图书馆、金融图书馆）
图书通还		无	7 馆通还（校图书馆、美术图书馆、经管图书馆、建筑图书馆、法律图书馆、文科图书馆、金融图书馆）
自助服务		无	自助文印、自助借书、自助交罚款、自助阅报
24 小时服务		无	24 小时还书
进出图书馆		无须验证	图书馆门禁系统刷卡验证
服务对象		人行研究生部师生	清华大学全校师生、五道口校友
图书馆网站		无	http://fin.lib.tsinghua.edu.cn/，提供金融学专题资源服务：购买的金融数据库、图书馆自建的特色资源等
学科服务		无	1.金融馆网站实时更新，发布图书馆最新资讯； 2.通过邮件一对一推送图书馆资讯； 3.通过邮件一对一推送金融 TOP15 电子刊全文； 4.对学院学生每月推送培训信息

续表

项目	原人行研究生部图书馆	清华金融馆
读者培训讲座	无	1.校图书馆每年推出 31 场次的读者培训课程； 2.金融馆不定期举办读者培训：2012 年“金融专题讲座”4 场；2013 年“新生专场讲座”2 场
多媒体电子信息屏	无	1 块，及时发布图书馆各种消息公告

说明：表中“读者可使用电子资源”“读者可借阅纸本书刊”两项的信息来源详见参考文献[2]。

3　磨剑

清华金融馆是清华大学的一个专业图书馆，成立之初就确立了自己的主要目标：“致力于金融专业相关的文献资源建设和收藏，为我校金融学学科发展提供积极有力的文献保障和深度的学科服务。”

为了实现这一目标，十年来，清华金融馆的馆员孜孜以求，从每一个咨询问题、每一次图书借还、每一位读者入手，认真探寻读者需求，针对主要读者群的信息需求特点，主动提供精准服务，努力提高自身职业素养，在现有的条件下尽一切可能为清华大学金融学的教学和科研默默奉献。

3.1　清华金融馆主要读者群的需求特点

我们的馆舍在清华大学金融学院内，主要读者群是金融学院的师生。

清华大学金融学院是在原中国人民银行研究生部基础上建设起来的，它既有百年清华的教育经验和资源，又与人民银行研究生部深厚的业界背景相融合。这里先后走出了两千余名硕士和博士，其中不乏中国金融界的领袖，甚至是推动我国金融体制改革和经济社会发展的中坚力量。因此，“理论与实践并重的务实之路”以及“紧贴金融改革发展前沿的培养模式”是金融学院最鲜明的特点。

金融学院只招收硕士和博士研究生，常年举办各种金融类的高级培训班；教师以外聘为主，且多为中国金融界著名专家、学者，如巴曙松、刘鸿儒、周小川等。学生一般在自己学制的最初阶段集中修完学分，随后的时间多在各金融机构实习并完成论文。因此清华金融馆的读者需求具有以下鲜明特点：

（1）地理位置分散，读者需求非本地化现象严重；

（2）对经济金融数据、经济金融指标等数值型、事实型数据需求大，且这类数据最好图文并茂，附带生动案例；

（3）读者需求的时效性很强，且一般很难通过图书馆的正常采购途径获得。

鉴于上述特点，清华金融馆秉承“以读者为中心、以服务为主导”的办馆理念，依托清华大学图书馆系统丰富的馆藏资源，充分调动金融学院校友的积极性和主动性，以网络化、数字化为主导，实体馆藏为基础，致力于开展专、精、深的学科咨询和服务，不断开拓创新，满足广大读者的需求。

3.2 资源建设

馆藏资源是图书馆的立足之本，也是图书馆赖以存在的基础，更是图书馆服务质量的物质保障。清华金融馆从筹建第一天起就非常重视资源建设工作，因为馆舍在金融学院内，图书馆员非常贴近读者，在和师生的日常生活交流中就能获得很多潜在的信息，了解读者的潜在信息需求。为了做好资源建设工作，我们采取了以下措施：

（1）建立与金融学院信息办、综合办、行政办、校友办、教学办、科研办等各部门的业务联系网络，深入拜访学院领导和学科专家，阐明金融图书馆馆藏资源建设的未来规划与面临问题，争取金融学院的经费支持、确定与学院相关业务部门的固定联系人，建立日常业务的联系网络，保证与学院相关部门有实时沟通的渠道。

（2）在金融学院形成以主管教学科研的副院长、教师顾问、学生顾问、科研办主任、教学办主任为成员的图书馆联络支持小组，以确保金融图书馆的资源组织和建设符合学科建设和专业发展需要。

（3）利用一切机会接触用户（比如在食堂吃饭、在学院行走、乘电梯、读者到馆），与清华金融馆的读者沟通，在闲聊中发现读者在教学科研中的关键需求，利用依托整个清华大学图书馆系统、对资源和服务全局把控等特点，解决问题，尽可能主动满足读者需求。

（4）因为清华金融馆是清华大学图书馆系统中的一员，所以我们的读者可以使用清华大学图书馆的全部资源，包括总量约548.46万册的中外文印刷型图书，22.24万册古籍线装书；约60.84万册期刊合订本；2466种印刷型中外文报刊；16.82万篇本校博士、硕士学位论文；2.82万种缩微资料；913个数据库；17.16万种电子期刊；696.84万册电子图书，1252.04万篇电子版学位论文（数据截至2020年年底）。此外，作为专注于金融学的专业图书馆，十年来，我们致力于与金融专业相关的资源建设，从文献信息资源、空间设备资源入手，逐渐夯实读者服务物质基础。

①文献信息资源

清华金融馆重点收藏与金融学相关的图书、期刊/报纸、学位论文、特色资料、数据库等类型的文献信息资源。

我们定期（每月一次）甄选中外文图书目录、每年根据实际情况调整期刊/报纸订购目录、每年至少两次与金融学院科研办当面沟通教职员对专业数据库的需求、不定期组织院系读者荐购、根据社会和学科热点推出专题书架、十年如一日地征集金融学特色资料。另外，清华金融馆的馆藏资源建设也得到了广大校友及社会各界的大力支持，收到不少捐赠，如刘鸿儒老师捐赠设立的“刘鸿儒赠书专柜”等，对丰富专业馆藏资源起到重要作用。

经过十年的努力，与刚建馆时相比，清华金融馆的馆藏图书、学位论文、特色资料、数据库等类型的文献均有明显增长（由于期刊/报纸时效性很强，我们调整了馆藏政策，用电子资源替代了纸本资源，所以这十年来，纸本期刊/报纸品种逐年减少），详见表2。

我们不但关注金融类馆藏的数量增长，更注重馆藏质量的提升。

众所周知，金融学是应用性学科，对各种金融行情和新闻事件数据需要实时掌握；而这类数据库，特别是国外的金融数据库价格都非常昂贵，图书馆采用与学院联合采购的方式，寻求学院的经费支持，让图书馆有限的资源采购经费发挥了最大效用。同时，为了让有限的经费用到“支撑教学科研工作”的刀刃上，2013年年初，清华金融馆与金融学院的教授们经过多次沟通，对金融专业数据库需求进行了排序，形成了必须采购的金融专业

表 2　清华金融馆 2012—2021 年文献信息资源数量表

项目	2012 年	2013 年	2014 年	2015 年	2016 年	2017 年	2018 年	2019 年	2020 年	2021 年	10 年变化
纸本图书（册）	81714	83910	89008	90136	91779	93760	95782	97862	98458	99897	+18183
纸本道口硕士、博士学位论文（册）	6227	6227	6523	6523	6523	6523	6523	6523	6523	6523	+296
纸本期刊/报纸（种）	239	200	193	190	186	186	180	158	158	160	–79
纸本四大金融机构资料（件）	0	1139	4867	6666	6937	7548	10437	10442	10445	10446	+10446

数据库排序表。这样，结合每年的经费情况，按照顺序，逐渐满足读者需求。截至 2021 年，我们不但采购了当初提出的 10 个数据库，而且根据学科发展，采购了 40 多个国内外顶级金融专业数据库，包括 WRDS、Compustat、CRSP、IBES、Dealscan、Ownership、WorldScope Fundamental、Option Metrics、Eikon、Bloomberg、BVD、CSMAR、Wind、CVSource 等，为清华大学金融学教学科研提供了丰富的文献信息资源。

②空间设备资源

依托清华大学，清华金融馆拥有先进的网络和 IT 基础设施，支持 IPv6 和万兆接入、无线网覆盖全馆，提供多种自助服务设备，可实现自助借书、自助文印、自助选座位等。图书馆资源管理服务系统实现了对全网域资源的一站式检索和无缝获取，支持全校读者在任何时间、任何地点访问电子资源。

此外，清华金融馆拥有 1 台 Bloomberg 金融终端、1 台 Wind 金融终端、10 台 Eikon 金融终端，为读者提供全球实时金融行情数据和事件信息搜索和获取，让读者在校期间就能提高今后从业的各项重要技能，增加行业竞争力。

3.3　读者服务

清华金融馆的读者服务理念是：与读者开展平等、合作的良性互动式服务。

我们的馆舍在清华大学金融学院内，服务对象主要是金融学院的师生。馆员和金融学院的师生一起在远离主校区的小院办公、教学和生活，有天然的地理优势与读者建立亲密良好的互动关系；我们拥有系统、集中、专深的金融学信息资源，资源的组织方式更便于本专业读者发现和利用信息。这使得我们在读者服务中，能及时了解和掌握金融学的特点和新动向，跟踪学科发展，为读者提供个性化的主动服务，以及师生需要的特别服务，如及时的培训服务、馆员亲自到老师的研究室或办公室上门服务。

（1）清华金融馆读者服务的内容

清华金融馆读者服务的内容可以分为以下三层：

基础性服务：传统参考咨询、学科资源建设（金融专业图书、期刊、数据库等常规的学科资源，本专业的历届毕业生学位论文集，国际重要金融机构资料等非正式出版物也是清华金融馆学科资源建设的重点）、信息素养教育、文献传递、馆际互借、向院系推荐学科资源等。

教学科研服务：嵌入式课程教学、嵌入科研生命周期的信息服务（包括科研跟进、嵌入式科研辅助等）、学科资源导航、学科特色数据库、学科服务平台等。

学科情报服务：学科热点追踪与推送、学科前沿导报、学科发展趋势评估、知识资产管理、学科人才引进评估等。

（2）清华金融馆读者服务的模式：馆员+教师顾问+学生顾问

在服务团队中，金融学学科馆员、教师顾问、学生顾问是核心，其他馆员是团队的重要组成部分，学科馆员通过教师顾问和学生顾问获取学科信息需求，了解学科用户教学科研要求，在全体金融馆馆员的配合和协助下，完成读者服务。具体运作如下：

文献信息建设（Collection）：学科馆员借助教师顾问和学生顾问，与教学科研人员紧密联系，发现他们的真实需求，准确掌握学科发展动态与趋势，全面了解清华大学金融学文献信息资源的分布并全程负责资源建设；同时与流通、采编等岗位的馆员密切沟通，满足用户需求。

参考咨询（Reference）：学科馆员参与参考咨询工作，通过教师顾问了解金融学院的科研项目进展情况，嵌入科研项目的整个生命周期，提供专业化、深层次、动态式、主动性的咨询服务。

教育培训（Introduce）：学科馆员负责讲授信息素养教育课程，嵌入专业课程教学工作，在学生顾问的帮助下，按照学生的需求，拟定教学培训内容。

院系联络（Outreach）：清华金融馆与金融学院的教学办公室、科研办公室建立起固定的对接渠道，及时将资源与服务推送到院系师生，又能深入了解学科建设与教学科研需求。

（3）读者服务项目和数据（以2020年为例）

2020年是非常特殊的一年，突如其来的新冠疫情打破了世界的平静，也带来了图书馆服务的变迁。清华金融馆疫情期间无法开馆，原来每年开馆330多天，2020年只开馆151天；即便开馆，也有很多读者因为疫情防控无法到馆，绝大部分读者服务工作由线下转到了线上。此期间具体工作如下：

流通阅览：接待刷卡读者20025人次，接待参观17批次/120人，借书539册，还书363册，通还560册。

金融学学术前沿信息一对一推送服务：134266人次。

专题信息推送：15次/3118人次。

读者咨询解答：邮件+电话+当面咨询874人次。

新生教育1次，因为疫情防控，2020年的培训采用线上+线下同时进行的方式，2020级100多名硕士、博士生全部参加了培训，这种线上/线下融合的新生培训方式颇受当下年轻人的欢迎，既保证了安全也兼顾了受众的广泛性。

金融专业数据库使用培训：2次（均为线上），含CSMAR 1次，Wind 1次，共有80多名师生参加。

专题讲座：2020年3月9日，学科馆员为金融学院的老师们做了题为《疫情防控期间清华大学图书馆的资源和利用》的专题讲座（线上），45名老师参加，历时1.5小时；2020年3月14日，学科馆员为金融学院“清华—康奈尔双学位MBA”项目（以下简称FMBA）应届毕业生和往届延期毕业生做题为“校外如何检索和利用图书馆资源，助力完成毕业论文”的专题讲座（线上），61 名学生参加，历时 1 小时；2020 年 10 月 26 日，学科馆员为金融学院 FMBA 2020 级全体学生做“清华大学以及康奈尔大学图书馆的资源与使用”专题讲座（线上），120 余名学生参加，历时 1.5 小时。

数据库资源的宣传推广：针对不同读者群的不同需求，将数据库使用信息通过邮件一对一推送到合适的人，全年 23338 人次。

4 收获

自建馆以来，清华金融馆默默耕耘，兢兢业业为清华大学金融学的教学科研奉献，创下了十年零事故、零投诉的纪录，也收获了读者满满的赞誉。限于篇幅，寥举几例。

4.1 金融学学术前沿信息一对一推送服务

因为资源购置经费有限，清华金融馆调整了期刊/报纸的采购策略，大量缩减印刷报刊的馆藏品种，用电子报刊作为补充。但这样就产生了一个现实问题：因为金融学的顶级学术刊物分散在多个数据库中，读者需要自己耗费大量的时间去不同的数据库，才能完成对这些刊物的浏览，不利于他们快速把握自己感兴趣的学术前沿。

金融学学科馆员了解到读者的需求后，每个月对金融学世界排名前 15 的学术期刊进行整理，按刊名将本月该刊发表论文中的学术前沿整合成一个文档，并附上来源信息，一对一发送给金融学院的师生。这项特色服务已经持续 10 年，从未间断。该服务收到读者大量的赞誉。

金融学院常务副院长廖理教授专门发邮件称：“这个很好，谢谢！”

《清华金融评论》副主编兼编辑部主任张伟副研究员要求编辑部所有工作人员都学习金融馆每月发送的文档：“……对《清华金融评论》编辑部很有参考价值。如方便，麻烦您帮忙增加一个邮件地址：……，我们《清华金融评论》所有同事都能收到。非常感谢！”

金融学院“清华—康奈尔双学位 MBA”项目学生蒋珉趵从异国发来邮件：“多谢……老师！非常有用！！我们在美国祝您中秋节快乐！”

博士生张立伟在邮件中写道：“感谢！每次收到这个邮件都能了解到前沿……”

4.2 来自读者的感谢信

（1）读者来信一

2016 年 4 月底，清华金融馆收到即将毕业离校的读者来信，全文照录如下：

金融馆咨询服务台工作人员：

我是五道口金融学院研二学生黄彦君。在我的学习生活中，一直以来得到金融馆前台工作人员的许多支持与帮助，在此表示非常感谢。

前台人员曾协助我找回遗失的手机，并认真负责地核对信息避免冒领。

另外多次在即将闭馆时借还书仍受到了工作人员热情的接待和服务。也曾耐心协助我根据索书号找到了想借的书。

人在道口即为一家人，金融馆的员工让我感到这个大家庭更加温暖。祝金融馆越办越好！祝即将到来的五一节快乐！

顺祝商祺！

（2）读者来信二

2021 年 4 月 10 日，清华金融馆馆长收到 2018 级金融博士张晓瑜同学的来信，信中写道：

……馆长您好，

非常非常非常感谢您和图书馆相关人员的支持！完全被震惊和感动到了！我会好好珍惜并且用好图书馆提供的资源和便利的。

祝您工作顺利，

晓瑜

（3）读者来信三

2016 级金融博士钱佳琪同学做研究需要利用 worldscope 数据库检索公司财报，但清华大学图书馆当时还没有购买这个数据库。金融学学科馆员向读者推荐了现有数据库中的资源，钱佳琪同学发邮件感谢道："太感谢您啦！虽然没有找到那个数据库，但真的让人感到很温暖，您推荐的两个数据库感觉也非常有用，会好好熟悉一下，再次感谢！"

一句句感谢，一封封邮件，都是对清华金融馆十年如一日工作的肯定，也是金融馆满满的收获。十年磨一剑，不露也锋芒！

5 展望

清华大学已经建成世界一流大学，与之配套，清华大学图书馆也必是世界一流大学图书馆。清华金融馆是清华大学图书馆的一个专业分馆，虽说这个分馆的建馆时间很短，面临人员严重不足、馆舍空间不够、经费紧缺的重重困难，金融馆的全体馆员一直在努力，希望将清华金融馆建成一个世界一流大学金融图书馆：面向世界金融学学者开放的金融学的知识中心、文化中心和学习中心，为清华大学金融学的教、学、研做强有力的资源支撑。

参考文献

[1] 清华大学图书馆. 概况. 组织结构[EB/OL]. [2021-7-16]. http://lib.tsinghua.edu.cn/gk/zzjg.htm.

[2] 清华大学图书馆. 概况. 馆长致辞. 相关参照. 图书馆 2012 年度报告[EB/OL]. [2021-7-16]. http://lib.tsinghua.edu.cn/gk/gzzc.htm.

资源建设与信息组织

聚焦支持高校教学与科研
——清华大学图书馆资源建设实践与思考

于　宁　贾延霞　武丽娜　何　玉

摘　要：[目的/意义]对高校图书馆资源建设面临的问题与挑战进行总结，重点探讨图书馆资源建设支持高校教学科研的方法，探索未来图书馆资源建设的重点方向和发展策略。[方法/过程]以清华大学图书馆资源建设为例，梳理其支持高校教学科研的实践与成效，并对“十四五”期间高校图书馆资源建设发展提出建议。[结果/结论]支持学校教学与科研、满足师生的文献资源需求，是高校图书馆文献资源建设的“初心”与“本位”。高校图书馆要围绕这个目标，加强资源保障，提升资源一体化管理水平，强化资源需求评估与使用绩效评价，建立全面、高效、精准的文献资源保障与服务体系。

1　引言

文献资源建设是图书馆建设的重要组成部分，高质量的资源是图书馆开展服务的基础。高校图书馆资源建设工作需要置身于国家发展战略、学校发展目标以及出版行业和信息技术发展变化等的环境中来思考和谋划。从外部环境来看，高校图书馆资源建设面临复杂的挑战：全球范围内学术信息资源订购价格不断攀升，图书馆资源建设经费面临缩减的困局；2020年全球性新冠疫情对图书馆在特殊情况下保障资源获取并有效支持教学科研提出新的考验；信息技术的快速发展，智能化图书馆管理系统以及资源发现获取系统的不断更新迭代，为系统化图书馆资源管理提出了新要求。从内涵发展来看，2015年11月5日，国务院正式发布《统筹推进世界一流大学和一流学科建设总体方案》，提出“双一流”建设的总体目标[1]，2019年教育部高教司8号文件《关于一流本科课程建设的实施意见》中对高校图书馆提出了具体要求[2]，“双一流”建设和全面振兴本科教育的发展战略为高校图书馆资源建设提供了新的发展机遇。高校图书馆的资源建设要把握“双一流”建设的机遇，积极应对外部环境变化带来的挑战，瞄准学校的整体发展战略目标，结合自身发展特点与发展需要，制定资源建设发展目标和策略，不断寻求资源与服务的突破，在高校教学、科研和人才培养等方面发挥作用。

2020年是“十三五”收官之年，各高校图书馆在回顾“十三五”发展进步的同时，也启动了“十四五”规划的编制工作。在这样的背景下，本文结合清华大学图书馆资源建设的实践，探讨未来图书馆资源建设的重点方向和发展策略，有一定的现实意义。

2 高校图书馆资源建设面临的问题与挑战

“十三五”期间，高校图书馆在资源建设经费、资源总量、资源覆盖面、资源满意度等方面均取得了飞速发展与可喜成就。但面向下一个五年，高校图书馆资源建设工作仍然面临外部环境变化冲击以及内涵发展不足的双重挑战。具体表现在：①信息技术发展与新兴出版带来冲击。在移动互联以及大数据时代，用户需求与使用不再依赖图书馆提供的资源与服务，导致图书馆面临用户流失的困境。同时，出版业也在发生深刻的变革，以数字技术为基础的数字出版以及开放出版等各种新的出版模式为图书馆带来多种深刻而长远的影响，当资源主体上变为开放获取，传统图书馆围绕着资源的采购、采集、加工等业务环节受到严重影响。②资源建设经费面临困难。全球范围内的学术信息资源订购价格不断提升，使得图书馆普遍面临采购经费不足的压力，同时2020年突如其来的新冠疫情对全球经济环境产生不利影响，财政部、教育部根据2020年中央经济工作会议部署“过紧日子”的会议精神，对部属高校中央财政预算进行了压减，使得高校图书馆资源建设经费随之缩减。③师生日益增长与多样化的文献需求带来挑战。网络环境下高校教学与科研模式的转变，改变了高校师生对文献资源的获取方式。同时高校师生对学科相关文献、交叉学科、事实数据类资源的需求不断增加，对图书馆资源建设的保障能力与保障水平提出了更高要求。就清华大学图书馆而言，文献资源建设也面临诸多现实困境和挑战，主要体现在资源建设经费在学校总经费中占比较低、专业分馆规划和建设不够完善、部分学科和语种资源保障不足、专业馆员储备不足等方面。

3 清华大学图书馆资源建设实践

高校图书馆是学校的文献信息资源中心，是为人才培养和科学研究服务的学术性机构，面对目前高校图书馆文献资源建设存在的问题与外部环境带来的挑战，图书馆资源建设的着力点应聚焦在为学校教学与科研提供文献资源保障。面对移动互联、大数据等信息技术的变革和出版业态的变化，图书馆资源建设要重新审视馆藏发展规划，加强对数字资源、开放资源等的建设。同时利用新技术，为读者提供多样性、灵活生动的文献呈现方式，以支持学校教学与科研。面对2020年新冠疫情带来的图书馆资源建设经费缩减以及师生利用资源形式的转变，图书馆要思考如何对资源建设经费进行重新计划，加强资源绩效评估，在保障资源订购连续性的同时，兼顾传统纸质资源与数字资源的平衡。同时，要进行资源建设布局动态调整，通过加强馆藏资源数字化、数字资源、数据资源等的建设，利用教学教参系统、智能网关、区块链等技术方便师生获取资源，以支持师生云端教学与科研的需要。面对师生日益增长的文献资源需求，图书馆应思考针对不同层次、不同类型的读者，通过文献使用统计、调研与走访等方式，深入了解读者对资源的实际需求，通过提供最贴合师生需求的资源，以支持学校教学与科研。面对高校“十四五”规划要求，图书馆要思考如何制定全校文献资源建设的整体规划，制定“馆藏发展政策”，加强文献资源建设力度，提升资源保障率与保障水平，全面支持学校教学与科研。

支持学校教学与科研、满足师生的文献资源需求，是高校图书馆文献资源建设的“初心”与“本位”。围绕这个目标，清华大学图书馆通过学科资源保障、教材教参资源配置、特色文献资源建设，持续提升文献的保障率；通过资源一体化管理与细粒度的学科资源导航呈现，提升文献资源的可发现度与利用率。同时，强化学科资源需求评估与使用绩效评价，提升文献资源建设质量，从而建立全面、高效、精准的文献资源保障与服务体系，不忘初心，坚守本位，高质量地服务于学校教学与科研。

3.1 学科文献资源保障

学科文献资源建设是高校图书馆根据学校教学、科研以及学科建设的发展需要，依据不同学科领域用户的文献需求，对学科资源进行规划、采选、组织和管理的过程[3]。清华大学在 2017 年 12 月制定了“一流大学建设高校建设方案——清华大学”，详细阐述清华大学一流大学建设目标以及学科结构与层次[4]。根据学校建设方案，图书馆关注学校学科建设、院系发展以及新学科建立需求，提供学科文献资源保障。

在“双一流”建设中，清华大学图书馆的学科资源建设始终与学校的学科发展保持同步，制定包含文献收藏级别、采选原则、经费划分等的文献保障制度，从文献资源结构、学科文献占有率等方面进行规划，优先保障一流学科文献资源，并根据学校学科发展规划进行动态调整，在满足一流学科资源的前提下，逐步向其他学科资源倾斜。同时加强一流学科领域文献的完整性、规模性及专题性建设，对一流学科领域发展前沿、研究热点、最新学术成果等方面的文献资源加以关注和保障。

学院是高校中相同或相近学科教学与科研的办学实体，学科分馆与院系资料室都是密切为其学科教学与科研提供信息服务的学术机构[5]。院系的专业设置、课程设置都有鲜明的学科特点，图书馆深入院系，了解其学科规划、人才培养目标、教学计划等，同时与院系师生建立了密切联系，掌握院系教学与科研资料需求特点，为院系师生提供长期、稳定、专业的资源保障。清华大学图书馆建立了校图书馆、专业分馆、院系资料室三级文献保障体系，文科、法律、美术等 6 个专业图书馆在学科资源保障、开展深度学科服务方面发挥了重要作用。同时，数学系、环境系、历史系、苏世民书院等院系资料馆藏也被纳入全校资源保障体系中，实现了资源的统一揭示与管理，为师生提供专业相关度较高的资源保障。

高校的学科专业在不断进行优化与调整，新增专业和交叉学科不断出现。在清华大学事业发展“十三五”规划纲要中提到，要大力推进学科交叉融合和创新发展，推动新兴交叉学科的形成，鼓励理工融合，文理贯通，培育清华特色交叉学科。图书馆及时跟踪学校发展动态，主动与新雅书院、地球系统科学系、临床医学院、出土文献研究与保护中心等新建院、系、中心师生建立了联系，了解新增学科定位以及对文献资源的需求，对文献经费进行及时的申请与配置。图书馆还有针对性地收集新兴学科、交叉学科文献，支持新增专业和交叉学科的教学与科研的文献需要，为学校新兴学科发展提供更加及时、全面的文献资源保障。

3.2 教材教参资源配置

2018 年教育部在新时代全国高等学校本科教育工作会议上强调，坚持“以本为本”，推进“四个回归”，加快建设高水平本科教育、全面提高人才培养能力[6]。高校图书馆资源建设支持本科教育最直接、最重要的方式，就是为本校师生提供基于课程的教材教参服务。清华大学图书馆教学参考资料工作开展较早，在工作初创时期（1911—1928年）就设立专人负责教参资料工作。其后通过制定指定参考书管理规则与教参书管理流程、总馆分馆共同承担教学参考资料工作、开展专业化的教参资料服务等工作扩大了教材教参资源的数量，提升了教材教参资源支持教学的服务质量[7]。2014年图书馆建设的新版“清华大学教参服务平台”上线运行，实现了教材教参资源的系统化管理与服务[8]。2019年，图书馆对教参服务平台进行了升级与改进，细化了院系课程导航，优化了平台使用统计等功能。2020年，面对师生对教材教参资源需求的不断增加，图书馆积极拓宽渠道，进一步增加教材教参资源的数量与类型：首先加大教材教参资源的采选力度，重点补充中外文电子教参，通过一次性回溯、保持年度新增、读者驱动以及纸电统采等方式，持续对教材教参资源进行保障。同时与上游出版社进行前瞻性合作，探索通过区块链等技术路径来解决信用问题和安全问题，努力实现真正的纸电同步。其次加强馆藏教材教参数字化建设，制订本馆《资源数字化建设计划》，分阶段对教师指定的教材教参、“每周甄选”图书等资源进行数字化，优先保障使用量较高图书，解决读者急需用书问题。最后加强清华大学外国教材中心建设，继续开展国外教材比较研究，调研国外一流大学教材目录以及服务情况；系统性收集理工类、管理类外文教参图书，与全国11家高校外国教材中心形成合力，实现资源共建共享。

3.3 特色资源建设

特色资源建设是图书馆资源建设的重要组成部分，能体现出一个图书馆区别于其他馆的特色文化，展示一个图书馆的文化底蕴和文化影响力，发挥传承校园文化精神的作用。清华大学图书馆的特色资源建设一直沿着支持清华大学学科建设与发展的思路在推进。经过十几年的发展，已经积累形成了一系列有价值的专藏，包括清华文库、名人专藏、保钓资料、马恩文献、地方文献、联合国裁军文献等。清华大学图书馆对特色资源建设进行了长期规划，结合学校学科建设发展的需要，明确了长期积累发展方向，不断探讨对已经初具特色的体系后续该如何不断补充，哪些领域需要成为新的发展方向。同时通过设立专用基金以保证持续稳定的特色资源建设需要，并积极拓展捐赠渠道，通过主动搜集与寻访捐赠相结合的方式不断补充特色资源。在建设过程中，离不开相关学科专家学者的支持和指导，图书馆尝试构建学科专家支持型的特色资源建设模式，这无疑将对促进学科发展和研究起到积极作用。

3.4 文献资源一体化管理

当前图书馆的文献资源呈现多样化，纸质资源、电子资源、本地数字化资源、媒体资源等交织融合，构成丰富的信息资源环境。从资源管理的角度看，需要提升对各类馆藏的一体化管理能力；从用户的角度来看，他们更希望获得一站式、更细颗粒度、更智能的资源发现和获取服务。自2000年以来，清华大学陆续建设了数据库导航系统、电子期刊导航系统、电子图书导航系统，以及基于跨库检索的联邦检索系统、基于元数据仓储的统一资源发现系统和链接解析系统[9]。2017年10月，清华大学图书馆部署了ExLibris公司的新一代图书馆管理平台 ALMA 作为面向馆员的后端系统。ALMA 能够对各类资源内容进行统一的管理，基于统一的数据模型，有效实现纸质资源、电子资源、数字化资源的集中管理。系统强大的统计分析功能，能展示资源全貌和同一资源不同载体或所在库的分布以及资源的重合情况等，为精细化的资源管理提供了技术保障。同时，升级了面向用户服务的前端资源发现系统“水木搜索”，这两个系统联合运作，无疑为提升资源一体化管理水平奠定了良好的基础。

3.5 文献资源评估与评价

高校图书馆资源绩效评估在优化馆藏资源结构、提高资源利用率、提升学科服务质量、提供决策与管理依据等方面具有深远的重要意义[10]。清华大学图书馆历来重视资源评估与评价，通过对资源引进前的评估，使资源的建设既契合学科建设要求又满足读者需要；通过对资源使用后评价，可以对学科资源建设与服务做出动态的调整与优化。同时注重核心资源保障率的分析，提升资源保障的满足度与满意率。

图书馆资源的评估与评价需要构建科学的评价指标体系，选择合适的评价维度与方法。清华大学图书馆使用的资源评价方式包括：①资源需求分析。学科馆员通过与院系师生建立联系，获取其在教学科研中文献资源利用情况和需求情况。通过开展文献资源需求读者调查，了解读者对图书馆资源的满意程度、资源利用的便利度以及读者使用图书馆文献资源的习惯等；通过对重点学科的期刊论文进行发文分析、引文分析，挖掘科研人员的隐性资源需求。②资源保障分析。通过对标图书馆调研，分析与对标图书馆资源经费占比、馆藏数量、学科馆藏分布、电子资源、特色资源建设等方面的差异与短板，制定本馆的馆藏扩大方案；利用“电子资源利用绩效分析平台”（ERS），统计馆藏期刊数量、重复率、分析核心资源保障总体情况以及核心期刊保障率、数据库核心期刊匹配度，为资源保障提供分析数据与决策支持。③资源效益分析。通过年度电子资源使用统计，对电子资源进行使用效益分析与成本分析，为电子资源的续订与停订提供数据支持。通过 ALMA 系统自动收割 COUNTER 数据以及与资源列表数据、订单信息的关联统计，分析学科电子书/刊的使用量与使用成本，对于使用量高的资源进行重点保障，同时加强对使用量较低资源的宣传与推广。

4 清华大学图书馆资源建设成效

4.1 以学科资源建设为基点，提高文献资源保障率与满意度

学科资源建设是图书馆工作的基础，为学校开展教学科研工作提供重要文献支持。“十三五”期间，清华大学图书馆文献资源数量持续增长，纸质图书年均增量 9.3 万册，电子资源数量增长明显，2019 年可访问电子期刊已近 17 万种（见图 1），数据库达 743 个（包含子库）。

清华大学图书馆在学科资源建设方面积累了丰富的实践经验并取得了一定的成效：

（1）通过关注一流学科发展要求，保障一流学科资源建设。在重点学科资源保障方式上，针对不同载体、不同类型、不同语种资源进行精准采选：①对于纸质资源，图书馆采

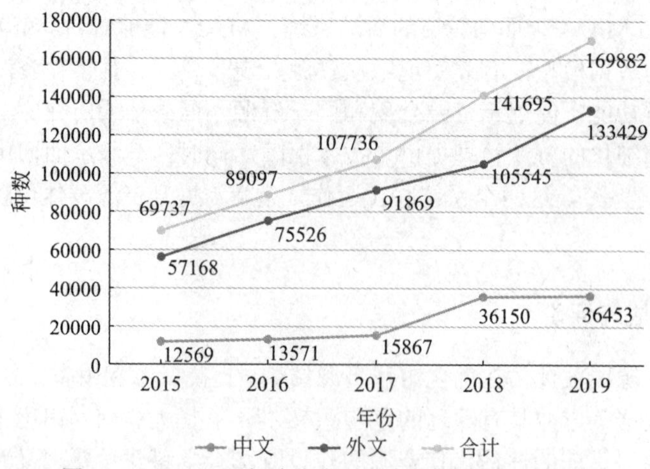

图 1 2015—2019 年清华大学图书馆电子期刊增长量

用了“水木荐书”在线采选与荐购平台，资源建设馆员可根据学科对采访数据进行筛选、聚合与判断；院系师生可根据学科浏览书目信息，针对感兴趣的学科领域在线选书与推荐资源。②对于电子资源，由资源建设馆员与学科馆员、分馆负责人调研读者需求，根据学科资源采选原则与资源评估结果，共同商定资源的订购。③对于开放资源，由资源建设馆员与学科馆员共同关注开放获取运动进展，参加 SCOAP3 开放出版计划，并为清华大学学者在部分 OA 期刊上发文争取了折扣，同时借助开放资源集成平台整合开放资源，为师生提供开放资源的一站式获取。

（2）通过关注院系学科发展需求，与院系共建共享资源。在院系资源保障方式上，资源建设馆员与院系分馆负责人共同完成相应学科资源采选，同时不定期组织学科专题书展，邀请院系师生参加图书订货会，提高了院系师生对学科资源建设的参与度。对于电子资源，通过经费划分与使用方式的协商，与经管学院、法学院、生命学院、人文学院、数学系等院系合作共建共享了 30 余个数据库。院系参与学科资源建设，有助于对学科资源提出切实的需求与做出精准的评估，保障了相关学科资源建设的专业性与连续性，同时提升了资源的使用率。

（3）通过关注交叉学科与新增专业的发展需要，满足学科资源新需求。在新兴学科与交叉学科资源保障方式上，资源建设馆员与学科馆员分工协作，调研学院需求，评估资源质量，为新雅书院通识教育课程提供配套图书，购买“古典学年鉴”数据库，为新雅书院承办的第七届古典学年会以及即将申办的古典学专业提供文献资源支持；根据地球系统科学系教授团队的推荐，购买 IEA 出版物、贸易统计类数据库以及石油与天然气、能源材料方面期刊，由于其交叉学科的属性，其推荐资源也可为材料学院、车辆学院、环境学院等相关学科师生提供教学与科研支持。图书馆与临床医学院以及出土文献研究与保护中心共同出资购买了临床医学类、中文古籍类数据库，为两个学院以及医学院、人文学院相关学科提供了文献支持。

4.2 以教材教参资源建设为助力，高效融入教学与科研环境

通过多年的教材教参资源保障与教材平台的建设，清华大学图书馆教材教参服务已得

到学校师生的广泛认可并融入了教学与科研环境。目前，清华大学教参服务平台已积累本校教师指定教材教参 12000 余种，为线上线下教学提供了文献资源支持与保障。同时，平台已与学校注册中心系统、“清华网络学堂”对接，实现了选课数据与教师指定参考书的关联，方便了师生在课程页面获取相关电子教材教参资源，加强了课程与资源的关联。图书馆对电子教材教参资源进行了统一揭示，师生可以通过“水木搜索”发现平台，一站式获取教材教参全文信息，增强了教材教参资源的发现度与利用率。由清华大学图书馆牵头组织，全国 12 家外国教材中心联合采购的 Wiley 电子教材、Ovid 电子教材、CRC 电子教材等共享版电子教材数量逐年增长，可访问教材数量已达 7700 余种，2019 年爱教材平台全文点击量 45013 篇，全文下载量 25019 篇，共享版电子教材为清华大学、武汉大学、复旦大学等 12 所高校师生提供了高质量的教材教参资源与服务。在 2020 年新冠疫情防控、线上教学的特殊时期，电子化教材教参的保障与服务成效尤为明显。在春季学期，教参服务平台每月平均有来自全国 23 个省、5 个自治区、4 个直辖市、2 个特别行政区以及国外 40 多个国家的 2 万个以上的独立 IP 访问，登录 8 万次、检索 4.1 万次、章节访问 535 万次。从师生的需求满足反馈与 2020 年上半年教参服务平台使用数据（见图 2）可以看出，教材教参服务在疫情期间对在线教学提供了强有力的支持。

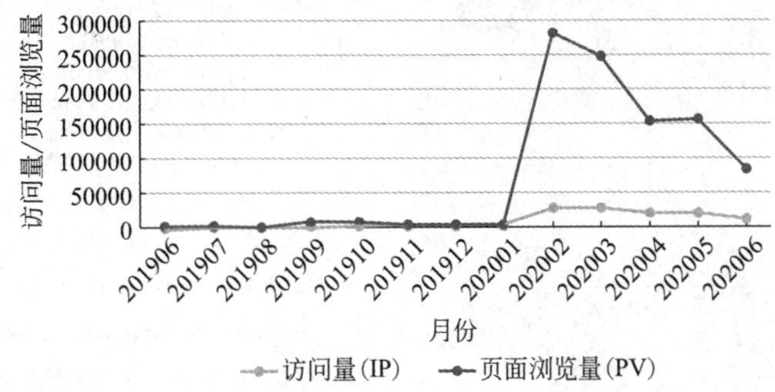

图 2　清华大学教参服务平台 2019 年下半年与 2020 年上半年使用对比

4.3　以特色资源建设为依托，发挥特色资源优势与利用价值

对高校图书馆而言，特色资源建设更重要的是促进特色资源的利用，在支持学科建设、文化教育和学术研究方面发挥其价值。依托接收捐赠的成规模的保钓资料，清华大学图书馆成立了保钓资料收藏研究中心，持续收集整理“保钓运动”的相关文献，进行针对保钓运动参加者的口述历史访谈，同时开展宣传、展览及研究活动，与海内外其他保钓资料收藏单位开展交流与文献、信息共享。由此可见，清华大学的保钓资料收藏为全球研究者提供了文献支持。《清华周刊》是研究清华校史、高等教育史非常重要的文献资料，图书馆对《清华周刊》进行整理与元数据著录，建立了《清华周刊》数据库并向全球开放，对教育、文化、学术以及青年工作者的工作和研究产生了重要的影响[11]。图书馆还系统性地收集我国北方地区历史文书，对这些地方文书资料逐篇整理、著录，并数次举办展览，供相关专业师生研究之用。目前校内已有历史系、经济所等院系的数位硕士、博士研究生以此批文献为研究对象，撰写研究论文，同时清华历史系教授以馆藏的山西历史文书为基础，申请到国家社科基金重点项目。

4.4 以一体化管理平台为支撑，增强资源发现与获取能力

通过利用 ALMA 一体化资源管理平台，图书馆的资源管理流程不断优化，操作模式基本稳定；电子资源订购逐步规范，电子资源揭示效率大幅提升；系统与业界主要的联机编目系统无缝关联，纸质资源揭示效率稳步提升[9]。同时，图书馆所积累的类型丰富多样的资源必须进行有效的组织和管理，方能形成有序的资源体系，从而有利于用户发现并使用。目前，图书馆已经实现在 ALMA 系统中统一揭示纸质馆藏、订购的电子资源库以及全文电子资源库的具体品种，实现了电子期刊导航、电子图书导航、资源发现系统、链接解析系统等各种用户使用端数据来源的统一化，为用户一站式发现和获取资源奠定了基础。疫情期间，“水木搜索”作为资源发现的统一前端在有效帮助用户一站式检索并获取资源方面发挥了重要的作用，显示出资源组织与揭示一体化的重要性。图 3 显示了读者直接通过“水木搜索”访问 *Nature*、*Science* 等电子期刊的情况。

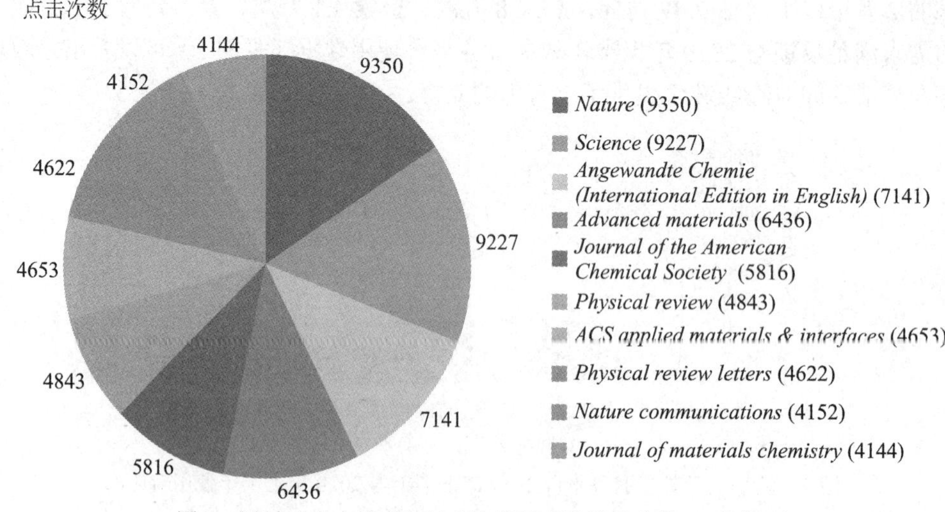

图 3　通过“水木搜索”被点击的请求次数排名前 10 的期刊

4.5 以资源绩效评价为杠杆，提升资源利用效率与效益

图书馆资源评价的方法和手段各不相同，但最终目的是要充分利用评价结果，调整资源建设重点，提升资源建设质量。清华大学图书馆在 2019 年开展了全校性的文献资源需求读者调查，并对开放性问题的留言进行了归类与总结，以词云图的形式展示读者需求（见图 4）。通过对不同身份、不同年级、不同学科的读者需求进行统计分析，可以准确定位读者对某学科或某一种资源的需求，如读者希望增加小语种、艺术类、心理学类图书以及对古籍类、民国报刊类等数据库提出要求。图书馆根据分析读者需求与馆藏资源之间的差距，不断调整保障策略，有计划、有针对性地满足读者需求并给予反馈。对于新增学科如地球系统科学系，图书馆对其学科带头人的发文、引文进行分析并比对馆藏，根据分析结果对馆藏遗漏的书刊进行保障。图书馆利用 ERS 系统，与 JCR、ESI 等的期刊数量进行匹配，计算核心期刊保障率，同时对应教育部学科分类，分析一流学科书刊保障情况，对于保障率低的学科，与学科馆员共同分析其与我校“双一流”建设学科之间的关系，根

据分析结果对保障率低的学科资源集中力量强化建设。图书馆进行的电子资源年度使用与成本统计分析，积累了13年的统计结果，尤其在2020年图书馆资源经费缩减的情况下，为资源的续订与停订提供了数据参考。图书馆利用 ALMA 使用统计功能对电子图书拒访量进行统计，统计结果显示拒访量较高的电子图书集中在剑桥大学出版社文科类图书。根据统计结果以及结合读者需求，向学校申请专项经费进行古典研究和哲学专辑电子图书的采购。对于使用量较低的文科资源，加强了文科资源的挖掘与推送，提升了文科资源的利用率。

图4　2019年清华大学图书馆文献资源需求读者调查开放性问题词云图

5　高校图书馆资源建设发展建议

高校图书馆资源建设要关注大学发展、支持大学发展、融入大学发展，要与学校的学科发展保持同步、符合学科发展与人才培养需求。结合清华大学图书馆资源建设的实践与成效，笔者认为，面向“十四五”图书馆建设，资源建设要继续坚持围绕支持学校教学与科研来开展。在资源建设与保障方面，图书馆要根据学校“双一流”建设目标以及发展要求，结合本馆资源建设情况，制定全校性的文献资源建设的整体规划，完善总分馆体系建设，将全校的特色优势资源进行整合；完善馆藏发展政策，确定图书馆的现有馆藏范围、提出未来馆藏发展规划、确定馆藏优势、阐明馆藏收集依据及其与图书馆发展目标之间的关系，使馆藏具备深度和广度；建立文献资源保障制度，保证对重点学科资源持续性投入；持续加强文献资源建设力度，继续支持一流学科资源建设，不断填补资源短板，满足新建学科资源需求，形成覆盖全学科资源建设方案，同时强化特色馆藏资源的建设与挖掘，为学校教学与科研提供强有力的文献资源支持。在资源深度揭示与挖掘方面，图书馆要提升资源揭示与展示的意识，重视数字资源组织、揭示与整合，重点聚焦资源内容组织的细粒度，充分利用技术化手段与适用性系统，提升图书馆对全网域学术资源的发现能力，保障资源的有效获取。在资源绩效评价方面，图书馆要不断完善多维度资源评价与馆藏分析体系，探索绩效评价的有效方法，进一步提高资源的显示度与使用价值，进而提升资源保障与资源服务能力。图书馆的资源评价与馆藏分析应全面覆盖各类型资源，提供高精度评价结果以及多维度关联信息，为图书馆资源建设提供科学指导，为学校教学科研提供高保障率高质量的文献支持与服务。

总之，图书馆应始终围绕支持学校教学与科研及满足师生的文献资源需求的目标，充分利用现代信息技术，建立基于需求导向的馆藏建设动态优化模式，有效进行知识的收集、管理、传递、发掘与创新，建设全校的文献信息资源体系和文献信息服务体系，为人才培养、科学研究、学科建设、文化传承创新提供文献信息保障。

参考文献

[1] 国务院关于印发统筹推进世界一流大学和一流学科建设总体方案的通知[EB/OL]. [2020-10-01]. http://www.moe.gov.cn/jyb_xxgk/moe_1777/moe_1778/201511/t20151105_217823.html.

[2] 教育部关于一流本科课程建设的实施意见[EB/OL]. [2020-10-01]. http://www.moe.gov.cn/srcsite/A08/s7056/201910/t20191031_406269.html.

[3] 阎亚矢. “双一流”建设背景下高校学科文献资源建设与绩效考核[J]. 大学图书情报学刊, 2020, 38(4): 36-39, 49.

[4] 一流大学建设高校建设方案——清华大学[EB/OL]. [2020-10-01]. https://www.tsinghua.edu.cn/publish/newthu/openness/jbxx/2017syljsfa.htm.

[5] 罗兴社, 马莎. 从院系资料室性质特征看资料馆员信息创新服务——以新建本科院校为例[J]. 图书情报工作, 2013, 57(S2): 154-157, 171.

[6] 陈宝生. 在新时代全国高等学校本科教育工作会议上的讲话[J]. 中国高等教育, 2018(Z3): 4-10.

[7] 胡冉. 清华图书馆历史上的教学参考资料工作[J]. 图书馆, 2013(3): 141-143.

[8] 胡冉, 姜爱蓉. 清华大学教参服务系统建设的实践与创新[J]. 图书馆学研究, 2015(20): 64-68.

[9] 窦天芳, 杨慧. 清华大学图书馆一体化资源管理平台建设——以ALMA系统实施为例[J]. 数字图书馆论坛, 2020(5): 2-7.

[10] 张洁, 李芳. “高校文献资源建设与绩效管理研讨会”综述[J]. 图书馆杂志, 2018, 37(8): 36-42.

[11]《清华周刊》及其价值[EB/OL]. [2020-10-01]. http://qhzk.lib.tsinghua.edu.cn:8080/Tsinghua_Journal/value.html.

原载《图书情报工作》第 65 卷第 1 期，2021 年 1 月

清华大学图书馆文献资源建设与相关服务——“十四五”规划构想

邵　敏

摘　要：“十四五”是中国迈向新征程的重要时期，因此“十四五”规划的制定具有特殊的重要意义。本文以清华大学图书馆为例，探讨制定文献资源建设“十四五”规划的思路和具体建设任务，介绍与资源相关的各项服务在助力学校教学科研方面的实践和未来努力的方向，希望对高校图书馆资源建设规划的编制与落实提供有益参考。

关键词：清华大学图书馆；“十四五”规划；资源建设；图书馆服务

1　清华大学“十四五”整体规划要求

高校图书馆的发展规划首先需要与学校的整体规划相一致。清华大学的“十四五”规划包含 9 项主要任务，尽管“图书馆”只直接出现在“文化传承创新”任务中，但仔细研读学校规划可以发现，其中的人才培养、学科建设与科学研究、国际交流合作、资源配置、服务保障等任务，也都与图书馆相关联。同时，学校“十四五”规划最后强调要“加强规划执行监督”，要求对规划实施进行年度监测分析、中期评估、总结评估，适时开展第三方评估，强化监测评估结果应用。这意味着在制定规划时，一定要实事求是、通盘考虑，明确最终能够真正实现的或者“跳一跳，够得着”的目标，避免提交假大空或不切实际的规划。

清华大学图书馆（以下简称“我馆”）的“十四五”规划是根据学校“十四五”规划总体发展方向制定的，即以学校“以高层次人才培养为核心，增强高质量创新引领能力”这一发展思路为基本定位。另外分析学校“十四五”规划中文献资源建设可能涉及的内容，如人才培养、学科建设与科学研究、文化传承创新等，从中提取高质量、创新、服务国家、全球化、基础/前沿/交叉学科、精细配置、现代治理等部分关键词作为图书馆制定“十四五”规划的具体指导。如“双一流”学科建设方面，学校将现有的 11 个学科门类整合为 4 个学科领域（工程科学与技术、自然科学、人文社会科学与艺术、生命科学与医学），拥有 20 个相互支撑、协同发展的学科群；此外学校还建设有 8 个自身具有很强的竞争力且学科知识体系相对独立的学科。学校以习近平总书记在科学家座谈会上强调的“四个面向”作为学科建设和科学研究的指导思想，即面向世界科技前沿、面向经济主战场、面向国家重大需求、面向人民生命健康。建设任务是要以一流为目标，创新学科建设模式；完善科研创新体系；健全科研创新机制；加强科研优先发展方向统筹引导。只有深入了解学校的学科结构与层次以及各学科的建设思路，图书馆才能够针对不同学科/学科群的发展特点制订文献资源建设的总目标和行动计划。图书馆“十四五”规划要契合学校学科建设的指导思想与任务。

2 “十四五”图书馆文献资源建设目标

2.1 文献资源建设的态势分析

我馆在制定“十四五”规划前对“十三五”期间的建设成果、任务完成情况进行了认真总结，对发展现状、外部环境、发展趋势进行了全面分析，明确了指导思想和基本原则。

在文献资源建设方面，我们对当前工作基础和内外部环境进行的态势分析具体如下：

在成绩与优势方面，2022年我馆将迎来110周年馆庆，我馆拥有百余年的资源积累，早期的中西文资源具有一定优势；在20世纪90年代资源数字化转型期抓住了机遇，较早实现了资源的跨越式发展，数字资源建设具有领先优势；目前资源已覆盖全校所有学科并兼具一定特色，具有较高使用效率和揭示水平；文献资源数量持续增长、电子资源保持领先优势、核心资源保障水平逐步提升、资源评价系统初步建成；特色资源建设已有一定规模，馆藏古籍文物具有一定特点和价值；资源发展注重“量与质”的平衡、“藏与用”相结合，在助力教学和科研方面得到学校认可；图书馆与院系进行合作共建的模式已见一定成效；ALMA系统实现全媒体资源一体化统一管理。此外，“十三五”期间，馆藏空间得到了有效改善。

在困难与不足方面，实体馆藏总量在高校图书馆中相对落后；全校文献资源整体规划欠完善，专业分馆数量和布局不够合理；小语种资源欠缺，无法满足学校国际化进程需求；文献经费占学校总经费的比例偏低；特藏资源建设虽形成一定规模，但力度和显示度还有待提升；文献资源进行全方位科学评价的体系尚不够完善；在老馆维修和远程书库尚未落成期间，短期内馆藏空间仍不足；此外，人力资源在数量、质量、专业化等方面存在一定困难，使图书馆工作受限。

在机遇方面，世界正处于百年未有之大变局，中国开启建设现代化强国新征程，国家强劲的发展势头需要高校在科技、人才、思想等方面提供支撑；随着“十四五”发展规划的编制，高等教育迈入新阶段，教育部对高校图书馆的职能定位具有明确要求；出版行业与图书馆行业各种新技术的应用为图书馆发展制造了新机；新冠疫情使师生对数字资源和校外访问的需求激增、图书馆作用凸显；学校新建的远程书库将使馆藏空间得到进一步改善等。

在挑战方面，国际形势更趋复杂，人类命运共同体应对风险挑战的紧迫性加剧；社会对于高等教育的期盼日益高涨，给高校带来压力；新冠疫情对教育、科研、人才引进、学术/文化交流等各行各业带来了冲击；经济困难给图书馆经费带来直接影响，未来经济走势的不确定性加剧；校内多部门之间的业务流程与管理协调还需要提高效率；图书馆人力资源仍面临严重挑战。

通过上述SWOT分析，我们认为在制定本馆的资源建设规划时，要根据学校人才培养、科学研究和学科建设的规划与实际需要，综合考虑现有基础和可操作性，以优先满足我校师生当下使用需求、兼顾馆藏发展与积累、突出特色、巩固优势为原则。同时坚持一切从实际出发、按照本馆的节奏理性发展。

2.2 文献资源建设的总体目标

我馆“十四五”规划将资源发展趋势概括为五个关键词：学科、效用、数字、特藏、共享。具体解读如下：①学科：图书馆文献信息资源建设依据学校学科发展目标，全面且有重点地保障学校教学、学习、科研各方面需求。②效用：建立基于用户需求导向并具有本校特色的文献信息资源保障体系，不断提升馆藏资源的知识服务效用。③数字：推进馆藏资源和学校学术资源的数字化工作，建立完善数字资源长期保存机制和保障体系。④特藏：注重特藏资源建设，保持特藏资源独特性、珍贵性和历史性的特色，加强特藏资源研究与利用。⑤共享：高度整合管理实体资源与数字资源，通过图书馆资源共享平台，增加资源共享形式，扩大全校资源共享范围。

图书馆“十四五”规划发展目标是要着力建设“三个中心”，即信息资源中心、知识服务中心和文化交流中心；发展理念为“以用户为中心、以资源为基础、以技术为引领、以服务为导向”。其中以资源为基础建设信息资源中心就是要利用现代信息技术，建立基于需求导向的资源建设动态优化模式，有效进行信息资源的收集、管理、传递、发掘和利用，建设全校协同共享的、具有清华特色的文献信息资源体系和文献信息服务体系，为教学、科研和学科建设提供文献信息保障。

3 图书馆资源建设的主要任务

为实现上述资源建设的总体目标，从而为学校各方面需求提供全方位资源保障，我馆将“十四五”期间的具体建设任务分解为以下八项。

（1）制定完善《馆藏发展政策》。根据学校人才培养、科学研究和学科建设的需要，综合考虑现有基础和可操作性，本着优先满足我校师生当下使用需求、兼顾馆藏发展与积累、突出特色、巩固优势的原则，进一步加强对全校文献信息资源发展战略的顶层设计和总体谋划，制定完善《馆藏发展政策》。

（2）统筹推进专业图书馆体系建设。按照学校新建学科、交叉学科的发展以及新型教育形态所提出的需求，进一步优化馆藏学科布局，对专业分馆和院系资料室进行整体布局调整，制定专门的管理办法，统筹推进专业分馆和资料室的三级文献保障体系建设。

（3）完成馆藏空间整序与馆藏合理调配。根据老馆改造工程和昌平远程书库工程进展，在充分考虑师生实际需求的基础上，完成并实施全校馆藏空间整序计划，“十四五”末期，争取把所有馆藏调配到位。

（4）继续大力加强数字资源建设。在保持国内领先优势的基础上进一步精细化，尽力满足全校师生对数字资源的需求；完善并落实《资源数字化建设计划》。关注并积极推进数字资源长期保存、开放科学等领域的研究。

（5）适度增强纸本资源的建设力度。重点增加短板学科、外文图书尤其是小语种图书、教材教参等资源的采购，适度扩大中文图书品种和复本量，积极推进捐赠征集。提出 2025 年要达到的实体馆藏量化指标。

（6）持续强化特藏建设。继续加强总分馆特色馆藏资源的建设与深入挖掘利用，以特藏建设推动学科发展，努力形成特藏专题集群优势，不断加强古籍与特藏资源的整理研究和揭示宣传，彰显清华图书馆的文化底蕴和文化传承，全面提升古籍研究与出版方面的影响力，初步建成具有一定规模的文献修复中心。

（7）优化全媒体资源一体化管理。完善对各类资源的深度挖掘、组织、揭示、整合，提高资源的显示度和使用价值，提升图书馆对全网域学术资源的发现能力，保障各类资源的有效获取。

（8）完善馆藏资源绩效评估与分析。不断提升资源质量与保障力度（提出 2025 年要达到的核心资源保障率指标），提供满足全校教学、科研、人才培养全方位需求的具有清华特色的文献信息资源体系。

4 图书馆服务助力教学科研

在努力做好文献资源保障的同时，我馆还提供多层次的资源相关服务，使这些资源得到更有效利用、发挥出更大价值。

4.1 为用户提供精准定位的高质量服务

图书馆购买资源不是目的，而是要通过购买这些资源为全校师生教学、科研等提供服务。图书馆主页已将各种服务进行分门别类的整理，包括按照不同服务对象、服务场景以及内容类别进行划分，希望面向各类不同用户的不同需求提供具有针对性的高质量服务。图书馆主页的首页除了提供资源搜索与导航等最主要功能，还提供与资源相关的“资源动态”“推荐资源”“特色资源”，以及阅读推广板块“无阅读　不清华”等更为精细分类的内容。

4.2 为全校教学保驾护航

保障学校的教学需求是高校图书馆非常重要的责任和义务。我馆的电子教参服务已开展多年，在新冠疫情期间其作用得到凸显。2020 年春季学期，按照学校全面开展线上教学的要求，图书馆立刻行动，想方设法通过多种途径及时满足各院系课程指定教参需求，同时努力优化和升级电子教参平台的功能与易用性，为全校在线教学以及后来的线上线下融合式教学提供了有效的教学资源保障，图书馆电子教参保障团队也因此荣获“清华大学抗击新冠肺炎疫情先进集体”称号，案例还入选了高校图书馆战“疫”优秀案例。此外，图书馆还响应院系的需求，在馆内增设了纸本教材专架。

4.3 多渠道保障教参需求，开展相关研究

主要通过以下几种途径来进行教参的保障：积极进行电子教参采购；推进馆藏数字化加工，确保在严格保护知识产权的范围内使用；参与全国 12 家外国教材中心联合采购、共

享使用国外优秀电子教参；加入国内多个高校共同发起成立的数字知识服务联盟。与此同时，积极开展相关研究，选取中外具有代表性的十余家高校图书馆，详细了解各馆在数字化馆藏提供方面的实际做法和经验，完成《高校图书馆藏书数字化调研报告》，在此基础上制订《资源数字化建设计划》，以“教、新、特”为重点，以“保障、便捷、稳定、系统、经济”为原则，多途径、分阶段展开实施。

4.4 以馆藏建设推动学科发展，支持教学科研

特色馆藏建设注重藏与用相结合，发挥特藏资源在支持教学方面的作用。例如图书馆老师受邀参加人文学院“晚清史”课程的“文书进课堂”教学实践环节，讲授《清代山西土地契约的整理与研究》，让馆藏历史文书在课堂上发挥作用；美术图书馆内开辟教学环境，将馆藏的仿真画用于课堂教学，使图书馆与课堂融为一体。此外，我馆对特色馆藏资源进行深入挖掘与利用，为学校开展相关学术研究、发表学术成果提供助力，促进我校相关学科的建设。

4.5 开通智能网关服务，校内外无缝访问电子资源

新冠疫情以来，清华大学师生在校外访问电子资源的需求激增。为进一步优化电子资源访问渠道，自 2020 年 7 月 10 日起，我馆启动电子资源泛在服务计划，协同多家电子资源供应商和信息化技术中心拓展电子资源授权管理方式，并主导开发智能网关服务平台。智能网关可根据师生联网地点智能引导师生到最优的访问渠道，帮助清华大学师生在泛在学习环境下无感知、无缝获取电子资源。智能网关还具有一次登录、短时内持续有效的优点，减少用户频繁进行身份认证的困扰。该系统于 2021 年 4 月正式开通，首批通过智能网关提供服务的电子资源平台达 190 个，覆盖国内外主要数据库。

4.6 关注开放科学领域进展，制订开放科学支持计划

近年来，图书馆时常接到师生关于发表 OA 文章的相关咨询。因此，图书馆积极关注并参与推动开放获取、开放出版、开放科学领域的研究和实践进展。几年前就开始面向师生宣传“开放获取”相关知识，积极支持并参与高能物理领域开放获取计划 SCOAP3，签署 OA2020 倡议意向书，高度关注开放获取期刊出版与转换计划等。在“十四五”规划中特别提出制订“开放科学支持计划”，目标是推动清华大学机构知识资产在开放科学背景下有序传播。

4.7 重视机构知识资产的收集与管理

我馆重视机构知识资产的收集与管理，如建设清华学者库，为全校教师提供个人学术主页，成为清华大学教师管理个人学术产出数据的重要平台，也构建成清华大学机构知识资产管理服务平台，实现了清华大学学术产出数据的可发现、可关联、可利用、可长期保存。很多资源需要使用或关联图书馆购买的数据库后台数据，通过对这些数据的整理加工来进行机构知识资产的管理与呈现，因此文献资源建设在其中也发挥着不可或缺的作用。

4.8 提供情报分析、科研数据、知识产权信息服务

我馆积极为学校相关机构提供人才绩效评估、机构绩效评估等各类报告；探索新型文献计量指标应用，积极推进科研评价体系优化；成立清华大学知识产权信息服务中心，推出知识产权讲堂、举办专利检索技能大赛，为院系和重大科研项目提供知识产权信息支撑服务；为师生提供科技查新服务；为校内师生提供科研数据检索、共享、出版传播等方面的咨询服务。这些工作往往离不开各种工具类资源在背后的支撑，如何更合理地筛选、采购这类资源也是我们资源建设需要面对的一个课题。

4.9 提升核心资源保障水平，助力学科评估

通过对文献资源保障水平的分析评估，不断提升资源保障力度，助力我校的学科建设与学科评估。以JCR为例，我馆近三年核心期刊增加了851种，保障率从2017年的86.33%提升到了2019年的90.44%，2020年核心资源保障率超过了92%。“十四五”期间我们将继续努力提升各类核心资源的保障水平。

4.10 加强资源宣传，提升资源利用率

任何资源都离不开宣传推广。只有加强宣传推广，才能不断地提升资源的可见度与利用率。2018年我馆推出“馆藏资源深度推广计划”，由图书馆员撰写一系列文章介绍各类资源，这些有深度的“开矿”系列文章经我馆微信公众号发出后，广受读者好评。截至2020年年底，共推出52篇“开矿”系列推文，总阅读量超过8万次。此外，从2020年开始又推出“资源上新”“资源试用”等系列推文，2020年的阅读量达到2.3万余次，加强了各类不同资源的宣传力度。

围绕建设“知识服务中心”这一目标，我馆在服务方面提出的建设任务和努力方向是：以学生和教师的需求为导向，提供全方位、全过程、全周期充分有效使用信息资源的知识、技能和素养服务，并建立用户体验反馈机制和图书馆服务分析系统。发挥信息资源和专业服务优势，拓展和深化社会服务，扩大和促进国际交流合作。通过机构知识资产管理与服务，实现清华学术产出数据可管理、可发现、可关联、可利用、可长期保存。文献资源建设与相关服务的结合要力求创新、相互促进。

5 结语

“十四五”时期是中国向第二个百年奋斗目标进军的第一个五年，是中国构建新发展格局、全面塑造发展新优势的关键时期，中国的发展环境面临深刻复杂变化，高校图书馆面临新环境、新机遇与新挑战。因此，“十四五”规划的制定具有特殊的重要意义。

文章以“十四五”为大背景，围绕清华大学“十四五”整体战略规划与使命，结合图书馆资源建设基础和内外部环境态势，介绍了编制文献资源建设“十四五”规划的着眼点，即始终坚持以满足学校人才培养与科学研究的各方面需求为本，认真进行环境扫描与态势分析，明确自身的优势和短板，立足于图书馆现有基础和可能的支撑条件，并考虑未来的不确定因素，求真务实地确定未来五年的发展目标并分解为切实可行的行动计划和量化指

标。对于文献资源与相关服务的结合，要力求创新发展、相互促进。总之，制定规划时既要坚持创新发展理念和前瞻性，又要避免空洞和悬浮，从而确保既要编制好更要落实好五年规划。希望本文能为高校图书馆“十四五”规划的编制与落实提供有益参考。

参考文献

[1] 习近平：在科学家座谈会上的讲话[EB/OL]. [2020-09-11]. https://baijiahao.baidu.com/s?id=1677549460006891757&wfr=spider&for=pc.

[2] 肖珑.“十四五”规划之外：升维思考，降维行动[J]. 高校图书馆工作, 2020, 40(5): 4-7.

[3] 蔡迎春. 高校图书馆“十四五”规划发展环境扫描[J]. 高校图书馆工作, 2020, 40(5): 16-19.

[4] 杨新涯. 学术图书馆“十四五”规划的思考[J]. 高校图书馆工作, 2020, 40(5): 12-15, 33.

[5] 王新才. 认清形势、明确目标、集思广益、务实创新——武汉大学图书馆“十四五”规划编制的经验与思考[J]. 大学图书馆学报, 2021, 39(1): 15-17.

[6] 程章灿.“四大资源”建设实践与展望——对南京大学图书馆“十四五”规划制定的思考[J]. 大学图书馆学报, 2021, 39(1): 18-20.

[7] 谢静珍, 叶文生.“十四五”规划与澳门大学图书馆的发展战略[J]. 高校图书馆工作, 2021, 41(2): 5-8.

[8] 清华大学图书馆[EB/OL]. [2021-05-06]. http://lib.tsinghua.edu.cn/index.htm.

[9] 清华学者库[EB/OL]. [2021-05-06]. https://thurid.lib.tsinghua.edu.cn/.

[10] 图书馆开通电子资源智能网关服务[EB/OL]. [2021-04-19]. http://lib.tsinghua.edu.cn/info/1073/3839.htm.

原载《数字图书馆论坛》2021 年第 5 期

从资源建设的角度谈高校图书馆助力一流本科教育与人才培养

邵 敏

摘 要：文章从资源建设的角度介绍清华大学图书馆在服务一流本科教育、服务人才培养方面的实践和思考。

众所周知，教育部《普通高等学校图书馆规程》中对高校图书馆提出了明确定位：“高等学校图书馆是学校的文献信息资源中心，是为人才培养和科学研究服务的学术性机构，是学校信息化建设的重要组成部分，是校园文化和社会文化建设的重要基地”；“图书馆的主要职能是教育职能和信息服务职能。图书馆应充分发挥在学校人才培养、科学研究、社会服务和文化传承创新中的作用。”

2019 年教育部高教司发布的 8 号文件《关于一流本科课程建设的实施意见》强调要扩大学生的阅读量。图书馆要提高文献资源保障能力，创新管理，优化师生的服务体验，充分发挥文献优势和文化特色优势，服务于学生跨学科创新能力培养，拓宽学生视野，打开学生思维，为学生成为复合型创新人才奠定基础，让图书馆成为跨学科思维的训练场。全面振兴本科教育，图书馆大有可为。

2019 年 11 月 28 日，教育部高教司宋毅巡视员在高校图工委第二次工作会议上讲话，并在第二天的高校图书馆服务本科教育教学研讨会上做了题为《打好全面振兴本科教育攻坚战》的报告。他强调，“在国际国内新形势下，国家高度重视高等教育，尤其是本科教育，致力于全面振兴本科教育，提高本科教育质量，适应经济社会发展对高等教育提出的新要求”。他对高校图书馆提出了“聚焦本科教育教学，提升图书馆服务力。以精准对接师生需求的文献资源保障能力为基础、以优化师生服务体验的创新管理服务能力为抓手、坚持立德树人根本任务融入本科教育教学全过程、发挥不同类型高校图书馆的文献优势和文化特色。以创新应对挑战，以创新谋求发展”等具体要求，并认为图书馆是打赢全面振兴本科教育攻坚战的重要方面军。

从国内高校图书馆的工作来看，不少高校图书馆在助力学校“双一流”建设方面，已经有很多很好的工作实践，例如开展多种形式的信息素养教育、举办丰富多彩的阅读推广活动、提供深度学科服务、参与学科绩效评估、建立机构库与学者库等。此外，对于本科阶段的基础教学与通识教育来讲，图书馆毋庸置疑提供了最佳的学习场所。可以说，图书馆在参与育人方面是全方位的，但由于笔者目前主要分管文献资源建设，因此本文聚焦于资源建设及相关领域，分享清华大学图书馆在服务一流本科教育与人才培养方面的一些实践和思考。

一、资源建设的关注重点

作为高校图书馆，必须紧紧围绕学校的总体发展目标来制定自己的资源建设规划和行动方案。我校在 2014 年 10 月正式启动《清华大学综合改革方案》；2016 年启动《双一流建设总体方案》。要实现的目标是：2020 年完成综合改革任务、达到世界一流大学水平、若干学科进入世界一流前列；2030 年迈入世界一流大学前列。2050 年前后成为世界顶尖大学。经过多年建设，我校已基本完成综合性学科布局，学科结构更加优化，学科水平和影响力也有明显提升，目前有 20 个学科进入 ESI 前 1%，6 个学科进入前 1‰。学校的快速发展对图书馆提供配套文献资源也提出了更高要求。

我们没有把资源建设的重点放在单纯追求数量上，而是更加注重资源的质量、结构、学科均衡、满足人才能力素质培养等方面。经过不断的资源评估和有针对性的建设，我校 ESI 核心期刊保障率从 2017 年的 86.3%提升到 2019 年的 90.5%，增加了 851 种核心刊，资源质量得到进一步提升。由于历史原因，我校的文科资源建设有较长的断档期，为了弥补这种不足，十余年来我们持续对文科资源提供经费倾斜，在常规采购之外陆续查补了许多大套书和人文社科类数据库，文科资源的差距正在不断缩短。同时，我们积极探索与经管学院、金融学院等校内单位开展合作共建，扩充经费来源，使我校的财经金融类数据库无论从数量上还是质量上都成为具有很强竞争力的优势资源。

除满足教学与科研需求外，我们也非常重视对学生全面素质的培养。在“万众创新”的时代热潮中，学生们对创新类数据库产生了强烈需求，我们及时引进了创新类数据库，在开阔学生的创新视野、激发创造性思维、全面提升综合创新能力方面发挥了重要作用，受到了学生们的普遍认可和欢迎。

二、为教学提供电子教参保障

图书馆与全校本科教学最直接、最密切的联系就是教参服务，我馆的这项工作又包括两部分内容，共同为全校的教学提供重要保障。

1. 电子教参服务平台

为本校师生提供课程配套的电子教参服务，这项工作已持续多年，例如 2015 年我校新雅书院的通识类课程指定参考书就已全部上线，但以往电子教参平台的使用量并不大。新冠疫情暴发后，我校在 2 月初做出了“延期开学、如期开课、以线上教学方式完成教学任务”的决定，使得电子教参服务的重要性得以突显。自接到任务后，图书馆立刻行动起来，多途径收集各院系需求，制定应急保障方案，在很短的时间内克服各种困难完成了全校春季学期课程教参的准备，电子教参数量从 2019 年年底的 3100 种增加到 6600 种，为全校在线教学工作的顺利开展提供了强有力支撑，这项工作也得到了校领导的高度重视和大力支持，后续我们还要进一步加强对全校所有课程的电子教参支持力度，力争“应有必有”。

2020 年 2 月下旬至 6 月底，全校学生使用电子教参章节数量高达 535 万次。从图 1 可以清楚地看到该平台 2020 年上半年用量与 2019 年下半年相比，有明显大幅提升。

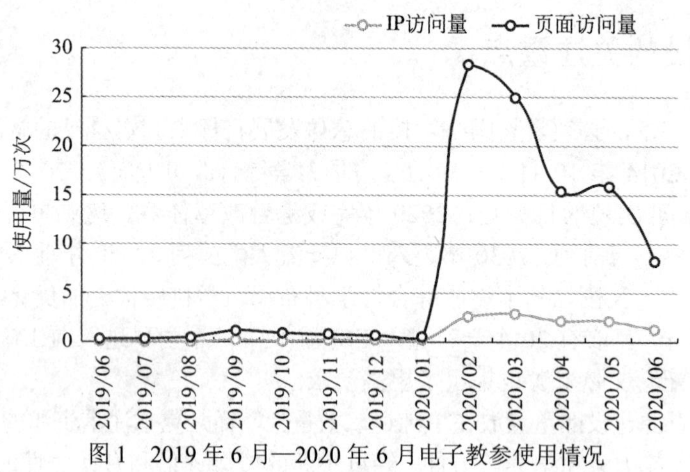

图 1　2019 年 6 月—2020 年 6 月电子教参使用情况

2. 教育部外国教材中心共享版电子教参服务

教育部外国教材中心项目已经持续 40 多年，在全国分设 12 家中心馆，按学科分工承担理、工、医学、农学、管理等学科国外优秀教材的引进与配套服务。

2013 年以来，外国教材中心顺应用户的使用需求变化，开始尝试利用一部分经费购买共享版电子教材，清华馆受教育部委托负责牵头组织此项工作。这项工作需要在有限的经费支持下，有针对性地搜集最适合国内高校使用的电子教材，既要兼顾各学科的平衡又要考虑性价比。此外，国外出版社对教材都非常看重，这是他们最赚钱的出版物，要说服他们把裸数据提供出来是非常困难的。经过各方不懈努力，这项工作逐渐得到了各出版社的认可并打开了局面，经过几年的建设，目前该项目已经积累获得国外优质教材 8000 多种，其中不乏一些经典教材，这些教材比起纸本教材以更为高效便捷的共享使用方式正在为 12 家中心高校的教学与人才培养持续发挥作用。

三、让特藏资源发挥更大作用

“藏”与“用”是古今中外图书馆都具有的基本属性，但往往一提到特藏资源，更多的还是与收藏联系起来。如何在高校的教学与研究中充分发挥各类特色馆藏的作用，是我们需要认真研究的课题。清华馆在资源建设过程中非常重视充分满足用户使用需求这一准则，下面是其中有代表性的几个案例：

案例 1：在每年的预算方案中为美术图书馆设立专项经费，用于购买供教学临摹使用的高仿真画，五年来已陆续采购法海寺壁画、台北故宫博物院馆藏系列、敦煌壁画、故宫博物院馆藏高仿真画等 100 多幅，并在美术图书馆内直接开辟教学环境（见图 2），将课堂移到图书馆内，使图书馆成为教学环节的直接参与者，使这类特色馆藏发挥了最佳效益。

案例 2：历史文书是我馆特藏建设的重点之一，2010 年至今，我馆陆续收藏历史文书 6 万余件，其中以山西文书为主。这些文书大多收自民间，其中许多都需要进行修复整理

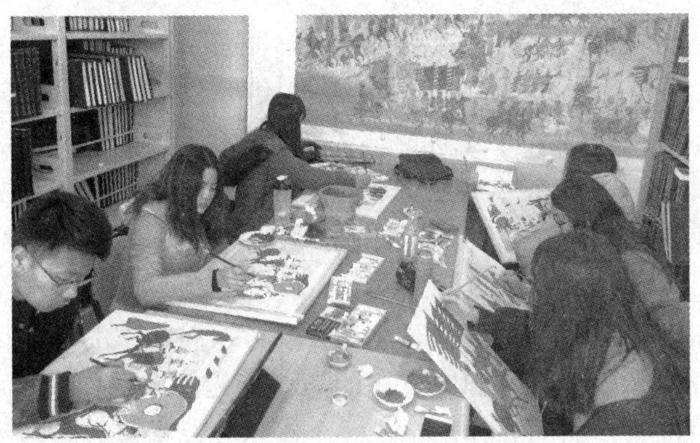

图 2 美术图书馆教学环境

后才能利用，我馆在对历史文书陆续进行修复加工的同时，开始进行挖掘与利用，让满载历史记忆的文书讲出故事来，充分发挥这些特藏的作用。图 3 是图书馆老师受邀参加人文学院“晚清史”课程进行的“文书进课堂”教学实践环节，向学生们讲授“清代山西土地契约的整理与研究”，深受学生们欢迎。

图 3 历史文书进课堂

此外，历史文书也参与到我校 SRT 项目的学生培养中，一名学生专门以文书为主要研究对象，完成了《亲缘、地缘与社会关系网络：清至民国徽州“亲族先买”现象研究》一文，其论文被评为优秀毕业论文。

案例 3：为了加强我校的艺术史学科资源建设，为争取“双一流”提供基础支持，我馆集中购买了一批西方艺术史专藏共计 1 万余册，如果按常规的编目加工流程，需要花费较长时间才能让这些书与用户见面。为了尽快让师生用上这些图书，物尽其用，我们采取了非常规的方式进行处理，简单加工后就在美术图书馆先上架提供给师生使用，之后再陆续进行编目加工，最大限度地体现了优先保证使用这一准则。

四、清华大学学生优秀作品数据库建设

“双一流”建设的关键在于培养一流人才，育人是大学教育的核心。学位论文可以说是对高校培育成果的一个检验。各高校图书馆对于本校博士、硕士学位论文的收藏已经非常普遍，但对于本科教育的优秀成果往往还没有收藏和展示。清华大学一贯非常重视本科教育质量，综合论文训练是本科生教学工作中的一个综合性实践教学环节，学生在综合论文

训练期间撰写的论文反映了学校的人才培养质量，既有实际使用价值，又有历史档案与教育研究的价值。学校每年会从中评选出大约 5%的校级优秀论文。图书馆自 2006 年开始与教务处合作，创建了“清华大学学生优秀作品数据库”（Outstanding Academic Papers by Students，OAPS），用于系统收藏本科生综合论文训练中授权公开的优秀论文，同时收集我校学生的其他优秀成果，如《清华大学学生学报》刊发的文章等，已累计收藏 2400 余篇优秀成果。

每一届本科生在进行综合论文训练时，都会参考往届学生的优秀论文，因此可以想见 OAPS 数据库在本科教育与培养过程中发挥的潜移默化的重要作用。可以说，OAPS 既是一个收藏我校本科生优秀作品的载体，也是一个展示我校本科教学与科研成果的窗口，同时也成为一届届清华学子传承严谨学风和钻研精神的接力棒。

五、对未来的思考

目前，大家都在为“十四五”规划做准备，我也阅读了一些专家撰写的文章，颇受启发。但对于我馆未来五年甚至更长远的资源建设规划，还没有进行系统的思考和整理，只把目前想到的一些关注点无序地简单罗列出来：

- 继续围绕“双一流”建设所需要的文献资源保障问题，分析我们的优势和短板，尝试制定解决方案。例如我校文献资源的学科布局、专业图书馆设置方面还不够科学合理，全校资源还需进一步深入挖掘整合。需要强化特色馆藏资源的建设与挖掘。核心资源保障率有待进一步提升。
- 进一步加强电子教参建设，包括但不限于：与教务处、研究生院的更密切合作；为教师提供更主动的教参服务；教参平台的升级或更换；电子教参平台与在线课堂的衔接等。
- 后疫情时代各方面的影响：经费削减问题，馆藏数字资源保障问题和解决路径，资源长期保存问题，等等。
- 关注“强基计划”的推进，针对新成立的各个书院，分析研判资源建设层面需要进行的相应调整。
- 关注研究型大学的科研数据服务。
- 完善馆藏发展政策、完善资源评价体系。
- 继续优化全媒体资源的一体化管理，提升图书馆对全网域学术资源的发现能力，保障资源的有效获取。

面向未来，清华大学将构筑“更创新、更国际、更人文”的新百年发展格局。7 月 10 日，我校邱勇校长调研图书馆时说道：“一流大学的建设离不开一流的图书馆，图书馆的发展使命要与学校发展的战略目标相衔接。作为公共性的文化机构，图书馆要体现出学校的文化氛围、文化品位，反映学校对书香校园的追求，持续塑造自身文化特质，持续提升服务水平。”并给图书馆提出了“更开放、更融合、更有韧性”的具体要求。这些都将是我们未来的进步方向和目标，看前路，任重而道远且充满不确定性，需要我们图书馆人共同努力！

原载《高校图书馆工作》2021 年第 1 期

进一步完善图书馆总分馆建设机制的思考

吴冬曼　桂　君

摘　要：图书馆总分馆制是物理图书馆时代适应特定需要的产物。在今天和未来的网络化分布式信息资源与泛在服务环境下，需要强化总分馆制的作用，建设面向特定地域、机构、学科和用户个性化需要的新型总分馆，重点是非物理化、非公共平台化的新型信息服务机制。文章在分析了国内外总分馆制度发展的基础上，提出了总分馆建设的核心是服务机制的建设，基础是管理机制建设，手段是考核评价机制，并从观念、技术、经济和政策方面，分析了影响总分馆制建设的因素。

20 世纪图书馆最重要的变化之一是总分馆制度的建立。总分馆制度使图书馆之间松散的关系开始走向协调与合作，实现了资源和服务的共享。总分馆各自履行不同的职能，发挥着不同的作用，在推动图书馆的发展、更好地适应为用户服务的需求方面，具有十分重要的地位和意义。随着用户需求的变化、数字化和网络化的普及，基于物理图书馆、依赖印本资源建立起来的总分馆制度，正在接受新的变革和挑战。环境的变化给总分馆建设注入了新的内涵，赋予了新的职能，带来新的思维理念和发展模式。与此同时，国内外关于总分馆制的研究非常活跃。据对清华知网的检索（2014 年 4 月 5 日检索），2000 年以来，收录有关总分馆制的相关文章有 355 篇。Library and Information Science Abstracts（LISA）则收录有关“分馆”主题的文章 5119 篇。总分馆制的研究与实践日益得到广泛的重视，这是图书馆新形势发展的必然结果。

1　国内外总分馆制度的发展

在国外，公共图书馆设立分馆制度是普遍存在的。例如，美国公共图书馆的总分馆几乎跟美国公共图书馆是同步产生的。但凡规模较大、服务社区较多、服务人口基数较大的公共图书馆，几乎没有不设置分馆的[1]。纽约公共图书馆（NYPL）由 5 个研究性、参考性的中心图书馆和 81 个社区性流通性的分馆所组成。分馆可以追溯到纽约公共图书馆成立之初。分馆制是 1901 年 2 月与纽约免费流通图书馆合并后建立的[1]。今天，美国公共图书馆普遍实行了总分馆制度[2]。同样，在大学图书馆，实行总分馆制也是十分普遍的。许多大学图书馆被称为“图书馆系统”（libraries），由总馆和若干以院系为单位的学科分馆所组成。如哥伦比亚大学图书馆除总馆（巴特勒图书馆）外，还有 24 个不同性质的图书馆作为分馆。英国的剑桥大学共有 90 个图书馆，包括 5 个大学图书馆、30 个学院图书馆、55 个系图书馆。

国内图书馆总分馆制起步较晚，但发展很快。国家图书馆近些年建立了人事部等多个部委分馆。在某些地区，公共图书馆总分馆已初具规模[3]，如北京、上海、广东、南京、苏州、杭州、嘉兴、长沙、长春、哈尔滨、保定、深圳南山区、东莞等。在大学，厦门大学是实行分馆制改革的先行者，其变革始于1998年，此后则有中山大学、武汉大学等多所高校陆续跟进。北京大学图书馆从2000年下半年开始分馆建设，为此成立了北京大学图书馆多馆（分馆）系统建设委员会，设立了“北京大学图书馆分馆建设办公室”，目前已有30多家分馆。20世纪90年代末，清华大学图书馆开始发展自己的分馆体系，目前有7所专业分馆——经管图书馆、建筑图书馆、法律图书馆、美术图书馆、医学图书馆、人文图书馆和金融图书馆，除少数分馆的馆舍、文献资料、设备和人员及运行经费由所在学院提供，大部分分馆从资源采购、组织加工到读者服务都逐步纳入了统一的总分馆体系中。

国内外总分馆建设模式多种多样。有的是因地域不同建立的分馆，有的是因一校多区引致的一校多馆，有的则是公共图书馆与高校、专业图书馆联合建立分馆，有的是学科领域图书馆，有的是因服务对象不同而建立的分馆。此外，国内很多图书馆还配备了流动书车，建立了图书流动站，被称为具有中国特色的分馆制[4]。

国内外总分馆制度建立的根本目的是“集中使用资金投入、合理组织专业分工、统一业务规范管理、最大实现资源共享”[5]。这样一种模式尽管扩大了业务合作的范围和资源共享的规模，但还是限于一个地区内或一个学校内的合作，还没有实现相关领域资源与服务最大限度的合作与共享。从图书馆总分馆的发展趋势看，如何充分地利用网络化的条件，充分地调动和利用相关不同地区、不同类型图书馆的资源和服务，转变资源的增长方式，在总馆的统一规划和管理下，建设基于用户需求的新型特色分馆，是当前迫切需要解决的问题。国外已提出建立虚拟分馆概念，提出要打破模式，建立新的侧重信息电子传递的分馆，以堪萨斯州立大学 Fiedler 工程图书馆为代表[6]。堪萨斯市图书馆（Kansas City Public Library）对分馆的改造则是建立五个完全服务性的分馆[7]。哥本哈根商学院新的分馆则没有图书，只有学生自带的图书[8]。3M公司还建立了电子分馆系统（e-Branch Library System）[9]。

中国科学院多年来一直实行三级文献保障系统[10]。2005年年底，中国科学院制定的文献情报系统中长期规划纲要，确立了在中国科学院立足研究所和基地，建立若干特色分馆的战略。2006年3月，中国科学院组建了由总馆、三个法人分馆和两个非法人特色分馆组成的国家科学图书馆（现改名为中国科学院文献情报中心，下设兰州、成都、武汉三个地区文献情报中心）。国家科学图书馆组建后制定的中国科学院国家科学图书馆三期创新方案，把基于研究所的特色分馆的建设作为三期创新的重大任务。

中国社会科学院自2008年下半年实施第二轮图书馆的体制机制改革，就是选择了建立“总馆—分馆—所馆（专业书库、资料室）”三级管理体制的路径。截至2012年6月，院图书馆陆续成立了法学分馆、民族学与人类学分馆、研究生院分馆、国际研究分馆等4个专业分馆，同时建立了哲学、文学两个专业书库，考古所和新闻与传播研究所图书馆的藏书全部迁入院图书馆大楼。目前，规划中的经济分馆因馆舍基建维修的原因推迟挂牌，其余各个分馆均已正式成立，且运转正常。至此，中国社会科学院图书馆总分馆体制已经建立起来[11]。

无论是公共图书馆、大学图书馆，还是专业图书馆，总分馆制的设立有很多相同的地方，但也有很多不同之处。我国的总分馆借鉴了国外总分馆制的成功经验，但在今天的信息环境下，更需要充分地利用网络的条件和各类各级文献情报机构的优势，适应不同地区、不同机构、不同用户需要的特点，探索总结出适应网络环境下分布式信息资源和泛在服务需要的新型总分馆建设与发展模式。

所谓新型总分馆制，是指网络化分布式信息资源与泛在服务环境下，面向特定地域、机构、学科、用户需要的个性化图书馆机制，是非物理化、非公共平台化的新型信息服务模式。新型分馆与一般意义上的分馆最大的不同之处是，新型分馆以特定的需求为导向，根据地域、机构、学科或用户的不同需求协调分工、组织资源、组织服务。它强调特色资源的建设，但更强调转变资源的增长方式，充分地利用国内外已有的资源保障体系，建立与不同地区、不同类型图书馆的新型合作与伙伴关系，不求所有，但求所用。

2 新型总分馆制建设的核心

新型总分馆制建设的核心是资源建设与服务机制的并轨，即从资源保障到一线服务这一链条的重新构建。这种服务机制建设的可行性在于用户对服务效果的需求。在信息获取渠道多元化的时代，用户并不关注他所需要的信息是来自本馆，还是来自其他图书馆。他只关心是否能够及时、方便、可靠地获取，能够足不出户地从电脑的桌面就可以即时获取所有与他的需求相关的资源和服务。这种“一站式”“无缝隙”“集成性”“无障碍”的检索需求和行为的改变，要求图书馆必须改变传统的服务模式，打通从资源到用户之间的所有服务链，消除资源与用户之间的“最后一公里”。

新型分馆制的建设必须首先依托系统内的其他中小图书馆。多年来，一些中小图书馆在特色资源建设方面已经拥有了良好的基础。但面对学科的交叉和综合以及用户需求的多样性和复杂性，仍然感到信息资源和服务保障能力的严重不足。因此，必须依靠协调与合作，依靠资源共享，依靠更多图书馆强大的能力支持。分馆可以充分地利用大馆（总馆）人力、财力、技术和馆藏的优势，联合区域内或系统内其他各种类型图书馆，在共建、共享、共赢的前提下，获得在资源、技术、人员和服务上最大的支持。而总馆同样具有对分馆特色资源和其他能力的需求及相互依存、共同发展的渴望，也希望在给予的同时，可以得到各分馆以及整个分馆系统的强力支持。

网络技术为新型分馆建设提供了强有力的支撑。没有网络，就没有今日意义上的新型总分馆制。当前，总分馆之间的共享与合作，更多地需要依赖网络技术来实现。不管是资源的采集、联合编目，还是文献传递、网络参考咨询、个性化服务、特色平台建设等，都是建立在网络技术应用的基础上。正是网络技术，将不同类型图书馆之间的关系结合得更加紧密。随着分馆的建设与发展以及服务功能的不断拓展，网络的作用和网络技术的应用将越来越显现出其巨大的支撑作用。

从建设内容来看，分馆建设不是对现有的各图书馆的简单改造或完善，而是在新的文献情报服务体系下，紧紧抓住不同类型的个性化信息和服务需求，通过建设特色资源利用体系、个性化的网络服务能力和灵活、高效的面向终端用户的一线服务机制，提供集成化一站式深层次的信息与知识服务，全面提升面向网络用户和现场用户的多元化综合服务能力，全面支撑地域、机构、学科或服务对象的经济发展、科学教学或其他多方面的能力。

新型分馆的建设强调要将各个图书馆的文献资源有机纳入总分馆系统内的资源建设和联合服务系统之中，完善共建、共知、共享机制，加强总分馆虚拟数字图书馆建设，在国家和区域公共平台与系统内其他机构的协同支持下，大幅提升总分馆系统集成信息资源和利用多方服务的能力，显著提高系统内各分馆的信息保障能力和服务本区域、本校、本系统，乃至辐射全国的服务能力。

总分馆制重视巩固和加强总分馆系统内各图书馆已经建立的特色资源基础和优势，重视加强新的特色资源的建设和利用。对总分馆而言，特色资源是指总馆或已有公共信息平台无法全部开通或者无法及时有效满足的资源，也包括公共信息平台虽然可满足，但是时效慢、使用不方便的资源，以及一些图书馆独有的资源或灰色文献。特色资源的建设应以e-only和e-first为主，以数字资源作为基本存在形态，以适应网络环境下各种用户的远程需求。

同时，面对多样化、个性化、复杂化的信息需求，新型总分馆必须改变基于文献、基于物理图书馆的传统服务模式，动态地适应不同类型用户的特定需要，充分体现服务的主动性和能动性，构筑灵活、高效的网络和一线服务机制，建立和完善满足不同信息需求、让用户满意的新型图书馆服务体系。

为此，需要转变信息服务模式，将各个图书馆的专业人员从本地资源采购管理中解放出来，跟踪、了解、分析服务对象的个性化需求，帮助具体的服务对象进行需求分析、资源组织、渠道挖掘、服务设计、服务集成、定题跟踪、用户咨询、用户培训、课题情报研究等，形成知识化信息服务能力。通过新型组织协调机制，保证图书馆各项服务融入一线、支持一线、服务一线，形成总分馆结合、以资源集成和服务协同为基础、以个性化服务和深层次知识化服务为特征的新型服务能力。

3 新型总分馆制建设的基础

新型总分馆制建设的基础是管理机制。总分馆制建设的成功与否，最重要的不是技术，不是资源，而是管理。管理机制是否有效，将决定总分馆建设的效率与效益。在当前的经济和信息环境下，管理机制主要体现在：实行总分馆多方参与、协同工作、共同建设，联合培养和建立高素质的文献情报人员队伍，建设能体现各馆个性化需要的特色平台，建立一套支持总分馆制高水平建设的制度和规范。

我国的图书馆，无论规模大小，能力强弱，多数具有多年的建设基础。分馆往往接近用户一线，直接服务一线，与服务对象的联系最紧密，最了解本地、本机构、本学科和服务对象的需求。因此，分馆的建设将是立足本地服务对象需要的总分馆共建。立足本地服务对象，是指分馆必须立足一线，融入一线，紧密贴近一线的特定需求，在依托国家和本地强大公共信息平台的基础上，通过规划、组织和建设虚拟特色资源服务利用体系，发现、跟踪和动态满足科研教学或经济活动中产生的各种文献信息需求；总分馆共建，是指立足用户一线的特定需要，依托总分馆整体的联系纽带作用，充分调动总馆、分馆以及总分馆系统在特色资源和个性化服务方面的能力，有效联合总分馆以外的各相关机构，提升总分馆文献服务的核心能力，更好地满足不同用户的不同需要。总分馆共建的分馆行政上可以从属于不同的管理机构，业务上服务于总分馆的统一规划和协调。总馆与分馆一起制定分馆的建设与服务规划，共同建设分馆的人员团队，共同建立分馆的运行制度，共同设计分馆的运行机制。

分馆的建设要紧紧依靠面向一线用户的分馆馆员队伍。分馆馆员可以充分利用自己的地域优势、学科优势及与服务对象联系紧密等特点，随时了解和反馈用户的信息需求，开展特色资源建设和服务，为用户提供文献信息利用指导和培训工作，开展用户信息素质教育，开展参考咨询（到馆、电子邮件、表单和实时咨询），参与特色平台建设，利用平台开展个性化和深度的信息和知识服务，实现分馆服务模式的根本性转变。同时，总馆要特别重视发挥分馆馆员的能力和积极性，与分馆馆员建立紧密合作的协同工作关系，帮助分馆和分馆馆员解决他们在工作中遇到的各种困难，相互支持，相互配合。

总分馆制的建设和发展需要一个过程，必须科学建立，规范运行。要充分考虑不同分馆的特点，从制度上保障分馆的建立与可持续发展。从顶层设计的角度，要有上级部门的政策保障，制定总分馆的建设方向和长远规划，保障给予总分馆相应的投入。重视建立和建设分馆的风险分析[12]。要建立总分馆制相应的机构和管理人员，参与总分馆的规划与管理。要制定分馆建设指南、分馆建设标准、分馆申请程序、分馆建设协议、分馆建设任务、分馆考核评价办法等一系列规章制度，从制度上保障分馆建设的有序和规范。国外重视分馆标准的制定[13]，值得我们借鉴。

4 新型总分馆制建设的手段

总分馆建设必须通过相应的考核评价来作为推动总分馆发展的手段，以此来衡量总分馆建设的进展和效果，检验投入和产出的关系。对总分馆进行考核评价，有利于对总分馆的工作作出科学合理的认定，全面、客观、公正地反映总分馆所取得的成绩和存在的问题，引导总分馆确立工作重点和发展方向。良好的考核评价，能促进总分馆工作的进一步开展，改进工作中的不足，提升总分馆的建设和服务水平。

但是，由于分馆本身的特殊性，对分馆的考核，在对基础条件评价的同时，要重点加强对分馆服务效果的客观评价，制定体现分馆特性的服务效果评价指标，使评价能真正反映分馆所发挥的作用。要注意解决评价的短期效果与长期效果之间的矛盾，从而推动分馆的可持续发展。要处理好本馆自身评价与总馆对分馆作为总分馆建设一部分的评价之间的关系。同时，建立起奖励和激励机制，将考核评价与激励手段结合起来。

分馆作为一种服务机制的建设，最主要的是考察其建设的效果。考察分馆是否真正履行了“保障所需资源、服务本馆用户、辐射全馆需要”的功能，是否实现了服务模式从面向到馆用户和网上用户的传统服务，到面向一线用户的个性化深度知识服务的转变，是否使用户更加方便、快捷、高效地获取了所需要的信息和服务，是否满足了本地各类机构和用户对文献情报的需求。

总分馆应实行年度考核评价，由总馆和分馆共同组织，由分馆所在地领导和各类用户代表以及行业有关专家组成，按照既定的考核评价方案和方法对总分馆进行考核和评估，动态调整年度目标和任务。考核结果与下一年度的各类支持挂钩。对分馆的作用和服务效果进行分析，提出下一步发展的目标与策略。

总分馆考核的指标主要是总分馆的任务完成情况、对本地需求的支撑保障作用、各类用户的评价等，应侧重资源和服务的使用效果，具体包括特色资源的宣传、利用效果；特色服务的宣传与利用效果；用户满意度等。

5 影响总分馆制建设的因素

总分馆作为一种特定的服务机制和服务模式，其建设受到多方面因素的影响。总分馆制对图书馆服务模式和服务能力的影响，无论从短期还是长期看，都将是深远的。这是图书馆适应用户需求、适应环境变化的发展趋势和必然选择。图书馆只有联合、合作和共享，才有更好的出路，才有更大的发展机遇。从目前来看，观念、技术、经济和政策是制约总分馆制建设的主要因素。

在观念上，目前不少图书馆还习惯于传统的思维模式和单个图书馆运作方式，对新的变革和发展缺乏足够的认识，不大适应文献情报服务这种新的转型。即使一个小型图书馆，也要建立采、编、分、典、流等一整套业务环节。总分馆制面向内部的业务由于总馆集中采购、联合编目而大量减少，因而各图书馆可以将有限的人力投入到用户一线服务之中。这将对每个图书馆馆员提出新的挑战和压力。为此，图书馆馆员必须学习新的业务，掌握为用户提供直接服务的能力。这需要图书馆馆员做好心理调适，以积极的心态迎接变革。

在技术上，需要利用网络和各种新的技术，为总分馆建设创造良好的技术保障，为此需要相当的投入。其中最重要的是，需要将分馆改造为可以根据用户的需求进行定制的特色平台，将服务的流程融入特色平台的技术设计中，打通本地资源与馆外资源的隔阂，实现与其他图书馆的无缝嵌接，通过服务将各类信息资源进行集成和揭示，使得用户无论在什么情形下，都能利用与其信息需求直接相关的各种资源，利用具有个性化特点的信息服务，体现用户信息服务的“一站式”。同时，这一平台还应体现用户与图书馆员的互动，建立适应用户行为特点的网络社区，将图书馆的服务有机地融入用户的信息行为中。

在经济上，总分馆的建设应保证一定的经费投入。但总分馆的经费投入是在总分馆当前无法有效地满足需求的情况下对特色资源、服务、平台、工具等的专项投入。投入多少取决于需要，这与一般的项目是不同的，而且因分馆的不同而不同。经费的来源，一方面要保障总分馆持续的经费投入，各分馆有义务保障用于分馆的经费匹配。另一方面，也需要建立总馆专项基金，用于调动分馆或分馆以外的资源，以增量盘活存量，以增量带动增量。与此同时，还应积极争取更多的经费和多方支持。例如，国科图争取包括国家科技文献平台的支持，甚至将总分馆作为国家文献平台的一部分。

在政策上，总分馆作为创新性的服务机制与服务模式，应得到上级主管部门的认同和支持。应加强政策指导，从政策上保障总分馆建设和实施的规范性和合理性，解决在总分馆建设过程中的经费、人员、机构、目标、责任和考核等一系列相关的问题。总分馆建设既是自下而上的一种内在需要，也是自上而下的一种强力推动。强有力的政策，对于保障总分馆的建设具有十分重要的意义。同时，应加强政策的宣传和解释工作，使政策真正能得到理解、认同和执行，保证政策的实施效果。通过建立总分馆的监督保障机制，使总分馆的建设更加有序、规范、高效。

参考文献

[1] 王嘉陵. 美国公共图书馆总分馆制考察[J]. 图书馆理论与实践, 2011(4): 66-70, 86.

[2] Efficiency in the provision of public services: a data envelopment analysis of UK public library systems[J]. Applied Economics, 2002(5): 649-657.

[3] 张行. 图书馆总分馆制的特点及建设方法[J]. 图书馆学刊, 2012(2): 35-38.

[4] 庄玉香. 图书流动站：具有中国特色的分馆制[J]. 图书馆建设, 2005(4): 75-77.

[5] 余子牛. 图书馆总馆/分馆制的研究与实践[J]. 图书馆, 2006(3): 16-20.

[6] Alice Trussell. Breaking the Mold: Building a New Engineering Branch Library Focused on Electronic Delivery of Information[J]. Science & Technology Libraries, 2004(3-4): 239-250.

[7] Dan Bradbury, Richard L Waters. An interview with Dan Bradbury[J]. Public Library Quarterly, 2004, 23(1): 15-21.

[8] Lotte Davidsen. Library without books[J]. Bibliotekspressen, 2006(4): 20-23.

[9] Let the e-Branch Library Help you Narrow the Digital Divide [2014-2-08]. http://solutions.3m.com/wps/portal/3M/zh_CN/library/home/products/eBranch.

[10] 孙坦, 刘细文. 关于中国科学院文献情报系统业务组织模式创新的若干思考[J]. 图书情报工作, 2003(2): 110-112.

[11] 杨沛超. 深化体制机制改革　创新专业图书馆服务——中国社会科学院图书馆的实践与思考[J]. 图书情报工作, 2013(22): 5-9.

[12] Guy Robertson. Investigating risk: assessing and analyzing trouble before it strikes[J]. Feliciter, 2002(1): 30-32.

[13] J A Thrasher. Branch library development in Cumberland County, North Carolina[J]. New Library World, 2000(1159): 309-314.

原载《图书情报工作》2014 年第 11 期

新形势下高校美术专业图书馆学科资源建设

于　婷　魏成光　张　瑞　孙　洋

摘　要：[目的/意义]学科资源建设是图书馆学科服务的重要组成部分，是提升学科服务质量的基础和前提，是开展学科服务工作的基本保障。图书馆所建设的学科资源是否得到有效的揭示与学科馆员是否可以提供精准服务将直接影响学科资源最终在用户端产生的学术价值。本文通过梳理美术学科资源建设内容及方法，总结图书馆专业学科资源建设解决方案，为专业学科服务贡献力量。[方法/过程]调研美术专业各级学科的内容设置，详细分析其学科特点及文献资源需求特点，提出美术专业学科资源建设内容、建设制度、建设形式与评价方式，利用 Libguides 学科资源导航平台对美术学科资源进行有效的组织揭示。[结果/结论]从美术专业学科资源建设出发，提出美术专业资源建设与揭示的具体流程和内容，对各类型专业图书馆的资源建设具有很好的借鉴意义。

清华大学图书馆于 1998 年建立学科馆员制度，是国内学科馆员制度设立比较早的图书馆，主要目的是加强图书馆与各院系的联系，建立起需求与保障渠道，帮助教师、学生充分利用图书馆的资源。国外学科馆员出现于 20 世纪 50 年代，设立在图书馆的专业分馆中[1]，而后不断发展，主要为专业馆或院系提供资源保障，挑选符合专业要求的学科资源，对学科资源进行选择与评价。学科资源是教学科研和学科建设的基本保障，也是图书馆为院系提供专业学科服务的基础。自 2008 年起，清华大学图书馆学科馆员开始参与资源建设，试行学科馆员直接负责外文图书的采选[2]，资源建设逐步学科化。

国家在新的发展战略下提出了建设我国“双一流”高校的发展目标，2015 年 8 月，会议审议通过了《统筹推进世界一流大学和一流学科建设总体方案》[3]。2015 年 11 月，国务院正式印发了这一方案。2017 年 9 月，教育部公布了《一流大学和一流学科建设高校及建设学科名单》[4]。在这种“双一流”建设的新形势下，更强调学科资源符合学科要求，提供多元化的资源为教学科研提供重要资料保障。国内艺术专业学者很早就重视对文献资源的整理与揭示，提出了“艺术学文献整理工作即是中国艺术学的修道工作”[5]。韩丽风等介绍了清华大学图书馆探索资源建设学科化的实践，总结了高校图书馆资源建设工作按学科组织的模式，分析学科馆员参与资源建设的实施策略，提出了完善学科资源建设、优化学科服务的思考[2]。胡琳等提出了学科馆员应该做好职责定位，将馆藏资源建设作为学科馆员制度的核心，强调应尽快明确授权学科馆员负责相关学科馆藏资源建设的任务[6]。但是，国内目前对于艺术专业，特别是美术专业图书馆学科服务方面的研究探索还不够广泛深入。

清华大学图书馆是由主馆、专业馆、院系资料室三级组成的文献保障系统。目前全校已有 6 个专业图书馆——经管图书馆、建筑图书馆、法律图书馆、文科图书馆、美术图书馆、金融图书馆，分别为各自学科的教学科研提供服务。其中美术图书馆前身为中央工艺美术学院图书馆，始建于 1956 年。1999 年学院并入清华大学，图书馆随之更名为清华大学美术图书馆。2005 年美术学院校区迁入清华大学校园，美术专业学科资源建设与学科馆员服务的要求也得到进一步明确。

下面将重点针对美术学科专业设置的资源需求及美术学科资源建设发展阐述美术专业图书馆如何在资源保障和资源建设制度上以学科为基础进行学科资源建设及学科资源服务。

1 专业学科用户资源需求分析

1.1 美术专业学科内容设置

根据 2018 年国务院学位委员会、教育部颁布的《学位授予和人才培养学科目录（2018 年）》，共设置 13 个一级学科大类。其中艺术学门类下设五个一级学科：艺术学理论（1301）、音乐与舞蹈学（1302）、戏剧与影视学（1303）、美术学（1304）和设计学（1305）[7]。

综合高校中的美术学院（如清华大学美术学院）或专业美术院校（如中央美术学院、中国美术学院）一般都设置艺术学理论、设计学、美术学 3 个一级学科相关专业。图 1 为清华大学美术学院学科及专业设置。

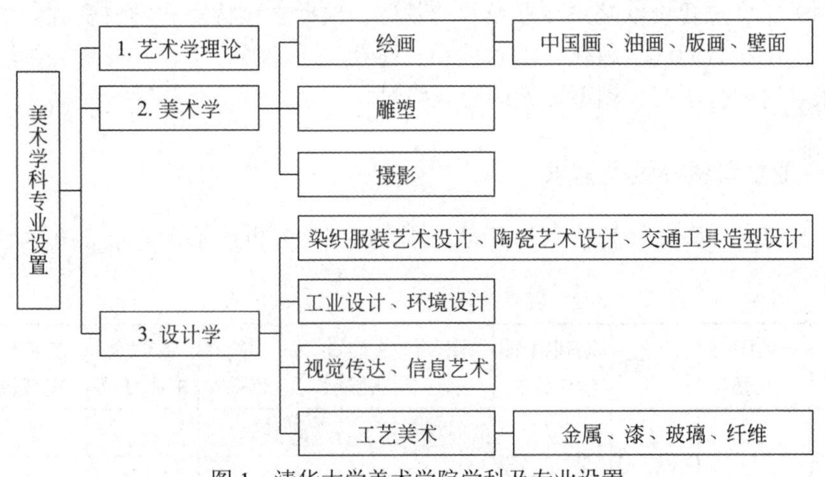

图 1 清华大学美术学院学科及专业设置

1.2 美术专业学科特点及用户资源需求

在上述教育部所设的一级学科大类中，用户在学习和研究过程中对专业文献及信息资源的需求有相同之处，也有各自特点，如美术专业学科就有着很多自身的特点：艺术学理论用户以大量文献为基础进行学习研究；美术学、设计学将理论与创作实践相结合，比较强调实践能力，用户需要近距离接触优秀作品，获取灵感；绘画、雕塑等创作技巧需要通过临摹、写生等方式进行培养（见表 1）。

表 1 美术专业学科特点及需求

学科	特点及要求	用户资源需求
艺术学理论	研究对象为艺术作品、艺术创作、艺术流派、艺术家等，研究艺术的一般规律，基本内容为艺术原理、艺术史、艺术批评、艺术管理；与哲学、美学、人类学、心理学、社会学、经济学等有学科交叉。需要有广泛的艺术理论基础	古籍、理论图书、专题书目（如艺术史论必读书目）
美术学	以美术技法、材料运用、创作训练为主，学习吸收美术史经典作品中图像、形式、技法等进行美术创作，兼顾创作与理论研究	理论图书、高印刷质量绘画精品、优秀作品或其高仿真作品、各类实物资料等
设计学	设计学以设计艺术的个性研究为主体，包容了广义设计学共性研究。基本内容为设计艺术形态学、符号学、设计艺术方法学、设计艺术过程与表达。与哲学、经济学、心理学、文化学、社会学等有学科交叉。需要广泛的设计理论与创作实践	理论图书、高质量图片数据库、矢量图库、各类设计作品集图册、多媒体声音及影像资料、VR 虚拟现实资料等

2 美术专业学科资源建设

高校图书馆是教学科研的文献保障机构，高质量的学科资源是学科建设高水平发展的基本条件。无论是专业图书馆对自身专业学科资源的建设，还是学科馆员参与资源建设，都需适应院系学科发展，对学科资源进行合理保障与配置。

专业图书馆资源建设以院系专业设置为基础，根据学科特点和学科资源需求对内容进行建设，保障学科资源的学科化、深入性和全面性。通过调查学科专业研究领域，建设满足用户需求、时间范围广、类型多元的专业资料。

2.1 美术专业学科资源类型需求

首先，根据美术专业学科特点和资源类型需求进行分析，结果如表 2 所示。

表 2 美术类各专业资源类型需求分析

资料类型/载体类型	一般图书专著	古籍	期刊报纸学位论文	图片画册	展览展示	实物资料	高仿真书画作品	特色自建资源	OA 资源
印刷本	√	√	√	√			√		
数据库	√	√	√	√	√	√		√	√
音视频					√			√	√
光盘、磁盘	√		√						
VR/AR					√	√			
胶卷									
拓片				√		√			
手稿									

基于以上的需求分析，图书馆可提供和建设的各类型资源如下。

2.1.1 图书

美术类一般图书专著包括印刷本图书及随书所附光盘，以多种媒体形式展示图书内容和图书的附加内容。随着计算机技术的进步，电子图书极大地方便了使用者，如艺术类电子图书数据库橙艺艺术在线、雅昌艺术图书数据库以及含有美术学科图书的综合性电子书数据库 EBSCO 等。此外，还有一类与图书相关的数据库，即图书目录数据库，该类数据库收录海量图书出版信息供研究学习者查找使用，用户可以通过该类数据库找到自己所需主题的图书，进而向图书馆推荐购买以支持其学习研究，如 Global Books In Print。

图片画册是图书的一种，通常以作品集合的形式出现，另外还有地图、明信片、白描稿等散页类印刷资源。图片类数据库的出现使图片更易获取，高分辨率图片对于用户的学习研究会有非常大的帮助，是美术学科资源中的重点资源，如艺术图像数据库 ARTstor Digital Library。

2.1.2 古籍

古籍是古人写、印的书籍，一般指辛亥革命（1911 年）之前历朝写本、刻本、稿本、拓本等。辛亥革命以后影印、排印的线装书籍（如《四部丛刊》《四部备要》等）也属古籍。古籍数据库资源有点石斋画报，中国基本古籍数据库，晚清、民国期刊全文数据库，四库全书，四部丛刊，中国历代石刻史料汇编，大成故纸堆数据库等。

2.1.3 期刊

期刊是连续出版物，专业性学术期刊集中发表特定学科领域研究论文。除印刷本期刊外，还有期刊数据库。期刊数据库中收录期刊论文数量多，中文如中国知网—学术期刊全文数据库，外文如 Proquest 资源平台的 Art, Design & Architecture Collection 数据库，过刊如 Periodicals Archive Online、JSTOR 期刊过刊库，期刊文摘索引数据库如 Current Contents Connect—Arts & Humanities、A&HCI/SSCI、Design and Applied Arts Index 等。

2.1.4 报纸

报纸是连续出版物，时效性强。除内容外，报纸的版面设计也可为美术学科学习者提供案例。常用的报纸数据库有中国知网的中国重要报纸全文数据库、中国近代报纸全文数据库、Gale Scholar 的 The Times Digital Archive（1785—2010）。

2.1.5 学位论文、研究分析报告

学位论文是作者为获得某种学位而撰写的研究报告或学术论文。一般分为学士学位论文、硕士学位论文、博士学位论文三个级别。其中硕士、博士学位论文是具有一定独创性的研究著作，也是重要的学科资源之一。目前有经过作者授权的学位论文集出版或被采集到学位论文数据库，如中国知网—中国博硕士学位论文全文数据库、各高校学生论文库、ProQuest Dissertations and Theses 等。

研究分析报告是通过分析数据变化趋势，产生研究报告、供设计者参考使用的学科资源。如数据公园、Worth Global Style Network 等。

2.1.6 实物资料、展览展示品、高仿真书画作品

实物资料指作品实物、博物馆藏品、藏品图像或音视频等，是美术学科资源建设的重点，相关数据库如Catalog of Art Museum Images Onlin、Art Museum Image Gallery。展览展示品指非正式出版的展览海报、展览手册、T台秀视频、博物馆公报及艺术家作品册页等资料。高仿真书画作品是书画作品的高品质复制品，因珍贵书画作品多为文物或不易获取，高仿真书画作品通过高分辨率扫描、打印或印刷制作，供观摩、临摹使用。

2.1.7 多资源类型数据库

多资源类型数据库包含多种资源类型内容，有图书、期刊、手册、图片、音视频等，可谓资源集成型数据库，通常体量比较大，如EBSCO的Art & Architecture Source（艺术与建筑数据库）。

2.1.8 自建特色资源、开放获取资源

图书馆自建特色资源也是美术学科资源建设的重点，是针对读者难以获取的资料，通过自建合作与共享的方式进行建设的资源。以清华大学美术图书馆为例，特色资源有与吴冠中艺术研究中心合作建设的优秀艺术家库“吴冠中艺术资料库”、与雕塑系合作的学习资料库“雕塑创作草稿”、与美术学院合作的毕业生作品库、与高仿真画商合作的馆藏仿真画目录库，以及自建的电子图书库——史论系必读图书目、民国线装图书库、活页图册电子书库等。

另外，从网络开放获取的OA资源中，也可甄选出合适的学科资源作为补充，例如外文的有 Bridgeman 艺术图书馆、盖蒂博物馆（GETTY）、普林斯顿大学葛思德东亚图书馆中国皮影数据库、国际敦煌项目IDP，中文的有中国艺术博物馆（国家图书馆）、高居翰数字图书馆、首都图书馆古籍插图库等。这些重要的资源都可通过网络自由获取。

2.2 美术专业学科资源建设的制度保障

美术专业学科资源建设的稳定持续发展需要完善的规章制度和条例作为保障。在制定制度时要充分地调研分析美术专业学科用户需求特点，系统地规划、建立和发展学科资源体系。这些规章制度和条例准则包括学科资源建设发展政策、学科资源建设组织制度、学科资源建设形式的相关制度条例、学科资源经费制度、学科资源评价制度等5个方面的内容。在学科资源建设发展政策中明确了美术专业学科资源建设的总体目标、愿景、纲领，即建设学科资源的目的及发展原则、发展目标等。在学科资源建设组织制度与建设方式中确定资源采购原则与流程，馆际间资源交换、接收赠书、转赠及外赠政策与流程，在专业学科资源合作建设方面提出相应的保障制度，充分保障馆际间的各种合作资源共建共享的权益和义务。在学科资源建设经费制度中规定各专业门类学科资源建设的经费来源、分配与使用，确保经费得以高效合理地使用。学科资源建设评价制度则通过制定采购评估、淘汰评估方法及指标，评价美术学科资源建设过程中各项业务和制度的合理性、科学性、执行力度。以上这些都在制度保障的层面直接影响学科资源建设的方向和质量。

在建立了一系列制度后如何保证其执行，则需要在总体制度下形成单独的执行层面的

细则。首先，资源采购经费要有持续的保障。其次，采购原则要清楚，流程要明确。非规定学科内的资源不采选，做到学科内容精准；有效控制经费使用，在规定采购的学科资源范围内，设定单种码洋限额，额度内可单人直接进行采选，超额需要在学科资源建设团队内讨论，并制定超额码洋的采购及审批流程，如询价机制、读者意见询问反馈机制等，将有限的经费应用到最需要的学科，使经费发挥最大价值。再次，利用有效的方法对学科资源建设质量进行控制，如设置定期学科资源评价及学科资源查补机制，推荐学科资源在规定时间内处理。最后，检查学科资源全流程，在可以量化和细化的环节尽量做到有制度或规范及流程可依据，无法量化的环节也需要设定基本操作原则。

通过以上各方面完善的规章制度和条例细则可以保证美术专业学科资源建设学科范围的适用性、学科资源内容的准确性、学科资源类型的丰富性，使学科资源建设经费价值利用最大化，达到学科资源数量和学科资源质量的最优化。

2.3 美术专业学科资源建设的形式与评价

一般来说，学科资源建设形式包括资源采购原则与流程、馆际间资源交换及接收赠书与转赠及外赠政策与流程。资源建设按资源类型可划分为一般图书采选，期刊报纸等连续出版物采选，电子资源采选，多媒体资源采选，大套图书，专题资源采选，特藏资源采选，实物资源采选等，采购不同类型的资源都应根据资源特性进行选择，在已制定的规范的采选原则与流程下执行细则，保障资源建设的学术性与适用性。

目前国内美术专业图书出版社大部分规模比较小，美术专业图书专著年度出版数量相对较少。基于上述特点，在进行美术专业学科文献资源建设时，新书采购可按相对较长周期，比如两周周采或者月采的形式，通过已招标或稳定的馆配商按批次进行采选。通过不定期参加图书订货会、国际及国内图书博览会，走访专业书店，查看出版社网站、图书网站获取最新图书信息，作为不定期采选形式，这种补充采选也是非常重要的资源建设方式。部分美术专业学术期刊稳定性较弱，不按期出版，或刊名变更频繁，这部分期刊通过馆配商订购后需要及时跟踪并查补催缺，保证连续出版物的完整性。国内外优秀的美术专业电子书、图片及视音频电子数据库对专业用户来说是重要的资源，采购建设时可选所需或权威数据库资源进行谈判购买，也可参与一些联盟集体采购。除图书馆主动采购学科资源外，接收捐赠资源是另一种资源补充形式。图书馆应通过自身的建设吸引校友、毕业生、在校生及关心图书馆学科资源建设的同人发起资源捐赠，为图书馆学科资源建设贡献力量。

美术专业学科的教学与科研特别需要实物资料、展览展示品、高仿真书画作品，这些是学科资源建设中重点采购的高质量资源。通常实物资料通过拍卖会、博览会、收藏品市场等途径，并依据专家提供的专业可靠的建议进行采购。对展览展示品的收集，可通过走访展览会场、艺术区进行直接现场收集。与各美术馆、博物馆等展览机构建立良好的合作关系也可以获取到高质量的展览展示品。高仿真书画作品，如北京故宫博物院、台北故宫博物院、辽宁博物馆等处馆藏的书画高仿真作品以及敦煌壁画、永乐宫壁画、法海寺壁画等的高仿真作品都是美术专业学科教学及学术研究所需的重要资料，可根据经费情况按专题分批持续进行采购。采购该类资源与其他类资源有较大的不同，要么渠道杂，要么渠道窄，要重点了解仿真画制作来源，查看仿真画印刷质量、作品装裱形式等；质量上乘的仿真画作品因后期制作需要资源提供商找专业美术人员与原作进行对比调色，最好与院系教师联系共同对预备购买的资源进行查看，做出采购评价。

美术专业特色学科资源的获取，通常需要合作建设，包括馆际间的各种合作、资源共建共享等。在资源建设过程中需要积极寻求合作，参与国内外各种合作组织和各项合作计划，扩大资源建设收集范围，通过合作获取到本馆不具备的一些特色资源，此外特色资源的建设更多需要发掘馆内资源及人员力量，进行自建获取。在互联网及共享环境下，一些有价值的信息、珍贵的资料被越来越多地发掘，特别是在一些项目基金的支持下完成的成果，通常是开放获取资源，所以搜集OA资源也是对学科资源建设的有益补充。

另外，读者推荐资源也是学科资源建设重要的补充渠道与形式，应尽可能设置便捷的方式使读者与图书馆沟通联络，从而可以获取到更多来自用户的直接需求推荐。比如通过学科馆员的宣传，在咨询台、借还书处、馆内宣传地点放置读者推荐单，在图书馆网站、微博微信等读者互动平台设置读者推荐栏目，图书馆还可购买或自建资源推荐系统或平台供读者进行选择推荐。

总之，美术专业学科资源采选不同于一般的人文社会科学或理工类文献资源采选过程，需要根据出版物实物判断是否采购。采选过程中对于资源质量的把控是学科资源建设中比较难以量化的，采选人是否具备美术专业知识素养、对作者的了解程度、馆配商提供信息的覆盖范围是否全面等都是很重要的影响因素。应配置具有较高专业水平的采选人对其他因素进行有效把控，在规范的指导下进行采选，以保证采选图书的质量。在采购专业期刊报纸等连续出版物时，可在已有美术类期刊品种基础上，根据馆藏期刊品种的评估、新刊品种及学科所需品种的评价结果每年适当进行减增。学术期刊有核心期刊等评价体系，在选择上有相对明确的标准，可以根据学科及经费情况进行选择订购。

学科资源建设评价一般包括采购评估、淘汰评估方法及指标。由于美术专业学科资源有其相对独特的类型和内容特点，在学科资源建设评价时也不同于普通图书馆资源建设评估内容。

在评价过程中，学科资源是否具有很强的美术专业水平、是否与用户的研究领域和研究方向一致、是否能满足学科的需求等以服务用户为中心的美术专业角度的评价与反馈是最为重要的指标，可利用对外收集评价和对内自查评估来考察美术专业学科资源建设的情况。对外可设计读者问卷调查，在馆内随机访问读者，开展读者座谈会，邀请专业专家评价等。对内可使用采购资源评估的系统软件进行评价，对比权威性指标进行评估；可统计资源使用数据，还可进行横向参照检查资源完整性及重点资源的保障情况，如查看出版社年度出版列表，对比同行图书馆资源列表，查看出版行业或相关行业机构的评比获奖资源列表及网络上的各种资源评价结果等。

3 美术专业学科资源服务的实现

3.1 美术学科资源建设的揭示与服务

美术学科资源的特点是资源类型丰富，多有图片和多媒体资源，自建、共建特色资源及网络OA资源等。学科资源建设是学科资源服务的基础，也是提供专业学科服务的基石，学科资源服务可以反映学科资源对学科研究者的适用度。而服务的前提是有效地将学科资源进行揭示。学科资源揭示需要对学科资源进行选择分类、描述、组织和展示。学科导航是对学科资源的集中揭示。

Libguides 系统是美国 SpringShare 公司 2007 年推出的一款软件，一个专为图书馆设计的基于 Web 2.0 的内容管理和知识导航平台。通过 Libguides 系统可帮助学科资源建设馆员或学科馆员快捷地对各种类型的学科资源进行组织和导航，为用户提供学科资源导引服务。

清华美术图书馆利用 Libguides 系统，基于上述美术专业教学和科研对图书馆各类资源的需求特点，按照资源的载体类型、资源特殊的内容形式及用户学科服务实施的需要，将导航设置为“美术资源聚合 PORTAL”“查找美术类图书”“查找美术类期刊&论文”“查找图片资源”“公开课&免费资源”“美术站点链接”“学术论文写作&投稿”“常见问题&帮助”等 8 个模块（见图 2）。

图 2　清华美术图书馆学科资源导航页面

该导航的设计充分调研了美术类专业师生的资源需求，提供图书、期刊、报纸、学位论文等馆藏学科资源检索入口，并附有国内高等美术院校馆藏检索入口链接；按中外文分别揭示的数据库资源列表，包含采购数据库及 OA 资源链接；提供自建学科资源数据库列表链接。另外还有部分美术馆、博物馆、美术学科相关网站链接，中国知网检索入口，图书馆通告，图书馆相关规则、服务与帮助的链接，读者申请资源推荐链接，新书通报，等等。

通过美术学科 Libguides 导航网页，可以实现用户一站式访问美术专业图书馆建设的各类学科资源，方便地获取由学科资源建设馆员、学科馆员搜集整理的各类美术学科相关链接以及图书馆提供的与用户密切相关的图书馆利用及读者服务相关链接。学科导航可以对图书馆所建设的学科资源进行有效的揭示，助力学科馆员为用户提供快速精准的资源服务，并最终在用户端发挥学科资源建设的作用，为专业学习与创作研究提供了高学术价值资源的指引服务，同时提升了学科服务的效率与水平。

3.2 学科资源建设在学科服务中的应用与发展

学科资源建设是图书馆加强学科服务的重要组成部分，它是提高学科服务的基础和前提。

首先，分析学科特点，配置好各类型资源，使用户可以方便快捷地找到所需的学科资源，这是做好学科服务的重要一环。比如教师可以便捷地在图书馆获取教学资料，而不是习惯性地仅从互联网中获取。如果这些学科资源能够成功地嵌入其教学、科研活动，成为某课程的教学参考书、教具、样图等，就可以说这一类学科资源发挥了更有效的作用。

其次，学科建设馆员或学科馆员必须做到清楚掌握院系专业情况，跟随院系发展战略，深入了解培养计划，与师生沟通，及时更新信息，拓宽渠道采购搜集整理学科资源，随时精挑细选资源，匹配最新的学科建设及教研要求。

最后，学科资源建设后的流程也极为重要，它是下一阶段学科资源建设的开始。该流程包括对已建设学科资源内容的揭示、宣传、推广、服务、评估与收集反馈。这些环节使学科资源建设在应用中发挥价值，展现学科资源建设的有效性，所反馈的信息为下一轮学科资源建设提供最确实的依据，指导新一轮学科资源建设。

因此，可将学科资源建设过程比作一个闭环系统，通过需求分析，在相关制度的保障下进行学科资源建设，实现学科资源应用，再通过资源评估反馈得到新的资源需求，从而控制调节新一轮的学科资源建设。

4 结语

综上所述，本文以美术专业学科资源建设为例，较全面地介绍了美术专业图书馆学科资源建设涉及的各方面。在“双一流”背景下专业图书馆为院系教学科研提供最完备有效的专业学科资源是挑战也是机遇。学科资源保障的专业性和完善性、与读者互动的嵌入性、与院系链接的紧密性、相对学科建设的融入性是专业图书馆专业学科资源建设的时代要求，也是实现专业图书馆专业性的体现，专业图书馆必将在高校一流学科的建设中发挥更大的作用。

参考文献

[1] BYRD CK. The subject specialist in a university library[J]. *College and Research Libraries*, 1966, 27(5): 191-193.

[2] 韩丽风, 张秋. 图书馆资源建设学科化的实践与思考——以清华大学图书馆为例[J]. 图书情报工作, 2011(4): 63-67.

[3] 中华人民共和国教育部. 国务院关于印发统筹推进世界一流大学和一流学科建设总体方案的通知[EB/OL]. [2018-09-28]. http://www.moe.gov.cn/jyb_xxgk/moe_1777/moe_1778/201511/t20151105_217823.html.

[4] 中华人民共和国教育部. 教研函〔2017〕2号：教育部　财政部　国家发展改革委关于公布世界一流大学和一流学科建设高校及建设学科名单的通知[EB/OL]. [2018-09-28]. http://www.moe.edu.cn/srcsite/A22/moe_843/201709/t20170921_314942.html.

[5] 尹文. 中国艺术学的学科建设与文献特征[J]. 艺术百家, 2013, 29(3): 117-124.

[6] 胡琳, 刘倩, 姚乐野. 论馆藏资源建设是学科馆员制度的核心——学科馆员制度反思之一[J]. 图书情报工作, 2011, 55(5): 19-22, 123.
[7] 教育部学位授予和人才培养学科目录[EB/OL]. [2018-09-20]. http://www.moe.edu.cn/s78/A22/xwb_left/moe_833/201804/t20180419_333655.html.
[8] 清华大学美术学院招生简章[EB/OL]. [2018-09-20]. http://www.ad.tsinghua.edu.cn/publish/ad/2883/index.html.
[9] 陈池瑜. 艺术学理论的教学与学科发展[J]. 南京艺术学院学报（美术与设计版）, 2013(6): 127-131, 222.
[10] 陈池瑜. 推进美术学学科建设[J]. 设计艺术（山东工艺美术学院学报）, 2014(5): 6-10.
[11] 李砚祖. 设计艺术学研究的对象及范围[J]. 清华大学学报（哲学社会科学版）, 2003(5): 69-75, 80.
[12] 肖希明, 尹彦力. 服务于“双一流”建设的高校图书馆信息资源建设[J]. 图书馆建设, 2018(4): 79-84.
[13] 陈彩红. 我国台湾地区高校图书馆馆藏建设规章制度研究[J]. 国家图书馆学刊, 2016, 25(5): 79-87.
[14] 蔡金燕. 美国高校图书馆学科资源建设及学科服务研究——以四所美国商学院图书馆为例[J]. 新世纪图书馆, 2015(12): 62-66.
[15] 李海霞, 陆萍. 专家访谈在高校图书馆学科资源建设中的应用研究[J]. 情报理论与实践, 2014, 37(10): 98-102.
[16] 马芳珍. 基于 Libguides 平台的国外高校学科导航服务研究[J]. 图书馆学研究, 2014(3): 89-93.
[17] 清华大学美术图书馆美术专业信息资源导航[EB/OL]. [2018-9-28]. http://tsinghua.cn.libguides.com/art.

原载《图书情报工作》2018 年第 4 期

为“延期开学、如期开课”保驾护航
——抗疫期间清华大学图书馆的电子教参服务工作

胡　冉　于　宁　贾延霞

摘　要：文章从数据准备、集中突击、多方筹集、宣传推广、服务成效等五个方面总结了2020年上半年我馆电子教参保障团队为保障学校线上教学顺利进行，开展的电子教参服务工作，展示了清华图书馆人在抗击突如其来的新冠疫情的过程中表现出的敬业精神和专业素养。

为本校师生提供课程指定的电子教参服务是我馆已开展多年的工作，在抗击疫情的特殊情况下，这项工作则显得尤为重要。学校2020年1月26日发布了推迟开学的通知，2月1日发布了春季学期教学安排调整通知，决定以线上教学的方式完成教学任务。[1]在学校新冠疫情防控领导小组的领导下，图书馆也相应地成立了防疫工作组，部署了电子教参保障团队等工作团队分工协作开展工作。[2]在2020年年初之后6个多月的时间里，我馆的电子教参服务工作，从最初积极备战、攻坚克难，到后面的查漏补缺、定期维护，为春季学期教学“延期开学、如期开课”地顺利开展提供了重要保障。以下从数据准备、集中突击、多方筹集、宣传推广、服务成效等几个方面总结了工作开展情况和应用效果。

1　升级改造，先行一步

在2019年秋季学期，我们就着手进行了教参系统的理顺课程数据、完善专题书目功能、增加统计模块等升级改版工作。完善了专题书目的功能后，我们就可以根据不同的需求，将各种专题的书目信息集中提供给读者。统计功能是新增的，这为疫情期间实时监测系统的使用情况，统计各类数据提供了很大帮助。理顺课程数据是升级工作的重点之一，之前图书馆曾经向学校提交了使用课程数据的申请，学校方面实时向图书馆推送课程数据。由于历史的原因，这部分数据没有充分地利用起来，升级改造期间，在相关技术人员的配合下，经过反复尝试测试，我们最终获得了每个学期的课程数据、选课数据和教材教参数据，建立了它们之间的逻辑关系，并在教参系统里把这些数据完美地呈现出来（见图1）。2020年年初，我们顺利抓取了任课教师近几年在学校教务系统里提交的春季学期的教材教参数据，虽然这些书目数据不是结构化数据，还要进一步整理，但可以按图索骥，再加上教参系统现有3000多条电子全文数据，这些给了我们完成线上教学教材教参紧急保障任务的自信和底气。

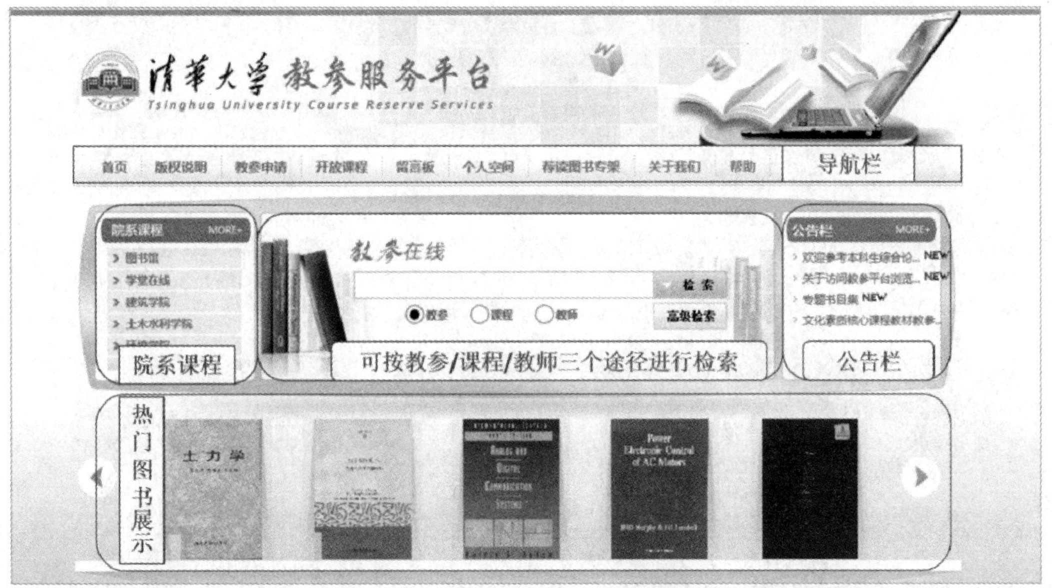

图 1　清华大学教参服务平台首页

2　群策群力，集中突击

数据是教参服务工作的基础。从 2 月 4 日接到馆里通知，希望能提供春季学期本科生课程的电子教参，到 2 月 17 日学校如期开课，时间非常紧迫；而且当时，学校承诺给图书馆的春季学期教学用书单还没有准备好。面对这种情况，我们决定不被动地等待学校征集教材教参数据，采取了“两步走”的策略，首先是组织人力突击整理从教务系统里抓取的春季学期的教材教参数据，等学校数据有了结果之后再进行匹配更新。在春节假期，资源建设部大部分馆员都响应号召，参加了这项工作，近 30 位同事克服了居家办公的各种困难，加入到整理数据的队伍中来。

教参服务需要的基础数据包含教材教参、课程信息、馆藏信息等。从数据整理的流程上（见图 2），可以分为主管馆长分配任务，馆员完成任务，部门每日完成任务汇总，主管馆长阶段性汇总，根据书商反馈再次进行任务分配，完成任务再汇总，直至任务结束等环节。我们的工作思路是，先将抓取的不规则教材教参数据进行初步整理后，在教参系统里查重，有全文的数据说明是已经保障了，没有全文的数据，如果是中文书则在中文电子书里查重，如果是外文书则在几个主要的外文图书数据库中查重，如果有电子书的则通过电子教参系统提供服务，如果没有保障的则购买电子图书，各个渠道都没有全文的单独汇总重点保障。

这样一个流程需要各方密切配合才能高效顺畅地完成任务。由于大家居家办公，数据头绪繁多，经手人多，涉及馆员、书商等多个方面，还需要在不同的系统上操作，刚开始时不可避免地有些混乱。不过参与工作的大部分馆员平日里就天天跟数据打交道，是数据整理的行家里手。大家一边整理，一边摸索又快又好的办法，陆续制定了数据整理要求和模板，估算了工作量，理顺了流程，目标一致，齐心协力，用短短的十天时间，整理了 7000 余书目数据。

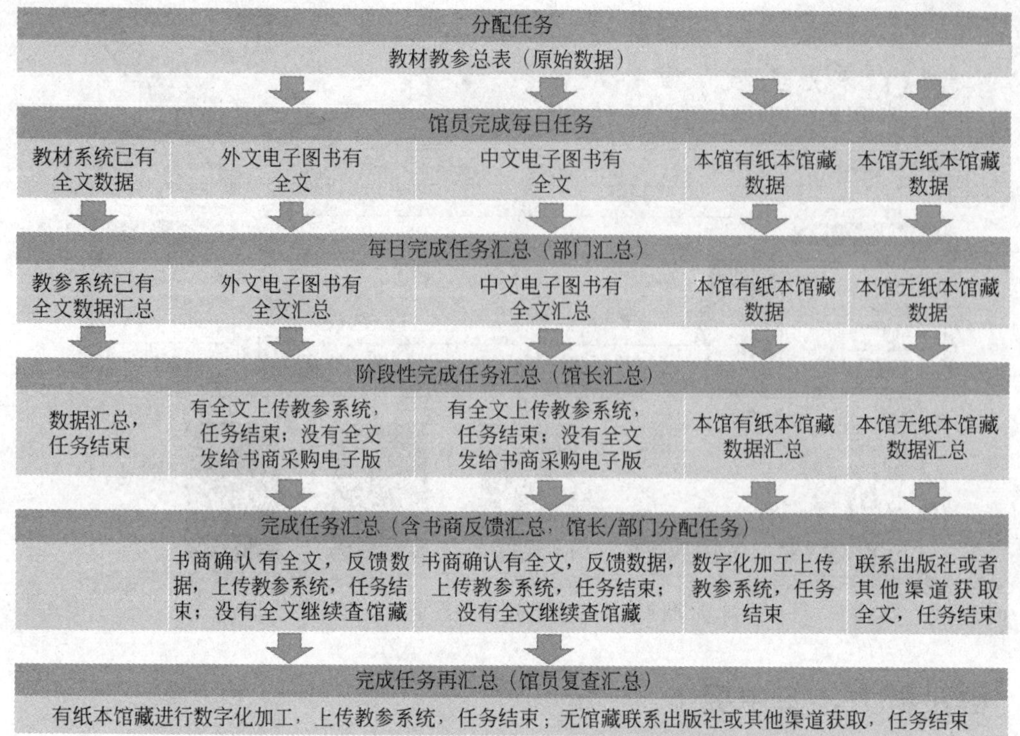

图2 教材教参数据整理流程

与此同时，我们还承担了任课教师关于教材教参保障的咨询和答疑。在疫情开始的一两个月里，各地停工停产，电商也没有复工，身在校外的师生们无法利用图书馆的实体馆藏，也无法从购买的渠道获取教学用书。另外，突如其来的疫情和在线教学让老师们措手不及，要在短时间内完成这样一个艰巨的教学任务，大家充满了焦虑、不安和疑惑。清华大学在线教学指导专家组组长于歆杰老师介绍，在确定开展线上教学后，2000余名春季学期上课的教师中，只有约400人掌握基本的操作。[3]他们对在线教学不熟悉，对教参系统如何提供教学支持也不熟悉，而且都希望自己课程的教材教参申请得到尽快满足。我们要做的就是回应他们的咨询，尽量满足他们的需求。我们建立了与学校教务老师沟通的微信群，与部分院系教师直接联系的微信群，积极回应老师们关于教材教参方面的咨询。2月12日学校教务处终于发来了确认好的春季学期课程教材教参清单，另外还有通过教参系统在线提交的教参申请470多份，通过邮件提交的申请100多份。我们马上对这些教材教参书单和申请开展逐条落实的工作。2月17日，全校第一天开课，教参系统承受住了使用量大幅增加所带来的考验，运行平稳，两日累计访问量6000余次，阅读教参全文4.2万页。[2]

3 精准施策，多方筹集

为教学提供电子教参全文，是疫情期间电子教参服务的最终目的，争取出版社的支持是补充电子版教材教参的重要途径。特殊时期，各大出版社陆续推出了支持在线教学的优惠政策，我们在主管馆长带领下，主动与出版社沟通，争取将出版社的优惠政策利用到最大。我校物理系课程需要的《大学物理学》（第4版），四处探寻无法得到。清华大学出版社以高等教育为服务对象的专业知识库文泉学堂，提供了近 10 余年出版的 3 万多种正版电子书，正适合了我校理工科教材教参需求量大的特点，我们积极联系清华大学出版社，了解到文泉学堂在疫情期间开辟“战疫分站”，允许用户登录后阅读该社部分教材类电子书正文约前 30%的内容，但不限制并发用户数。我们推荐使用《大学物理学（第 4 版）》的师生使用文泉学堂电子版教材，尽管只能阅读一部分全文，但是解了燃眉之急。法学院课程用教材《能源法学总论（2019 年版）》是辗转委托代理公司联系出版社，获得出版社的同意，由该教材的编辑把电子版发给任课老师使用的。博士生英语课程教材 *Academic Vocabulary in Use: Vocabulary Reference and Practice*（第 2 版）是联系了牛津大学出版社，了解到他们有一个专门的教学服务网站，要由教师注册申请后，才给授课教师开通了疫情期间的特别服务。

疫情期间任课教师的大力协助是我们做好电子教参服务工作的重要支持。语言中心需要的教材小语种多，需求量大，有的老师自己就是教材的作者或者编委，他们主动帮忙联系出版社，或者拿出教材的电子版给学生们使用，他们的想法很淳朴，教材就是为了让学生用的，用不了纸本的，就用电子的，这让我们很感动。有些教师提出来，教材重要，习题集也很重要，我们就举一反三，为《C++语言程序设计》《现代大学英语》《电工技术与电子技术》等使用量大的教材，主动提供了配套的习题集。有些教师很体谅我们的工作，提申请的时候专门写了如果新版本不好获取，就用旧版本吧；或者说如果没有英文原版的，用中译本也行。不过我们总是尽可能地按要求为师生提供原版、影印版、中译本等相关的版本。在疫情期间图书馆纸本馆藏无法利用的日子里，有的老师拿出自己收藏的图书供我们加工使用，比如机械系需要的《机械制图习题集》，遍求各处无法获取，是任课教师特意从校外给我们送来了崭新的图书……

积极进行电子教参资源的查漏补缺，也是疫情期间教参服务开展的重要工作。电子资源相比纸本资源的一大优势就是省去了运输、加工等物理空间转移的环节，可以在线购买，在线完成电子资源管理，在线提供读者使用。对于有些没有馆藏的外文图书，我们及时联系书商购买电子书，很快就完成了采购入藏的手续，提供了服务。特殊时期，电子资源彰显了相比纸本馆藏明显的优势。另外，外国教材中心共享版电子教材作为专门以外文优秀电子教材教参为资源内容的数据库，在疫情期间发挥了很大作用。外国教材中心共享版电子教材由我馆外国教材中心牵头，陆续购买了培生、Wiley、Ovid、BEP、CRC 等的电子教材，通过爱教材平台提供给全国 12 家外国教材中心所在的高校使用。2020 年 3 月 5 日，我馆克服各种困难，又牵头组织采购了 Wiley 教材 387 种，有不少教材刚一上线就用起来了，比如苏世民书院研究生课程“财务报告与分析”指定教材 *Corporate Financial Reporting and Analysis: A Global Perspective*，使用情况非常不错。

4 多点推送，方便利用

虽然教参系统推出多年，但是使用量并不是很大，为了帮助校内师生全面了解图书馆的电子教参服务，及时获得最新的教材教参资源信息。我们更新了系统使用说明书，添加、使用课程指定教参等说明文档，随时发给需要的师生参考（见图 3）。并在图书馆主页公告栏、图书馆微信里及时推送详细的使用说明、新的教材教参资源介绍和使用帮助、疫情期间教学相关数据库的使用方法。

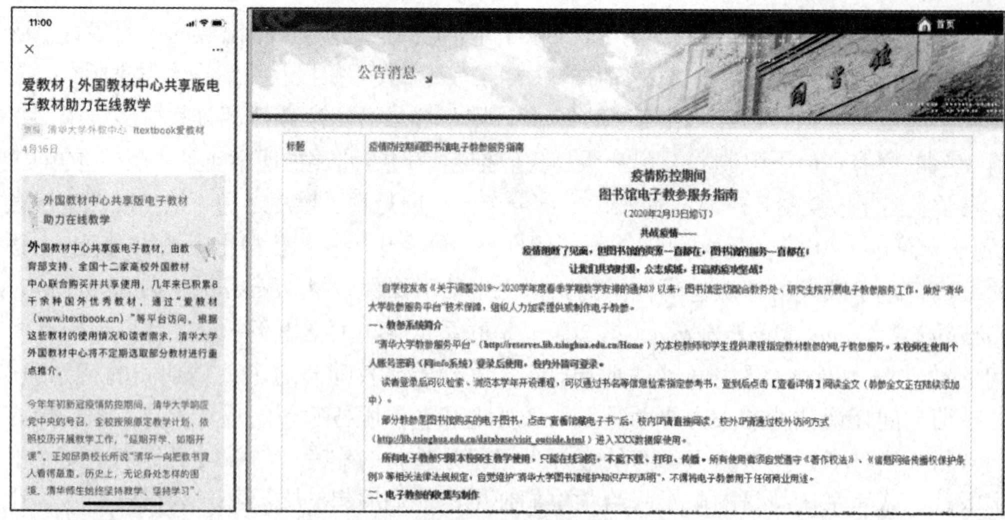

图3 宣传电子教参服务的微信和公告消息

教参系统有一个“我的课程”栏目，用于管理课程相关教材教参，课程信息如果关联了上传的教参数据，是可以集中显示在课程指定教材教参列表里的，既可以由教师操作也可以由管理员操作（见图4），这些添加在课程里的教材教参，选课的学生可以同时看到。这个功能受到了师生的欢迎。有些教师自己动手，把自己需要的教参添加进来，方便学生使用，取得了很好的效果。

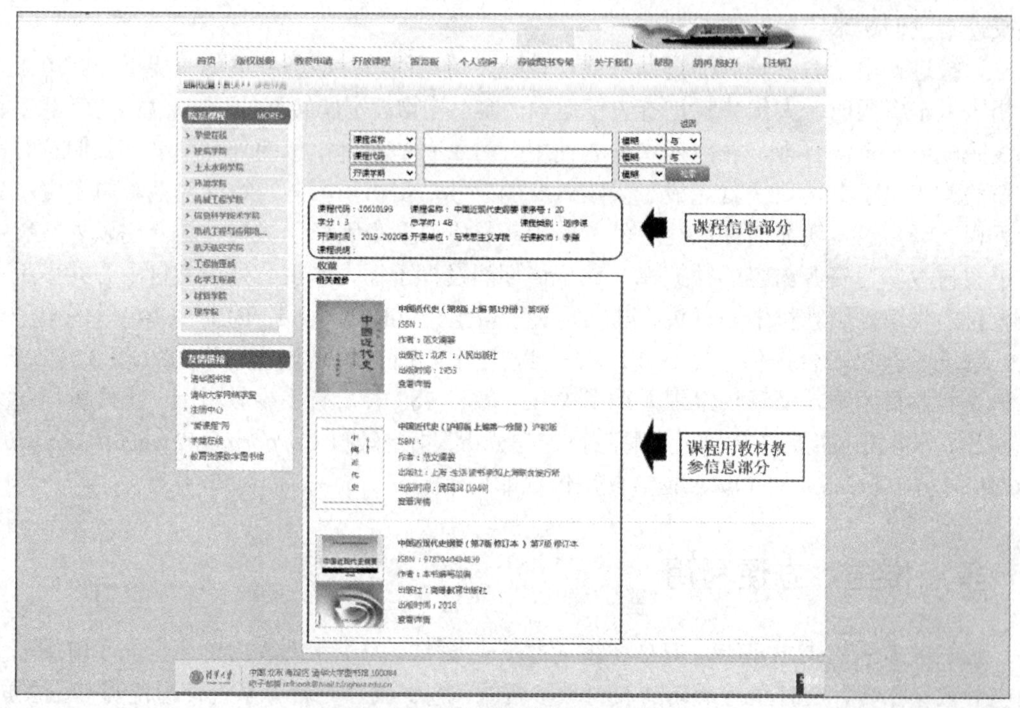

图4 关联了教材教参数据的课程

教参系统还有一个“专题书目”栏目，是把教参系统里某些相关专题的图书集中起来，推送给读者。学期初，学校教务处希望把“马克思主义理论研究和建设工程重点教材”集中起来推送给学生，我们就利用专题书目的功能制作了一期专题书目提供集中访问。疫情期间由于校外无法访问原有的优秀学位论文数据库，我们就在教参系统上为本科生提供了近三年的本科生优秀学位论文专题书目，共计 519 条数据，使用方法见图 5。自当前 3 月初至 6 月底，优秀学位论文的在线浏览次数已达 8700 余次。

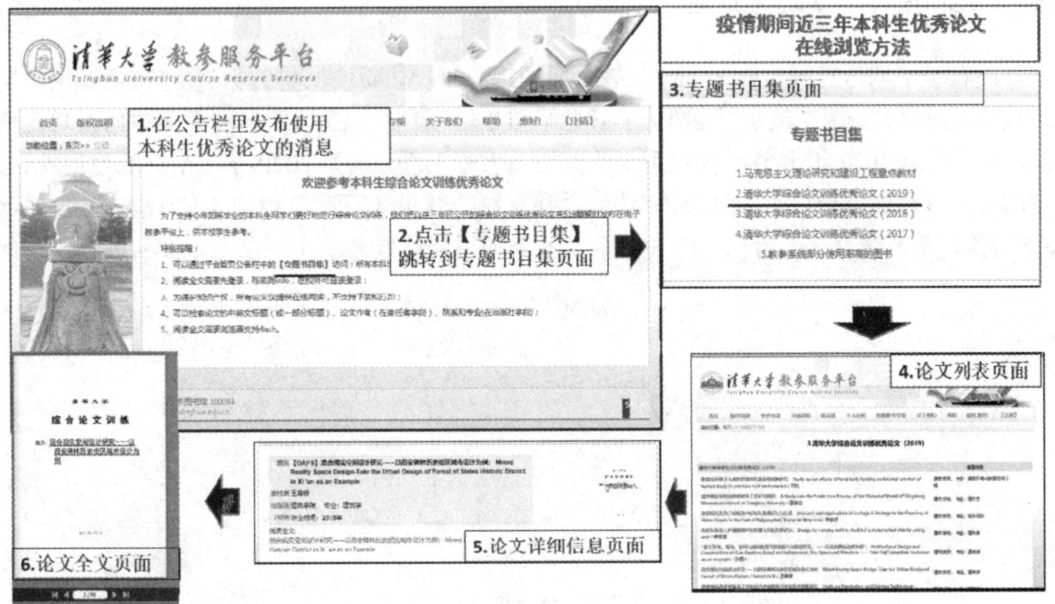

图 5　教参系统里本科生优秀学位论文使用方法说明

为了更好地利用教参系统的资源，我们还同时在本馆一体化资源管理系统 ALMA 中对教参书目信息进行了揭示。教参系统中的电子教参数据，经过整理以后，全部在 ALMA 中建立相应的电子教材教参信息（见图 6）。这样读者既可以直接登录教参系统在线浏览全文，

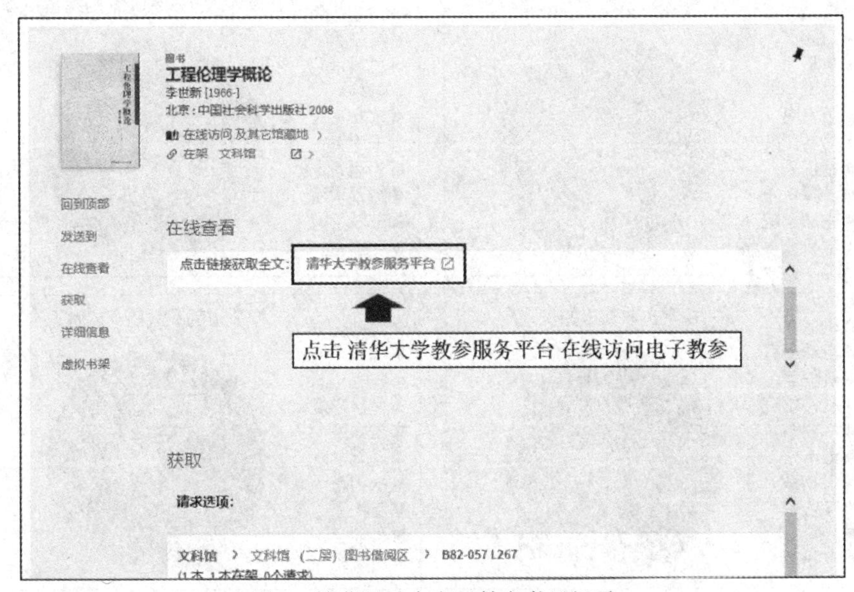

图 6　馆藏目录中电子教参书目记录

也可以使用我馆的统一资源发现系统“水木搜索”查询到教材教参信息后，跳转到教参系统去使用电子教参。另外，我们还在教参系统的数据管理中设置了上传时间的字段，以便根据上传时间定期提取新增教参数据，及时把新增的教参记录补充到 ALMA 系统中。

5　服务教学，成效显著

在春季学期运行的这段时间里，教参系统运行平稳，新增书目数据近 4000 条，用户需求响应及时迅速。图 7 展示了 2019 年下半年和 2020 上半年 IP 访问量和页面访问量对比情况，可以看出 2020 年上半年教参系统的使用量大幅上涨。根据 2020 年上半年的使用统计，平均每个月有 2 万个以上的独立 IP 访问教参系统，登录 8 万次，检索 4.1 万次，教参访问 8.5 万次，章节访问 535 万次。图 8 展示了各类使用统计排名前十的院系。图 9 展示了访问

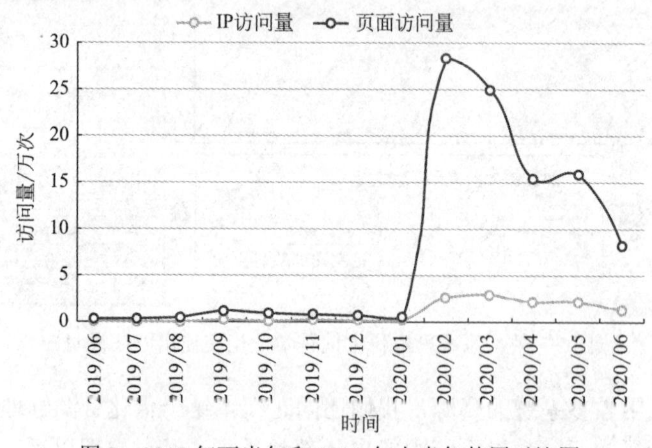

图 7　2019 年下半年和 2020 年上半年使用对比图

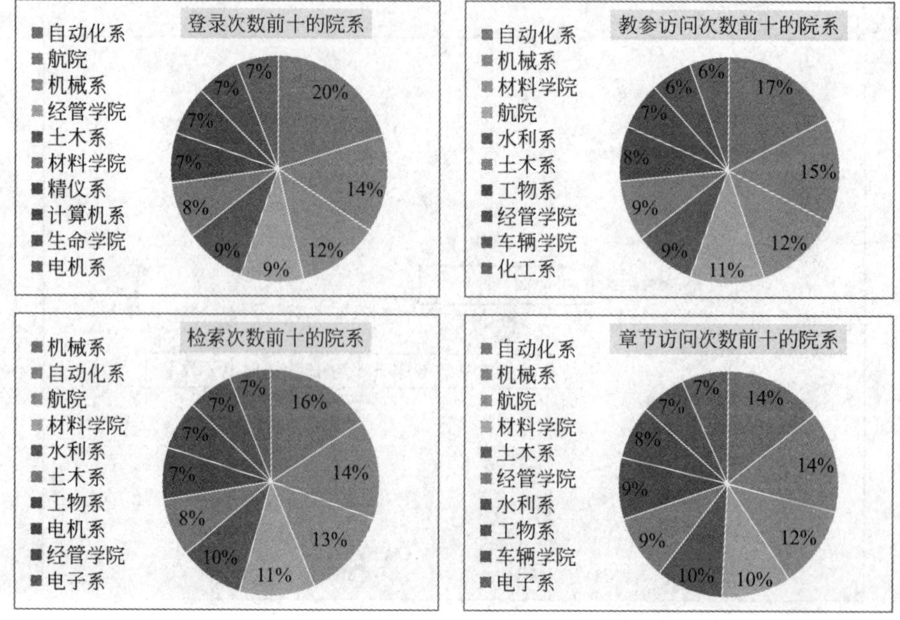

图 8　教参系统登录、检索、教参访问、章节访问前十的院系

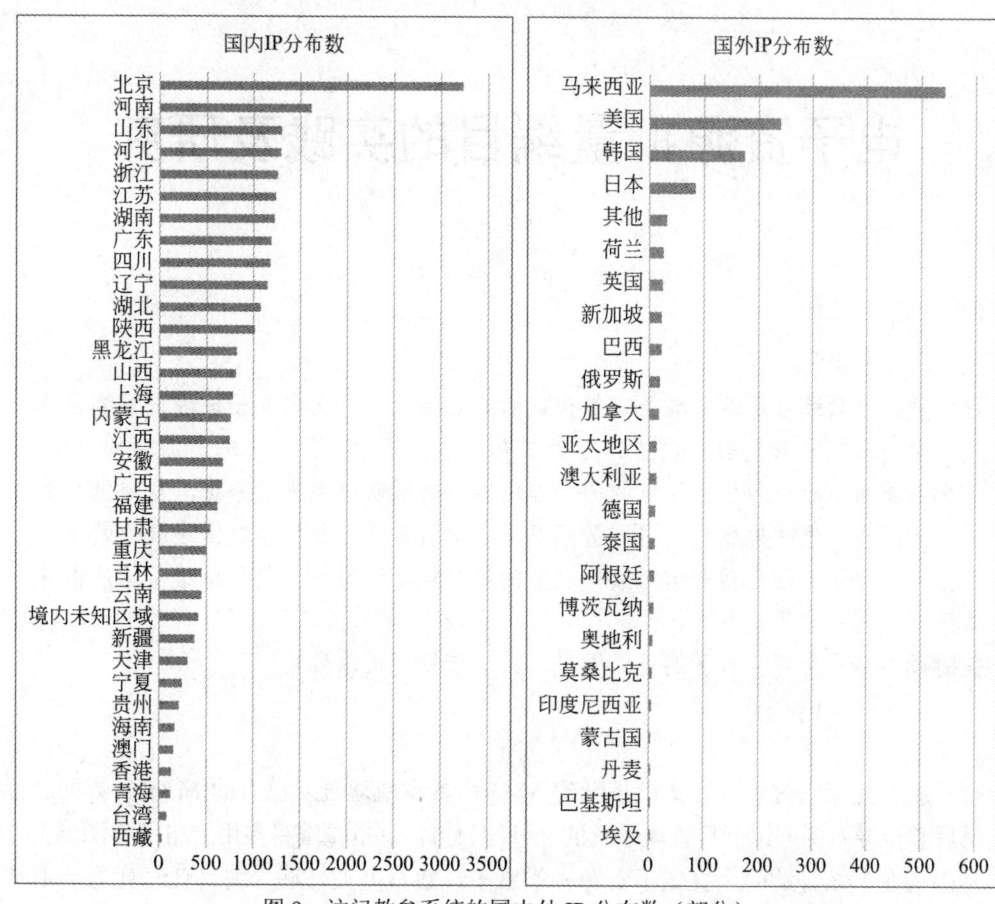

图 9 访问教参系统的国内外 IP 分布数（部分）

教参系统的国内外 IP 分布数（部分）。全国 23 个省、5 个自治区、4 个直辖市、2 个特别行政区都有 IP 在访问，在国外有 40 多个国家的读者访问了教参系统。综合以上统计数据可以看出，教参系统在疫情期间为校内外师生的在线教学提供了强有力的支持和保障。

参考文献

[1] 清华大学扎实开展新型冠状病毒感染的肺炎疫情防控工作[EB/OL]. 清华大学新闻网. (2020-01-29) [2020-06-29]. https://news.tsinghua.edu.cn/info/1002/75718.htm.

[2] 共战疫情——图书馆积极发挥保障作用[EB/OL]. 清华大学图书馆公告消息. (2020-03-05) [2020-06-29]. http://lib.tsinghua.edu.cn/dra/news/annoucement/7899.

[3] 答好在线教学的高校考卷[EB/OL]. 中华人民共和国教育部. (2020-06-03) [2020-06-29]. http://www.moe.gov.cn/jyb_xwfb/s5147/202006/t20200603_462218.html.

本文参加了 2020 年 3 月高校图工委主办的全国高校图书馆战“疫”时期服务线上教学优秀案例征集研讨活动，10 月入选高校图书馆战“疫”时期服务教学优秀案例展示研讨会，并做大会交流。

电子资源批量编目的实践及研究

贾延霞　杨　慧

摘　要：批量编目是促进电子资源获取的有效手段。对国内电子资源批量编目的实践进行调研，涉及数据质量、相关工具、书目记录质量的影响、面临的挑战、发现系统对电子资源批量编目的影响等内容。对调研结果进行分析，发现批量编目遇到的最普遍的挑战是数据质量问题，各馆质量评估及数据编辑修改的做法有所差异，整体上国内图书馆对数据质量的重视程度还不够。最后总结了国外相关实践对我们的启示。

关键词：电子资源；批量编目；编目工具；书目；记录质量

批量编目是指通过一定方式批量创建 MARC 数据或通过对已有的 MARC 数据进行批量编辑后整批导入图书馆书目管理系统的一种编目方法。批量编目多用于电子资源编目，这主要是因为图书馆订购的全文电子资源种类繁多，数量庞大，逐一编目耗时耗力，很难及时有效地完成资源的揭示；而不少数据库商可以提供电子资源的 MARC 数据或电子资源的基本书目信息列表，这为电子资源批量编目提供了数据基础。

2009 年以来，清华大学图书馆深入开展电子资源编目工作，笔者在实践中感觉到，电子资源编目因批量处理而面临一些与普通编目不同的问题，本文将就这些问题对国内外的相关实践进行讨论。

1　文献综述

国内整体上对电子资源批量编目的研究较少。清华大学图书馆的实践和研究较为典型，先后有多篇文章介绍电子资源批量编目实践中的一些具体方法。有的文章详细介绍了中文电子图书批量编目的实践，以超星电子图书为例说明了处理的流程、批量对 MARC 数据进行编辑处理的方案，以及更新或维护的方法[1]；有的介绍了利用 Excel 和冠景公司的数据处理工具对电子期刊[2]及其他电子资源批量创建 MARC 数据并导入书目系统[3]的实践；还有的讨论了利用数据库商提供的 MARC 数据的策略[4]。姚晓锋研究了 MarcEdit 在 MARC 数据质量管理中的应用，并提到嘉兴学院图书馆利用该工具批量修改电子资源 MARC 数据[5]；王亚林介绍了北京大学图书馆电子资源编目的策略，对有物理实体和无物理实体的电子资源分别做完全级和非完全级的编目，采用分散记录编目方法，以方便批量的编目和更新维护[6]。西安交通大学图书馆用程序将电子期刊导航的元数据批量转换为 MARC 记录后导入书目管理系统，以实现对电子期刊的快速编目[7]。

国外关于电子资源批量编目的实践和研究开展得比较多。有些文章详细介绍肯特州立大学图书馆[8-9]、宾夕法尼亚州立大学图书馆[10]、伊利诺伊州立大学芝加哥分校图书馆[11]的具体实践，涉及数据质量审核、提高质量的措施、流程管理、政策、经验和教训等内容。奥勒立亚（Auraria）图书馆以及威奇塔（Wichita）州立大学图书馆分别利用 MarcEdit 工具将开放获取的电子书元数据[12]及特藏资源元数据[13]批量转换为 MARC。Wu Annie 等分析了美国国会图书馆领导下的国际合作编目计划（Program for Cooperative Cataloging，PCC），在 2009 年提出的电子专著提供商中立记录的这一新规则给电子资源编目带来的一些具体问题和挑战[14]。K. E. Martin 认为，即使拿到提供商的电子书 MARC 记录，图书馆仍有许多工作要做：需要仔细分析数据质量，如何处理与 OCLC 控制号重复、多个数据库商的同一本电子书有多条记录以及后续更新维护等具体问题[15]。一份针对英国高等教育图书馆电子书编目的调查显示，各图书馆大都将提供商的 MARC 记录批量上载到书目管理系统中，但具体操作中做法不一[16]。2010 年，Yong Philip 在网上开展了关于“批量编目实践和问题”的调研，涉及批量编目的工作流程、所用的工具、实际做法以及遇到的问题等多方面的问题，研究者认为受到每批记录的差异、编辑工具和本地政策的影响，各图书馆 MARC 记录批量编目的实践有明显差异[17]。2010 年，R. L. Mugridge 和 J. Edmuns 调查了 18 所大型研究型图书馆批量上载 MARC 书目记录情况，发现记录质量是普遍被关注的问题；批量上载数据时会遇到一些技术问题，比如书目管理系统功能的问题、数据检查、需要专门的程序等[18]。

目前国内对实践方法、过程、面临的问题等方面的阐述显得不够深入。本文将展现国内高校图书馆电子资源批量编目的概况，并结合国外的一些实践与研究，总结其对我国实践的启示，以期为国内同行提供参考，促进电子资源编目工作。

2 国内高校图书馆电子资源批量编目实践现状

笔者选取了一些已经开展电子资源编目的大型综合高校图书馆，对其批量编目实践中的一些具体问题进行了调研，于 2014 年 4 月底发放了调查问卷 16 份，来自北京大学、北京工业大学、上海交通大学、同济大学、东南大学、华东师范大学、武汉大学、西安交通大学、成都电子科技大学共计 9 所大学图书馆的编目员填写了问卷，其余或未反馈，或未开展相关工作，或采用其他技术手段整合揭示电子资源。对个别图书馆也通过 E-mail 进行了沟通交流。

2.1 数据质量评估

就如何评估数据库商提供的 MARC 记录这个问题，上海交通大学图书馆采用 Excel 及国外免费软件工具 MarcEdit 来进行检查；华东师范大学和东南大学图书馆表示未对数据质量做特别的评估，基本上是直接使用；其余图书馆均表示依靠编目员或其他馆员抽查数据质量。清华大学图书馆采用编目员抽检、利用 Excel 及 MarcEdit 检查相结合的方式审核外来数据源。对不同质量的 MARC 记录，武汉大学图书馆、西安交通大学图书馆和清华大学图书馆采取人工修改与利用工具批量修改相结合的办法；其余图书馆则仅利用工具批量修改。

国外图书馆的做法与国内类似，有一项调查显示，所有被调查的 17 个图书馆都表示依靠编目员或其他工作人员抽查数据质量，超过一半图书馆同时表示会利用自动的有效性检验工具（MarcEdit 或其他软件，如 Excel、Perl 脚本、C++程序等）[18]。

笔者在实践中发现，仅依靠人工抽查有时难以发现所有问题，因为有的数据库商提供的 MARC 数据的来源多样化，没有固定的规律。MarcEdit 在检验数据有效性、字段统计等方面比较方便，但有效性检验的规则是基于 MARC21 的，不一定能满足中文电子资源数据检验的需要。如果有条件，除了抽检和自动检查，可以考虑将数据导入测试数据库进行测试。

2.2 批量编辑工具

数据质量评估后，如果打算对数据进行修改的话，需要用到一些能批量编辑的工具。调查显示，各图书馆批量编辑的工具主要有以下几种：最普遍的就是书目管理系统自带的功能；其次 Excel 用的也较多（有 4 家图书馆），这可能和有些图书馆会自己利用元数据转换生成 MARC 记录有关；2 家图书馆用到了商用数据处理工具“冠景”，这个工具具有数据库文件转换 MARC 文件、MARC 文件转换数据库文件，以及 MARC 记录编辑修改的功能；1 家图书馆采用国外免费软件工具 MarcEdit；1 家图书馆利用到本馆自编程序。仅仅利用书目管理系统自身功能进行批量编辑的有北京工业大学图书馆、武汉大学图书馆以及东南大学图书馆，其余图书馆则会综合采用两种或多种工具来进行批量编辑。清华大学图书馆在实践中综合运用“冠景”数据处理工具、Excel、MarcEdit 以及 Millennium 系统等多种工具来进行数据的批量编辑修改工作。

国外图书馆所用的批量编辑工具最普遍的是 MarcEdit，其次还有系统的全域更新功能、Excel、MARC Report、Perl、OCLC 宏命令等[17]。

实践中，笔者体会到，一批 MARC 记录，有时需要统一增加或删除一些字段或者统一编辑修改一些代码或字符，有时则可能需要对其中部分记录进行批量编辑，因此，按照条件选择性批量编辑修改 MARC 记录的功能很重要。对于仅依赖书目管理系统自带功能进行批量维护的图书馆来说，如果系统不能提供这一功能，则其电子资源书目数据质量控制和维护工作势必会受到影响和限制。

2.3 对书目系统质量的影响

就批量编目对本馆书目数据库质量的影响如何这一问题，5 家图书馆表示“使书目数据质量降低”，其中 1 家同时表示“能基本能满足用户检索的需求”；1 家认为“会影响检索结果的精准度”；2 家表示“对书目数据库质量没有明显影响”；1 家表示“因各馆电子资源批量编目的策略而定”。清华大学图书馆对多类电子资源进行了编目，有些数据库商提供的 MARC 记录质量较好，有些则较差，用其他格式元数据转换生成的电子资源 MARC 记录则整体上质量低于印刷型资源的水平，整体上看，降低了书目数据库的质量标准。国外的一项调查显示，“82.4%的图书馆认为使用数据库提供商的 MARC 记录后，馆藏目录的质量标准出现下降”[18]。对书目系统质量的影响也从一个侧面反映出电子资源批量编目面临着数据质量的挑战。

2.4 批量编目遇到的挑战

各个图书馆普遍感到批量编目遇到了一些挑战和困难。首先最大的挑战是数据质量。有图书馆表示，“数据有时会不完整，需要自己尝试去补充，商业服务也不完全可靠”；“数据库商提供的数据质量不高”；有时需要核实数据的准确性，可能存在链接错误的问题。其次是更新维护。有图书馆表示，“面临系统功能欠缺、数据处理技术不完善等问题”；还有图书馆表示：“电子资源批量编目面临数据质量、处理模式、更新维护、人员、系统功能等多方面的困难，是新形势下出现的新问题，也是需要和图书馆领导以及传统思维做斗争的地方。”这些问题说明对个别图书馆来说，首先需积极争取领导的支持，然后才是具体的技术问题。

清华大学图书馆在长期开展电子资源编目的过程中感觉到比较突出的挑战是：①数据质量。数据量与订购资源量不匹配，数据著录格式不规范，著录的信息不准确或不全面，URL 链接不正确等问题都有可能遇到。②有时还无法直接获得数据库商提供的 MARC 记录，比如清华大学订购的圣典电子书、书香清华电子书等。③批量导入及更新维护的操作对系统功能提出了较高的要求，有时会因系统功能欠缺而带来不易处理或增加了处理难度等问题。④缺乏明确的电子资源编目指南也给工作带来了一些困难，这常常使得编目员处理不同电子资源数据库时采取灵活变化的方式，而不是首先考虑规范性。⑤与传统编目相比，增加了与数据库商沟通及与图书馆内部各业务部门沟通协调的环节，编目员有时还需学习新的技术和系统功能，这些都是批量编目所带来的挑战。

2.5 资源发现系统对批量编目工作的影响

近年来，不少图书馆引入了统一资源发现系统，它基于庞大的元数据集合，能实现对图书馆各种资源的发现和获取。国内有些图书馆不对电子资源进行编目，而是通过资源发现系统（如 Primo、Summon 等）提供统一检索服务，比如北京师范大学图书馆、浙江大学图书馆。本次调查询问了发现系统对批量编目工作有什么影响。有的馆员认为没有影响；有的馆员认为，“和发现系统相比，MARC 记录提供的信息更多，可以灵活地对记录或字段进行更新，但是维护的工作量大”；有的图书馆表示对部分电子资源数据考虑导入发现系统；有的馆员认为，“在人员、经费、设备更新等方面得不到充分支持的情况下，资源发现系统能够尽可能地批量上载电子书的数据，实现规范化”；有的图书馆表示，将元数据导入发现系统和用传统书目管理系统进行编目，两者之间只会选择其一，可以先将元数据导入发现系统以尽快让用户检索，编目后再删除发现系统中的元数据。清华大学图书馆对个别体量庞大的数据库，如 World Ebook Library，不考虑在书目系统中编目，正尝试将其元数据导入发现系统中。

从上述的回答来看，资源发现系统存在使图书馆减少电子资源批量编目工作的可能性。利用MARC记录在OPAC中为读者提供电子资源查询获取服务和利用发现系统提供服务，两者各有其优势与不足。前者编目员可以对电子资源MARC记录进行检查、审核、规范化处理和质量控制，但速度可能较慢，带来数据滞后的问题；后者可以利用数据库商的元数据或知识库，快速整合揭示资源，但其隐含的数据质量问题就不易被发现，个别数据库可能没有现成可用的元数据。国外同行的调研显示，资源发现系统的出现可能会影响图书馆的批量编目工作，但最终如何发展并无定论[3]。笔者认为，编目员应该关注新技术的发展，并思考其对编目工作的潜在影响，以便更加积极地面对未来可能出现的变化。

3 国外实践研究对我们的启示

从对国内电子资源批量编目的简单调研来看，我国电子资源编目工作整体上处于起步阶段，开展电子资源编目的图书馆数量不多，批量编目的能力、手段、工具等各个方面还不成熟，从与被调查者的沟通交流来看，与国外同行的相关实践有较大的差距。本节欲总结国外文献调研过程中的一些认识，供国内同行思考和借鉴。

3.1 重视质量控制

从上述调研看，电子资源批量编目中遇到的突出挑战是数据质量，在国外亦如此，很多文章涉及这个问题。国内对数据的审核比较粗泛，对著录格式这种直接的问题关注较多，而对于内容错误、标目规范等关注较少。

国外一些图书馆质量控制工作开展得较好。伊利诺伊大学芝加哥分校图书馆在处理Springer电子书的过程中，经过仔细的数据审核，发现了链接失效、控制号不正确、缺失ISBN号、多余的字段、非规范名称、多卷书处理不一致等各类质量问题，并对每类问题给出了解决方案[11]。R. S. Panchyshyn表示供应商提供的电子资源MARC记录的质量值得怀疑，需要培训员工数据上载等相关技能。其所在的肯特州立大学图书馆的“检查备忘表”，包含了批量处理过程中可能涉及的38个问题或决策点，避免编目员在处理过程中遗漏或疏忽某些问题，以保证批量编目数据的高质量[9]。从中可以看到其质量审核工作是非常细致的。R. L. Mugridge和J. Edmunds关于批量上载MARC记录的调查显示，17个受访者中有13个（76.5%）表示他们曾因质量问题而拒绝一些书目记录[18]。M.Finn介绍弗吉尼亚理工学院图书馆在批量上载电子资源书目记录之前，会利用MarcEdit和图书馆技术公司LTI的服务，批量对书目记录进行规范控制清理[19]。Yong Philip的调查显示，76%的受访图书馆开展规范控制工作[17]。国外诸多质量控制的实例告诉我们，应该重视质量控制，并尽可能在质量和促进电子资源获取之间寻求平衡。

国内整体上对电子资源外来数据源质量控制的重视程度还不够。笔者在实践中体会到，质量控制有一定的难度，与诸多因素都有关系：专职从事电子资源编目的编目员较少，且编目员在相关内容方面获得的培训和指导也不够，编目员的精力和能力有限；相关编目指南不健全；一些图书馆的自动化管理系统的批处理功能欠缺、没有使用MARC数据处理工具等。为了更好地开展电子资源编目的质量控制工作，笔者认为可以从多方面努力。首先，国家图书馆或CALIS需要发挥引领者的作用，尤其是应该在制定相关规则和实践指南方面发挥作用。其次，图书馆内部应该设置电子资源编目相关岗位，保证编目员有足够的时间和精力开展工作。最后，图书馆需要加强与数据库商的合作和沟通，提出明确的数据质量要求，促使其改进MARC数据质量。

3.2 软件工具助力电子资源编目

国外免费的MarcEdit数据批处理工具极大地方便了编目员审核MARC记录、转换元数据格式以及编辑修改数据[20]。Yong Philip有关批量编目的调查结果显示，84%的图书馆会使用MarcEdit[17]。K. Lybarger编制了一个MARC记录批量处理工具Normac，能够对数据进行定制化或个性化的批处理，还能检查电子资源 MARC 记录中链接的有效性[21]。Deng Sai认为工具和程序在元数据再利用过程中发挥了重要作用[13]。

国内比较成熟的元数据处理工具是冠景公司开发的，它能方便地编辑定制化的MARC字段批处理语句，无论对CNMARC还是MARC21的数据，均可按需进行各种修改。但因其需付费使用，所以目前使用的图书馆还不多。MarcEdit虽免费，但其基于MARC21设计，加之语言障碍，国内少有图书馆使用。没有充分利用合适的软件工具在一定程度上影响了国内图书馆的批量编目工作。笔者认为，为了更加高效率、高质量地开展电子资源编目工作，国内同行应重视开发或使用相关的批处理工具。

3.3 合作共享减少各图书馆的重复劳动

国内图书馆的联合目录中，目前还未见提交电子资源书目记录的要求，参加电子资源组团采购的高校图书馆，是否对电子资源进行编目也因各馆实际而定，各图书馆都是独自完成电子资源编目，各馆不可避免地有一些重复劳动。

国外的电子资源联合编目已经在开展。伊利诺伊大学芝加哥分校介绍了与伊利诺伊州学术和研究图书馆协会合作开展电子图书编目的经验，将Springer电子书的记录上载到协会联合目录I-Share中[11]。休斯敦大学图书会与其他几家图书馆共享其电子图书[14]。P. L. Mugridge和J. Edmunds的调查显示，18所图书馆中有7家（38.9%）会与其他图书馆协作开展电子资源编目[18]。将经过图书馆编辑整理的电子资源MARC记录在一定范围内共享，降低了各图书馆间的重复劳动，而且以协会联合力量与数据库提供商进行协商沟通，有助于数据库商尽力配合图书馆做好相关数据服务。国内CALIS在电子资源组团采购方面起到积极作用，但在促进高校图书馆间电子资源编目数据合作共享方面却一直没有动作。可以考虑依托其巨量印刷本图书书目数据，制作转换为高质量的电子书书目数据，并提供电子书匹配定制数据包服务，这对于中文电子书来说尤为必要，因为国内电子书数据库商的MARC数据提供服务相对较弱。另外，应该制定相应的电子资源书目记录编制指南，并鼓励成员馆依据其规则提交数据，以方便各图书馆合作和共享。

3.4 可供借鉴的案例

国外有大量电子资源编目方面的公开文献，对于电子资源编目工作的挑战、解决具体问题的方案、实践案例、编目的工具和方法、流程管理、未来发展的趋势等均有涉及和讨论，这些可供参考案例和文献为同行的实践提供了有益的参考。而国内可能由于电子资源编目工作整体上开展较少，可以参考的实践案例相对缺乏，同行之间的交流相对不足。今后应该加强对于具体实践案例的展示和交流。

4 结论

国内已有电子资源批量编目的相关实践，所遇到的最突出的挑战是数据质量问题，而质量评估和数据编辑修改工作各馆有所差异，可能受数据源特点、图书馆自动化管理系统的功能、编目政策、各馆可以利用的技术条件等多种因素的影响。目前首先要解决对电子资源的获取问题，在此基础上，进一步考虑如何提高电子资源书目数据的质量、如何合作共享等问题。一些图书馆利用资源发现系统实现对电子资源的统一检索服务，编目员应该关注资源发现系统对电子资源编目工作的潜在影响，以期在未来能够更加高效地为读者提供优质的资源查询与获取服务。

参考文献

[1] 贾延霞, 杨慧. 中文电子图书的 OPAC 揭示与利用——以超星电子图书的编目实践为例[J]. 图书馆杂志, 2011(3): 32-36.

[2] 贾延霞, 吕肖华, 杨慧, 等. 电子期刊编目方法新尝试——以清华大学图书馆的实践为例[J]. 图书馆建设, 2011(4): 43-46.

[3] 贾延霞, 杨慧. Excel 和元数据处理工具在电子资源批量编目中的应用[J]. 图书馆杂志, 2014(1): 40-44.

[4] 贾延霞, 杨慧. 利用数据库商提供的电子资源 MARC 数据的策略[J]. 图书馆建设, 2012(8): 25-27.

[5] 姚晓锋. MarcEdit 在 MARC 数据库质量管理中的应用[J]. 图书馆建设, 2010(1). 44-46.

[6] 王亚林. 电子资源的编目策略[J]. 图书馆建设, 2012(2): 47-49, 53.

[7] 邱萍. 网络电子期刊编目的难点及对策[J]. 图书馆建设, 2011(7): 34-37.

[8] Panchyshyn, R S. Batch Cataloging: Improving Access to Your Collection[R/OL]. [2013-04-19]. http://alaoweb.org/Resources/Documents/Panchyshyn_TEDSIG%2020120511.pdf.

[9] Panchyshyn, R S. Asking the Right Questions: An E-Resource Checklist for Documenting Cataloging Decisions for Batch Cataloging Projects[J/OL]. *Technical Services Quarterly*, 2013, 30(1): 15-37. http://dx.doi.org/10.1080/07317131.2013.735951.

[10] Mugridge, R L, Edmunds, J. Using Batchloading to Improve Access to Electronic and Microform Collections[J]. *Library Resources & Technical Services*, 2012, 53(1): 53-61.

[11] Martin, K E, Mundle, K. Cataloging E-Books and Vendor Records: A Case Study at the University of Illinois at Chicago[J]. *Library Resources & Technical Services*, 2010, 54(4): 227-237.

[12] Beall, J. Free Books: Loading Brief MARC Records for Open-Access Books in an Academic Library Catalog[J]. *Cataloging & Classification Quarterly*, 2009, 47(5): 452-463.

[13] Deng, S. Optimizing Workflow through Metadata Repurposing and Batch Processing[J]. *Journal of Library Metadata*, 2010, 10:219-237.

[14] Wu, A, Mitchell , A M. Mass Management of E-Book Catalog Records: Approaches, Challenges, and Solutions[J]. *Library Resources & Technical Services*, 2010, 54(3): 164-174.

[15] Martin, K E. ATG Special Report—Cataloging eBooks: an Overview of Issues and Challenges[J/OL]. *Against the Grain*, 2007, 19(1), Article 12. http://docs.lib.purdue.edu/atg/vol19/iss1/12.

[16] Belanger, J. Cataloguing e-books in UK higher education libraries: report of a survey[J]. *Program-electronic Library And Information Systems*, 2007, 41(3): 203-216.

[17] Yong, P. A survey on batch cataloging practices and problems[J]. *Technical Services Quarterly*, 2012, 29(1): 22-41.

[18] Mugridge, R L, Edmunds, J. Batchloading MARC Bibliographic Records: Current Practices and Future Challenges in Large Research Libraries[J]. *Library Resources & Technical Services*, 2012, 56(3): 155-170.

[19] Finn, M. Batch-Load Authority Control Cleanup Using MarcEdit and LTI[J]. *Technical Services Quarterly*, 2009, 26(1): 44-50. DOI: 10.1080/07317130802225605.

[20] Reese, T. About MarcEdit[EB/OL]. [2014-04-06]. http://marcedit.reeset.net/about-marcedit.

[21] Lybarger, K. Keeping up with Ebooks: Automated Normalization and Access Checking with Normac[J/OL]. *Code4Lib Journal*, 2012, issue20. http://journal.code4lib.org/articles/8375.

电子期刊有效揭示和维护的实践与思考

武丽娜　贾延霞　杨　慧　张　蓓

摘　要：介绍清华大学图书馆对电子期刊进行有效揭示和维护的具体方法与实践思考，为同行图书馆提升电子期刊揭示和服务质量提供借鉴。在分析对电子期刊进行揭示和维护必要性的基础上，从调整岗位设置和建立电子期刊组织揭示流程、规范电子期刊揭示方法、规范电子期刊维护方法、建立畅通反馈渠道、参与知识库建设、开展电子期刊宣传培训6个方面详细阐述清华大学图书馆基于SFX和ALMA对电子期刊进行揭示和维护的实践，探讨如何对电子期刊进行有效利用和分析。电子期刊的有效揭示和维护虽有难度，但有章可循。图书馆应该积极探讨和实践，提高资源揭示的全面性和准确性，更好地服务于师生。

1　电子期刊揭示和维护的必要性

随着图书馆的发展和用户需求的增加，高校图书馆订购的电子期刊的种类和数量也呈逐渐增长趋势。如清华大学图书馆每年电子资源经费约占全校文献总经费的70%。截至2016年年底，全文电子期刊数量达到8.9万种；电子期刊导航全年访问量达520余万人次；水木搜索平台作为电子期刊文章的另一重要访问入口，其2012—2016年的访问量呈现逐年上升趋势，仅2016年访问量就达到201万余人次[1]。

电子期刊导航和发现平台是读者获取电子期刊的重要入口。SFX（开放链接系统）和ALMA（下一代图书馆服务平台）使馆藏的电子期刊整合为一体，实现了对馆藏电子期刊的有效控制和本地化管理。基于SFX和ALMA的电子期刊的揭示和维护将直接影响读者的使用体验和资源的有效利用，对其揭示和维护的研究应受到图书馆的关注。高校图书馆电子期刊资源按照其整合深度可以分为数据库级、数字期刊级和数字论文级，这3个级别逐渐深入，体现了整合过程中的3个阶段[2]。本研究重点关注的是基于SFX的电子期刊导航和基于ALMA的馆藏发现平台对电子期刊在期刊级别中的揭示和维护。

2　电子期刊揭示和维护相关进展

目前，各高校对电子期刊的组织和揭示方法主要有两种：电子期刊编目与电子期刊导航。根据调查，只有清华大学图书馆、西安交通大学图书馆等为数不多的图书馆对电子期刊进行编目及数据维护[3]。近年来，很多图书馆都引进了电子期刊导航系统，但据笔者了解，各馆对电子期刊导航的维护程度不一，目前尚无统一的维护标准。

电子期刊来源广、数量大、变动快、用户需求大，对访问利用要求较高。高丽、王细荣从用户信息行为特征的角度对电子期刊利用的调查发现，用户访问电子期刊时面临的最大问题是访问速度缓慢和无法连接等造成的访问困难，提出图书馆应该为用户提供可靠的电子期刊连接体验[4]。谭红英、刘青华从电子期刊书目控制系统、导航系统、检索系统 3 个方面提出对电子期刊数据库进行深层次揭示报道[5]。C.A.Borchert 介绍了南佛罗里达大学图书馆在电子期刊管理流程、质量控制方面的做法：使用电子期刊加工单记录电子期刊许可协议、订购、登录、SFX 中激活、书目记录批量下载等信息；通过 ticketing system 平台进行电子期刊故障反馈和处理等[6]。X.T.Chen 分析了来自图书馆用户的 400 余个与 SFX 有关的错误链接报告，提出期刊卷期号、期刊增期、滚动年限、书评、DOIs 等与 OpenURL 链接相关的问题；分析了引起错误链接的原因；探讨了期刊出版商、数据库供应商和 OpenURL 提供商如何改进产品质量以及图书馆员如何更好地服务用户[7]。可见，准确获取电子期刊的理论研究已经受到图书馆界的普遍关注，但是鲜见关于电子期刊有效揭示和维护的具体做法的研究。

3 清华大学图书馆电子期刊揭示和维护的实践

清华大学图书馆一贯重视电子期刊的揭示和维护，在系统开发、岗位设置以及工作流程方面进行了不断的探索和改进。2001 年，清华图书馆建立了电子期刊导航系统；2006 年，引进 SFX 系统来做期刊的关联及链接服务；2010 年，建立了以本馆 SFX 管理的期刊数据为线索的多层次立体化的期刊导航系统[8]。2017 年 10 月，图书馆管理服务系统迁移至 ALMA，SFX 管理的电子期刊数据也同步迁移至 ALMA 平台。ALMA 实现了对电子期刊的全流程管理，但是 SFX 和 ALMA 对电子期刊的激活和揭示原理基本相同。因此，基于 SFX 的电子期刊揭示经验同样适用于 ALMA 环境。

3.1 建立电子期刊揭示和维护流程

电子资源从采购到揭示，再到读者利用及反馈，需要多个部门、多岗位参与，这使得图书馆开始思考如何从工作流程、机构或岗位设置等方面建立合理的电子资源管理模式[9]。新一代管理系统的推广、工作流程变化带来的电子资源服务相关机构和岗位的调整也成为必然。P.Fu 和 M.Fitzgerald 从系统架构、工作流程和功能两个方面对传统图书馆系统和新一代图书馆系统进行比较研究，认为图书馆应该调整图书馆的人员配置以应对新一代管理系统带来的机会和挑战[10]。

2016 年，清华图书馆在新一轮岗位聘任过程中，专门设置了电子资源管理揭示岗位，负责电子资源维护及数据库的编目，从事该岗位的馆员需要具有丰富的电子期刊编目经验；在此基础上，建立了基于 SFX 和 ALMA 的更加规范的电子期刊揭示和维护流程（见图 1）。从资源采购到组织揭示，再到咨询与故障响应和统计评估，环环相扣。

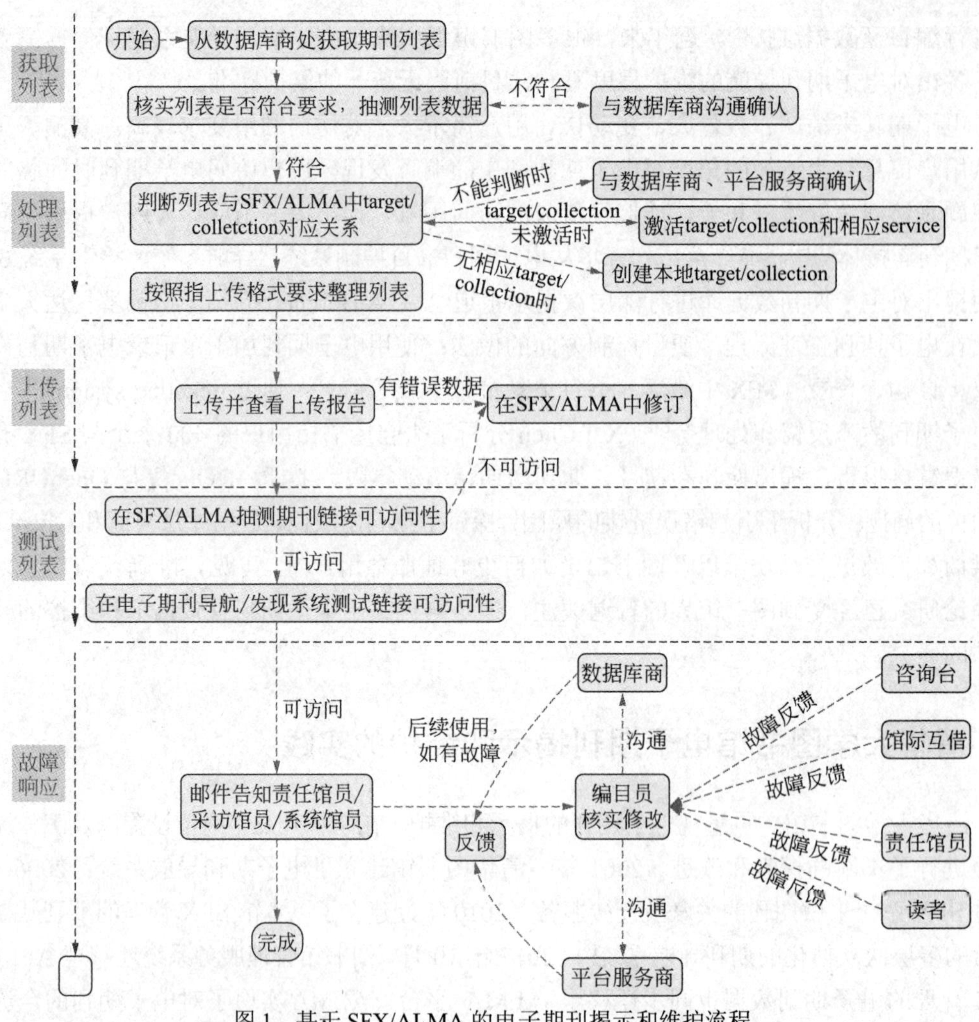

图 1 基于 SFX/ALMA 的电子期刊揭示和维护流程

3.2 规范电子期刊揭示方法

电子期刊揭示涉及期刊在 SFX 和 ALMA 中的激活、期刊自身的 MARC 编目以及用户在电子期刊导航和发现平台前端界面的可检索、可访问，此处重点介绍期刊层面的揭示方法。激活包括整库激活/自动更新和利用数据库商提供的期刊列表本地上传、选择性激活两种方式。

3.2.1 整库购买的电子期刊的揭示

对于 Proquest、EBSCO、GALE 等集成数据库，由于数据量庞大、数据变动频繁、手动维护可操作性不强，因此，采用整库激活并设置数据与 SFX/ALMA 知识库数据同步自动更新的方法。

3.2.2 非整库购买的电子期刊的揭示

对于这类数据库（如 Wiley、Taylor 等）需要向数据库商索要本馆订购资源列表，然后在 SFX/ALMA 知识库数据基础上进行选择性激活。总体来看分为 3 个步骤：①由采访馆员根据编目馆员要求向数据库商索要期刊数据列表；②编目馆员将期刊列表处理成系统支持的上传格式，激活相应数据库和相应服务并上传列表；③核实数据上传报告，修订错误数据。这三个步骤中，前两个步骤最为关键。针对第①个步骤，由于期刊列表数据的准确性和完整性是处理数据的基础，因此向数据库商提出了期刊数据列表的具体要求，如列表需至少提供期刊 ID、eISSN、ISSN、刊名、URL、清华图书馆的全文可访问起止年限范围等。第②个步骤则要求编目馆员了解期刊所在数据库，并掌握 Excel 相关的数据处理操作方法，如可以充分利用 Excel 的数据处理功能（如分列、筛选等）以及函数（如 Vlookup 函数、合并函数）。

3.2.3 OA 和免费资源的揭示

近年来，图书馆界逐渐关注 OA 资源的揭示和推广，相关研究表明图书馆应加强免费资源的组织和揭示[11-12]。清华大学图书馆对免费网络资源建立了独立站点揭示[13]。近些年，越来越多的出版社如 Wiley、Taylor、Oxford 等都出版 OA 期刊，部分出版社如 Nature、Wiley 还提供免费期刊。从用户反馈来看，OA 期刊中也不乏高质量期刊，读者也有一定需求。因此，图书馆对知名出版社的 OA 期刊也进行揭示并向学科馆员推送。而对于 Haithtrust、DOAJ 等数据量大、不容易获取期刊数据的免费库，则采用整库激活、自动更新的方式。

3.3 规范电子期刊维护方法

电子期刊的揭示保证了资源能够呈现给读者。电子期刊信息变化频繁，如出版商期刊变更、停刊、更名、新增、转成 OA 出版等情况。因此，图书馆需要加强对电子期刊的维护才能保证为师生提供及时准确的数据。本研究认为应重点关注以下几个方面。

3.3.1 基于数据库的维护

（1）新订购数据库。需要关注订购资源的内容是否涉及期刊，及时获取并揭示期刊数据，保证读者能够及时利用到最新订购的资源。

（2）停订数据库或停刊。停订某数据库时，需要及时失活相关期刊，但个别数据库虽然停订，其内容依然可以访问，不需做失活处理；个别数据库期刊虽然停刊或转刊，但仍可访问，也不应忽略这部分期刊的揭示。

（3）中文数据库。由于中文数据库（如知网、维普、万方）存在一号多刊、无号刊、数据滞后等不规范问题，因此需要编目馆员花费更多精力去处理原始数据，并督促中文数据库平台商不断规范数据。

（4）外文数据库。目前，大多数外文库仍需要根据订购清单人工上传列表。个别外文数据库如 Elsevier、OVID 可以采取在 SFX 或 ALMA 中配置自动更新的方式，由系统匹配订购内容进行自动更新。对于 Proquest 这类外文集成库进行定期维护，重点对知识库中非全文期刊进行排查失活，补充访问范围存在中断的全文期刊信息。

（5）开放获取和免费期刊数据库。SFX 和 ALMA 知识库提供了丰富的开放获取和免费期刊数据可供揭示。实践中，对于可获取开放获取和免费期刊列表的数据库，我们采用上传列表的方式揭示，以使得用户可获取最及时、最准确的资源信息；对于难以获取列表的数据库，则以知识库数据为基础进行揭示。

3.3.2 基于订购情况的维护

对于含期刊数据的新订数据库，会及时进行揭示；对于常规在年底进行续订的数据库，会在续订后及时索要列表，根据列表进行维护，每年进行一次；对于集成数据库，如proquest，一般每年进行两次排查和维护。

3.3.3 基于用户反馈的维护

实践发现，用户反馈是期刊维护中不可或缺的环节。如负责馆际互借的馆员更容易发现电子期刊揭示中的问题；读者在查找电子期刊过程中会遇到无法获取全文的情况并反馈至图书馆。来自馆员和读者的反馈促使图书馆重新核查和修订数据，并据此发现数据列表、数据库平台、知识库数据等存在的各类问题。

3.4 建立畅通的反馈渠道，及时响应用户的反馈

电子期刊的揭示和维护虽然是图书馆的“幕后”服务，但维护的准确性时时处在读者的监督中。数据库商提供列表不准确或遗漏、知识库数据错误或更新不及时、编目员数据处理失误等都可导致读者在电子期刊导航和发现平台前端得到不准确的检索结果，给用户带来糟糕的检索体验。因此，建立有效的反馈渠道尤为必要。在这方面，同行中有很多值得借鉴的做法。如卡罗林斯卡学院图书馆[14]、丹麦皇家图书馆[15]、多伦多大学图书馆[16]都在检索结果界面设置了反馈表单入口，表单中包含了该检索结果的ISSN和TITLE信息，为读者反馈问题提供了清晰渠道。清华大学图书馆采用的是电子资源维护邮件组的反馈方式。即读者在遇到电子期刊全文获取相关问题时，可通过该邮件将所遇到的问题提交给电子资源维护邮件组。该邮件组的成员有主管采访和电子资源的馆长、编目馆员、技术维护馆员和参考馆员，能给予读者及时答复。有时，读者反馈可以帮助馆员从一种刊关注到整个数据库期刊的变化，甚至关注到检索平台的技术问题。畅通的反馈渠道的建立，使读者参与到电子期刊维护工作中，构成了读者—馆员—系统厂商—数据库商四方共同维护的模式。

3.5 基于客户门户参与知识库建设

由于电子期刊揭示和维护的数据基础是SFX/ALMA知识库，在实践中，发现知识库中数据存在滞后、缺失数据、信息显示不准确等问题。在与SFX/ALMA系统厂商的磨合中，目前主要是通过对方建立的客户门户[17]提交和追踪问题。而且，在与系统厂商的沟通过程中，图书馆帮助系统厂商发现SFX/ALMA知识库维护更新中的问题，并督促其进行更新和维护，参与到知识库的建设中。由于SFX/ALMA被众多高校所使用，因此，该项工作也惠及了更多高校。

3.6 开展电子期刊宣传培训，提升师生信息素养

图书馆除了应该在电子期刊组织和揭示上下功夫，还应加强对电子期刊使用的宣传培

训。当前，关于电子期刊营销策略的研究逐步受到图书馆界的重视。M.Wanjiku 认为图书馆员应意识到必须对资源进行营销，但是许多图书馆并未重视并将经费投入资源营销方面[18]。H. Richardson 指出图书馆面临着将资源与用户有效连接起来的挑战，提出了营销过程的 9 个环节和具体的营销策略[19]。在具体实践方面，常定姁以“985”高校图书馆为例，调查和分析了基于微信的高校图书馆电子资源推广现状，认为拓宽电子资源推广的广度、拓展电子资源推广内容的深度、关注大学生关注的热点、打造品牌活动可提高电子资源推广效果[20]。清华图书馆也开展了一系列电子资源使用培训，内容涉及中外文电子期刊的使用、发现系统的使用等[21]。本研究认为，为了使订购的电子期刊得到有效利用，图书馆应树立营销理念，建立营销团队，借助数据库商、学科馆员、教师顾问和学生顾问、学生社团的力量有计划地开展电子期刊使用培训和宣传推广。

4 思考

电子期刊的揭示和维护是一项需长期坚持的工作，在图书馆管理系统 ALMA 的逐步推广和应用下，电子期刊的有效揭示和维护的重要性愈加凸显。随着资源管理系统 ALMA 的上线，基于 SFX 的电子期刊管理也将逐步迁移至 ALMA 管理平台。清华图书馆基于 SFX 积累的电子期刊揭示和维护经验在 ALMA 环境下得到了很好的应用，可为同行开展相关工作提供借鉴。在上述工作基础上，本研究认为在今后的工作中图书馆还应在如下几个方面开展更多工作：①加强发现系统知识库与 ALMA 知识库的内容比较研究，深入分析本馆订购期刊资源内容的索引范围（全文、文摘等），以便对资源的整体揭示程度有更清楚的把握，为师生获取资源提供更专业的指导。②编目员可以对 ALMA 知识库中电子期刊的 MARC 数据进行修订，或导入本地更加规范的 MARC 数据，这就提高了图书馆对电子期刊信息揭示的灵活度。实践发现，不同数据库商提供的 MARC 数据标准和规范不完全一致，如中文期刊 MARC 数据不完整、部分外文期刊刊名和刊号变更频繁而知识库提供的 MARC 数据未能体现继承关系、MARC 数据中期刊电子或纸本刊号放在不可检索字段等，这些情况都需要编目员对 MARC 数据进行必要的补充、甄别、修订，以保证用户前端检索的准确。③追随用户需求，不断改进发现系统平台界面，增强检索平台的易用性和亲和性，使资源得到最大化利用[22]。电子期刊的有效揭示和维护既依赖图书馆，也依赖数据库商、系统厂商的配合和用户的监督。图书馆、数据库商和系统厂商应以用户需求为导向，用户需求将成为这三方加强合作和提升服务的驱动力。在这当中，图书馆除了应该关注电子期刊数据揭示和维护的具体工作，也应该在督促数据库商和系统厂商完善数据质量和服务上发挥更大的作用。

参考文献

[1] 馆长致辞[EB/OL]. [2017-07-06]. http://lib.tsinghua.edu.cn/about/from_director.html.

[2] 王晖. 高校图书馆电子期刊用户服务研究[D]. 郑州：郑州大学, 2011.

[3] 邱萍. 电子期刊组织揭示方法的比较研究[J]. 现代情报, 2010, 30(9): 151-153.

[4] 高丽，王细荣. 基于用户信息行为特征的电子期刊资源利用现状分析[J]. 图书馆工作与研究, 2014(1): 31-34.

[5] 谭红英, 刘青华. 高校图书馆电子期刊整合与揭示报道研究[J]. 现代情报, 2004, 24(12): 128-129.

[6] BORCHERT CA. Coping with Hobgoblins: rethinking journalsprocessing in the E-journals environment at the University of South Florida[J]. *Serials review*, 2011, 37(2): 71-79.

[7] CHEN XT.Broken-Link reports from SFX user: how publishers, vendors and libraries can do better[J]. *Serials review*, 2012, 38(4): 222-227.

[8] 窦天芳, 姜爱蓉, 张成昱, 等. WEB 环境下多源数据的集成服务——以清华大学新期刊导航为例[J]. 大学图书馆学报, 2010, 28(3): 80-83.

[9] 吴昌合, 左亮亮, 卢小莉. 国外电子期刊管理模式对我国图书馆的启示[J]. 大学图书情报学刊, 2010, 28(1): 15-17, 43.

[10] FU P, Fitzgerald M.A comparative analysis of the effect of the integrated library system on staffing models in academic libraries [J].*Information technology and libraries.Information Technology and Libraries*, 2013: 47-58.

[11] 李全菊. 我国高校图书馆电子期刊整合研究[J]. 兰台世界, 2013(23): 107-108.

[12] 吴文光. 基于 OA 期刊的高校图书馆资源建设与学科服务探索[J]. 大学图书情报学刊, 2014, 32(3): 66-68, 99.

[13] 推荐网络学术站点[EB/OL]. [2017-07-10]. http://wr.lib.tsinghua.edu.cn/ref/node/215.

[14] KarolinskaInstitutet University Library[EB/OL]. [2017-11-15]. https://kib.ki.se/en.

[15] REX[EB/OL]. [2017-11-15]. https://rex.kb.dk/primo_library/libweb/action/search.do?menuitem=0.

[16] University of Toronto Libraries[EB/OL]. [2017-11-15]. https://onesearch.library.utoronto.ca/.

[17] Customer Portal [EB/OL]. [2017-11-15]. https://exlidp.exlibrisgroup.com/.

[18] MIRIAM W. Promotion of electronic resources in academic libraries on a minimal budget[J]. *International information & library review*, 2016, 48(2): 94-101.

[19] RICHARDSON HAH, KENNEDY M R.How to market your library's electronic resources[J]. *The serials librarian*, 2014, 67(1): 42-47.

[20] 常定姁. 基于微信的高校图书馆电子资源推广调查与分析——以"985"高校图书馆为例[J]. 图书馆学研究, 2017(16): 69-77.

[21] 教学与培训[EB/OL]. [2017-07-10]. http://lib.tsinghua.edu.cn/service/workshop.html.

[22] 武丽娜, 左阳, 窦天芳. PRIMO 发现系统应用的可用性设计调研及评测[J]. 图书馆杂志, 2017, 36(5): 47-52.

原载《图书情报工作》2018 年第 12 期

《中国图书馆图书分类法》佛教类目研究

刘春美

摘　要：本文从《中国图书馆图书分类法》1 ~ 5 版及《大型图书馆图书分类法草案》佛教类目的设置入手，比较分析了“中图法”佛教类目的立类宗旨和类目体系的变迁，指出了其中存在的问题，并提出了相应的改进意见；尤其是提出了在“中图法”中设立“佛教类目 2 表”的思路和方法的尝试性建议。

关键词：佛教图书分类；佛教图书管理；中图法；云林法

近年来，学术界的佛学出版物发行数量和读者对佛教及佛学文献的需求日渐增多，一些图书馆在管理佛教类文献方面遇到了新的挑战，选用一部适用的分类法梳理佛教文献显得尤为重要。从目前图书馆界使用分类法的情况看，绝大多数图书馆还是选用《中国图书馆图书分类法》（以下简称“中图法”）管理佛教文献。这部分类法是目前被国内图书馆界普遍使用的分类法，而且其本身也在不断地进行修订和再版，但其佛教类目的架构和内容是否能够满足当下佛教文献的揭示和归类呢？本文试图从历史变迁角度对其佛教类目的结构和内容进行分析，欲就佛教类目中存在的问题和今后的改进进行浅尝性地探讨，希望为“中图法”佛教类目的再修订提供一些不成熟的参考。

“中图法”是目前我国图书馆和情报单位普遍使用的综合性的文献分类法，自 1971 年开始编制，1975 年出第一版，后于 1980 年、1990 年、1999 年、2010 年进行了 4 次修订，至今第 5 版已被国内大部分图书情报单位正式启用。

《大型图书馆图书分类法草案》（以下简称“大型法”）编制于 1959—1966 年，因“文革”原因虽然没有正式出版，但它的编制原则、分类体系、编制体例和标记方式直接影响了“中图法”，谈及“中图法”避不开“大型法”，所以下述涉及类目结构和内容的分析会兼谈“大型法”。

一、各版佛教类目和内容的比较分析

1. 佛教类目在整部分类法中的位置（见表 1）

1949 年新中国成立后到“文化大革命”结束之后的很长一段时间，“大型法”中“B 哲学类说明”对宗教的立类是这样说明的：“宗教的产生是由于历史初期人们对自然力量以及对后来社会力量的无能为力……可以看出宗教与唯心主义哲学的渊源关系，因此，把宗教列在哲学类的最后一个类，作为批评的对象。”1999 年“中图法”第 4 版修订出版时才将

表1 佛教类目位置

大型法	中图法1版	中图法2版	中图法3版	中图法4版	中图法5版
哲学 无神论、宗教 佛教	哲学 无神论、宗教 佛教	哲学 无神论、宗教 佛教	哲学 无神论、宗教 佛教	哲学、宗教 宗教 佛教	哲学、宗教 宗教 佛教

“哲学”和“宗教”并列为平行的B大类类名，“宗教类”在“中图法”中至今没有设置为独立的大类，所以佛教类目在“中图法”中的位置从第1版到第5版一直和道教、伊斯兰教、基督教并列处在三级类目的地位上。

从国内外正在使用的几大分类法看，对宗教类的层级设立上一般有两种方式，一是宗教单独立类，如《杜威十进分类法》、我国台湾地区赖永祥编订的《中国图书分类法》；二是宗教和哲学、心理学并列为一个大类，如《美国国会图书馆图书分类法》。从我国分类法的历史沿革看，佛教典籍的管理有两种处理方法：一是单独分类编目和管理，成立单独的佛教图书馆；二是将其归入四部分类法中的“子部”，设立“释家类”，这种情况一直延续到清代。民国之后受现代图书馆发展的影响，国内的一些新型图书分类法按照西方学科理念进行架构和编制，如刘国钧先生的《中国图书分类法》参照杜威十进分类法将宗教单独设为一个独立的大类，佛教和道教、伊斯兰教、基督教等并列为其子类，我国台湾地区赖永祥编订的《中国图书分类法》是对刘国钧先生之法的延续和改进。“大型法”诞生在“文革”之前，“中图法”诞生于“文革”后期，文化历史的烙印也打在这部分类法上面，宗教从被批判的对象、从哲学类目下的最后一个子类，到今天能够和哲学类平行在一起，也从一个侧面反映了宗教和宗教文献地位不断被提升的发展变化过程。

2. 第一层类目及名称（见表2）

表2 第一层类目及名称

大型法	中图法1版	中图法2版	中图法3版	中图法4版	中图法5版
大藏经	大藏经	大藏经	大藏经	大藏经	大藏经
经及经疏	经及经疏	经及经疏	经及经疏	经及经疏	经及经疏
律及律疏	律及律疏	律及律疏	律及律疏	律及律疏	律及律疏
论及论疏	论及论疏	论及论疏	论及论疏（杂藏设为此类的一个子类）	论及论疏（杂藏设为此类的一个子类）	论及论疏（杂藏设为此类的一个子类）
仪注	布教、仪注	布教、仪注	布教、仪注	布教、仪注	布教、仪注
杂藏	宗派	宗派	宗派	宗派	宗派
宗派	佛教组织与寺院	佛教组织与寺院	佛教组织与寺院	佛教组织与寺院	佛教组织与寺院
僧徒组织与寺院	教化流行史	对佛教的分析、研究和批评	对佛教的分析、研究和批评	对佛教的分析、研究和批评	对佛教的分析、研究和批评
教化流行史	传记（一级类目）	佛教史	佛教史	佛教史	佛教史
传记		传记（设为佛教史之下的一个二级类目B949.9）	传记（设为佛教史之下的一个二级类目B949.9）	传记（设为佛教史之下的一个二级类目B949.9）	传记（设为佛教史之下的一个二级类目B949.9）

从佛教传入中国以后，历经佛教界人士的努力，中国历代佛教典籍翻译数量相当可观，逐渐建立起了经、律、论三藏，并按内容分为大小乘，经、律、论进而细分派别。佛典目录除经、律、论外，还包括诸宗、忏悔、传记、纂集、护教、目录、音义、序赞诗歌等类目。现代分类法中佛教类目的传统类目经、律、论还是沿袭佛典传统目录的类例，其他内容的类名和排序则根据典藏文献的实际需要而立，从“中图法”1～5版和“大型法”的第一层类目中可以看出：

第一层类目的名称和类目内容基本上大同小异，尤其是1～4大类，位列第一的“大藏经”从类名到排序没有任何变化，接下来的依次是“经及经疏”“律及律疏”“论及论疏”，顺序一致，并且都是将释经的文献与原著放在一起。

不同之处主要是一些类名的变化，“大型法”的“仪注”到“中图法”统一为“布教、仪注”；“大型法”的“僧徒组织与寺院”到“中图法”统一为“佛教组织与寺院”；“大型法”的“教化流行史”到“中图法”统一为“佛教史”。

类目的结构和顺序变化不大，“大型法”的“杂藏”单独设类，“中图法”的1～2版没设置此类，3～5版将“杂藏”设为“论及论疏”类下的一个子类；“传记类”在“大型法”和“中图法”1版中是第一层类目，在“中图法”2～5版中变为“佛教史”的下位类。“中图法”从第2版开始增设了“对佛教的分析、研究和批评”类目。“大型法”和“中图法”都缺少“教理”的类目内容，所以“中图法”设置的“对佛教的分析、研究和批评”类目接应了一些“教理”类的文献。因位列第一的“大藏经”没有任何变化，接下来的分析直接从“经及经疏”类开始，按“中图法”的第一层类目顺序依次展开。

3. 经及经疏（见表3）

表3　经及经疏

大型法	中图法1版	中图法2版	中图法3版	中图法4版	中图法5版
B931 经及经疏	B942 经及经疏	B942 经及经疏	B942 经及经疏	B942 经及经疏	B942 经及经疏
.1 阿含部			.1 大乘 华严部、方等部、般若部、法华部、涅槃部等入此	.1 大乘 华严部、方等部、般若部、法华部、涅槃部等入此	.1 大乘 华严部、方等部、般若部、法华部、涅槃部等入此
.19 本缘部			.2 小乘 长阿含、中阿含、增一阿含、杂阿含、木缘部入此	.2 小乘 长阿含、中阿含、增一阿含、杂阿含、木缘部入此	.2 小乘 长阿含、中阿含、增一阿含、杂阿含、木缘部入此
.2 般若部			.3 秘密部	.3 秘密部	.3 秘密部
.3 法华部					
.4 华严部					
.5 宝积部					
.6 大集部					
.7 涅槃部					
.8 经集部					
.9 密教部					

4. 律及律疏（见表4）

表4 律及律疏

大型法	中图法1版	中图法2版	中图法3版	中图法4版	中图法5版
B932 律及律疏	B943 律及律疏	B943 律及律疏	B943 律及律疏	B943 律及律疏	B943 律及律疏
.1/.6 小乘律			.1 大乘律	.1 大乘律	.1 大乘律
.1 有部律			.2 有部律	.2 有部律	.2 有部律
.2 四分律			.3 四分律（戒本、羯磨）	.3 秘密部	.3 秘密部
.3 五分律			.4 五分律	.4 五分律	.4 五分律
.4 僧祇律			.9 其他	.9 其他	.9 其他
.5 十诵律					
.6 杂律					
.7/.9 大乘律					
.7 梵网律					
.8 瑜伽律					
.9 其他					

5. 论及论疏（见表5）

表5 论及论疏

大型法	中图法1版	中图法2版	中图法3版	中图法4版	中图法5版
B933 论及论疏	B944 论及论疏	B944 论及论疏	B944 论及论疏	B944 论及论疏	B944 论及论疏
.1 释经论部			.1 大乘宗经论	.1 大乘宗经论	.1 大乘宗经论
.2 毗昙部			.2 大乘释经论	.2 大乘释经论	.2 大乘释经论
.3 中观部			.3 大乘诸论释	.3 大乘诸论释	.3 大乘诸论释
.4 瑜伽部			.4 小乘论	.4 小乘论	.4 小乘论
.5 论集部 包括论议部、要集部、劝诫部、本行部等			.5 秘密部论	.5 秘密部论	.5 秘密部论
			.6 杂藏	.6 杂藏	.6 杂藏
B935 杂藏					
.1 纂集					
.2 护教					
.3 序赞					
.4 音义、梵学					
.5 因明					
.6 融通					
.7 疑伪依托					
.9 布教、修行					

"大型法"中"论及论疏"类中的"杂藏"单独设为一层类目，而"中图法"的1～2版未设此类，在第3～5版中则将"杂藏"设为"论及论疏"下的一个子类。

在佛教典籍的分类上，《大正藏》的分类具有相对的权威性，"大型法"的经、律、论类目顺序依据《大正藏》，先小乘后大乘；"中图法"的类目顺序依据《阅藏知津》，先大乘后小乘，《阅藏知津》的类目和顺序在我国也是比较有影响的，其类目的顺序和范围基本固定。"中图法"的1～2版立类简单，只有一层类目，从第3版开始进行了细分，经、律、论的类目的结构和内容稳定，基本上可以满足非佛教类图书馆中经、律、论图书的管理。

6. 布教、仪注（见表6）

表6　布教、仪注

大型法	中图法1版	中图法2版	中图法3版	中图法4版	中图法5版
B934 仪注 课仪入此，如二课合解、禅门日诵等	B945 布教、仪注	B945 布教、仪注 课仪入此，如二课合解、禅门日诵等	B945 布教、仪注 行仪、仪轨、发愿、讽诵、忏悔、课仪入此，如二课合解、禅门日诵等	B945 布教、仪注 行仪、仪轨、发愿、讽诵、忏悔、课仪入此，如二课合解、禅门日诵等	B945 布教、仪注 行仪、仪轨、发愿、讽诵、忏悔、课仪入此，如二课合解、禅门日诵等
.1 行仪、仪轨					
.2 发愿					
.3 讽诵					
.4 忏悔					

除经、律、论外，布教、仪制、修持、护法等也是佛教的重要内容，分类法有必要设类涵盖这方面内容。"布教、仪注"一类，从"大型法"到"中图法"，其类目和内容基本固定，"大型法"设置了下位类；"中图法"采用"注释"的方法，虽然3～5版中"注释"部分的类名更详细一些，但涵盖的内容上还是仅仅局限在"仪式"上，这样在实际类分图书时容易将"修持""护法""信仰及其法门"等类文献排除在外。

7. 宗派（见表7）

表7　宗派

大型法	中图法1版	中图法2版	中图法3版	中图法4版	中图法5版
B936 宗派	B946 宗派	B946 宗派	B946 宗派	B946 宗派	B946 宗派 总论北传佛教、南传佛教、汉传佛教入此
.1 律宗（南山宗）		.1 天台宗（日莲宗）	.1 天台宗（日莲宗、法华宗）	.1 天台宗（日莲宗、法华宗）	.1 天台宗（日莲宗、法华宗）
.18 俱舍系（毗昙系）		.2 三论宗	.2 三论宗（法性宗）	.2 三论宗（法性宗）	.2 三论宗（法性宗）
.19 成实系		.3 法相宗（唯识宗）	.3 法相宗（唯识宗、慈恩宗）	.3 法相宗（唯识宗、慈恩宗）	.3 法相宗（唯识宗、慈恩宗）

续表

大型法	中图法1版	中图法2版	中图法3版	中图法4版	中图法5版
.2 法相宗（唯识宗、慈恩宗）		.4 华严宗	.4 华严宗（贤首宗）	.4 华严宗（贤首宗）	.4 华严宗（贤首宗）
.28 地论系		.5 禅宗（曹洞宗、临济宗等）	.5 禅宗（佛心宗）	.5 禅宗（佛心宗）	.5 禅宗（佛心宗）
.29 摄论系		.6 密宗（真言宗）	.6 密宗（秘宗教、真言乘、金刚乘）	.6 密宗（秘宗教、真言乘、金刚乘）	.6 密宗（秘宗教、真言乘、金刚乘）
.3 三论宗		.7 律宗（南山宗）	.7 律宗（南山律宗）	.7 律宗（南山律宗）	.7 律宗（南山律宗）
.4 华严宗（贤首宗、涅槃宗）		.8 净土宗（净土真宗）	.8 净土宗（莲宗）	.8 净土宗（莲宗）	.8 净土宗（莲宗）
.5 天台宗（法华宗）		.9 其他	.9 其他 三阶教等	.9 其他 三阶教等入此	.9 其他 成实宗、三阶教等入此
.6 净土宗					
.7 禅宗（心宗）					
.71 临济宗					
.72 曹洞宗					
.73 沩仰宗					
.71 云门宗					
.71 法眼宗					
.8 密宗（真言宗）					
.88 喇嘛教					
.89 其他中国诸宗、派系					
.9 日本诸宗 日莲宗、真宗等入此					

“宗派”的分类比较杂糅，“大型法”还将“日本诸宗”单独立类；“中图法”从第2版开始逐步固定了中国佛教宗派的八大宗派类目，八大宗派之外的其他宗派再单独设立一类，3版之后的宗派门类固定为大乘8宗，将小乘宗派归到了“其他”类目，“南传佛教”到第5版出现在“B946 宗派”的注释说明文字中。中国佛教宗派的主要八大宗单独设类，方便了宗派文献的分门别派的揭示。但“中图法”不区分地区和国家，如果将各国的宗派也同样依国别分入各国则更便于文献的管理，这是不足之处。

8. 佛教组织与寺院（见表8）

“大型法”的“僧徒组织与寺院”类目结构比较专细，“中图法”从第3版开始增加的“注释”也基本将该类的内容包含进去了，可以按国别和地区进一步细分，实际上起到了类目细分的功能，所以这个类目基本能够满足当下类分文献的需要。

表 8　佛教组织与寺院

大型法	中图法 1 版	中图法 2 版	中图法 3 版	中图法 4 版	中图法 5 版
B937 僧徒组织与寺院	B947 佛教组织与寺院	B947 佛教组织与寺院 佛教教育入此	B947 佛教组织与寺院 现代佛教团体（学校、福利机构）组织机构、寺庙入此。以世界地区表分	B947 佛教组织与寺院 现代佛教团体（学校、福利机构）组织机构、寺庙入此。以世界地区表分，中国再以中国地区表分	B947 佛教组织与寺院 现代佛教团体（学校、福利机构）组织机构、寺庙入此。以世界地区表分，中国再以中国地区表分
.1 佛教会					
.2 中国寺庙					
.3/.8 其他各国寺庙					
.9 居士团体					

9. 对佛教的分析研究和批判

这是“中国法”3～5 版新增设的类目，“大型法”和“中图法”1～2 版中未设此类，由于“中图法”没有设立专门的“教理”类目，而且在布教、仪制、修持、护法等类目设置上不够专细，在类分文献时容易将关于佛教教理类、佛教理论和方法论、修持中各种行事和各个宗派的做法、信仰及佛化生活等类文献统统归入“对佛教的分析研究和批判”类目中，随着佛教实践类文献的增多，例如适合普通大众的人间佛教类图书的不断涌现，导致了“B948 对佛教的分析与研究”类图书内容混杂的“大肚子”现象，所以这个类目的设立还应该更加规范和细化。

10. 佛教史和传记（见表 9）

表 9　佛教史和传记

大型法	中图法 1 版	中图法 2 版	中图法 3 版	中图法 4 版	中图法 5 版
B938 教化流行史	B949 教化流行史 依世界地区表分	B949 佛教史 依世界地区表分	B949 佛教史 依世界地区表分	B949 佛教史 依世界地区表分	B949 佛教史 依世界地区表分
.1 通史 依国际时代表分	.9 传记	.9 传记	.9 传记 依世界地区表分	.9 传记 依世界地区表分	.9 传记 依世界地区表分
.2 中国 依中国地区表分					
.3/.8 其他各国 依世界地区表分					
.9 宗教地理					
B939 传记					
.1 释迦牟尼					
.2 印度僧传					

续表

大型法	中图法 1 版	中图法 2 版	中图法 3 版	中图法 4 版	中图法 5 版
.3 中国僧传					
.31/.38 各代僧传（总传）依中国时代表分					
.39 各代僧传（分传）依中国时代表分；按僧名排					
.4 日本僧传					
.5 其他各国僧传					
.8 居士传					
.9 杂传记传说 往生传、灵验传等入此					

“大型法”的史和传是并行立类，而且比较细化，“佛教史”一般应包括通史（以时代地区表复分）和各国史（先依地区表再依时代表复分）内容，佛教人物也是佛教发展的重心，对于佛教传承相当重要，所以“传记”设类相当必要。“中图法”关于佛教史和传记的类目设置很简单，但因为可以按世界地区表复分，史的部分还可以满足使用；传记类如果能够再细分为“佛传”和“僧传”会更好一些。

11. 佛教文学、艺术、音乐、地理、建筑类目的安置（见表 10）

表 10　佛教文学、艺术、音乐、地理、建筑类目

	大型法	中图法 1 版	中图法 2 版	中图法 3 版	中图法 4 版	中图法 5 版
文学				I059.9 宗教文学（理论和创作方法）	I059.9 宗教文学（理论和创作方法）	I059.9 宗教文学（理论和创作方法）
				I106.99 宗教文学（文学评论和研究）	I106.99 宗教文学（文学评论和研究）	I106.99 宗教文学（文学评论和研究）
				I199 宗教文学集	I199 宗教文学集	I199 宗教文学集 I199.2 佛教文学集
	L2 中国文学	I2 中国文学	I2 中国文学	I2 中国文学	I2 中国文学	I2 中国文学
	L273 民间故事	I27 民间文学	I27 民间文学	I27 民间文学	I27 民间文学	I27 民间文学
	.9 变文、宝卷、宣讲、佛曲、散花	I276.6 变文、宝卷	I276.6 变文、宝卷	I276.6 变文、宝卷	I276.6 变文、宝卷	I276.6 变文、宝卷
				I299 中国宗教文学	I299 中国宗教文学	I299 中国宗教文学
		I3/7 各国文学 .9 宗教文学	I3/7 各国文学 .9 宗教文学	I3/7 各国文学 .9 宗教文学	I3/7 各国文学 .9 宗教文学	I3/7 各国文学 .9 宗教文学

续表

	大型法	中图法 1 版	中图法 2 版	中图法 3 版	中图法 4 版	中图法 5 版
艺术 音乐	M029 宗教艺术 .2 佛教艺术	J19 宗教艺术	J19 宗教艺术	J19 宗教艺术	J19 宗教艺术	J19 宗教艺术 J196.2 佛教艺术 J196.21 喇嘛教（藏传佛教艺术）
	M518.9 宗教典礼音乐理论及研究			J608 宗教音乐研究	J608 宗教音乐研究	J608 宗教音乐研究 J608.2 佛教音乐研究
	M529 宗教歌曲 M531 中国古代说唱音乐 .1 变文 .2 宝卷			J642.8 中国宗教歌曲	J642.8 中国宗教歌曲	J642.8 中国宗教歌曲
	M589.1 宗教乐曲			J648.9 中国其他音乐乐曲 宗教音乐乐曲入此	J649 中国其他音乐乐曲 宗教音乐乐曲入此	J649 中国其他音乐乐曲 宗教音乐乐曲入此
				J652.8 各国宗教歌曲	J652.8 各国宗教歌曲	J652.8 各国宗教歌曲
		J659 各国其他音乐乐曲 宗教音乐乐曲入此	J659 各国其他音乐乐曲 宗教音乐乐曲入此	J659 各国其他音乐乐曲 宗教音乐乐曲入此	J659 各国其他音乐乐曲 宗教音乐乐曲入此	J659 各国其他音乐乐曲 宗教音乐乐曲入此
地理		K928.7 中国历代名胜古迹、寺庙等入此	K928.75 中国寺庙、祠堂	K928.75 中国寺庙、祠堂	K928.75 中国寺庙、祠堂、古塔 宗教名胜入此	K928.75 中国寺庙、祠堂、古塔 宗教名胜入此
建筑				TU-098.3 宗教建筑史	TU-098.3 宗教建筑史	TU-098.3 宗教建筑史
				TU-885 宗教建设艺术图集	TU-885 宗教建设艺术图集	TU-885 宗教建设艺术图集

与佛教有关的佛教文学、艺术、音乐、地理和建筑类目在“大型法”和“中图法”中没有被安置在佛教类目的专类中，而是被分别安置在文学、艺术、音乐、地理、建筑类目中。这种安置有其合理性，交叉学科文献的入类既可以入 A 类也可以入 B 类，但标准要统一，说明要清晰，比如用交替类目的标引形式加以标注说明，所以如果“中图法”在佛教类目的相应位置设立这些交叉学科的交替类目则更为合理和完善。

中国佛典目录，无论是汉传、藏传还是南传，都受到各种大藏经分类及其内涵的影响，但大藏经的分类并非包容所有佛典，有些也有失传，如一些变文等，所以中图法将“变文”归入中国民间文学类也是恰当的。

宗教文学、艺术的一些类目可以依世界地区表复分到国家，第 5 版的一些类目细化到了宗派，这是非常好的修订举动。但当前“寺庙、祠堂、古塔”类目在“中国地理”类的下位类中列出了注释说明，在“世界地理”类中也有仿分说明，但在“各国地理”类的专业复分表中既没有注释说明也没有仿分说明；“宗教建筑史”和“宗教建筑艺术图集”既没有“按世界地区表复分”的注释说明，也没有按宗派类型细分的专业类表。所以这两个类目的文献容易造成不同国家、不同宗派文献混杂在一起的情况。实际上“中图法”对类分国外文献的一些专用复分表设类体系往往比较粗，不仅仅是针对宗教文献一类，因为这不是本文重点讨论的主题，所以不在此详述。

二、对“中图法”佛教类目今后改进的粗浅建议

“中图法”从第2版到第5版的每一次修订，编委会都是根据学科和文献发展的轻重缓急进行重点增删、调整一些类目和附表，修订、规范一些类名和注释等，但“哲学、宗教”类一直没有成为修订的重点。相比较而言，学术界对“中图法”佛教类目的修订研究还是有拓荒者，一些前辈和同行走在了前面，如北京大学的白化文先生多年前就进行过一些探讨和实践，并编著了《佛教图书分类法》(改定本)；杭州灵隐寺云林图书馆周子荣先生实践并编制了《云林佛教图书分类法》。当前在类分佛教文献时，这两部工具书起到了很好的参考和辅助作用。

白化文先生的《佛教图书分类法》(改定本）是对我国台湾香光尼众佛学院图书馆编辑的《佛教图书分类法》1996 年版（以下简称“香光法”）的改定，白先生一再强调《佛教图书分类法》(改定本）不是他的功绩，特别注上了“改定本”字样。众所周知，一部分类法的编制、修订和逐步的完善，需要经过多年甚至是几代人的努力，虽是改定本也花费了白先生大量心血，这部改定本的出现为“中图法”修订佛教类目参考“香光法”时，厘清了因认识不同带来的一些原则性问题，如一些类目层级关系的调整、地区复分表的选定和一些类名的规范等。

白先生还曾撰文呼吁将佛教类目提升为“中图法”的第23个大类，将《佛教图书分类法》(改定本）与其他22个大类并列为“中图法”的一个大类。

周子荣先生的修订思想则具体体现在《云林佛教图书分类法》的编制实践中，周先生参照“香光法”，在“中图法”原有佛教类目内，保持“中图法”原有的体系结构和标记符号制度，修改了“香光法”的一些理念和类名，将“香光法”的一些类目进行拆离、重组、扩类和修改，充实到“中图法”佛教类目内，并将总类复分的内容对应到相应的位置，起到“总论”作用，增加了“教理”“佛教文艺、佛教语文”等内容；为了补充、调整和细化类目，还灵活地采用了一些标引方法，修修补补的工作有时比另起炉灶更费功力，所有这些工作操作起来都有相当的难度。

上述两位前辈的功德都很值得称道，下述建议只是根据多年的编目工作经验抛砖引玉。

1.“中图法”原有的佛教类目继续保持并不断地按现行的编制原则和体例对一些内容和逻辑关系进行修订、梳理和补充，作为佛教类目1表，满足非佛教类图书馆管理佛教文献的需要。

2. 在“中图法”“B 哲学 宗教”类目的最后，专门设立一个“佛教类目2表”，满足佛

教图书馆管理文献的使用，同时便于使用 1 表的图书馆参考，这是笔者从“中图法”设立“法律 2 表”的举措中得到的启发，具体如下：

（1）白化人先生提议将《佛教图书分类法》（改定本）提升为“中图法”的一个大类。从技术层面不难实现，难的是当下的认识和接受程度，如果单独将佛教类目提升到和其他 22 大类平行的地位，恐怕会造成一些不和谐声音。而且受“中图法”最初的编制原则和体系的限制，进行实质性突破很难做到。

（2）周子荣先生的《云林佛教图书分类法》比较适合佛教图书馆的使用，如果将其纳入“中图法”B94 中，非佛教类图书馆使用起来有一种索引的感觉，很方便参考，但又会感觉太专业，有些类目又不需要那么详细。

（3）“佛教类目 2 表”比较容易实现，因为继续保留了 1 表，在体系上“中图法”依然很完整，其法律 2 表的设立就是一个很好的佐证。法律 2 表是“中图法”从第 3 版起开始设立的，两个表的体系不一样，1 表是先到国家再到法的类型，2 表则是先按法的体系列类，若有需要再到国家，主要是供法律专业或编制法律专题目录使用。佛教 2 表的设立若实现，其他宗教文献需要时同样也可以设立分表，不存在孰高孰低的认识偏见问题。

3.“佛教类目 2 表”实现的大致思路如下：

（1）标记符号用“BF”取代“B94”，巧合的是，F 字母是既有分表的“分”字汉语拼音首字母缩写含义，又有佛教的“佛”字汉语拼音首字母缩写的含义。法律 2 表的第一层类目号在 3 版时还使用“D（9）”，到第 4 版就启用了“DF”。

（2）“佛教类目 2 表”的内容将《云林佛教图书分类法》的正文主要内容嵌入。

（3）可能的话，参考我国台湾地区赖永祥编订的《中国图书分类法》，将一些重要的佛教词语的英文形式并列在中文词语之后，便于编目员参考。

编制或修订比较准确地反映佛教典籍和佛教相关文献的专业性分类法实属不易，但在当下又是十分必要的，无论是创新还是修订都需国内外佛教界、图书馆学界的热心人士投入时间和精力。

参考文献

[1] 中国图书馆图书分类法编辑组. 中国图书馆图书分类法（第一版）[M]. 北京：科学技术文献出版社，1975.

[2] 中国图书馆图书分类法编辑委员会. 中国图书馆图书分类法（第二版）[M]. 北京：书目文献出版社，1980.

[3] 中国图书馆图书分类法编辑委员会. 中国图书馆图书分类法（第三版）[M]. 北京：书目文献出版社，1990.

[4] 中国图书馆分类法编辑委员会. 中国图书馆分类法（第四版）[M]. 北京：北京图书馆出版社, 1999.

[5] 国家图书馆中国图书馆分类法编辑委员会. 中国图书馆分类法（第五版）[M]. 北京：国家图书馆出版社, 2010.

[6] 大型图书馆图书分类法编辑委员会. 大型图书馆图书分类法草案（初稿）. 1960.

[7] 赖永祥. 中国图书分类法（2001 年增订八版）[M]. 台北：文华图书馆管理资讯股份有限公司, 2011.

[8] 周子荣. 云林佛教图书分类法[M]. 香港：云林出版社, 2005.

[9] 周子荣. 佛教图书馆使用《中国图书馆分类法》的尝试[J]. 中国索引, 2005(3): 37-39.

[10] 白化文. 佛教图书分类法（改订本）[M]. 北京：北京图书馆出版社, 2001.

[11] 白化文. 汉文佛教图书的分类编目问题[J]. 北京大学学报（哲学社会科学版）, 2008(1): 142-145.

[12] 阮静玲.《佛教图书分类法1996年版》与各分类法之佛教类目比较分析[EB/OL]. [2014-12-19]. http://www.gaya.org.tw/journal/m28/28-main3.htm.
[13] 白国应. 历史不会忘记——大型图书馆图书分类法草案编制40周年[J]. 图书情报论坛, 1999(1): 2-13.
[14] 方广锠. 佛教大藏经史（八—十世纪）[M]. 北京：中国社会科学出版社, 1991.
[15] 刘国钧. 中国图书分类法（增订再版）[M]. 南京：南京金陵大学图书馆, 1936.

本文收录于《2015年灵隐寺〈云林佛教图书分类法〉修订暨中国佛教图书馆管理研讨会论文集》中，2015年浙江杭州灵隐寺出版。本稿有修改。

电子资源统计数据及成本数据标准应用案例研究
——以清华大学图书馆为例

于　宁　贾延霞　邵　敏

摘　要： 调研国内外电子资源统计数据及成本数据标准的研究现状，介绍清华大学图书馆应用电子资源统计数据及成本数据标准进行电子资源使用统计分析的经验，认为图书馆应用电子资源统计数据及成本数据标准，有利于电子资源使用绩效评估工作的规范化，有利于电子资源生命周期管理流程的规范化。

关键词： 电子资源管理标准；电子资源统计数据及成本数据标准；COUNTER；SUSHI；清华大学图书馆

0　引言

2012 年 2 月 1 日美国国家信息标准组织（National Information Standards Organization，NISO）发布了《兑现电子资源管理的承诺：标准和最佳实践讨论文件》[1]，较为完整地归纳梳理了电子资源管理标准，为电子资源标准体系的建立与发展提供了理论与实践基础。国内研究者一直注重跟踪 NISO 制定的各类电子资源管理相关标准，陈大庆深度解析了 5 类电子资源管理标准，包括链接解析器及知识库标准，作品、展示及检索点相关的标准，统计数据及成本数据的标准，许可标准，利用机构标识符进行数据交换的标准，介绍了这 5 类标准的名称、简介以及对应的电子资源管理功能，为国内研究者深入了解电子资源管理标准提供了参考[2]。

在电子资源管理的相关标准研究中，对统计数据及成本数据标准的研究开展较早，国内外多家图书馆将统计数据及成本数据标准应用于电子资源管理与评价。

1　国内外电子资源统计数据及成本数据标准研究现状

1.1　理论研究

统计数据及成本数据标准包含 CORE、COUNTER 与 SUSHI。CORE 用于解决 ILS 和 ERM 之间关于资源、产品、订单、发票、成本等方面的交互问题[3]。COUNTER 用于规范供应商提供电子资源使用统计数据的格式、内容及术语等，使各供应商生成的统计数据具有一致性、可靠性和相互兼容性[4]。SUSHI 定义自动收割电子资源使用统计数据的协议[5]。其中 COUNTER 与 SUSHI 是电子资源管理与评价中最常使用的标准，通常结合使用。

国外研究者 Oliver Pesch 清晰地梳理了 COUNTER 与 SUSHI 的发展脉络，以时间轴的形式记录了 COUNTER 版本的更新以及 SUSHI 发展的重要时间节点[6]，为国内研究者了解 COUNTER 与 SUSHI 的发展历程提供了重要参考。国内的研究者也紧跟 COUNTER 与 SUSHI 的发展，在 COUNTER 版本的研究方面，郭依群[7]、张建等[8]、王丹丹[9]、李洪[10]、侯景丽[11]等分别跟踪并介绍了 COUNTER 第一版到第五版的统计指标、报告设置、存在的问题等。在对 COUNTER 报告内容分析方面，朱兵等[12]、索传军等[13]、张计龙等[14]等分别介绍了 CONTER 报告的统计内容、统计方法，对 COUNTER 标准实施问题进行分析探讨并给出了实证。

在对 SUSHI 的研究方面，Oliver Pesch 指出 2008 年 SUSHI 的应用将对图书馆员和使用数据的收集产生深远的影响[15]。Janet K. Chisman 论述了 COUNTER 与 SUSHI 连接 ERM 系统的配置，以及 ERM 系统从 ScholarlyStats 导入数据进行统计数据管理[16]。国内研究者杜莹琦等[17]介绍了 SUSHI 协议的背景、技术内涵、基本框架与工作流程，呼吁国内出台类似于 SUSHI 的标准化使用统计获取协议。闫晓弟等[18]、刘芳等[19]介绍了基于 SUSHI 协议的在线电子资源使用统计收集和整合平台 ScholarlyStats，提出 ScholarlyStats 在国外的应用为国内图书馆收集和分析电子资源利用情况提供了借鉴。

1.2 应用实践

除了理论层面的研究，国内外研究者对图书馆利用 COUNTER 与 SUSHI 开展电子资源使用分析，进行了探索和实践。国外研究者 Oliver Pesch 详细介绍了 SUSHI 配置与收割 COUNTER 报告的具体步骤与方法，以及利用 COUNTER 期刊报告进行电子资源使用和成本的分析[20]；论述了 SUSHI 的问题以及解决方案，对如何完善 COUNTER 和 SUSHI 以实现可靠的使用分析提出了针对性的建议[21]。国内研究者胡兆芹[22]、刘佳音[23]、温暖[24]介绍了所在图书馆利用 COUNTER 报告进行电子资源使用分析、了解电子资源的情况，对电子资源使用绩效进行评估。

在对 SUSHI 的实施方面，陈大庆等详细介绍了深圳大学图书馆电子资源使用统计平台 USSER，以及利用 USSER 收集的数据进行电子资源评估的实践[25]。丁培等以英国期刊使用统计门户 JUSP 为案例，探究其在数据收集、数据提供及数据维护等方面的实践[26]。叶兰等以 DRAA 使用统计门户为案例，介绍如何开发使用统计服务并促进 SUSHI 的实施，向 DRAA 成员馆提供使用统计数据[27]。陈大庆等梳理了国内外 SUSHI 的实施与应用现状，从 SUSHI 客户端和服务器端两个层面解析 SUSHI 实施与应用的具体流程与步骤，并通过剖析英国 JUSP 和中国 DRAA 两个联盟的应用案例，呈现 SUSHI 应用的具体操作细节[28]。

以上研究成果表明，国内研究者对 COUNTER 标准的研究开展较早，并有多家图书馆利用 COUNTER 报告，完成本馆的电子资源使用统计与成本分析。但基于 SUSHI 协议的应用案例较少，目前仅有深圳大学图书馆基于数据库商提供的 COUNTER 报告研发使用统计平台 USSER 以及 DRAA 利用 SUSHI 自动收割 COUNTER 报告。清华大学图书馆历来重视对电子资源使用情况的跟踪以及对电子资源使用效益的评估。每年定期开展工作，统计本馆的电子资源建设情况，收集整理电子资源的统计数据，进行相关分析[29]。清华大学图书馆应用 COUNTER 与 SUSHI 开展电子资源使用统计与成本分析的经验，将为图书馆电子资源统计数据及成本数据标准的实际应用提供参考。

2 清华大学图书馆电子资源使用统计分析实践

2.1 基于 COUNTER 报告与使用数据的电子资源使用统计分析

自 COUNTER 标准实施以来，国外数据库商积极响应，大多数数据库可以提供遵循 COUNTER 标准或包含符合 COUNTER 标准的使用报告。COUNTER 报告的数据标准统一，准确度高，数据之间具有可比性，为清华大学图书馆电子资源使用统计分析提供了良好的数据基础。

清华大学图书馆每年会向数据库商索要使用统计报告或在数据库管理网站下载报告，将报告中的数据进行手工的分析提取，并将各类型电子资源的花费进行对应整理，形成年度的电子资源使用统计报表。报表中还包含各类型电子资源使用量的增减分析、使用成本的增减分析。根据年度的使用统计报表，形成《年度电子资源使用统计报告》，报告包括各类型电子资源使用量排名及变化、使用成本排名及变化等内容。这种统计分析方式可以涵盖所有类型数据库的使用统计，可以对不支持 COUNTER 标准的二次文献类、事实数值类、中文图书类等数据库的使用量和使用成本进行年度的对比分析，但这种方式不易进行单个电子期刊/图书的使用量分析，影响了电子资源使用绩效评估的全面性。

2.2 基于 ALMA 系统的电子资源使用统计分析

ALMA 是 Ex Libris 公司开发的下一代图书馆服务平台。2017 年，清华大学图书馆选择 ALMA 系统作为图书馆管理系统，实现图书馆多类型馆藏资源（包括物理、电子和数字馆藏）全生命周期的统一管理。在 ALMA 系统电子资源全生命周期管理中，对本馆所拥有的电子资源的统计和分析是其一项重要的功能。

2.2.1 ALMA 系统电子资源使用统计功能

ALMA 系统可以收集电子资源的使用统计数据，其统计数据格式需支持 COUNTER 标准，电子资源管理员可以通过 ALMA 系统后台上传，或者通过配置 SUSHI 账户自动收割 COUNTER 报告。

SUSHI 账户需要配置的主要参数包括 Requester ID：数据库商用于识别使用数据的请求者；Customer ID：使用数据的所属用户；User Name：使用者名称；Report Type：COUNTER 报告的类型；Counter Release：COUNTER 报告的版本。还包括 Requester Email、Requester Name、Customer Name、Password 等参数。在 SUSHI 账户配置成功后，管理员可选择手动即时收割或系统定期收割 COUNTER 报告。

通过 SUSHI 自动收割获取或手动上传 COUNTER 报告后，管理者可以在 ALMA Analytics 模块进行电子资源使用统计分析，主要包括：①Usage，即电子资源使用统计分析；②Cost per use，即电子资源使用与成本的统计分析。电子资源管理员可以设计并导出电子资源使用相关的统计结果，进行电子资源使用评价，为电子资源采购决策提供参考。

2.2.2 ALMA 系统电子资源使用统计应用

依托 ALMA 系统提供的电子资源使用统计管理功能，电子资源管理员对清华大学图书馆购买的数据库与 ALMA 支持 SUSHI 协议的数据库进行了梳理比对，目前已完成 31 个数据库的 SUSHI 配置，成功收割各数据库各类型报告，为清华大学图书馆进行电子资源使用统计分析提供了数据基础。以下分析的数据来源为清华大学图书馆 2018 年电子资源使用统计报告。

（1）电子资源使用统计分析——Usage

依据 SUSHI 自动收割获取和手动上传的 COUNTER 报告，从 ALMA 系统的统计分析模块可以得出使用量相关的分析结果。

应用实例 1：2018 年电子期刊/图书/数据库使用量（见图 1 和图 2）以及年度使用趋势（见图 3）。

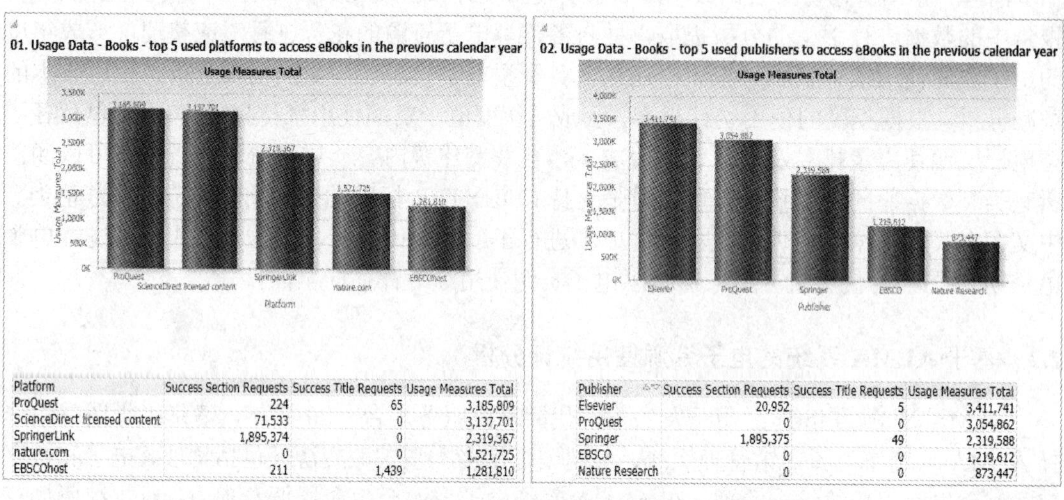

Platform	Success Section Requests	Success Title Requests	Usage Measures Total
ProQuest	224	65	3,185,809
ScienceDirect licensed content	71,533	0	3,137,701
SpringerLink	1,895,374	0	2,319,367
nature.com	0	0	1,521,725
EBSCOhost	211	1,439	1,281,810

Publisher	Success Section Requests	Success Title Requests	Usage Measures Total
Elsevier	20,952	5	3,411,741
ProQuest	0	0	3,054,862
Springer	1,895,375	49	2,319,588
EBSCO	0	0	1,219,612
Nature Research	0	0	873,447

图 1 2018 年电子图书使用排名前 5 名的平台与出版者

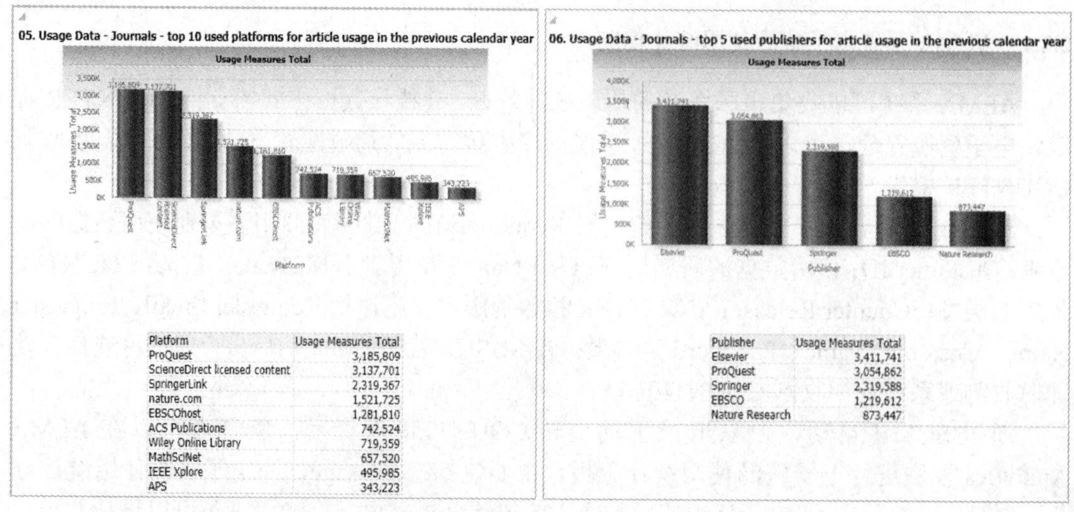

Platform	Usage Measures Total
ProQuest	3,185,809
ScienceDirect licensed content	3,137,701
SpringerLink	2,319,367
nature.com	1,521,725
EBSCOhost	1,281,810
ACS Publications	742,524
Wiley Online Library	719,359
MathSciNet	657,520
IEEE Xplore	495,985
APS	343,223

Publisher	Usage Measures Total
Elsevier	3,411,741
ProQuest	3,054,862
Springer	2,319,588
EBSCO	1,219,612
Nature Research	873,447

图 2 2018 年电子期刊使用排名前 10 名的平台与出版者

统计结果显示，2018 年使用量高的电子期刊/电子图书集中在 Elsevier、SpringerNature、ACS、APS 等出版社以及 EBSCO、ProQuest 等集成商。从资源建设的角度考虑，这类使用量高的出版社或集成商的产品需要持续保障。

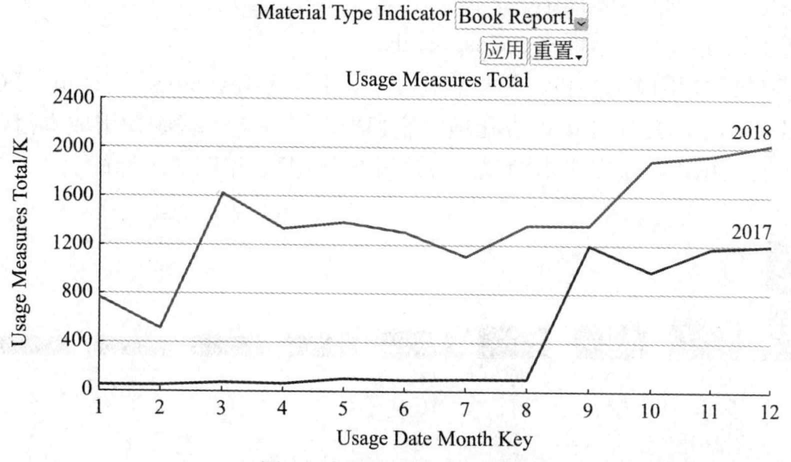

图 3　电子资源年度使用趋势

统计结果显示，3 月、10 月到 12 月电子资源（所有类型）的使用量有明显的上升，2 月的使用量明显下降（说明：2017 年 9 月清华大学图书馆 ALMA 系统开始收割数据，导致 2017 的使用量不准确）。电子资源使用趋势与清华大学师生寒暑假期和研究时间相关，通过此数据可以了解读者使用习惯和读者对图书馆资源的关注时段，图书馆可以据此安排资源的培训和未购买资源的试用。

应用实例 2：2018 年电子图书拒访（BR3）前 20 名的图书（见图 4）。

BR3 - Title Access Denied (item not licensed)	Normalized Title	Platform	Publisher
292	reference module in materials science and materials engineering	ScienceDirect.com	Elsevier
183	the kondo problem to heavy fermions	Cambridge Core	Cambridge University Press
181	principles of turbomachinery in air breathing engines	Cambridge Core	Cambridge University Press
162	two phase flow boiling and condensation	Cambridge Core	Cambridge University Press
157	matrix analysis	Cambridge Core	Cambridge University Press
121	physical geography	Cambridge Core	Cambridge University Press
118	neuronal dynamics	Cambridge Core	Cambridge University Press
107	the cambridge handbook of linguistic multi competence	Cambridge Core	Cambridge University Press
97	reference module in earth systems and environmental sciences	ScienceDirect.com	Elsevier
93	encyclopedia of neuroscience	ScienceDirect.com	Elsevier
92	principles of optics	Cambridge Core	Cambridge University Press
87	climate change 2013 – the physical science basis	Cambridge Core	Cambridge University Press
84	an introduction to fluid dynamics	Cambridge Core	Cambridge University Press
83	the oxford handbook of populism	Oxford Handbooks Online	Oxford University Press
79	ancient greece and china compared	Cambridge Core	Cambridge University Press
79	reference module in biomedical sciences	ScienceDirect.com	Elsevier
79	reference module in life sciences	ScienceDirect.com	Elsevier
77	modern analysis of automorphic forms by example	Cambridge Core	Cambridge University Press
76	structural equation modeling and natural systems	Cambridge Core	Cambridge University Press
75	physics at surfaces	Cambridge Core	Cambridge University Press

图 4　2018 年电子图书拒访排名

ALMA 系统收割了 2018 年 Cambridge Core、Emerald Group、Oxford Scholarship、ProQuest、ScienceDirect.com 等 41 个平台的电子图书拒访（BR3）报告。统计结果显示，在拒访量排名前 20 的图书里，有 14 种拒访量高的图书来自剑桥大学出版社。清华大学图书馆购买了剑桥大学出版社部分电子图书，但没有覆盖全部学科范围。从资源建设的角度考虑，读者对剑桥大学出版社电子图书有需求，且拒访量高的 14 种图书的学科集中在理工科，与清华大学学科建设方向相符，可以考虑优先购买剑桥大学出版社理工类电子图书。同时拒访量高的电子图书的出版时间为 2012—2018 年，在订购时不应只局限于新书，还应根据统计数据，扩大购买电子图书的时间范围。

（2）电子资源使用成本分析——Cost per use

ALMA 系统的使用成本分析，通过将电子资源库（E-Inventory）、订单（POL）、支出（Fund Expenditure）、COUNTER 报告几项关联起来，形成电子资源使用成本报告。

应用实例 1：2018 年使用成本较低/较高的电子资源（见图 5、图 6）。

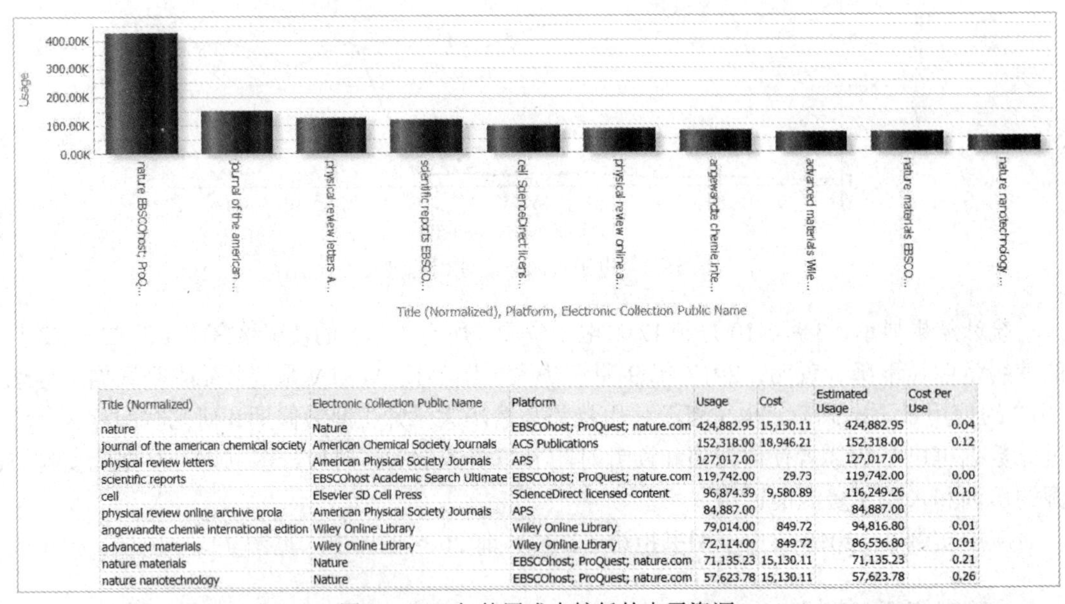

Title (Normalized)	Electronic Collection Public Name	Platform	Usage	Cost	Estimated Usage	Cost Per Use
nature	Nature	EBSCOhost; ProQuest; nature.com	424,882.95	15,130.11	424,882.95	0.04
journal of the american chemical society	American Chemical Society Journals	ACS Publications	152,318.00	18,946.21	152,318.00	0.12
physical review letters	American Physical Society Journals	APS	127,017.00		127,017.00	
scientific reports	EBSCOhost Academic Search Ultimate	EBSCOhost; ProQuest; nature.com	119,742.00	29.73	119,742.00	0.00
cell	Elsevier SD Cell Press	ScienceDirect licensed content	96,874.39	9,580.89	116,249.26	0.10
physical review online archive prola	American Physical Society Journals	APS	84,887.00		84,887.00	
angewandte chemie international edition	Wiley Online Library	Wiley Online Library	79,014.00	849.72	94,816.80	0.01
advanced materials	Wiley Online Library	Wiley Online Library	72,114.00	849.72	86,536.80	0.01
nature materials	Nature	EBSCOhost; ProQuest; nature.com	71,135.23	15,130.11	71,135.23	0.21
nature nanotechnology	Nature	EBSCOhost; ProQuest; nature.com	57,623.78	15,130.11	57,623.78	0.26

图 5　2018 年使用成本较低的电子资源

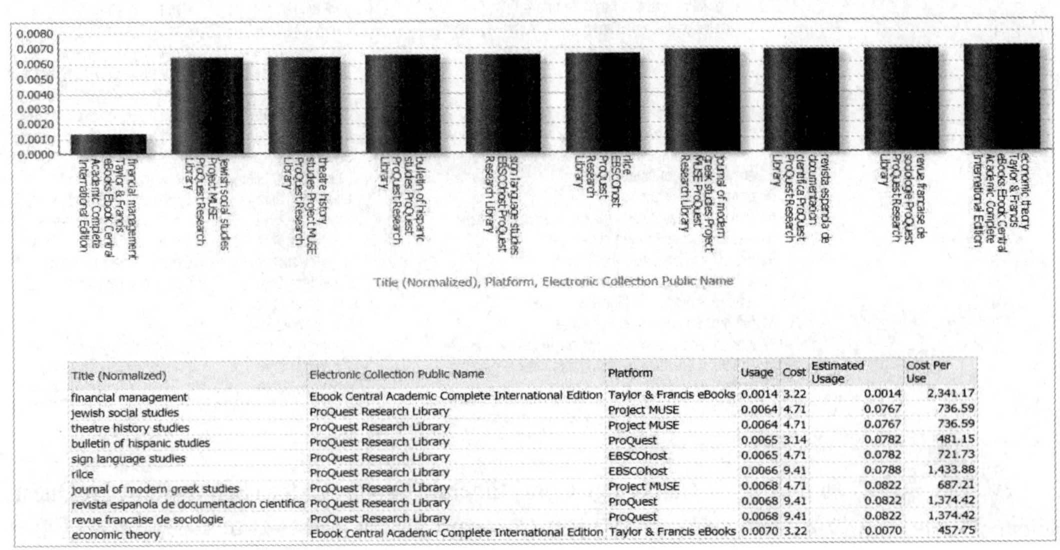

Title (Normalized)	Electronic Collection Public Name	Platform	Usage	Cost	Estimated Usage	Cost Per Use
financial management	Ebook Central Academic Complete International Edition	Taylor & Francis eBooks	0.0014	3.22	0.0014	2,341.17
jewish social studies	ProQuest Research Library	Project MUSE	0.0064	4.71	0.0767	736.59
theatre history studies	ProQuest Research Library	Project MUSE	0.0064	4.71	0.0767	736.59
bulletin of hispanic studies	ProQuest Research Library	ProQuest	0.0065	3.14	0.0782	481.15
sign language studies	ProQuest Research Library	EBSCOhost	0.0065	4.71	0.0782	721.73
rilce	ProQuest Research Library	EBSCOhost	0.0066	9.41	0.0788	1,433.88
journal of modern greek studies	ProQuest Research Library	Project MUSE	0.0068	4.71	0.0822	687.21
revista espanola de documentacion cientifica	ProQuest Research Library	ProQuest	0.0068	9.41	0.0822	1,374.42
revue francaise de sociologie	ProQuest Research Library	ProQuest	0.0068	9.41	0.0822	1,374.42
economic theory	Ebook Central Academic Complete International Edition	Taylor & Francis eBooks	0.0070	3.22	0.0070	457.75

图 6　2018 年使用成本较高的电子资源

图 5、图 6 统计结果显示，2018 年使用成本较低的电子资源为 *Nature*、*Angewandte Chemie International Ddition* 等。从单刊/书的角度进行统计，可以了解读者的研究方向与对资源的认可度，为图书馆进行更加精细化的采购提供数据依据。2018 年使用成本较高的电子资源为 jewish social studies、revista espanola de documentacion cientifica 等，这类资源部分使用成本较高的来自 ProQuest Research Library 数据库，且部分期刊/图书为小语种资源（法语、西班牙语）。从资源建设的角度考虑，ProQuest Research Library 数据库包含内容较多且学科主题与语种分散，需深入挖掘此库的内容，为读者提供深度培训。另外，还需进一步了解读者对小语种资源的需求，制定有针对性的采购方案。

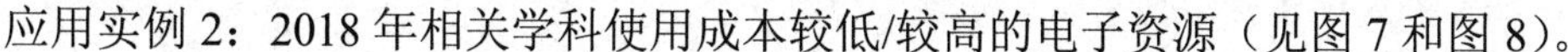

应用实例 2：2018 年相关学科使用成本较低/较高的电子资源（见图 7 和图 8）。

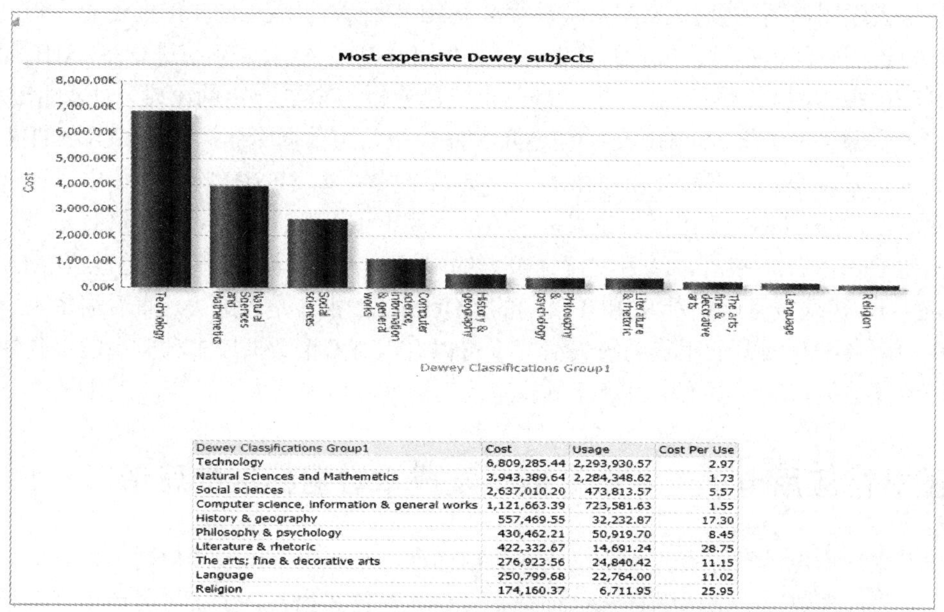

Dewey Classifications Group1	Cost	Usage	Cost Per Use
Technology	6,809,285.44	2,293,930.57	2.97
Natural Sciences and Mathemetics	3,943,389.64	2,284,348.62	1.73
Social sciences	2,637,010.20	473,813.57	5.57
Computer science, information & general works	1,121,663.39	723,581.63	1.55
History & geography	557,469.55	32,232.87	17.30
Philosophy & psychology	430,462.21	50,919.70	8.45
Literature & rhetoric	422,332.67	14,691.24	28.75
The arts; fine & decorative arts	276,923.56	24,840.42	11.15
Language	250,799.68	22,764.00	11.02
Religion	174,160.37	6,711.95	25.95

图 7　2018 年基于杜威十进图书分类法（Dewey）的使用成本统计

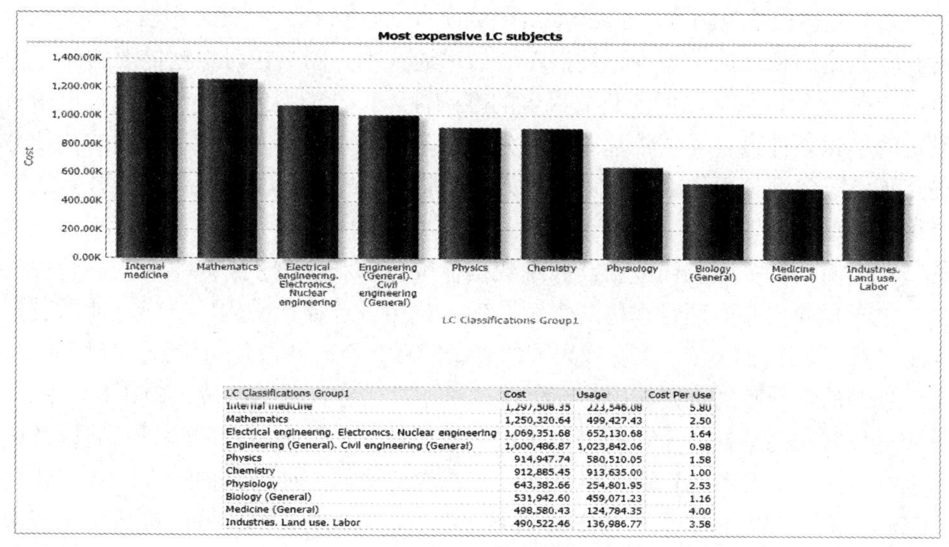

LC Classifications Group1	Cost	Usage	Cost Per Use
Internal medicine	1,297,508.35	223,546.08	5.80
Mathematics	1,250,320.64	499,427.43	2.50
Electrical engineering. Electronics. Nuclear engineering	1,069,351.68	652,130.68	1.64
Engineering (General). Civil engineering (General)	1,000,486.87	1,023,842.06	0.98
Physics	914,947.74	580,510.05	1.58
Chemistry	912,885.45	913,635.00	1.00
Physiology	643,382.66	254,801.95	2.53
Biology (General)	531,942.60	459,071.23	1.16
Medicine (General)	498,580.43	124,784.35	4.00
Industries. Land use. Labor	490,522.46	136,986.77	3.58

图 8　2018 年基于美国国会图书馆分类法（LC）的使用成本统计

统计结果显示，2018 年电子资源使用成本较低的学科集中在计算机科学与信息科学、自然科学与数学、物理与化学等理工类学科，这与清华大学优势学科相匹配，也与图书馆资源建设的重点学科相吻合。电子资源使用成本较高的学科集中在历史与地理、文学与修辞、语言与艺术、内科学等学科，这与清华大学研究者数量与使用习惯相关。对于使用成本较高的文科类电子资源，图书馆应该从多方面了解读者的实际需求与使用习惯，同时加强文科类电子资源的宣传与培训，提升读者对文科类电子资源的认知度，提高文科类电子资源的使用率，降低使用成本。

2.2.3 ALMA 系统电子资源使用统计问题

清华大学图书馆利用 ALMA 系统进行 SUSHI 的配置与 COUNTER 报告的收割，节省了获取报告的时间，拓展了报告的分析类型。但是在利用 ALAM 系统进行 SUSHI 配置与 COUNTER 报告收割方面遇到一些问题，为统计分析带来了一定的困难。①数据的准确性：电子资源管理员将 SUSHI 收割的 COUNTER 报告与数据库商提供的 COUNTER 报告进行比对，发现个别数据库使用量不一致，如 APS 数据库 SUSHI 收割的使用量远远大于数据库商提供的 COUNTER 报告使用量，这都需要电子资源管理员对数据进行核查，重新手动上传 COUNTER 报告。②月度统计数据的缺失：电子资源管理员可通过 ALMA 系统 Missing Data 模块按月度查看 SUSHI 收割的 COUNTER 报告是否缺失。查看清华大学图书馆 2018 年 SUSHI 收割的报告的缺失情况，可以看出有多个数据库多种类型的报告缺失的某月的统计数据，需要电子资源管理员补充缺失数据，增加了人工核查的工作量。

3 图书馆应用电子资源统计数据及成本数据标准的思考

图书馆应用电子资源统计数据及成本数据标准，有利于电子资源使用绩效评估工作的规范化。目前多数图书馆使用数据库商提供的 COUNTER 报告，手工进行电子资源使用量填报以及人工分析。统计分析的工作也受制于数据库商发送数据的时间、数据格式的准确性、数据类型的多样性等因素。应用 SUSHI 协议自动收割 COUNTER 报告，将降低对从数据库商获取数据的依赖性，减少与数据库商的沟通成本。图书馆可根据需要实时或定期获取 COUNTER 报告，且可以保证获取报告的准确性、报告类型的多样性。通过电子资源管理员设定的检索条件可自动生成基于用量分析和基于成本分析的各类型资源的统计分析报告，提高了电子资源使用绩效评估工作的效率，也使图书馆电子资源使用绩效评估工作更加系统化、规范化。

图书馆应用电子资源统计数据及成本数据标准，有利于电子资源生命周期管理流程的规范化。电子资源生命周期管理包含资源发现、试用、选择、采购、访问、使用监护、统计、续订或停订 8 个阶段[30]。在管理周期的多个阶段，及时获取使用统计，分析使用行为，都对电子资源的管理起到重要作用。在资源的试用、选择、采购阶段，COUNTER 报告可以为采购提供客观的数据参考，图书馆可根据使用统计，结合本校的学科发展以及读者与专家的推荐意见，综合考虑订购电子资源。在资源的访问、使用监护阶段，SUSHI 自动收割的 COUNTER 报告与链接服务的统计结果相结合，可以为图书馆随时提供电子资源使用的监控，了解读者的使用习惯，对于使用量较低的电子资源，图书馆可考虑通过宣传、培训的方式引导读者使用；对于使用量异常高的电子资源，图书馆需判断是否有资源违规使用的情况，及时发现问题，以保证资源的合理使用。在资源的续订、停订阶段，图书馆可将 SUSHI 自动收割的 COUNTER 报告与电子资源库、订购花费等相结合，根据需要自动生成各类报表，为电子资源评估与采购决策提供依据。COUNTER 与 SUSHI 将使用数据和统计分析结果融入整个电子资源生命周期管理流程中，为实现图书馆电子资源生命周期管理流程的规范化打下良好的数据基础。

4 结语

图书馆已经意识到电子资源统计数据及成本数据标准的重要性，并利用 COUNTER 标准开展电子资源使用绩效的评估。但由于国内电子资源管理系统还没有广泛的推广应用，对于 SUSHI 的理解和使用大多还停留在 DRAA 提供的 SUSHI 应用案例方面，单馆使用 ERM 系统进行 SUSHI 收割与电子资源使用统计分析的较少。此外，国内数据库除中国知网支持 COUNTER 标准以外，其他数据库基本不支持电子资源统计数据及成本数据标准。清华大学图书馆应用 ALMA 系统实现了电子资源全生命周期的管理，同时也应用电子资源统计数据及成本数据标准开展电子资源使用绩效的评估。随着电子资源管理系统在国内图书馆的逐渐使用，国内出版商对电子资源统计数据及成本数据标准认知的加深，电子资源管理标准也将得到广泛的应用，这将促进图书馆电子资源管理工作的高效化、自动化、规范化，从而提升整个图书馆资源建设的管理水平。

参考文献

[1] NISO Publishes White Paper on the Future Standardization Needs for Electronic Resource Management Systems[EB/OL]. [2019-01-16]. https://www.niso.org/press-releases/2012/02/niso-publishes-white-paper-future-standardization-needs-electronic-resource.

[2] 陈大庆. 电子资源管理标准述评[J]. 图书情报工作, 2013, 57(3): 125-130.

[3] CORE: Cost of Resource Exchange [EB/OL]. [2019-01-16]. https://www.niso.org/standards-committees/core-cost-resource-exchange.

[4] COUNTER provides the standard that enables the knowledge community to count the use of electronic resources [EB/OL]. [2019-01-16]. https://www.projectcounter.org/.

[5] Standardized Usage Statistics Harvesting Initiative (SUSHI) Protocol (ANSI/NISO Z39.93-2014) [EB/OL]. [2019-01-16]. https://www.niso.org/standards-committees/sush.

[6] Pesch O. A Brief History OF COUNTER and SUSHI: the evolution of interdependent standards [J]. Information Standards Quarterly, 2015, 27(2-3): 5-11.

[7] 郭依群. COUNTER——网络化电子资源使用统计的新标准[J]. 大学图书馆学报, 2005(2): 20-23.

[8] 张建, 张苏. 在线电子资源使用统计的新标准——COUNTER[J]. 现代情报, 2006(11): 211-213.

[9] 王丹丹. 数字图书馆用户使用数据统计的现状与趋势研究[J]. 图书馆建设, 2012(11): 66-69.

[10] 李洪. 新版 COUNTER 的特征及未来发展[J]. 中国图书馆学报, 2012, 38(6): 29-37.

[11] 侯景丽. COUNTER R5 的新特性及对图书馆的影响[J]. 图书馆杂志, 2018, 37(12): 46-55.

[12] 朱兵, 李春明. COUNTER 与电子资源的使用评估[J]. 图书情报工作, 2006(1): 100-102.

[13] 索传军, 王建朋. 国外电子资源在线使用统计研究述评[J]. 图书馆, 2006(6): 43-46.

[14] 张计龙, 殷沈琴, 汪东伟. 基于 COUNTER 的电子资源使用统计中的标准问题探讨与研究[J]. 图书馆理论与实践, 2016(5): 95-100.

[15] Pesch O. An Update on COUNTER and SUSHI [J]. The Serials Librarian, 2008, 55(3): 366-372.
[16] Chisman J. Electronic Resource Usage Data [J]. The Serials Librarian, 2008, 53(4): 79-89.
[17] 杜莹琦, 郑琳. 解读 SUSHI——标准化的电子资源使用统计获取协议[J]. 新世纪图书馆, 2008(4): 42-43.
[18] 闫晓弟, 李娟. SUSHI——网络电子资源利用与统计数据获取协议[J]. 大学图书馆学报, 2009, 27(2): 51-54.
[19] 刘芳, 朱沙. ScholarlyStats——基于 SUSHI 协议的在线电子资源使用统计收集和整合平台[J]. 农业图书情报学刊, 2010, 22(8): 81-83.
[20] Pesch O. Implementing SUSHI and COUNTER: A Primer for Librarians [J]. The Serials Librarian, 2015, 69(2): 107-125.
[21] Pesch O. Perfecting COUNTER and SUSHI to Achieve Reliable Usage Analysis[J]. The Serials Librarian, 2011, 61(3-4): 353-365.
[22] 胡兆芹. 基于 COUNTER 数据的 ELSEVIER SDOL 数据库使用分析[J]. 大学图书情报学刊, 2012, 30(1): 43-46.
[23] 刘佳音. 高校图书馆电子资源使用与用户检索行为统计分析——以 ScienceDirect 数据库为例[J]. 大学图书馆学报, 2012, 30(2): 81-86.
[24] 温暖. 基于用户反馈行为的高校图书馆数字资源保障研究——以东北大学 Elsevier SD 数据库为例[J]. 图书馆学刊, 2018, 40(1): 48-53.
[25] 陈大庆, 叶兰, 杨巍, 等. 电子资源使用统计平台 USSEE 的设计与实现[J]. 图书情报工作, 2015, 59(1): 106-112.
[26] 丁培, 叶兰, 陈大庆. 图书馆联盟数字资源使用统计研究——以 JUSP 为例[J]. 图书情报工作, 2018, 620(6): 61-68.
[27] Ye L,Yang W,Lin W. DRAA e-resources usage statistics services in China: research and practice[J]. The Electronic Library, 2018, 36(6): 1043-1061.
[28] 陈大庆, 叶兰, 丁培. 电子资源使用统计收割标准 SUSHI 的实施与应用研究[J].中国图书馆学报, 2018, 44(234): 46-60.
[29] 邵敏, 张喜来. 电子资源管理系统 Verde 的应用实践[J]. 图书情报工作, 2010, 54(7): 84-88.
[30] 张静, 魏青山. SUSHI 对电子资源规范化管理的影响[J]. 图书情报工作, 2014, 58(10): 112-116.

原载《图书馆杂志》2021 年第 9 期

读者服务与阅读推广

2011—2021 年清华大学图书馆读者服务工作的发展与展望

王 平 张坤竹 李 津

摘 要：读者服务是图书馆业务体系中的基础业务，在信息技术迅猛发展的背景下，2011—2021 年这十年间，清华大学图书馆读者服务部工作业务范围及空间不断增加，随着馆际互借和多媒体服务的并入，人员队伍有所增加，部门各项工作稳步推进，不断创新，整个业务得到了长足发展。十年中，图书馆自助服务的种类和比例均大幅增加，图书馆主馆馆舍空间在原有三期建筑的基础上增加了北馆（李文正馆），图书馆自动化系统经历了从 INNOPAC 系统到 ALMA 系统的转变，逸夫馆中增加了音乐馆。读者服务部阅读推广工作效果显著。本文从基本借还、咨询服务、办证结算、馆藏管理、馆际互借、多媒体服务、自助服务、空间管理和阅读推广等多个方面介绍读者服务部近十年的工作，通过对业务发展脉络的梳理和服务效果的评价，深入思考读者服务部未来工作的发展。

关键词：图书馆；读者服务；信息技术；发展；创新

读者服务是图书馆业务体系中的基础业务，在信息技术迅猛发展的背景下，2011—2021 年这十年间，清华大学图书馆读者服务部工作有了长足的发展，2016 年，随着馆际互借和多媒体服务的并入，流通阅览部更名为读者服务部，人员队伍有所增加，各项业务稳步推进，不断创新。时光荏苒，十年中，图书馆自助服务的种类和比例均大幅增加，图书馆主馆馆舍空间在原有三期建筑的基础上增加了北馆（李文正馆），图书馆自动化系统经历了从 INNOPAC 系统到 ALMA 系统的转变，逸夫馆中增加了音乐馆。读者服务部阅读推广工作的几个系列持续开展，效果显著。本文通过对借还业务、到馆情况及咨询服务、办证结算、馆藏管理、馆际互借、多媒体服务、空间管理和阅读推广等多个方面在十年来的发展的介绍，完成对业务发展脉络的梳理和服务效果的评价，进而提出对读者服务部未来工作发展方向的思考。

1 借还业务、到馆情况和咨询业务的发展变化

1.1 借还业务的发展变化

2011—2021 年，随着信息技术和网络技术的发展，在读者的阅读时长当中，利用手机

或电脑进行碎片化阅读的数量增多，阅览电子书的数量增多，阅读纸本图书的数量减少，从2011—2021年图书馆年借书和还书总量每年递减（2020年由于疫情防控原因，图书馆闭馆时间增多，开馆时间较少，因而借还续借次数均低于正常水平），借书量由2011年的818492册次减少为2021年的287837册次，还书量由2011年的821664册次减少为2021年的243670册次，续借量由2011年的298393册次逐年下降至2014年的155592册次，2015—2017年续借量在18万册次左右，2018年后，续借量小幅变化，随着2017年10月ALAM系统启用，续借方式由可续借3次变成了不限预约次数，最大持书时长为224天，2018年、2019年，续借量分别升至26万余册次、27万余册次，到2021年达到284602册次。2011—2021年清华大学图书馆历年借书量、还书量、续借量情况具体如表1、图1所示。

表1　2011—2021年清华大学图书馆借书量、还书量、续借量

年份	2011年	2012年	2013年	2014年	2015年	2016年	2017年	2018年	2019年	2020年	2021年
借书量（册次）	818492	751374	686523	619279	537144	464326	392529	357819	352130	161115	287837
还书量（册次）	821664	754099	656694	619940	549637	472375	397620	350232	350627	171282	243670
续借量（册次）	298393	287296	212135	155592	195099	178346	184456	262913	277106	102941	284602

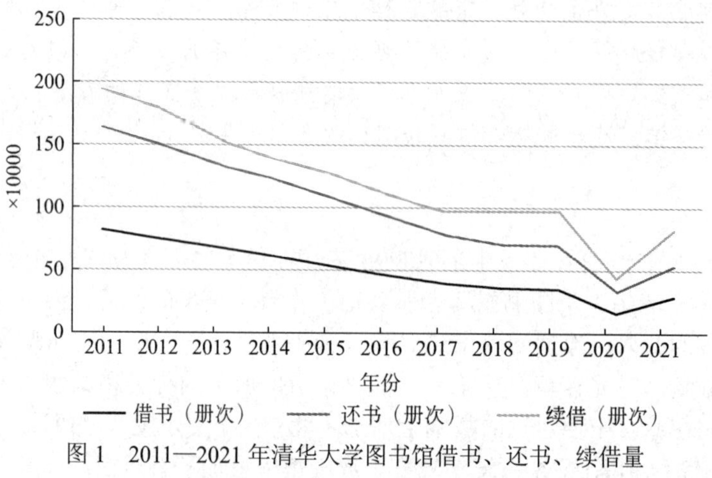

图1　2011—2021年清华大学图书馆借书、还书、续借量

借书量下降是全世界图书馆的普遍现象，但是清华图书馆在借还过程中提供了很多贴心的服务，比如通还、自助借书、自助还书、自助缴费服务相继推出，在很大程度上方便了读者。

1.2　到馆情况的发展变化

虽然借阅图书数量逐年下降，但是图书馆读者进馆数据与日俱增。随着2011年4月文科图书馆启用，2012年金融馆启用，2016年4月北馆启用，2018年邺架轩24小时阅读体验中心启用，2019年5月法律馆启用，图书馆总分馆的进馆量由2011年的1283325人次逐渐增加至2021年的2273821人次，2019年甚至突破300万人次，达到3098464人次。读

者到馆人次增加，说明图书馆良好的阅读环境和优质的读者服务得到读者认可，图书馆是读者学习研究的重要场所。2011—2021 年清华大学图书馆历年进馆情况如表 2 和图 2 所示。

表 2 2011—2021 年清华大学图书馆进馆量

年份	2011 年	2012 年	2013 年	2014 年	2015 年	2016 年	2017 年	2018 年	2019 年	2020 年	2021 年
进馆人次	1283325	2535227	2547033	2482689	2463031	2798220	2615281	2800621	3098464	1159954	2273821

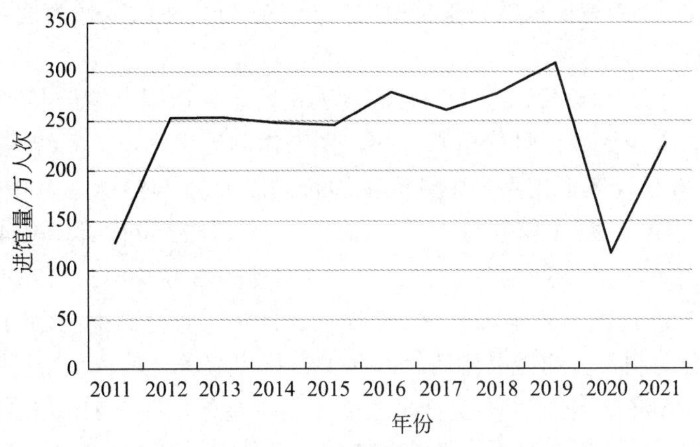

图 2 2011—2021 年清华大学图书馆进馆量

1.3 咨询业务的发展变化

读者服务部是重要的一线服务部门，直接面向读者服务。读者咨询一直是读者服务部重要的业务类型。读者服务部的各个业务组都承担着当面咨询、邮件咨询和电话咨询的任务。2017 年以前，读者服务部的咨询以记录数量为准，2017 年开始，读者服务部的咨询完整记录读者咨询的每个问题的提问时间、内容、馆员答复情况，接待人、问题类型。这样的工作形式使得咨询工作非常有实效，读者服务部依据咨询记录定期分析咨询中存在的高频问题，及时提出解决方案，优化服务，减少读者咨询。以北馆总服务台为例，结合读者不清楚使用研读间初次验证刷卡柜位置的问题，我们提出将研读间、研讨间刷卡柜由北馆一层分别移至北馆二层、三层的改进方案；结合读者还书后不清楚在哪里自助缴费的问题提出将自助缴款机器由办证结算台移至借还书台的方案；结合读者在北馆不清楚如何通往逸夫馆以及找不到办证处结算处和逸夫馆查新检索位置的问题，提出在北馆和逸夫馆增加标识清楚指示图书馆重要服务点位置的方案。这些方案提交馆里，经过论证，得到落实。原来高发的问题，经过措施改进后，基本已经不存在了。目前咨询问题当中，关于借书办证、各类电子资源使用的问题逐渐增加，读者服务部承担的咨询向广度和深度发展。

一线服务台与读者面对面的咨询是读者服务部重要的服务阵地，在与读者沟通的过程当中，我们更能深度把握读者的需求和阅读热点、研究热点及图书馆服务待改进之处，通过和读者的深入交流拉进图书馆和读者之间的距离，还能发现可与图书馆继续深入交流和合作的读者。

2 办证结算的发展变化

2011—2021 年，图书馆证卡服务发生很大变化，服务规范性、覆盖度和便捷性、证卡安全性显著提高，2011 年年初，停用老版工作证和学生证，启用学校一卡通电子卡。2012 年以来，清华大学图书馆和北京大学图书馆、北京体育大学图书馆互为对方读者提供一定数量的图书证申办名额，读者可申请办理对方学校图书馆的图书证。2017 年，图书馆发放的借书证和阅览证由纸质条码卡升级为 CPU 卡，提高了证件的规范性和安全性。

办证处除了负责办理 100 余份校内各院系各部处和校外单位的办证协议外，还负责为博士后办理办证手续、为签协议的各单位临时人员办理证件手续以及为读者办理离校手续、办理学生异动数据。

2021 年 9 月 1 日，学校推出为上岗合同制人员网上开通图书馆借书权限以来，在学校领导下，在校办、人事处、信息化技术中心、图书馆共同努力下，系统运行基本平稳，截至 2021 年 11 月 30 日，图书馆系统中共有上岗合同制人员 7453 人，其中开通借书权限的 1350 人。1350 人当中，2021 年 9 月 1 日—11 月 30 日，622 位读者借书 4403 册次，平均每人 7.08 册次，月均每人 2.36 册次。2021 年 1 月 1 日—8 月 30 日，376 位读者借书 2843 册次，平均每人 7.56 册次，月均每人 0.945 册次。此项服务得到上岗合同制人员的热烈欢迎，切实改善了合同制人员的借书待遇。9 月 1 日推出服务之前，系统已有的 589 位合同制读者当中，除图书馆 70 位馆员不交押金不需要退押金外，其余 519 位合同制人员还需要来办证处退押金。目前已退 381 人，还有 138 人尚未退押金。73.4%的读者已经退了押金。读者退押金的时候很高兴，感谢学校各部门及图书馆改善合同制教工借书待遇。

3 馆藏管理及空间管理业务的发展

3.1 馆藏管理业务的发展

2011—2021 年间，考虑到全馆总体馆藏配置，随着图书馆分馆的发展和校图书馆馆藏管理的发展，馆藏布局发生了很大变化。以下以时间为脉络对馆藏布局的历次调整进行梳理。2011 年 12 月，文科新馆建成和使用后，逸夫馆中、外文新书阅览室的人文社科图书调整至文科馆。图书馆综合考虑读者需求和馆藏利用情况，决定调整逸夫馆中外文新书阅览室的科技类馆藏的服务方式。撤销逸夫馆外文新书阅览室，更改为外文图书开架借阅区。近两年出版的外文科技新书调整至新书阅览室，其余馆藏和外文开架借阅区原有馆藏合并。借阅手续在总借还书处办理。诺贝尔文学奖获得者的原著调整至文科馆四层。缩微平片和缩微阅读机调整至当时的逸夫馆电子阅览室（406 室）。撤销逸夫馆中文新书阅览室，更改为新书及常用书阅览室。2012 年 8 月 14 日，图书馆逸夫馆将工具书阅览室调整为开架阅览区。2016 年 1 月，随着新建的北馆（李文正馆）即将投入使用，校图书馆馆藏空间布局进行了大的调整。人文社科类图书调整至北馆 1～5 层，逸夫馆一层为人文社科类闭架库，逸夫馆二层为科技图书借阅区以及科技图书闭架库，逸夫馆三层为现刊及外文过刊阅览区，逸夫馆四层为中文过刊阅览区。2017 年 1 月，随着音乐馆投入建设，音乐馆选址在原工具书阅览区位置（逸夫馆 306 室），图书馆再次对工具书阅览区进行调整。社科类外文工具书

（A～K 类）调拨至文科图书馆，年鉴类工具书调拨至文科图书馆，其他工具书调拨至西馆（逸夫馆）220 房间（馆内阅览）。2017 年，图书馆将逸夫馆 40 万册中英文闭架馆藏移至北馆（李文正馆）地下密集书库。2018 年 12 月，文科馆开架区、北馆（李文正馆）开架区音乐类（J6）图书调整至音乐图书馆西馆（逸夫馆）306 室，完善音乐馆馆藏。2019 年 3 月，新书及常用书阅览室撤销，图书并入开架借阅区。2019 年 10 月 14 日，因老馆维修工程安排，图书馆老馆部分馆藏计划搬迁至图书馆远程书库，因储存空间有限，远程书库暂停对外服务。2021 年 10 月，中文现刊报纸阅览区调整为从游空间，从游空间收藏的馆藏包括清华大学五大书院和求真书院荐购的图书以及原现刊报纸阅览室的全部学术现刊。原现刊报纸阅览区当中的报纸和娱乐类、科普类期刊移至逸夫馆一层原阅报区。

3.2 空间管理业务的发展

校图书馆的读者阅览空间大，座位数量多。北馆建成后，总馆座位数量达到 2300 座席。因为读者喜欢校图书馆的阅览氛围，图书馆座位极受欢迎，由此馆员需要在座位管理方面投入较大精力，在考试周以及考研期间，读者服务部的老师都要定时到阅览区读者座位当中巡视管理座位。2020 年 8 月 15 日，清华大学图书馆在总馆和文科图书馆、美术图书馆、金融图书馆和法律图书馆启用座位管理系统，读者可以在现场选位机选座，也可以通过网页和微信预约选座。座位管理系统的启用，有效地管理了占座行为，而且有效助力新冠疫情防控工作，通过座位管理系统，可以快速准确定位到读者的位置以及周边的读者。

2016 年 9 月，为了给读者提供更好的学术研究与交流环境，北馆（李文正馆）13 间单人研读间和 4 间团体研讨间面向全校师生开放，开放时间为 8:00—22:00，与开馆时间一致。研读间、研讨间的投入使用满足了读者对多功能空间的需求。2021 年 3 月，北馆（李文正馆）从 13 间研读间中辟出 6 间作为个人论文写作专用间，使用时长从最长 4 小时延长至 7 天。2021 年图书馆推出音乐研讨间和音乐讲堂，更好地满足了读者欣赏音乐、了解音乐的需求。

读者服务部负责的辖区非常广，为了保证辖区馆藏安全和馆舍安全，读者服务部建立了每日巡查制度，负责管理阅览区、自助设备、研读间研讨间的北馆总服务台组、馆藏管理组、多媒体组，每天都有四次辖区巡视任务，主动及时发现问题，防患于未然，保证部门工作平稳顺畅开展。

2021 年，图书馆在整个空间当中，增加了很多有清华传统文化氛围的元素，整个图书馆的文化气息更浓了，让现代建筑风格的图书馆增加了深厚底蕴。

4 馆际互借业务的发展

馆际互借包括馆际借书和馆际文献传递，在于实现资源共享，互通有无，为人找书，为书找人。新时代的馆际工作，应该提供更加深入细致、符合读者需求的追踪服务，用最高效的工作为读者解决问题，提供有温度的服务。馆际互借馆员需要利用读者提供的文献信息线索，利用专业的检索知识为读者找到所需的文献。提供馆际互借服务的同时，馆员深度分析本馆读者对外馆资源的需求种类，可以为本馆的资源建设提供数据支撑。

2011—2021 年，馆际互借的申请量情况以及馆际互借满足率分别如图 3 和图 4 所示。

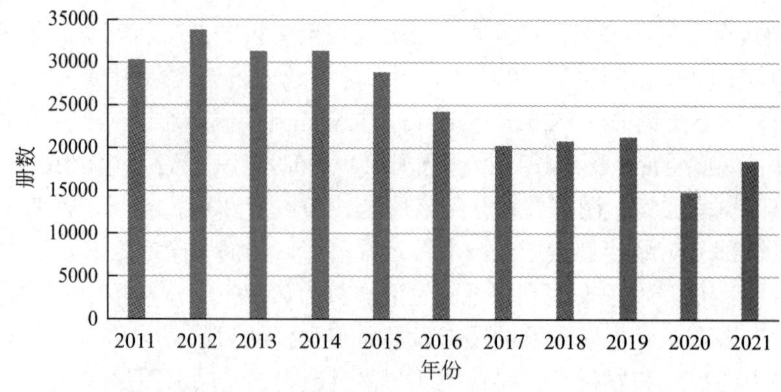

图3 2011—2021年馆际互借申请量情况

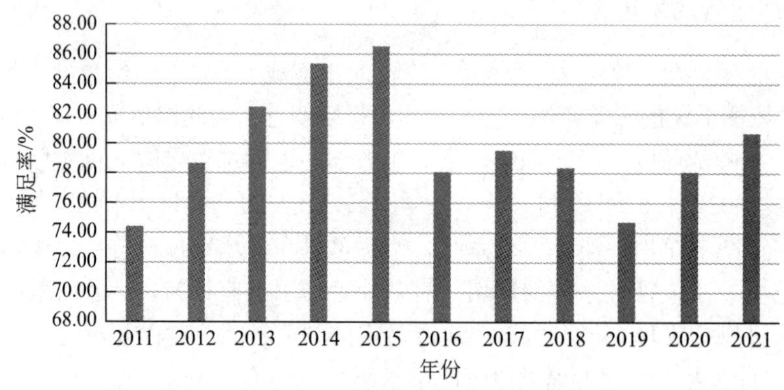

图4 2011—2021年馆际互借满足率情况

5 阅读推广业务的发展

阅读推广是图书馆开展深层次服务的重要形式，也是提升整个清华大学阅读氛围和音乐素养的重要抓手。读者服务部一直把阅读推广工作作为重要工作去做，目前开展的阅读推广服务有以纸本资源推荐为基础的专题书架和每周甄选服务，也有以阅读分享类为主的清华大学图书馆“我是读书人”读书经验分享会活动，还有以音乐类资源和讲座为主的活动。这几类活动开展时间长，比较成体系，部门内多位同事参与到工作中，得到锻炼。

第一种工作是专题书架服务，以清华大学图书馆现有馆藏资源为基础，以每年重要事件和重要时间节点、图书馆针对读者服务的重要内容以及各学科门类为主题选取范围，图书馆员精选相关图书集中摆放在专题书架，个别主题请读者一同参与选定专题书目。图书馆向广大读者推荐专题图书，既可以帮助读者更直接、更有针对性和更全面了解相关馆藏，又可促进图书资源充分利用。2013年4月，清华大学图书馆推出专题书架，此项工作由清华大学读者服务部、资源建设部、信息参考部联合组织，至今共推出44期专题书架。

第二种工作是每周甄选服务，全校图书馆每周新书种类繁多、学科内容各不相同，为帮助读者在大量新书中快速找到适合的图书，图书馆员利用智慧和经验，每周主动推荐几本好书，兼顾各个专业，写出推荐理由，便于读者发现和利用好书。《每周甄选》书单创办于2013年12月，截至2021年10月19日已推出276期。图书馆还与清华大学新闻中心合作，基于《每周甄选》书单推出“甄选图书”栏目，目前访问量近200万次。

第三种工作是“我是读书人”读书经验分享会系列活动，图书馆邀请爱读书、好读书的师生作为主讲人，与其他读者一起分享读书感悟和科研治学经历。“我是读书人”读书经验分享会活动，立足图书，从读者中来，到读者中去，是一个以书会友、相互切磋、展示自我的平台。2016 年 4 月 22 日至今组织了 11 场精彩的分享会活动。

第四种工作是音乐馆资源推介，从 2016 年部门调整到 2018 年年底音乐馆开放使用以前，多媒体服务组已定期开展多媒体资源推介共 14 期，推介内容包括音乐类 CD、音乐讲座录像及纪录片等。2019 年 5 月至今，配合音乐馆运行和服务，共推出“音乐馆资源推介”系列活动 17 期，其中 2019 年、2020 年各 6 期，2021 年至今 5 期。

第五种工作是音乐馆讲座、沙龙等活动。2018 年 12 月 12 日，音乐馆开馆试运行后，共组织音乐类讲座 11 期。其中音乐讲堂启用前共组织 6 期，启用以来共组织 5 期；组织及合作组织音乐沙龙、现场演出 4 次。

第六种工作是放映类活动，目前已经组织 20 余场活动放映。古典音乐、民乐、戏曲三大类资源交替推广，目前已形成“伟大的音乐家”“国韵华章”2 个系列。另外还有音乐馆文化墙介绍已推出 2 期微信推文，陆续推出文化墙 20 位作曲家介绍，并推介相关作品资源。争取逐步成系列，成品牌。

读者服务部的阅读推广工作将会不断深入，随着馆员经验的增加以及和读者联系的紧密，馆员将会把阅读推广工作做深、做出品牌。

6 结语

读者服务部业务范围比较广，种类齐全，而且拥有服务台和阅览室这样的服务阵地，我们一定在“以用户为中心，以资源为基础，以技术为引领，以服务为导向”的办馆理念的指导下，投入精力和热情，用专业的业务知识和精湛的业务能力做好读者服务工作，为图书馆的整体发展贡献力量。

参考文献

[1] 清华大学图书馆新主页：https://lib.tsinghua.edu.cn/.

[2] 清华大学图书馆旧主页：https://old.lib.tsinghua.edu.cn/dra/.

新冠疫情期间“双一流大学”图书馆的应对及思考
——基于门户网站及微信公众号的调研分析

李　津[①]　张　秋

摘　要：新冠疫情的暴发，对高校图书馆应对突发公共事件提出了挑战。调研分析疫情发生后各高校图书馆的应对措施，有助于我们全面了解疫情，应对现状并为未来应对突发公共事件积累经验。本文采用网络调研法，对42所“双一流大学”图书馆门户网站及微信公众号在疫情期间的发文进行统计，并对发文的时间、内容、案例进行分析。调研发现，高校图书馆面对疫情响应迅速，并发挥“资源”“服务”等优势作用，在“校外访问”“疫时免费资源整理”“阅读欣赏”等方面做了大量工作，服务内容随着疫情发展、用户需求的变化还在不断做出调整。同时，我们也看到，大部分图书馆并没有系统的应急预案，今后有待加强。

关键词：新冠疫情；高校图书馆；门户网站；微信公众号

1　引言

新冠疫情发生后，我国迅速启动应急响应。教育部于2020年1月21日发出《教育部部署教育系统做好新型冠状病毒感染的肺炎疫情防控工作》[1]的通知，1月27日发出《教育部关于2020年春季学期延期开学的通知》[2]，1月29日再次发出《教育部：利用网络平台，“停课不停学”》[3]的通知，教育系统全面展开“抗疫”工作。作为文献资源保障、教学科研支撑单位，高校图书馆迅速厘清优势，积极调整服务方式和内容，并通过微信公众号、门户网站等平台向师生提供文献资源保障和校外访问保障等。全面了解高校图书馆疫情应对情况，可为我国图书馆完善突发公共事件应对方案提供借鉴和参考。

2　研究方法

为了解疫情防控期间“双一流大学”图书馆的应对情况，本文采用网络调研法，对42所“双一流大学”图书馆官方微信公众号及门户网站进行调研，收集2020年1月20日—

① 李津为本文通讯作者。

3 月 15 日发布的与疫情防控相关的信息，剔重处理后，对信息的发布时间、发布数量、发布内容等进行统计分析。

3 信息发布情况分析

3.1 整体情况

42 所“双一流大学”图书馆的门户网站及微信公众号疫情防控期间发文整体情况如表 1 所示。

表 1 “双一流大学”图书馆门户网站及微信公众号疫情防控期间发文情况

序号	高校名称	首发时间	发布次数（天）	发布数量（条）	发布频次（条/天）	一次一条（天）	一次多条（天）
1	兰州大学	2020/1/27	49	124	0.88	11	38
2	中山大学	2020/1/26	44	108	0.79	11	33
3	天津大学	2020/1/24	49	95	0.88	21	28
4	南开大学	2020/1/28	36	80	0.64	10	26
5	厦门大学	2020/1/28	36	73	0.64	13	23
6	华东师范大学	2020/1/27	34	71	0.61	13	21
7	云南大学	2020/1/28	22	68	0.39	7	15
8	吉林大学	2020/1/26	48	64	0.86	35	13
9	上海交通大学	2020/1/27	42	58	0.75	28	14
10	武汉大学	2020/1/23	40	57	0.71	27	13
11	浙江大学	2020/1/28	40	54	0.71	28	12
12	北京师范大学	2020/1/29	34	53	0.61	17	17
13	清华大学	2020/1/27	25	49	0.45	15	10
14	东南大学	2020/1/22	36	46	0.64	29	7
15	复旦大学	2020/1/26	33	46	0.59	26	7
16	山东大学	2020/1/30	36	46	0.64	27	9
17	郑州大学	2020/1/26	28	45	0.50	16	12
18	电子科技大学	2020/1/27	15	43	0.27	4	11
19	南京大学	2020/1/28	32	43	0.57	23	9
20	中国人民大学	2020/1/26	7	41	0.13	2	5
21	华南理工大学	2020/1/23	32	40	0.57	25	7
22	同济大学	2020/1/26	21	40	0.38	9	12
23	东北大学	2020/1/28	16	40	0.29	2	14
24	中国科学技术大学	2020/1/28	26	40	0.46	17	9

续表

序号	高校名称	首发时间	发布次数（天）	发布数量（条）	发布频次（条/天）	一次一条（天）	一次多条（天）
25	湖南大学	2020/1/27	35	38	0.63	32	3
26	四川大学	2020/1/27	22	38	0.39	10	12
27	北京大学	2020/1/31	8	38	0.14	1	7
28	新疆大学	2020/1/29	5	37	0.09	0	5
29	西北工业大学	2020/1/26	29	33	0.52	25	4
30	西安交通大学	2020/1/26	15	32	0.27	8	7
31	西北农林科技大学	2020/1/28	16	30	0.29	9	7
32	中央民族大学	2020/2/1	8	27	0.14	2	6
33	大连理工大学	2020/2/1	7	26	0.13	1	6
34	中国农业大学	2020/1/27	17	25	0.30	12	5
35	北京航空航天大学	2020/1/28	8	25	0.14	4	4
36	中南大学	2020/1/27	8	23	0.14	4	4
37	国防科技大学	2020/1/29	21	23	0.38	19	2
38	中国海洋大学	2020/1/29	18	23	0.32	14	4
39	哈尔滨工业大学	2020/1/26	15	21	0.27	10	5
40	重庆大学	2020/1/25	12	20	0.21	7	5
41	华中科技大学	2020/1/23	8	18	0.14	2	6
42	北京理工大学	2020/1/28	6	11	0.11	4	2

3.2 首发时间分析

从首次发布与疫情相关内容的时间分布来看（见图 1），“双一流大学”图书馆疫情应对具有两个特点：①响应迅速。2020 年 1 月 20 日，国家卫生健康委员会发布 2020 年 1 号公告，将新型冠状病毒感染的肺炎纳入《中华人民共和国传染病防治法》规定的乙类传染病，并采取甲类传染病的预防、控制措施[4]。1 月 22 日，东南大学图书馆率先发出“SEUer 收藏，转起来！这些新型冠状病毒防控知识要了解！”；1 月 23 日湖北省两所高校（武汉大学、华中科技大学）图书馆做出响应，宣布图书馆应对疫情举措，广东省华南理工大学图书馆发布防范新冠病毒通知。②全国齐动。1 月 24—30 日为春节假期，也是高校图书馆原定闭馆时间，尽管处于寒假暨春节期间，仍有 83.3%的图书馆发布了“延期开馆”应对疫情的通知，仅 1 月 26 日（大年初二）就有 9 所高校发布相关通知。

3.3 发布数量分析

信息发布及其频次可及时反映图书馆紧急应对步调和进展。42 所图书馆在这 55 天共

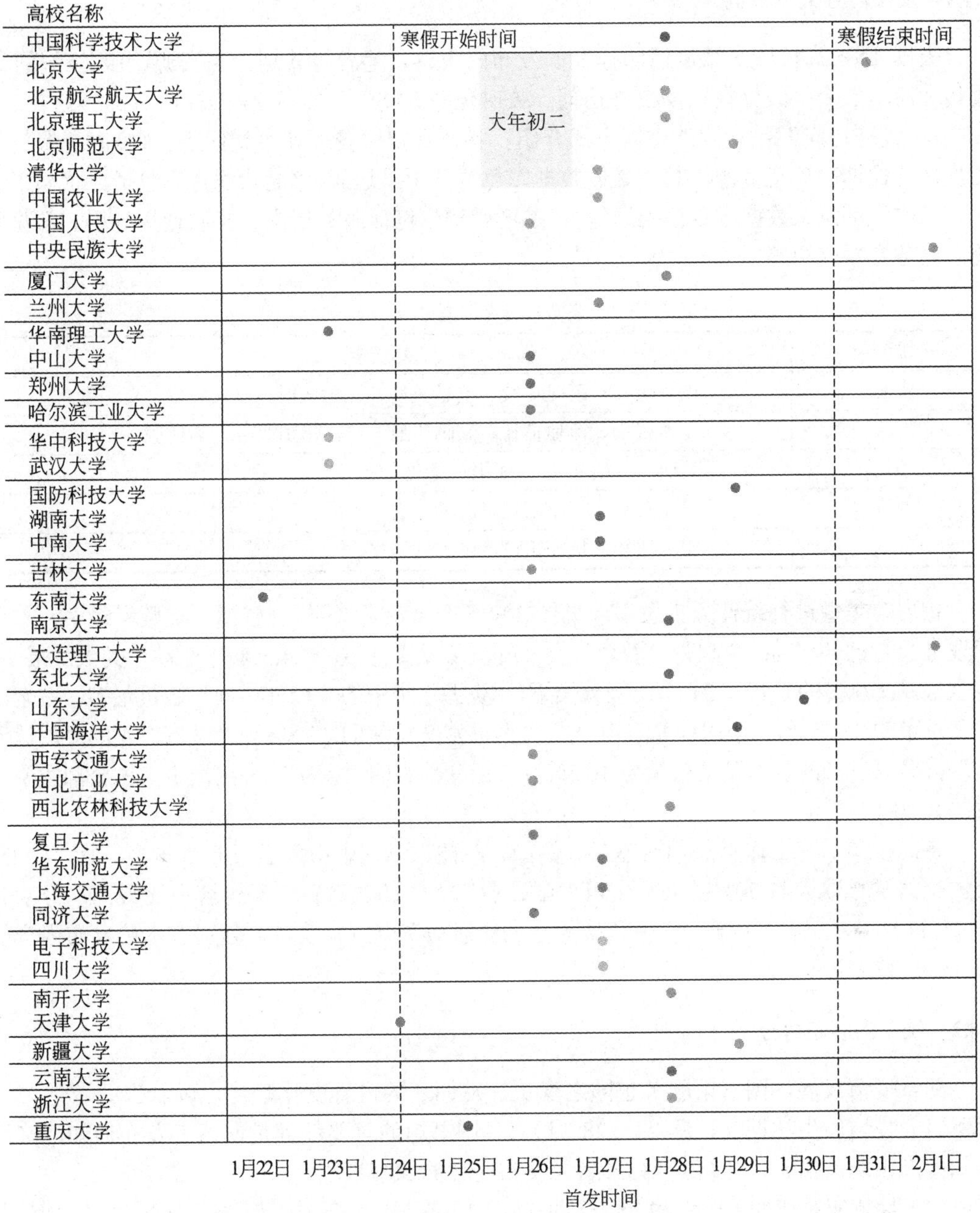

高校名称

寒假开始时间 寒假结束时间

大年初二

中国科学技术大学
北京大学
北京航空航天大学
北京理工大学
北京师范大学
清华大学
中国农业大学
中国人民大学
中央民族大学
厦门大学
兰州大学
华南理工大学
中山大学
郑州大学
哈尔滨工业大学
华中科技大学
武汉大学
国防科技大学
湖南大学
中南大学
吉林大学
东南大学
南京大学
大连理工大学
东北大学
山东大学
中国海洋大学
西安交通大学
西北工业大学
西北农林科技大学
复旦大学
华东师范大学
上海交通大学
同济大学
电子科技大学
四川大学
南开大学
天津大学
新疆大学
云南大学
浙江大学
重庆大学

1月22日 1月23日 1月24日 1月25日 1月26日 1月27日 1月28日 1月29日 1月30日 1月31日 2月1日

首发时间

图 1 各高校图书馆疫情通知首发时间统计分析

发布信息 1913 条，平均每天每个图书馆发布约 0.83 条。其中，发布频次大于等于 0.5 条/天的图书馆有 19 所，占全部调研对象的 45.2%；发布频次在 0.3～0.5 条/天的图书馆有 9 所，占全部调研对象的 21.4%。

3.4 发布内容分析

内容是核心，笔者从发布内容类型、发布内容趋势、典型案例 3 个方面进行统计和分析。

3.4.1 发布内容类型分析

根据42所高校图书馆疫情防控期间发布的内容，笔者将其划分为资源、服务、教育、宣传和活动5个一级分类以及校外访问、疫时免费、阅读欣赏等21个二级分类（见表2）。其中，“校外访问”包括校外访问方式介绍、具体数据库校外使用说明等。“疫时免费”包括疫情防控期间免费资源汇总、具体数据库免费使用推送等。“冠状病毒”包括冠状病毒学术信息收集汇总、数据库专栏推送等。“参考咨询”包括服务指南、资源使用导引、常见问题、服务专栏介绍等。

表2 内容类型分类

一级分类	二级分类
资源	校外访问、疫时免费、电子教参、订购试用、冠状病毒、资源推介
服务	参考咨询、流通借还、文献传递、疫时特别服务、其他服务
活动	调研、互动/打卡、征集、竞赛竞答
教育	信息素养、讲座培训、阅读欣赏
宣传	服务通知、抗疫事迹、励志打气

按内容类型进行统计分析发现（见图2），5个一级分类下，“资源”类数量最多，占全部发文总量的49.0%；其次为“教育”类，占全部发文总量的24.3%；“活动”类数量最少，占全部发文总量的6.4%。21个二级分类下，“资源”类中的“校外访问”数量最多（占全部发文总量的15.2%），“疫时免费”其次（占全部发文总量的12.8%）；“教育”类的“阅读欣赏”排名第三（占全部发文总量的10.5%）；“活动”类的“调研”占比最少（占全部发文总量的0.2%）。

各高校图书馆工作重点稍有差异，例如，兰州大学、中山大学发布数量多，且“资源”类占全部发布数量的50%以上。山东大学、浙江大学的“教育”类内容占比最高，分别为52.2%和50.0%。天津大学、华中科技大学的“活动”类内容较多，分别占本校发布内容的27.3%和22.2%。

3.4.2 发布内容趋势分析

随着疫情发展，图书馆服务也随之变更。从图3的内容变化趋势可以看出：

（1）疫情发生初期（1月23—28日），各图书馆的首要任务是向读者发布通知，广泛告知图书馆防疫措施，“宣传”类占当天发布内容的50%以上。

（2）紧急应对初期（1月29日—2月16日），图书馆以解决“资源”需求为主，“资源”类占当天内容的50%以上。

（3）紧急应对中期（3月3—15日），图书馆工作逐步走向常态化，以“教育”类内容为主，占当天发布内容的30%以上，同期“活动”类内容占比上升，达到10%左右。

各高校图书馆趋势与整体趋势较为一致。例如，吉林大学在2月23日以前集中发布“资源”相关内容，2月26日—3月7日集中提供“教育”类内容；天津大学2月12日以前以提供“资源”类为主，2月下旬以后持续推出“活动”类；浙江大学“教育”类内容较为突出，自2月初即持续推出“教育”类内容；北京大学、大连理工大学、新疆大学采取各类内容混合发布的形式，每次推出的内容兼具2～3个主题。

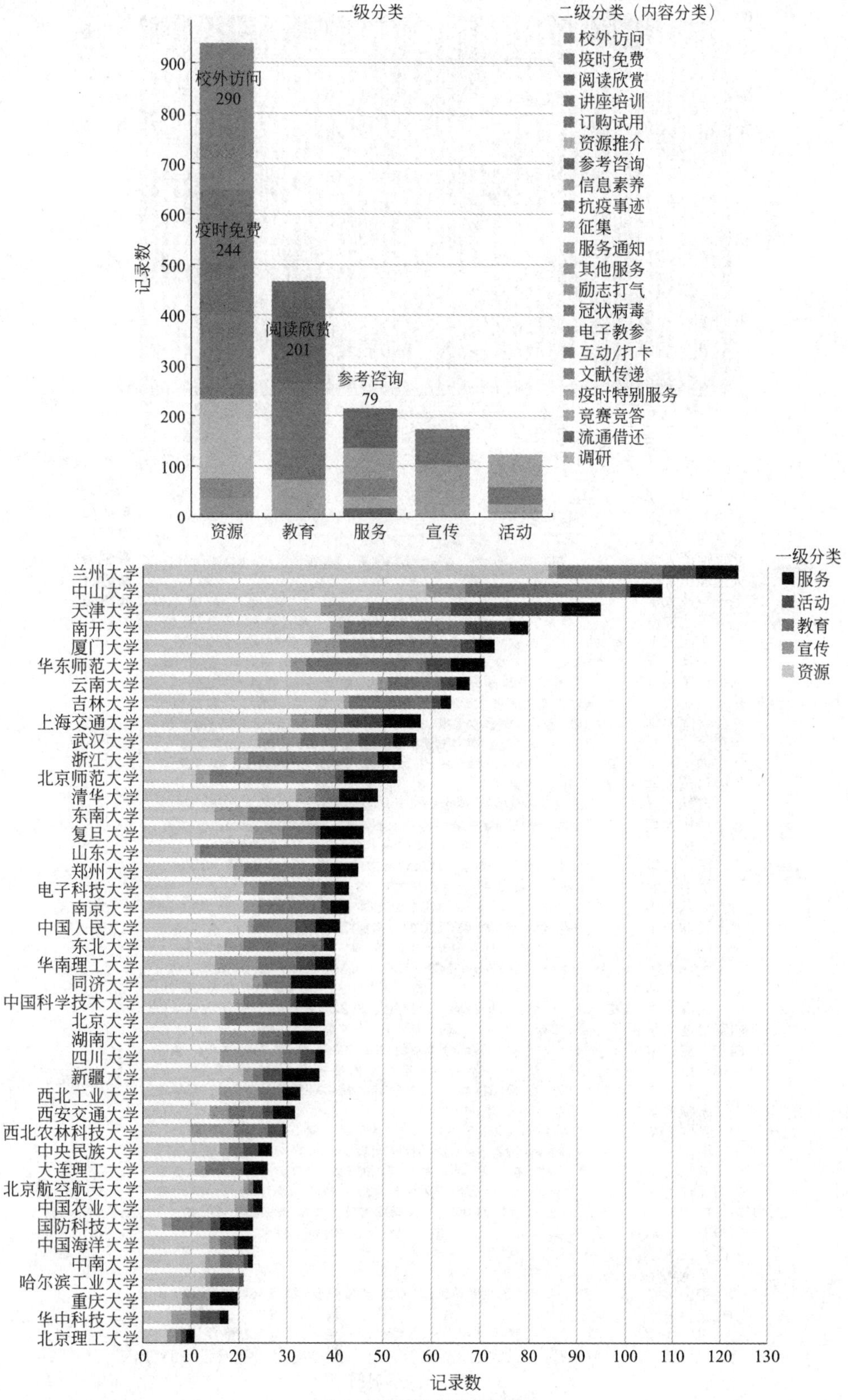

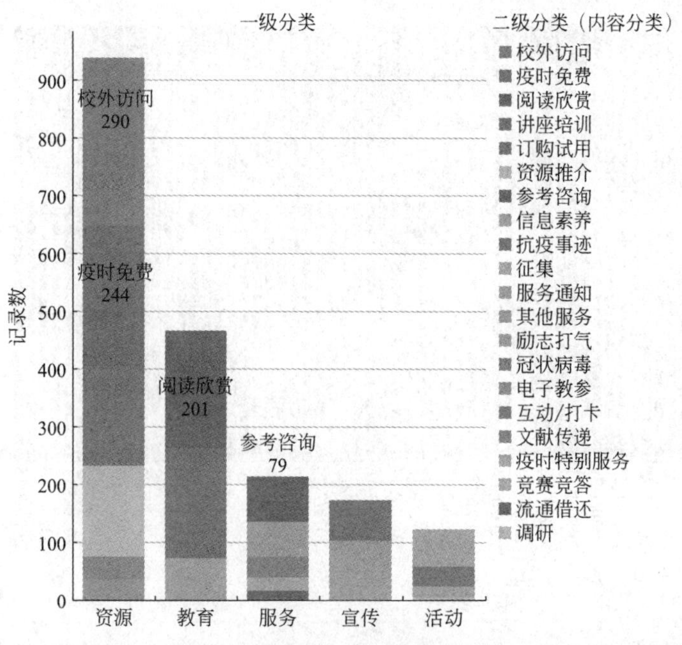
一级分类
二级分类（内容分类）
校外访问
疫时免费
阅读欣赏
讲座培训
订购试用
资源推介
参考咨询
信息素养
抗疫事迹
征集
服务通知
其他服务
励志打气
冠状病毒
电子教参
互动/打卡
文献传递
疫时特别服务
竞赛竞答
流通借还
调研
记录数
0
100
200
300
400
500
600
700
800
900
校外访问
290
疫时免费
244
阅读欣赏
201
参考咨询
79
资源
教育
服务
宣传
活动
一级分类
服务
活动
教育
宣传
资源
兰州大学
中山大学
天津大学
南开大学
厦门大学
华东师范大学
云南大学
吉林大学
上海交通大学
武汉大学
浙江大学
北京师范大学
清华大学
东南大学
复旦大学
山东大学
郑州大学
电子科技大学
南京大学
中国人民大学
东北大学
华南理工大学
同济大学
中国科学技术大学
北京大学
湖南大学
四川大学
新疆大学
西北工业大学
西安交通大学
西北农林科技大学
中央民族大学
大连理工大学
北京航空航天大学
中国农业大学
国防科技大学
中国海洋大学
中南大学
哈尔滨工业大学
重庆大学
华中科技大学
北京理工大学
0
10
20
30
40
50
60
70
80
90
100
110
120
130
记录数

图 2　发布内容类型分析

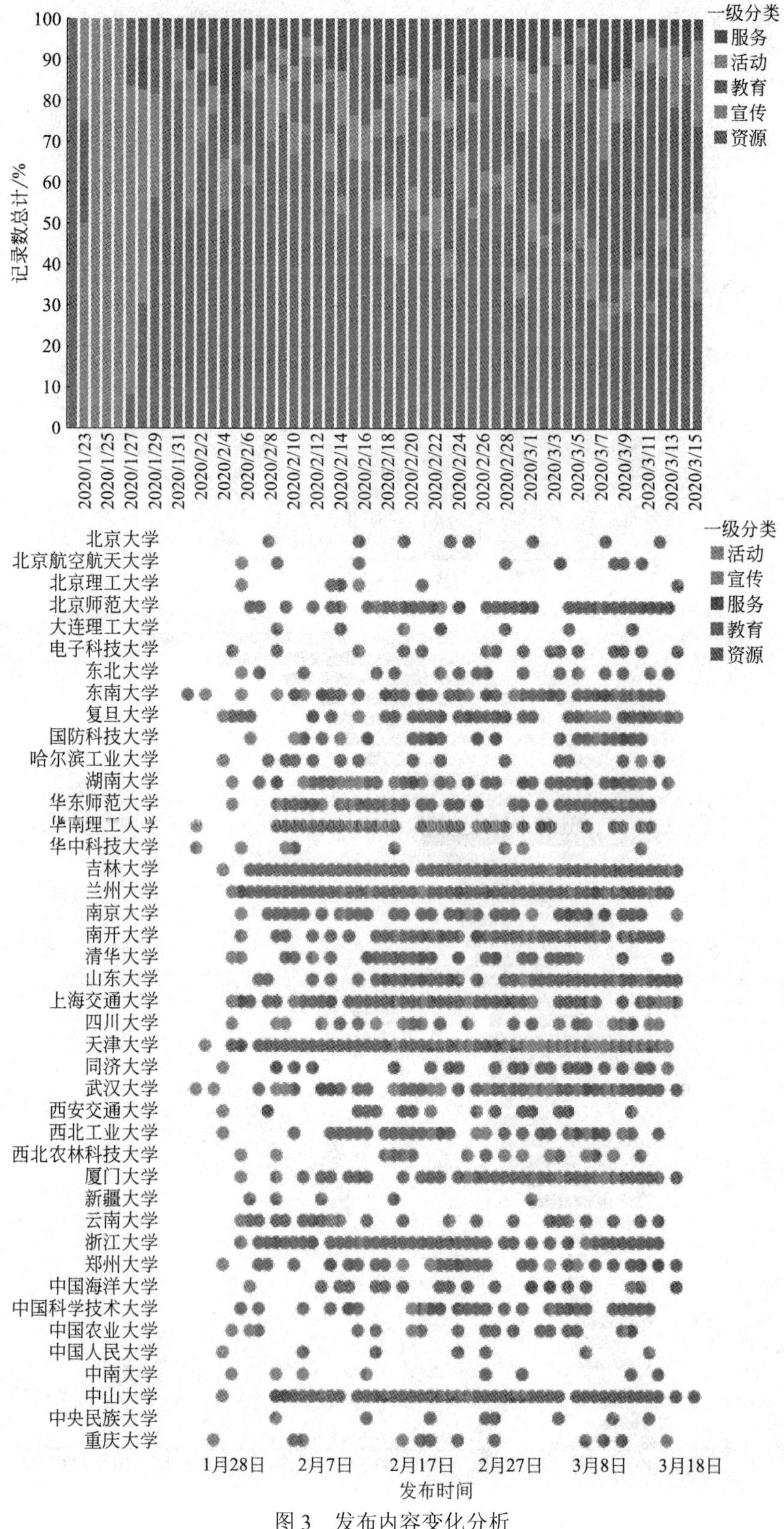
一级分类
服务
活动
教育
宣传
资源
记录数总计/%
2020/1/23
2020/1/25
2020/1/27
2020/1/29
2020/1/31
2020/2/2
2020/2/4
2020/2/6
2020/2/8
2020/2/10
2020/2/12
2020/2/14
2020/2/16
2020/2/18
2020/2/20
2020/2/22
2020/2/24
2020/2/26
2020/2/28
2020/3/1
2020/3/3
2020/3/5
2020/3/7
2020/3/9
2020/3/11
2020/3/13
2020/3/15
北京大学
北京航空航天大学
北京理工大学
北京师范大学
大连理工大学
电子科技大学
东北大学
东南大学
复旦大学
国防科技大学
哈尔滨工业大学
湖南大学
华东师范大学
华南理工大学
华中科技大学
吉林大学
兰州大学
南京大学
南开大学
清华大学
山东大学
上海交通大学
四川大学
天津大学
同济大学
武汉大学
西安交通大学
西北工业大学
西北农林科技大学
厦门大学
新疆大学
云南大学
浙江大学
郑州大学
中国海洋大学
中国科学技术大学
中国农业大学
中国人民大学
中南大学
中山大学
中央民族大学
重庆大学
1月28日
2月7日
2月17日
2月27日
3月8日
3月18日
发布时间
一级分类
活动
宣传
服务
教育
资源

图3 发布内容变化分析

3.4.3 典型案例分析

（1）疫时特别服务——网络服务

疫情期间，网络服务是重点，为方便读者便捷使用，图书馆分别在门户网站和微信公众号进行了信息整合和服务优化。

门户网站方面，有的图书馆设置了“专题网页”或“专栏”为师生提供一站式服务（见图 4），如清华大学图书馆专题网页“疫情防控期间资源服务指南”[5]，整合疫时师生所需资源、服务、通知等，并置于主页最显眼位置，从实际咨询来看收到良好反馈，并起到疫时服务推介作用；山东大学图书馆专题网页“知识战‘疫’不孤‘读’”[6]，整合通知公告、在线资源、校外访问、信息服务等疫时信息，在主页设置飘窗，并在分页顶端增设“疫情专区”快捷链接；中国人民大学图书馆专栏“同心战‘疫’|资源与服务指南”[7]，整合“校外访问指南”“资源使用指南”“疫时免费资源”“常用服务及联系方式”等，在主页右下角以浮动图片形式进行推介。

图 4 门户网站/微信公众号的信息整合及服务优化

微信公众号方面，有的图书馆在微信公众号底部设置了“抗疫服务”菜单栏，分类整合抗疫资源、服务等信息，如北京大学图书馆、电子科技大学图书馆；有的图书馆如清华大学图书馆采用微信小程序“未图 WeLibrary”，整合疫时资源和服务等信息（见图 4）。

（2）疫时特别服务——纸质借阅

疫情期间读者对纸质图书借阅仍有需求。对此，北京大学图书馆于 2 月 10 日提出“送书到楼”服务：师生通过图书上门服务系统在线提交借阅请求，馆员把书送到指定场地，并采用“专用塑料袋包装”[8]；2 月 25 日，上海交通大学推出在线预约、约定取书[9]；3 月 1 日起，华南理工大学、西北工业大学、电子科技大学、北京航空航天大学、南京大学、西安交通大学、同济大学、南京大学、湖南大学、重庆大学开通纸本预约出借服务，其中重庆大学采用快递送达的方式；山东大学于 2 月 20 日推出“馆藏纸质图书电子版”的委托服务，并明确服务对象、申请册数、申请范围、传递方式等[10]。

（3）在线信息素养教育蓬勃开展

疫情使得各高校师生无法正常返校，但也在逆境中促进了图书馆在线信息素养教育的蓬勃开展。疫情期间图书馆信息素养教育由线下转为线上，主要通过在线方式继续提供讲座培训和信息素养教育，主要有数据商提供和馆员主讲两类。数据商提供的内容主要基于自身产品，并兼有“科研”“论文写作”等主题，如EBSCO直播公益课、Web of Science在线大讲堂、Springer Nature在线培训等；馆员主讲主要是信息素养类，如如何快速识别疫情新闻中的信息真假[11]、谣言止于智者——图兄带你识别“新冠”假消息[12]等。

（4）教育引导——阅读欣赏

阅读启迪心灵、美好生活，疫情期间图书馆“阅读欣赏”相关工作发挥了重要作用，主要有书单提供、有声朗读、艺术赏析、专题推文等。其中书单提供为主要形式，如吉林大学图书馆推出“读书战‘疫’”活动，每期由“阅读导师”推荐1～2本图书，并提供推荐理由、作者简介，由图书馆提供阅读通道[13]；天津大学图书馆的“共读战疫”，每期按主题推送系列图书，并提供推荐理由和扫码阅读方式；西北工业大学图书馆延续以前的“南山书舍”推荐书单；中央民族大学的“书香战疫”按主题推荐书单，并提供扫码阅读；东南大学的“读书战‘疫’”，每期细致解读一本书，并提供扫码阅读，参与者可通过邮件形式提交读书笔记；另有北京师范大学等图书馆依托超星平台举行“21天读书战疫活动”等。有声朗读类，如武汉大学的“一期一书”有声阅读，每期推出一本书和一位主讲人，主讲人采用招募形式，范围为武汉大学在校师生及校友，用有声阅读的方式领读[14]；云南大学的“新语听书”，是2018年开始的有声图书馆，疫情期间继续推送。艺术赏析类，如北京师范大学推出的“读画”，每期对一位画家的作品进行细致赏析[15]。专题推文类，如东北大学的“国学小课堂”、国防科技大学的“节气小知识”等。

4 高校图书馆应对突发新冠疫情的启示

4.1 积极应对，主动贡献

新冠疫情的暴发，对各高校图书馆应对突发公共事件既是一种考验又是一种促进。从对“双一流大学”图书馆门户网站及微信公众号信息发布情况分析可以看出，各高校图书馆紧抓“资源”“服务”和“教育”优势，为疫情防控做出了积极贡献。

4.2 资源提供打头阵，满足刚性需求

通过数据分析发现，各高校图书馆不约而同将“资源提供”作为疫情防控的首要措施。通过完善“校外访问”为师生提供尽可能便捷的资源访问，数据商或出版社等机构应对疫情，纷纷推出疫时免费服务，图书馆注意并收集整理相关资源提供给师生。同时，配合教育部“停课不停学”号召，各高校图书馆积极完善“电子教参”系统使用等。在资源访问顺畅后，图书馆并未止步，而是进一步将服务细化和深入，按主题、学科等进行资源推介。由此可见，图书馆已清晰抓住“资源”这一绝对优势，并利用“网络”这一便利工具为疫情防控做出积极应对，有效满足了用户对于信息资源的刚性需求。

4.3 读者服务暖人心，提供多彩服务

读者服务贯穿疫情防控的每一个阶段。疫情防控期间，图书馆尽管普遍限制了到馆服

务，对常规服务进行了内容和形式的调整，但图书馆仍力求服务效果不减，如延长图书借期，不计逾期、不计欠费；网络、电话、微信等多种咨询服务保持畅通；文献检索、科技查新、情报分析等服务线上进行等。不仅如此，图书馆还针对疫情提供了特殊时期的特别服务，如北京大学图书馆、上海交通大学图书馆等提供的送书到楼、预约借书等服务，山东大学提供的馆藏纸质图书电子版服务等。

4.4 教育培训正当时，开展丰富教育

图书馆是信息素养教育的实践基地，信息意识、信息能力和信息伦理是信息素养的三个重要组成部分。面对突发公共卫生事件，图书馆充分发挥提高读者信息素养能力的职能，从“授人以鱼”和“授人以渔”两个方面开展工作：一方面筛选有效的信息提供给公众，做权威可靠可信的知识或信息的传播者；另一方面传授信息识别和获取的专业知识，提高读者信息素养能力。与此同时，图书馆整合了数据商和馆员的培训力量，将各类资源、技能培训推送给读者，为疫情期间广大师生的教学科研提供便利。

4.5 突出重点，有序推进

图书馆面对疫情的应对措施，呈现出明显的阶段性：

第一阶段，灾情应急阶段，以保障生命财产安全为首要责任。此次疫情中以馆舍服务调整为主要特征，多数图书馆采取了延长闭馆时间的措施，少量图书馆限制了开放区域或开放时间，并采取了严格的消毒或入馆检查措施。

第二阶段，需求满足阶段，根据用户需求的紧迫性，提供有针对性的服务保障。此次疫情中，面对“延长假期”“停课不停学”等现实情况，图书馆首先提供“资源”保障，并重点解决电子资源的校外访问、电子教参的访问等；随着电子资源满足率逐步提高，转向用户需求多方面满足，如扩大馆际互借、文献传递服务，此次疫情中，CASHL文献传递全面免费，部分图书馆提出“送书上门”“图书快递”或“纸质图书电子版”等服务；在保障资源的同时，“服务”一直在线，并开通微信、邮件、电话等多渠道咨询；随着疫情的发展和时间的推移，图书馆的“教育”“活动”等措施成为阶段重点，从“阅读欣赏”“信息素养”等方面满足用户精神需求。疫情后时代，图书馆服务类型还将发生变化，我们要及时分析并做出迅速响应。

第三阶段，服务优化阶段，以方便用户使用为出发点，优化服务内容和形式。此次疫情中，以“校外访问”为例，经历了VPN、代理服务器、Shibboleth、myloft、CARSI等多个服务模式的探索，目的都是方便用户、优化服务。此外，宣传推广模式也在不断优化，发挥整合优势，为用户提供清晰明了的结构化信息，如疫情“专题网页”“专栏”、微信专题菜单、微信专题小程序等的推出都是为了给用户使用图书馆的资源和服务提供更多便利。

第四阶段，服务创新阶段，以满足用户深层次需求为重点，创新服务内容和形式。如以“阅读”为抓手，开展有声读书、导师导读、读书打卡等活动。

第五阶段，疫后重建阶段。以场馆管理、人员管理等为重点，逐步使各类工作步入正轨。2020年3月12日教育部发布《高等学校新型冠状病毒肺炎防控指南》，其中在开学返校后重点场所管理中明确对图书馆工作做出指导，包括对进入图书馆人员的管理、馆内座位及空间管理、纸质图书的消毒处理等，为图书馆的正常有序开放提供了指导。

4.6 聚焦核心，深化认识

新冠疫情的暴发，为图书馆应对突发公共事件敲响了警钟也提供了实战经验。此次，高校图书馆表现出积极应对、有序高效、馆内外团结一致的特征，可以说交出了较为满意的答卷。但我们仍要看到，大部分图书馆并没有系统的防控预案，很多措施的提出和开展都较为仓促和紧迫。在总结此次疫情应对经验的基础上，各图书馆还应该做好突发公共事件的应对预案，同时随着时代的发展、各种外界条件的变化，图书馆应对预案应时常更新。

参考文献

[1] 教育部部署教育系统做好新型冠状病毒感染的肺炎疫情防控工作[EB/OL]. (2020-1-22) [2020-2-17]. http://www.moe.gov.cn/jyb_xwfb/gzdt_gzdt/s5987/202001/t20200122_416316.html.

[2] 教育部关于 2020 年春季学期延期开学的通知[EB/OL]. (2020-1-27) [2020-2-17]. http://www.moe.gov.cn/jyb_xwfb/gzdt_gzdt/s5987/202001/t20200127_416672.html.

[3] 教育部：利用网络平台，“停课不停学”[EB/OL]. (2020-1-29) [2020-2-17]. http://www.moe.gov.cn/jyb_xwfb/gzdt_gzdt/s5987/202001/t20200129_416993.html.

[4] 国家卫生健康委员会. 中华人民共和国国家卫生健康委员会公告[EB/OL]. (2020-1-20) [2020-2-17]. http://www.nhc.gov.cn/xcs/zhengcwj/202001/44a3b8245e8049d2837a4f27529cd386.shtml.

[5] 清华大学图书馆：疫情防控期间资源服务指南[EB/OL]. [2020-3-13]. https://lib.tsinghua.edu.cn/dra/yqfkservice.

[6] 山东大学图书馆：知识战“疫”，不孤“读”[EB/OL]. [2020-3-12]. http://www.lib.sdu.edu.cn/service_sector.html?id=3.

[7] 中国人民大学图书馆：同心战“疫”|资源与服务指南[EB/OL]. [2020-3-13]. http://www.lib.ruc.edu.cn/node/298.jspx.

[8] 北京大学图书馆. 疫情无情，图书传情：欢迎使用“送书到楼”服务[EB/OL]. (2020-2-10) [2020-3-12]. https://mp.weixin.qq.com/s/eKnyg_-_RJrCl6sJc-It-A.

[9] 上海交通大学图书馆.【知识战“疫”】图书馆纸质图书开放预约借阅啦!!! [EB/OL]. (2020-2-25) [2020-3-12]. https://mp.weixin.qq.com/s/nEcgZ5Zsr9HfAQNqrWxNzA.

[10] 山东大学图书馆. 图书馆推行馆藏纸质图书电子版委托服务[EB/OL]. (2020-2-20) [2020-3-12]. https://mp.weixin.qq.com/s/s9Xgknrh2qF1_DrY6-6yUg.

[11] 如何快速识别疫情新闻中的信息真假[EB/OL]. (2020-01-26) [2020-3-12]. https://mp.weixin.qq.com/s/r6JPdPqWFJBJHORzbG2qTA.

[12] 北京师范大学图书馆. 谣言止于智者——图兄带你识别“新冠”假消息[EB/OL]. (2020-02-13) [2020-3-12]. https://mp.weixin.qq.com/s/D9VHFQpcs3BX-Cl7PIrn4Q.

[13] 吉林大学图书馆. 阅读导师荐书[EB/OL]. (2020-02-25) [2020-3-12]. https://mp.weixin.qq.com/s/jbN4ufzYXWcIr8wQfCy6OQ.

[14] 武汉大学图书馆. 一期一书|有声阅读[EB/OL]. (2020-02-11) [2020-3-12]. https://mp.weixin.qq.com/s/jz69nV-8nv9dxv8GsHthyg.

[15] 北京师范大学图书馆. 读画|开年艺术大赏[EB/OL]. (2020-01-06) [2020-3-12]. https://mp.weixin.qq.com/s/ZCf02tgTPQ6JQRgDpBvkeQ.

原载《图书馆杂志》, 2021, 40(4): 77-81. DOI:10.13663/j.cnki.lj.2021.04.010.

国内重点高校图书馆自动化系统应用情况及对流通工作的推动

王　平　陈　虹

摘　要：基于清华大学图书馆 2013 年下半年对国内重点高校图书馆的自动化系统应用情况以及流通业务情况的调研结果，重点介绍应用较多的三个国外自动化系统 Innopac 系统、Unicorn 系统、Aleph 系统的发展和特点以及对图书馆流通工作的推动作用。

图书馆自动化系统是图书馆开展各项业务的基础。图书馆自动化是指以计算机为主体，与通信系统相结合，对图书馆工作各环节实行自动控制的全过程。它包括图书馆业务操作系统化、数据处理自动化、记录事项标准化、图书馆管理自动化、建立图书文献数据库、数据传输网络化、数据利用大众化。图书馆自动化系统的组成包括硬件、软件、数据库、人员和管理等。

1　国内重点高校图书馆应用自动化系统的调研结果

为筹备 2014 年 5 月 19—22 日在清华大学召开的全国高校图书馆流通工作会议，2013 年下半年，清华大学图书馆面向国内 32 家重点高校图书馆开展问卷调研，内容涉及自动化系统应用情况以及流通业务情况。自动化系统应用情况的调研结果见表 1、图 1。

表 1　国内 32 家高校图书馆自动化系统的应用情况

序号	系统名称/国别	应用的图书馆名称	总数
1	Innopac 系统/美国	西安交通大学、华中科技大学、清华大学、电子科技大学	4
2	Unicorn 系统（Sirsi）/美国	中国人民大学、天津大学、北京大学、吉林大学	4
3	Aleph 系统/以色列	浙江大学、郑州大学、上海交通大学、复旦大学、北京师范大学、武汉大学、中山大学、四川大学、首都师范大学	9
4	Horizon 系统/澳大利亚	华南理工大学	1
5	汇文系统/中国	南开大学、同济大学、南京大学、北京航空航天大学、山东大学、东南大学、大连理工大学、厦门大学、西北工业大学、中国科技大学	10
6	ADLIB 系统/中国	重庆大学	1
7	MELINETS 系统/中国	北京邮电大学、东北大学	2
8	本校独立开发的系统/中国	哈尔滨工业大学	1

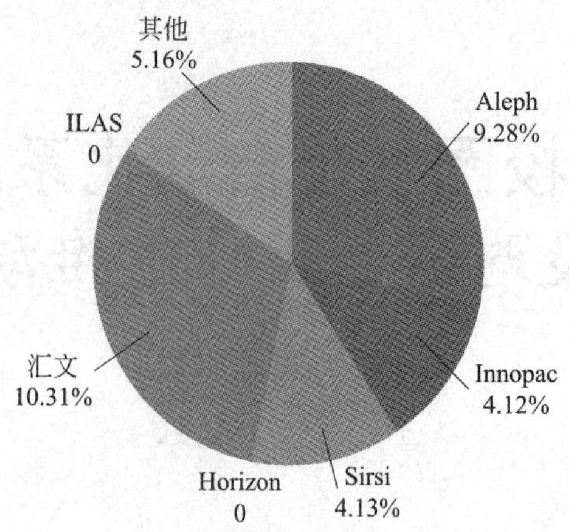

图 1 国内 32 家高校图书馆自动化系统应用分布比例

调研发现，32 家国内重点大学中，应用国外自动化系统的居多，共有 18 家，占 56%。在 14 家应用国内自动化系统的图书馆中，汇文的应用量较大，共 10 家，占应用国内自动化系统数量的 71%。国外系统当中，Aleph 应用较多，Innopac、Unicorn 持平，Horizon 应用较少。下文将着重介绍 Innopac、Aleph、Unicorn 三大系统的特点及对流通工作的推动作用。

2 Innopac、Aleph、Unicorn 三大系统的发展和特点

2.1 国外三大自动化系统的发展

18 世纪世界上第一个图书馆诞生以来，图书馆的发展经历了机械化（20 世纪 40 年代前期）、自动化（20 世纪 50 年代至 70 年代初期）、网络化（20 世纪 70 年代中期至今）三个阶段。自 1946 年世界上第一台电子计算机诞生以来，图书馆自动化研究迈上新的台阶。首先，1953 年美国的卢恩（A.P.Luhn）实现了将文献按照固定的词库编制索引；1957—1958 年，他又完成了以关键词统计处理为基础的自动文献法和引文关键词索引法。其后，美国学者肯特（A.Kent）率先将计算机应用在情报检索领域，1954 年美国海军兵器中心图书馆将 IBM701 型计算机应用在情报检索领域，实现了单元词组配检索，成为最早使用计算机的图书信息机构。

图书馆自动化系统的真正发展是在 1964 年 LC 发起研制机读目录（Machine Readable Catalog）之后。特别是 20 世纪 70 年代，以编目系统为基础的各种自动化系统已经成形，同时还出现了以编目系统为纽带的联机编目协作网，例如 OCLC，BALLOTS，RLIN，WLN 等；当时的图书馆自动化系统是由大学图书馆或有条件的大型图书馆自主开发的，如东伊利诺伊大学的联机图书流通系统、华盛顿州立大学的图书馆采购系统等。20 世纪 70 年代末至 80 年代初，图书馆自动化系统由单一功能性系统转向图书馆集成管理系统，其典型代表是美国西北大学的 NOTIS 系统，这期间还出现了专门为图书馆研制计算机管理系统的公司，其中 Innovative Interface.Inc 成立于 1978 年，Sirsi 成立于 1979 年，Ex Libris 成立于 1980 年。90 年代中后期，随着 Internet 的发展，Windows 图形用户界面的广泛应用，以及一系列诸如 Web 技术、数据库技术、Java 技术的出现和成功应用，许多图书馆自动化厂商采用更加先进的技术来支持图书馆自动化。Innovative（1996 年）、Sirsi（1996 年）、Ex Libris（1997 年）相继重新设计了产品，国外在用的许多图书馆自动化系统的主体架构，都来源

于当时的"重新设计"[1]。国外大型自动化系统多出自英语语言国家，如美国、英国、加拿大、澳大利亚、新西兰等，大约有120个国家厂商提供图书馆自动化系统产品。自动化系统分为两类：一类是商业自动化系统，另一类是开源自动化系统。清华大学图书馆1996年引进Innopac系统，2008年进行过ALEPH系统调研，目前又在开展图书馆系统调研工作。

2.2 国外三大自动化系统的特点

Aleph、Innopac、Unicorn三大系统在国内图书馆应用较广，每个系统都有10～20年的资深用户，国内图书馆对国外系统应用充分，积累了宝贵的经验，对系统功能的优势、劣势有深入了解和体会。Innopac系统由几十个模块和子模块组成，采用Alta Vista 检索引擎，不仅支持传统图书馆业务的自动化功能，如采编流、OPAC等，还提供先进的图像、网络服务和服务器/客户机应用程序。通过各种翔实的参数设置和细致的功能，表现出系统功能的实用、周全、友好。Aleph 500注重灵活性和系统易用性，注重个性化服务。采用我国优秀的中文自动切分算法，目前其中文词库的词汇量超过27万个，专业学术词汇丰富，并可实现图书馆对中文词库的维护。Unicorn系统具有高度的整合性，推出Workflow界面，在网络环境下，将所有的模块整合到一个统一的中央数据库中，保证数据的一致性和安全性。数据实时更新，提高了各模块的处理效率。提供Reference LIBRARIAN和WebCat功能，中文检索使用的索引机制采用字索引与词索引相结合的方式，有自己的检索软件iBistro。

三大系统设计理念先进、功能齐全、设置灵活，系统成熟可靠、开放性好、标准程度高。与此同时，国外系统的价格和维护费很高。三大系统基本技术特点见表2。

表2 三大商业图书馆自动化系统技术特点[2]

系统名称	底层数据库	操作系统	体系结构	多文种处理	二次开发	行业标准
Innopac	Oracle或Innovative自带数据库	Linux Windows Mac	采用客户端/服务器的多层体系结构	支持全部MARC，允许多种MARC格式并存	支持XML可扩展语言，直接与API接口交互	支持NISO/ISO、EDI、NCIP、Z39.50、XML
Aleph 500	Oracle	Windows Unix Linux	采用客户端/中间体/服务器多层体系结构	支持多种MARC和Unicode ISO 10646标准	支持XML应用，便于二次开发	支持ISO ILL、Z39.50及OpenURL、XML等
Unicorn	Oracle10/11，SQL SERVER 2008和c-ISAM等	Unix Windows Linux	从二层架构过渡到三层客户端/服务器模式	支持7种书目数据格式，能够在多MARC格式之间转换	提供API便于二次开发，支持SOAP、XML	支持MARC21、Unicode、SIP2、NCIP和NISO协议Z39.50

2.3 国外三大自动化系统的发展趋势

OCLC于2009年4月23日宣布推出基于WorldCat书目数据的"Web级协作性图书馆管理服务"——WorldCat Local（本地目录服务），此项目被公认为是一项"基于云"的服务，它将取代图书馆传统的集成化系统，此次OCLC推出图书馆界的第一个云计算环境下的服务，必然引起整个领域的应用热潮，也代表着新一代图书馆自动化系统的发展趋势。

Innovative Interfaces公司于2011年年底推出Sierra服务平台测试版，它是基于面向服务架构SOA（Service-Oriented Architecture）研发的系统，Sierra的系统设计分为四个层次：数据库层、数据访问服务层、业务逻辑服务层和界面显示层。Sierra 提供关键流程和数据的开放获取，系统使用 PostgreSQL 开源关系型数据库，用户能够使用一系列针对图书馆的 API 应用，Library Choice Sierra 工具让图书馆决定如何以及何时实施新的功能，Innovative-developed 工具能够让图书馆编写自己的应用，并能够将应用共享到整个网络环境中，Services-based approach 能够让图书馆编写自己的应用，并能够将这个应用共享到整个网络环境中，Services-based approach 能够帮助图书馆了解哪些产品是更适合的，充分给予图书馆自主选择的空间。Sierra 提供图书馆全部功能的运营，包括流通、编目、采购、连续出版物处理、公共目录和用户自主服务等方面，并提供本地安装和主机托管两种模式，基于云计算的托管模式还能够提供私有云的实现，支持图书馆在应用云计算的过程中采取循序渐进的方式。2014 年，华中科技大学图书馆系统已经率先迁移到 Sierra 上，同年 10 月在华中科技大学召开的中国 INNOVATIVE 用户会上，华中科技大学图书馆系统部方红老师介绍了迁移过程和迁移情况。

Ex Libris 公司在 2012 年年初发布了 Alma 普通版，其早期用户会得到该平台的一系列服务。Ex Libris 已经有超过 1000 家图书馆用户在云环境中得到不同服务。它提供多种语言支持。Alma 产品同时支持两种模式即本地安装模式和云服务模式，设计理念支持联合馆藏的发展模式，提供的云服务在减少图书馆基础设施投入成本的同时，能让图书馆获得更多的投资回报。Alma 采取统一的资源管理方式，包括印刷出版物、电子资源和数字资源等一整套图书馆业务涉及的资源，业务流程统一，方便易操作。Alma 是基于网络的，开放式的接口能够实现与其他系统的无缝集成，比如对外的校园系统，图书馆也能在此基础上研发出适配器和插件与其他机构进行连接[3]。

SirsiDynix Symphony 系统是美国 SirsiDynix 研发的最新图书馆管理系统，应用 Unicorn 的图书馆需从 Unicorn GL 3.0 版本升级到 Symphony 3.3.1。该系统由系统管理、工作流程、客户端三部分组成，采取客户端及服务器结构，遵循国际公认的各种网络、数据传递协议，将支持移动设备（例如掌上电脑和智能手机）作为公共客户端，并将加入语音电话客户端功能。

3 图书馆自动化系统对流通工作的推动

流通业务是图书馆的基础业务，有许多可以细化和创新的空间。图书馆自动化系统的应用推动了流通工作的系统化、规范化和智能化，帮助图书馆实现对流通工作中各种信息和状态的控制和管理，促进藏书结构的完善，读者借还书、缴款等交易记录明晰可查。从功能上看，流通子系统大致可以分为规则管理、流通管理和读者管理三部分。三大系统的流通系统基本相通，功能有细微差别。下面主要以清华大学图书馆应用的 Innopac 系统为例，介绍流通系统当前应用较好、对工作有重要推动的功能，并结合工作实际，提出流通模块的改进要求。

3.1 Innopac 流通系统现有特色功能

批量新建或修改读者记录时，对重名读者进行数据保护。这个功能很重要，批量建立或修改读者数据时，难免遇到要添加或修改的读者数据和系统中已有数据重复的情况，因为旧读者数据当中包含读者的借书、还书、预约、续借、缴款等信息，简单地将相同条码读者数据覆盖是很危险的动作，容易造成读者完整信息的丢失。Innopac 系统在这种情况下，对于重复条码号的读者记录，采取增加判断和询问机制的方法，询问是否使用现有记录。如果不使用现有记录，则另外新建一个读者记录，不会覆盖原有读者记录。

图书馆可以在某一时间点实时获取某一馆藏地符合设定阈值的高预约量书目信息，也可以获取整个系统所有带读者信息和馆藏信息的预约数据。预约数据的获取，帮助图书馆了解读者的阅读热点，有利于图书馆及时增补图书。

新旧读者记录合并功能。在高校中存在直博、直硕和硕转博的学生，系统提供的新旧读者记录合并功能，使得图书馆能够将同一读者不同学号的证件合并，通过合并，保留了读者在学期间完整的借阅次数和借阅历史。清华大学图书馆从 2011 年开始推出这项服务，深受读者欢迎，每年秋季开学，均有约 1600 名读者享受这项服务。

系统提供三个字段分别记录借阅量，包括图书入藏后累计借阅量、当年借阅量和上一年借阅量。当年借阅量和上一年借阅量需要图书馆每年年初将数据做批量更新操作。这三个字段保证系统能够得出经典热门图书和当年经典热门图书。

系统提供比较强大的报表统计功能。产生三年之内的按馆藏记录、读者记录各个字段组合的报表，便于进行读者利用图书馆情况分析。清华大学图书馆持续下载数据，利用这些数据，编制了 2013 年清华大学学生利用图书馆情况报告，为精密仪器系和马克思主义学院编制了院系读者利用图书馆情况报告，得到校领导和院方的好评。

Unicorn 系统具有 300 多个报表，可以实时或定时地进行多种数据统计。

3.2 Innopac 流通系统的改进要求

Innopac 流通系统从保护读者隐私出发，不开放读者的借阅历史。这使得图书馆深入研究读者的阅读倾向变得烦琐，希望系统给图书馆开放查询读者借阅历史的入口。

在 Innopac 系统的预约历史查看功能中，结果列表缺少读者条码字段。在读者重名的情况下，图书馆无法唯一定位读者。希望系统在预约情况表中增加读者条码字段。

4 结语

Innopac、Aleph、Unicorn 三大主流系统各具优势，每个系统各个模块相当复杂，彼此之间有着千丝万缕的联系，各馆在选型和应用时，除了关注本馆最看重的部分，也要关注各个日常业务的细节，如是否方便馆员和读者操作，是否考虑周全，保证不轻易修改系统数据，在重要操作之前都有弹出框提示，允许用户再次确认。各系统应界面清晰，结构合理，具有较好的扩展性。

同时，每个系统各具弱势，图书馆要深入研究弄清弱势原因，告知公司合理的改进需求，便于公司及时有效地改进。图书馆要扬长避短，发挥自动化系统最大效益。

参考文献

[1] 李广建, 张智雄, 黄永文. 国外图书馆自动化系统的现状与趋势[J]. 现代图书情报技术, 2003(3): 33-36.
[2] 霍建梅，李书宁. 国外图书馆自动化系统市场发展状况研究[J]. 大学图书馆学报, 2012(4): 61-67.
[3] 张雨涛. 云计算在图书馆自动化系统中的应用研究[D]. 河北大学管理学硕士学位论文, 2012(6): 24-25.

原载《数字图书馆论坛》2015 年第 8 期

Man-Machine-Environment System of University Library under Internet Condition*

张坤竹

摘　要：图书馆在高等学校的教育和科研中具有重要的作用，良好的图书馆人—机—环境系统能保障广大师生读者充分高效地利用图书馆信息资源。本文基于人机工程思想，考察高校图书馆人—机—环境系统的组成因素及其相互关联，调研当前互联网条件下图书馆的典型人机界面和人性化功能，探讨高校图书馆人—机—环境系统优化的方法。结果表明，在网络环境下，高校图书馆的人—机—环境系统包含较多虚拟系统人机界面及人机交互的因素，基于互联网的应用是当前高校图书馆的特色，而网络环境下高校图书馆应注重人机交互界面建设及人性化自助服务功能的提升。研究结论为高校图书馆的网络化、人性化改进提供了重要参考。

1 Introduction

The role of the library in the working life of people is self-evident, where the majority of users can get a wealth of reading resources and comfortable learning conditions. The new type of libraries in the Internet era features big data, intellectualization and humanity. People usually use computers, mobile phones and handheld computers and other media information to query, read and access the data, therefore, in the library's man-machine-environment system, there are more virtual system man-machine interfaces and human-computer interactions. Although the traditional paper reading has not been replaced electronically, the electronic means has been extensively used as a convenient tool for readers to obtain information and enhance the human-oriented effectiveness of the library from multiple media.

At present, the applications of ergonomics theory and technology become extensive day by day in various industries. However, there are few studies on the application of ergonomics in the library[1-7], the development of overseas libraries is faster with the complete facilities[8] and the

* This work is supported by the Project of Student Research Training (SRT) in Tsinghua University.

relevant studies is still visible[9-11], but not as a hot topic. Moreover, these studies are made only starting from the reading[3], attendance, circulation and other basic man-machine system functions, such as the local studies on reading room design[3], bookshelf construction[4], furniture[5,6], lighting environment optimization[2], learning space management[7], security[11] and others without a unified analysis from the view of human-machine-environmental system and special attention and focus on the libraries in universities.

In order to investigate the humanistic development of the university libraries in the Internet era, this paper analyzes the man-machine-environment system of the library from the angle of ergonomics, discusses the main connotations and contents of man-machine interaction and analyzes the corresponding man nature function and features of the time so as to promote the construction of new man-machine interactive interface and the enhancement of the humanized self-service function in the library.

2 Man-Machine-Environment System of Library

The man-machine-environment system of library is composed of people, machine in the library's environment. Its composition is shown in Fig. 1, including the various types of people involved in the use of the system, machinery and equipment and a variety of environments.

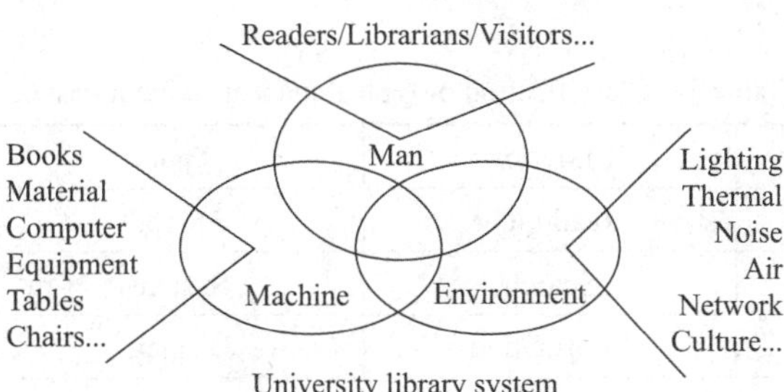

Fig. 1 Man-machine-environment system of university library

The "man" in the system mainly includes all kinds of users (teachers, student and researchers), librarians and related service personnel, as well as temporary visitors. Among them, teachers, students are the main objects of the university library and librarians are the main staff. All of them coexist in the system.

"Machine" first includes various and massive books and information, in paper, electronic, multi-source media and other forms. There are also shelves and computer interfaces for carrying information, tables and chairs for use, equipment systems and service facilities such as automatic borrowing equipment, information inquiry systems, document scanning and printing systems, and elevators in drinking systems, water dispenser, vending machines, etc. available for users.

"Environment" includes the internal and external environment of the library, which is divided into light environment, thermal environment, sound environment, air environment, network environment and other environments, similar with the environments of general classroom, office and other public places. The impact of the environment on the man-machine system is significant. For the library, as a place to read, the light, color, sound environments and temperature requirements are very high and the designer has to consider a lot of related factors[2]. Comfortable environment can improve learning and work efficiency; on the contrary, the uncomfortable environment may reduce the efficiency, increase the error rate and affect the health. Real-time network use is the requirement of humanization. In the internet conditions, the use of the library shows higher timeliness, which is also a main characteristic of information access of library in this time of internet.

Above man-machine-environment factors are intertwined with each other, constituting a complex man-machine-environment system of library. Three factors are interacted with each other; the machine and environment should meet various physiological and psychological needs of people to allow people to easily access a variety of resources, and then read and learn pleasantly.

3 Man-Machine Interface of Library

Man-machine interface refers to the area of communication and interaction between people and machine. In the library system, there are a variety of different types of man-machine interfaces (see Table 1).

Table 1 Classification of typical man-machine interface

Classification	Function	Type	Example
Common interface	Read/view	Direct	Man-desk
Computer interface	Search	System	Man-computer
Display interface	Information	Display	Man-screen
Service facility	Self-service	Combined	Man-system
Special interface	Help disabled	Special	Multi-media

The commonly-seen human-machine interfaces in the library mainly include people-desk/chair interface, people-bookshelf interface and human-computer interface.

Man-desk/chair interface is similar with the office desk/chair interface in the office and classroom to ensure that people have a stable, healthy sitting postures, accessible to comfortable visual conditions, and allow the body to have a rest and become relaxed. No doubt such traditional interface is still the longest and the most important interface between man and machine and the basic interface for all activities in this time of internet.

Man-machine interface of the computer system means that user borrows books, enquires about information and makes relevant searches via relevant network or linkage of the library in a computer. On the one hand the network design should meet various humanized demand and be easy to learn and use to improve the efficiency of search and query; on another hand, relevant hardware conditions, including the screen, mouse and keyboard, etc., should be able to make readers comfortable and convenient during the operation.

Man-machine interface for the information display includes various information displays in the library, such as the new book notice, the event notice, the information prompts and various videos, which are usually arranged in the passages, corridors, publicity boards and other eye-catching places to allow users to see and acquire information and feel pleasure.

Man-machine interface of service facility refers to that, when using the library, by means of self-service service system, readers can borrow and return books or use scanner or copying machines for relevant operations, which are important service functions of the library. A good interface can make readers easily and efficiently and help study and learning. The ubiquitous Internet makes it easier for reader to access and store information.

Special man-machine interfaces refer to the special man-machine interfaces provided for the old, weak or disabled readers or the reader using different language, such as the interface for the convenience of the visually impaired or the blind reader, the interface for network inquiry, and the interface for the accessible navigation instructions, sound prompt, etc.

Fig. 2 shows the typical man-machine interface of the library based on the man body model. Taking the new library of Tsinghua University as an example, the two types of man-machine interface-reading and computer interaction are selected, including the sitting and standing postures of human body template so that researcher can further analyze the comfort of corresponding function of human body. In addition, taking book from the shelf, borrowing book by self-service machine, copying book by self-service machine, using cell phone in free time and some other scenarios are typical man-machine interface and man-machine interaction scenarios. In the conditions of Internet, the virtual displays of the man-machine interface and human-computer interaction scenarios are distributed all over the library as major feature of modern society. In addition to the traditional keyboard and mouse operations, direct touch screens are gradually increased, allowing the use in a more intuitive, convenient and nature way.

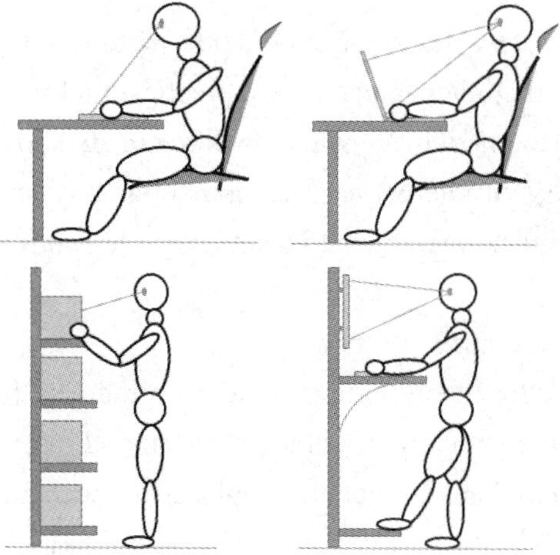

Fig. 2 Typical man-machine interface of library

4 Humanized Function of Library

Based on the above various typical man-machine interfaces, the library provides rich humanized functions for the readers. By means of the quick and convenient wireless network conditions, the reader can enjoy a variety of user-friendly features via Internet.

(1) Query and browsing function

Readers come to the library for finding the books and information needed, so the query is the primary function.Through the network-based and user-friendly menu function, readers can quickly find the required materials and then read them to get relevant information and knowledge. By the query, comparison and screening, the reader will ultimately find appropriate bibliography. Therefore, the query and reading are the library's most basic humanized function.

(2) Borrowing and return function

In addition to sitting and reading in the library, borrowing and returning books are also the most basic functions of the library. At present, the library provides users with self-help and manual modes to borrow books. Outside the working hours, readers may return books via the return box. Through network personal borrowing system or mobile phone App, WeChat and other functions, the reader can also keep an eye on the information like new books and popular books.

The new virtual reality experience area provides readers with virtual touch-screen man-machine interfaces.On the interfaces, a variety of bibliographic cover picturesrolls on the big screen and the readers can select with a finger and then use the phone's WeChat to scan the associated picture so that he can use the borrowing function, which is more intuitive and convenient.

(3) Information acquisition function

In addition to borrowing and reading books, the library also provides readers with a variety of information access functions, including retrieval and access functions for a variety of network databases, databases, reference books and ancient books, audio and other multi-source information so that the reader hasaccess or use these functions with the help of a librarian.

(4) Self-service function

Generally, reader needs to extract and record the materials found, so scanning, printing, copying, reproducing and some other functions are practical and usual demands. Library should provide relevant equipment and system anywhere to allow readers to enjoy self service from time to time. Taking the advantage of internet each equipment and system should have user-friendly man-machine interface and quick operations to meet users' demands in the saving and using data via internet.

(5) Discussion and communication function

A variety of types and sizes of study rooms is a emerging new function these years. Besides reading, readers also need to conduct brief communication and discussion with their classmates, teachers or peers. Library should has similar closed places for such activities.

(6) Leisure function

After reading, readers need a place to have a rest or do some simple activities. In the library, long sofas, rest corners, green plants, drinking water and other humanized rest areas are also required. The external environment of the library should be skillfully combined with natural environment. Currently to cope with the thick smog outside, any library should has a high-performance fresh air system to provide readers with healthier atmospheric quality.

(7) Vulnerable group service function

To facilitate the use of the library by the elderly and the disabled, the library should provide the corresponding humanized function, such as navigation and reading and query functions and relevant assistances for amblyopia and blind readers to allow more readers to benefit.

Furthermore, it also includes personnel access management, escape routes, security and other humanized features.

Above humanized functions are the characteristics of new university library. Inclusion of above aspects will make the new library's MMES very humanized. As shown in Fig. 3, based on the query and borrowing management of library materials of cloud big data, with a cell phone or a computer only, readers can conduct relevant information processing, connect massive big data in the world and realize the interconnection and sharing in an internationalized way. That is the peak of man-machine engineering technology of library in this era of internet.

Fig. 3 Library use based on cloud database and mobile phone

5 Discussion

Nowadays, the new MMES of university library can meet the needs of teachers and students, providing comfortable, convenient, pleasant reading, learning and working environment and a variety of self-service functions and reach a high performance as a whole. Among all functions, networking, electronization and humanization are main features of such system.

In current network environment, the university library should pay attention to the improvement of the man-machine interaction and the promotion of the humanized self-service function. For instance, the man-machine interaction function of various interfaces of networks and equipment system shall be further improved in a humanized way; the self-service function shall also make all groups convenient, reduce difficulty of the use, enhance efficiency and minimize the error.

In the future, designers shall make further improvement in the service for special groups and subject directions. For instance, the special devices and places may be increased for special attentions and assistance for vulnerable groups; assistance in different languages shall be provided for foreign users to facilitate the internationalized communication and use; the system shall also follow the frontier of some typical subjects, enrich contents and introduce advanced book resources to provide researchers with more practical and targeted quality service.

In addition, to cope with harsh weather conditions, such as thick smog, heavy rain and other extreme weathers, there should be some measures to ensure the functions involving the fresh air, good lighting and noise reduction and other aspects to create a comfortable environment for learning.

Today there are few studies on the MMES of library. The library as a special building environment needs to be studied from the angle of ergonomics. This paper makes primary discussions from the view of man-machine interface only. In the future, we should make further study on the details of library's MMES, such as comfortable environment design evaluation for optimization of computer interfaces, R & D of more advanced humanized interfaces, improvement of health of readers and enhancement of effective utilization of the library.

6 Conclusion

Based on the idea and method of ergonomics, this paper analyzes the constituent factors of MMES of university library and its interrelations, investigates in the typical man-machine interface and humanized function of library under the current network conditions and discusses the optimization method of MMES. The results show that under the Internet environment, the MMES of the university library contains more man-machine interfaces and man-machine interaction factors of virtual systems. The Internet-based application is the characteristic of the current university library, and the university library under the network environment should pay attention to the construction of man-machine interaction interface and the enhancement of intelligent and humanized self-service functions. In addition, the system should be improved when considering special groups, vulnerable groups, adverse weather and subject-oriented service. To sum up, the contents and details of the library's MMES needs to be further discussed and developed.

References

[1] Zhang F. Study of the Ergonomics Theory Using in the Library[J]. Journal of Beijing Forestry University (Social Sciences),2004, 3(2): 73-76.

[2] Gao Y. The Application of the Ergonomics in the Public Library[J]. Art and Design, 2012, 4:98-100.

[3] Gong J. The Application of the Man Engineering Principle in the Design of Library's E-reading Room[J]. SCI-TECH Information Development & Economy, 2006,16(5):30-32

[4] Ren D, Ma G. Application of Man Engineering to University Library Bookshelf[J]. Art and Design, 2010, 12:213-215.

[5] Tang X, Luo Y , et al. The Ergonomics Theory and the Library Stack Room Furniture and Environment[J]. Library Tribune, 2006, 26(5):221-223.
[6] Xu H. The Discussion about the Humanized Design of Library Furniture[J]. Library Work and Study, 2010(4):95-98.
[7] Xiong T. Innovative Management of Learning Space in Academic Library[J]. Journal of Academic Libraries, 2013(5):87-91.
[8] Zhang L, Dai G, Guo M. The Status, Characteristics and Enlightenment of Study Space from Foreign University Libraries[J]. Library Tribune, 2016, 36(5):112-120.
[9] Chiang B, Chang C, Chao S J. Planning and implementing a library ergonomics program: case study at Queens College Library, the City University of New York[J]. The Electronic Library, 2001, 19(5):327-341.
[10] Seaman S. Designing an Ergonomic Circulation Desk: A Case Study[J]. Electronic Journal Issn, 1997, 7(1):1-13.
[11] Henrich K J, Stoddart R A. Library Safety Through Design: Using a Checklist Approach at the University of Idaho[J]. Journal of Library Administration, 2016, 56(7):1-13.

Lecture Notes in Electrical Engineering, v 456, p 841-849, 2018, Man–Machine–Environment System Engineering - Proceedings of the 17th International Conference on MMESE.

ISSN: 18761100, E-ISSN: 18761119; ISBN-13: 9789811062315;

Conference: 17th International Conference on Man–Machine–Environment System Engineering, MMESE 2017, October 21, 2017 - October 23, 2017; Publisher: Springer Verlag.

真人图书馆在一流大学建设中的实践探索与发展策略
——以“学在清华·真人图书馆”为例

张　秋　杨　玲　毛李洁　朱京徽

摘　要：以清华大学“学在清华·真人图书馆”活动的实践与探索为例，对“中国特色、清华风格”的真人图书馆建设和发展模式进行阐述和总结，并结合清华大学一流大学建设的核心任务，对真人图书馆在清华大学一流大学建设中的作用进行思考与分析，对真人图书馆的未来发展进行规划、设计和展望。研究提出，内涵发展和高质量发展是图书馆建设和发展的大逻辑与大前提，图书馆发展要走开放、协同、融合之路，要以研究的态度开展工作、以系统工程的思维方式推进工作，把图书馆的发展融入大学发展和国家发展的历史进程中。

关键词：真人图书馆；清华大学；一流大学建设；人才培养

1　引言

2013 年 5 月，“学在清华·真人图书馆”活动走进清华园；同年 9 月，“学在清华·真人图书馆”活动被纳入清华大学“文化素质教育”课程，成为清华大学本科教育的有机组成部分；2015 年 10 月，“学在清华·真人图书馆”活动在全国首届高校图书馆阅读推广案例大赛中荣获第一名。2017 年 12 月 29 日，《清华大学一流大学建设高校建设方案》（以下简称《方案》）正式发布，《方案》明确了清华大学一流大学建设的六大核心建设任务，其中在两个核心建设任务即“培养拔尖创新人才”和“建设一流师资队伍”中就提及真人图书馆活动。这既是对过去清华大学图书馆举办真人图书馆活动的肯定和鼓励，也是对未来更好地举办真人图书馆活动的鞭策和鼓舞。

笔者将在调研和借鉴国内外真人图书馆发展模式和建设模式的基础上，厘清真人图书馆发展的机遇与挑战，对清华大学图书馆真人图书馆建设模式进行总结，对其“中国特色、清华风格”的真人图书馆建设和发展模式进行阐述，并结合清华大学一流大学建设的核心任务，对真人图书馆在清华大学一流大学建设中的作用进行思考与分析，对真人图书馆的未来发展进行规划、设计和展望。

2 真人图书馆研究现状分析

在中国知网期刊数据库中，以篇名为“真人图书馆”进行检索，获得 203 条检索结果（检索时间截至 2019 年 9 月 10 日）。从论文发表时间和数量来看，最早的研究始于 2010 年，随着时间的推移，相关研究成果数量呈逐渐上升趋势。从论文研究主题来看，真人图书馆活动的相关研究主要涉及阅读模式、服务创新、知识交流、发展研究等方面。从研究脉络来看，国内研究从真人图书馆的起源、特点、发展现状、挑战与机遇以及实践等角度全面深入地展开研究，并取得了一定理论成果和实践经验。对于这一主题的研究，从时间和内容特点上基本可归纳为以下几个阶段：

（1）起步阶段：这一阶段主要探讨真人图书馆开展的必要性和为图书馆带来的机遇与挑战[1]，以及国外真人图书馆的实践活动探究[2-3]。

（2）探索阶段：探索本土真人图书馆发展现状、价值和发展策略等。研究主要通过对国内开展的真人图书馆实践活动进行调研，总结出国内高校真人图书馆活动存在的问题，并据此提出发展策略[4]、提出技术方面的应对方案[5-6]、构建理论框架等[7]。

（3）发展阶段：主要通过问卷调查等方式，从读者需求角度探索真人图书馆开展策略[8]，从新技术角度探讨真人图书馆的创新形态[9-10]等。

通过 Web of Science 数据库对相关外文文献进行检索分析，获取 28 篇各类型文献。通过对文献文本内容分析发现，国外在这一领域的研究与国内有很大不同。在研究领域上，国外研究重点主要在增进理解与消除偏见[11]、知识管理 [12]和技术发现[13]等方面。

基于对国内外现有文献的分析，得出以下结论：第一，从已有研究成果以及实践工作来看，国内文献研究高校真人图书馆居多，但是在这一领域的研究还较为传统，对于真人图书馆项目建设以及如何持久地发挥作用缺乏深入分析；国外研究方面则大多集中在公共图书馆领域。第二，多数研究者仅从理论研究层面对真人图书馆的现状以及未来发展提出设想，对于真人图书馆的实际运作以及效益缺乏深入了解。第三，从研究内容上，鲜有研究将真人图书馆放置到一流大学建设这一大背景环境中探讨真人图书馆建设模式。因此，对真人图书馆既往实践模式进行梳理以及对未来真人图书馆发展策略进行规划和展望，既具有重要的理论意义，又具有重要的现实应用价值。

3 国内外高校真人图书馆实践调查

为重点了解国内外高校真人图书馆的举办情况，笔者利用 Google Chrome 浏览器，同时以“living library、human library、university、college”为检索词进行模糊检索（检索时间截至 2019 年 8 月 21 日），查找国外高校及所在图书馆举办真人图书馆的信息；以“真人图书馆”为检索词调研国内大学及其图书馆举办真人图书馆的信息。通过对国外 6 个国家的 42 个机构（组织者包括大学及大学图书馆）、国内 35 个大学图书馆举办真人图书馆的情况进行详细汇总与分析发现（见表 1），国内外举办的真人图书馆活动在内容和形式等方面（包括活动举办频次、“真人”图书选择、活动宗旨、活动主题、活动规则以及活动参与度等）均存在明显差异。

表1 国内外高校真人图书馆活动比较一览表

	活动举办频次	“真人”图书选择	活动宗旨	活动主题	活动规则	活动参与度
国内	高频次讲座	学者、名人、教师、学生等	阅读推广、交流、分享等	热门、大众、焦点等	基本为讲座形式	高借阅率
国外	频次低，基本为年度盛会	面向社会征集的“有故事”的人	消除偏见、促进理解与沟通等	敏感、边缘话题等	对阅读者限定时间和人数	借阅率高低不等

举办频次上，国内高校举办真人图书馆活动频次较高，如武汉大学图书馆的“微天堂 真人图书馆”活动，自2012年举办以来，平均每年举办6～10场[14]；华东理工大学图书馆自2012年举办真人图书馆活动以来，平均每年举办4场左右[15]。国外举办的频率则较低，基本上都为年度盛会[16-17]。

“真人”图书即活动嘉宾选择上，国内主要邀请学者、名人、教师以及优秀学生等，满足高校读者的学习与生活需求；国外则主要面向社会征集“有故事”的人，且每期活动邀请的真人书为多人，即在同一时间内，读者可以挑选自己感兴趣的真人书阅读交流，形式灵活，读者有更大的选择权[18]。

活动宗旨上，国内主要定位为阅读推广、交流、分享等；国外则侧重于消除偏见、促进理解与沟通等，这与真人图书馆在丹麦发起时的初衷相吻合。国外只有少数几个活动主题定位为专门为新生开设的导览及教育活动，如美国佛罗里达大学沃林顿商学院[19]和伊利诺伊州立大学[20]的真人图书馆项目。

活动主题上，国内基本定位为热门、大众、焦点话题等，与学术、校园生活、求职、创业、考研、人生经历等相关；国外更多的是一些敏感、边缘话题等。

借阅规则上，国内基本为讲座形式，或者为人数较少的小型讲座，或者为大型讲座；国外一般对阅读者限定时间和人数，如悉尼大学图书馆[21]对借阅者的时间限定在20分钟之内；雪城大学图书馆[22]在人数上要求只能一对一，或者小组交流，时间限定在20分钟之内；北亚利桑那大学图书馆[23]要求一对一交流，且时间限定在30分钟之内。

读者参与度上，国内举办的真人图书馆活动，内容基本为学生较为感兴趣的主题，读者根据内容获取所需，较容易保证出勤率。浏览国外相关网页时发现一些项目计划，如Grant MacEwan University South Campus Library的Human Library Pilot Project Report，其中在对真人书的调查中，有一位真人书提到：“It was sometimes a bit uncomfortable when all the other books were ‘checked out’ and I was the only one not checked out...I felt a bit rejected.”[24]由此可以看出，国外真人书的借阅，就如同图书馆藏书，有高借阅率的，有低借阅率的，甚至有零借阅率的。

4 “学在清华·真人图书馆”实践及其经验

读有故事的人，阅会行走的书。清华大学“学在清华•真人图书馆”系列活动由清华大学图书馆、清华大学国家大学生文化素质教育基地、清华大学研究生会联合主办，活动旨在通过搭建面对面交流平台，在深化导学关系的同时，使同学们学到更多求学问道的方法、感悟到更多为人处世的道理。该活动自2013年5月创办以来，截至2018年年底已在清华大学举办了40场活动（见表2），邀请了国内外嘉宾36位（部分嘉宾参加过2场及以上活动），来自清华大学全校55个院系的几千名师生参加了该项活动，实现了跨院系、跨专业、跨年级的融合教育。经过近7年的努力与摸索，清华大学图书馆逐渐创造出了具有清华风格、中国特色、国际视野的真人图书馆活动，以创新的意识、务实的精神为图书馆服务育人工作开辟了一条新的发展路径。

表2 “学在清华·真人图书馆”活动一览（2013—2018年）

场次	嘉宾	嘉宾简介	主题	时间
1	朱克勤	清华大学工程力学系教授	钱学森之问	2013年5月9日
2	薛其坤	清华大学物理系教授	读书读人读其坤，成长成功成学问	2013年5月21日
3	戴琼海	清华大学自动化系教授	为无人机装上“智慧之眼”	2013年9月24日
4	戚学民	清华大学历史系教授	民国杂谈——与戚学民老师共话乱世风云	2013年10月18日
5	向隆万	上海交通大学数学系教授	公理化体系的思考——唐诗格律的形式体系	2013年10月23日
6	危　岩	清华大学化学系教授	生化界的3D打印	2013年11月21日
7	张尧学	中国工程院院士、中南大学校长	对话张尧学	2013年11月21日
8	王君超	清华大学新闻与传播学院教授	微博不“微”	2013年12月16日
9	吕冀蜀	清华大学军事教学组长	亮剑领海	2014年3月21日
10	彭　林	清华大学人文学院历史系教授	书生本色　大师风范	2014年5月7日
11	文志英	清华大学数学系前系主任	数学与人类文明	2014年9月10日
12	程原津	人文摄影家	瞬间的预谋	2014年10月30日
13	秦佑国	清华大学建筑学院教授	建筑中的人文情怀	2014年11月20日
14	谢维和	清华大学前副校长	教育改革之路	2014年12月5日
15	王守清	清华大学建设管理系教授	政府与企业的共赢	2014年12月10日
16	冯务中	清华大学马克思主义学院副教授	清华文化漫谈	2014年12月12日
17	丁武将	国防科工局专家委专家	人的生命资产与生命智慧	2015年4月28日
18	胡鞍钢	清华大学国情研究院院长	我的“三书”之道	2015年5月21日
19	徐贺云	国家海洋局国际合作司海洋权益处处长	我国周边海洋形势及发展	2015年9月17日
20	吴国祯	清华大学物理系教授、博导	19世纪70年代我国台湾留学生运动：1949年后两岸阻绝关系冰释的起点	2015年11月13日
21	梁贯成	香港大学健泰基金讲座教授	从数学与教育到数学教育	2015年11月18日
22	魏　钢	曾任空军装备部副部长，少将	中国航空史概述	2015年12月11日
23	Clare Lehane	荷兰Elsevier公司能源与天体科学分部执行出版人	A Guide to Publishing Your Research: Writing, Reviewing and Ethical Issues in Journal Publishing	2016年4月7日
24	陈少敏	清华大学工程物理系教授	“幽灵粒子”的前世今生	2016年4月21日

续表

场次	嘉宾	嘉宾简介	主题	时间
25	关肇邺	清华大学建筑学院教授、中国工程院院士	承接过去、面向未来：关肇邺先生和他的清华建筑	2016年11月2日
26	钱颖一	清华大学经济管理学院院长	谈批判性思维与创造性思维	2016年12月7日
27	梁志刚、张曼菱	梁志刚，中央档案馆国家档案局前司长；张曼菱，中国作家协会会员，职业作家	学海泛槎——季羡林和他的著作	2016年12月28日
28	Theodore Scaltsas	英国爱丁堡大学教授	创造“创造性价值”：从哲学延伸的创造力教育	2017年4月27日
29	秦佑国	清华大学建筑学院教授	读书之道	2017年10月27日
30	唐传祥	清华大学工程物理系教授	心存理想，追求卓越	2017年11月10日
31	胡鞍钢	清华大学公共管理学院教授	如何认识当代中国	2017年11月22日
32	岳光溪	中国工程院院士、清华大学能动系研究员	理想与人生	2018年4月9日
33	金　峰	清华大学水利水电工程系教授	工程的魅力——行万里路后的感悟	2018年4月19日
34	王有强	清华大学苏世民书院院长、清华大学公共管理学院教授	选择与责任	2018年5月24日
35	魏柯玲	澳大利亚教育和培训部国际司战略政策处前处长	共创中澳教育关系的美好明天	2018年6月7日
36	金　涌	中国工程院院士、清华大学化学工程系教授	美妙工程　美好人生	2018年6月15日
37	钱颖一	清华大学经济管理学院院长	探寻大学教育的灵魂——与钱颖一教授共话批判性思维与创造性思维教育的理论与实践	2018年10月23日
38	倪维斗	中国工程院院士、清华大学热能工程系教授	知识分子的情怀——倪维斗院士谈科研之路	2018年12月2日
39	王有强	清华大学图书馆馆长、清华大学公共管理学院教授	馆长与师生共话图书馆建设与发展	2018年12月11日
40	王有强	清华大学图书馆馆长、清华大学公共管理学院教授	馆长与馆员共话图书馆建设与发展	2018年12月18日

4.1 活动缘起

阅读就是阅人、阅己、阅世界。对于清华大学来说，这里不仅有丰富的图书资源、先进的空间服务，还有优秀的教师与学生团体，这些共同组成了校园里最为宝贵的资源。图书馆要做的，就是在这个校园中的第二课堂打造一个知识的复合体，让知识不仅仅作为工具而存在，而是致力于创造一个完善人格、提升学生综合素养的场所。经过前期调研与策划，2013年，清华大学图书馆开启以“读有故事的人，阅会行走的书”为主题的“学在清华·真人图书馆”系列活动，旨在把图书馆置于全员、全过程、全方位的育人过程中，在丰富的图书馆文化活动中有效落实清华大学“价值塑造、能力培养、知识传授”三位一体的教育理念，加强时代感和互动性，促进交流和分享，通过每位“真人图书”的工作状态、生活态度和人格魅力，潜移默化地影响学生，推动清华大学文化素质教育建设、丰富校园文化活动内涵、提高学生综合素质与文化水平，以“增量”（真人图书馆等活动）盘活存量（图书馆图书资源和空间资源），让图书馆成为学校的知识服务中心和文化建设中心。

4.2 活动策划

单丝不成线，孤木难成林。发起一项全校性的活动，创建一个具有高美誉度的品牌，单靠图书馆的力量是远远不够的。“学在清华·真人图书馆”系列活动之所以能够坚持高水平发展和建设，非常重要的一个原因就是把图书馆这一支队伍的独奏，通过与学校研究生会以及国家大学生文化素质教育基地等深度合作组建成了一个大型的交响乐团，在校园中奏响“真人图书馆”优美和谐的交响曲，从而响彻校园。

具体而言，主要体现在嘉宾邀请和活动开展上。图书馆与校研究生会合作，共同规划活动嘉宾的邀请计划。大学图书馆主要服务校内师生，而研究生会就具有这样的优势：他们来自学生，服务学生，他们更清楚学生们的需求，更清楚活动应该邀请校内外哪些嘉宾，并通过院系教师、学生等多样化的渠道与嘉宾取得联系。这样，在嘉宾邀请上，建立了稳定的长效机制。

活动举办上，与学校大学生文化素质教育基地合作，将真人图书馆活动纳入清华大学“文化素质教育”课程，成为学校本科教育的有机组成部分，既确保了活动的基础生源，又将活动融入学校教学与人才培养大环境中，提升了此项活动的重要性。

活动开展中，图书馆以项目管理为目标，从各部门协调馆员，形成一支稳定的队伍，分别负责活动的主持、场地布置、设备调试、信息发布、录音录像、活动报道等，确保了活动的有效开展。

活动宣传上，充分结合图书馆稳定的宣传平台，如主页、微博、微信公众号等，以及各个学生社团、学生会自己的微信宣传渠道。这样，一条信息，多方发布，扩大了宣传渠道，让更多的读者及时获取活动信息。

4.3 活动主题

真人图书馆带来的不仅是全新的阅读方式，更是嘉宾通过人格魅力和学识魅力陶冶学生的平台，是同学们获取求学问道方法、感悟为人处世道理的平台。40 场活动嘉宾的邀请，充分利用了清华大学校内的优质资源，在这些嘉宾中，有获得学校“良师益友”“清韵烛光”等称号的最受学生们喜爱的教师，也有在各个专业领域里影响深远的学术名人。校外嘉宾的选择，则与学术前沿、爱国奉献、成长成才等相关话题相结合进行选择与邀请。在这样精心设计的主题下，再通过面对面沟通的形式让读者完成“图书”的阅读，从而实现与“真人图书”零距离的互动沟通，也让读者借阅“真人图书”的别样人生。从这些真人书身上，让读者感受到学科、专业已经在他们身上获得的超乎专业知识的生命。这样言传身教、潜移默化的影响，使活动内容从知识传授上升为立德树人的重要使命，从而实现育人、育德、育才的有机结合。

4.4 收获与成长

7 年来，真人图书馆通过重量级嘉宾、广泛深入的对话主题、自由热烈的沟通氛围、积极互动的活动现场等四大特点，构建起了清华的文化名牌。真人图书馆的举办，让嘉宾与读者面对面，用心灵去影响心灵，使学生“安其学而亲其师，乐其友而信其道”[25]，在弘扬优秀文化传统，推进校园文化研究、文化教育、文化实践、文化传播等工作方面取得了成绩，在春风化雨、润物无声中发挥育人作用。

参加真人图书馆的读者曾经这样说：“嘉宾都是重量级的，演讲内容都是国际最前沿的课题，很受启发。”“真人图书馆的每次活动都很有水准，我会坚持关注本项活动，希望能举办更多活动，请到更多嘉宾，让更多同学有机会参加。”也有读者这样评价真人图书馆：“真人图书馆形式很好，请来的嘉宾都很有水平，给我的启发很大。讲座质量非常高，我已经参加了四次真人图书馆了，很喜欢这个系列的讲座。希望这个讲座能请来更多领域的知名专家学者。”读者的评价，无疑是对真人图书馆活动最大的肯定。我们希望通过真人图书馆这样的创新发展模式，提升校园文化氛围与品位，让图书馆成为师生校园生活中治心治学的精神栖息地、教育事业发展中立德树人的服务共善地[26]，为校园中有温度的教育创造更多的条件。

5 启示

变革是图书馆发展的不竭动力，内涵发展和高质量发展是图书馆建设和发展的大逻辑和大前提。从真人图书馆的创办来看，真人图书馆是新时代和新技术背景下图书馆变革和转型的一种有益探索和勇敢尝试，是图书馆以创新、务实精神打通的新的发展路径。图书馆要走内涵式高质量发展之路，就必须大力提高资源利用效益，注重培育敬畏学术、尊重人性、热爱真理、亲爱良善的人文氛围，建设以学生全面发展为目的的师生学习共同体，打造紧密联系、相互理解、共同切磋的师生关系，塑造高品质的校园文化，筑牢人才培养的文化根基。[27]作为学校文化建设的重要组成部分，以真人图书馆为代表的图书馆文化活动在继承中弘扬文化传统，在变革中坚守核心价值，致力于为一流大学建设提供强大的精神动力和文化支持，培育大学的生命力、创造力、凝聚力和感召力，这对于一流大学建设中的“培养拔尖创新人才”和“建设一流师资队伍”具有积极作用。

5.1 创新创意加速图书馆内涵发展和高质量发展

现在，图书馆正从“以资源为中心”向“以用户为中心、以资源为基础、以服务为导向”转型。在这一转型过程中，我们应充分考虑读者主体的多元化与需求的多样性，将更多的关注点投入学校人才培养工作中，注重内涵发展、高质量发展和特色发展，以增量激活存量，为图书馆的可持续发展增添新的活力。

5.2 开放、协同、融合是图书馆发展的必由之路

从“学在清华·真人图书馆”的成功经验来看，图书馆要发展，就要用发展的眼光看问题，走出馆舍，与学校相关部门以及师生联合起来，走协同建设、融合发展之路，将众人的智慧与力量集中在一起，在交融与碰撞中形成合力；打破壁垒，从而发挥资源优势互补、协同推进的作用。

5.3 真人图书馆实践为图书馆转型发展提供借鉴

图书馆的理想，就是成为有理想的图书馆。对于理想来说，最动人的词汇，就是实践。而图书馆工作实践中，坚持以研究的态度开展工作、以系统工程的思维方式推进工作，无疑是一种值得肯定的方式。我们相信，对于真人图书馆已有成功经验的总结以及对于真人图书馆未来发展模式的设计与展望，必将对真人图书馆的创新发展产生重要的实际指导作用，对于深化图书馆阅读推广工作以及新时代背景下图书馆转型发展也具有一定的启发意义和参考价值。

5.4 自觉对接融入社会实践方显使命担当

恩格斯说：“有作为是生活的最高境界。”图书馆作为大学的心脏，只有在服务国家和大学的进程中才能成就图书馆的广度、深度、高度、远度和温度。站在新的历史起点上，我们要自觉融入国家改革开放和中华民族伟大复兴的伟大历史进程，自觉融入清华大学世界一流大学的伟大建设进程，自觉走具有清华风格、中国特色、世界一流的杰出大学图书馆建设之路，把图书馆的发展和大学的人才培养、科学研究、社会服务、文化传承创新、国际交流合作的使命无缝战略对接，使图书馆的发展与学校的发展紧密结合，与高等教育的发展紧密结合，与国家的教育发展密切结合。

不一样的清华，不一样的阅读，不一样的真人图书馆。从真人图书馆的未来发展来看，机遇与挑战并存，困难与希望同在。作为图书馆新型阅读推广模式的一种，真人图书馆应更紧密结合图书馆发展，走建设“中国特色、清华风格”真人图书馆发展之路。作为活动探索者和经验积累者，“学在清华•真人图书馆”迈出了重要一步，而这仅仅是开始。未来，我们将坚定不移地走内涵式发展道路，在持续奋斗中不断进取，在比较借鉴中实现超越，着力提升图书馆的服务能力，与更创新、更国际、更人文、更从容的一流大学建设同向同行，做得更好、走得更远。

参考文献

[1] 吴汉华, 王子舟. 开发读者知识资源的新模式：真人图书馆[J]. 图书馆杂志, 2010, 29(9): 21-26, 77.
[2] 边国尧. 加拿大“真人图书馆日”活动介绍及启示[J]. 国家图书馆学刊, 2013, 22(5): 92-97.
[3] 任杰. 澳大利亚梅尔维尔市真人图书馆服务研究与启示[J]. 新世纪图书馆, 2016(8): 82-86.
[4] 刘时容. 真人图书馆在国内高校图书馆的应用思考[J]. 新世纪图书馆, 2017(12): 31-35.
[5] 刘方方, 肖鹏. 基于 FOAF 的 ILS 真人图书馆管理模块设计[J]. 图书馆论坛, 2012, 32(5): 37-41, 20.
[6] 赵慧馨. 真人图书馆视觉识别系统（VIS）的构建与应用[J]. 图书馆建设, 2015(8): 33-37.
[7] 周丽霞, 刘婉君. 基于复杂系统理论的真人图书馆知识交流研究[J]. 现代情报, 2018, 38(12): 22-25, 39.
[8] 张爱科. 基于 Human Books 阅读需求实证分析的高校真人图书馆发展策略[J]. 大学图书情报学刊, 2018, 36(6): 82-87.
[9] 王焕景, 隋欣欣. 媒介融合视角下真人图书馆形态创新探析[J]. 图书馆学研究, 2017(23): 11-14.
[10] 吴才唤. 真人图书馆：现实瓶颈与虚拟现实技术应用研究[J]. 图书馆建设, 2017(4): 51-56.
[11] Orosz G, et al. Don’t Judge a Living Book by Its Cover: Effectiveness of the Living Library Intervention in Reducing Prejudice toward Roma and LGBT People[J]. Journal of Applied Social Psychology, 2016, 46(9): 510-517.
[12] Lim H C.A Case Study on Knowledge Management in Public Organization: Human Library and Wikibooks in KAMCO[J]. Korean Management Consulting Review, 2017(17): 283-290.

[13] Sung T W, Wu T T, Lu Y C. A Framework Design for On-line Human Library[C]. International Symposium on Emerging Technologies for Education. Cham: Springer, 2017: 349-354.
[14] 武汉大学图书馆. 微天堂 真人图书馆[EB/OL]. [2019-8-22]. http://www.lib.whu.edu.cn/reading_festival/2015/MedRealper/index.html.
[15] 华东理工大学图书馆. 真人图书馆[EB/OL]. [2019-8-22]. http://lib.ecust.edu.cn/zh-hans/node/46.
[16] Oregon State University Libraries, The Human Library [EB/OL]. [2019-8-22]. https://guides.library.oregonstate.edu/humanlibrary.
[17] WILLIAMS COLLEGE, The Human Library [EB/OL]. [2019-8-22]. https://www.williams.edu/feature-stories/feature-stories-archive/human-library-2/.
[18] Krannert School of Management, Purdue University. HUMAN LIBRARY: Embrace Diversity. Promote Inclusion. Experience a Different Point of View [EB/OL]. [2019-8-22]. https://krannert.purdue.edu/centers/women-in-management/initiatives/human-library.php.
[19] Warrington College of Business, University of Florida. HUMAN LIBRARY [EB/OL]. [2019-8-22]. https://warrington.ufl.edu/undergraduate-current-students/career-and-leadership/warrington-welcome/human-library/.
[20] Illinois State University. 'Books' share their life story at ISU's first Human Library [EB/OL]. [2019-8-22]. https://news.illinoisstate.edu/2014/10/books-share-life-story-isus-first-human-library/.
[21] The University of Sydney. University Living Library, Everyone has a story to share[EB/OL]. [2019-8-22]. https://sydney.edu.au/about-us/vision-and-values/living-library.html.
[22] Syracuse University Libraries. Human Library: Home[EB/OL]. [2019-8-22]. http://researchguides.library.syr.edu/humanlibrary.
[23] Cline Library, Northern Arizona University.NAU Human Library [EB/OL]. [2019-8-22]. https://libraryguides.nau.edu/humanlibrary.
[24] Grant MacEwan University South Campus Library Human Library. Pilot Project Report[EB/OL]. [2019-8-22]. https://www.neoslibraries.ca/wordpress/wp-content/uploads/2016/04/human_library_report.pdf.
[25] 邱勇. 坚定不移走内涵式发展道路[N]. 光明日报，2019-03-12(09).
[26] 陈建龙. 大学图书馆的本来、外来和未来——以北京大学图书馆为例[J]. 大学图书馆学报, 2018, 36(6): 7-12.
[27] 别敦荣. 论高等教育内涵式发展[J]. 中国高教研究, 2018(06): 6-14.

原载《图书馆学刊》2020 年第 42（3）期

研究型大学图书馆服务本科教育的实践与探索
——以清华大学图书馆 2019 年迎新季工作为例

杨　玲　张　秋

摘　要：文章以 2019 年清华大学图书馆在本科迎新实践中思路的变革以及工作内涵的深化与拓展为案例，并借助公共管理理论中的三圈理论分析工具，通过图书馆价值体现、馆员能力提升、开拓协同支持三个方面探讨大学图书馆服务本科教育的路径和策略。

关键词：大学图书馆；本科教育；图书馆迎新；三圈理论

0　引言

2018 年 6 月 21 日，教育部在四川成都召开新时代全国高等学校本科教育工作会议。会议指出，要坚持“以本为本”，把本科教育放在人才培养的核心地位、教育教学的基础地位、新时代教育发展的前沿地位。[1]本科教育是提高高等教育质量最重要的基础。从世界高等教育发展趋势看，世界一流大学都重视本科教育，都将培养一流本科生作为学校发展的重要战略思想和目标。一流的大学需要一流的图书馆为其提供保障。在这个进程中，大学图书馆应该因时而进、因势而新，以人才培养为核心使命，在服务本科教育中不断变革与创新，发挥图书馆传承文明、服务学校的价值。

1　文献回顾与评述

《普通高等学校图书馆规程（2015）》指出，高校图书馆是学校的文献信息资源中心，是为人才培养和科学研究服务的学术性机构，是学校信息化建设的重要组成部分，是校园文化和社会文化建设的重要基地。[2]那么，研究型大学图书馆除了支持教学科研工作，在学校本科生的培养过程中都有哪些实践，以及发挥着哪些作用呢？为了解研究型大学图书馆在服务本科教育中的实践与探索，笔者分别通过中国知网期刊数据库和 Web of Science 平台核心合集数据库对中外文文献进行调研与梳理。在中国知网期刊数据库中，以“篇名”为检索字段，以“图书馆”和“本科”为关键词进行较大范围的检索发现，国内学者的研究主要聚焦本科高校图书馆的服务模式与内容，只有少数文章探讨了研究型、综合性大学图书馆为本科生开展的支持教学方面的相关工作，如王强等从空间设施、信息资源和馆员智力三个维度调研了中、美各 20 所高校图书馆对本科生开展的服务项目，项目内容涉及资源、课程和研究等方面[3]。黄晓斌等通过对 10 所一流大学图书馆网站的调研，列举其为本科教学服务的做法，如教学资源建设、学科或课程导航、课程服务、课程馆员、空间服务、嵌入式服务、新生培训、科研训练等，探讨其对我国高校图书馆为本科教学服务的启示[4]。丁智阳介绍了南京大学图书馆从资源建设、信息素养培训、举办读书活动等方面支持本科教学工作[5]。在服务效果评价方面，黄晓斌等从图书馆信息资源提供、读者信息资源获取、馆员服务情感、图书馆环境和对教学产生的影响 5 个方面构建图书馆本科教学用户满意度指标体系[6]。同时，在 Web of Science 平台核心合集数据库中，以“标题”为检索字段，以 Librar*和 undergraduate 为关键词进行检索，发现国外学者的研究主要关注图书馆在本科生学业成就中发挥的作用和价值。如 Çetin 等探索了伊斯坦布尔一所英语语言大学本科生的图书借阅与学术成就的关系，调查显示，大学生的学业成就水平与从大学图书馆借阅的书籍数量呈显著正相关关系[7]。Kot 等通过分析学生使用三种图书馆资源（工作站、研究室和研究诊所）的情况，认为图书馆对于学生的学术活动具有积极的影响作用[8]。Whitmire 等探讨了高校图书馆资源和服务对图书馆使用的影响以及教育成果[9]。Frank 等探讨了学术型图书馆在支持改善本科生学习成果中的价值[10]。也有少数文章探讨了图书馆作为物理空间在本科生教育方面发挥的作用，如 Jager 通过对“图书馆作为空间”的调研分析发现，图书馆环境发挥的作用能够使本科生获得更好的成绩。Jager 认为图书馆为本科生提供的优质教育经验为大学使命的发挥做出了贡献[11]。Munde 等通过研究发现，以非学术目的使用图书馆的本科生可能会从他们的不断坚持中受益；以学术为目的使用图书馆的本科生可以从学习成绩方面受益；将图书馆用于社会化目的的本科生，能从与图书馆和教育经验的互动中获益[12]。

综上所述，大学图书馆利用其丰富的馆藏资源、先进的设施设备以及舒适的馆舍空间，为本科生的教学提供支持性、针对性和个性化服务已成为大学图书馆的常规任务。但从更高层次的即服务育人的角度进行研究的则较少。由此可见，在学校人才培养的整个大环境下，如何发挥全员、全方位、全过程育人的作用，将显性教育与隐性教育相统一，用图书馆蕴含的文化力量潜移默化地影响和教育学生，从而充分发挥图书馆的教育功能，将是需要大学图书馆不断探索的工作。因此，本文主要通过对 2019 年清华大学图书馆的本科迎新工作进行探讨与分析，通过迎新工作中思路的变革以及工作内涵的深化与拓展，探索大学图书馆开展本科教育工作的路径和策略。

2 清华图书馆 2019 年开展迎新工作的实践探索

对于刚入校的本科新生而言，大学一年级是他们从基础教育转向高等教育的起始阶段，生活与学习的环境都发生了一系列变化。图书馆在开学伊始的迎新活动，就是要充分发挥首因效应，从一开始就讲好图书馆故事，上好图书馆第一课，把图书馆更好地介绍给新读者，从而激励新生的学习动力和志趣。在这个过程中，图书馆的老师不仅要当好迎新工作物理路线上的引路人，更要当好学生学习和科研的引路人，让学生们从一开始就走进图书馆，爱上图书馆，为帮助学生形成热爱读书、勤于思考的良好学风打下基础。

清华图书馆 2019 年迎新工作自 6 月已经开始筹备与规划，历时 2 个月的精心准备，为 3800 余位新生提供了优质的服务，获得读者好评。在活动开展过程中，通过创新服务模式、优化服务细节、追踪服务效能、延伸服务内容等，将学校的历史与文化、图书馆中丰富的馆藏资源、图书馆中大师学者奋发学习的励志故事和精神等通过迎新工作输送至新生，从而内化为学生勤奋学习、刻苦读书、独立思考的动力，在文化输入—内化—输出的过程中提升了工作的教育内涵与价值。

2.1 通过创新服务模式，激发新生的学习动力

图书馆以往的迎新工作基本都是从本科新生走进图书馆，参加图书馆组织的导引活动开始的。可以说，2019 年清华图书馆迎新活动从新生接到录取通知书的那一刻就开始了。图书馆为了在学校新生教育工作中下好一步“先手棋”，经过与学校本科生招生办公室联络沟通，在寄给新生的录取信封中特意加入了来自清华大学图书馆的定制读书卡[13]。这样，图书馆更早地与新生有了第一次亲密接触。卡片正面，是一张同学们排队进入清华大学图书馆西馆（逸夫馆）的图片，寄语为“与先贤话未来，与同辈共修炼，塑造更棒的自己”。卡片背面，杨绛先生原载于《不尽书缘》中的《我爱清华图书馆》一文赫然在目：“我在许多学校上过学，但最爱的是清华大学；在清华大学里，最爱清华图书馆。”扫描卡片上的二维码，同学们还可以访问中英文版本的图书馆新生专栏，阅读读者手册，开通借书权限，写下自己大学四年的图书馆“修炼宣言”。通过这张卡片，还未入校，新生们就可以开始规划自己“横扫图书馆”的大学生活了。因此，这样一个细微的变革，让新同学在假期就能为开启大学生活提前做好准备，尽早了解学校丰富的资源，感受心灵的洗礼。

2.2 通过优化服务细节，激发新生使用图书馆热情

新生入校报道注册后，图书馆通过学校注册中心获取最新电子信息数据，为 3829 位新生组织了为期 2 天的图书馆深度参观体验活动，每个班 1 小时，累计 18 小时，在整个活动规划中，服务细节得到不断优化。在总馆馆舍空间中设立 25 个本科生最常使用的参观站点，站站有馆员（或志愿者同学）做时时导引，且在重要站点作讲解和演示。清华图书馆总馆面积 4 万多平方米，如果将新生限定在半小时内自行参观，那么用于寻找路线，甚至迷失方向花去的时间将会大大增加。而有馆员导引的深度参观，与新生面对面接触，在引导并指导新生使用图书馆的过程中，讲述图书馆背后的故事，向新生传递图书馆精神与灵魂，这不仅让新生们一进图书馆，就能够感受到馆员的亲切和周到的服务，减少对于新环境的焦虑，更能通过响彻在耳畔的大师的故事激发新生们使用图书馆的热情。

2.3 通过追踪服务效能，激发新生的学习志趣

在迎新过程中，馆员积极推广图书馆官方微信公众号，促进新生们关注图书馆动态。参观 2 日内，图书馆微信公众号用户关注数迅速突破 10 万。通过图书馆定制的新生“修炼宣言”等发现，新同学们对于图书馆的热爱进一步加深了。同学们写道：“爱上清华图书馆，只要一小时”“作为新生，很震撼！确实是国内顶尖大学的顶级配置，希望在这里能够致知穷理，学古探微”“做思想独立的自己，做拥有持久学习力的自己，作为国家努力奉献的自

己”“领会大师思想，享受阅读乐趣，沉静自身心灵，感悟人生哲学。就算不能横扫清华图书馆，也愿能横扫心中浮躁与焦虑”“我的使命是真诚坦荡地生活，认真踏实地学习，自尊自立于现实，自给自足于精神，以期在未来对他人有所影响，对社会有所贡献。为完成这一使命，我要求自己：心定意诚、积极主动、修身为本、热爱生活、作息有序”。新生们对于图书馆的正向反馈，不仅是对个人学习的激励，更是对图书馆服务育人工作的肯定。

2.4 通过延伸服务内容，促进新生不断利用图书馆资源

在迎新工作过程中，图书馆还在微信公众号上陆续推出 3 个系列内容：爱你已“九”系列、横扫清华图书馆攻略系列和修炼宣言系列（见表 1）。利用这一广受读者关注的媒体宣传渠道，环环相扣、步步紧跟新生的学习进度，不断延伸服务内容，期望此举能够提醒并吸引新生坚持使用图书馆，不断挖掘图书馆丰富的资源，提高综合素质，获得全面发展。

表 1 2019 年清华图书馆迎新季微信迎新系列内容

时间	爱你已“九”系列	横扫清华图书馆攻略系列	修炼宣言系列
2019-08-14	图书馆等你来		
2019-08-15	迎新生专题书架　大学第一课		做图书馆的雕塑，自习室的精灵
2019-08-16	图书馆欢迎九字班同学	你知道清华到底有多少个图书馆吗？	会说四门外语
2019-08-17	最爱清华图书馆	参观完图书馆，你借书了吗？	板凳甘做十年冷，学问实处肯钻研
2019-08-18	九字班心中的图书馆	细数图书馆主页的常用功能	走好选择的路，别选好走的路
2019-08-19	热爱读书的九字班	你必须知道的电子资源 TOP10	只要学不死，就往死里学
2019-08-20	九字班参观图书馆的 18 小时	校图书馆特色空间一览	Work Hard, Play Hard
2019-08-21	协助图书馆迎新的学长，他们是谁？	五大读书活动，总有一款是你的菜	去星辰大海
2019-08-22	九字班与图书馆一见钟情	横扫清华图书馆攻略系列	脚踏实地　仰望星空

3 大学图书馆服务本科教育的思考与启示

迎新工作是图书馆面对本科新生的第一次工作。清华大学图书馆在本科生的教育工作中，除迎新、信息素养讲座培训和学分课程外，还设立了勤工助学岗位、学生顾问、嵌入学校安排的新生导引课课堂等项目。通过这些工作的开展，不仅引导本科生走进图书馆，了解图书馆、利用图书馆，感受图书馆百年来深厚的文化底蕴和文化传承，更要吸引他们以主人翁的意识参与到图书馆的建设中来，提升自己的沟通表达能力、团队协作能力、组织管理能力等，让自己的能力在这个平台上不断得到锻炼和加强。正是以这样润物细无声的服务方式，图书馆不断融入学校的人才培养工作中，在学校“价值塑造、能力培养、知识传授”三位一体的育人理念中发挥重要作用。2019 年清华图书馆的迎新工作，将一项常

做常新的工作通过变革与创新服务模式和内容，让其发挥出新的活力。对这项工作进行总结和梳理，可以借助公共管理理论中的三圈理论分析工具，从价值圈、能力圈、支持圈三个层次分析现有工作，通过图书馆价值发挥、馆员能力提升、开拓协同支持三个方面探讨将来大学图书馆服务本科教育的路径和策略（见图 1）。

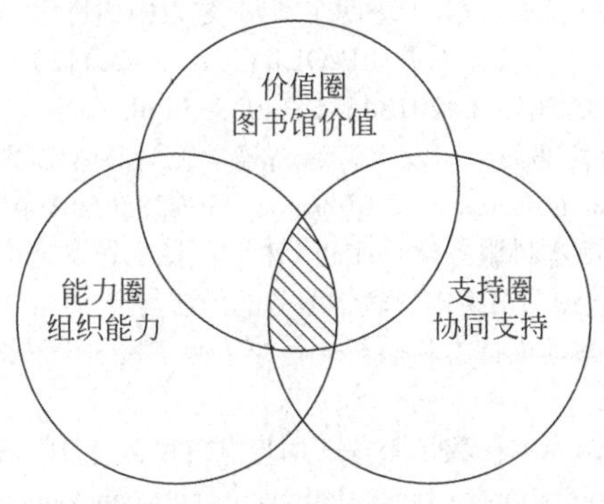

图 1　三圈理论在图书馆工作中的应用

3.1　服务本科教育，是新时代大学图书馆服务育人的价值体现

《普通高等学校图书馆规程（2015）》指出：“图书馆应全面参与学校人才培养工作，充分发挥第二课堂的作用，采取多种形式提高学生综合素质。”[2]图书馆作为大学的心脏，只有在服务国家和大学的进程中才能成就图书馆的广度、深度、高度、远度和温度，体现图书馆的价值。大学图书馆不仅要从专业角度为读者提供文献信息资源，还要用好资源、空间、人员等要素，充分践行“三全育人”理念，在具体工作中注重细节，提高质量和价值，助力学生成长成才，在构建全员、全过程、全方位育人格局中发挥重要作用。

3.2　加强育人意识，提高图书馆自身服务水平与能力

大学图书馆馆员除了不断加强专业领域知识的学习与创新，还要不断强化职业道德和素养，构建育人格局，树立育人情怀，明确育人职责。馆员拥有过硬的专业知识和良好的服务意识，才能自如地与学生开展充分的交流沟通，利用自己的专业才能与人格魅力在潜移默化中提升学生的综合素质，激发学生的学习热情和奋发向上的精神动力，从而为图书馆价值的实现提供有力保障。

3.3　构建互联互通、协同育人机制，在全校范围内获得广泛支持

工作的创新与成就一定来自团队的分工协作。图书馆是学校的教育教学辅助单位，工作的开展必须获得学校各个部门的支持。在这一过程中，图书馆的发展必须与学校的发展紧密结合，与高等教育的发展紧密结合。因此，图书馆必须与学校其他教育教学部门紧密合作，互联互通，走协同育人的发展道路，在工作中整合各个部门的优势，为全校的本科生教育工作提供强有力的支持。

大学图书馆服务本科教育工作的过程，即探索不断扩展价值圈、能力圈和支持圈这三者交集的过程。以价值体现为灵魂和引领，用好并不断拓展组织中的各类资源，提高馆员

育人水平和能力，在工作中争取到组织内外更广泛的支持，使这三类因素共生共长，才能让大学图书馆在高等教育中发挥更大的价值。

参考文献

[1] 中华人民共和国教育部. 坚持以本为本 推进四个回归 建设中国特色、世界水平的一流本科教育——新时代全国高等学校本科教育工作会议召开[EB/OL]. (2018-06-21) [2019-09-30]. http://www.moe.gov.cn/jyb_xwfb/gzdt_gzdt/moe_1485/201806/t20180621_340586.html.

[2] 中华人民共和国教育部. 教育部关于印发《普通高等学校图书馆规程》的通知[EB/OL]. (2016-01-04) [2019-09-30]. http://www.moe.gov.cn/srcsite/A08/moe_736/s3886/201601/t20160120_228487.html.

[3] 王强, 周剑. 中美高校图书馆本科服务项目比较分析[J]. 图书馆学研究, 2019(17): 70-77, 53.

[4] 黄晓斌, 杨敏. 世界一流大学图书馆为本科教学服务的做法与启示[J]. 图书馆论坛, 2019, 39(7): 136-143.

[5] 丁智阳. 研究型大学图书馆如何支持本科教学——介绍南京大学图书馆支持本科生教学工作的经验[J]. 图书馆建设, 2008(9): 66-68.

[6] 黄晓斌, 陈俊恬. 高校图书馆为本科教学服务的用户满意度测评[J]. 图书馆学研究, 2015(17): 66-71.

[7] Çetin Y, Howard V. An Exploration of the Relationship between Undergraduate Students' Library Book Borrowing and Academic Achievement[J]. Journal of Librarianship and Information Science, 2016, 48(4), 382-388.

[8] Kot F C, Jones J L. The Impact of Library Resource Utilization on Undergraduate Students' Academic Performance: A Propensity Score Matching Design[J]. College & Research Libraries, 2015, 76(5): 566-586.

[9] Whitmire E. Academic library performance measures and undergraduates' library use and educational outcomes[J]. Library & Information Science Research, 2002, 24(2): 107-128.

[10] Frank M. Start a New Fire: Measuring the Value of Academic Libraries in Undergraduate Learning[J]. Libraries and the Academy, 2014, 14(3):353-367.

[11] Jager D K. Place Matters: Undergraduate Perceptions of the Value of the Library[J]. Performance Measurement and Metrics, 2015, 16(3): 289-302.

[12] Munde G, Marks K. The Library's Role in the Success of Undergraduate Students[J]. Surviving the Future, 2009: 141-171.

[13] 清华大学招生办公室.校长邱勇赠书《万古江河》寄语新生“从历史文化中汲取力量”，清华大学 2019 年首封录取通知书发出[EB/OL]. (2019-07-09) [2019-09-30]. https://mp.weixin.qq.com/s/q-UGvnwDdfOBcreMyMQVFA.

原载《图书馆学研究》2019 年第 24 期

影响我国馆际互借发展的主要因素研究

孙维莲　王　伟

摘　要：馆际互借在中国经过十多年的快速发展，对研究影响其发展的主要因素有了现实需求和充分条件。文中提出了影响馆际互借的三大要素是资源、读者需求和馆际互借环境，并对其进行了逐一分析，用理论和实证说明资源是馆际互借发展的基础，读者需求是馆际互借发展的动力，良好的馆际互借环境则是馆际互借健康发展的必要条件。

关键词：馆际互借；资源；读者需求；馆际互借环境

1　引言

从20世纪末至今，中国的大多数图书馆的馆际互借经历了从无到有，从纸质传递到电子传递，从馆际互借双边协议到多边协议，从手工管理到系统管理等飞跃。在馆际互借探索实践中，我们发现馆际互借申请成功率不高、读者需求受多种因素影响、馆际互借环境尚不够完善等诸多问题，馆际互借的发展受到阻碍，深入探索研究影响馆际互借发展的因素并厘清思路，可以让我们面对问题时更具前瞻性和实效性。

影响馆际互借的因素很多，资源的收藏、读者的需求、馆际互借馆员的业务水平、设备、制度方面的因素等都会对馆际互借的开展造成影响，将这些因素加以归纳，可以分为三类进行研究，即资源因素、读者需求和馆际互借环境，除资源因素和读者需求以外的所有影响馆际互借的因素都归为馆际互借环境因素。资源是馆际互借的基础，读者需求是馆际互借发展的动力，馆际互借环境则是馆际互借健康发展的保障。

2　资源因素

2.1　资源是馆际互借的基础

资源是馆际互借的基础，没有资源讨论馆际互借，馆际互借就成了无源之水。资源之于馆际互借的重要性很早就被大家认识和重视，CALIS、NSTL 和 CASHL 在建设过程中，均考虑了资源建设。CALIS 侧重于电子资源的建设[1]；NSTL 侧重于科技类外文纸本期刊的收藏，其中心任务中第一点就强调要较完整地收藏国内外科技文献信息资源[2]；CASHL 更是外文期刊、图书兼顾，纸本、电子兼收，以“建立国家最终保障”为基本发展战略[3]。为了保证文献收藏的完整性和连续性，NSTL 和 CASHL 均宣布要对由于历史的原因缺藏的文献进行回溯补藏[3,4]。

2.2 资源的布局直接影响馆际互借申请量的分布

由于历史的原因，我国图书馆的文献资源收藏比较贫乏，尤其是外文资源，所以各个在建项目的文献收藏图书馆的分布将直接影响未来的馆际互借量分布。

2.2.1 过度集中式收藏文献资源将阻碍馆际互借的发展

集中收藏文献不仅需要广阔的收藏空间，造成到馆利用率相对较少，还会使馆际互借申请量非常集中，多数读者使用这些文献需要额外的馆际互借成本，从而影响读者使用。

同时由于申请量过度集中，容易引起馆际互借版权费用的发生或图书馆使用文献的版权纠纷。德国图书馆组织 Subito 的文献传递服务就是很好的佐证，Subito 的资源虽然没有集中存放，但是它从 2001 年开始，以集中的方式向国际社会开展文献传递服务，这一行动马上引起了科学技术医学出版商联盟（STM）的注意[5]，展开了漫长的文献传递版权谈判，最后以 Subito 大量消减服务规模、追缴版权费而告终。清华大学图书馆作为 Subito 的用户之一，因为此事支付了额外的版权费。

2.2.2 分散式收藏文献资源有利于建立稳健的馆际互借合作网络

分散式收藏文献资源有利于地区性合作的形成，从而建立起多层次的馆际互借网络，从目前看，国外比较稳健的馆际互借网络基本上属于这种类型。

从读者利用和馆际互借发展角度看，分散布局不仅可以方便更多的读者到馆使用，远程读者的馆际互借量也相对分散，有利于为读者提供更好的服务。

分散布局还可以让更多的图书馆参与到国家文献保障体系中来，在未来与出版商的版权谈判中，会有更多的话语权和谈判筹码。同时相对分散的馆际互借量有利于分散版权风险，减少版权纠纷。

2.3 重视特种文献的收藏

特种文献是指有特定内容和用途、出版发行渠道特殊的文献资料，包括专利文献、标准文献、会议文献、学位论文、科技报告、政府出版物和事实数据文献等。虽然读者对特种文献的需求量相对较少，但是其馆际互借成本很高，尤其是国外出版的特种文献。2009 年清华大学图书馆为本校读者完成学位论文、报告等申请特种文献 300 多件，仅占总文献数量的 6.21%，而占用补贴经费已经达到总补贴经费的 26%左右（见图 1）；单篇补贴超过 400 元

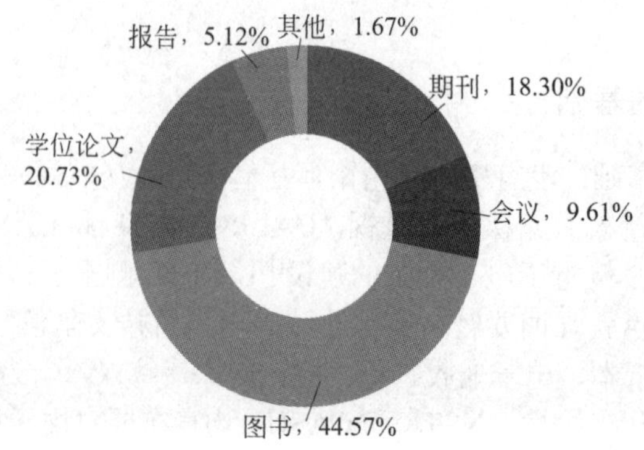

图 1 2009 年不同文献类型使用补贴经费的百分比

的文献共 155 件，其中特种文献 133 件，占 85.6%。特种文献具有很强的专业性和前沿性，对我国的科技创新、学术研究具有特殊意义。加强此类文献的收藏，利用馆际互借向全国提供服务是值得考虑的问题。

3 读者需求

读者需求是馆际互借发展的动力，有多大的读者需求，馆际互借的发展就会有多大的动力。

马费成老师通过对馆际互借成本和效率的研究认为，馆际互借的收费和馆际互借的机会成本是制约读者使用馆际互借服务的主要原因[6]。杨晓秋老师通过对读者认识与使用馆际互借的规律研究，认为读者使用馆际互借是一个了解、认可、使用、再认识、再使用成为必需的过程[7]。笔者认为，从读者的角度来说，影响其使用馆际互借的原因主要有读者对馆际互借服务的了解程度、读者为馆际互借服务支付的费用和机会成本。

3.1 馆际互借费用问题

美国肯尼索州立大学图书馆 Amy Thompson 2008 年在网上做了一项美国图书馆馆际互借收费调查，大概 44%的受访图书馆的馆际互借服务对读者收费。在我国，因为担心读者滥用馆际互借服务而抬升图书馆经费支出，大部分图书馆把馆际互借定为收费服务。同时很多图书馆对馆际互借费用进行补贴，补贴的力度越大、时间越长，越能体现出读者的真实需求。

3.1.1 建立起馆际互借补贴的长效机制，使馆际互借成为读者获得文献的稳定来源

清华大学图书馆馆际互借补贴政策自 2002 年 10 月开始，执行固定的馆际互借收费标准，超出固定收费标准的部分图书馆予以补贴，总体补贴力度控制在 70% 左右。该补贴政策为期刊和图书等基本学术研究用文献的获得提供了有力的支持。从表 1 中可以看出，2004 年实施新的补贴政策以后，期刊文献的成功率提高了约 12 个百分点，补贴的长效机制可以更好地满足读者需求。

表 1　2002—2009 年期刊文献申请成功率统计

年份	2002	2003	2004	2005	2006	2007	2008	2009
成功率（%）	74.36	71.52	82.94	81.09	85.28	87.67	81.77	86.98

3.1.2 馆际互借全额补贴在馆际互借服务推广中具有特别的意义

在推广介绍馆际互借服务中，配合馆际互借的全额补贴活动，有着极大的推动作用。1999 年 5 月 1 日，CALIS 一期由 CALIS 工程中心承担的馆际互借补贴项目正式启动，该项目针对当时 61 所“211”工程院校图书馆开展馆际互借服务并予以补贴，14 个月后，只有 22 个高校图书馆开展了馆际互借服务，接受了补贴。为了在高校图书馆内推广馆际互借服务，工程中心改变了补贴政策，于 2000 年 7 月开始全额补贴馆际互借费用，仅用了半年

的时间，开展馆际互借服务的高校图书馆增加到 39 家（见图 2），一年以后恢复了 50% 的补贴，申请量仍保持相对稳定的水平，CALIS 一期馆际互借补贴项目中，开展馆际互借服务的图书馆达到 47 家，占到当时“211”工程院校总数的 77%。

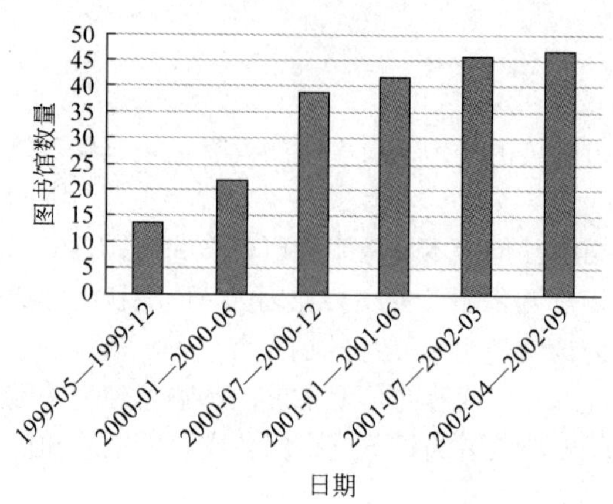

图 2　CALIS 一期开展馆际互借服务的图书馆数量

3.2　读者的机会成本

读者的机会成本是指读者在等待文献过程中的时间成本。一般来说，机会成本越大，读者需求越小。表 2 是清华大学图书馆 2006—2009 年馆际借书完成周期与馆际借书量比较，从表中可以看到 2006 年馆际借书完成周期为 2.6 天，借书 7657 册，完成周期最小，借书量最大，2008 年馆际借书完成周期为 4.6 天，借书 4883 册，完成周期最大，借书量最少。这说明机会成本过大，会大大抑制读者的需求，反之，则会激发读者的需求。图书馆应该尽量减少读者的机会成本，以提高馆际互借服务的时效性和有效性，鼓励读者的需求。具体方法可以分为以下几种。

表 2　清华大学图书馆馆际借书完成周期与借阅量的关系对比

年份	2006	2007	2008	2009
完成周期（天）	2.6	2.92	4.6	3.13
年馆际借阅量（册）	7657	6845	4883	5002

3.2.1　开展加急服务

由于不同的人等待同样时间段的时间成本是不同的，为了避免有的读者机会成本过大，图书馆可以考虑加设馆际互借加急服务。

3.2.2　条件允许时，尽量选择电子传递

电子文献传递的普及，使图书馆与读者之间的空间距离消失，读者使用馆际互借的机会成本将大大降低。国内的文献传递请求，大多数采用了电子传递，只有少数原件或复印件不清楚或网络不畅通的情况下，才会采用邮寄等手段。

3.2.3 对馆际借书，尽量选择快递邮寄

由于私企快递公司的兴起，图书快递费用已经大幅下降，快递作为一个实用的选择已经为很多图书馆接受。如果不考虑其他因素，利用国内快递，多数图书会在 24～48 小时寄到，相对于邮政系统的普通挂号，读者的机会成本下降了近 80%。

4 馆际互借环境

4.1 馆际互借环境介绍

馆际互借环境是馆际互借发展的保障。馆际互借环境的概念是由曾丽军老师提出的，她指出馆际互借环境包括软环境和硬环境，软环境包括馆际互借规则、馆际互借标准规范、组织管理、知识产权保护以及合作联盟；硬环境属于物质因素，包括技术条件、软硬件设备、馆际互借系统、文献资源检索系统[8]。馆际互借规则是馆际互借服务标准化、规范化的保障，馆际互借系统标准则是实现不同馆际互借系统之间互联，馆际互借系统与其他各种系统互联的基础，组织管理和合作联盟是馆际互借有序开展的条件。馆际互借活动中先进的扫描、传真、个人计算机等设备，馆际互借管理系统，文献资源检索系统，联合目录等更是馆际互借长足发展的硬性支撑。

4.2 馆际互借环境的再理解

除此之外，笔者认为软环境中还应该包括政策的扶持力度，小到图书馆本身对自己馆际互借业务的支持，大到国家出台的项目经费支持，都积极地推动了馆际互借的发展。

软环境中的馆际互借版权环境非常重要。版权法或版权政策是平衡版权所有者和图书馆或读者利益的标尺，只有各方利益达到相对平衡，馆际互借才可以有序进行。过分地强调版权所有者的利益，不利于馆际互借的进行，甚至阻滞馆际互借活动，增加馆际互借成本，比如一些 STM 出版商联盟的期刊单篇文章的版权费高达 30 多美元，严重影响了读者获得这些文献，不利于知识的传播，损害了图书馆或读者的利益，乃至社会的利益，阻碍了社会的发展；过分强调图书馆或读者的利益又会损害版权所有者的利益，伤害版权所有者知识创新的热情。所以各方利益平衡的版权环境更有利于馆际互借的健康发展。

5 资源、读者需求和馆际互借环境三者之间的关系

资源、读者需求和馆际互借环境三者之间是相互联系、相互影响的。资源是馆际互借的基础，资源的发展和布局直接影响馆际互借读者需求的多寡、集中、分散程度，从而决定馆际互借服务的环境条件。反之，读者需求和馆际互借环境又会影响资源的发展与布局，对某一特定资源，读者需求量很大，其馆际互借费用超过了订购保存费用，那么应该考虑订购该资源，从而影响资源的发展；由于集中式馆藏布局容易引起版权纠纷，故版权环境又会影响资源的布局。

读者需求是馆际互借起因和发展的动力，没有读者需求就不会有馆际互借。如果读者的馆际互借需求量很大，会促进资源建设，同时引起领导层的重视，从而有更多的人研究

馆际互借服务的软环境，制定出适合馆际互借发展的规章制度，争取更适合馆际互借发展的版权环境；对馆际互借的设备、人员、系统建设投入更大，从而改善馆际互借服务的硬环境，馆际互借发展的服务环境得到保障，进而使馆际互借蓬勃发展。

6 结语

资源、读者需求和馆际互借环境是影响馆际互借发展的三大要素，资源是馆际互借的基础，读者需求是馆际互借发展的动力，良好的馆际互借环境则是馆际互借健康发展的必要条件。在实际工作中，要厘清这三者之间的关系，在重视挖掘读者馆际互借需求的同时，重视资源建设，利用馆际互借的统计数据修正资源建设的偏颇，从而提高馆藏的利用率；同时重视整体的资源布局，为馆际互借的顺利开展创造条件。努力发展良好的馆际互借环境，尤其是加强馆际互借的软环境的研究，只有在合理的版权、政策等条件下，馆际互借才能得以健康发展，从而最大限度地满足读者的文献需求。

参考文献

[1] 戴龙基. 关于 CALIS 的建设现状[J]. 河北科技图苑, 1999(4): 19-24.
[2] 袁海波. 坚持改革创新广泛开展合作开拓科技文献资源共建共享新局面[J]. 中国信息导报, 2001(7): 8-10.
[3] 肖珑, 燕今伟, 关志英. 高校人文社科外文资源的布局与保障方法[J]. 大学图书馆学报, 2008(6): 2-7.
[4] 郑建程, 袁海波. NSTL 外文科技期刊回溯数据库的国家保障策略[J]. 图书馆学理论研究, 2010, 54(13): 10-13.
[5] Uwe Rosemann. Subito and German Developments in Copyright Law[C]. World Library and Information Congress-71th IFLA General Conference and Council, August 14-18th, Oslo, Norway.
[6] 马费成. 信息资源共享的经济效率[J]. 中国图书馆学报, 2003(4): 5-9.
[7] 杨晓秋. 馆际互借与文献传递服务用户认识与实践的发展规律研究[J]. 图书馆学研究, 2007(9): 57-59.
[8] 曾丽军. 论馆际互借服务环境[J]. 大学图书馆学报, 2008(2): 79-82.

原载《图书馆》2012 年第 4 期

服务拓展与文化引领
——清华大学图书馆展览的实践与创新

庄　玫　杨　杰　郭兰芳

摘　要：图书馆展览服务在提升高校图书馆综合服务水平、引领与发扬大学文化、治学育人方面发挥着日益重要的作用。清华大学图书馆通过挖掘馆藏、贴近读者、追踪前沿的多元化展览角度，采用传统与现代相结合的展示方式，利用微博、微信等平台，有效实现图书馆展览的服务拓展与文化引领功能。

1　前言

2003 年文化部社会文化图书馆司要求将公共图书馆的展览活动纳入“全国省级公共图书馆评估标准”之中，而在 2013 年发布的第五次公共图书馆评估标准中，展览由原来的“读者活动”部分评价范围调整为“社会教育活动”部分，并提高了评价的分值比重 [1]。公共图书馆的展览服务成为其核心业务之一。对高校图书馆而言，展览服务作为大学知识文化展示及传播的窗口，在拓展图书馆服务、引领传承大学文化、治学育人方面发挥着日益重要的作用。清华大学图书馆在展览服务上进行了不同的实践与创新，逐步扩展了展览的社会服务范围，展示了高校图书馆特有的组织文化，促进了大学文化的引领、传承与交流。

2　高校图书馆展览服务

2.1　图书馆展览服务的定义及发展

图书馆的展览服务主要是在图书馆的地域空间、网络空间，通过展品陈列、技术展现等各种方式，以展示文化艺术、馆藏资源等为主要内容的读者服务。图书馆展览服务与经济商业领域的会展有着显著的区别。商业会展是一种关注经济效益，面向市场客户的经济行为；图书馆展览具有显著的公益性、思想性、知识性、艺术性的特点，是面向图书馆读者的、以宣传及教育为主要目的的服务[2]。

图书馆的展览服务可综合借鉴博物馆、美术馆、档案馆等文化机构在展览方面的优势。展览内容选择更为宽广，除了馆藏资源推荐，书画展、文献展、文物古籍展等题材均可包括在内。在展示技术上，可利用当前的热点技术，贴近读者。清华大学在百年校庆之际，推出了数字博物馆，将展览推送到了读者身边，以数字化形式推出了一场“永不落幕”的展览[3]。国外多家博物馆尝试在移动服务领域利用 3D 等技术推出展览应用，并配合展览推出主题游戏、多媒体平台。例如，美国国立邮政博物馆在推出“英雄邮差狗欧尼”的展览时，采用 AR 技术制作了可由观众通过屏幕点击呈现动画表演的小狗复活系列邮票。灵活多样的展示形式不仅能够为展览增色，也提高了读者参与度[4]。

2.2 高校图书馆展览服务的现状

高校图书馆是高校教学和科研服务的重要支撑基地，为广大师生提供了信息服务及文化交流的平台。高校图书馆文化是大学文化的重要组成部分，在大学文化建设中应发挥文化引领的作用[5]。展览服务将是高校图书馆引领、传承、弘扬大学文化，发挥其“环境育人、管理育人、服务育人”作用的重要途径。同时，随着高校图书馆向校外开放的呼声越来越高，展览服务也可作为高校图书馆拓展社会服务范围的有效渠道，利用展览的文化交流功能，践行高校图书馆的社会教育职能和文化传播职能。

由于各高校图书馆的馆藏资源、图书馆服务能力与工作侧重的不同，其展览服务各有特色。麻省理工学院图书馆在展览服务平台的开放方面积累了丰富的经验[6]。其图书馆成立了专门的展览委员会，通过互联网和社交网络对开放平台的展览进行审核、指导和支持。包括学生、校友、教职员工在内的策展人可以在委员会的协助下申请查考图书馆资料，并结合策展人的准备安排特色展览。通过积极的引导，读者得以更加有效地利用图书馆的资源，做出创新性的展览贡献，最终实现教育与服务功能的良好结合。哈佛大学的在线展览是其图书馆展览服务的亮点之一，通常会涵盖不同学院带有相当专业性质的收藏与研究成果。在 2013 年的“辅助疗法：中医论著与植物药品”展览中[7]，哈佛图书馆医学院由收藏的两本中医药及植物药品专著出发，结合当下对医疗保健的需求，介绍了主流医学以外的两个辅助疗法分支：使用草药的自然疗法和针灸。历史悠久的馆藏与具有时代感的需求以及专业医药学知识在展览中有机结合，给读者以很大的启迪。

高校图书馆立足于其丰富的馆藏和突出的资源优势，形成了展览服务较为完整的运行体系。展览安排由专人负责，图书馆网站设立展览专区，展览活动实现了从组织安排、信息通告、多方位展示到内容存档等各个环节的系统化管理，移动互联网技术在这些高校的展览服务中得到了相当程度的应用。

3 展览中的服务拓展与文化引领

清华大学图书馆仅校图书馆每日进馆人次就超过了 3600 人次，高峰期每日甚至超过 6000 人次。密集的读者流量、丰富的馆藏、优雅的环境、便捷的设施，为开展丰富多彩的展览服务提供了良好的条件。清华大学图书馆在发展与实践中，注重从多元化展示角度，从现代与传统相结合的展现方式入手，不断探索适应高校图书馆特点的展览服务模式。

3.1 展览服务扩展的多元化

3.1.1 挖掘馆藏，研究服务并重

高校图书馆的展览服务应立足本校办学方向，深度挖掘馆藏价值，在选题上考虑文化艺术特点、结合时事政治、关注创新发展，教育与服务并重。

馆藏珍品展览是高校图书馆重要的展览主题。馆藏珍品既是历代图书馆人辛勤收集的结果，也是中外文化在大学发展历史过程中的汇聚与沉淀。清华大学图书馆每年校庆之际，均会推出馆藏珍品展览，展出馆藏的古籍以及甲骨文、青铜器等文物。在展出的同时，图书馆结合相关课程及讲座，向学生和读者讲解科技史的发展、古文献背后的研究热点等。2013 年清华大学校庆期间，校史馆及图书馆同时推出了“清华大学藏战国竹简研究成果汇报展”。清华大学所藏的战国竹简绝大部分是久已失传的经、史类典籍，涉及中国传统文化最核心的内容，具有极高的学术价值。该展览集中展示了近五年来清华简整理研究取得的硕果，吸引了国内相关研究机构的专家学者观展，引发了多次专题讨论热点。珍品的展览不是财富的炫耀，而是通过展览，推动学术交流，激发新的研究动力和方向。

专题图书展览是高校图书馆进行阅读推广的主要活动之一。清华大学图书馆在校庆时推出了“清华人与清华大学”专题书展，包括校史研究、校友忆作等；在“世界环境日”针对环境污染及环境治理的热点话题举办“人与大气环境”专题书展；在新生入学之际，引导新生了解“大学第一课”专题书展，从新生心理调适、大学生活规划、体育锻炼、读书技巧、清华校史等方面推荐图书，帮助新生适应大学生活，融入校园文化。专题图书展览推出后，专题图书的借阅次数有了明显增加，馆藏资源的利用率得到了有效提高。同时，展览的教育及文化引领作用在专题书展中得到了很好的展现。

图书馆特藏展览更是紧扣大学文化主题，极具馆藏特色。清华大学图书馆特藏展览长期展出的主题有“保钓、统运实物资料展”。2007 年 9 月，清华大学图书馆开始收藏“保钓、统运”资料，现已成为国内外收藏保钓资料最为丰富完整的机构，在长期展览中重视海外保钓运动的爱国主义教育价值，“以学术促进交流，以交流建构认同”[8]。“保钓、统运实物资料展”的推出，不但发挥了其教育与宣传作用，更是吸引了大量“老保钓”们将资料无偿捐献给图书馆，不断充实馆藏，填补空缺。

3.1.2 贴近读者，文化展示交流

贴近读者，提供深度服务是高校图书馆服务扩展的方向。展览服务作为图书馆互动性较强的一项服务，在吸引读者的同时，也成了图书馆展示文化，为读者提供文化交流平台的一个重要方式。

清华大学图书馆与出版社、书商等合作推出新书展览，将新近出版、外文原版、台版等图书在图书馆展厅展出，专业性较强的新书展览有时甚至直接推送到院系所在的办公场所，为读者提供了足不出校逛书店的机会。学科馆员及采访馆员在新书展览现场与院系师生、教师顾问、学生顾问面对面沟通，了解读者的需求，并通过读者的现场荐购，为图书馆补充馆藏。2006 年至今，累计举办的书展超过 110 场次，现场推荐图书种类过万。图书馆通过新书展览服务，进一步贴近了读者，拓展了服务范围。

图书馆作为校园文化的展示基地之一，通过展览服务为学生社团提供了展示平台。清华大学的学生社团拥有悠久的历史和社团传统。据 2013 年统计，清华已经成立了近 180 家社团协会。各类学生社团在清华大学图书馆举办的展览的内容涵盖了体育、文化、艺术、科创、素质拓展、公益六个大类。2013 年展出次数超过 20 场次，展出规模及质量均有明显提升。

图书馆的展览服务也成了学校推进学生素质扩展、提高师生文化修养的重要方式。清华大学历经百年，学者云集、名师荟萃，“钱钟书纪念活动展览”“朱自清生平事迹展”“院

士摄影展”“百年树人文化展”等均在图书馆展出，反响热烈。2013年适逢清华大学老校长蒋南翔同志诞辰一百周年，图书馆与校史馆从不同的展示角度同期推出了主题展览，图书馆的展览从馆藏资源中挖掘亮点，以小见大，在缅怀纪念老校长的同时，也对馆藏资源进行了推介宣传。

3.1.3 追踪前沿，科技文化导览

高校图书馆是学校教学与科研的重要支撑平台，图书馆的展览不仅展示了图书馆的新技术新服务，同时也在不断关注科技前沿、时事热点。高校图书馆的展览服务应扩展到宣传科技创新精神，促进学术创新能力，提供创新思维交流的平台。

清华大学图书馆在服务宣传月中，集中展示了图书馆新技术、新服务。通过展板介绍、视频演播、实景体验等方式，倡导读者自助服务，推动移动图书馆应用，展示机器人“小图”服务功能等，让读者更加方便、快捷、高效地应用图书馆的资源与服务。图书馆可与校内外单位合作，针对读者关注的时事热点、科技前沿，通过展览及讲座并行的形式，扩展图书馆的服务范围，体现图书馆的教育职能。2008年在清华大学图书馆举办的“世界各国货币展览”首都高校巡回展首场展览，展出了1952—2008年的奥运纪念币，部分特色纪念铸币，以及世界各国各地区的包含流通铸币和专题币两部分主题的226块展板。展览期间还举办了专题报告会，傅维慈教授、梁贻斌少将和刘振堂大使分别以“世界货币漫谈”“奥运会与奥运纪念币”“地中海—西亚地区钱币特点与中国钱币的对比”为主题做了专题讲座。展览及讲座为读者提供了学习外国钱币知识的机会，增进了读者对外部世界的历史、地理、社会、人文、经济、传统和习俗的了解。此外，清华大学图书馆还举办过“澳门回归——基本法颁布15周年展览”“第四届国际新闻摄影比赛获奖作品展览”“《百名摄影记者聚焦冰雪线》高校巡展”“最美北京摄影展”“胡适图片文物展”等展览，带有独特内涵的展览极大地拓宽了读者的文化视野。

3.2 展览中传统与现代相结合的文化传承

3.2.1 触摸历史，实物实景展览

实物实景展览给读者带来的感受最为直接与真实。清华大学图书馆特藏展室中常年展示着清华大学老校长梅贻琦使用过的木椅、茶几、书柜，还有朱自清先生使用过的扶手椅与书架。在每年校庆或馆庆期间，平时闭架管理的清华大学图书馆老馆大库的开放日活动总能吸引众多校友及在校师生前来参观。已有近百年历史的图书馆，一砖一瓦散发着历史的味道，一书一架保存着发展的印记。大理石墙面、古朴的书架、简单的书斗、玻璃地板、教授的桌椅、各类图书，使得读者在参观中穿越了世纪风雨，品味到了百年书香，所感受到的不仅是心灵的震撼，更是一种精神上的激励。

3.2.2 虚实呼应，立体网络展厅

现代化的展示技术为展览形式的多样化提供了技术支持，网络是扩大展览范围及影响的重要平台。移动技术的发展，更是将展览推送到读者手中，使得随时随地观展成为可能。

清华大学图书馆主页上常设“网上展厅”栏目，内容包括视频展播、主题展览、清华

艺廊以及历次服务宣传月的相关展览。在清华大学图书馆百年馆庆纪念网站上，展览系列占据了重要位置。在馆庆纪念网站发布后的两个月内，系列展览栏目的点击量高达 6392 页次，占百年馆庆专题网站九个专栏点击总量的 22.2%。值得一提的是，馆庆纪念网站借助新的展示技术更好地进行了网络展示，采用 shiftzoom 等工具实现了类似于地图的图片漫游和缩放功能，改善了网络用户体验，增加用户满意度[9]。2013 年清华大学图书馆还推出了虚拟导览系统，3D 全景技术应用更是使得读者对图书馆有了更直观的体验，对大学文化环境起到了良好的宣传导览作用。

3.2.3 微博、微信，便捷移动推送

伴随移动图书馆服务发展，展览服务也逐渐关注移动服务领域，借助移动服务不受时空限制的优势，推出展览服务。在微信用户迅猛增长之时，图书馆启用了官方微信服务。微信栏目中“新书放送”是馆藏图书包括电子书推介的常设栏目，“清华藏珍”将在展览中展出多次的馆藏珍品通过系列栏目形式更为详细地逐一介绍，“特藏组曲”除了介绍特藏收集的故事，还分期展示了特藏资源。

不定期地通过微博、微信、图书馆主页、校园信息门户等各种渠道发布展览信息，也为实体展览扩大了宣传范围，聚集了人气。微博的良好互动功能，为读者提供了评论交流的空间，补充了展览的互动环节。

4 未来的展览服务

随着移动互联网设备的广泛应用，未来的图书馆展览服务将越来越重视在移动区域的拓展。移动时代的“4a”理念“anytime、anywhere、anyone、anything”使展览信息的传播和交流具有很强的实效性和现场感，微博、微信的公开性和扩散性不仅加强了展览的宣传即时效果和互动体验，也使得展览服务的接受者从到馆读者拓展到了关注图书馆信息的各类人员，从而极大地提高了图书馆的文化吸引力。与此同时，伴随着各类图书馆联盟、博物馆联盟资源共建共享的逐步深入，图书馆的展览从内容的共享到服务的协作都会实现不断整合的趋势。可以预见，在不远的将来，集合不同馆藏的优势资源进行实体与虚拟空间的多维度呈现，结合移动通信设备优势、通过“微平台”进行信息的发布与展览的互动将成为图书馆展览服务发展的新方向。

在清华大学百年馆庆研讨会中，清华大学图书馆邓景康馆长明确阐述了图书馆是大学的文化育人中心的思想，指出“建筑是载体、资源是基础、服务是宗旨、馆员是保障”。展览服务正是依托建筑载体，立足资源基础，体现服务宗旨，在不断扩展服务范围之时，发挥文化传承、服务育人的作用。改进并扩展图书馆展览服务可作为高校图书馆逐步对外开放的业务之一，同时也能更好地履行高校图书馆的社会教育职能，以藏促展，以展拓藏，体现图书馆保存资源、整理资源，公平服务、免费服务的基本社会价值。

参考文献

[1] 李丹, 申晓娟, 王秀香, 等. 新起点新视野新任务——第五次全国公共图书馆（成人馆部分）评估定级标准解读[J]. 中国图书馆学报, 2013, 39(204): 4-17.

[2] 王世伟. 图书馆展览服务初探[J]. 图书馆杂志, 2006, 25(10): 22-26.
[3] 清华大学. 清华大学数字博物馆[EB/OL]. [2013-12-27]. http://www.expo.tsinghua.edu.cn/.
[4] National Postal Museum of America. Art of the Stamp: Owney the Postal Dog [EB/OL]. [2013-12-27]. http://npm.si.edu/owneystampart/index.html.
[5] 周肇光. 高校图书馆的校园文化引领功能与社会责任[J]. 大学图书馆学报, 2011, 6: 60-65.
[6] MIT Libraries. MIT Libraries Exhibits[EB/OL]. [2013-12-27]. http://libraries.mit.edu/exhibits/.
[7] Harvard University Library. Online Exhibitions [EB/OL]. [2013-12-27]. http://lib.harvard.edu/online-exhibitions.
[8] 何玉, 高瑄, 晏凌, 等. 清华大学图书馆藏“保钓、统运”文献整理研究[J]. 大学图书馆学报, 2012, 30(6): 66-70.
[9] 庄玫, 姚飞, 姜爱蓉. 高校大型纪念活动网站建设实践——以清华大学图书馆百年馆庆网站为例[J]. 数字图书馆论坛, 2013, 113(10): 44-47.

原载《现代情报》2015年第3期

大学图书馆阅读推广中的坚守与创新

王　媛

摘　要：本文介绍了《大学图书馆阅读推广》的主要内容及特点，并对经典阅读和创新的营销模式进行了重点论述。

《大学图书馆阅读推广》是“阅读推广人系列教材”（第二辑）中专门针对大学图书馆如何开展阅读推广工作而编著的讲义教材，2017 年 6 月由朝华出版社出版。回首 2016 年年初选题初定、确定教材编写提纲、组织写作队伍……笔者作为本书副主编之一，协助主编开展工作，诸多场景还历历在目，而今捧读封面色彩活泼、内页版式规整的新书，欣喜之情油然而生。更令人感到自豪的是，根据笔者检索中国国家图书馆馆藏目录结果，《大学图书馆阅读推广》应该是我国第一本系统论述在高等教育中为什么进行阅读推广以及如何进行阅读推广的教材专著。

1　《大学图书馆阅读推广》的内容与特点

《大学图书馆阅读推广》由中国图书馆学会阅读推广委员会副主任、武汉大学图书馆馆长王新才教授领衔主编，由武汉大学图书馆副馆长、中国图书馆学会大学生阅读推广委员会主任黄鹏与笔者共同担任副主编，讲义的编写者来自武汉大学、北京大学、清华大学、重庆大学、沈阳师范大学等各大高校图书馆，整个编写团队阅读推广工作经验丰富。

大学生是国家、民族未来发展的中坚力量，高等学校的根本任务是人才培养，而阅读是大学生成长、成才的重要途径，大学图书馆肩负着提升大学生阅读能力、培养阅读习惯、指导阅读方法的责任。而今阅读推广已然成为大学图书馆的基础工作之一，围绕着大学生阅读推广的研究论文层出不穷，但对其进行系统研究的教材尚属首次出版。

《大学图书馆阅读推广》一共由十三讲组成，分别是《大学图书馆阅读推广的基础理论》《大学图书馆阅读推广的基础准备》《大学图书馆阅读推广活动的策划》《大学校园读书会的培育》《高校阅读推广活动评价》《北大读书讲座：汇聚名家大师，分享阅读人生》《基于卡通形象的高校图书馆阅读推广——以武汉大学图书馆卡通形象“小布”为例》《以书评促阅读——重庆大学图书馆阅读推广实践》《尊经重典校风薪传　崇阅尚读书香永继——西南交通大学经典“悦”读推广实践》《以经典阅读为中心的高校阅读推广活动——以华中师范大学“文华阅读季”为例》《书与剧的碰撞　你与我的思扬——天津财经大学图书馆阅读推广案例》《阅读推广：从形式走向内涵建设——湖南大学“一校一书”阅读推广案例》《“阅读推广人”活动的创意与实践——沈阳师范大学图书馆阅读推广案例》。前五讲是理论探讨，后八讲为案例分享，这些案例多在教育部高校图工委读者服务创新与推广工作组及中国图书馆学会阅读推广委员会举办的案例大赛中获奖，基本上涵盖了近年来我国高校图书馆阅读推广工作中涌现出来的成功案例，非常具有示范意义。

《大学图书馆阅读推广》的主要特点之一是注重理论与实践相结合。恩格斯说：“一个民族要想站在科学的最高峰，就一刻也不能没有理论思维。”与公共图书馆的阅读推广活动一样，近些年大学图书馆的阅读推广活动搞得轰轰烈烈，但为什么要做阅读推广活动、阅读推广活动有哪些理论支撑、什么样的活动是有效的阅读推广活动，这些问题很多人在问，却鲜见系统、全面的回答。本书的第一章《大学图书馆阅读推广的基础理论》尝试着回答了这个问题：阮冈纳赞的图书馆学五定律，尤其是其中的第二定律“为人找书”和第三定律“为书找人”为图书馆阅读推广活动提供了有力的理论支撑；第五章《高校阅读推广活动评价》则提出了完整的阅读推广活动评价指标体系。此外，教材汇聚了目前国内大学图书馆中成功的阅读推广案例，案例具有可操作性，有兴趣的同行可以在阅读之后结合本馆的实际经验进行实践。

《大学图书馆阅读推广》的主要特点之二是注重对大学生的认知与行为的研究。大学图书馆阅读推广的主要对象是大学生，与一般大众读者相比，大学生群体有明显特征：他们思想活跃、求知欲强、乐于接受新事物、网络使用率高等。除此之外，大学校园中还有独特的时间节奏，比如每年8—9月大学中总会迎来一批新面孔，而每年6—7月校园中总是充满着离别的情绪，一批毕业生即将离开校园，因此在大学图书馆进行阅读推广策划时就可以围绕着迎新季、毕业季展开立体式的阅读推广。这个特点在本书的第三讲《大学图书馆阅读推广活动的策划》中有集中体现。

《大学图书馆阅读推广》的主要特点之三是体现以学习者为中心的原则。在编写教材的过程中，写作团队时刻牢记本书作为教材的属性，阅读者如若参加有关培训，则本教材是不可或缺的阅读材料，如若不参加培训，也可以通过阅读各讲内容获得有益的信息，因此在写作的时候，除时代性、创新性之外，写作团队还特别注意案例的可操作性和行文的可读性。

2 大学校园中对经典阅读的坚守

经典是时代、民族文化的结晶，人类文明的成果就是通过对经典的阅读而代代传承。对经典阅读的坚守，应成为大学图书馆进行阅读推广的重要部分。《大学图书馆阅读推广》中第九讲和第十讲提供了两个经典阅读的案例，分别来自西南交通大学图书馆、华中师范大学图书馆。而中国人民大学于2013年开展“读史读经典”项目，推荐《乡土中国》《中国历代政治得失》等好书给新生阅读。根据调查回馈，在阅读经典后的收获中，绝大多数学生表示提高了经典阅读兴趣。[1]

笔者所在的清华大学图书馆亦通过编制《清华大学荐读书目》、打造“清华读书讲座”、推出通识教育专架等举措实现大学生对经典的关注与阅读。为了引导大家读好书，1997年清华大学推出一本《清华大学应读书目（人文部分)》，推荐了中国文化名著、中国文学名著、世界文化名著和世界文学名著各20种，收效良好，在校内外得到积极的评价。2015年，清华大学图书馆与清华大学文化素质教育基地、教务处合作，组织教授编委会，对1997版《清华大学学生应读书目（人文部分）》进行全面修订，形成新版《清华大学荐读书目》[2]。《清华大学荐读书目》已于2017年10月由清华大学出版社正式出版。新版书目涵盖中外文化文学共120本经典图书，配以导读文字。在《清华大学荐读书目》出版之后，清华大学图书馆还将组织一系列配套宣传与导读工作，让学生了解并广泛阅读，推动校园经典阅读。

为凝聚读书氛围、指导读书门径、促进读书交流、塑造书香清华，清华大学图书馆于2015年秋季正式启动"清华读书讲座"。"清华读书讲座"邀请嘉宾与清华学子分享读书经验，推荐经典读物，从而激发阅读兴趣，培养阅读习惯，提高阅读品位。2016年4月"清华读书讲座"曾邀请北京大学王余光教授主讲《阅读与经典同行》。

实施通识教育的重要途径之一是阅读经典文本。为配合清华大学通识教育的改革，图书馆与文化素质教育基地合作，自2014年9月推出清华大学通识教育实验区新雅书院通识课程参考书架；此外，从2015年12月开始，清华大学发起面向全校师生的优秀阅读书目征集活动，在1040本书中最终选出可读性强、较能代表清华学生阅读水平的10本好书，其中包括《百年孤独》《乡土中国》《西方哲学史》《理想国》等经典，这就是"水木书榜·清华学生最爱的10本书"。

3 高校阅读推广中营销模式的创新

针对大学生群体的认知与行为特点，大学图书馆阅读推广在营销模式上还体现了游戏化和多元媒介的特点。《大学图书馆阅读推广》第七讲介绍了武汉大学图书馆基于卡通形象"小布"来进行阅读推广，第十一讲介绍了天津财经大学图书馆以话剧比赛为阅读推广载体的案例。

2017年获得IFLA国际营销奖第一名的北京科技大学图书馆"读书天"项目也体现了营销模式上的创新。"读书天"（READay）是北京科技大学图书馆的重要阅读推广项目，每天在图书馆官方微信号上选择并推送一本推荐图书的书评或书中的精彩片段，"读书天"为大学校园营造了一个更好的阅读环境。2017年IFLA收到了来自11个国家的65家机构对国际营销奖的申请，最终"读书天"项目获得了第一名[3]。北京科技大学图书馆也成为继清华大学图书馆后再次获头奖的中国图书馆。

清华大学图书馆也积极应用新技术为阅读服务，以新的阅读载体、阅读方式、传播媒介来促进阅读；在版权允许的前提下，将复本不足的热门书制作成电子书，满足需求；通过微信、微博等社交网络推荐好书。此外，2015年，清华大学图书馆与学校电视台合作，启动"水木开卷"新书视频推介项目，迄今已完成20余期高质量的视频节目。视频在图书馆馆内、校内媒体、互联网上播放，受到了大学生的欢迎，其所推荐的图书均呈现出高借出率、高预约率的特点。

面向大学生开展阅读推广工作，一方面是大学图书馆在纸本图书借阅率持续下滑的危机中所采取的积极对策，另一方面从高等教育人才培养的模式而言，阅读推广亦是大学图书馆的责任所在，任重道远。《大学图书馆阅读推广》的出版必将促进大学校园中的阅读推广工作更上层楼。

参考文献

[1] 本报记者姚晓丹，本报通讯员谢天武、赵禾. 中国人民大学：让经典阅读不再停留纸上[N]. 光明日报, 2015-12-03.

[2] 胡显章主编. 清华大学荐读书目[M]. 北京：清华大学出版社, 2017.

[3] 北科大图书馆“读书天”荣获国际图联 2017 国际营销大奖第一名[EB/OL]. [2017-10-15]. http://news.ustb.edu.cn/xinwendaodu/2017-04-21/65623.html.

原载《图书馆建设》2017 年第 12 期

信息服务与信息素养教育

百年参考，继往开来
——清华大学图书馆信息参考部近十年工作回顾与展望

韩丽风　王　媛　管翠中　林　佳　赵呈刚

摘　要：在简要回顾参考服务历史渊源的基础上，概括介绍十年间信息参考部主要业务实践的进展，分析了新环境下知识服务开拓创新的思路及实践路径，最后展望未来服务发展面临的挑战与趋势。

1　百年参考，初心不忘——参考服务及信息参考部历史渊源

参考服务工作（Reference Services）起源于19世纪后期美国的公共图书馆运动。1876年，塞缪尔·S.格林发表于*Library Journal*的“Personal Relations Between Librarians and Readers”一文被认为是对现代参考咨询服务最早、最经典的阐述[1]，彼时随着公共图书馆向广大社会民众开放，读者突然面对大量的文献资源，不知如何有效查找利用，因此，为读者提供个性化、专业化帮助的参考服务应运而生。

1919年3月，清华大学图书馆馆舍（今老馆一期）完工；8月，图书馆主任戴志骞获得美国纽约州立大学图书馆学校图书馆学士学位后，学成归国，遂将美国先进的图书馆管理理念和管理方法介绍到中国，以清华学校图书馆为实践基地大力进行改革创新。他首先将图书馆定位为学校参考图书馆，区别于普通公共图书馆，成为大学图书馆建设的样板；他健全图书馆组织系统，设立第一个参考部门——参考股，开创了国内图书馆参考工作之先河。

百年风云变幻，随着用户需求、信息环境的变化，随着清华大学图书馆的发展，信息参考部（以下简称“参考部”）的工作机制、内容也在不断发展变化。近十年来，参考部在全馆岗位聘任中有两次较大的组织业务调整，不断向专业化、数字化方向推进：2012年，原属于参考部的工具书阅览室、报刊阅览室调整到流通阅览部；2016年，馆际互借组和电子阅览组归口到读者服务部（原流通阅览部），参考部按学科馆员、查新检索和情报分析三个业务组运行至今。目前参考部在职馆员29名，主要承担了参考咨询、学科服务、信息素养教育、科技查新与文献检索、文献计量与情报分析，以及知识产权信息服务等业务。无论时势如何变化，百年来参考部一直走在为读者提供个性化、专业化、知识化服务的前列，为清华大学的人才培养、科学研究、社会服务、文化传承创新以及国际交流合作做出贡献。

2 专业服务，深度支撑——近十年信息参考部主要业务进展

2.1 信息素养教育

信息素养教育是图书馆直接参与人才培养的抓手，也是提升我校师生图书馆素养、学术信息素养，以及提高文献资源使用率的重要手段。目前，我们已经实现了从图书馆概论、文献检索系列学分课，到新生入馆教育、培训讲座、在线教育、嵌入式教学等多层次、全流程、全覆盖的信息素养教育体系，尤其是面向不同场景、嵌入师生学习科研流程的新型信息素养活动渐具规模。2016年，教学团队打造的全新在线课程“信息素养——学术研究的必修课（通识版）”正式上线，2018年，该课程获得“国家精品在线开放课程”认证，截至目前，在线学习者已超过8万人，并于2021年春季在全球edX平台成功上线。2018年，我们以学校“微沙龙”平台为契机，发掘优质的用户资源，创设“息达人系列分享计划”，增强图书馆在数字素养、新媒体素养等新型素养教育方面的能力。2020年新冠疫情来袭，在线教育实现爆发式增长，“信息・资源・研究”30多个专题培训讲座资源全部上线，而且参加学习人数实现了新突破。2020年成功申报清华大学通识课程“信息素养——学术研究的必备能力”，被认定为清华大学文化素质课，亦被列入清华大学多个院系的培养方案。

另外，多年来我馆作为教育部高校图工委信息素养教育工作组组长单位，积极推进全国信息素养教育的宏观规划，发挥业界引领作用。2015年组织年轻馆员翻译了美国大学与研究图书馆协会（ACRL）最新的《高等教育信息素养框架》，并获得ACRL授权在其官方网站发布，在业内引起较大反响；2016—2018年牵头兄弟馆制定“关于进一步加强高等学校信息素养教育的指导意见”，其后继续参与制定全国信息素养教育规范文件；2017年主办“‘互联网+’背景下信息素养教育研讨会”，来自全国109家单位的近200名专家学者齐聚贵阳，共同探讨信息素养教育前沿议题，受到同行广泛关注。

2.2 学科服务

学科服务是国外一流大学图书馆普遍采用、行之有效的服务模式，自1998年由我馆首次引入国内，2008年和2018年在学科服务十年、二十年之际，我们两次主办了全国范围的“学科服务深化与创新”高层论坛，引领我国学术图书馆探索学科服务的发展路径。2018年，在馆领导的组织下牵头制定了《学科馆员岗位考核指标体系》，从了解院系、联络院系、学科资源建设与揭示、信息素养教育、教学科研支持五个方面对学科馆员的工作内容进行规范，推进目标化管理，加强总馆与专业分馆统筹协调机制，促进服务创新。2020年，我校围绕“为国选材、厚植强基、拔尖领军、创新未来”的人才选拔培养理念推出强基计划，新设立致理、未央、探微、行健、日新五大书院，我们密切关注书院建设进展，深入书院了解需求，设立“书院馆员”，定制个性化的学术支撑服务和信息素养教育课程，为我校本科拔尖创新人才培养助力。2018年推出“馆藏资源深度推广计划”，由馆员撰写一系列有深度的文章通过图书馆微信平台发布，名为“挖矿”。“挖矿”一词是对百年来清华图书馆里热火朝天的学习场面的一种形象写照，也反映了当下图书馆员更多的责任和担当——图书馆员最了解图书馆的宝藏，理应做读者利用图书馆征程上的向导。截至2021年年底，“挖矿”系列文章已发表58篇，总阅读量近9万次，受到读者欢迎，也得到同行的高度评价。

2021 年 2 月，经馆领导统筹决定，总咨询台取消实体咨询台，正式全面转为线上工作模式，推进参考咨询服务智能化、在线化发展，随着图书馆主页改版，新一代智能咨询平台也已经提上日程。同时，进一步加强用户需求调研，不断深化以用户为中心的学科服务，嵌入教学和科研过程，全方位支持人才培养和科学研究。

2.3 科技查新与文献检索

科技查新和文献检索是图书馆为科学研究提供的最直接的支持服务之一。十年间部门积极推进工作自动化和服务在线化，相继开发了科技查新管理系统、代检代查管理系统，引进了 CALIS 开元查收查引系统，2021 年为加强系统安全性和工作效率，推进实现多系统整合，疫情期间还推进电子章和电子签名，显著提升了信息服务效率。从服务量来看，用户的文献检索服务需求大幅增长，“十三五”期间文献检索业务量达 27865 项，较“十二五”期间增长了 51%，而科技查新因为相关政策层面的调整，近年来基本保持在 150 项的规模。随着国家科研评价导向的改革，部门积极推进新型科研评价指标探索和研究，从论文数量、被引次数、影响因子、ESI 指标扩展到代表作、h 指数、FWCI（领域引文归一化指标）等多维度、多元化指标，力求全面充分反映不同学科、不同类型成果的综合质量，努力为我校人才和机构的绩效评估、各类科研立项与报奖等提供更科学、客观、精准的参考依据，从而为学校教育治理科学化现代化助力。

2.4 情报分析与知识产权信息服务

图书馆开展情报分析工作由来已久，主要是利用文献计量的方法形成专题分析报告，为学科建设、人才引进、科研评估等提供决策信息支撑。清华大学 2010 年起从院系试点到全面启动教师人事制度改革，参考部应多个院系需求从文献计量的角度辅助院系确立学科发展目标和人才队伍评价体系，对院系人事制度改革方案的制定发挥了重要参考价值。随着情报分析成为图书馆新的业务增长点，2016 年图书馆审时度势，组建了情报分析组，集中精干力量攻坚克难，同事们学习应用 CiteSpace、VOSviewer、Tableau 及 Python 等新型数据挖掘和可视化工具，不断创新分析方法，研制高质量的深度分析报告，先后与学校发展规划处、人事处、国际处、文科处、技术转移研究院等职能部门和多院系建立了稳定的合作机制，在学科评估与学科规划、双一流数据监测、人才挖掘与评估、亚洲大学联盟筹备、2030 全球战略等工作中提供深度信息支持。2018 年 6 月，清华大学知识产权信息服务中心成立，后被评为首批高校国家知识产权信息服务中心，积极推进深度专利分析服务、组织知识产权讲堂系列讲座，举办专利检索技能大赛，宣讲普及知识产权素养及技能，配合学校知识产权管理，为相关院系和重大科研项目提供知识产权信息支撑服务。2019 年 12 月完成的“智能网联汽车关键技术专利分析研究”项目受到来自高校、汽车产业公司、知识产权从业机构以及国家相关管理部门的广泛关注，并入选 2020 年全国知识产权信息服务十大优秀案例。近年来持续监测分析学术影响力相关体系进展，2021 年根据科睿唯安高被引科学家全球报告，整理分析了清华大学学者的入选情况、上榜人次及学科领域分布，该报告通过清华大学微信公众号发布，阅读量达到 10 万+，彰显了清华大学的重要学术影响力。截至 2021 年年底，参考部共完成各类情报分析报告 500 余份，涉及科研绩效分析、学科和人才评价、专利深度分析、学科态势与研究热点分析等多个维度，为学校科研管理决策提供了有力的支持。

3 开拓创新，卓有成效——新环境下参考服务的探索思路与实践路径

3.1 坚持用户思维，研究用户需求，细分用户群体，不断完善服务体系

作为图书馆一线服务部门，信息参考部始终坚持以用户为中心的服务理念，通过细分用户群体，深入理解不同类型用户特征和需求，围绕目标群体整合资源，构建精准到位的专业化信息服务体系。大学图书馆的服务对象主要包括学生、教师、科研人员、教学科研管理人员等，通过持续的努力，目前我们的服务体系已经覆盖了所有读者群体，并与各类目标用户形成稳定的服务连结。国外不少研究认为，21世纪图书馆面临的最大问题就是保持与用户的关联性。只有构建有广度和深度的用户关系，把图书馆服务紧密植入学校生态环境中，才能充分发挥图书馆的价值，避免被边缘化。

针对学生群体，主要是提供人才培养支持，包括信息素养教育、参考咨询和学科服务，帮助学生从“初学者”成长为能够有效获取信息、利用信息开展学习和研究的“信息达人”。学生群体中进一步区分不同身份特征、不同学习阶段以开展精准服务。以每年一度的迎新教育活动为例，按本科生、研究生和国际生分别进行组织设计，并融入学校整体迎新体系——新本科生，与校团委大一工作组合作，将新生参观导引活动加入新生教育流程，做到全覆盖；新研究生，由学科馆员与院系合作，提供预约式专业讲解和培训；新国际学生，与国际学生学者中心合作，提供英文讲解导引和英文培训。

面向教师群体，主要提供学科信息推送、学科资源保障，以及配合教师需求开展嵌入式信息素养教育，当然也包括提升教师的信息素养。为了促进与教师层面构建长期、深度的协作互动机制，2019年起，参考部每年组织新教师、教师顾问等与馆领导、学科馆员开展座谈交流会，有针对性地征求老师们对于图书馆服务的意见和建议，并逐项落实，受到老师们的欢迎。在教师开展科研方面，科技查新和文献检索服务从项目申请、立项到阶段性跟踪、成果发表与验收鉴定提供全流程的配套支持。对于科研管理群体，为各级职能部门提供文献计量与情报分析服务，开展决策信息支持。

然而，参考服务项目繁多，用户需求也复杂多样，如何在精准服务中保障服务效能？我们认为，精准服务并不是简单的个性化服务，而是根据不同层面的服务需求，进行合理的定位、规划和保障。数字图书馆有三层信息服务机制，第一层是面向全部读者（one to all）的需求，第二层是面向部分用户群体（one to group）的需求，第三层是面向个人（one to one）的需求[2]，也可理解为“普遍服务+分众服务+个性服务”的机制。如果在服务中仅片面关注个性服务，忽视普遍服务，则容易忽略用户普遍性需求。因此应高度重视服务的合理规划和顶层设计，提升服务效能。以学科服务为例，在普遍服务层面，搭建学科服务平台（如 LibGuides），支持大部分读者可以自主学习学科资源和技能；在分众服务层面，组织各类教学培训活动，开展专业的信息素养教育，帮助部分读者解决问题；而在个性化服务层面，对普遍服务和分众服务两个层面仍然没有满足的、特殊的、个别读者需求，提供针对性辅导咨询。这是从普遍到个性的服务转化。反之，也要重视从个性到普遍的服务转

化，如在参考咨询服务中，对一段时间内的热点咨询问题（个性服务），转化为常见问题问答（FAQ），纳入知识库管理（普遍服务），或编写为更加广泛传播的微信推文（例如“挖矿”系列），广而告之，这是更为有效的服务方式。

新环境下的用户思维还包括重视用户参与的价值，师生不仅是图书馆的使用者，也是图书馆建设和服务创新的参与者。参考馆员始终位于图书馆服务的一线，与用户的关系已经从单纯的提供服务、教育转变为合作、双向融入。2011 年，参考部馆员带领学生团队自编自导制作的“爱上图书馆”视频与排架游戏，受到广大学生的热情欢迎，次年荣获第 10 届国际图联（IFLA）国际营销奖第一名，开创了中国图书馆进入国际营销视野的先河，也助力了学生的成长和成功，充分展示了图书馆对于创新型人才培养的价值。

3.2 建设学习型组织，打造有高度、有深度、有温度的服务团队

一流教学科研需要一流的信息服务支撑。一流的服务依靠一流的团队来实现。作为与读者直接接触（线上或线下）的一线服务部门，“人”永远是服务创新中最具活力、最重要的因素。尤其是近些年在图书馆整体人力资源不足的困境下，参考部注重以人为本，用事业凝聚人才，靠人才成就事业，不断提升团队战斗力和凝聚力，形成学习型、创新型、服务型部门文化，保障持续输出有高度、有深度、有温度的专业服务。

2021 年 1 月 11 日，图书馆寒假前的最后一个工作日，参考部全体同事正在开展一场别开生面的交流活动。活动分两个环节——学术交流环节主题为“探索知识服务的未来”：因为 2020 年是规划之年，大到国家，小到机构，都在制定“十四五”规划，因此安排由部主任介绍信息参考部“十四五”规划的思路，群策群力，集思广益，共谋未来；生活分享部分主题为“让音乐滋养心灵”，特别邀请原馆长、音乐馆主要创建者邓景康老师带领大家实地体验图书馆最新落成的音乐讲堂、音乐研讨间的先进设施，感受高雅艺术的魅力，因为每个馆员都是图书馆服务的代言人，馆员越了解图书馆服务，越有助于把图书馆服务推广给更多的读者。

这就是参考部一年一度的、内部称为“非常 2+1”的活动，是参考部从 2012 年起策划推出的年度性部门活动，创意性地将业务学习和生活交流组合在一起，旨在倡导馆员积极工作、健康生活、做好工作与生活平衡的理念，深受馆员认同。“非常 2+1”活动一般在年末组织，梳理总结、展望提升，是每年馆员参与度百分百的集体充电活动，目前已持续开展十年。

除此之外，参考部坚持每学期组织学术业务交流会。邀请业务突出或者研究创新（如发表论文、出版教材）的同事传授经验，或者组织参加最新专业会议、培训的同事分享收获，促进馆员隐性知识转化、凝聚共识、交流协作、共同创新。

每学期培训讲座内部学习计划。新型环境下，专业技能更新迭代加速，而参考馆员中藏龙卧虎、各有所长，图书馆每学期组织的“信息 • 资源 • 研究”讲座包含 30 多个专题，由 20 余位老师承担主讲，主要是面向读者的信息素养教育活动，部门组织馆员互相听课，互相点评，形成了常态化、同侪督导式的有效学习机制。

每年的同行交流计划。与优秀图书馆同行（如北京大学图书馆、国家图书馆等）保持不定期的业务对口交流。全部门参与，交流双方提前准备高质量的前沿实践探索报告，保障交流效率。2019 年 6 月，以信息素养教育创新研讨为主题，我们与康奈尔图书馆同行开

展了热烈的在线研讨会，应该说，双方在信息素养教育方面各有千秋、各具特色，交流过程中我们重点领略了康奈尔大学在嵌入式教学方面的突出成果，而对方对我们采用雨课堂等新型智能技术来促进教学互动兴趣盎然，最后双方都感到受益匪浅。

不定期组织全部门同事赴不同类型的、特色的文旅机构参观学习。近年来，先后组织前往一些公共馆或博物馆，如国家典籍博物馆、首都图书馆、天津滨海图书馆，北京周边的特色馆，如怀柔篱苑图书馆、龙泉图书馆、杂书馆等，以及校园里的艺术博物馆等进行学习交流。风格各异、精彩纷呈的参观活动对于馆员开阔视野、激发灵感，促进跨界思维创意创新，启发服务新思路，以及培养图书馆职业情怀起到了积极作用。

参考部鼓励馆员结合工作开展创新实践和相关研究，十年来参考馆员在专业学术期刊发表论文百余篇，出版教材多部，并撰写服务案例，参加专业会议，与同行广泛交流。部门多位同事受邀在业界重要会议上做学术报告、担任培训专家或获奖，发挥了示范作用。多位资深馆员在业界学会协会兼职，或担任国内外专业期刊的编委、审稿人，为学术交流做出积极贡献。

4 迎接挑战，逐梦未来——在发展变化的环境中与时俱进，追求卓越

作为大学图书馆，其职责是为大学的人才培养、科学研究、社会服务和文化传承提供支撑，参考馆员需要关注相关领域的发展趋势，放眼全局，保持学习的态度，勇于开拓创新，才能巩固并不断增强信息服务持久的价值和优势。

（1）高等教育环境。新冠疫情无疑大幅度加速了在线教育平台的大规模发展，优质的开放教育、MOOC 资源更加丰富，新型教育模式、新型教育理念带来新思路，人工智能、大数据等新兴技术领域正在深刻改变许多行业，智能化学习如何引领未来？信息素养教育与信息技术密切关联，如何不断推进信息技术与教育深度融合、加强教学模式改革、促进深度学习？

（2）学术生态环境。2021 年清华大学 110 周年校庆前夕，习近平总书记视察清华大学时发表重要讲话指出："要完善以健康学术生态为基础、以有效学术治理为保障、以产生一流学术成果和培养一流人才为目标的大学创新体系。"新形势下学术交流从研究到出版的整个流程在演变，数据密集型科研兴起，科研范式革命，开放科学发展迅速，图书馆在新的学术生态和学术治理体系中如何发挥更大的作用？如何深入洞察科研评价新趋势，并转换为可操作可落地的信息服务实践模式？

（3）作为文化机构的图书馆。2019 年国家图书馆建馆 110 周年之际，习近平总书记在给国家图书馆老专家的回信中指出，图书馆是国家文化发展水平的重要标志，是滋养民族心灵、培育文化自信的重要场所。作为大学校园的公共文化机构，清华图书馆具有更多的文化传承使命。如何使图书馆的知识服务更人文、更有创意、更具影响力？

（4）社会环境变化。新冠疫情对全社会各行各业的震动是巨大的，从疫情发展初期，到暴发期，再到疫情防控常态化，我们需要应时而变、及时调整服务方案，例如，读者活动进一步在线化，各类读者线下活动受到限制，与读者深度的互动成为稀缺资源。在信息素养教育活动中，我们尝试推进数字化转型和场景化辅导的融合模式：线上提供学习培训资源的直播和回放，支持学生随时随地的自主学习，线下则根据用户场景化需求，进行嵌入

式、个性化的互动培训和辅导。然而疫情对于信息服务的影响是深远的，未来我们仍需持续创新服务机制，强化虚实结合的动态化服务机制，全力保障用户需求。

（5）作为信息服务部门，我们需要持续强化用户思维，紧密关注和研究信息环境和用户需求与行为的变化，并从服务内容、方式、过程等方面不断创新，提高用户满意度，提升用户体验。当信息随手可得，信息搜索日益便捷化，我们身处的信息生态环境却更加复杂化：信息的类型、创建以及传播媒介多元化，人们可获取的信息更加庞杂，网络虚假信息乱象丛生，人们的信息管理、信息分析、信息评估等信息素养能力比以往更加重要。从信息参考到情报参谋，从知识服务到智慧服务，从细分用户到更加精准的用户画像，从满足用户需求到挖掘潜在需求并超出用户期望，服务创新永远在路上。

未来充满不确定性和复杂性，我们面临的挑战是巨大的，但我们相信机遇更多。师生需求是我们永远的动力。作为清华大学的图书馆，拥有一流的师生用户资源，我们始终骄傲与一流的师生同行。信息参考部将紧密关注清华大学的发展步伐，力争与学校发展同步，与师生的需求同步，积极拓展和深化知识服务，与教学、科研、管理多层次多维度紧密协同，为学校教学科研活动的全生命周期提供高效的学术信息支撑。在学校建设世界一流大学的背景下，在朝着更创新、更国际、更人文的目标奋斗过程中，信息参考部全体同事将继往开来、追求卓越，做出更多高水平、更前沿的创新工作，与优秀的师生共同成长，构建开放协同的创新共同体，在探索知识服务未知的道路上，贡献清华案例、经验和智慧，创造下一个更加辉煌的百年未来。

参考文献

[1] Green, Samuel S. Personal relations between librarians and readers. Library Journal. 1993, 118(11). pS4-S5. LIBRARY JOURNAL CLASSICS, Originally published in October 1, 1876.

[2] 韩丽风. 试论数字图书馆的信息参考服务[J]. 中国图书馆学报, 2005, 31(1): 61-64.

清华大学图书馆学科服务：二十年回顾与未来展望

王　媛　范爱红　韩丽风　赵呈刚　任　奕

摘　要：[目的/意义]对清华大学图书馆学科馆员制度的建立和学科服务的开展情况进行系统总结，为学术图书馆开展学科服务提供借鉴。[方法/过程]通过文献和网络调研，回顾清华大学图书馆设立学科馆员制度的缘起，梳理20年来学科服务内容的拓展情况以及学科服务管理模式的优化过程，并对学科服务发展中遇到的瓶颈进行讨论和展望。[结果/结论]20年的实践证明，学科服务是大学图书馆服务转型的有力举措，学科服务内容不断拓展的同时也必将带来服务内容的规范化要求；未来，可持续的高素质学科馆员队伍、学科服务绩效的考核以及对用户需求的调研将成为突破学科服务瓶颈、提高服务成效的重点和难点。

1　引言

1998年，清华大学图书馆在国内率先建立了学科馆员制度，设专人负责与对口院系建立联系[1]。自此“学科馆员”岗位和“学科服务”开始进入我国图书馆界的视野，20多年间，全国高校图书馆界纷纷因地制宜地建立了自己的学科馆员制度，开展各具特色的学科服务工作。与此同时，“学科馆员”和“学科服务”也成为图书馆业界和学术界持续关注的研究热点。

学科馆员制度的设立既是图书馆服务内容的拓展，也是图书馆岗位设置、图书馆员角色设计上的创新，是学术图书馆服务现代化的标志之一。从1998年建立学科馆员制度开始，清华大学图书馆在学科服务实践和学科服务研究上一直稳步前进；经过20多年的深耕细作，已形成学科服务内容规范化、学科服务管理体系化、学科服务成效提高化的特点。总结过往是为了更好地面对未来，值此纪念我国学科馆员制度建立20周年之际，本文回顾清华大学图书馆设立学科馆员制度的缘起，梳理20年来学科服务内容的拓展情况以及学科服务管理模式的优化过程，并对学科服务发展中遇到的瓶颈进行讨论和展望。

2　清华大学学科馆员制度的缘起与发展历程

2.1　图书馆转型过程中落实“读者第一”宗旨的举措

1993年，清华大学提出有限期的创建世界一流大学的奋斗目标，并结合学校情况，提出建设综合性、研究型、开放式的世界一流大学的总体办学思路[2]。要建设世界一流大学，开展世界水平的科研，就要求图书馆能够提供足够可用的文献资源。除此以外，图书馆的服务对象也由过去主要面向学生群体服务，扩展到面向教师群体科研需求的用户服务。

1995 年，由清华大学主持的中国教育科研网（CERNET）正式开通投入运行，成为中国教育和科研领域的重要信息基础设施。1996 年，清华大学图书馆引进了美国 INNOVATIVE 公司的图书馆集成管理系统，实现了从采访、编目到书目检索、流通的自动化管理。基于互联网的信息基础设施的建成成为读者利用信息行为改变的前提。此时，国际上一些高水平的二次文献数据库和全文期刊数据库已经大量出现，学术信息资源的形态开始发生变化；同时，图书馆界正在经历转型期，特别是学术图书馆正在进入从传统图书馆向数字化转型的加速发展期。总之，数字化学术信息资源的引进和学校办学思路的调整成为图书馆扩展服务用户群体的依据。

1998 年，时任清华大学图书馆馆长的刘桂林教授访问康奈尔大学图书馆，他发现康奈尔大学图书馆馆员与院系教授有直接联系，“增删什么期刊基本上由教授们决定。甚至有时教授晚上可以打电话给管理人员，要求他们设法找到一种资料”[3]。这给他留下了非常深刻的印象：这样的图书馆才能与一流大学的发展密不可分，才能有发展生机，是“研究型”图书馆的范例，是高层次“深化服务”的范例。此外，清华大学图书馆还调研了我国港台地区的大学，发现普遍设有 Subject Librarian 岗位。

分析图书馆外部环境的变化并学习境内外学术图书馆的有效经验，1998 年清华大学图书馆正式宣布设立学科馆员制度，在院系与图书馆之间建立桥梁，有针对性地为教师利用图书馆提供帮助，解除他们在利用图书馆中的疑虑，这成为新形势下落实“读者第一”服务宗旨和深化服务的新尝试。

2.2 学科服务的 20 年发展历程

清华大学学科馆员制度设立至今已走过 20 个春秋，一步一个脚印，不断探索和完善。学科服务逐步拓展和深化的过程，也是不断调整与规范的过程。

1998 年，清华大学图书馆安排了 14 位信息参考部有专业学历背景的馆员做“学科馆员”，对口与 12 个院系的图情教授（图书馆请院系指派的负责与学科馆员联系的教授）建立了联系，初步在一些院系打开了局面，主要针对教师和研究生层面开展用户培训、资源推广、网络学科资源整理、搜集用户建议等方面的工作[1]。

1999 年，图书馆岗位聘任设立了专职学科馆员岗位，在岗位聘书中赋予学科馆员明确的岗位职责；2002 年春季，原来分散在各个服务小组的学科馆员组建了专门的学科馆员组，9 名学科馆员集中办公，从人力、物力、时间等方面对学科馆员的工作给予充分的保证，同时赋予学科馆员更多的工作任务与职责[4]。2005 年学科馆员组更名为学科服务组，强化学科服务的职责。学科馆员除负责与 12 个学院的近 50 个院系联络外，更多的精力用于拓展深层次学科服务[5]。

2006 年，学科馆员岗位由总馆信息参考部扩大至部分专业图书馆，凡是条件允许的专业分馆，都由分馆负责人承担“专业馆学科服务负责人”工作。如李文达医学图书馆开始开展与学科建设密切相关的学术活动，提供深入的信息整合服务，针对各自专业服务对象的特点，利用网站平台进行特色服务和对专业读者与普通读者开展培训及咨询等[6]。同时，借图情教授任满重新聘任之机做了调整，将“图情教授”更名为“教师顾问”，明确了教师顾问的职责，包括资源建设、建议与反馈、指导学科服务和查新专家顾问 4 部分；同时在本科生和研究生中聘任“学生顾问”[5]。2007 年，学科馆员主动联系学校负责学科建设和人才引进的职能部门，挖掘决策层面的信息需求，开始将学科情报分析服务向前推进。

2009 年，学科馆员开始承担外文图书采选工作；2011—2012 年，由清华大学图书馆牵头开展 CALIS 三期“高校图书馆课题服务——学科服务项目”，有力地推动了全国一批高校图书馆的学科服务发展，引进应用了 LibGuides 等一批国外学科服务资源与分析工具软件并组织了一系列学科服务相关的培训活动，拓展了面向科研课题的学科服务内容。

2012 年，学科馆员的组织管理模式有了较大调整，在原学科馆员基础上将查新检索馆员整合到学科服务队伍中，建立学科服务团队。学科馆员队伍从过去的 12 人扩展为 25 人，学科馆员的职责更加多元化。2013 年，各学科服务团队将建设学科信息导航、发展学科讲座作为工作重点，取得突破；嵌入式教学与学科分析服务有长足进展。

2016 年，清华大学图书馆完成了新一轮岗位聘任，学科馆员岗位分设在总馆信息参考部与人文社科图书馆、美术图书馆、金融图书馆等专业图书馆中，共 19 名学科馆员。在这次调整之后，总馆的学科服务、查新检索与情报分析工作分别设立行政组别，学科服务重回以单个学科馆员为主来开展工作的模式，并与查新检索、情报分析的馆员开展密切合作，这是根据当时人力资源的实际情况做出的调整。

此外，为了统筹全馆学科服务工作，加强对学科服务的规划和管理，图书馆还设立了全馆层面的学科服务领导小组，每学期组织学科服务的工作汇报与交流，分享信息与工作思路。

3 清华大学图书馆学科服务内容的拓展

梳理 1998—2018 年清华大学图书馆学科服务的流变，可以看到：在组织模式和馆员队伍上，清华大学图书馆根据不同时期人力资源的实际情况，尝试了不同的学科服务组织模式——从单个学科馆员到学科服务团队再到单个学科馆员，目前选择了由一个学科馆员对口服务一个或多个院系（所）等教学科研单位的模式；学科服务内容一直主要围绕用户联络、参考咨询、用户培训、学科资源建设等方面来开展，并根据用户的需求，提供个性化的服务。但因为用户信息环境的变化和图书馆信息资源的增长，加之清华大学在学科建设、人才引进与评估政策等方面的调整，图书馆学科服务内容也有所拓展。此前，姜爱蓉、邵敏、郭依群、范爱红等已对 1998—2008 年清华大学图书馆学科服务内容进行过梳理，本文将视野主要集中在 2009 年之后，梳理近 10 年学科服务内容的拓展，主要表现在重视学科资源的建设与推广、积极推动嵌入式服务以及情报分析服务形成规模等方面。

3.1 重视学科资源的建设与推广

与学科馆员制度在美国诞生之初主要负责学科馆藏资源的建设类似，清华大学图书馆学科馆员有明确的学科资源建设责任。最初学科馆员因与院系联系密切，谙熟学科资源分布，时常为馆藏调整和学科资源建设提供建议[5]。为了让有限的外文图书经费用在刀刃上，2009 年图书馆开始明确学科馆员的岗位职责包括负责纸本外文图书采选工作，并按学科需求分配购书经费。学科馆员每月将筛选的外文书单发给院系，征集荐购意见，让师生在学科资源建设中有充分的发言权。除了根据可订购书单勾选，学科馆员还走进院系办书展；通过网络调研、文献调研等渠道了解国外大学相关学科的教学参考书、经典图书，主动订购各学科可能需要的外文图书，做好学科信息保障。此外，为使读者驱动的图书荐购流程更自动化和系统化，学科馆员提出图书荐购系统的开发需求，并参与了功能设计与选型等相关工作，目前“水木荐书”已成为清华师生便捷推荐图书（包含纸质的和电子的）的新途径[7]。

近年来，清华大学文献资源建设经费中用于电子资源的比例持续增加，从 2014 年的 60%[8]攀升到 2017 年的 76.2%[9]。随着纸质资源订购量的缩减和图书馆岗位分工的调整，学科馆员在学科资源建设上的职责转到了学科电子资源。图书馆每学期召开电子资源订购协调会，在会议之前学科馆员要根据收集院系师生意见和自己对学科文献需求的把握提出续订与新订电子资源的建议。

对学科资源的揭示与推广是另一件例行且重要的工作。最初，学科馆员设立学科网页，集成呈现在图书馆网站“学科服务”栏目；2011 年开始利用国际上流行的内容管理平台 LibGuides 搭建学科服务网页，进行学科资源与服务揭示。目前，清华大学图书馆已设立了 18 个 LibGuides 学科资源导航页面[10]。

在资源宣传推广方面，学科馆员普遍开设按学科整合的资源利用讲座，开展新资源的宣传以及重要资源使用方法的推介，2018 年学科馆员开始在“清华大学图书馆”微信公众号上开设“挖矿”专栏，挖掘资源中的内容价值，撰写有深度的介绍文章，目前已推出 10 期文章，获得读者好评。

同时，学科馆员还开展学科资源保障与利用状况分析研究；根据资源建设部每年提供的资源使用统计与单篇成本增减数据，分析原因，想方设法提高资源利用率。

3.2 积极推动嵌入式学科服务

传统图书馆是以物理馆舍的场所和空间服务为主要特征，嵌入式服务打破了图书馆物理空间的概念，图书馆馆舍已经不是图书馆员知识服务的主要阵地和主要场所[11]。学科馆员带着图书馆的资源和服务广泛地嵌入到院系的课程教学中、嵌入到科研进程中、嵌入到决策过程中。

2006 年，中国科学院国家科学图书馆提出“融入一线、嵌入过程”的学科服务理念，并实施了全新的学科化服务模式与机制，标志着国内的学科服务以“嵌入”为标志，开始了从第一代学科馆员到第二代学科馆员的转变[12]。清华大学图书馆的嵌入式教学服务自 2009 年开始呈现多点开花的局面。学科馆员积极与院系老师沟通，尝试在院系开设的专业课程中嵌入文献检索、工具方法类的课程、讲座，嵌入 2 学时、4 学时或 9 学时等不同时长的内容，如信息学科馆员多次应邀在软件学院“信息检索技术”课程中讲授 2 学时文献资源与检索方法等知识；马克思主义学科馆员应邀共同主讲“文献检索与利用”（马克思主义）课程。

2015 年至今，嵌入式课程获得了大规模发展，一方面表现在嵌入的课程门数增至十几门，学科馆员在多门本科生通识课程中，如“学术之道”“大学精神之源流”“民族文化与民族命运”，嵌入信息素养教育相关内容；另一方面，合作单位的覆盖面扩大并逐渐超出院系范围，学生发展中心、深圳研究生院、多家附属医院、基础工业训练中心等多个单位慕名而来，共同开发相关课程，推出个性化定制的讲座与课程，经过多个轮次的嵌入合作，已成为常年合作的例行项目。

近年来，学科馆员以学科信息专家的身份嵌入科研过程的服务也取得了长足进展，如建筑学院学科馆员嵌入建筑学院“境”研究课题组，提供文献支持和研究支持；体育部学科馆员应邀参加体育政策研究课题组；机械学院学科馆员协助热能系教授建立燃气轮机国家重大专项资料库等。

在对学校职能部门的走访中，学科馆员了解到职能部门在决策过程中需要大量的数据支持，他们希望图书馆提供经由专业馆员分析、包含了智力劳动的决策支持数据。结合图书馆新订购的分析工具如 ESI、Innography 等，学科馆员逐渐开展服务，嵌入决策过程中，提供决策所需要的数据。

3.3 情报分析服务形成规模，成为新的业务增长点

清华大学图书馆的文献计量和情报分析服务始于 SCI 咨询中心的论文统计工作。1998 年 6 月 25 日，清华大学校务会议审议通过《清华大学关于提高 SCI 收录论文数量和质量的十条意见》，在此意见指导下，学校在图书馆设立 SCI 咨询中心。SCI 咨询中心定期将 SCI 收录的对标高校的论文统计信息发科技处（现科研院），科技处将我校论文进一步认定后转发各系，便于广大教师、研究生随时了解自己的论文被 SCI 收录的情况。

文献计量与情报分析工作在 2007 年之后逐步起步开展，陆续完成了一些文献计量分析报告。2013 年之后，情报分析服务有了突破发展。借鉴兄弟图书馆的经验，清华大学图书馆开始有规划地开展此项服务，从最初主动探索性地开展相关研究，零散地撰写分析报告，到有计划、按需求地提供服务，围绕学校人事制度改革、“十三五”学科规划、第四轮教育部学科评估、人才引进等中心工作，组织团队完成一系列高质量的深度学科分析报告，为学校“双一流”建设提供了重要的决策参考，得到了院系和职能部门的肯定。在合作中，图书馆与科研院、人事处、研究生院、学科办、国际处等建立长期联系，提供个性化情报分析服务与数据支撑，将图书馆服务嵌入到职能部门的决策过程中。2014 年 9 月，图书馆正式推出了三项新服务：文献计量分析服务[13]、专利信息服务[14]、文献调研服务[15]，并在主页上正式公布服务内容。2016 年，学科馆员收到院系教授建议，希望图书馆能定期提供 ESI 高被引论文与热点论文的数据；图书馆经过认真规划正式推出了 ESI 高被引论文与热点论文通报与检索服务。

2016 年图书馆进行了新一轮岗位设置，为进一步拓展和深化学科服务，信息参考部专门设立了情报分析岗位。2017 年文献计量与情报分析各项工作顺利开展，全年共计完成数据采集和统计分析报告 96 份，在学校学科规划、人才培养、科研管理、国际合作等方面发挥着越来越大的作用。

此外，清华大学图书馆自 2012 年以来涉足专利信息分析服务，几年来不断开拓，完成

了一系列个性化的深度专利分析报告，如《OLED 专利分析报告》《清华大学汽车工程系专利分析报告》等。随着专利信息服务人才的培养和分析工具的建设，2015 年清华大学图书馆与北京大学、同济大学、上海交通大学共同组建了高校专利信息服务工作推进组，共同努力推动成立了高校知识产权信息服务中心联盟。2018 年，清华大学知识产权信息服务中心正式成立，挂靠在图书馆，可以预期未来一段时间面向院系的知识产权信息服务将成为一个新的业务增长点。

4 清华大学图书馆学科服务的规范

经过 20 多年的发展，清华大学图书馆学科服务呈现出基本覆盖、全面开花、亮点突出的局面，但同时也暴露出一些问题，如学科服务的被了解度和被认可度较低、针对各学科的服务用力不均、学科馆员人员不足与年龄结构老化、缺乏效果评价与考核机制等情况。2017 年，为提升学科服务质量，明确学科服务要求，规范学科服务内容，借学校职工队伍改革、岗位重新描述的契机，清华大学图书馆启动了学科服务考核指标制定工作，对学科服务的工作内容进行了分类规范。

学科服务考核指标体系中将学科服务内容分成院系联络、学科资源建设与揭示、信息素养教育、教学科研支持等四个大类，每个大类下细分具体工作指标。另设“了解院系”大类和“其他”类，“了解院系”是为做好学科服务而做的准备工作；“其他”类包含不能归为以上大类的工作内容。下面将对指标体系逐一介绍。需要特别说明的是，学科服务考核指标体系目前尚处于试运行阶段，将在实践中不断总结和完善。

4.1 院系联络

下设信息简报推送、与院系师生当面交流、解答咨询 3 个主要指标。

信息简报推送：学科馆员应按每月至少 1 次的频次将与院系有关的图书馆资源与服务推送到位。

与院系师生当面交流：学科馆员应主动、经常与师生面对面沟通，了解教学、科研、学习中对图书馆各方面的需求并给予及时响应，推介资源与服务。学科馆员应按每月至少 1 次的频次开展有目的的院系拜访活动，并撰写《院系拜访记录表》。

解答咨询：作为图书馆与院系的联络人，学科馆员应及时响应、解答读者的咨询，除解答来自院系师生的咨询之外，学科馆员所负责的数据库咨询亦列入此项。

4.2 学科资源建设与揭示

下设建设并维护学科资源导航、学科文献资源的采选荐购与宣传推广、学科文献资源评估三个主要指标。

建设并维护学科资源导航：为展示本馆订购及开放获取的学科资源信息，学科馆员应至少为每学科制作 1 份学科资源导航。每个学科都应建设学科信息导航，包括各类学科资源信息与利用指南，展示形式为 LibGuides 或学科网页、门户导航等。相关页面应该经常维护并进行推广，提高使用率。与院系合建的专题资料库，纳入此指标。

学科文献资源的采选荐购与宣传推广：学科馆员参与学科文献资源（包括印刷型资源和数字资源）的采选荐购，能够提出增订/停订资源的参考意见。具体工作内容包括：关注已订购的重要学科资源利用情况及新资源动态，掌握学科资源发展趋势；积极征询院系需求并提出订购建议；向读者推荐“水木荐书”平台；与院系合作举办书展；推动院系与图书馆合作订购；主动通过多种渠道向院系宣传推广资源；开展对数据库年度访问统计的分析；与数据库商合作办讲座等。

学科文献资源评估：包括学科文献资源保障评估；针对馆藏学科文献资源是否满足学科发展需求进行整体评估，提供缺藏分析等。

4.3 信息素养教育

下设学科专题培训讲座、个性化定制的培训讲座（含嵌入式课程）两个主要指标。

学科专题培训讲座强调的是学科馆员主动设计、针对学科或专题的培训讲座，包括纳入图书馆“信息·资源·研究”培训讲座的学科文献或专题讲座；主动组织小型沙龙等互动交流式培训讲座。每位学科馆员每学期至少为每学科开展 1 次专题培训讲座。

个性化定制的培训讲座（含嵌入式课程），指的是针对院系师生、课题组需求提供个性化定制讲座，或针对院系教学需求提供嵌入式课程。每位学科馆员每学期至少开展 2 次个性化定制的培训讲座或嵌入式课程。

4.4 教学科研支持

下设教学支持、为科研项目提供定题检索、对科研管理的支持三个主要指标。

教学支持：学科馆员积极了解院系的教学需求，从图书馆角度尽力提供支持，包括利用教参服务平台提供教学参考书的支持，提供教学条件支持等。

为科研提供定题检索：配合院系科研项目开展深度定题检索服务，提供文献信息、科技查新报告、文献调研报告或专利分析报告等。

对科研管理的支持：学科馆员响应并参与院系需要的学科情报分析工作，包括学术产出统计分析、学科热点挖掘分析、学科/人才评价等报告，还包括 ESI 高被引论文与热点论文的分析与推送以及清华大学学者库的推广与建设等。

5 讨论与展望

经过 20 多年的发展，学科馆员制度不仅在清华大学图书馆稳步前进，我国学术图书馆界也基本达成了共识：学科服务是体现学术图书馆核心竞争力的主要服务之一。清华大学图书馆学科服务在度过了初创期的不断拓展之后，进入了相对平稳的发展阶段。但如何突破瓶颈和惯性模式，为未来赢得更大的发展空间，仍然是摆在眼前的重要研究课题。笔者认为应该重视以下三个方面。

首先，开展高质量的学科服务需要高素质的学科馆员队伍。学科馆员作为学科服务的主体，是学科服务的执行者，学科馆员的素养和能力决定了学科服务的质量。一个合格的学科馆员既要有服务精神，又要有服务能力，更要有不断学习、更新技能的能力。清华大学图书馆在推出学科服务考核指标体系的同时，也推出了学科馆员能力提升计划，希望帮助学科馆员在口头和书面沟通能力、与人合作能力、适应用户环境的参考咨询能力等方面不断提升。同时，学科馆员的数量、年龄结构、学科背景都应适应学术机构学科建设的实际情况，此外还应考虑学科馆员正式上岗前的培训周期，尽早培养。

其次，以学科服务内容的规范促进学科服务绩效的考核。与传统的图书馆服务相比，学科服务有显著的特点：个性化服务、主动服务、嵌入式服务、营销式服务。在这些特点之下，学科服务的内容被加以规范，是否逆势而为？笔者认为，学科服务内容所规范的只是必选动作，同时也为学科馆员留出了开展自选服务的空间。学科服务内容的规范有利于缓解学科馆员岗位数量有限而用户需求不断增长之间的矛盾，有利于对学科服务的岗位管理，也有利于学科馆员个人的职业成长。规范化的学科服务内容有利于制定学科服务菜单。在过去很多年间，学科馆员在面向院系师生服务时，苦于如何向院系师生简洁而完整地说明学科服务项目，而经过规范的学科服务内容，则大大消除了这种沟通的障碍，促进服务信息的有效传递。学科服务内容的规范也有利于对学科服务的效果展开评估。

最后，学科服务中应加强对用户需求的调研。脱离用户需求的服务得不到用户的认可，只是学科馆员的自娱自乐，造成人力、物力的浪费。只有当服务与需求相契合，学科服务的成效才会真正显现。深刻了解用户的需求，将成为学科馆员持之以恒的工作内容。面向教师层面的学科服务应深入了解教学科研的全生命周期，未来要在服务深度和嵌入度上进行提升；面向学生层面的学科服务需要更深入开展信息素养教育，开展各种形式的互动活动；面向职能部门的学科服务未来的发展重点要与学校的重点发展方向相匹配。

20 年间，我国图书馆的学科馆员制度从无到有，学科服务从星星之火到成为基础服务，清华大学图书馆学科服务经过几代学科馆员的共同努力，不忘初心，不断探索，逐渐形成了规模优势和规范效果。把握用户需求，发挥学科馆员优势，为不同群体用户提供专业的个性化服务，为教学科研、学科建设提供深度支撑，我们有信心继续将这项工作推向深化。

参考文献

[1] 姜爱蓉. 清华大学图书馆“学科馆员”制度的建立[J]. 图书馆杂志, 1999(6): 30-31.

[2] 王大中. 建设世界一流大学的战略思考与实践[J]. 清华大学教育研究, 2003(3): 2-7.

[3] 刘桂林. 明确定位目标, 抓住难得机遇, 跨上发展新平台[M]//邓景康, 韦庆媛. 邺架巍巍：忆清华大学图书馆. 北京：清华大学出版社, 2011: 260-271.

[4] 郭依群, 邵敏. 网络环境下大学图书馆学科馆员职责的扩展——清华大学图书馆案例研究[J]. 大学图书馆学报, 2004(5): 51-55.

[5] 范爱红, 邵敏. 清华大学图书馆学科馆员工作的新思路和新举措[J]. 大学图书馆学报, 2008(1): 56-60.

[6] 袁欣. 开启专业分馆特色服务的大门——清华大学专业图书馆的特色学科服务浅析[J]. 图书情报工作, 2010, 54(S1): 143-145.

[7] 清华大学图书馆. 您选书，图书馆买单——“水木荐书平台”推出试用[EB/OL]. [2018-10-15]. http://lib.tsinghua.edu.cn/dra/news/annoucement/6280.

[8] 清华大学图书馆. 图书馆 2014 年事实数据与大事记[EB/OL]. [2018-10-10]. http://lib.tsinghua.edu.cn/about/2014annualreport.jpg.

[9] 清华大学图书馆. 图书馆 2017 年事实数据与大事记[EB/OL]. [2018-10-10]. http://lib.tsinghua.edu.cn/about/2017annualreport.jpg.

[10] 清华大学图书馆. 学科资源导航[EB/OL]. [2018-10-12]. http://tsinghua.cn.libguides.com/.
[11] 初景利. 嵌入式图书馆服务的理论突破[J]. 大学图书馆学报, 2013, 31(6): 5-9.
[12] 初景利, 张冬荣. 第二代学科馆员与学科化服务[J]. 图书情报工作, 2008(02): 6-10.
[13] 清华大学图书馆. 文献计量分析服务[EB/OL]. [2018-10-12]. http://lib.tsinghua.edu.cn/service/docqua.html.
[14] 清华大学图书馆. 专利信息服务[EB/OL]. [2018-10-12]. http://lib.tsinghua.edu.cn/service/patent.html.
[15] 清华大学图书馆. 文献调研服务[EB/OL]. [2018-10-12]. http://lib.tsinghua.edu.cn/service/doc_survey.html.

原载《图书情报工作》2018 年第 24 期

基于学科有效信息行为的学科服务实践
——以清华大学数学学科为例

曾晓牧　林　佳

摘　要：学科服务是目前高校图书馆的工作重点。不同高校图书馆有各自的特点，因此学科服务没有一种单一的模式。清华大学图书馆利用访谈法和引文分析法分析了数学学科的有效信息行为：数学科研工作中常用的文献类型和检索工具、常用期刊的出版年、种数、学科分布、影响因子及全文来源。在此基础上，有针对性地开展了数学学科服务，如补充完善学科资源、学科信息素养能力培养、建设学科资源导航，取得了一定的效果。对数学学科有效信息行为的分析结论，对其他高校图书馆的数学学科服务也有参考价值。

关键词：学科服务；数学；信息行为；引文分析；学科馆员

开展学科服务是我国众多高校图书馆的工作重点。不同图书馆的服务主体（图书馆）和服务客体（学科、读者）有各自的特点，因此学科服务没有既定的模式。对于任何一所图书馆来说，都需要一个不断尝试、探索，发现用户需求，并与用户需求逐渐磨合和对接的过程。

信息技术迅猛发展，新技术渗透到图书馆的方方面面，随着读者信息环境的变化，读者的信息行为也发生着改变。了解读者的信息行为是有效开展学科服务的基础，清华大学图书馆数学学科服务团队通过访谈法、引文分析法了解在数学科研过程中真正发挥作用的有效信息行为，在此基础上分析发现用户的潜在需求，有针对性地开展数学学科服务。

1　相关文献回顾

研究信息行为的文章很多，但专门研究数学学科信息行为的文章并不多。

西西莉娅•布朗（Cecelia M. Brown）在 1998 年采用问卷调查法对美国俄克拉荷马大学数学、物理、天文、化学学科教师的信息行为做了调查，调查显示：数学教师在科研中最常用到的文献类型是期刊论文、预印本和图书中的专著，此外，参加学术会议、同行交流与也是获取科研信息的重要途径[1]。

耿小兵对哈尔滨工业大学数学系 1998—2000 年的 17 篇博士论文做了引文分析：篇均引文数 133.18 篇；引文语种主要是英文（77.03%），其次是中文（18.24%）；引文文献类型依次是期刊（82.91%）、图书（13.56%）、会议论文（1.85%）、学位论文（1.37%）和其他（0.31%）[2]。

马凌云和王宗亮将上海师范大学数学系教师 2006—2010 年发表的 736 篇论文分为三类：SCI/EI 论文、核心期刊论文、一般期刊论文，分别做了引文分析。分析结果显示：三类论文的篇均引文数分别是 22 篇、10 篇、8 篇；使用的文献类型有期刊（分别是 80.99%、79.07%、75.40%）、专著（分别是 10.93%、17.10%、21.01%）、会议论文和其他[3]。

尤金·巴斯基（Eugene Barsky）对加拿大不列颠哥伦比亚大学数学系师生 2011 年发表的 148 篇 SCI 收录论文做了引文分析：引文文献类型有期刊（81%）、图书（15%）、会议论文（2%）、arXiv 的预印本论文（1%）和其他（2%）①；90%引文的出版时间是近 40 年，但近 5 年的文献只占引文的 24%[4]。

2 利用访谈法分析有效信息行为

1977 年，美国社会学家、哥伦比亚大学教授哈里特·朱克曼出版了《科学界的精英》一书，研究了 92 位诺贝尔奖获得者的共性[5]，这种通过分析优秀者共性找到有效行为的研究思路为不同学科学者所认可与借鉴[6]。我们也借鉴了这个方法，通过访谈优秀的数学科研人员，去发现数学科研工作中常用的文献类型和检索工具。

2.1 访谈方案设计

访谈对象选取。共选取了 12 位教师（5 位教授、7 位副教授）作为访谈对象，选取原则如下。

（1）覆盖不同的研究方向。清华大学数学系按研究方向分为三个研究所：基础数学研究所、应用数学与概率统计研究所、计算数学与运筹学研究所，访谈对象来自三个不同的研究所。

（2）科研工作优秀。访谈对象是长江学者，或是国家杰出青年基金获得者，或是近几年发表的 SCI 收录论文数排名在数学系前列。

（3）有海外学习或工作背景，既使用过国内图书馆，也了解国外图书馆的资源与服务。

访谈方法。采用当面访谈、电话访谈或电子邮件访谈。首选当面访谈和电话访谈，因为访谈者可及时解释访问的内容，受访者可便捷完整地表述个人观点。12 位受访者中，7 位接受了当面访谈，3 位是电话访谈，2 位是电子邮件访谈。

访谈内容由三个问题构成：

（1）在科研工作中，您使用哪些类型的文献（图书、期刊、会议论文……）？

（2）在科研工作中，您使用图书馆购买的哪些数据库？

（3）除了图书馆购买的数据库，在科研工作中，您还使用哪些检索工具？

2.2 访谈结论

访谈结论如下：

（1）在科研工作中，最常用的文献类型是期刊论文；会议论文会用到，但不会专门去检索查找；图书使用得较少。

（2）最常用的数据库是 MathSciNet，有 1 位老师使用与 MathSciNet 类似的 Zentralblatt

① 原文如此，未做改动。

MATH。MathSciNet 是美国《数学评论》，由美国数学学会（American Mathematical Society）编辑；Zentralblatt MATH 是德国《数学文摘》，由欧洲数学学会（European Mathematical Society）等三个机构共同编辑。这两个数据库是收录数学学科期刊论文、会议论文和图书的文摘与评论数据库，特色是：很全面地收录数学学科文献；很多文章有同行评论（review），通过同行评论，可了解文章的价值，同时也比较关注自己文章的同行评论。

至于 SCI 数据库，科研工作并不使用，只用于科研评价，在评职称、报奖时，检索论文的收录引用情况。

（3）除了图书馆数据库，最常用的检索工具是 arXiv。arXiv 是由美国国家科学基金会和美国能源部资助，康奈尔大学维护和管理的收录数学、物理学、非线性科学和计算机科学等学科文章的免费开放获取的预印本文库。受访老师表示几乎每天使用该数据库，查看是否有自己研究方向的最新文章。

从访谈和之前的文献调研可以看出，数学科研工作中最常利用的文献类型是期刊论文。访谈和西西莉娅·布朗所做的问卷调查显示：预印本也是最常利用的文献类型。访谈显示：最常用的检索工具是 MathSciNet 和 arXiv。

下面利用引文分析法，对数学科研工作中最常用的文献类型——期刊，进行深入分析。

3 利用引文分析常用期刊及其来源

3.1 引文分析方案设计

清华大学科研处的统计数据显示：数学系师生发表论文的 94.85%是英文论文。因此我们通过分析数学系师生近三年（2010—2012 年）发表的 SCI 论文的参考文献，来了解数学科研工作中常用到的期刊。

检索式是：地址= ((tsinghua univ or tsing hua univ) same (Dept Math Sci) same (beijing or beijing)) AND 出版年=(2010-2012)。

共检索出 426 篇文章，其中有 2 篇的论文类型是 Editorial Material，没有参考文献，其余 424 篇文章共有参考文献 9009 篇，将下载的参考文献导入 Excel 中，进行处理分析。

3.2 引文分析结论

3.2.1 引文数量

引文数最多是 57 篇，最少是 1 篇。篇均引文数是 21 篇，中位数是 20 篇。引文数量分布见图 1。

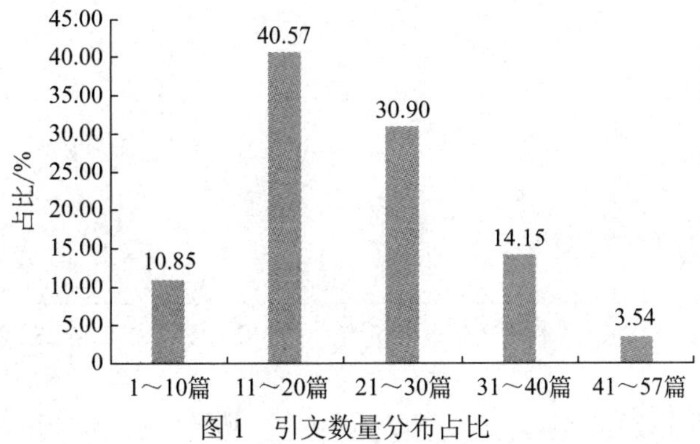

图 1 引文数量分布占比

3.2.2 引用的文献类型

81.3%的引文是期刊论文，期刊论文是最常用的文献类型。利用的其他文献类型主要有图书、会议论文、arXiv 预印本和学位论文。

需要注意的是：虽然 arXiv 预印本和学位论文在引文中所占比例并不高：arXiv 预印本占 1.49%，学位论文占 0.51%；但在发表的 424 篇文章中占有一定比例：15.33%的文章引用了 arXiv 预印本，10.38%的文章引用了学位论文，这说明 arXiv 预印本和学位论文也是数学科研工作常用的文献类型。利用的学位论文中，71.71%是国外学位论文。

3.2.3 引用的期刊论文出版年

引用的期刊论文出版年跨度很大，有 120 年，从 1890—2013 年。但近 90%（87.42%）的期刊论文是近 30 年（1981—2010 年）出版的，见图 2。

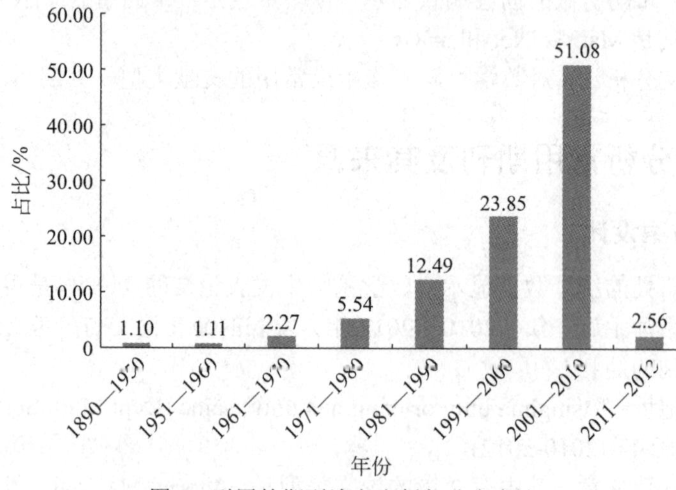

图 2 引用的期刊论文出版年分布占比

引用的期刊论文中，出版年在近 30 年（1981—2010 年）的这部分论文，出版年越新被引用的次数就越多，但不完全成正比（见图 3）。

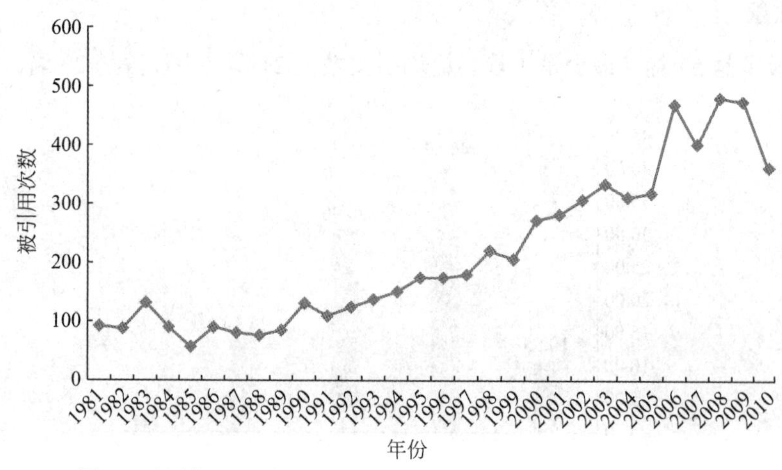

图 3 引用的近 30 年（1981—2010 年）期刊论文的出版年分布

3.2.4 引用的期刊数

共引用了 1008 种期刊。80%的引用集中在 22.92%（231 种）的期刊上，符合二八定律。在如下内容中，我们将这部分期刊称为“常用期刊”。60.22%的期刊（607 种）三年的总引用数是 1～2 次，也就是每年引用次数不足 1 次。

3.2.5 常用期刊的所属学科

231 种常用期刊中，93.51%（216 种）是 SCI 来源期刊。SCI 来源期刊的所属学科利用 JCR（Journal Citation Report）数据库进行查询，非 SCI 来源期刊的所属学科利用乌利希国际期刊指南（Ulrich's Periodicals Directory）进行查询。

结果显示：常用期刊学科分布非常广泛，有 20 多个学科，但以如下三个学科的期刊为主：80.52%的期刊是数学类期刊，其次是物理类（占 16.45%）和计算机科学类（占 14.72%）期刊。期刊种数在 5 种以上的具体学科分布见表 1（注：有些期刊属于多个学科）。

表 1 常用期刊所属学科分布

学科		期刊种数
数学	数学（101 种）	186
	应用数学（77 种）	
	数学—跨学科应用（8 种）	
物理	数学物理（18 种）	38
	综合物理（12 种）	
	粒子与场物理（4 种）	
	原子、分子和化学物理（3 种）	
	流体与等离子体物理（1 种）	
计算机科学	计算机科学—跨学科应用（9 种）	34
	人工智能（7 种）	
	计算机科学—理论与方法（6 种）	
	软件工程（5 种）	
	信息系统（4 种）	
	计算机科学—控制论（2 种）	
	计算机科学—硬件体系结构（1 种）	
地球化学与地球物理		11
运筹学与管理科学		10
工程	工程—综合（4 种）	8
	电机和电子工程（2 种）	
	地质工程（1 种）	
	石油工程（1 种）	
跨学科研究		5
统计与概率		5

3.2.6 常用期刊的影响因子

JCR 数据库将期刊按影响因子由高到低划分为 Q1～Q4 四个区。216 种 SCI 来源期刊和其中的数学、物理、计算机科学类期刊的影响因子分布见图 4。无论是全部常用期刊，还是具体到三个常用学科期刊，Q1 和 Q2 期刊所占比例都超过 70%，这说明常用期刊以高影响因子期刊为主。但具体到每个学科还是有各自特点：使用的物理类期刊中，Q2 期刊所占的比例最高，计算机类期刊中，Q2 和 Q3 期刊比例一样。

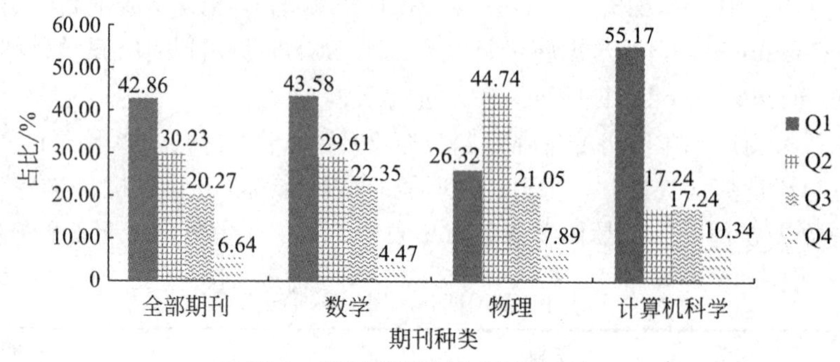

图 4　引用期刊的影响因子分布

3.2.7 常用期刊的来源

231 种常用期刊中，89.61%（207 种）的期刊可访问全文，只有 1 种是纸质期刊，其余（206 种）都是电子期刊。

（1）206 种可访问期刊的电子现刊分布在近 30 个数据库中，期刊种数排名前 5 位的数据库是：Elsevier、SpringerLink、EBSCO、Proquest 和 Project Euclid（欧几里得项目）。

（2）不少期刊的全文会被若干个数据库同时收录，"独有期刊"指的是只被一个数据库收录全文的期刊。独有期刊种数排名前 5 位的数据库是：Elsevier、SpringerLink、Project Euclid、EBSCO、AMS（美国数学学会）。

（3）EBSCO 和 Proquest 数据库的部分期刊有新刊滞后的情况，就是滞后半年或是一年，才能访问全文。"独有最新期刊"指的是独有的无滞后的期刊。独有最新期刊种数排名前 5 位的数据库是：Elsevier、SpringerLink、Project Euclid、Wiley、AMS 和 SIAM（美国工业应用与数学会）（注：AMS 和 SIAM 独有最新期刊数相同），应是数学系师生利用率较高的全文数据库。

表 2 是期刊种数排名前 10 位的数据库。

表 2　期刊数排名前 10 位的数据库

排名	数据库	期刊数	排名	数据库	独有期刊数	排名	数据库	独有最新期刊数
1	Elsevier	49	1	Elsevier	48	1	Elsevier	48
2	SpringerLink	45	2	SpringerLink	23	2	SpringerLink	44
3	EBSCO	43	3	Project Euclid	12	3	Project Euclid	12
4	Proquest	36	4	EBSCO	9	4	Wiley	11
5	Project Euclid	13	5	AMS	8	5	AMS	8

续表

排名	数据库	期刊数	排名	数据库	独有期刊数	排名	数据库	独有最新期刊数
6	Wiley	11	6	Wiley	7	5	SIAM	8
7	Highwire	9	6	IOP	7	7	IOP	7
8	AMS	8	8	Taylor	5	7	Cambridge	7
8	SIAM	8	8	IEEE（美国电气电子工程师学会）	5	9	Taylor	5
10	IOP（英国物理学会）	7	10	APS（美国物理学会）	4	9	IEEE	5
10	Cambridge	7						
10	Oxford	7						

3.2.8 引用次数最多的 10 种期刊

引用次数最多的 10 种期刊，出版国是美国（8 种）和德国（2 种），其中三种是 Elsevier 期刊，两种是 Springer 期刊。

表 3 引用次数最多的 10 种期刊

序号	刊名	出版国	出版者
1	《数学物理通讯》（*Communications in Mathematical Physics*）	德国	Springer
2	《微分方程杂志》（*Journal of Differential Equations*）	美国	Elsevier
3	《地球物理》（*Geophysics*）	美国	SEG
4	《数学物理杂志》（*Journal of Mathematical Physics*）	美国	AIP
5	《美国数学会学报》（*Transactions of the American Mathematical Society*）	美国	AMS
6	《数学分析和应用杂志》（*Journal of Mathematical Analysis and Applications*）	美国	Elsevier
7	《非线性分析：理论、方法和应用》（*Nonlinear Analysis-Theory Methods & Applications*）	美国	Elsevier
8	《纯数学和应用数学通讯》（*Communications on Pure and Applied Mathematics*）	美国	Wiley
9	《理性力学和分析档案》（*Archive for Rational Mechanics and Analysis*）	德国	Springer
10	《物理评论 A 辑》（*Physical Review A*）	美国	APS

4 数学学科服务实践

在数学学科有效信息行为分析的基础上，开展了如下的学科服务。

4.1 完善学科资源建设

美国的一个非营利性、对图书馆界颇有了解的策略咨询和研究机构 ITHAKA S+R 在 2009 年发表的调查报告显示：在图书馆提供的学科服务中，教师非常看重学科资源的采购与保障[7]。我们在与本校数学系教师的交流过程中，也切身感受到了这一点。学科资源建设是学科服务的重要内容。

通过上述的引文分析，发现我校数学学科常用的231种期刊中，有24种没有馆藏。这24种期刊中，3种是EMS（欧洲数学学会）期刊，3种是International Press（国际出版社）期刊，3种是AIMS（美国数学科学学会）期刊。引文分析结论显示：数学科研工作主要利用数学、物理和计算机科学类的Q1和Q2期刊。在综合考虑学科、影响因子的基础上，试用了EMS数据库，通过电子邮件（E-mail）征询数学系师生对International Press期刊和AIMS期刊的购买意见。

因为找准了学科师生潜在的文献需求，得到了师生非常热烈积极的响应，其中的EMS数据库，是笔者在所有负责试用过的数据库中得到反馈最多的一个数据库。将EMS纳入馆采购计划，正好数学系有一笔经费，数学系出资订购了International Press期刊和AIMS期刊。

4.2 设计学科信息素养培训的教学内容

信息素养培训是学科服务的主要内容。学科信息素养能力培养的教学内容设计有两个误区：一是从图书馆员的角度出发，介绍图书馆员认为常用的学科资源，而不是从学科研究人员的角度出发；二是以“全”为目标，介绍所有包含该学科文献的资源，让初涉科研的学生感到信息超载，无所适从。为避免这两个误区，我们以上述的访谈结论和引文分析结果为依据，设计数学学科信息素养培训的教学内容。

从访谈结论和引文分析结果可看出，数学科研过程中常用的文献类型有：期刊论文、预印本和学位论文。培训的教学内容分为如下四部分：

（1）期刊论文查找。期刊论文查找的需求有两类：一是知道文章的书目信息，需要找到全文。我们以两个实例介绍如何利用馆藏目录、电子期刊导航、学术搜索引擎、馆际互借等工具或服务找到文章全文；引文分析结果显示：约10%的引用期刊是30多年前（1980年以前）出版的过刊，这部分期刊很多没有电子版，需要利用印刷型过刊，向习惯利用电子资源的学生强调这部分过刊的查找。二是查找某一研究主题的相关论文，介绍MathSciNet数据库的使用。

（2）期刊论文投稿指引。本校数学系研究生有发表SCI收录论文才能毕业的硬性要求，介绍如何查看SCI来源期刊。虽然数学系教师们表示做科研时不用SCI，但SCI的分析功能可帮助确定重点关注期刊和投稿期刊，这对刚进入研究领域的学生还是很有帮助的，介绍SCI数据库的普通检索和分析功能。

（3）预印本查找。介绍arXiv的使用，预印本没有同行评审，介绍预印本的质量判断。

（4）学位论文查找。介绍国内和国外学位论文的查找。

因为教学内容符合数学学科科研需求，培训得到学生好评，培训后的问卷调查显示：认为培训内容非常有效或是比较有效的读者比例是100%，其中认为培训内容非常有效的比例高达91%。

4.3 学科资源导航建设

Libguides是由美国SpringShare公司开发的开源软件系统，利用Libguides，图书馆员可将图书馆的各种资源和服务组织成一个个“指南”，Libugides是国际上最广泛使用的图书馆学科服务平台[8]。清华大学图书馆也利用该平台建设各学科的资源导航，目前推出了10个学科。

数学学科资源导航[9]的建设目标是：为本校数学学科科研活动提供资源和服务指引。以数学学科有效信息行为分析结论为依据，我们将导航内容划分为四个页面：数据库（期刊论文和预印本）、图书、学位论文、投稿指引，指引数学科研过程中最常用到的资源，如预印本文库 arXiv、文摘和评论型数据库 MatheSciNet 和全文数据库 Elsevier 等。

在 10 个学科资源导航中，数学学科资源导航发布的时间最晚，但目前的访问量排在第二位。

参考文献

[1] Brown C M. Information Seeking Behavior of Scientists in the Electronic Information Age: Astronomers, Chemists, Mathematicians, and Physicists. Journal of the American Society for Information Science[J]. 1999, 50 (10): 929-943.

[2] 耿小兵. 数学专业博士学位论文引文规律初探[J]. 现代情报, 2003(8): 170-172.

[3] 马凌云, 王宗亮. 高校教师文献需求及图书馆馆藏保障情况实证分析——以上海师范大学数学学科为例[J]. 图书馆杂志, 2012(1): 42-47.

[4] Eugene B. Four Decades of Materials are Used by Researchers in Mathematics: Evaluating Citations' Age and Publication Types in Mathematical Research[J]. Science & Technology Libraries, 2012, 31(3): 315-319.

[5] Zuckerman, H. 科学界的精英：美国的诺贝尔奖金获得者[M]. 周叶谦, 冯世则, 译. 北京：商务印书馆, 1979.

[6] 孙玲, 尚智丛. 科学共同体社会分层研究综述[J]. 科学学与科学技术管理, 2011(8): 156-161.

[7] 杨美华. 大学图书馆在新学术传播体系的角色[J]. 大学图书馆, 2012, 16(2): 1-19.

[8] 袁晔, 郭晶, 余晓蔚. Libguides 学科服务平台的应用实践和优化策略[J]. 图书情报工作, 2013(2): 19-23.

[9] 清华大学图书馆数学学科资源导航[EB/OL]. [2013-12-01]. http://tsinghua.cn.libguides.com/math.

原载《大学图书馆学报》2014 年第 32(3)期

对高校图书馆人文社科学科服务的思考和实践
——以清华大学图书馆哲学学科服务为例

任　平

摘　要：[目的/意义]人文社科和理工科的学科服务工作有各自的特色，高校图书馆如何做好人文社科学科服务值得探讨。[方法/过程]通过文献调研了解国内人文社科学科服务研究和实践，总结人文社科学科特点，重点介绍清华大学图书馆哲学学科服务实践。[结果/结论]长期存在的重理轻文的潜意识对人文社科学科服务依然有负面影响。人文社科学科服务实证研究偏少。清华大学图书馆人文社科学科服务践行全覆盖、个性化、重细节、有情怀的学科服务理念，从基础工作开始，扎实推进，支撑学科发展，扩大学科影响，促进人文思想的普及和传播。

关键词：清华大学；人文社科；哲学；学科服务；学科馆员

1　引言

哲学社会科学和人文社会科学（以下简称“人文社科”）是国家“软实力”的核心元素，进入21世纪以来，国家益发重视其发展，采取了很多具体举措以繁荣该学科。2011年11月，教育部、财政部联合发布《高等学校哲学社会科学繁荣计划（2011—2020年）》[1]。2016年5月17日，习近平总书记主持召开哲学社会科学工作座谈会并指出，一个没有发达的自然科学的国家不可能走在世界前列，一个没有繁荣的哲学社会科学的国家也不可能走在世界前列。坚持和发展中国特色社会主义，哲学社会科学具有不可替代的重要地位，哲学社会科学工作者具有不可替代的重要作用[2]。

学科服务的根本任务是针对学科建设和发展、教学研究的需求提供全方位的支持服务，与学科同呼吸共命运。目前，学科服务已在国内外高校图书馆普遍开展起来，成为提升图书馆软实力的一项重要服务。但中国近代教育一直存在重理轻文的现象，偏爱科学技术的集体潜意识直接或间接影响了图书馆的学科服务体系建设，目前的学科服务研究和实践主要是围绕理工科展开，人文社科学科服务还普遍较为薄弱。随着我国人文社科的发展，人文社科学科服务如何配套跟进、全面提升，成为一个新课题，亟待深入思考和实践探索。本文拟在梳理我国人文社科发展态势和调研人文社科学科服务研究实践基础上，以清华大学图书馆哲学学科服务为例，通过实证研究的方法，对高校图书馆人文社科学科服务进行思考和探讨，希望对我国高校图书馆人文社科学科服务能有所借鉴和参考。

2 我国人文社科学科服务研究与实践调查

笔者通过文献调研的方式，对国内人文社科学科服务研究与实践情况进行了调查。在中国知网“中国学术文献网络出版总库”（新平台）“专业检索”界面输入检索式“TI=（文科+人文+文理科+哲学+中文+历史+CASHL+社会科学院+特色数据库+个案研究）*（学科服务+学科馆员+信息素养+嵌入式+个性化+读者需求+服务需求+文献需求+信息搜集+需求调查+使用行为+文献求助+交流行为）”（TI=题名），并限定在“图书情报与数字图书馆”子集中检索，得到论文 89 篇（检索时间为 2018 年 12 月 1 日），其中与人文社科学科服务较为相关的论文约 29 篇（1999 年、2005 年和 2006 年各 1 篇，2009 年 5 篇，2012 年 3 篇，2013 年 4 篇，2014 年 2 篇，2015 年 2 篇，2016 年 1 篇，2017 年 5 篇，2018 年 4 篇）。这些研究成果主要集中在以下 3 个方面。

2.1 学科服务实践研究

吴玉荣等分析了哈尔滨工业大学图书馆建立文科学科馆员制度的必要性，就学科馆员制度提出建议[3]。柴巧霞等通过问卷调查了安徽合肥地区 540 名文科本专科学生，对安徽省文科学生信息素养培养提出建议[4-5]。柳胜国对网络信息过滤方法进行了介绍，并就其在高校文科读者的个性化服务中的应用进行了讨论[6]。曲艳华概述了哲学学科馆员应该具有的专业知识结构[7]。彭玲玲等介绍了华中科技大学文科专业特点及图书馆语言组学科馆员的服务实践和工作体会[8]。马磊等对景德镇陶瓷学院 100 名文科学生进行问卷调查，就提高文科学生信息素养水平提出了改进措施[9]。周建昌介绍了厦门大学图书馆通过建立“人文社科实验室”开展学术交流的情况[10]。攸扬以云南省社会科学院图书馆为例，讨论了青年学科馆员的能力建设[11]，揭示了学科馆员特色服务品牌内容及实现手段[12]。苏秋侠介绍了扬州大学图书馆开展的面向人文社科类学科专业的服务实践[13]。王旭在参考兄弟院校图书馆开展学科服务的方式方法基础上，根据北京大学图书馆学科服务体验和遇到的案例，分析出理工科和人文社科学科服务的异同点[14]。张蒂等在焦点小组调研基础上，依托 CASHL 本身的特点提出深化学科服务的相关策略[15]。蒋颖等[16]、刘颖[17]、王秀玲[18]、孙辉[19]、高颖[20-21]等分别对中国社会科学院人文社科专业用户需求进行了调查，分析了人文社会科学研究人员信息搜集的行为规则，介绍了中国当代史学、哲学学科服务实践案例。

2.2 用户需求研究

格日勒等对高校人文学科各类型读者需求做了初步分析[22]。汤罡辉等以访谈的方式了解了中山大学校内一名研究客家语言的日籍博士生对所需学科服务的意见[23]。莫建华以浙江工业大学 5 个人文社科类省级重点学科论文的 1749 篇参考文献为研究对象，分析了科研人员的文献需求[24]。林芳以广西师范大学为例，通过问卷调查比较了文理科教师电子资源与学科服务需求的异同[25]。王珏等对国内外人文学科用户需求和信息行为特点相关研究进行了文献综述，以江苏大学赛珍珠文献资源中心的用户为例，选择扎根理论对人文学科用户服务需求进行了实证研究[26]。

2.3 用户信息行为研究

王平以来自全国不同科研机构或高等院校的420位人文社科科研人员为研究对象，通过问卷调查其对网络交流行为、网络资源类型的信任程度以及开放存取的认知[27]。张萍等采用文献调研、问卷调查和访谈方法对中国人民大学人文学科用户的信息搜寻行为进行了调研[28]。冯向梅对来自中国人民大学、北京大学、北京师范大学、中国社会科学院的专家、教师、学者进行了线上和线下的行为调研[29]。肖鹏以学界较为知名的学术虚拟社区为研究对象，对人文研究者在线文献求助与交流行为进行了研究[30]。

从以上文献可得到人文社科学科的特点主要有：①人文学者在家办公者较多，彼此合作较少；②文献内容具有复杂性和模糊性；③对文献依赖性大；④文科资源尤其是外文文献保障率较低；⑤较为重视原始资源与人脉资源；⑥使用中文文献偏多；⑦发表中文论文较多；⑧信息需求呈现复杂、多元的特点；⑨除了常用的综合型的数据库，对各种特色数据库有迫切需求；⑩对纸质文献有明显倾向性，对电子资源也有很大需求；⑪对多语种文献有明显需求；⑫数据库的使用技能有待提升；⑬对文本工具使用较少；⑭对学科服务还不太了解；⑮学科馆员人手不足、专业素质有待提高等。已开展的学科服务主要有：①常规服务：包括院系联系、参考咨询、信息推送、举办讲座、资源建设、文献传递等；②拓展服务：包括需求调查分析、科研信息行为分析、学科热点和趋势分析、特色数据库建设、定题服务、举办人文学科学术讲座等。人文社科学科服务存在的问题主要有：学科服务力量还较弱，服务基础还不扎实，服务实践还显单薄，学科资源保障情况还不明晰，可持续发展问题还未能解决，服务策略还未得到落实，服务研究多为观点性研究、采用实证研究方法的较少，研究较为零散、还未见针对某个学科的完整的学科服务实践报道。

根据人文社科的学科特点，清华大学图书馆在实践中积极探索人文社科学科服务模式，采取了一系列有针对性的措施，基本建立起了一套可持续的、可移植的人文社科学科服务基本工作思路和方法，收到良好的实际效果。

3 清华大学图书馆哲学学科服务实践

清华大学图书馆自1998年在国内率先引入学科馆员制度，已形成了适合本校用户需求的工作思路[31]，在理工科已有丰富的实践。以1978年马列主义教研组成立为新起点，清华文科院系及相关机构陆续恢复或建立，并获得快速发展；2017年国家社科基金重大项目立项公示名单，清华大学以13项的立项数位列第二，超过了大部分传统文科类名校[32]。随着清华文科的复建和发展，人文社科学科服务逐步开展起来，目前基本覆盖了我校所有的人文社科院系。哲学被称为“学科之母”，在人文社科中具有基础性地位。下文以清华大学哲学学科为例，分享近几年的部分学科服务实践案例。

清华大学哲学系始建于1926年，是中国大学最早建立的哲学系之一。1952年院校调整时哲学系被并入他校，2000年5月复建，设立了马克思主义哲学、中国哲学、外国哲学、伦理学、逻辑学、宗教学、美学等专业。在2017年12月28日发布的《全国第四轮学科评估结果》中，清华大学哲学学科评估结果为 B+[33]。哲学学科是目前清华大学重点发展学科之一，2018 年 1 月，清华首聘了 18 位文科资深教授，其中两位教授来自哲学学科[34]。

清华大学图书馆哲学学科服务目前还处于打基础阶段，服务项目主要为院系联络、参考咨询、资源建设、用户培训等常规服务，在服务中践行全覆盖、个性化、重细节、有情怀的学科服务理念。

3.1 重视院系联络：建立直通渠道，一个都不能少

要服务，先“修路”。院系联络是学科服务工作的关键环节。没有联系，一切为零；只有联系，才能“唱戏”。建立直通渠道成为学科服务的第一要务，目标是融入用户，用户在哪里，学科服务就到达哪里。秉持“一个都不能少”的原则，学科馆员在每年的毕业季逐个核查学生的在校状态，将延期毕业的研究生继续纳入学科服务的范围，越是延期的同学遇到的困难可能越大，学科馆员对其给予了格外关注。另外，应部分校友和交叉学科用户的要求，将他们也纳入学科服务范畴。直通渠道解决了文科用户地点分散的问题，让学科服务直达每一位教师、博士后和研究生，使得每一位师生的需求和意见能够被快速反馈给学科馆员，大大提高了学科服务工作的效率。直通渠道有以下 5 种：

（1）聘请教师顾问。学科馆员从教师顾问那里获得院系发展规划、专业指导和帮助。

（2）和系办公室建立联系。保持常态联系，获得帮助和支持。例如，系办为学科馆员提供教师、博士后和研究生联系方式，帮忙收集师生圈选的纸版图书书目等。

（3）建立微信联系。微信沟通的便利和图文并茂，使其成为重要的学科服务交流沟通方式，让随时随地解答用户咨询变为常态。

（4）建立联系邮件组。邮件组覆盖所有教师、博士后、博士生和硕士生，博士后、博士生和硕士生按年级建组。相对于微信方式，邮件组的好处是推送的信息便于存档和查询，接收用户咨询问题后便于深度处理。

（5）面对面联系。通过预约拜访、参加院系学术讲座或学术论坛等方式与师生当面进行交流。

3.2 做好源头服务：培养用户使用学科服务的习惯

不少人文社科用户对学科服务还不太了解和信任。例如，2015 年，张萍等调查表明，在搜寻电子资源过程中如果碰到问题，学生更愿意在同学之间寻求帮助[28]。学科馆员把培养用户使用学科服务的习惯列为日常工作的重点内容。用户使用服务的习惯能否养成跟学科产品的好坏、服务流程是否友好和学科服务切入点是否恰当密切相关，用户如果一入校就对学科服务有良好的体验，养成使用习惯的可能性就大大增加。由此，学科馆员选取“新入校”作为学科服务的关键时间切入点，将新入校用户视为学科服务的源头，做好新人服务。对每一位新来的教师和研究生，学科馆员会发一封问候邮件，内容包括学科馆员联系方式、学科服务内容、相关资源服务信息，通过温馨的话语、充实的内容以及后续持续的专业服务让新用户了解服务，增强体验，逐步养成使用学科服务的习惯。例如，2017 年秋季，学科馆员从教师顾问处了解到哲学系即将从国外新引进一位年轻学者，当这位学者尚在国外时，学科馆员即与其建立了联系，10 月 7 日即收到其荐购的图书清单，10 月 27 日

即与其进行了当面交流，后续在资源建设等方面经常征求其意见，积极开展合作，及时解答问题，热心提供帮助。2018 年 11 月，这位学者由于热心支持图书馆工作而被评为图书馆“读者之星”，学科馆员也被这位学者风趣地称为他们的“保护神”。这位学者使用学科服务的习惯基本养成，同时也会起到示范作用，带动更多的用户了解和使用学科服务。

3.3 加强资源建设：清点馆藏，优化结构，提高保障率

人文社科被称为“文献倚赖型学科”，文献是研究的基础。我国高校人文社科外文文献的收藏与国外世界一流大学相比普遍存在差距，品种短缺，结构失衡[35]。众所周知，1952 年院系调整时，清华文科被并入其他学校，图书馆的相关资料也被调拨出去。清华复建文科后，文科资源存在很大缺口。多年来清华图书馆一直在加大人文社科类文献资源建设方面的投入，例如，近 5 年（2014—2019 年）试用文科类数据库 210 余种，订购 40 余种，其中包含了不少哲学文献资源。但由于种种原因，我校哲学文献资源的保障率仍有待提高，结构有待进一步优化。资源建设被列为学科服务工作的重中之重，学科馆员积极参与和推动哲学文献资源的建设，主要从以下几个方面着手。

3.3.1 分析馆藏质量，补购经典文献

俗话说：“巧妇难为无米之炊。”学科馆员对学科资源情况要做到心中有数，才能够清楚可以烹调出什么样的“美味佳肴”。目前，图书馆对馆藏图书质量普遍未做清查和评估，主要从用户荐购或开展资源订购调查来获得一些碎片化的信息。2017 年年初，学科馆员开始与清华哲学系合作开展西方哲学文献的整理和馆藏查补工作，目标是希望未来 5 年完成整个西方哲学基本文献的馆藏建设。由哲学系提供参考文献书目，学科馆员承担整理与核查工作，核查出的没有馆藏的图书提交资源建设部进行查补。2017 年完成 1347 种西方古典哲学图书和 50 余种期刊的整理和核查，涉及柏拉图哲学、希腊罗马哲学、亚里士多德哲学、早期希腊哲学等；整理出的 1347 种图书中，仅有 572 种有馆藏（约占 42.5%）。清华图书馆已补购了部分经典文献。例如，2017 年订购了《洛布古典丛书》（*Loeb Classical Library*）、《经典阐释》（*Klassiker Auslegen*）、《历史基本概念：德国政治社会语言历史辞典》（*Geschichtliche Grundbegriffe:Historisches Lexikon zur Politischsozialen Sprache in Deutschland*）等丛书。《洛布古典丛书》共计 530 余卷，采用独特的古典原著语言（古希腊语或拉丁语）与英语译文相对照的体例，几乎涵盖了全部古希腊文和拉丁文典籍；《经典阐释》由享有世界声誉的德国哲学家奥特弗利德 • 赫费（O.Höffe）主编，是为德国学界广泛使用的、最被认可的对哲学经典进行阐释的研究论文集。《历史基本概念：德国政治社会语言历史辞典》共计 8 卷，是国际有名的、关于历史概念之历史的跨学科代表作之一。2018 年补购了 Meiner 出版社的《哲学文库丛书》（*Philosophische Bibliothek*）和《克尔凯郭尔研究专辑》（*Kierkegaard Studies Monograph Series*）。《哲学文库丛书》共计 470 余册，收录了哲学领域从古代至现代的经典性著作，或是以作品的原本语言出版，或是翻译成德文或双语出版。《克尔凯郭尔研究专辑》共计 37 卷，15 卷已有馆藏，对缺失的 12 卷进行补购；索伦 • 克尔凯郭尔（Soren Aabye Kierkegaard，1813—1855 年）是丹麦宗教哲学心理学家、诗人，现代存在主义哲学的创始人和后现代主义的先驱。西方哲学文献整理查补工作是清华图书馆建设一流的西方哲

学馆藏的一项基础性工作，同时也为掌握西方哲学书刊馆藏质量情况、为开展参考咨询提供了可靠的依据。学科馆员通过学科文献的整理核查，对哲学学科和学科资源有了具体深入的了解，同时增长了德语等小语种语言知识，有助于深化学科服务[36]。2018 年 1 月 10 日，清华大学人文学院院长万俊人教授了解该工作后在其微信朋友圈专门发了一条微信并指示："反对空谈！做扎扎实实的学术基础功课！我为清华哲学同事点赞！马哲做了，西哲做了，希望中哲、逻辑、伦理、宗教、美学、科哲都来做这项基础工作，而且做好。文学、史学、科技史群科共举，步步为营，当是真正之学术善功矣！为新清华更人文而努力！"

3.3.2 开展资源订购调查，提高决策的科学性

在清华图书馆资源订购中，用户意见是重要的参考依据。为此，学科馆员常常利用邮件组广泛开展资源订购意见调查，得到积极反馈。例如，2017 年 11 月 3 日，学科馆员就某种外国哲学数据库征询订购意见，当天就收到 10 余位师生的回复，其中教授占 33.3%，副教授、讲师、博士生各占 8.3%，硕士生占 41.8%。院系和图书馆的这种密切配合是提高资源订购质量的重要保证，以邮件方式开展调查也提高了工作效率。

3.3.3 做好纸版图书和电子图书的统筹兼顾

哲学学科的教学和研究主要是对文本的解读和分析，纸版图书对哲学研究人员来说是刚需；数据库由于检索方便快捷成为另外一种刚需。所以，对哲学学科来说，纸版资源和数字资源要做到统筹兼顾两不误，齐头并举两促进。一般来说，大套丛书优先订购纸版；如果经费允许，可同时订购纸版和电子版，以满足文科用户对纸版图书和电子资源的多元需求。

3.3.4 协调小语种馆藏结构

此处"小语种"指除英语之外的所有其他外国语。哲学学科重视原典文献的阅读，通过对原典文本的深度解读和分析，才能更准确地把握哲学家们思想的本来用意和主张。刘承华认为，原典阅读是培养原创力的重要途径，因为人类文明的发展是在无数原典的阐释和接续中进行的，只有原典才真实而深刻地体现了创造的过程，蕴含着巨大的创造张力，原典中的创造紧贴着生命感性，伴随直接的生命冲动，因而其影响也强烈而深刻[37]。很多原典文献的文本语言属于小语种，清华图书馆逐年增加小语种文献资源的订购，以满足文科用户对德语、法语、拉丁语、希腊语等小语种文献的特别需求。例如，2017 年以来订购了"古代文明百科全书在线"（New Pauly Online，德英对照）、"神学百科全书在线"（Theologische Realenzyklopädie Online，德语）、"近代史百科全书在线"（Enzyklopädie der Neuzeit Online，德语）等小语种工具书数据库；2018 年订购了"雅可比古典研究在线"（Jacoby Online，古希腊语、英语）、"伊斯兰百科全书在线"（Encyclopaedia of Islam Online，英语、法语、阿拉伯语、土耳其语和波斯语）、"古希腊文法学家辞典"（Lexicon Greek Grammarians of Antiquity，古希腊语、拉丁语）等工具书数据库，以及《古代哲学评论》（*Revue de la Philosophieancienne*，比利时出版，文本语言为法语）、《瑞士博物馆》（*Museum Helveticum*，瑞士出版，文本语言为意大利语、法语、德语、英语）、《希腊研究评论》（*Revue des Etudes Grecques*，法国出版，文本语言为法语）等小语种期刊。先后试用了"Cairn 法语数据库"（包括图书、期刊、工具书）、"日本百科事典辞典数据库"（Japan Knowledge）和"阿拉伯语

和语言学百科全书在线”（Hebrew, Judeo-Arabic, and Marathi Jewish Printing in India Online）等小语种数据库。关于小语种资源的订购，尚存在不同的意见。有一种观点认为小语种资源用户少，有的图书甚至没有现成的书目数据可以套录，应遵循尽量少买的原则，优先订购英语类资源。实际上，人文社会科学研究不但门类繁多，而且具有高度的专业性，虽然有些专业比较狭窄，甚至冷僻，但是在人文社会科学研究领域中是不可或缺的，甚至被列为新兴的重点发展方向。用户多少、书目数据有无不应成为决定因素，应根据学科发展的新动向，酌情加大建设力度，满足学科新发展的需要，甚至让小语种资源成为特色馆藏之一。

3.3.5 挖掘收集馆外资源，弥补馆藏不足

图书馆的资源再丰富也无法满足所有研究的需要。学科馆员主动收集整理馆外资源，并在 LibGuides 学科导航平台予以揭示[38]。

（1）积极推介 CASHL 哲学文献资源。为保障人文社科文献信息资源的整体和可持续增长，教育部于 1982 年和 2004 年 3 月先后启动了“高校文科图书引进项目”（以下简称“文专项目”）和“中国高校人文社会科学文献中心”（以下简称“CASHL”）项目，为高校人文社会科学教学和研究建设外文文献保障体系和共享服务平台[39]。CASHL 订购了不少经典的哲学类丛书，例如，《沃尔夫文集》（*Christian Wolff Gesammelte Werke*）、《自 A 至 Ω 第一系列：希腊拉丁古典文献学辞书、索引及引得》（*Alpha-Omega*, *Reihe A*, *Lexika*, *Indizes*, *Konkordanzenzur Klassischen Philologie*）等。

（2）引导用户利用其他馆资源。例如，《巴利语大藏经》（*Canon Original Texts in Pāli*）和《孟子学说及其在宋代之振兴》分别在北京大学图书馆和华南师范大学图书馆有收藏，引导用户利用“他山之石”。

（3）收集整理有价值的免费哲学资源。《中国哲学书电子化计划》[40]、PhilSci Archive[41]等哲学数据库，运行稳定，内容丰富，是非常好的免费哲学资源，也可弥补馆藏的不足。

3.4 做好参考咨询，开展信息推送

参考咨询是学科服务的日常工作，学科馆员除通过邮件、电话、微信方式解答咨询以外，还开展集体答疑[42]、微沙龙[43-44]、一对一答疑等多种形式的活动，增强用户对学科服务的体验，增进用户与用户之间的交流，做有温度的咨询。哲学学科咨询的问题主要有：原始文献查找（包括古籍、小语种图书、港台图书等）、数据库检索技巧、校外访问、文献管理软件使用、资源荐购、馆际互借服务利用等。学科馆员重视并做好每一个咨询，集腋成裘，将之视为建立学科服务品牌和口碑、培养使用学科服务习惯的良好机会。

学科馆员不定期地推送学科资讯，内容除哲学类资源以外，还同时推送历史、文学、社科、艺术、医学等其他学科资源，拓展用户的知识面和学科视野。推送途径有邮件、微信朋友圈和学科导航三种，用邮件推送时，将内容标题用红、蓝、黑三种颜色字体标明相关程度。推送方式分为集体群发和个性化推送；个性化推送主要针对个人或课题组，不但信息精准，还往往在后续产生高附加值的“衍生品”，让图书馆和用户之间产生良性互动。例如，学科馆员发现“牛津格罗夫艺术数据库”（Grove Art Online）中包括《牛津美学百科全书》（*The Encyclopedia of Aesthetics*），就将该信息摘取出来特别推送给从事美学研究的教授，引起教授对该数据库的关注，并进而引发纸版《牛津美学百科全书》的订购问题、工

具书入藏方式的讨论以及数据库访问等问题，引发的这些问题逐一解决后，图书馆的服务得到进一步改进和优化。个性化推送需要学科馆员具有主动的服务意识、敏锐的洞察力、灵活的处事方法和丰富的经验，能让用户感受到馆员的用心和重视，从而对图书馆服务产生信任感和好感。

3.5 积极开展嵌入式教学：能力、技巧、意识三位一体

根据调查，人文社科用户的信息素养水平参差不齐，学科馆员通过讲座、答疑等多种形式来提高用户信息素养水平，嵌入式教学也是其中的一种重要方式。嵌入式教学是以学习者需求为中心，学科馆员作为参与者主动通过嵌入学习者的学习共享空间，收集和分析学习者的需求信息，并将这些需求与图书馆的资源和服务结合起来，满足学习者的个性化需求。嵌入式服务自 2006 年首先被国内图书馆采纳以来，国内图书馆进行了不少的实践和研究[45-46]。学科馆员先后在人文学院暑期外语培训、写作与沟通、医学科研伦理与实践、哲学系博士生写作等数门哲学相关课程以及人文学院博士生论坛中开展嵌入式教学，让学生通过教学培训提高检索能力，掌握检索技巧，增强信息意识。嵌入式教学需要注意哪些方面呢？笔者分享以下几点想法和体会。

3.5.1 重视对本科生的信息素养教育

图书馆的学科服务很多是针对研究生以上用户开展，本科生常常被忽视，而笔者受邀开展嵌入式教学的课程中有三门都是本科生课程，其中，暑期外语培训和写作与沟通是大一本科生课程，医学科研伦理与实践是大三本科生课程。本科生对文献检索尤其是英文文献检索还不太熟悉，在数据库选择、关键词确定、检索式构造、检索结果利用、检索报告撰写等方面还缺乏经验，需要学科馆员引导其运用人文学科数据库来找到有价值的文献进行研究。

3.5.2 重视案例教学和技巧运用

在嵌入式教学中，学科馆员除了传授文献检索利用能力，还要着手激发学生的学习兴趣，案例和一些小技巧的设计运用就很管用。例如，在暑期外语培训课程中，学科馆员和课程主讲老师沟通选取了“16 世纪葡萄牙和中国之间的艺术和文化交流”案例进行演示。在检索关键词确定过程中，采用提问法让学生提出各种可能的形式，但检索 16 世纪文献时检索词应该同时加上“明朝”，这一点让很多同学没有想到，拓展了同学们的思路，激起了同学们的兴趣。在医学科研伦理与实践课程中，学科馆员和课程主讲老师沟通选取了“大数据及其在医疗及医学科研中产生的伦理问题”案例进行示范性演示，并设计了检索比赛环节，即学科馆员和其中一组同学就检索结果进行比拼，检索比赛让同学们对学科馆员既充满期待，也激发了同学们对课堂教学的兴趣。学科馆员也通过多元的资料和详细的解读，让同学们切身体会到掌握检索技巧和提高信息素养的重要性。写作与沟通课程是清华大学于 2018 年秋季学期开始新设立的面对大一新生的课程，旨在提高本科生的写作、思辨和交流能力，如何有效获取文献、利用文献是其中的一项重要教学内容。学科馆员以“套餐”形式嵌入课程开展培训，“套餐”包括参与课程设计、提供数据库课件、点评课堂展示等。“套餐”量身定制，“营养”全面，能很好地满足课程多层次、多方面的需求。

3.5.3 重视博士生论坛交流平台

博士生论坛是学校为博士生提供的一个学术交流平台，人文学院博士生论坛每年春季学期举办一次，每次约两天半的时间。从2017年起学科馆员受人文学院研究生会邀请全程参加该论坛活动。在论坛期间，学科馆员通过开展专题讲座、个性化答疑推介图书馆资源和服务，通过参加几十场学术报告会提升专业素养，通过和几十位师生交流深入了解院系情况和需求，通过和同学们同吃同住、休闲娱乐拉近距离。博士生论坛能够拓展学科馆员的服务空间，进一步夯实学科服务的基础。

3.6 推动哲学社会科学普及教育

提高全民族科学文化素质，完善和发展中国特色社会主义制度、推进国家治理体系和治理能力现代化，需要哲学社会科学知识和自然科学知识的共同普及与传播来实现，但对于哲学社会科学普及工作，长期以来人们并没有给予应有的重视和关注。2016年4月18日，科技部、中央宣传部联合发布了关于印发《中国公民科学素质基准》（以下简称《基准》）的通知。依据《基准》，哲学社会科学界可在全社会大力弘扬科学精神、普及科学知识，积极开展哲学社会科学普及工作[47]。

3.6.1 合作举办系列哲学讲座，促进哲学思想的推广普及

2017年以前，清华哲学系的讲座一般都在学院内部进行，影响范围小，校园内公共哲学讲座也不太多。例如，清华论坛自2005年10月举办第一讲，到2017年12月11日共举办76讲，主题基本都是关于科学、管理、经济等方面的，未涉及哲学[48]。2016年11月底，学科馆员在拜访哲学系教师顾问的时候，就合作举办哲学讲座进行了沟通，并达成一致意见。自2017年11月开始，在学校及图书馆各方的支持下，清华大学人文社科图书馆（以下简称“文科馆”）与哲学系开始合作举办系列哲学讲座，至今已累计举办10余场，包括冯友兰哲学纪念讲座、贺麟哲学纪念讲座、王玖兴哲学纪念讲座、叶秀山哲学纪念讲座等，几乎场场爆满[49]。2017年12月3日，教师顾问宋老师在其微信朋友圈感叹道：“天堂，应该是图书馆的模样。大学，应该是20世纪80年代阶梯教室灯火通明人头涌动开讲座的模样。过去的一周让我有时光倒流30年的感觉……”讲座主持人范老师给学科馆员发来微信说：“我想，无论对于图书馆还是对于哲学系来说，这次活动都很成功。……哲学讲座在新斋之内时，常乏人问津，走入图书馆、面向校园时却如此火爆。感谢您付出的努力！”哲学讲座在图书馆这个平台来开展，能让更多用户感受到哲学和哲学家的魅力，激发更多用户对哲学的兴趣，扩大哲学的影响，促进哲学的普及，增强图书馆的学术气氛和校园的思辨氛围。在合办讲座过程中，学科馆员需要和院系进行沟通，与院系的联络更加密切；学科馆员还负责讲座宣传、协调和现场组织等工作，也减轻了院系的工作量；院系师生对图书馆学科服务的认知度和认可度也由此进一步提高，对学科服务的内涵有了新的认识。

3.6.2 策划哲学主题书架，营造哲学氛围

专题书架是把不同类别下相同主题的图书集中起来进行展示，供用户集中查阅，节省用户找书时间，营造氛围。文科馆每年推出四期专题，部分专题与哲学相关，例如，2016年

11 月图书馆宣传月期间推出“探究生命伦理”专题，2017 年 3 月邓小平逝世 20 周年之际推出“走近小平”专题，2018 年 4 月国学大师饶宗颐先生离世 2 个月后的清明节推出“万古不磨意，中流自在心——饶宗颐”专题，2018 年 11 月推出“中国道路，中国发展——改革开放四十年”专题等[50]。专题书架设置在文科馆一层总服务台西侧，每期书架展示 3 个多月，对来来往往的用户能起到潜移默化的熏陶作用。在专题书架策划和导语撰写过程中，学科馆员关注学界热点，了解哲学藏书，阅读哲学文献，增进了对哲学学科动态和资源的了解，也提高了自身的专业素养。

3.7 积极协助院系工作

学科馆员也积极协助院系开展工作。例如，2016 年起清华哲学系与德国图宾根大学开始建立合作关系。2018 年 10 月，图宾根大学哲学系一号讲席教授赫费先生来清华讲学，并做客“清华海外名师讲堂”，本次“清华海外名师讲堂”由清华国际合作与交流处主办，清华哲学系和文科馆协办，学科馆员参与组织工作，积极协助。2018 年 11 月，图宾根大学校长一行访问清华大学，并在哲学系老师陪同下参观了图书馆，学科馆员协助做好参观接待工作[51]。

4 问题与展望

总的来说，清华大学图书馆哲学学科服务根据学科特点，从基础工作开始，对用户用心，为学科尽力，通过扎扎实实的工作逐步推进和提升。全覆盖的个性化服务集精细化服务和综合效应于一体，推动学科和学院的发展，提高学科和学院的影响力，学科服务的价值得到用户的认可。同时，清华大学图书馆在历史、中文等人文学科也推行类似的学科服务工作思路和方法，同样收到较好的效果。例如，学科馆员对历史系研究生新生开展的培训讲座已成为历史系研究生新生学科专业教育公共活动之一。但也存在一些问题：

其一，学科馆员人手不足始终是制约学科服务全面深入开展的重要影响因素。全覆盖的个性化服务需要学科馆员投入很多的精力和时间做准备。例如，随着人文社科资源建设力度的加大，图书馆新试用或订购了不少人文社科类资源，其中不乏大型数据库和大型丛书，学科馆员需要花费很多时间和精力来“消化”这些新资源。人文社科文献资源存在重复出版或收录的情况，版本也有所不同，学科馆员需要花费很多时间进行资源核查和评估。无论是管理层还是学科馆员，都有必要充分认识人文社科的作用和发展态势，站在更高的高度理解人文社科学科服务工作的作用和意义，更加重视人文社科学科服务工作，在人力资源上给予更大支持，使得学科服务工作能够开展得更加全面和深入。

其二，全覆盖的个性化服务需要学科馆员具有较高的综合素质和能力，对学科馆员来说是考验和挑战。图书馆有必要更加重视人文社科学科馆员整体素质和能力建设，以适应人文社科学科服务工作发展的需要。

总之，随着我国人文社科的快速发展和“双一流”方案的实施，加快探索和实践人文社科学科服务势在必行，任重道远。人文社科学科服务的责任越来越大，任务越来越重，要求也越来越高。学科馆员一方面要抓取契机，正视问题和不足，坚持学习，不断提高综合素质和能力；另一方面要勇于实践，敢于尝试，创新思路，加强合作，不断探索。

参考文献

[1] 李文君. 推进高校哲学社会科学创新体系建设——教育部社科司副司长张东刚解读《高等学校哲学社会科学繁荣计划》[J]. 教育与职业, 2012(13): 48-49.

[2] 习近平主持召开哲学社会科学工作座谈会[EB/OL]. [2018-11-26]. http://www.xinhuanet.com//politics/2016-05/17/c_1118882832.htm.

[3] 吴玉荣, 丁思思. 关于哈尔滨工业大学图书馆建立文科学科馆员制度的几点思考[J]. 黑龙江科技信息, 2009(32): 158.

[4] 柴巧霞, 朱文婧. 安徽省高校文科学生信息素养调查[J]. 新闻世界, 2009(12): 97-98.

[5] 柴巧霞, 朱文婧. 安徽省高校文科学生信息素养的现状与培养策略研究[J]. 新闻世界, 2009(12): 105-106.

[6] 柳胜国. 网络信息过滤方法与高校文科读者的信息个性化服务[J]. 宝鸡文理学院学报(社会科学版), 2009, 29(3): 118-121.

[7] 曲艳华. 论哲学学科馆员的专业知识结构[J]. 重庆科技学院学报(社会科学版), 2012(8): 155-157.

[8] 彭玲玲, 张绚丽. 文科专业学科服务工作探讨[J] .图书情报工作, 2013, 57(S1): 210-212.

[9] 马磊, 黄山涯. 关于培养文科类学生信息素养教育的思考[J]. 安徽文学(下半月), 2014(2): 147, 151.

[10] 周建昌. 高校图书馆引入式学科服务模式的实践与研究——以厦门大学图书馆"人文社科实验室"为例[C]. 福建省科学技术协会、福建省图书馆学会. 福建省图书馆学会 2014 年学术年会暨著名图书馆学家——金云铭先生诞辰 110 周年学术研讨会论文集, 2014.

[11] 攸扬. 浅论青年学科馆员能力建设——以云南省社会科学院图书馆为例[J]. 农业图书情报学刊, 2015, 27(1): 197-201.

[12] 攸扬. 论学科馆员特色服务品牌的打造——以云南省社会科学院图书馆为例[J]. 农业图书情报学刊, 2015, 27(4): 177-181.

[13] 苏秋侠. 高校图书馆人文社科类学科服务实践探索——以扬州大学图书馆为例[J]. 情报探索, 2016(8): 113-115, 120.

[14] 王旭. 理工科与人文社科学科服务的异同点——以北京大学图书馆学科服务为例[J]. 农业图书情报学刊, 2017, 29(9). 166-168.

[15] 张蒂, 赵麟. "双一流"建设背景下 CASHL 深化学科服务的策略分析[J]. 图书情报工作, 2018, 62(9): 56-62.

[16] 蒋颖, 杨沛超. 人文社会科学研究人员信息搜集的行为规则分析[J]. 中国图书馆学报, 2006(1): 81-84.

[17] 刘颖. 人文社科学科馆员定位与服务思考[J]. 图书情报工作, 2012(S2): 48-50, 53.

[18] 王秀玲. 人文社科专业读者的需求调查及对专业图书馆资源管理的启发——以中国社会科学院图书馆为例[J]. 知识管理论坛, 2013(9): 6-13.

[19] 孙辉. 人文学科图书馆嵌入式服务的探索与实践[J]. 情报理论与实践, 2017, 40(12): 112-116, 57.

[20] 高颖. 基于科研信息行为的学科服务实践[J]. 图书情报工作, 2017, 61(S2): 60-64.

[21] 高颖. 面向人文社会科学的嵌入式学科服务模式设计——以哲学学科为例[J]. 重庆理工大学学报(社会科学), 2018, 32(4): 68-75.

[22] 格日勒, 娜敏. 基于人文学科读者需求高校图书馆服务理念之思考[J]. 内蒙古农业大学学报(社会科学版), 2009, 11(4): 215-216.

[23] 汤罡辉, 大岛广美, 张红. 基于学科服务的个案研究——访谈日籍留学生对客家方言研究的信息需求[J]. 图书馆论坛, 2012, 32(2): 53-56, 76.

[24] 莫建华. 基于引文分析的科研人员文献需求透视——以浙江工业大学人文社科省级重点学科为例[J]. 情报探索, 2013(11): 31-33, 38.

[25] 林芳. 文理科教师电子资源与学科服务需求的异同——以广西师范大学为例[J]. 图书馆界, 2017(5): 39-44, 53.

[26] 王珏, 卢章平, 周金元. 扎根理论视角下人文学科用户服务需求实证研究[J]. 图书情报研究, 2018, 11(1): 43-49.

[27] 王平. 网络学术交流行为的认知分析及启示——以我国人文社会科学科研人员为调研对象[J]. 图书与

情报, 2013(5): 112-118.

[28] 张萍, 单向群, 李伶, 等. 人文学科用户信息搜寻行为及对学科服务的启示研究——以中国人民大学为例[J]. 图书情报导刊, 2017, 2(4): 34-40.

[29] 冯向梅. 人文社科学者用户对学术型产品使用行为的实证分析[J]. 数字图书馆论坛, 2017(1): 61-66.

[30] 肖鹏. 人文研究者在线文献求助与交流行为研究：以“求助—应求”框架为视角[J]. 图书馆建设, 2018(3): 72-80.

[31] 范爱红, 邵敏. 清华大学图书馆学科馆员工作的新思路和新举措[J]. 大学图书馆学报, 2008(1): 56-60.

[32] 2017 年度国家社科基金重大项目立项名单公示[EB/OL]. [2018-11-26]. http://www.npopss-cn.gov.cn/n1/2017/1107/c219469-29632360.html.

[33] 全国第四轮学科评估结果[EB/OL]. [2018-11-26]. http://www.cdgdc.edu.cn/xwyyjsjyxx/xkpgjg/.

[34] 清华首聘 18 位文科资深教授——发力文科，一流大学再提速[EB/OL]. [2018-11-26]. http://news.tsinghua.edu.cn/publish/thunews/10303/2018/20180125141120543430033/20180125141120543430033_.html.

[35] 钟建法. 高校人文社科外文图书保障体系建设存在的问题与对策[J]. 图书情报工作, 2010, 54(11): 10-13.

[36] 文科图书馆完成上千册西方古典哲学文献的整理与核查[EB/OL]. [2018-11-26]. http://hs.lib.tsinghua.edu.cn/content/1157.

[37] 刘承华. 原典阅读：培养原创力的重要途径——从芝加哥大学“社会思想委员会”谈起[J]. 教育与现代化, 1997(2): 27-31.

[38] 清华大学图书馆人文学科导航[EB/OL]. [2018-11-26]. http://tsinghua.cn.libguides.com/Humtech.

[39] 肖珑, 关志英. 为人文社会科学研究提供可持续发展的信息资源共享服务[J]. 图书情报工作, 2008(5): 11-15.

[40] 中国哲学电子书计划[EB/OL]. [2018-11-26]. https://ctext.org/zhs.

[41] PhilSci Archive[EB/OL]. [2018-11-26]. http://philsci-archive.pitt.edu/.

[42] 文科图书馆开展“共享智慧，共同成才”集体答疑活动[EB/OL]. [2018-11-26]. http://hs.lib.tsinghua.edu.cn/content/999.

[43] 文科图书馆学科馆员在宣传月期间积极开展“走进院系”活动[EB/OL]. [2018-11-26]. http://hs.lib.tsinghua.edu.cn/content/1004.

[44] 微沙龙：基于移动互联网的学术交流平台[EB/OL]. [2018-11-26]. http://www.tsinghua.edu.cn/publish/newthu/10259/2016/20160927084255210876904/20160927084255210876904_.html.

[45] 孙坦, 初景利. 图书馆嵌入式学科服务的理论与方法[M]. 北京：科学出版社, 2017 年.

[46] 隋桂玲, 刘晓峰, 徐淑秋, 等. 基于文献计量学的嵌入式学科服务实证研究[J]. 图书情报导刊, 2018, 3(1): 19-24.

[47] 李群. 积极开展哲学社会科学普及工作[N]. 中国社会科学报, 2016-05-31(005).

[48] 清华论坛[EB/OL]. [2018-11-26]. http://www.tsinghua.edu.cn/publish/newthu/newthu_cnt/research/research-5-1.html.

[49] 清华大学人文社科图书馆主页—文图讲堂[EB/OL]. [2018-11-26]. http://hs.lib.tsinghua.edu.cn/lecturelist.

[50] 清华大学人文社科图书馆主题书架[EB/OL]. [2018-11-26]. http://hs.lib.tsinghua.edu.cn/resource/shelf.

[51] 彭刚会见图宾根大学校长畅谈人文学术交流[EB/OL]. [2018-11-26]. http://www.tsinghua.edu.cn/publish/shss/1839/2018/20181116091946402871658/20181116091946402871658_.html.

学科高质量 OA 期刊现状、利用及学科服务探索
——以清华大学某传统工科院系为例

范凤英　赵军平

摘　要：本文以清华大学某传统工科院系学术评价体系认可的高质量期刊为研究对象，对期刊开放获取类型、开放获取出版费用等进行了统计分析，并采用问卷调查方式了解院系科研人员对学科高质量 OA 期刊的认知、认可及参与现状，在此基础上，对开展基于 OA 期刊资源的学科服务问题进行了探讨与思考。

1　引言

近年来，开放获取（Open Access, OA）运动在国际范围内发展迅速，OA 出版期刊已逐渐发展成为主流化学术信息资源[1]。2014 年 5 月 15 日，中国科学院与国家自然科学基金委员会发布了开放获取政策申明，对我国科研人员学术研究成果开放获取起到进一步积极促进作用[2]。以学科内容为核心的 OA 期刊资源体系已逐渐发展起来，国内外学者从各个角度对 OA 期刊进行研究[3-6]，但是基于 OA 出版期刊的高校图书馆学科服务问题的研究还相对较少[7]。众所周知，高校师生、科研机构工作者是 OA 期刊资源的主要使用者[8]，也是高校图书馆的服务对象。因此，高校图书馆开展基于开放获取资源的学科服务，是深化学科服务的有益之举，也是图书馆转型和变革的主要方向。

深入了解学科领域高质量 OA 期刊资源及科研人员的认知利用现状是利用 OA 期刊开展学科服务的基础和重点。本文对此进行了研究与探讨。

2　学科高质量期刊开放获取情况

2.1　学术评价体系认可高质量期刊

笔者首先选取调研院系的人事主管和科研主管作为访谈对象，深入了解该系职称评聘等发文评价标准：一是系里各研究所教授组讨论确定的学科权威、有影响力的期刊；二是依据科睿唯安公司 JCR（Journal Citation Reports）期刊分析工具，学科分区处于 Q1 和 Q2 的期刊。二者满足其一即可。在此基础上，笔者采用文献检索法和深入访谈法归纳整理院系

学术评价体系下认可的高质量期刊。①文献检索法：在“作者单位”字段检索 2017 年度院系教师发表的成果，对发文期刊进行归类和整理，根据 JCR 期刊分析工具，整理 Q1 和 Q2 分区的期刊，共计 46 种。②深入访谈法：笔者采取当面访谈和电话访谈形式，访谈该系各研究所主要负责人或资深教授，整理了各研究所教授组和系学术委员会认可的期刊，共计 49 种。从访谈和文献检索结果可以看到：当前院系学术评价体系认可的高质量期刊共 95 种，全部是同行评议期刊。

2.2 高质量期刊开放获取情况

上述 95 种期刊，如果逐一了解开放获取情况，不仅工作量大，而且情况复杂。不同数据库平台对其收录期刊的开放获取出版政策不一样，笔者将上述 95 种期刊按照全文来源数据库进行分类统计，了解不同数据库平台的开放获取政策，再细化到每一种期刊详细了解和分析开放获取类型和出版费用。

2.2.1 高质量期刊全文来源数据库

笔者对 95 种期刊的全文来源数据库分布进行统计，发现来源于 Elsevier 数据库的期刊有 31 种，来源于 Springer、Taylor & Francis、Wiley 等数据库期刊各 10 种左右，详见表 1。从期刊来源数据库和出版商角度分析，这些高质量期刊多来源于老牌学术出版商和经典数据库。

表 1 95 种期刊的全文来源数据库分布统计

数据库分布	收录期刊数量（种）
Elsevier Science Direct Journals Complete	31
Springer Link Journals Complete	9
Taylor & Francis Journals Complete	7
Wiley Online Library	6
Institute of Physics Journals(IOP)	8
IEEE Xplore Journals-IEL	5
AIP Scitation Journals Complete	4
American Physical Society Journals	4
中国科学网络版	3
网络开放资源（DOAJ、Miscellaneous Free E-Journals、国外免费资源等）	11
SAGE 及其他数据库等	7

2.2.2 高质量期刊开放获取类型

表 1 所列数据库及资源平台的开放获取政策，除几个开放获取资源平台外，经典付费数据库收录期刊除 OA 采用金色 OA（Gold）和绿色 OA（Green）实现外，同时也都推出了混合 OA 期刊（Hybird）出版模式[9]。金色 OA 主要是由出版商主导，作者要向出版商付费，论文一出版，在出版商网站上便可以开放获取。混合 OA 是传统出版模式与开放获取

出版模式相结合的方式，作者可以选择是否将自己的研究成果开放获取[10]。绿色OA是作者以自存储方式将论文存储在机构仓储库或开放获取网站上[11-12]。

笔者对来源于上述数据库及资源平台的95种期刊的开放获取分布进行详细统计（见表2），发现95种期刊已全部提供不同类型开放获取出版，其中金色OA期刊有18种，占所有高质量期刊的18.9%；绿色OA期刊48种，占所有高质量期刊的50.5%；而混合OA期刊最多，高达76种，占所有高质量期刊的80%。由表2可知，经典数据库中收录的高质量期刊，目前很高比例都是采取混合OA出版，而在提供混合OA出版的同时，也大都支持文章以绿色仓储形式存放。

表2 95种期刊全文来源数据库的开放获取类型统计

数据库名称	金色（种）	混合（种）	绿色（种）
Elsevier Science Direct Journals Complete	1	29	1
Springer Link Journals Complete	1	8	8
Taylor &. Francis Journals Complete	0	7	7
Wiley Online Library	1	5	5
Institute of Physics Journals(IOP)	0	8	8
IEEE Xplore Journals-IEL	0	5	5
AIP Scitation Journals Complete	0	4	4
American Physical Society Journals	1	3	3
SAGE及其他数据库等	0	7	7
中国科学网络版	3	0	0
DOAIJ–Free	6	0	0
Miscellaneous Free E-Journals、国外免费资源等	5	0	0

2.2.3 高质量期刊开放获取出版费用

笔者详细调研了上述95种高质量期刊的OA出版费用情况。其中18种金色OA期刊出版费用普遍较低，基本在500～2000美元，也有些不收取出版费用，如期刊*Physics Letters B*。而76种混合OA的出版费用普遍偏高，基本在2000～4000美元，有的甚至高达5000美元，如期刊*Current Biology*。从调研结果可以看到，混合OA出版期刊，其出版费用要远高于金色OA期刊。

3 院系科研人员对高质量OA期刊利用现状调查

3.1 调查问卷设计及调查对象分布

笔者设计了调查问卷，就院系科研人员对高质量OA期刊的认知、认可及参与现状进行调查。笔者选取院系教师和博士生作为调查对象，他们不仅是科研主力军，而且是图书馆学科服务重点对象。

笔者于2017年4月18日—5月18日发放问卷，回收问卷165份。参与问卷调查的有

31 位教师、134 位博士生。教师中从教授、副教授、讲师分布情况来看，参与问卷调查的副教授比例较高。博士生中，从博士一年级到五年级分布情况来看，博士一年级参与比例最高，博士五年级参与比例最低，中间三个年级比例基本相同。

3.2 调查结果分析

3.2.1 高质量 OA 期刊认知状况

如图 1 所示，从院系师生对于高质量 OA 出版期刊了解情况调查结果来看，教师对高质量 OA 出版期刊的整体认知水平要高于博士生，教师对高质量 OA 出版期刊了解和有些了解的总比例约为 90%，博士生约为 62%。但是，院系师生对于高质量 OA 出版期刊完全了解的比例仍然不高，教师约为 32%，而博士生仅约为 10%。

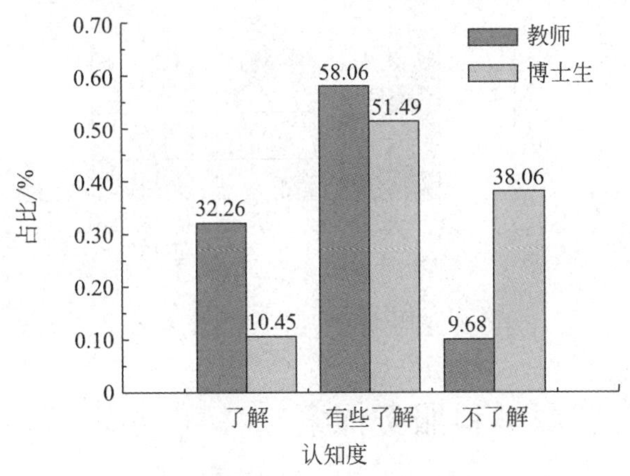

图 1 师生对 OA 期刊认知度构成占比

3.2.2 高质量 OA 期刊认可状况

笔者从四个方面调查了院系师生对高质量 OA 出版期刊的认可程度（多选题），选项分别为学术期刊未来出版模式、可提升研究人员的学术影响力、可能会导致论文质量下降不利于高质量学术期刊长期发展、不清楚。

从调查结果来看，61%的教师认为 OA 出版是学术期刊未来出版模式，接近 68%的教师认为 OA 出版可以提升研究人员的学术影响力。而仅有 19%的教师认为 OA 出版期刊可能会导致论文质量下降、不利于高质量学术期刊长期发展，也有 19%的教师表示不清楚。博士生认为 OA 出版是学术出版未来趋势以及可以提升研究人员学术影响力的比例整体低于教师（分别为 44%和 47%），而认为 OA 出版期刊可能会导致论文质量下降、不利于高质量期刊长期发展，以及不清楚的比例和教师基本一致。结合前面师生对高质量 OA 期刊认知度情况的调查，可以看到，了解 OA 期刊的院系师生对高质量 OA 期刊认可度较高。博士生认可度整体低于教师，主要由博士生对高质量 OA 期刊整体认知度偏低所导致。

3.2.3 高质量 OA 期刊参与现状

笔者也调查了院系师生是否曾向或者准备向高质量 OA 期刊投稿，选项分别为是、否，以及不了解投稿期刊是不是OA期刊。由图2可知，曾向或者准备向高质量OA期刊投稿的教师比例约为45%，博士生比例仅约为15%。院系师生当前对于学科高质量OA的参与情况并不理想，分析原因可能有如下两方面：首先，科研人员不了解投稿期刊的OA政策，导致很少有人选择论文以OA模式出版或选择自存储到OA机构库；其次，这部分院系科研人员关注度很高的期刊，混合OA期刊比例很高（约占80%），从上述高质量OA出版费用分析可知，混合OA期刊的出版费用要远大于金色OA期刊，这也是作者选择开放获取论文比例不高的主要原因。

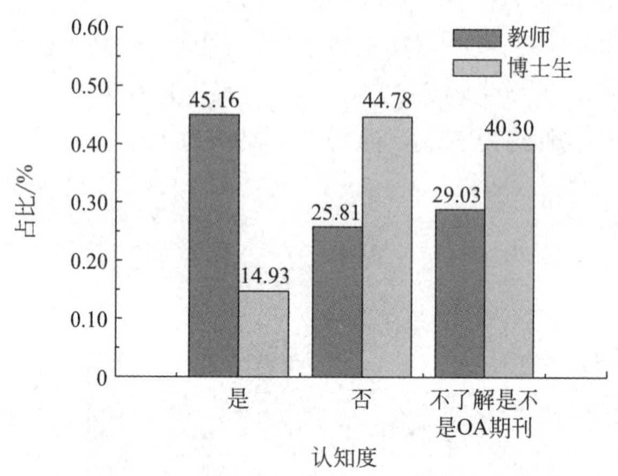

图2 师生对OA期刊认知度占比

4 基于OA期刊资源学科服务探索

4.1 高质量OA期刊的组织与揭示

本文调研的95种高质量期刊已全部提供不同类型的开放获取出版模式，然而院系科研人员对高质量OA期刊完全了解的比例仍然很低。高质量OA期刊是非常重要的文献资源，为用户整理和优选高质量OA期刊、实现高质量OA期刊的有效整合、让院系师生合理使用，这些是开展学科服务的重要内容之一。笔者在与院系师生交流及调查中，也切身感受到了这一点。

找准院系师生关注度高的OA出版期刊，面向有学术资源需求的用户，可采取不同方式进行组织和揭示。学科馆员可以将学科高质量OA期刊按照出版时间、同行评议情况、馆藏情况、来源出版物等字段进行分析和整理，向师生揭示期刊的收录情况和投稿情况，让院系师生充分了解本学科领域高质量OA期刊，提升学科高水平期刊的论文收录量和学科学术影响力。或在“学科服务主页”上列出OA期刊开放获取平台，之后分层次、分步骤整合学科其他OA资源，构建OA检索平台，方便用户对所需OA资源的查询、下载和使用。

4.2 学科信息素养培训内容设计

信息素养培训是学科服务的主要内容，在开放获取大环境下，信息素养教育也是培养学生自主学习能力和终身学习能力的重要方式之一。院系师生普遍认可高质量OA期刊是学术期刊未来的出版模式，如果文章发表在 OA 期刊上，可以提升论文的传播范围和研究人员的学术影响力。而博士生对 OA 期刊的认知、认可及参与度要普遍低于教师。因此，在针对院系学生的信息素养教育环节，例如研究生迎新讲座、嵌入式课程、微沙龙讨论中应增加开放获取理念及学科 OA 资源等相关知识的介绍。必要的话，学科馆员还可以向院系师生开设 OA 期刊资源的专题讲座，日常通过电子邮件、微信提供 OA 期刊相关信息等，帮助院系师生提高 OA 资源信息获取和利用能力，提升学科开放获取资源的利用意识，协助师生将研究成果以开放获取形式发表，积极促进科学研究进程和学科学术研究成果传播。

4.3 探索解决 OA 出版费用

学科高质量 OA 期刊主要以混合 OA 期刊居多。从学科高质量 OA 期刊出版费用分析来看，混合 OA 期刊的费用普遍较高，因此这也是直接影响院系师生没有选择向 OA 期刊投稿的重要原因之一。大学图书馆学科服务可以积极采取一些措施：一方面，与出版商积极沟通，为学科高质量 OA 期刊争取较大 OA 出版费用折扣；另一方面，也可呼吁基金资助机构、研究机构给予研究人员政策支持，拨出一部分专门用于资助 OA 期刊出版的经费。此外，国内也有研究指出[13]：世界著名高校，如麻省理工学院、加州大学等采取强制性开放获取政策，强制其教师将经过同行评议的学术论文终版提交到所在机构的知识库，积极增强学校学术影响力和促进学校数据库资源建设。借鉴以上举措，学科馆员也可积极引导师生将学术研究成果存储在自建机构知识库或开放获取网站上，作者无须再向出版商付费，研究成果可供更多用户下载和使用，通过绿色 OA 途径向外界宣传学科领域研究成果，从而提升自身学科的学术影响力。

4.4 完善学科 OA 期刊导航

建立 OA 期刊资源导航是大学图书馆学科服务中有效利用 OA 期刊资源的重要方式。清华大学在开放获取资源建设方面也取得一定成效[14]，在水木搜索、电子期刊导航系统中整合各学科 OA 资源并加以揭示。针对不同学科，学科资源导航可进一步深化和细化。院系师生在科研过程检索信息或是论文投稿时，科技期刊质量是首要考虑因素。在 Libguides 学科服务平台上，可增加本学科领域“高质量 OA 期刊资源”栏目，对高质量 OA 期刊进行多角度组织和揭示，引导用户利用稳定的高质量 OA 期刊链接查找资源，提供有效的学科信息服务。

参考文献

[1] 张晓林. 开放获取学术信息资源：逼近“主流化”转折点[J]. 图书情报工作, 2012(9): 42-47.

[2] 张新鹤, 刘晓霞. 我国科研人员参与学术信息资源开放获取的调查研究[J]. 图书情报工作, 2014(20): 45-54.

[3] 顾立平, 张晓林, 初景利. 开放获取期刊的评价与遴选：质量水平、开放程度和服务能力[J]. 图书情报工作, 2013(1): 49-54.

[4] 齐国翠, 石应江, 李哲, 等. 开放获取——学术期刊低成本高显示度的重要出版策[J]. 中国科技期刊研究, 2015(7): 705-709.

[5] 苏小波. 开放获取期刊的用户接受研究[D]. 武汉：武汉大学, 2012.

[6] 李麟. 我国科研人员对科技信息开放获取的态度——以中国科学院科研人员为[J]. 图书情报工作, 2006(7): 34-38.
[7] 吴文光. 基于OA期刊的高校图书馆资源建设与学科服务探索[J]. 大学图书情报学刊, 2014(3): 66-69.
[8] 罗粤民. 开放获取环境下图书馆服务转型研究[J]. 图书馆工作与研究, 2013(11): 34-36.
[9] 刘烜贞, 陈静. 开放获取期刊出版费用及其对学术交流的影响[J]. 中国科技期刊研究, 2015(12): 1244-1249.
[10] Bjrk B C. The hybrid model for open access publication of scholarly articles—a failed experiment[J]. Journal of the American Society of Information Science and Technology, 2012(8): 1496-1504.
[11] Laakso M, Bjork B C. Delayed open access: An overlooked high-impact category of openly available scientific literature[J]. Journal of the American Society for Information Science and Technology, 2013(7): 1323-1329.
[12] 邵晶. 绿色OA仓储"存档"与"开放"策略研究[J]. 图书情报工作, 2008(11): 78-80.
[13] 汤妙吉. 强制性开放获取政策背景下高职院校图书馆服务创新研究[J]. 图书馆工作与研究, 2018(1): 119-123.
[14] 陈敬全, 袁红梅. 科研资助机构的开放获取政策——基于国外实践的分析[J]. 中国基础科学, 2007(3): 41-45.

原载《图书馆工作与研究》2019年第3期

Student Deep Participation in Library Work: A Chinese Academic Library's Experience

韩丽风　王　媛　罗丽丽

摘　要：本文探讨了学生在图书馆工作中的参与度问题，将学生深度参与图书馆工作分为两个层次：第一层次是指学生参与图书馆的日常运营，承担辅助性角色，例如图书上架和IT支持等工作；第二层次则将学生提升为图书馆的合作伙伴，与图书馆员协作推进独立项目，深入服务和项目开发的核心环节。文章以清华大学图书馆的实践为例，详细介绍了学生深度参与学术图书馆的创新实践及其带来的益处，并鼓励学术图书馆为学生提供更多深入参与的机会，从而凸显图书馆在校园社区中的重要价值，为大学的教育使命做出更大贡献。

1　Introduction

Academic libraries have a well-established tradition of involving students in library work. Student participation usually falls under two categories – shallow participation and deep participation. Shallow participation indicates that students' role is library users, and their involvement in library work is rather superficial and minimal, where they participate in librarian-led studies and offer input that could help the library improve its collections/services/programs. In deep participation, students are no longer merely library users; instead, they are active participants in library operation. A common deep participation practice is the employment of student assistants in different areas of library work, ranging from shelving to IT support. Recently, a new form of student deep participation is emerging where students become library partners or collaborators on particular projects, and work with librarians in developing and implementing library services and programs.

In this paper, we present an in-depth discussion of a Chinese academic library's experience in engaging students in deep participation in library work. The discussion includes an overview of routine-work based participation where students are involved in the day-to-day operation as library assistants, and then focuses on two project-based scenarios where students collaborate with librarians on innovative library marketing and research support projects. The collaborative projects allow the library to integrate library service with teaching and learning, and create opportunities for students to enhance their academic experience. Bennett (2009) opined that librarians should be more like educators rather than service providers, and it is our goal to contribute more to the university's educational mission by facilitating student learning through their deep participation in library projects.

2 Literature Review

Student involvement or participation is frequently discussed in the field of education, referring to the quantity and quality of the physical and psychological energy that students invest in the college experience (Astin, 1984). In the business literature, Brodie et al. (2011) defines "involvement" and "participation" to be viewed as customer engagement antecedents, based on the existence of a customer's interactive, co-creative experiences with a specific engagement object (e.g., a brand). In this literature review, we focus on the examination of "participation", including both participation theories and typologies, and student participation in library work.

2.1 Participation Theories and Typologies

The ladder theory of citizen participation proposed by Arnstein (1969) includes three levels and eight rungs: (1) nonparticipation (manipulation, therapy); (2) tokenism (informing, consultation, and placation) and (3) citizen power (partnership, delegated power, and citizen control). To evaluate the degree of participatory activities, Daigneault and Jacob (2009) suggested three areas for investigation: control of the process, stakeholder diversity and extent of involvement. Harder, Burford and Hoover (2013) renamed these three areas as depth, breadth and scope respectively, and put forward a fourth dimension "output" to evaluate participation impact and output content. Cornwall and Jewkes (1995) viewed participation as points on two scales – from "shallow" to "deep" on the depth scale, and from "narrow" (few participants) to "broad" (many participants) on the scope scale. Wals and Jickling (2009) pointed out that in their study of youth education and sustainable development, shallow participation refers to "superficial, obligatory, detached, false, cosmetic and strategic", whereas, deep participation tends to "real, intrinsic, involved, genuine and meaningful". Another typology of participation degree was proposed by Claycomb, Lengnick-Hall and Inks (2001), and three vertical levels of customer participation were identified – low, moderate and high. Level "low" indicates customers' involvement is limited to mere physical presence or attendance, and the organization is responsible for developing and providing all the services. Level "moderate" indicates that customers act as a consultant, quality inspector and reporter to the organization. Level "high" indicates customers work in partnership with the service organization, where customers can be regarded as co-producers, co-creators or partial employees who contribute time and effort or other resources.

In this study, we decided to draw upon the depth scale of participation discussed by Cornwall and Jewkes (1995) and Wals and Jickling (2009) because they provided a vertical view of participation on a continuous spectrum. We propose a three-level typology to characterize student participation in the work of academic libraries.

(1) Shallow participation. Students as users – students participate in librarian-led studies (e.g. survey questionnaires, focus group interviews, usability studies) and provide input from the user perspective to help the library improve services/collections/programs.

(2) Deep participation Level I. Students as partial employees – students work with librarians as assistants, sharing librarians' day-to-day workload.

(3) Deep participation Level II. Students as collaborators and co-creators – students, with special expertise, collaborate with librarians in the development and implementation of library services/collections/programs.

2.2 Student Participation in Library Work

The literature is abundant with evidence of student shallow participation, where they offer input in library studies from the user perspective. As for deep participation level I, numerous studies have discussed students' participation as assistants in routine activities (White, 1995; Hasty, 2001; Foley, 2004; Reeg-Steidinger, Madland & Hagness, 2005; Maxey-Harris, Cross & McFarland, 2010). Traditionally, students are employed as shelving assistants or in clerical roles (Black, 1995). Now their assistant work has expanded to other library departments, including but not limited to IT, reference, and cataloging. For instance, Royal College of Surgeons in Ireland Library employed students as IT and Library Monitors to help with queries related to IT and the use of e-resources. Student computer assistants that require above-average computer and communication skills were hired in Butler Library (Foley, 2004). Student Advisors at Huddersfield University Library in England helped with publicity, surveys, and answering basic directional queries. Lincoln University employed PALs (Peer Assisted Learning) who promote services and resources to fellow students. Similarly, the University of Connecticut Library employed library student ambassadors to promote a specific online database to their fellow students (Betz et al., 2009).

The literature on deep participation level II is rather scant. An extensive literature search only resulted in two articles (Saines, 2011; Martin, 2012). Saines (2011) reported a case where the Ohio University Libraries created short videos about library services for the university's Freshman Year Experience classes. Librarians collaborated with a film student in the video production process. Martin (2012) described a streaming video communication effort developed at the California State University, Northridge Oviatt Library to reach out to campus faculty. The videos were accessible on YouTube and the library's website, aiming at promoting new and existing library resources and services. Two library staff members, a librarian and a Cinema and Television Arts student joined forces to produce the videos with support from other campus departments.

However, in both articles, the focus was the descriptive process of the project, and collaborating with students was merely mentioned as part of the process without much detail. Meanwhile, students' role in the two collaborative projects was primarily to technically execute librarians' ideas in the video production and they did not contribute to the development of content.

Although these two articles show that libraries are seeking new ways to engage with students as partners and collaborators (Walton, 2010), particularly in the development of innovative services such as video marketing, more research is needed to examine students' participation in the collaborative efforts and to understand how both libraries and students benefit from them. Scupola and Nicolajsen (2010) are one of the few authors who explore the students' role in innovation services in academic libraries. They state that the importance of involving customers in service innovation and development has been a popular theme of business innovation literature over the last decade. Yet, based on an analysis of Roskilde University Library (RUB) in Denmark where the authors work, they find that RUB involves students in service innovations in a limited way and lacks a systematic approach to student involvement the management perspective. This is another testament to the need for more empirical studies on student deep participation in library work, and particularly, in library service innovation. We hope to address this need by sharing students' deep participation experience at Tsinghua University Library.

3 Student Deep Participation Level I

Tsinghua University Library has a long history of engaging students to participate in library day-to-day work. As early as 1921, among the 14 staff members at the Library, three were student assistants. Currently, both undergraduate and graduate students participate in a wide range of library work. As shown in Table 1, they have varying titles and job responsibilities.

Table 1 Student Deep Participation Level I

Categories of students	Title	Job description	Total number/Working hours
Undergraduate students	Work-study team members	Shelving books	270 students/No longer than 8 hours per week per person
Graduate students (master's and doctoral students)	Teaching Assistants, Research Assistants, Management Assistants	Conducting assistive work for teaching, research and management at different library departments such as reference, IT, and maintenance	45 students (20 in the department reference and instructional services, 12 in IT and 13 in other departments)/12-15 hours per week per person

Students participating in routine library work are considered library part-time employees, and their regular assistive contribution is deemed as deep participation because it is "real, intrinsic, involved, genuine and meaningful" as defined by Wals and Jickling (2009). Their participation enables them to gain practical work experience with the different aspects of library operation, and achieve a heightened understanding and appreciation of the library. At Tsinghua University, student positions at the library are popular and competitive.

As revealed by the literature review, student participation in day-to-day library work, or student deep participation level I, is quite commonplace in libraries. However, students' role in this type of participation is primarily auxiliary and assistive. Their contribution to the library's everyday accomplishments, though concrete and substantial, is usually guided and supervised by librarians. A higher level of participation, student deep participation level II, allows students to get engaged at an equal footing and play the role of collaborators and co-creators. In the next section, we are presenting two cases where students participated in library projects and collaborated with librarians in shaping and delivering library services.

4 Student Deep Participation Level II

Level II of student deep participation brings students' involvement to a more advanced degree, where they become librarians' partners in independent library projects. Their participation is solely project-based – therefore it is transitory and yet focused. Students play a more active role in the participatory process. They work with librarians instead of working for them. The relationship between students and librarians is a partnership. The project success is their shared goal and they collaborate with each other to achieve that.

In recent years, liaison librarians at Tsinghua University have been exploring opportunities for student deep participation level II. We believe that students' subject knowledge, skills and creativity are beneficial to the library. In return, participating in library projects as collaborators is equally beneficial and rewarding to the students as they are provided a real-world outlet to reinforce and apply what they have learned in class (see Table 2).

Table 2 Two Case Studies for Student Deep Participation Level II

Categories of students	Project title	Job description	# of Participating students	Student involvement
Undergraduate students	Falling in Love with the Library	Creating a library video marketing campaign	4, plus volunteers	Writing the story for the video series, shooting and producing the videos
Doctoral students	New materials research	Providing literature research support for a grant project	5	Searching, reviewing, evaluating and synthesizing literature in a specific domain

4.1 "Falling in Love with the Library" – A Video Marketing Campaign

Tsinghua University Library holds a library promotion month every two years since 2006, aiming to market library resources and services to users. Over the years, we have noticed that traditional marketing events tend to be a one-way channel that is not engaging and interactive enough to attract the attention of library users across campus. It is thus necessary to think innovatively and consider new approaches to widen the impact the library promotion month. Given the widespread use of social media among students, we decided to take advantage of that and bring the marketing efforts to social media platforms. In 2011, we planned to create marketing videos and distribute them via social media, and we believed that such a project would greatly benefit from student participation for the following two reasons:

- Students' expertise in video production. Many students at Tsinghua University are veteran users of popular video sharing sites such as Youku (the equivalent of Youtube in China).

In addition to their personal use of Youku, they also create videos that promote or document various campus events and activities, and post them to Youku to share with the entire campus community. Librarians, mostly lacking the special knowledge and skills in producing high-quality marketing videos, could benefit from student's technical expertise.

- Students' input in content design. Students are the target audience of the marketing videos. Incorporating them in the project would provide us an enriched understanding of popular trends on campus and students' video viewing/sharing behavior on Youku, and therefore help us gain insights regarding what kind of content and style is most appropriate and appealing to students.

We determined the project's goal to be improving library brand awareness, promoting library resources, facilities and services, and encouraging the optimal use of the library in a popular and effective way. To support this project, we secured funding from the university's Student Research Training (SRT) program, which aims to engage undergraduate students in research and professional training and to nurture their capacity and capability for innovation. The detailed process of the project implementation has been published in a previous journal article (Luo, Wang & Han, 2013), and in this paper, we focus on students' deep participation in this project, providing a thorough discussion how our partnership with them made this innovative marketing project a success.

Four students were recruited to participate in the project, and they each specialized in a particular area of video production, such as film making, script writing, camera work, and post-production editing. To recruit student partners, we first posted an announcement on the campus intranet, on the library homepage and on the library's Weibo (the equivalent of Twitter in China) page. Thirteen students from various disciplines such as medicine and electronic engineering applied. We carefully examined the applicants' profiles and then arranged interviews with them. Interest and motivation, actual experience and skills, time commitment, and teamwork capability were the main factors considered.

Projects funded by SRT are credit-based and supervised by faculty members. Students earn credits based on their performance on the project. Thus, in this project, three librarians served as faculty supervisors. However, the relationship between the librarians and the students was in fact a collaborative partnership. Working together, the team decided the outcome of the project to be a series of videos that would evoke a feeling of love for the library via an entertaining and romantic story. The videos would be posted to the popular video sharing site Youku and promoted in multiple channels.

In this partnership, although the librarians and the students had different responsibilities, they worked closely together on the key components of the project, including developing an operational plan, outlining the project schedule and workflow, creating the script, auditioning the cast and promoting the videos via social media. As for their different responsibilities, the librarians were responsible for crafting the messages to be imparted through the videos. They provided basic training on library skills and library marketing for the student team members.

They arranged the sets for filming the videos. Overall, they were in charge of the management of budget, personnel and other logistics. Students, on the other hand, handled the video production process.

Over the seven-month project period, the team held regular face-to-face meetings every two weeks and occasional meetings whenever necessary to ensure the smooth accomplishment of every milestone. An online group was also built on Fetion (popular Chinese instant messaging software) for team members to easily communicate with each other.

The end product of this marketing project was a five-episode video series titled "Falling in Love with the Library". Each episode was four to five minutes in length. The entire series featured a love story between two college students, and each episode had a focus that highlighted a particular aspect of using the library. Throughout the video series, the romantic love story unfolds in a light-hearted and humorous way. Many details of the story were based on real college life so that students could resonate with it and therefore feel a connection with the library.

The video series was posted to Youku, a popular video sharing site in China. It was then announced and promoted in multiple channels, including the library website, poster displays, post cards and book marks, word-of-mouth advertisement, RenRen (the equivalent of Facebook in China), and the library's Weibo page. The videos received more than 160000 visits within twenty days of release. The library's Weibo page witnessed over 1000 comments about the video series. The popularity of social media greatly aided the dissemination and promotion of the videos.

We believed that "Falling in love with the library" was a successful example of students' deep participation in library work. During the collaborative working process, the librarians and the students maintained an open communication channel and engaged in numerous brainstorming sessions to generate the best possible ideas for the video content, style and promotion. Inviting students to participate in innovative library marketing efforts facilitates a necessary transition from library-centric to user-centric outreach. Incorporating library users in the design and execution of marketing campaigns leads to products that are more appealing to and impactful on the target audience.

The success of "Falling in love with the library" was widely acknowledged. Our project was selected by Tsinghua University as one of the 20 Outstanding SRT Projects from a pool of 865 applications. In addition, it won a renowned International Library Marketing Award. More importantly, students participating in this project all expressed appreciation for this opportunity to grow their knowledge about the library and marketing, and enhance their skills in video production and collaborative teamwork. Two of the student team members were admitted into prestigious graduate programs in media and communication, and they considered their experience in this project greatly beneficial in the advancement of their academic career.

Due to the success of our project, the partnership model to invite students' deep participation in library projects has gained positive recognition and support from the university. In the following year, ten library-based SRT projects were approved and about forty undergraduates were involved, representing a significant increase from the previous years. Lewis (2007) stated that there are obvious opportunities to place librarians in centers for teaching and learning and to involve them formally in undergraduate education. We believe our experience has served as a testament to that statement.

4.2 Providing Literature Research Support for a Grant Project

In 2010, Tsinghua University was awarded a multi-disciplinary grant about new materials by the Municipal Science and Technology Committee in China. Multiple campus units participated in this grant project, including the library, which was tasked to provide literature and research support for the entire project. Subject librarians in the areas of new materials were expected to conduct literature searches to identify relevant and timely research literature on a regular basis as the grant research progresses, and provide information consultations for the project team. However, like many other academic libraries in China, we were short-staffed and the subject librarians alone were not able to offer the adequate support required by the grant project. In order to sustain our commitment to the grant and provide the necessary support, we decided to invite participation from student scholars and collaborate with them in completing the task. We were inspired by the case study discussed by Richman and Windsor (1999) – at the University of Houston Law Center, a student-pooled research department within the law library was established, where students were employed to work together with librarians to assist faculty research. This innovative model presented a feasible solution to the problem of staff shortage and therefore would allow us to support the grant project without any compromise of quality.

We recruited five PhD students from different research fields to join the team of four new materials subject librarians. The recruitment announcement was posted to the campus intranet. Ten doctoral students responded, and we selected five from the Physics Department, the Materials Engineering Department, the Electronics Engineering Department and the Chemical Engineering Department.

The main area of new materials was divided into five subareas: electronic materials, nano materials, metal materials, chemical materials and new energy materials. Each student was assigned to conduct literature research and analysis in a subarea. At the beginning, the subject librarians provided a training session for the students, focusing on information searching, key subject databases, web resources, and bibliometric skills. Jaguszewski and Williams (2013) noted that "liaisons can play a role in shortening their learning curve and connecting them directly with the information and resources they need." The training session helped the students quickly master the knowledge and skills of literature searching, and become adequately prepared for this one-year project.

During the project process, the librarians and students met regularly to discuss the literature research progress. As young scholars, the PhD students' subject knowledge was beneficial to the process of searching, reviewing and synthesizing the literature in their assigned subareas. One of the challenges we faced was to determine the value, relevance and timeliness of the retrieved literature. In addition to conducting bibliometric analysis, the students' subject knowledge enabled them to make more prudent judgments in literature selection and compilation. Every month, the team published an information bulletin on new materials, containing the most up-to-date review and analysis of research literature in the five subareas. At the end of the project, a final literature research report was submitted and well received by the grant.

Collaborating with PhD students on this literature research project, the library was able to deliver comprehensive and customized literature research services to the campus research community, therefore enhancing its role in providing research support. The student partners, through this deep participation experience, also found this project beneficial to them academically. One of the students commented, "as a doctoral student, my thesis focuses on a very specific topic; this project allowed me to broaden my research perspective, sharing my view with the academic community. I learned a lot from the librarians too. They really help a lot to improve my skills at information searching, evaluation and management." Another student received a research grant because of his work on this project.

Embedding library services into academic activities is becoming increasingly popular in supporting campus research. However it also presents a challenge as most libraries are under staffed and thus the subject librarians sometimes cannot fully meet the research needs of the different campus units. We believe the solution we experimented with, the collaboration between subject librarians and doctoral students, has proven to be successful. The Association of Research Libraries points out that "the enduring need within the library for deep subject expertise will increasingly be met by teamwork and cross-institutional partnerships" (Association of Research Libraries, 2012), and echoing that, we plan to continue seeking partnerships with master's and PhD students in a variety of academic activities to meet the demands of productive scholarship.

5 Discussion

Student deep participation in library work allows libraries to better engage the user community and enhance their library experiences. Between the two levels of deep participation, level I, where students work as library assistants and participate in routine-base library operation, is commonplace among academic libraries. However, level II, where students collaborate with librarians in independent projects, has not been reported much in the literature. We hope through sharing our experience at Tsinghua University library, the academic library community will be able to develop a more concrete idea of involving students in library work. We have learned from our experience that the librarian-student project collaboration can be a win-win model that is mutually beneficial.

5.1 Benefits to the Library

Libraries are often faced with budget and staffing constraints when developing and implementing new programs and services to meet the ever evolving user needs. Collaborating with users and utilizing the expertise and interest of the user community can help mitigate the constraints, and allow underbudgetted and understaffed libraries to continue their engagement in innovative programming and service delivery. Jaguszewski and Williams (2013) stated that "librarians cannot be experts themselves in each new capability… Just as researchers are often working in teams to leverage compatible expertise, liaison librarians will need to be team builders among library experts where this advances client research." In both of our cases, students possessed knowledge that librarians lacked, and their skills set was complimentary to the librarians'. A team of librarians and students melded the expertise of both sides, and greatly improved the chances of successful completion of the project.

Meanwhile, student participation allows librarians to better understand their user community's perspective on library programs and services. For instance, in the video marketing campaign, "Falling in Love with the Library", the participating students contributed great ideas to the style and content of the videos because they are familiar with campus life and they understand how to connect with other college students. Thus, the videos were able to create a sense of belonging and resonation among Tsinghua University students, and the messages conveyed by the videos were more likely to make an impression.

Furthermore, collaborating with students is beneficial to community building. Lankes (2012) stated that "Bad libraries build collections. Good libraries build services. Great libraries build communities." Community building is an integral element of libraries' efforts toward greatness. According to Davenport and Beck (2001), co-creation and engagement are two significant factors in community building. Student involvement in the development of library services and programs encourages a sense of public ownership among them, which in turn helps strengthen their trust of and loyalty to the library. In other words, student deep participation in library work enables the community to learn more about the library and therefore fosters a strong and lasting relationship between the library and the community.

5.2 Benefits to Students

From their deep participation in library projects, students are able to gain a more in-depth and precise understanding of the library, and the services and programs it provides. Lack of awareness is often found to be one of the major reasons for students' low use of library services (Naylor, Stoffel & Van Der Laan, 2008; Connaway, Radford & Williams, 2009). Once the participating students become more aware and knowlegable of library services and programs, they can spread the word to their peers and friends on campus, therefore creating a ripple effect and reaching further into the user community. In some sense, they become the "ambassador" that could help enhance library awareness and appreciation among the larger studuent body through the word-of-mouth advocacy.

More importantly, participating in the collaborative projects provide them with opportinities to hone their information literacy skills, teamwork capability and creative thinking skills. Their knowledge and expertise in specific subject areas are also properly applied and reinforced through these opportunities. Both of our cases have shown that the projects support student growth and help propel them toward further academic or professional accomplishment.

5.3 Identifying Student Collaborators

Selecting the most fitting student collaborators is key to the success of any librarian-student partnership. The university has a sizable student population, and it is unlikely that all students have the same interest or capability to participate deeply in library projects. In the business literature, Claycomb, Lengnick-Hall and Inks (2001) pointed out that some users may prefer not to participate actively in service production and innovation, and some would like to but fail to have required skills or expertise. The users that do become involved through deep participation, usually have leading skills, and they are typically known as lead users.

We believe the "lead" students that have the most potential to become successful collaborators tend to be intrinsically motivated. They often respond to intrinsic rewards such as self-actualization and are driven by the actual creative process, including the interactive experience, the challenge of the problem and the potential for cognitive stimulation (Nambisan & Baron, 2007, 2009; Greer & Lei, 2012). Meanwhile, we believe it is essential to maintain a balance between ensuring project success and facilitating learning. According to our experience, participating deeply in library projects is a popular learning opportunity among students. Therefore, when selecting students, we give the most weight to interest and motivation. While we value students' subject knowledge and expertise, it is not the decisive factor. Usually, we recruit both students who are highly capable in the subject area, and students who are not as strong in subject expertise but extremely motivated and interested in the project. The latter could learn from the former through knowledge sharing among the team and then grow to become equally capable team members. To highlight the library's role in supporting and facilitating learning, Lewis (2007) even suggested using exploratory project development strategies that ensure learning rather than success and that preserve resources for the second and third attempts at getting it right.

5.4 Managing the Collaboration

Indisputably, student deep participation helps the library enhance organizational capability to meet new demands and improve performances. However it is also challenging to manage the collaborative efforts. In the business literature, Nambisan (2002) identified three roles of customers in new product development: customers as a resource, customers as co-creators and customers as users. Scupola and Nicolajsen (2010) theorized that involving customers as co-creators is far more demanding as the involvement complicates the development process and requires other qualifications of the employees in order to manage such a process. This notion was shared by Wagner and Piccoli (2007), who stated "it is difficult to garner user attention throughout a complex and lengthy development project because end users are busy. Thus, the project team must think creatively about how to foster users' active participation."

In our experience, to tackle this challenge, it is important to pay close attention to student collaborators' experience and feelings throughout the project. As mentioned earlier, they are the "ambassador" sharing their project experience with their fellow students through word-of-mouth marketing, which could impact other students' view of the library. The publicity effect of their personal feelings could be more powerful than library promotional activities (Cui, 2005). If a student's deep participation experience is positive, pleasant and even successful, it could spread to other students, and thus enhance the sense of loyalty of the student community to the library. Conversely, if the student's experience is negative, it is most likely to have a negative impact on the larger student community's attitude toward the library.

From the managerial perspective, Kotze and Plessis (2003) noted that, in business, customer participation could be problematic because it raises the level of uncertainty. Customers cannot be controlled or handled as normal employees, and they may abandon their role. We have learned from our experience that in order to alleviate the risks, clear roles and responsibilities need to be defined, open communication channels need to be established, trust needs to be fostered, and the mutual benefits of the project need to be fully understood.

Nowadays, academic librarians are expected to build strong relationships with faculty, students and other campus professionals, and establish collaborative partnerships within and across institutions. Our experience has made it clear that managing successful and sustainable partnerships and collaborations is becoming increasingly pivotal to librarians.

6 Conclusion

In this paper, we discuss two levels of student deep participation, with a focus on level II, where students collaborate with librarians in independent projects. Student deep participation allows the library to "engage the users, educate the users and empower the users" (Jennings, 2013), and offers opportunities for the library to be effectively integrated to the campus ecology of teaching and research. We hope our experience at Tsinghua library will help more academic libraries understand the practices and benefits of student deep participation, and create more opportunities to deeply involve students in library work, and to ultimately demonstrate the value and relevance of the library to the campus community.

References

[1] Arnstein, S. R. (1969). A ladder of citizen participation. *Journal of the American Institute of planners*, 35(4), 216-224.

[2] Association of Research Libraries. (2012). *21st-Century Collections: Calibration of Investment and Collaborative Action.* Retrieved from http://www.arl.org/storage/documents/publications/issue-brief-21st-centurycollections-2012.pdf.

[3] Astin, A. W. (1984). Student involvement: A developmental theory for higher education. *Journal of college student personnel*, 25(4), 297-308.

[4] Bennett, S. (2009). Libraries and learning: A history of paradigm change. *Portal: Libraries and the Academy*, 9(2), 181-197.

[5] Betz, B., Brown, S. W., Barberi, D., & Langendorfer, J. M. (2009). Marketing library database services to end users: peer-to-peer outreach using the Student Ambassador Program (SAm). *The Serials Librarian*, 56(1-4), 250-254.

[6] Black, W. K. (Ed.). (1995). *Libraries and Student Assistants: Critical Links*. Psychology Press.

[7] Brodie, R. J., Hollebeek, L. D., Jurić, B., & Ilić, A. (2011). Customer Engagement Conceptual Domain, Fundamental Propositions, and Implications for Research. *Journal of Service Research*, 14(3), 252-271.

[8] Claycomb, C., Lengnick-Hall, C. A., & Inks, L. W. (2001). The customer as a productive resource: a pilot study and strategic implications. *Journal of Business Strategies*, 18(1), 47-69.

[9] Connaway, L. S., Radford, M. L., & Williams, J. D. (2009). Engaging net gen students in virtual reference: Reinventing services to meet their information behaviors and communication preferences. Paper presented at the Fourteenth Annual National Conference of the Association of College and Research Libraries. Retrieved from http://0-www.ala.org.catalog.wblib.org/acrl/sites/ala.org.acrl/files/content/conferences/confsandpreconfs/national/seattle/papers/10.pdf.

[10] Cornwall, A., & Jewkes, R. (1995). What is participatory research?. *Social science & medicine*, 41(12), 1667-1676.

[11] Cui, C.S., (2005). The practice exploration of student assistants. *Library Tribune*, 25(5), 149-150.

[12] Daigneault, P. M., & Jacob, S. (2009). Toward accurate measurement of participation rethinking the conceptualization and operationalization of participatory evaluation. *American Journal of Evaluation*, 30(3), 330-348.

[13] Davenport, T. H., & Beck, J. C. (2001). *The attention economy: Understanding the new currency of business*. Harvard Business Press. Retrieved from http://lizdewet.com/client-pages/wp-content/uploads/2012/03/Attention-Ivey-Journal.pdf.

[14] Foley, M. (2004). Managing a new breed of academic library worker: the student computer assistant. *Technical Services Quarterly*, 21(4), 59-69.

[15] Greer, C. R., & Lei, D. (2012). Collaborative Innovation with Customers: A Review of the Literature and Suggestions for Future Research. *International Journal of Management Reviews*, 14(1), 63-84.

[16] Harder, M. K., Burford, G., & Hoover, E. (2013). What is participation? Design leads the way to a cross-disciplinary framework. *Design Issues*, 29(4), 41-57.

[17] Hasty, D. F. (2001). Student assistants as library ambassadors: an academic library's public relations initiative. *Technical Services Quarterly*, 18(2), 31-40.

[18] Jaguszewski, J.M., & Williams, K. (2013). New Roles for New Times: Transforming Liaison Roles in Research Libraries. Association of Research Libraries websites. Retrieved from http://www.arl.org/storage/documents/publications/NRNT-Liaison-Roles-final.pdf.

[19] Jennings, E. (2013). The Relevance of Academic Libraries in the Twenty-First Century. *College & Undergraduate Libraries*, 20(1), 107-116.

[20] Kotze, T. G., & Du Plessis, P. J. (2003). Students as "co-producers" of education: a proposed model of student socialization and participation at tertiary institutions. *Quality Assurance in Education*, 11(4), 186-201.

[21] Lankes, R.D. (2012). *Expect More: Demanding Better Libraries for Today's World*. Create Space Independent Publishing Platform, Lexington, KY.

[22] Lewis, D. (2007). A strategy for academic libraries in the first quarter of the 21st century. *College & Research Libraries,* 68(5), 418-434.

[23] Luo, L., Wang, Y., & Han, L. (2013). Marketing via social media: a case study. *Library Hi Tech*, 31(3), 455-466.

[24] Martin, C. M. (2012). One-minute video: marketing your library to faculty. *Reference Services Review*, 40(4), 589-600.

[25] Nambisan, S. (2002). Designing virtual customer environments for new product development: Toward a theory. *Academy of Management Review*, 27(3), 392-413.

[26] Nambisan, S., & Baron, R. A. (2007). Interactions in virtual customer environments: Implications for product support and customer relationship management. *Journal of Interactive Marketing*, 21(2), 42-62.

[27] Nambisan, S., & Baron, R. A. (2009). Virtual Customer Environments: Testing a Model of Voluntary Participation in Value Co-creation Activities. *Journal of product innovation management*, 26(4), 388-406.

[28] Naylor, S., Stoffel, B., & Van Der Laan, S. (2008). Why Isn't Our Chat Reference Used More?. *Reference & User Services Quarterly*, 47(4), 342-354.

[29] Reeg-Steidinger, J., Madland, D., & Hagness, C. (2005). Technology student assistants in academic libraries: we can't survive without'em!. *Technical Services Quarterly*, 22(4), 65-75.

[30] Richman, H., & Windsor, S. (1999). Faculty services: librarian-supervised students as research assistants in the law library. *Law Library Journal*, 91(2), 279-291.

[31] Saines, S. (2011). Circulation – the making of: Library videos and the real world. *The Journal of Academic Librarianship*, 37(6), 532-535.

[32] Scupola, A., & Nicolajsen, H. W. (2010). Service innovation in academic libraries: is there a place for the customers?. *Library Management,* 31(4/5), 304-318.

[33] Wals and Jickling (2009). A framework for young people's participation in sustainability. In P. Corcoran et al. (Eds.) *Young people, Education, and Sustainable Development: Exploring Principles, perspectives, and praxis*, Wageningen Academic Publishers.

[34] White, E. C. (1985). Student Assistants in Academic Libraries: From Reluctance to Reliance. *Journal of Academic Librarianship*, 11(2), 93-97.

[35] Maxey-Harris, C., Cross, J., & McFarland, T. (2010). Student workers: the untapped resource for library professions. *Library Trends*, 59(1), 147-165.

[36] Walton, G. (2010). University libraries and student engagement. *New Review of Academic Librarianship*, 16(2), 117-120.

[37] Wagner, E. L., & Piccoli, G. (2007). Moving beyond user participation to achieve successful IS design. *Communications of the ACM*, 50(12), 51-55.

原载 The Journal of Academic Librarianship, Volume 40, Issue 5, 2014

基于领先用户的学科服务创新实践探索
——以清华大学图书馆“信息达人”分享计划为例

刘敬晗　韩丽风

摘　要：清华大学图书馆学科馆员结合相关院系的特色培养计划，以信息共享、提升信息素养为目标，挖掘在信息素养、数字素养等方面的领先用户组成“信息达人”团队，发起“信息达人”分享计划，在本校师生中开展了一系列灵活、互动的信息素养能力提升活动，学科馆员也因此活动与用户群体构建了长期的合作共赢机制，打开了学科服务的新局面，获得读者广泛认可。本文详细分析“信息达人”分享计划实践的过程、重点和难点，以及相应的解决思路，与同行交流。

关键词：学科服务；学科馆员；领先用户；信息达人；信息素养；数字素养

0　引言

学科馆员在开展学科服务中，如何更自然、更高质地嵌入用户群体，如何发现更多的有效隐性用户资源，如何更专业、更精确地设计个性化定制服务等，是学科服务实践不断深化遇到的难点。初景利教授指出，学科服务融入一线具有不可替代性。学科馆员融入一线，参加用户各种各样的活动，与用户结成稳定而可靠的合作伙伴关系。通过融入和嵌入，得到用户的信任、认同和支持[1]。郭莉、张艺婕在讨论学科服务发展的新要求时认为，学科服务不是仅基于图书馆的现有文献信息资源开展服务，而是利用一切显性和隐性的资源知识开展服务[2]。

领先用户的概念最早是在 20 世纪 80 年代由麻省理工学院斯隆管理学院的创新管理教授埃里克・冯・希贝尔（Eric von Hippel）提出的：领先用户是用户群体中的一员，他们具有这样的特征：①期望从获得满足他们需求的解决方案中获得相对较高的收益，并且可能会有所创新；②是一个正在研究的市场中处于重要趋势的前沿用户，他们目前正在经历的需求将在以后被该市场的许多用户体验到[3]。传统的市场研究缺少对用户未来需求的分析和响应，因此“领先用户”概念的提出，刚好弥补这一缺陷，并被广泛研究和应用。国内相关研究一直持续，王楠等认为研究领先用户可以了解未来市场发展趋势和捕捉用户需求变化，开发更具市场潜力的新产品和服务等，并能针对后续用户进行有效营销[4]。伍耀规认为，领先用户在参与创新的过程中，既能提高价值体验、成就感，满足其个性化需求，又能使企业获取溢出利益，降低创新成本和风险[5]。

笔者对图书馆与信息领域明确使用“领先用户”概念的文献进行了调研。2011 年，李彦昭等探讨了将领先用户应用于图书馆服务创新的研究，建议图书馆应重新审视与用户之间的关系，可以构建领先用户的识别机制、培养机制、参与机制及评估和奖励机制，以充分发挥他们对服务创新的关键作用[6]。2013 年，O'Flaherty 等在文章中强调了学生团队作为创新中介机构的特殊作用[7]。2016 年，Hau 和 Kang 在他们的文章中指出，领先用户的影响研究正在引起学术界和商业界越来越多的关注。但很少有实证研究探索领先用户与创新相关知识共享行为之间的关系[8]。同年，Trischler 和 Kelly 对用户参与图书馆新服务的研究认为，用户参与可能对设计高价值和创意的图书馆服务是有效的，因为这使共同设计团队能够集中精力开发以用户为中心的服务。在一所大学图书馆，“领先用户”通常会是学生，资源的密集使用使得学生获得高水平的使用经验和相关领域内的顶尖知识。要充分发挥他们对图书馆的帮助作用，需要通过具体的相关利益来激励他们[9]。

如何凝聚用户智慧、拓展图书馆学科服务能力，领先用户的理念启发了我们开展学科服务的新思路。大学校园内不乏这样的读者，他们或者有着丰富的专业知识、超前的科研能力，或者是率先尝试新技术、新资源并卓有成效的读者，对于图书馆的资源和服务深度利用，充分发挥了优质馆藏资源的价值。他们正是图书馆的领先用户。与领先用户建立深入的合作关系，充分发挥其先进的知识、能力等优势，提升图书馆学科服务水平，不失为个性化、嵌入式学科服务的一个创新尝试。

2018 年，清华大学图书馆策划发起了一项发掘优质用户资源、推进用户协作式学习的“信息达人”分享计划。该计划以提升读者信息素养为目标，以图书馆领先用户为资源，在选题上与原有信息素养教育活动形成互补，主要由信息类学科馆员从相关院系遴选人才，组织实施，与相关院系用户群体构建稳定的合作共赢机制，逐步成为特色的学科服务项目。两年多来，在理念到实践的过程中，“信息达人”分享计划积累了实践经验，遇到过难点，也形成了有效的解决思路，收获了读者的认可，本文与同行交流。

1　案例实践

1.1　信息达人计划的定位

为了更好地提升读者利用资源高效学习和开展研究的能力，多数大学图书馆普遍开展信息检索与利用的课程教学、相关培训讲座，以及针对相关专业、课程或群体定制的专题培训，构成较为全面、系统的信息素养教育体系。而另一方面，信息时代对新型信息素养能力的要求越来越高，读者对于数字素养、新媒体素养等能力提升有旺盛需求，同时近年来随着共享经济、共享理念的发展，用户对于信息分享类的活动需求日渐突出。清华大学图书馆推出的“信息达人”分享计划，以学校学术交流的“微沙龙”为平台（该平台是清华大学为有效培育学生学术交流习惯、促进跨学科学术交流、激发创新潜力而建设的更为自主、活跃的学术交流模式[10]），由学科馆员从新信息技术（例如数据分析、可视化软件）、新研究方法（例如社科调查方法、专业研究方法），以及新媒体技术（例如平面设计、视频制作）三个方向发掘领先用户，作为“信息达人”，分享他们在这些方面的技术、方法和经验，从而提升参与学习者的信息能力。因此“信息达人”分享计划作为小型化、互动性强、更灵活多样的学习活动定位，以及新型素养能力的主题选择，对于传统的课程和大型讲座，在内容和形式上无疑都是非常重要而有益的补充。

1.2 信息达人活动的实践过程

2018 年 5 月，清华大学图书馆成功举办了“信息达人”分享沙龙的第一期活动。分享人是一位即将从本校毕业的优秀博士生，他分享了个人在学术读写方面的经验。现场边讲解边实践边讨论的形式，令每一位读者都得以充分的参与和收获。活动的尾声，图书馆现场组建了“信息达人”分享沙龙微信群，除了便于后续分享活动总结与报道，更便于读者持续关注活动，让图书馆的特色服务更广泛、有效地传递、流通起来。学科馆员同时在学校的学术交流平台组建了“信息达人”学术社群，随着多期活动的举办，活动参与度逐渐攀升，社群成员迅速扩充。在学期末的评选活动中，“信息达人”社群荣获全校“十佳社群”称号。这一称号标志着“信息达人”分享沙龙得到了校内读者的高度肯定。

图 1 为“信息达人”分享计划的活动流程图。共 5 个环节，环环相扣，实现完整的运作。

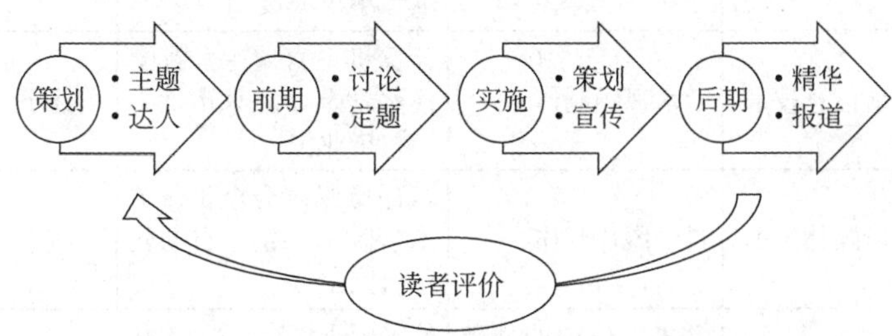

图 1 “信息达人”分享计划活动流程图

1.2.1 策划：确定分享主题和信息达人

（1）约见分享人，讨论分享内容的逻辑和层次；

（2）深度挖掘信息达人的信息特质，明确具体的内容大纲；

（3）确定讲解形式和知识深浅度；

（4）约定各个环节的时间节点。

1.2.2 活动宣传与实施

通过图书馆公众号、学术交流平台发布电子版活动邀请；在校园主干道张贴海报，邀请全校读者参与。宣传环节是活动的窗口，宣传内容主要包括：

（1）简介“信息达人”分享计划的初衷和设计理念；

（2）设计简洁鲜明的活动海报：包含活动主题、时间、地点、关键词等；

（3）提炼本期主题内容的要点，明确参与活动的前期准备（如安装软件等）；

（4）关联往期活动的推送，全面展示活动信息，强化读者对系列活动的认知和持续关注。

1.2.3 活动后期宣传与总结规划

“信息达人”分享计划的形式小而精，在现场读者收获丰富的前提下，如何让活动的关键内容得到更广的普及和传播，扩大活动的影响力？我们利用图书馆公众号发布推送，分享活动的干货技能或实况报道。推送的传递可以令活动的受益者变得更多，以达到更大范围内知识分享的最终目的。

活动结束后及时总结周期性收获，筹划新的活动内容。

1.3 信息达人实践成果

2018 年 5 月—2020 年 4 月，图书馆“信息达人”分享计划共成功举办学术分享活动 11 期，主要信息如表 1 所示。

表 1 “信息达人”分享计划历次活动信息

期数	日期	主题类别	分享主题	分享人（分享时的身份）	分享形式	补充说明
1	20180525	新科研方法	如何开展高效的学术读写	环境学院博士生，曾获 Elsevier RCR 杰出审稿人	线下	
2	20181123	新信息技术	“九歌”作诗是如何炼成的？	计算机系直博生、硕士生，THUNLP 实验室“九歌”小组成员	线下	“九歌”创作团队合作
3	20181130	新信息技术	学术视频制作	计算机系直博生，钟士模奖学金，北京市优秀本科毕业生	线下	
4	20181214	新媒体技术	科研图片制作	两任摄影协会会长，美术学院本科生、自动化系研究生	线下	摄影协会合作
5	20190417	新科研方法	学术写作中的规范与信息素养	航院硕士（毕业），曾任清华大学学报编辑	线下	分享人现为校友
6	20190508	新媒体技术	科研不枯燥，动漫炫起来	未来动漫游戏技术团队队长，美术学院信息系本科生	线下	动漫协会合作
7	20190531	新媒体技术	手把手教你创作属于自己的推文	生命学院博士生	线下	
8	20191025	新科研方法	阳光正暖，科研静好——科研经验分享	材料学院直博生，博士生国家奖学金获得者	线下	
9	20191129	新信息技术	揭开 Python 的神秘面纱	计算机系直博生	线下	
10	20200410	新媒体技术	手把手教你创作属于自己的推文	生命学院博士生	线上	保留选题，疫情期推出线上分享
11	20200424	新科研方法	宅在家中，科研不误	材料学院直博生	线上	保留选题，疫情期推出线上分享

1.3.1 读者的反馈分析

活动平台设有沙龙评价环节，活动结束后，参加者需谨慎求实地对活动给予评价。这样的规则使得参与者的评价更有参考价值，更有说服力。

图 2 为读者对于“信息达人”分享沙龙的评价分析（微词云），我们可以看到读者提到的高频词汇和关键词，与“信息达人”分享计划的契机非常吻合。同时，详细品读分析读者的评价和建议，能够从中获取更多筹备新活动的灵感和思路，确保了分享计划的常态化。

图 2 “信息达人”分享沙龙的评价分析

1.3.2 信息达人的体验调查

信息达人活动使得参与学习者得到信息素养的提升，而对于分享者，他们在分享活动过程中除了付出努力，还有哪些收获和体会？他们对于未来活动改进有何建议？在 10 期活动之后，作为阶段性总结，我们对部分信息达人进行了访谈，以便深入了解他们的体验和感受。从达人们纷纷发来的感言中，我们看到了图书馆学科服务在不同方面所体现的价值。他们在准备分享的过程中坚固了自身的知识体系；在沟通和分享的过程中激发了更多的思考和探究；在分享活动中结识了来自不同院系志同道合的科研同伴……在逐条整理达人们的感言时，学科馆员看到了学科服务的更多前景，也增强了更优质、更精准服务于读者的动力。以下为分别来自五位信息达人的反馈文字：

①我觉得图书馆的活动极大地发挥了园子里群策群力的优势。学习科研里我们总会遇到各种问题，查找文献，整理数据，梳理文章，做 ppt……有的可以自我学习，但一个人力量毕竟有限，没办法面面俱到。图书馆请达人们分享自己的经验，让我们在短时间内就学会达人们擅长的技巧，极大地提升了学习效率。有些达人们分享的技巧是我没有想到但又极为需要的，听完分享有一种醍醐灌顶之感。受益良多。感谢图书馆举办的达人活动！

②祝咱们图书馆的分享沙龙活动影响越来越大！园子里的好多学习、社工技巧都靠口耳相传，或是自学成才，学校里即便有相关课程，其课容量也有限。而图书馆组织的活动提供了学习各种各样知识的窗口。现有的沙龙似乎面向零基础受众，是不是也可以考虑和学校里的乐学合作，分享平台资源，组织有层次的系列活动呢？

③仍记得第一次被邀请参与信息达人时内心的激动与紧张。当时为了更好地讲解推文的排版，在几位老师的帮助下，自己一遍又一遍梳理了近期掌握的相关技能。可以说，那一次讲座，不单单是在给别人讲，也让自己对这一方面有了更系统化的了解。

④感谢“信息达人”微沙龙活动，让我有机会能和科研道路上的小伙伴们分享交流自己在科研学术中的感悟和收获。一方面，制作、准备分享课件的过程帮自己厘清了思路，梳理了研究方法的逻辑；另一方面，通过分享交流，集思广益，和小伙伴们的思想碰撞也让自己收获良多。微沙龙活动让参与的每个人都受益匪浅，相信一定会越办越好。

⑤“信息达人”这一活动非常有意义，是一个很好的分享知识的平台，尤其是很多分享者分享的内容都有一定程度的文理交叉，参与的讲者和听众也来自不同院系，有不同的知识背景。这样的形式非常有利于不同学科的知识融合和发展。另外有一个小小的建议：这次疫情期间发现其实在线讲座的形式非常好，以后疫情结束，每次的讲座如果讲者同意，也可以考虑录像保留视频，然后在图书馆的网址或者学堂在线上进行播放。这样没能去现场的人也能看到相关讲授；也可以考虑联系在校外的一些校友，邀请他们做一些远程的在线讲座。祝愿“信息达人”活动越办越好！

2 实践难点与解决方案

两年来“信息达人”分享计划从出生到成长，受到读者认可的同时亦有过瓶颈，有过困惑。随着活动热度的不断升高，如何保持选题的新颖性，兼顾分享内容适合跨学科，适合深入讨论与探究；以及受学生毕业离校等因素影响，如何不断遴选优秀的分享人，保持一支领先、稳定的达人团队等，都是实践中的难点和挑战。

通过“信息达人”分享计划的实施和总结，我们对过程中遇到的各种问题深入思考和分析。行之有效的方法，作好记录并有效利用；尚未攻克的难关，则要做更多元化的探索和尝试。

2.1 关于分享人、分享主题的选择

2.1.1 经典选题的选择与保留

信息时代，科技爆发，活跃在高校校园中的各种科技新兴话题层出不穷，但踏实搞科研，认真做学术的过程，总有经典不变的理念、方法需要牢记，学校教育有其特有的周期性和重复性。比如，如何看待“学术不端”行为，学术论文写作规范；研究生科研经验积累；论文写作中的媒体图像处理等，诸如此类在校学生都要面对、需要交流指导的话题，分享计划有必要长期保留。根据读者意向，在需要的时候，定制有针对性的再次分享，成就活跃的经典。

2020年春季学期，新冠疫情突如其来，我校师生在积极抗疫的同时，保质保量地完成了线上教学。雨课堂、腾讯会议等多种线上直播课程也为图书馆活动带来机遇和挑战。这种“宅”在家中的状态，对于活动策划、与达人针对选题内容进行细节讨论来说，非常不便。此时，已有成功分享经验的优质保留选题是较好的选择。于是，“手把手教你创作属于自己的推文”和“宅在家中，科研不误”两个主题的线上分享应运而生。

两场活动收效理想。虽然每期的宣传平台仅限图书馆官微，力度有限，却未影响分布在大江南北的读者热情参与，特别是还吸引了其他高校的读者关注和报名。两位达人在繁忙的学习和科研的同时，完成了线上精彩的分享。

2.1.2 关注校园热点前沿，建立与学术团体的合作

高学术质量、科研创新型的选题，是“信息达人”分享计划的主要分享内容。

清华大学为在校师生开辟众多学术研讨平台，不同院系也在进行着各有特色的学术分享活动。信息学科馆员长期关注各个平台和相关院系举办的学术分享活动，及时捕获热点学术问题，开辟适合“信息达人”分享计划的分享内容和形式，与时俱进，以确保活动的创新性、新颖性。

校内学生社团需要定期举办交流活动并做成果展示。学科馆员及时关注学校开展各项学术活动的动态，寻找跨学科、活跃度高的学生科创社团，建立长期合作关系，共同开展学术分享活动。将图书馆“信息达人”分享计划与学生社团活动相结合，既能确保图书馆分享活动的主题新鲜有活力；又能为社团活动提供更有利、更开阔的交流平台；同时还能提升双方在校园内的关注度。

学科馆员先后与校内多个院系科协、社团等学生团体沟通并确定了若干可执行合作方案，目前包括计算机系科协、动漫协会、摄影协会、IEEE 清华大学学生分会、美院社工活动组等。其中，与摄影协会合作开展的“科研图片那些事儿：拍摄、后期及资源检索”，以及与动漫协会合作开展的“科研不枯燥，动漫炫起来”，均受到了众多读者的肯定与好评。

2.1.3 扩大达人范畴，巩固学术社群

未来，“信息达人”分享计划将会尝试设计更多样化的达人系列，邀请更多领域的学者（例如校友，分享毕业后从事科研活动中，如何应对各种挑战，发挥自身所学，攻克难关），开辟不同特色的主题分享。既要重点邀请也要广泛撒网，不定期更新“信息达人召集令”，在校园范围内广发“英雄帖”，征集更多的学术话题和分享人推荐或自荐。同时，也借此在全校范围内扩大“信息达人”分享计划的关注度，以及服务的覆盖面，进而维持学术社群和活动品牌的高影响力。

2.2 关于分享活动形式的多样性

2.2.1 线下、线上相结合

新冠疫情给人们的工作和生活模式都带来了巨大的影响，许多问题需要深入思考和改变。疫情期间成功举办的两场线上分享活动，带给读者更多参与的机会；促进更多交流与思想的碰撞。在这个过程中多位读者建议长期保留线上分享的活动形式。下一步我们计划借助一些工具平台，将线上与线下的活动整合为全新的学术分享体系，既能存档活动的精彩内容，又能给当时不能参与活动的读者提供“微课程”学习机会[11-12]。

未来，线上活动与线下活动相结合，将成为“信息达人”活动的常态化分享形式。

2.2.2 分享活动做层次化区分

2019 年 11 月 29 日，受读者期待很久的第 9 期“信息达人”分享系列活动“揭开 Python

的神秘面纱”如约而至。读者来自各个院系，对Python的了解和熟悉程度完全不同。活动邀请的达人是计算机系的程序设计多面手，实力很强。然而，Python毕竟是一门语言，相比其他主题，面对跨专业、零基础的听众，这一点对分享人来说有较大挑战。经过组织者与分享人提前沟通，分享人利用现实中多数读者都经历过的社工活动案例，顺利切入了主题，然后围绕相关应用逐步展开讲解和讨论。最后，无论是尚未接触过Python的读者，还是有着一定学习经验的读者，都在不同程度上对这门语言有了更进一步的了解和认识。

活动结束后，在与分享人的讨论中，针对读者在这次分享活动中的具体收益，我们有了更深入的思考。这次活动中的参与者在Python这个领域其实是多层次分布的，有人零基础，有人刚入门，有人考虑进阶……为保障不同层次学习者的学习效果，以后此类选题的分享，我们考虑针对不同基础的读者，开展不同级别的、更精准的学习分享活动。

3 总结与展望

清华大学图书馆实施“信息达人”分享计划，拓展了特色学科服务内容，通过开展更灵活、更互动、更深入、更新颖的信息素养教育活动，丰富了信息素养教育体系，增强了学科服务在学校新型学术平台中的显示度，从而更好地融入学校学术新生态，为学校人才培养提供支撑做出了贡献[13]。可谓：凝聚读者智慧，提升活动质量；融入用户群体，打造精品服务。

结合Urban和Hippel的研究结论，我们认为对于图书馆来说，“领先用户”参与设计新的信息分享和传播机制，有助于挖掘更多的潜在读者。相对于普通读者，与领先用户合作更加有利于学科服务的创新开发及推广，也有利于促进图书馆资源更深入、广泛地使用[14-15]。“信息达人”分享计划，发现了校园中的信息“千里马”，挖掘其兴趣偏好并为其定制知识分享服务，充分发挥他们的信息潜能；对于信息达人本身，活动的开展有益于帮助达人更准确地梳理知识框架，提高沟通表达能力。

初景利教授在讨论嵌入式学科服务的难点问题时指出，学科馆员的知识结构与能力水平还无法适应嵌入式服务的需求；缺乏与用户沟通、合作的对话平台……学科馆员必须时刻具备职业精神和服务意识，从用户角度思考问题，建立一种绑定机制，体现双方的共同利益[16]。本文案例充分表明图书馆的“领先用户”有助于超越学科馆员知识能力的局限，使图书馆学科服务达到更高的水平；同时，两者针对“信息达人”分享计划的合作组织机制，也形成了一个稳固共赢的绑定关系，从而有利于构建稳定而活跃的学术社区，对于图书馆意义深远。

参考文献

[1] 初景利. 学科馆员对嵌入式学科服务的认知与解析[J]. 图书情报研究, 2012(3): 1-8.

[2] 郭莉, 张艺婕. 泛信息时代高校图书馆服务学科建设研究[J]. 商洛学院学报, 2019, 33(4): 92-96.

[3] Franke N, Von Hippel E, Schreier M. Finding Commercially Attractive User Innovations: A Test of Lead-User Theory[J]. Journal of Product Innovation Management, 2006, 23(4): 301-315.

[4] 王楠, 张士凯, 王海军. 领先用户概念演进及影响后果：研究综述与展望[J]. 科学学与科学技术管理, 2019, 40(3): 31-42.

[5] 伍耀规. 领先用户创新的机理研究[J]. 经济师, 2019(2): 36-37, 48.

[6] 李彦昭, 陈朝晖, 郑菲. 基于领先用户的图书馆服务创新机制研究[J]. 图书馆建设, 2011(9): 71-74.
[7] O’Flaherty B, O’Donoghue J, Bogue J. Innovation Intermediation and Emerging Medical Devices—The Lead-User Method in Practice[J]. Journal of Cases on Information Technology, 2013, 15(3): 24-37.
[8] Hau Y S, Kang M. Extending lead user theory to users’ innovation-related knowledge sharing in the online user community: The mediating roles of social capital and perceived behavioral control[J]. International Journal of Information Management, 2016, 36(4): 520-530.
[9] Trischler J, Kelly K. User Involvement in the Design of New Library Services: Learning from the Application of Codesign on Library Service Design Projects[J]. Quality & the Academic Library, 2016: 111-120.
[10] 张小平, 刘博涵, 吴锦鹏, 等. 基于社交媒体的“互联网+”学术交流模式探究——以清华大学微沙龙为例[J]. 学位与研究生教育, 2016(10): 38-42.
[11] 林晓青. 微课在图书馆的应用探讨[J]. 情报探索, 2014(10): 106-108.
[12] 于静, 郝永艳, 赵敏, 等.“微课程”在信息素养教育服务中的实践探索[J]. 图书馆建设, 2015(10): 60-62.
[13] 韩丽风, 曾晓牧, 林佳. 新环境下高校信息素养教育实践的创新探索[J]. 图书情报工作, 2018, 62(24): 16-21.
[14] Urban G L, Von Hippel E. Lead User Analysis for the Development of New Industrial Products[J]. Management Science, 1988,34(5):569-582.
[15] Von Hippel E. New Product Ideas From ‘Lead Users’[J]. Research Technology Management, 1989, 32(3): 24-27.
[16] 初景利. 我国图书馆学科服务的难点与突破[J]. 中华医学图书情报杂志, 2012(4): 1-4.

原载《图书馆杂志》2022 年第 5 期

利用 Innography 进行专利情报分析
——以 OLED 为例

战玉华　潘乐影　程爱平

摘　要：指出作为众多专利分析工具中的一种，Innography 具有专利检索、统计分析及核心专利挖掘等功能。以典型课题有机发光二极管（OLED）为例，探索 Innography 在专业情报分析中的价值，阐述如何利用 Innography 获取全球专利信息，利用专利强度指标挖掘核心专利，对相关专利进行统计分析，得出科学的结论。总结 Innography 的特点及不足，强调专利情报分析必须准确和全面。

1　引言

专利作为特殊的一类文献，在科技研发、情报分析等工作中起着重要的作用。对相关领域的专利进行分析，可以了解技术的发展概况和发展趋势，获知重要的研究机构、发明人，找到核心的技术，为科技创新、知识产权保护等提供参考。因此，专业的情报咨询机构，高等院校的图书馆、科研处，跨国公司的研发、情报等部门，对专利的获取、分析及利用都极为重视。近年来，部分高校图书馆相继开展了情报咨询服务，为学校、院系、重大项目组等提供知识产权等方面的分析报告，推动学校的科研创新。

国内外有许多专利分析工具，如 Thomson Reuters 公司的 Thomson Innovation、Aureka、Thomson Data Analyzer（TDA）[1]，Dialog 公司的 Innography[2]，日本野村研究所的 True-Teller，北京理工大学的 ItgMining，保定大为软件公司的 PatentEx 等[3]。这些分析工具既有类似的功能，也各有其特点。如 TDA，其数据挖掘功能非常强大，但需要导入数据；Thomson Innovation、Innography 则本身包含海量专利数据，可以检索和分析，但缺乏数据的二次加工功能，情报分析人员可根据需要选择或组合使用。

Innography 是 Dialog 公司 2007 年推出的专利检索与分析平台，包含来自全球 90 多个国家和地区的 8000 多万篇专利信息以及美国专利诉讼信息、美国注册商标信息等，还包含来于邓白氏等途径的商业数据。Innography 既包含专利信息，又包含与专利信息相关的公司财务、诉讼、商标等商业信息，可对竞争者进行技术实力、公司实力的多指标对比分析，而绝大多数专利数据库缺乏商业数据。此外，Innography 还有独特的专利强度指标，可以挖掘核心专利。

Innography 在内容、分析等方面的诸多功能及特点，使之可在科研、专利情报分析中发挥重要作用，部分高校和科研院所相继开始探索利用 Innography 开展专利情报服务。以笔者所在的清华大学图书馆为例，我们利用 Innography 为校内的部分重点项目进行专利情报分析，所做分析报告得到了清华大学科研院和课题组老师的一致认可和好评，促进了学校的教学、科研和知识产权保护工作。

调研发现，关于 Innography 的研究论文数量很少，只有几篇。其中，中国科学院国家科学图书馆的王玉婷等作者，对 Innography、Derwent Innovations Index（DII）、Thomson Innovation、CNIPR、中国科学院专利在线分析系统五大专利数据库从专利数据收录范围、加工方式、清洗程度以及引文数据、同族数据和法律状态数据等方面进行对比研究，分析了它们各自在适用于专利情报工作时的优劣势[4]；南开大学图书馆的陆萍等作者，研究利用 Innography 挖掘南开大学高产出学科领域的核心专利[5]；浙江大学的余敏杰、湘潭大学的邱洪华等作者，分别利用 Innography 对海洋生物产业、循环流化床锅炉、中美航空发动机进行了专利情报分析[6-8]。这些论文或是对 Innography 的功能进行分析，或是对其实践应用进行介绍，未深入研究其在专业情报分析中的价值。

本文试图挖掘 Innography 的功能，特别是在专业情报分析中的价值，并以有机电致发光二极管（Organic Light Emitting Diode，OLED）为例，对 Innography 的功能及应用进行深入研究和实践。OLED 具有自发光性、广视角、全彩化等优点，应用广泛，全球很多机构致力于 OLED 的研发和制造，我国在此领域也有较强发展[9]，其中清华大学的邱勇教授在此方面技术实力很强，申请专利约 200 件。本文研究利用 Innography，获取相关专利，通过分析获知技术的发展趋势、主要竞争者及其差距、核心技术分布等信息，找到高价值专利，促进我国 OLED 领域的发展。

2 全球专利检索

要全面了解国内外对相关课题的研究情况，尤其是专利申请和保护情况，首先需要获取其全球专利信息，而情报分析也必须保证分析对象的准确性和全面性。为此，要选择收录内容全、范围广的专利资源，采用合适的检索策略，获取全面准确的专利信息。

包含世界多个国家和地区专利文献的资源有很多，如 DII、Espacenet[10]、PATENTSCOPE[11]、TotalPatent[12]、Innography、Orbit 等都包含了几千万篇专利。不同专利资源由于所含内容、检索方式的不同，检索到的结果会有所差异。如 DII，对专利的题名和摘要进行了改写，并可进行化学结构检索，应用很广泛，但其仅收录 1963 年以后的专利，分析功能也稍弱。

Innography 包含 8000 多万篇专利，并有专利诉讼、商标等商业信息，提供机构名称（Company Name）、诉讼关键词（Litigation Keywords）、专利关键词（Patent Keywords）、专利号码（Patent Numbers）、语义检索（Patent Semantics）等多种检索方式。对于 OLED 课题，选用关键词 OLED、Organic Light Emitting、Organic electroluminescence、Organic LED 等，在专利标题、摘要、权利要求项中检索，得到专利 101102 篇（见图 1），其中申请公开的专利 68979 篇，已授权专利 13902 篇。

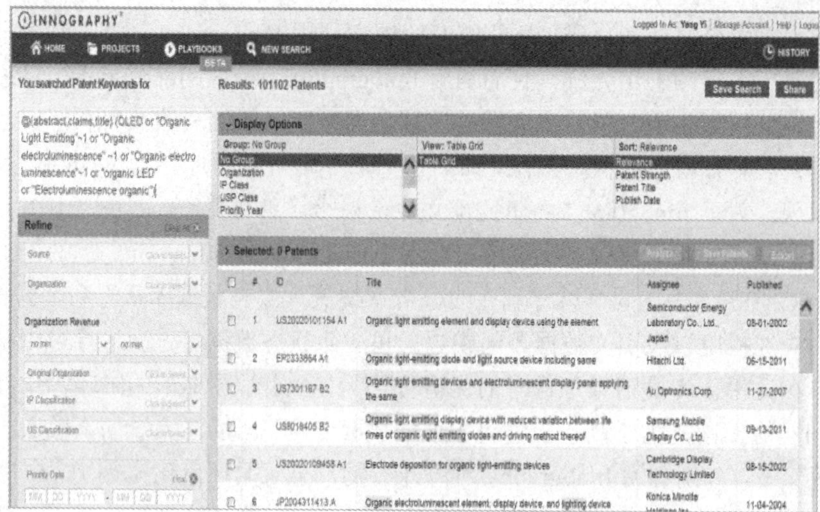

图 1 OLED 全球专利信息

从检索结果可以看出，OLED 领域的专利数量是比较多的，研究比较活跃。对于检索到的专利，可以按照专利申请地区、公开日期、失效日期、专利权人等进行精炼，如通过失效日期精炼可以分别获取依然有效或在审（active）的专利以及已经失效（expired）的专利，OLED 失效专利为 26812 篇，约占 27%，近年来失效专利的利用也受到越来越多科研人员及机构的重视[13]。

3 相关专利的统计分析

对课题相关专利进行宏观统计分析，可以全方位了解技术的发展历程、专利的国家/地区分布、重要专利权人的竞争态势等信息，从而为制定相关战略提供决策参考。

几乎每个专利分析工具都有统计、分析功能，如专利权人、发明人、年度分布等，其中有些功能类似，而有些功能则是独特的，如 Thomson Innovation 的 Themescape 专利地图，Innography 的全球竞争态势图等。利用 Innography，可对专利申请量的年度变化、专利申请的区域分布、技术来源的区域分布、全球竞争态势、发明人、专利分类等进行统计分析。

3.1 专利申请量的年度趋势分析

对专利的年度申请量进行分析，可以了解该技术的发展和变化情况。将 68979 篇 OLED 专利按照优先权年份（Priority Year）进行统计，得到申请趋势图（见图 2）。由图 2 可见，OLED 的专利申请量在 2000 年之后迅速上升，2004 年以来年申请量均在 4000 篇以上，呈高位稳定状态。这说明该领域最近 10 年来发展很快，进入了高速发展期。

3.2 专利申请地区分布

专利的申请地区（Source Jurisdiction），是指专利权人申请专利保护的国家或地区，对应的是专利号中的国家/地区代码。对申请地区进行分析，可以看出专利权人想在哪些国家/地区保护和实施其发明。

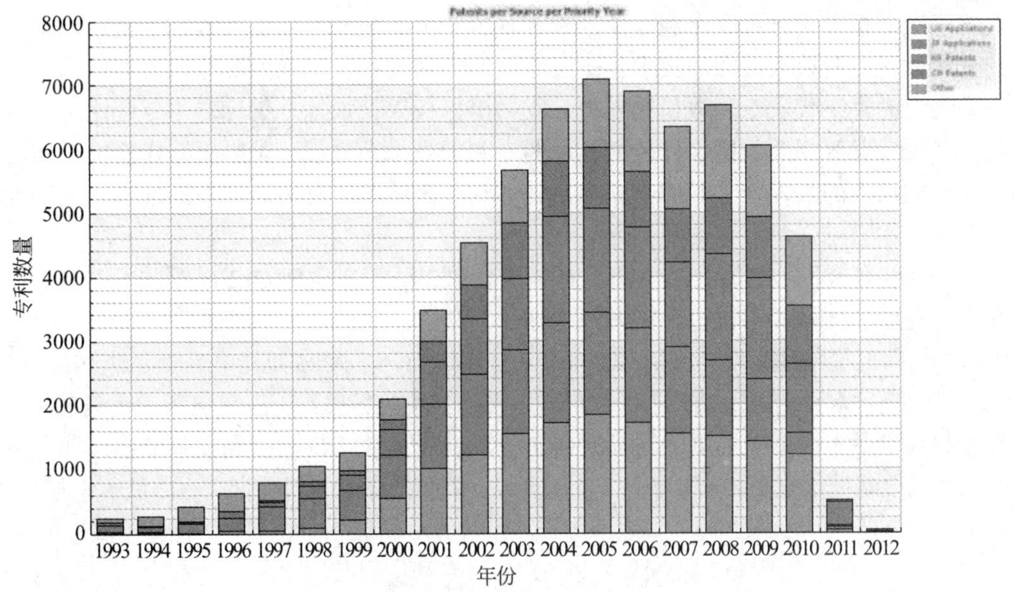

图 2　OLED 专利申请量的年度分析

对于专利申请地区的统计分析结果，Innography 提供表格、地图等多种格式。地图格式可以直观显示排名前 20 的地区分布，其中绿色、淡绿色的为专利申请数量较多地区，橙色地区专利申请数量则相对较少。

将 68979 篇专利按照申请地区进行统计分析，发现 OLED 的专利，主要集中在美国（16637 篇）、日本（15555 篇）、韩国（14010 篇）和中国（10200 篇），法国、英国、德国等国家稍次之。

3.3　技术来源地区分布

专利发明人的国别（Location）可以体现专利技术的来源地。对 68979 篇专利的第一发明人国别进行统计分析，可以发现 OLED 的发明人主要来自日本和韩国这两个国家（专利量分别为 2 万篇左右），占绝对优势；美国稍次之；中国、德国、法国则紧随其后。说明来自这几个国家和地区的发明人占据了该领域专利的主导地位，技术较强。

通过对比可以发现，虽然日本和韩国是 OLED 的主要技术来源地区，但美国才是最主要的 OLED 专利申请地区。由此可以看出，技术来源地区和专利申请地区的排序并不完全一致，要想得到全面、准确的结论，必须从多个方面进行分析。

3.4　全球竞争态势

全球竞争态势即专利权人的对比分析，对于了解研究领域的整体状况非常重要。许多专利数据库、专利分析工具都有专利权人的分析功能，但大多仅依据专利数量这一唯一指标进行统计分析，未考虑专利的重要程度、机构的实力等其他因素。实际上，专利数量这一表面化指标很难准确反映真实的竞争态势，因为一件核心专利的价值往往会超过几十篇一般专利的价值，因此对竞争者应进行综合对比分析。

Innography 除包含专利信息外，还包含来自邓白氏公司等途径的商业信息，在对专利权人的对比分析中充分考虑专利数量、专利技术实力、公司整体实力等多个指标，采用气泡图直观体现专利权人之间的技术差距及综合实力对比：①气泡的颜色代表不同的专利权人。②气泡的大小代表专利数量的多少。③横坐标代表技术综合指标，与专利比重、专利分类、引用情况等相关。横坐标越大，说明专利的技术性越强。④纵坐标代表机构实力指标，与专利权人的收入、专利的国家分布、专利涉案情况等有关。纵坐标越大，说明专利权人的综合实力越强。

将 68979 篇专利按照专利权人进行分析（见图 3），可以发现 OLED 领域不同专利权人的专利拥有量、技术实力、综合实力差距悬殊。其中：

（1）韩国三星集团公司（包括三星电子、三星 SDI）以 9225 篇专利在数量上遥遥领先，且该公司的技术水平也远远领先于其他机构，公司实力也很强：①三星电子的气泡最大，说明其专利数量最多；②三星电子的气泡最靠右，说明其 OLED 的专利技术最强；③三星电子的气泡高度略低于索尼公司，略高于 LG 公司，说明三星电子的综合实力略低于索尼公司，略高于 LG 公司。

（2）LG 公司（包括 LG display）以 5149 篇专利位居其次，其公司实力与三星电子不相上下，OLED 专利技术稍逊于三星电子，是三星的强有力竞争者。

（3）作为最早研究 OLED 技术的伊士曼柯达（Eastman Kodak）公司，其技术实力仅次于三星、LG 公司，技术实力较强，但公司综合实力非常低（已经申请破产保护）。

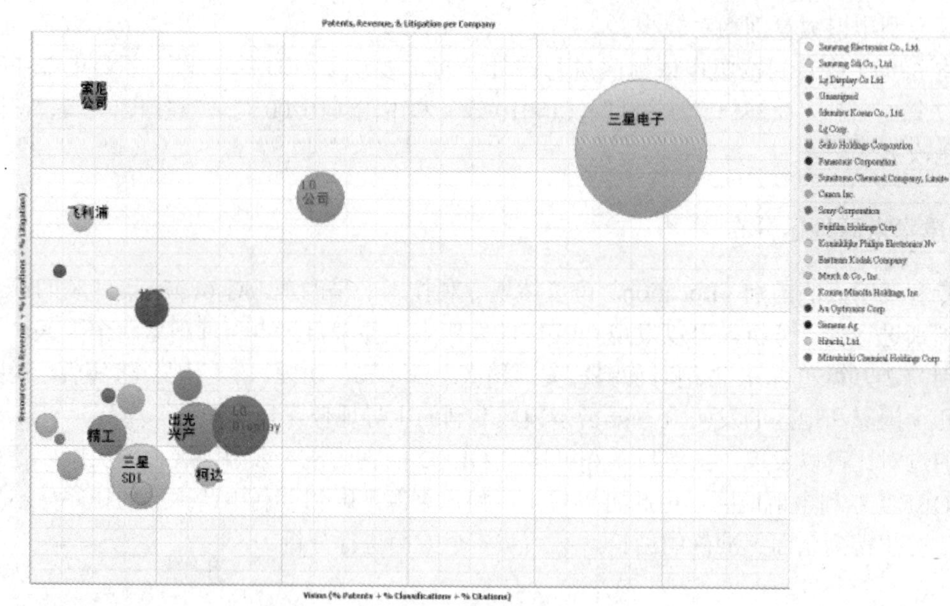

图 3　全球竞争态势

3.5　重要发明人

专利发明人是掌握技术的重要科研人员，是需要关注、跟踪的对象。按照发明人统计分析发现，OLED 研究领域的重要发明人包括：出光兴产公司的 Chishio HOSOKAWA，其专利量最多，为 752 篇；柯尼卡美能达公司的 Hiroshi KITA，专利量次之，为 338 篇；另外还有多位发明人申请了 200 多篇专利，也是该领域的重要技术研发人员。

3.6 专利主题分布

国际专利分类号（IPC）是国际通用的专利分类系统，可以用于分析专利的主题分布。利用 Innography 可以对专利的主分类号进行分析，有表格、饼图、树状图等多种形式，其中树状图尤为直观。

按照专利的主分类号进行统计，可以看到 OLED 的专利主要涉及电致发光光源（H05B 33/00）、使用有机材料作有源部分的固态器件和制造/处理这些器件的工艺方法或设备（H01L 51/00）等方面（见图 4）。

通过对 IPC 进行分析，可以看出该领域的研究主要集中在哪些方面以及研究热点和研究重点分别是什么。科研人员可以依据这些信息，制订规划未来的发展方向和研究方案。

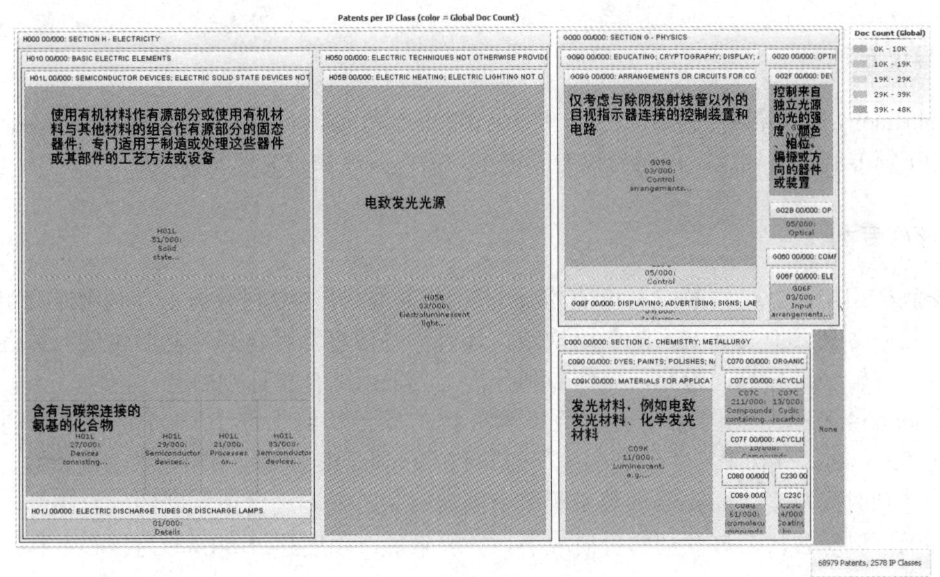

图 4 专利 IPC 分析

3.7 其他分析

除可对检索到的相关专利进行宏观统计分析外，Innography 还可以对检索结果或其中的一篇、多篇专利（最多 15000 篇）进行深度分析（analyze），如分类号扩展、前后引证扩展、文本聚类、同族扩展、同族去重等。其中，对于单篇专利，可以查看引证图、专利全文、法律状态、诉讼信息、同族专利及相关商标等，并可进行无效分析和侵权分析。对具体专利进行无效、侵权分析，对专利权的保护，尤其在专利诉讼时是非常重要的。

4 高价值专利挖掘

核心专利的挖掘对于科研及专利分析来说非常重要，一些研究领域经常会有几万甚至几十万篇专利，如果不加区分地进行研究和阅读，会花费相当长的时间，耗费若干精力。而如果能从众多专利文献中找到高价值的核心专利加以利用，对于科技研发、专利申请、专利诉讼等事务可以起到事半功倍的作用。

Innography具有独特的专利强度工具，能够挖掘核心专利。其采用的“专利强度”是与专利的权利要求数量、引用与被引用次数、是否涉案、同族专利数量等多个因素有关的综合指标，利用“专利强度”挖掘核心专利，比仅用被引用次数等单个指标更为准确。利用Innography，还可以找到有过诉讼、异议的专利，这些都是重要的专利。

4.1 诉讼专利

Innography 提供诉讼专利筛选工具，将 101102 篇 OLED 专利按照诉讼与否进行筛选（+litigated），发现64篇专利有过诉讼，可以看到OLED的诉讼数量较多。Innography提供诉讼专利的专利号、案件编号、原被告、诉讼日期、结案日期、法院归档记录等信息，这些信息有助于我们全面评价专利的价值。

4.2 异议专利

Innography提供异议专利筛选工具，将101102篇专利按照异议与否进行筛选（+opposition），发现261篇专利有过异议，说明异议专利很多，可以关注和研究这些专利。

4.3 核心专利

专利的引用次数是判断专利价值的一个重要指标，许多专利分析工具利用专利引用次数挖掘核心专利。但实际上，除引用次数，还有一些信息能够体现专利的价值，如诉讼信息、专利权转让信息等，为此，一些专利分析工具采用综合指标判断专利价值。

Innography 采用美国加州大学伯克利分校与乔治梅森大学共同研究的“专利强度（Patent Strength）”指标[14]，“专利强度”与专利的权利要求数量、引用与被引用次数、是否涉案、专利时间跨度、同族专利数量等多个因素有关，是专利价值判断的综合指标，其强度的高低可以综合代表该专利的价值大小。一般来说，强度超过80%的为核心专利。

4.3.1 核心专利挖掘

将101102篇专利按照专利强度进行筛选，得到强度超过80%的核心专利2333篇，同族扩增后核心专利共计14330篇；强度超过90%的核心专利870篇，同族扩增后核心专利共计6533篇。

4.3.2 核心专利技术聚类分析

Innography具有文本聚类（Text Clustering）功能，可对专利标题、摘要和权利要求项的前 10000 个单词进行扫描和聚类。将强度超过90% 的870篇专利进行文本聚类，发现OLED核心专利的研究主要集中在发光元件（light emitting element）和传输层（transporting layer）这两大核心领域。

4.3.3 核心技术竞争态势

将14330篇核心专利按照专利权人进行统计分析，发现：①作为最早研究OLED的柯达公司，拥有的核心专利数量最多，但公司实力、技术已远远落后其他机构；②普林斯顿大学拥有的OLED核心专利数量虽处于第三梯队，但技术实力最强，远远超出其他机构（见图5）。

对比全球竞争态势图（见图 3）和核心技术竞争态势图（见图 5），可以看出，依据拥有 OLED 专利的总量和拥有 OLED 核心专利的数量分析，排名前 20 位的机构及其技术实力、公司实力对比结果并不完全相同，图 5 中技术实力最强的普林斯顿大学未出现在图 3 中（即普林斯顿大学拥有的 OLED 专利总量排名在 20 名以下）。由此再次说明，只有进行多方位分析，才有可能得出比较科学的结论。

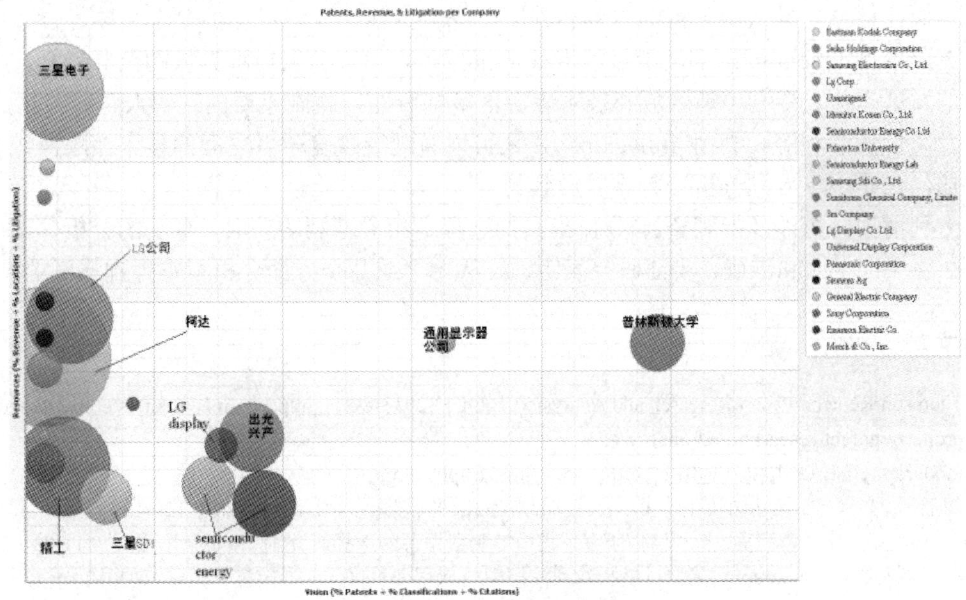

图 5 核心技术竞争态势

5 Innography 的不足

每个专利分析工具都有各自的特点，但仍存在需要加强或改进的地方。

就 Innography 而言，由于只显示第一专利权人，而某些专利的专利权人不止一个，因此用专利权人名称检索时会有一定的遗漏，对检索到的专利进行专利权人分析时，也会造成一定的误差。同样，由于 Innography 仅对第一发明人的国籍进行分析，而当今社会国际间合作越来越广泛，来自两个以上国家/地区的发明人合作申请的专利量有所增多，因此会影响这些专利的分析结果。当然，对于几万篇甚至几十万篇专利的分析来说，些许误差不至于影响结论的准确性，但如果能够做到底层数据更完整、分析数据更准确就更好了。

一些专利数据库如 DII、Thomson Innovation 等对一些重要的专利权人进行了标准化处理，如 DII 用专利权人代码“SMSU-C”将三星集团所有的分支机构归一化，对检索到的专利则既可以按专利权人名称（单个机构）分析，也可以按专利权人代码（整体）分析。Innography 虽然对全球 1000 多万家机构的专利、诉讼等信息以公司树的形式进行了整合处理，但针对某一课题的专利，如要进行专利权人分析，则只能按照单个机构分析，不能归一化为整个集团。以全球竞争态势图（见图 3）为例，同属三星集团的三星电子、三星 SDI 是作为两个专利权人分别分析的。对于分析工具来说，如能提供更多的选项，得出的结论会更加全面。

6 结语

在科技快速发展的今天，相关专利的检索、分析及利用越来越受到人们的重视，包括 Innography 在内的众多专利检索平台及分析工具为研究者提供了便利。

Innography 既包含全球专利信息，还包含与专利相关的诉讼信息以及注册商标、公司财务等商业信息，并采用独特的“专利强度”综合指标，在情报分析中作用显著。

充分挖掘 Innography 的功能进行专业情报分析，可以获取所选领域的全球专利，了解技术的发展态势、专利申请区域和技术来源区域的分布，找到重要的发明人、研究热点/重点以及高价值专利等。利用 Innography，还可以直观展现竞争者之间的技术差距及综合实力对比，这是很多专利分析工具难以做到的。

专利情报分析涉及专利资源/分析工具的选择、相关专利的获取、专利的分析等诸多方面，必须保证全面和准确，实证研究表明，仅从一个或几个方面分析很难得到科学的结论。

参考文献

[1] Thomson Reuters. Patent Research and Analysis[EB/OL]. [2013-8-21]. http://thomsonreuters.com/intellectual-property/patent-research-and-analysis/.
[2] Innography[EB/OL]. [2013-8-21]. http://www.innography.com/.
[3] 刘玉琴, 彭茂祥. 国内外专利分析工具比较研究[J]. 情报理论与实践, 2012(9): 120-124.
[4] 王玉婷, 赵亚娟, 李慧美. 专利情报研究工作中专利数据源的选择研究[J]. 情报杂志, 2012(11): 83-87, 76.
[5] 陆萍, 柯岚馨. Innography 在学科核心专利挖掘中的应用研究[J]. 图书馆工作与研究, 2012(8): 122-125.
[6] 余敏杰, 田稷. 海洋生物产业专利情报分析[J]. 情报杂志, 2012(9): 11-14, 42.
[7] 蔡毅, 程乐鸣, 邱坤赞, 等. 循环流化床锅炉专利现状与趋势分析[J]. 能源工程, 2013(1): 1-6.
[8] 邱洪华. 中美航空发动机专利信息比较分析[J]. 湘潭大学学报(哲学社会科学版), 2013(1): 42-47.
[9] 罗佳秀, 司玉锋, 杨飞. OLED 重点公司美国专利分析[J]. 中国集成电路, 2011(5): 87-93.
[10] Espacenet home page[EB/OL]. [2013-8-19]. http://worldwide.espacenet.com.
[11] PATENTSCOPE[EB/OL]. [2013-8-20]. http://patentscope.wipo.int/search/en/search.jsf.
[12] Lexis Nexis Total Patent[EB/OL]. [2013-7-20]. http://www.lexisnexis.com/totalpatent.
[13] 姜丽芙. 失效专利的检索与利用[J]. 图书馆工作与研究, 2010(7): 71-73.
[14] Allison J R, Lemley M A, Moore K A, et al. Valuable Patents[J]. Georgetown Law Journal, 2004, 92(3): 435-479.

原载《图书情报工作》2013 年第 18 期

情报分析服务支撑高校“双一流”建设的实践与思考

李　津　赵呈刚

摘　要：[目的/意义]探讨高校图书馆如何在“双一流”建设背景下，紧跟“双一流”建设任务，发挥情报分析服务优势，支撑高校“双一流”建设。[方法/过程]以清华大学图书馆情报分析服务实践为基础，明确图书馆情报分析服务的优势，解析情报分析服务的服务对象、服务内容、工作模式等，启发图书馆开展情报分析服务的思路。[结果/结论]清华大学图书馆情报分析服务的实践证明，在高校“双一流”建设中，图书馆情报分析服务存在很大的需求空间，图书馆需要开拓思路、解放思想、创新形式，发掘出自身不可替代性优势，用发展的眼光、经营的理念对待图书馆事业，才能有效发挥“双一流”建设支撑作用。

关键词：学科服务；情报分析；服务“双一流”建设；清华大学图书馆

1　引言

2015 年 10 月国务院印发了《统筹推进世界一流大学和一流学科建设总体方案》，针对大学以及学科建设明确提出了“双一流”建设的任务要求：建设一流师资队伍、培养拔尖创新人才、提升科学研究水平、传承创新优秀文化和着力推进成果转化[1]。这是我国继“211”“985”之后，提出的教育发展新战略，有利于提升中国高等教育综合实力和国际竞争力。

图书馆作为高校教学科研支撑单位，紧紧围绕“双一流”建设任务要求，创新服务内容、提升服务能力，是新时代提出的新要求。新世纪以来，用户信息获取与利用方式、使用图书馆的习惯在不断发生变化，图书馆处于不断调整服务内容和服务模式的状态。如今面对“双一流”的建设背景，图书馆人早已意识到需要对图书馆服务进行再定义。肖珑[2]、潘颖等[3]提出“服务创新”的号召，研究者对学科服务[4-9]、科研服务、知识服务、专利信息服务[10-11]等服务进行了梳理，其中，对学科服务的研究最为广泛和深入，包括机构竞争力评价、学科竞争力分析[8]、学科馆员嵌入知识服务[4]等内容。专利信息服务[10-11]作为新的服务内容也纳入了图书馆的服务体系。图书馆的服务正朝着“双一流”建设的需求迈进。

通过文献调研发现，20 世纪七八十年代起，“图书馆情报服务”已在图书馆界引起关注[12]，之后对该问题的研究从未间断过。最初，图书馆情报服务多指情报资料收集整理与利用，以编写资料目录、提供定期索引、提供检索工具和空间、提供检索指导、提供查新服务[12-20]等为主要服务方式。近年来，“情报分析服务”所涉及的服务内容更加深入，包括文献计量、专利分析等，是一项增值信息服务，已经成为图书馆服务新的增长点。付佳佳[21]等就图书馆情报分析服务的体系做了研究，构建出以服务对象（决策者、管理者和科研人员）为划分依据的服务体系。

现有的研究中理论分析较多，实践阐述较少。理论与实践相结合才能更好地在实际工作中推动情报分析服务的发展。因此，本文通过清华大学图书馆情报分析服务的实践案例，剖析图书馆开展情报分析服务的优势，并从广义解析情报分析服务的模式，与业界同人共同探讨高校图书馆如何在“双一流”建设中发挥支撑作用。

2 高校图书馆支撑“双一流”建设开展情报分析服务的优势及思路

情报分析是信息加工的过程，信息价值的挖掘需要由情报分析来实现。情报分析的基础是情报资源，并因增加了分析人员的智力因素而更加有价值，同样的情报素材可以挖掘出不同的情报价值。图书馆情报分析服务，是以图书、期刊、专利、会议录、技术报告、标准、学位论文等可公开获取的资料为依据，采用文献计量学、统计学等方法，为用户提供信息价值挖掘的一项服务。

2.1 高校图书馆开展情报分析服务的优势

根据“双一流”建设的总体目标，高校要在高素质教师队伍建设、高水平人才培养体系建设、科学研究与成果转化等方面有所突破，高校决策层、管理层、科研层都要在工作思路、工作方法上有所创新。创新的驱动，激发出用户对信息情报的深度分析需求。但是，由于人力或情报分析技能的欠缺，高校决策层、管理层或科研层往往不能有效地满足需求。而图书馆拥有大量的资源，能够为其提供客观的事实依据或数据支持。同时，图书馆员熟练掌握资源的使用，并具备文献检索、文献计量、情报分析等技能。图书馆的情报分析服务，是带有研究性质的服务。图书馆作为与高校决策层、管理层及科研人员相对独立的第三方，能够为其提供客观公正且独特的分析视角，成为支撑高校“双一流”建设的重要环节，也使高校“双一流”建设科研评价体系更加科学和完善。

2.2 高校图书馆开展情报分析服务的思路

站在图书馆角度，明确情报分析的服务对象、服务内容、工作模式，才能紧贴“双一流”建设任务要求，打造出独具图书馆特色的情报分析服务体系。服务设计之初，需要明确图书馆是支撑高校“双一流”建设的重要组成部分这一定位，从学校建设的视角考虑问题，充分调动自身资源优势、人员优势等。服务开展过程中，通过与用户反复交互沟通，能够深入了解用户需求，并在需求驱使下，不断提高自身服务能力，从而将图书馆情报分析服务推向更高层次。

2.3 图书馆情报分析服务的对象

情报分析服务是针对性很强的服务，不同服务对象的需求往往差异很大，比如针对学术论文，教师关注论文细节、研究热点等，而学校职能部门更关注宏观统计数据。因此，开展情报分析服务需要首先明确服务对象，了解服务对象的特点，站在服务对象角度了解用户需求，这样有利于情报分析服务的个性化、深入化开展。

图书馆开展情报分析服务，服务对象主要为科研人员、管理者和决策者等。科研人员面向科研过程，关注点多集中在某一领域，如学科前沿、研究方法、最新成果等；管理者面向机构管理，关注点有可能在学科发展、机构规划、同行对比等方面；决策者面向宏观，关注点有可能在全球态势分析等。虽然服务对象可以划分类型，但是服务对象的服务需求没有范式，需要具体问题具体分析，了解服务对象的特征，有利于站在对方角度考虑问题，制订服务方案。

2.4 图书馆情报分析服务的内容

情报分析服务的内容要以用户需求为根本出发点，同时结合图书馆可获取资源合理制定。图书馆明确自身在支撑“双一流”建设中的定位，发挥图书馆独有优势，设计契合学校整体发展需求的服务内容。从学科建设、人才队伍建设、推动科研成果产出等视角制定详细的服务内容清单，并随着学校“双一流”建设工作的推进，及时调整服务内容。从情报来源来说，包括可公开获取的一切资源类型，如图书、期刊、会议、技术报告、专利、标准等。从情报提供的类型来说，包括事实数据、数据分析、研究报告、数据库建设等。

2.5 图书馆情报分析服务的工作模式

情报分析服务的工作模式，可以分为“内部工作模式”和“外部服务模式”。

内部工作模式，主要指人员组织模式和工作实施模式。人员组织模式：情报分析工作人员可以是专职或兼职，人员组成可以包括情报分析人员和学科服务人员等；工作实施模式：采用项目式管理，根据项目的内容组织团队，依项目的复杂程度，采用个人独立完成或团队合作完成模式。

外部服务模式，主要指用户响应机制、质量控制机制和服务营销模式。用户响应机制：情报分析服务定位于深层次内容服务，服务立项前需要双方负责人对服务内容进行深入的讨论，了解需求满足的可行性、工作周期、双方人员配备等情况，之后才可以达成协议，依据协议开展项目。质量控制机制：图书馆与用户双方都要对分析结果进行质量控制，图书馆方面，要制定规范以保证研究方法的合理性、数据的可靠性、报告撰写的规范性等；用户方面需要确保交底书的完备性、人员配合度等。服务营销模式：要有品牌意识，“树立品牌、打响品牌、维持品牌”，建立品牌效应。情报分析服务的开展，一般会经历主动推广、用户上门、深入发展这样循环往复的过程。每一份委托的完成都是最佳的宣传机会，图书馆情报分析服务不能仅做数据收割或简单统计这样的工作，更不能完全依靠数据库，要逐步展现自己的不可替代性。与用户建立良好的合作关系，吸引更多的服务需求，在实践中提升图书馆深层次服务水平，彰显情报分析实力。

3 清华大学图书馆支撑“双一流”建设开展情报分析服务的实践

清华大学图书馆的情报分析服务始于 SCI 咨询中心的论文统计工作。1998 年 6 月 25 日，清华大学校务会议审议通过《清华大学关于提高 SCI 收录论文数量和质量的十条意见》，启动了“千篇工程”计划，并在图书馆设立了 SCI 咨询中心[22-23]。自此，清华大学图书馆在论文统计、学科评价、人才评估等方面开展了多层次多角度的情报分析服务。

在学校“双一流”建设背景下，清华大学图书馆不断创新服务形式、深化服务内容，情报分析服务成为图书馆服务新的增长点。为了保障服务的顺利开展，图书馆配备了充足的资源及专职人员，于 2016 年成立了情报分析组。工作过程中，依据工作量与工作复杂程度，采取个人独立完成与团队合作完成相结合的工作方式，团队范围不仅限于情报分析组成员，也会结合项目学科背景，与学科馆员合作完成。

如何紧跟学校“双一流”建设的任务要求，发挥情报分析服务的作用，是我们一直在思考的问题。目前，我们在教师队伍建设、人才培养、科学研究、国际合作等方面有所实践。下面依据服务内容选取文献计量、专利分析的典型案例，探讨高校图书馆在“双一流”建设中如何发挥支撑作用。

3.1 结合“双一流”建设的任务要求让文献计量发挥实效

文献计量学是以文献体系和文献计量特征为研究对象，采用数学、统计学等计量研究方法，研究文献情报的分布结构、数量关系、变化规律和定量管理，并进而探讨科学技术的某些结构、特征和规律的一门学科。文献计量学需要一定规模的文献资料支撑，检索出准确全面的文献资料是进行文献计量最重要的工作。图书馆员长期从事文献检索、科技查新、数据库管理等工作，积累了丰富的文献检索经验，在文献查全查准方面有突出的优势。高校“双一流”建设过程中，清华大学图书馆馆员结合用户需求，甚至开发用户需求，让用户发现文献计量的强大力量，进而开展了大量文献计量服务工作。

3.2 文献计量支撑学科建设

一流学科的建设是“双一流”建设的基础，如何定义以及量化学科建设指标，是一个不断摸索的过程。伴随着学科评估以及人事制度改革，清华大学在全校范围完成了一系列的学科建设任务。在此期间，图书馆以文献计量为切入点做了大量工作。目前，已完成数学系、航空航天学院、化工系、法学院、社科学院、医学院、信息科学技术学院、经济管理学院等多个院系的委托。学科分析中，一般要进行国内外对标分析，以及自身科研绩效、全球影响力分析，这是学校进行学科建设的事实依据，为院系管理层及学校决策层进行学科规划提供重要参考。完成过程中，对标单位一般由用户提供，分析指标由图书馆提供，并经用户选择后应用。分析可结合机构、学科、学者等多个视角进行，指标一般包括学术成果统计（论文、专利等）、论文影响力、学科影响力、国际影响力、院系贡献度等。

2016 年，配合信息科学技术学院“十三五”规划，图书馆受学院委托，针对学院 5 个教育部一级学科进行国内外 8 所大学的文献计量比较分析，同时对学院在清华大学相应学科的学术成果贡献度及学院 7 个下属机构学科研究方向进行分析（见图 1）。分析参数主要有论文逐年变化趋势、论文百分位分布、期刊影响因子分布、院系贡献度、信息学院对清华大学 TOP1%论文贡献情况等。分析结果显示：该学院涉及学科 SCI 论文数量呈明显的增长趋势，高于对标单位；而篇均影响力仍存在明显差距，但差距在逐渐缩小等。给学科建设以明确启示。

图 1　基于科学计量学方法的清华大学信息学院学科研究水平分析比较报告

3.3　文献计量助力人才评估

“双一流”建设任务的头一条就是“建设一流师资队伍”，2018 年 5 月习近平总书记在北京大学师生座谈会上的讲话再次强调：“人才培养，关键在教师”，“教师队伍素质直接决定着大学办学能力和水平”。可见世界一流大学建设中教师队伍建设的重要性。

2011 年百年校庆之际，清华大学启动了人事制度改革，目前已基本完成 38 个院系的人事制度改革[25]。在这个过程中，图书馆配合学校职能部门及院系，为学校人才体系建设贡献力量。这里举两个例子，一个是 2015 年前后，受学校人事处委托，对引进人才进行后评估，评估对象为近十年学校引进的优秀人才，评估内容为：该学者学术生涯中的全部科研成果、进入清华大学后的科研成果；评估指标为：学术成果产出趋势、作者单位分析、第一作者单位及通讯作者单位分析、论文引用次数、期刊影响因子等。这些指标作为学校人才引进后评估的一项重要内容，与其他指标并用，以评估人才引进后的科研绩效。另一个是为地学中心所做的人才评估报告（见图 2），从地学中心整体和教师个人两个角度考察学术成果产出、ESI 学科分析、高被引论文、热点论文分析等。该报告成为院系人事制度改革的参考文件。

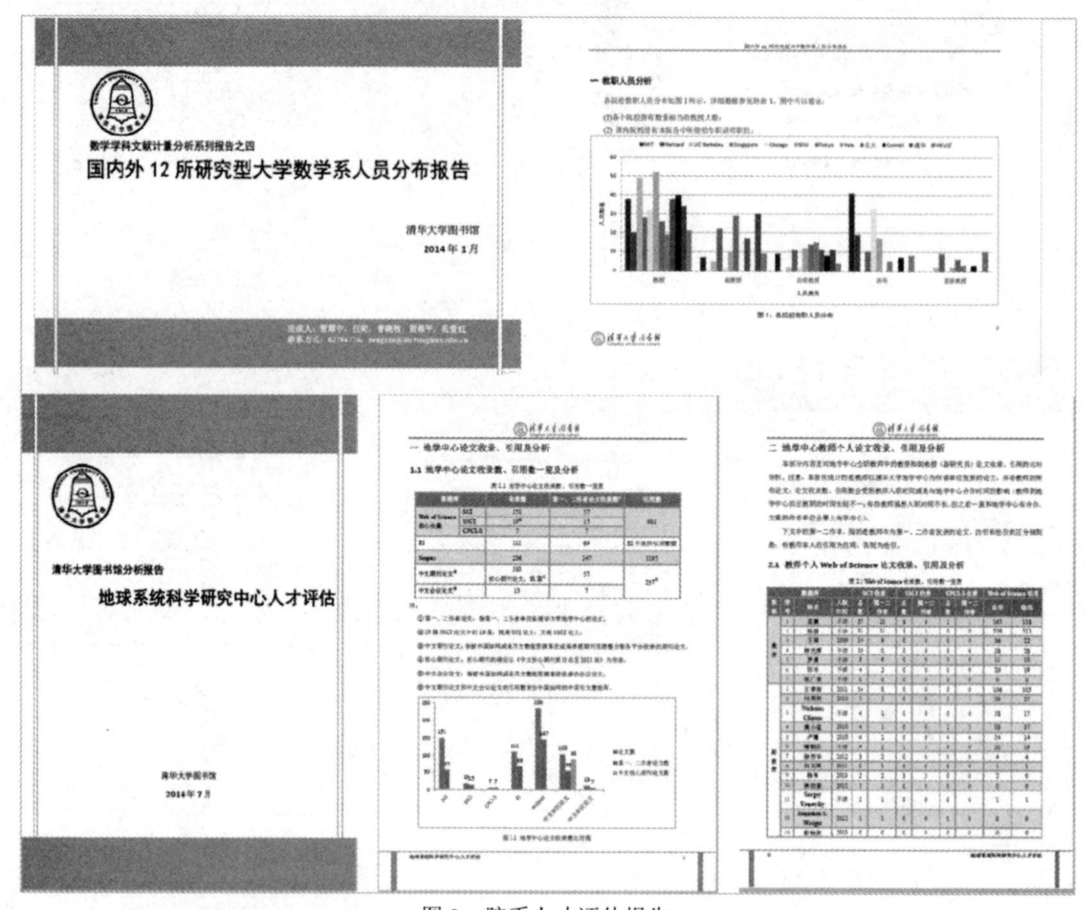

图 2　院系人才评估报告

3.4　文献计量辅助科学研究

科研机构、高等学校和企业是国家科技创新的三大主体力量，科学研究作为高等学校的一项重要任务，承担着国家科技创新的重要职责。通常，教师是科学研究的主体。随着信息时代的发展，教师进行科学研究的方法以及可依赖的工具也发生了巨大的变化。实践告诉我们，情报分析的研究方法、研究工具往往能够为科学研究提供另一种研究视角，从而对科学研究产生着实有效的帮助。

清华图书馆曾参与清华大学教育研究院牵头的中国高等教育研究会的项目——“中国特色一流大学和一流学科建设标准及评价体系研究”，负责多维度多层次高校评价指标体系中的“学术成果评价指标体系”的制定（见图 3）。此外，还曾参与“清华大学全球战略研究”，对标国内外 12 所大学高水平期刊发文、国际合著、学科交叉等指标的现状。在这两项工作中，图书馆均以研究者的身份参与科学研究。图书馆所提出的计量指标及实现方法，在科研人员看来是很新颖的视角，这从侧面证明了图书馆情报分析服务有更大的应用领域，图书馆价值挖掘有更大的空间。

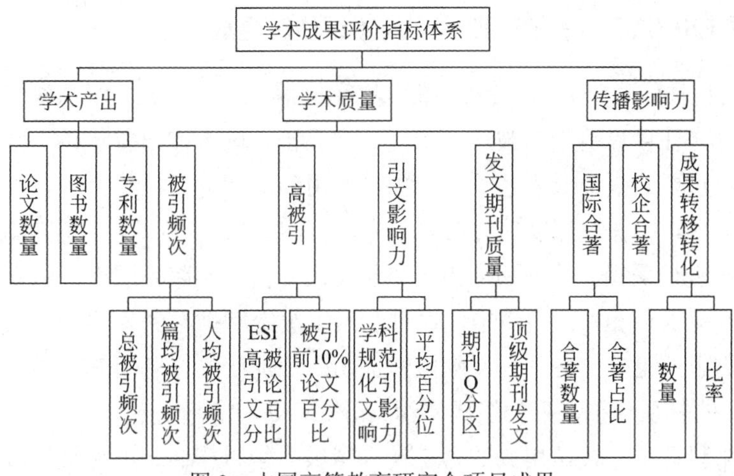

图 3　中国高等教育研究会项目成果

3.5　文献计量考察全球战略

全球战略是清华大学推进世界一流大学建设的一项重要措施，2016 年 3 月在博鳌亚洲论坛上，清华大学宣布发起成立亚洲大学联盟，旨在促进亚洲大学间的全面合作和深入交流，发挥大学在解决区域性问题和全球性问题中的重要作用[26]。

配合联盟筹备工作，清华大学国际合作与交流处委托图书馆对 15 个成员院校的科研成果进行检索和分析，并重点关注相互间的合著情况（见图 4），就各自强势学科与合作学科进行深入分析，以期发现成员间的共同话题，发掘未来合作机会。此项工作从研究思路到研究方法，再到研究结果的展示，都是经过了与用户的反复交流沟通，充分发挥了图书馆在文献计量方面的优势，向职能部门展示了他们所不了解的图书馆能力。项目的成果，为清华大学推进亚洲大学联盟工作及系列洽谈提供了帮助。国际合作与交流处副处长钟周老师说：“对清华大学国际交流与合作的情况，以前都停留在互访、留学生数量等信息，而双方在学术领域的合作情况也非常重要，之前我们并未做过这方面的工作……”此次委托是学校了解国际合作与交流情况的全新视角。

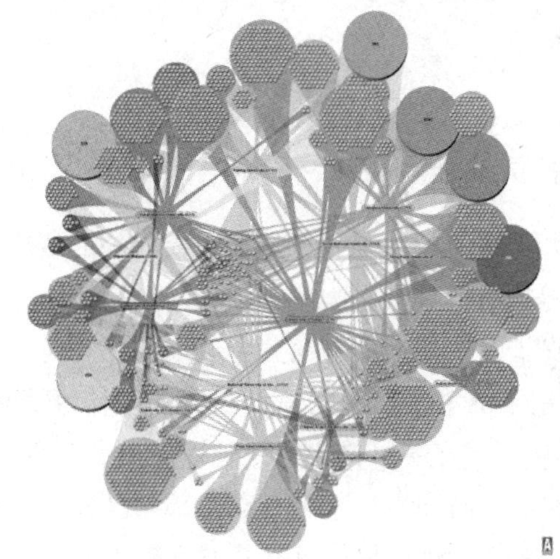

序号	学校名称	SCI&SSCI论文总数	国际合作论文数	国际合作论文数占比
1	东京大学	47710	16398	34.37%
2	首尔国立大学	44145	12186	27.60%
3	北京大学	40652	14599	35.91%
4	清华大学	38777	12897	33.26%
5	新加坡国立大学	37015	22105	59.72%
6	沙特国王大学	18620	13816	74.20%
7	马来亚大学	16735	8598	51.38%
8	香港科技大学	8999	3427	38.08%
9	朱拉隆功大学	8187	3833	46.82%
10	印度理工学院-孟买	5980	1808	30.23%
11	阿拉伯联合酋长大学	2285	1516	66.35%
12	印尼大学	1554	800	51.48%
13	科伦坡大学	771	372	48.25%
14	纳扎尔巴耶夫大学	634	514	81.07%
15	仰光大学	43	43	100.00%

图 4　AUA-15 国际合作研究

3.6 深度挖掘 ESI 信息，使学科评估、人才评估等更加科学

ESI 是美国科技信息研究所（ISI）推出的衡量科学研究绩效、跟踪科学发展趋势的基本分析评价工具，在世界范围内被广泛应用。在我国，国家杰出青年科学基金、国家优秀青年科学基金等重要的基金或人才奖励申报，都用到该评价工具。

面向校内需求，图书馆深度挖掘 ESI 信息，自 2017 年 3 月开始，定期将清华大学 ESI 高被引论文数据进行采集、整理和分析，将论文准确揭示到院系层面，编写《清华大学各院系 ESI 高水平论文简讯》（见图 5），通过学科馆员定期推送到教师个人或院系科研管理部门，并为有需求的论文作者开具文献检索证明。还定期汇总多期 ESI 数据，对清华大学 ESI 高水平论文的院系分布、人员组成、学科分布等进行系统分析。

ESI 用于学科评估，较常用到的是上榜学科数、学科排名、上榜机构数等指标。笔者所在团队不拘囿于常规指标，完成了《基于 ESI 的清华大学学科分析》系列报告（见图 5）、预测清华大学未上榜学科上榜时间[27]、对清华大学新上榜学科进行深度分析（《清华大学 IMMUNOLOGY 学科近 10 年论文分析》《清华大学 NEUROSCIENCE & BEHAVIOR 学科近 10 年论文分析》）、分析 ESI 上榜学科院系贡献度等。随着清华大学学科发展水平的提高，ESI 分析中增加了学科前千分之一、前万分之一的指标，将清华大学学科进行粒度更加细化的分析，使学校决策部门对本校学科发展有更加清晰的了解。

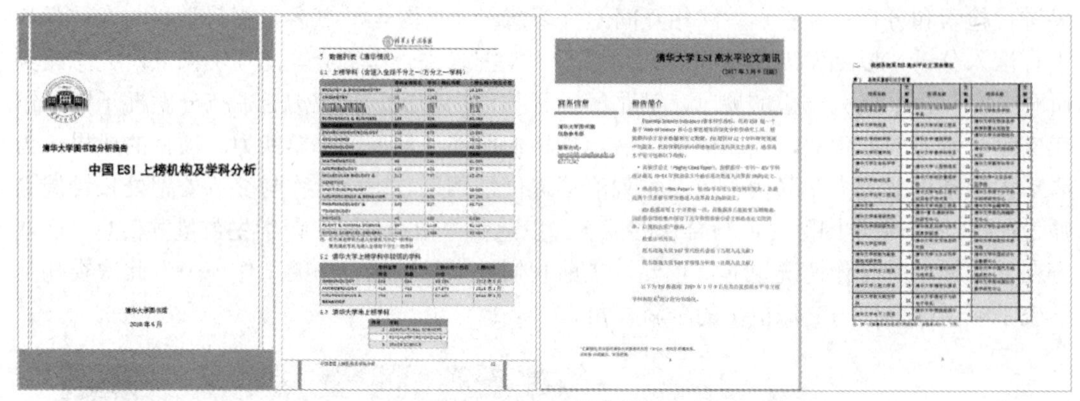

图 5　ESI 分析报告样例

3.7 图书馆为“双一流”建设的知识产权保护贡献力量

国家越来越重视知识产权的保护，党的十九大报告再次强调了知识产权保护的战略意义。高校作为专利产出的重要主体之一，专利保护工作具有重大意义。目前，高校职能部门的设置更多地关注专利成果产出后的管理、保护及转化，图书馆完全可以加入高校专利保护链，在知识产权信息服务方面发挥自身作用。清华大学图书馆自 2012 年起，开始有意识地在专利领域培养人才、购买资源，2014 年正式在主页推出“专利信息服务”专栏，2018 年成立了“清华大学知识产权信息服务中心”，向师生、院系、职能部门及校外人员提供专利申请预检索、竞争力分析、专利预警分析、知识产权信息素养教育等服务。

3.8 产业分析增加专利视角

专利由于其独占性与排他性的特点，能展示出产业的技术格局，加之大型企业往往对专利有整体的布局和规划，因此，专利布局可以看作产业格局的缩影。

2017 年，清华大学图书馆受清华大学全球产业 4.5 研究院的委托，对新兴产业进行专利分析，目的是用专利的视角揭示产业现状。分析包括专利权人分析、国别/区域分析、技术分类分析、技术布局等，并结合法律信息、专利地图等绘制了 10 大产业的布局版图。以此为依据，出版了《中国创新创业发展报告》及其子报告（见图 6）。此后，笔者又在“智能网联汽车”领域将专利视角融入产业分析。如何从文献检索角度界定产业范围，是进行产业分析的重点和难点，课题完成过程中，笔者与科研人员反复沟通，将产业细分为多个技术领域，用技术检索的方法界定产业范围。将专利融入产业分析，为产业分析打开了新思路，也为图书馆情报分析服务打开了新思路。

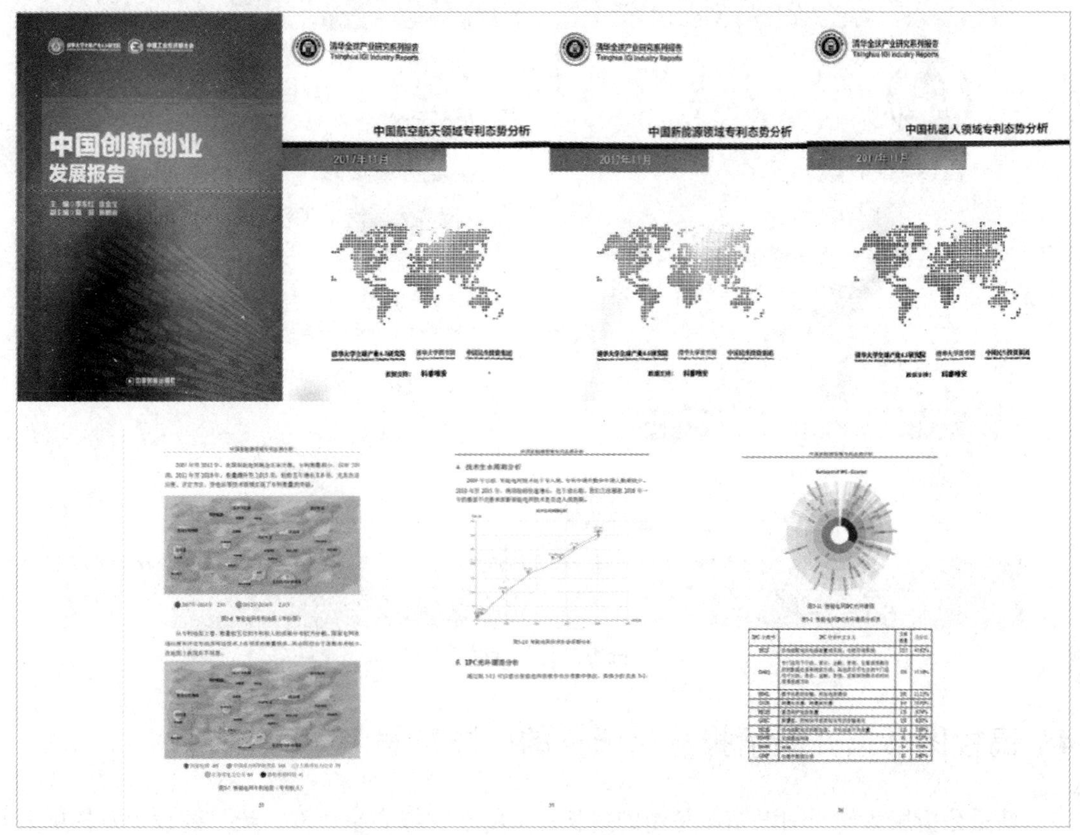

图 6 产业专利分析报告样例

3.9 机构评估加入专利指标

专利是高校科研成果中重要的一部分，是评估高校科研实力的一个重要指标。以往，学校掌握专利的统计数据，但科研管理部门无暇也无很好的资源进行深度的分析。图书馆发挥文献情报分析优势，利用图书馆丰富的文献资源，在该方面进行了有益的尝试。

完成了清华大学的专利分析（见图 7）。分析包括：清华大学专利整体情况的统计（申请数量、授权数量、转让数量等）、合作机构、发明人、研究领域等，分析更将关注点放在“法律状态”，对不同法律状态的专利分别进行分析，了解有效专利的维持年限、失效专利的原因等，用全新的视角为全校专利统计工作提供支持。

完成了对院系专利成果的分析（见图7）。由于我国专利法规定，职务发明的专利权人是法人，因此高校专利的专利权人是高校，这样就难以直接对院系进行专利的评估。而院系评估中，专利的评估是很重要的部分。清华图书馆以“清华大学汽车工程系”为例，摸索出进行院系专利评估的方法：结合“发明人”“分类号”“专利权人”等信息限定院系专利文献，并就专利产出年代趋势、法律状态、合作情况、高价值专利等进行了分析。分析可以从合作情况、相关技术专利权人、专利引证情况等多个视角，发现院系科学研究的技术布局，以及为技术转移转化提供参考。

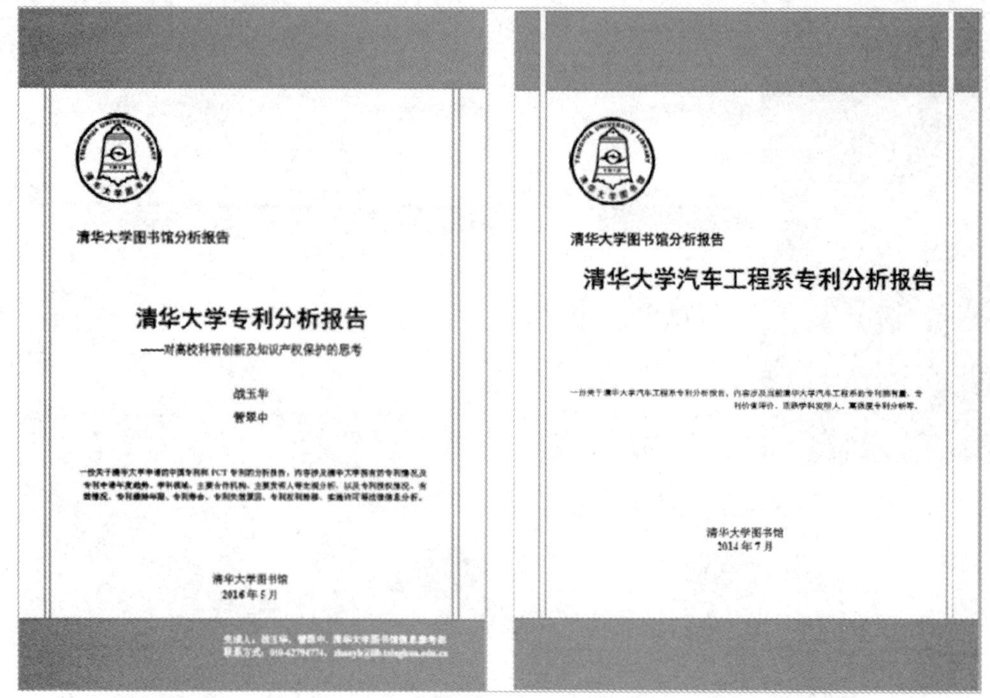

图7 机构专利分析报告样例

4 高校图书馆开展情报分析服务的问题及思考

情报分析服务作为图书馆服务新的增长点，将在支撑高校“双一流”建设中发挥更大的作用。而要想更好地完成这一任务，还需要在内在能力和外在经营上做出较大的努力。

1．深化服务内容。图书馆情报分析服务的内容是开放的，随着学校的发展将出现新的需求点。图书馆要时刻保持创新的意识，站在学校高度紧跟学校发展，丰富服务内容。实际工作中，图书馆往往将自身定位较低，不能从大局融入学校建设，这势必会影响图书馆服务内容的设计。图书馆领导及情报分析人员要适应在“双一流”建设中新的定位，以主人翁的姿态融入学校建设的洪流。

2．提升自身能力。近年来，图书馆一直在“提升自身能力，彰显自身价值”方面做出不懈努力，推动了图书馆的发展。高校图书馆通过与职能部门、院系、教师等进行合作，建立了良好的校园关系，能力也得到了认可。但是，我们要看到，要想满足服务对象不断变化的服务需求，提升服务质量，我们的能力仍有很大欠缺。很重要的一个原因是人才培养体系不健全，图书馆行业吸纳人才的实力不足，造成人才补给严重缺失，而馆员的继续教育并没有系统性和规范性，造成馆员的技能远远落后于同类型公司水平。没有优秀的人才，何谈服务能力的提升！

3．图书馆服务也需要经营。用经营的心态对待图书馆事业，高校图书馆要立足本校、面向行业，制订中长期发展规划，勇于接受实践的检验，在检验中不断丰富和修正，在学校发展中彰显自身价值。用经营的理念对待图书馆服务，明确使命和核心竞争力，用发展的眼光面对服务，使得图书馆服务适应学校发展，紧跟“双一流”建设步伐。“流水不腐，户枢不蠹”，相信图书馆在支撑高校“双一流”建设以及未来发展中将做出更大成绩，图书馆事业将蒸蒸日上！

参考文献

[1] 国务院关于印发《统筹推进世界一流大学和一流学科建设总体方案》的通知[EB/OL]. (2015-11-05) [2018-10-10]. http://www.gov.cn/zhengce/content/2015-11/05/content_10269.htm.

[2] 肖珑. 支持“双一流”建设的高校图书馆服务创新趋势研究[J]. 大学图书馆学报, 2018, 36(5): 43-51.

[3] 潘颖, 卢章平. 高校图书馆助推高校“双一流”建设探讨[J]. 图书馆工作与研究, 2018(8): 83-88.

[4] 宋海艳, 郭晶, 潘卫. 面向科研团队的嵌入式学科服务实践探索[J]. 图书情报工作, 2012, 56(1): 27-30, 148.

[5] 沈洋, 李春鸣, 覃晓龙. 融入“双一流”战略的高校图书馆学科服务体系建构研究[J]. 现代情报, 2018, 38(10): 121-125.

[6] 李素娟. 一流学科建设中高校图书馆学科服务策略研究[J]. 图书馆工作与研究, 2018(5): 113-117.

[7] 刘兵红. 基于高影响力期刊论文分析的学科服务探讨——以数学学科为例[J]. 图书情报知识, 2018(3): 55-65, 118.

[8] 沈洋, 李春鸣, 覃晓龙.融入“双一流”战略的高校图书馆学科服务体系建构研究[J]. 现代情报, 2018, 38(10): 121-125.

[9] 红军.“双一流”大学图书馆学科服务调查分析[J]. 图书馆学研究, 2018(8): 76-81.

[10] 张立昆, 季叶克. 面向科研团队的高校图书馆嵌入式专利服务实践与探索[J/OL]. 图书馆工作与研究, 2018(11): 88-93.

[11] 慎金花, 孙乔宣. 面向需求的高校图书馆员专利信息服务能力建设研究[J]. 大学图书馆学报, 2018, 36(5): 73-79.

[12] 杜桑海. 浅谈图书馆开展情报检索服务工作问题[J]. 四川图书馆学报, 1979(1): 19-22.

[13] 张菊芳. 高校图书馆开展情报服务的实践与探索[J]. 情报杂志, 1997(4): 67-68.

[14] 许文霞. 专业图书馆开展情报服务问题[J]. 图书馆工作与研究, 1981(4): 27-29.

[15] 康军. 试论文献研究——兼论图书馆的情报服务[J]. 图书情报工作, 1981(6): 15-17.

[16] 菲利浦·道尔芬, 张欣毅, 韩飘扬. 高校图书馆的情报服务[J]. 高校图书馆工作, 1981(3): 50-53.

[17] 程绍海, 胡安朋. 在评定新型膏状物料雾化器中天津图书馆是怎样提供情报服务的[J]. 图书馆学通讯, 1980(3): 9-11.

[18] 杜桑海. 浅谈图书馆开展情报检索服务工作问题[J]. 四川图书馆学报, 1979(1): 19-22.

[19] 开展文献情报工作, 提高专业图书馆服务水平[J]. 图书馆学通讯, 1960(1): 15-19.

[20] 赵颖. 开拓高校图书馆情报服务的新领域——课题成果查新服务[J]. 黑龙江图书馆, 1986(1): 19-20.

[21] 付佳佳, 范秀凤, 杨眉. 高校图书馆开展情报分析服务的框架体系与实践探索[J]. 图书与情报, 2014(5): 26-29.

[22] 贺崇铃. 清华大学九十年[M]. 北京：清华大学出版社, 2001: 507.
[23] 王晓阳, 葛仲. 清华大学 SCI 论文进展浅析[J]. 成都理工大学学报(自然科学版), 2003(S1): 177-179.
[24] 邱均平. 文献计量学[M]. 北京：科学技术文献出版社, 1988.
[25] 清华大学实施人事制度改革助推世界一流大学建设[EB/OL]. (2017-09-12) [2018-11-28]. https://www.sohu.com/a/191366299_479697.
[26] 亚洲大学联盟筹备会议在清华大学开幕[EB/OL]. (2016-9-10) [2018-10-10]. http://news.tsinghua.edu.cn/publish/thunews/9658/2016/20160910090633212442140/20160910090633212442140_.html.
[27] 管翠中, 范爱红, 贺维平, 等. 学术机构入围 ESI 前 1%学科时间的曲线拟合预测方法研究——以清华大学为例[J]. 图书情报工作, 2016, 60(22): 88-93.

作者贡献说明：

李津：提出研究思路和框架，撰写、修改论文并定稿；赵呈刚：修改论文。

原载《图书情报工作》2018 年第 62（24）期

学术机构入围 ESI 前 1%学科时间的曲线拟合预测方法研究
——以清华大学为例*

管翠中　范爱红　贺维平　赵　杰　孟　颖

摘　要：[目的/意义]ESI 学科排名是国内外学科评价的重要指标之一。本文以清华大学为例，介绍了一套切实可行的数据分析方法，尝试对学术机构入围 ESI 学科排名世界前 1%的时间进行预测。[方法/过程]首先通过 ESI 模拟检索，将检索结果与 ESI 末位入围机构进行被引频次比较，找到“入围差距”，进而确定临近入围 ESI 的潜力学科，然后运用曲线拟合模型方法，预测入围时间。本文进一步对 3 种曲线函数的拟合优度进行了比较研究，并分析了预测误差可能产生的原因。[结果/结论]后续实际验证表明，本文给出的预测时间基本准确。此预测方法对学术机构掌握重点学科发展趋势、衡量与世界一流学科差距具有实际参考价值。

关键词：学科评价；文献计量；Essential Science Indicators（ESI）；时间预测；曲线拟合模型

加强世界一流学科建设是我国的重大战略规划，对提升教育发展水平、增强国家核心竞争力、奠定长远发展基础，具有重要意义。国务院于 2015 年 10 月印发了《统筹推进世界一流大学和一流学科建设总体方案》，提出“到本世纪中叶，一流大学和一流学科的数量和实力进入世界前列，基本建成高等教育强国”的总体目标[1]。学术界对学术机构及其学科实力存在多种评价体系和评价方法，目前国内外研究机构通常将入围 ESI 学科排名世界前 1%的学科及其数量作为衡量该机构学科是否进入世界一流学科的重要指标[2]。

ESI（Essential Science Indicators）[3]是 Clarivate Analytics（原汤森路透知识产权与科技事业部）推出的一个衡量科学研究绩效、跟踪学科发展趋势的基本分析评价工具。基于 Web of Science 数据库[4]近 11 年的论文引用数据，ESI 可提供 22 个学科领域中各个国家、机构的科研绩效统计和科研实力排名。

近年来，随着我国整体科研水平提高和重点学科建设取得成效，我国 ESI 入围学科数量和位次也在不断提升。2016 年 1 月的 ESI 数据显示，中国大陆地区已有 221 个机构的 764

* 本文系国家社科基金项目“英文版中国学术期刊的国际影响力评价与发展策略研究”（项目编号：14BTQ055）研究成果之一。

个学科进入 ESI 学科排名世界前 1%[5]。让更多潜力学科跻身 ESI 学科排名世界前 1%也成为各学术机构的重要学科建设目标。

在此背景下，如何通过量化指标来分析各学术机构的学科发展态势并对可能入围世界一流的潜力学科进行预测的研究近年来受到较多的关注。董政娥等引入学科比重指标基于 ESI 和 InCites 数据库对东华大学可能进入 ESI 学科排名世界前 1%的学科进行了预测[6]；顾东蕾等基于当前 ESI 排名末位机构的总被引频次分析预测了中国药科大学可能入选 ESI 学科排名世界前 1%的学科[7]；秦萍等运用灰色理论对南京航空航天大学的潜力学科进行了预测[8]。上述研究对高校入围 ESI 学科排名世界前 1%的潜力学科进行了预测，但均未能预测该学科具体何时能够入围。笔者对国内外数据库进行了深入检索，未见对入围 ESI 排名世界前 1%学科的时间进行预测的相关文献报道。

对学术机构入围 ESI 前 1%学科的时间进行预测，能够从论文发表这一视角出发来评估该机构未入围学科的发展现状，预测该学科的发展前景。这对于学术机构科学制定学科发展战略、合理优化学科文献资源配置等方面具有重要的指导意义和参考价值。

本文基于清华大学图书馆的学科情报分析实践，以清华大学为例，对临近入围的 ESI 潜力学科的判定方法以及入围时间预测方法进行了深入研究。2014 年春季，通过与 ESI 学科排名末位机构总被引频次进行对比分析，判定清华大学当时最有可能入围的两个学科为药学与毒理学（Pharmacology & Toxicology）和经济学与商学（Economics & Business），并运用曲线拟合模型趋势预测法，得到两个学科的预期入围时间。

1　临近入围学科的判定

1.1　ESI 的机构学科排名机制

ESI 对全球所有研究机构在近 11 年中发表的文献类型为 Article 或 Review 的 SCI-E（Science Citation Index Expanded）和 SSCI（Social Sciences Citation Index）论文进行统计，按总被引频次高低确定衡量研究绩效的阈值，每隔两月发布各学科世界排名前 1%的研究机构榜单[9]。被 SCI-E、SSCI 收录的每种期刊对应一个学科，其中综合类期刊中的部分论文对应到其他学科[10]。

ESI 不提供研究机构未入围学科的相关论文数据，研究人员可根据上述 ESI 学科排名机制对所关心的某机构的学科论文数据进行模拟检索，然后与该学科 ESI 末位入围机构的数据进行比较分析，进一步确定该学科是否为临近入围的潜力学科。

1.2　检索与比较方法

首先，检索除综合类之外清华大学其时未入围的 8 个学科的论文总被引频次，然后比较清华大学与末位入围机构在该学科总被引频次之间的差距。检索时间为 2014 年 4 月 23—26 日，检索各机构在该学科的全部论文的总被引频次，检索时不考虑该机构在作者单位中所出现的顺序。

在 SCI-E 和 SSCI 数据库中，按照 ESI 当前的数据年限设定检索时间跨度，文献来源限定为该学科的所有期刊[10]，扩展作者机构设定为清华大学，文献类型限定为 Article 与

Review。检索得到清华大学这 8 个学科的总论文数及总被引频次。将清华大学 ESI 未入围学科的总被引频次与末位入围机构在该学科的总被引频次进行比较，得到未入围学科的“入围差距”[见公式（1)]，其中入围差距是进行下一步分析判断的重要量化指标，定义如下：

$$入围差距 = 1 - \frac{未入围机构在该学科的总被引频次}{末位入围机构在该学科的总被引频次} \qquad 公式(1)$$

表 1 分析了清华大学 8 个未入围学科的入围差距。可以看出，最有希望入围的学科是药学与毒理学，入围差距为 1%；其次是经济学与商学，入围差距为 33%。

表 1 清华大学未入围学科的入围差距

学科	入围机构数	机构（末位入围机构与清华大学）	总被引频次	入围差距/%
药学与毒理学	666	UNIV TEHRAN	2606	1
		TSING HUA UNIV	2576	
经济学与商学	231	TEXAS TECH UNIV	3745	33
		TSING HUA UNIV	2517	
免疫学	555	UNIV NANTES ANGERS LE MANS	3581	48
		TSING HUA UNIV	1869	
农业科学	654	UNIV NANTES ANGERS LE MANS	1806	54
		TSING HUA UNIV	837	
神经科学与行为学	677	UNIV WARWICK	5077	54
		TSING HUA UNIV	2322	
微生物学	346	UNIV REGENSBURG	5150	68
		TSING HUA UNIV	1668	
精神病学与行为学	466	W VIRGINIA UNIV	4339	83
		TSING HUA UNIV	720	
空间科学	137	UNIV FLORIDA	24522	88
		TSING HUA UNIV	3014	

2 入围时间的预测

2.1 ESI 入围线的获取

本文以清华大学药学与毒理学为例，预测其入围 ESI 学科世界前 1%的时间。

首先，从 ESI 中查到 2014 年 5 月药学与毒理学学科的入围机构共有 666 个，其中排名末 10 位的机构如表 2 所示。

进一步检索这些机构药学与毒理学学科的历年 ESI 总被引频次。通过检索各机构前 11 年至前 1 年药学与毒理学学科所发表的论文情况，进而得到这些论文在检索时间段内的总被引频次。表 3 和图 1 是排名末 10 位入围机构在 2005—2014 年的药学与毒理学学科 ESI 总被引频次信息。

表 2　2014 年 5 月 ESI 药学与毒理学学科排名末 10 位的入围机构列表

排名	机构	排名	机构
657	FRED HUTCHINSON CANC CTR	662	AUSTRALIAN NATL UNIV
658	PACIFIC NW LAB	663	KINKI UNIV
659	CHILDRENS HOSP PHILADELPHIA	664	UNIV OULU
660	SHANGHAI UNIV TCM	665	TOKYO INST TECHNOL
661	DOW CHEM CO USA	666	UNIV TEHRAN

表 3　药学与毒理学学科排名末 10 位入围机构的 ESI 总被引频次（2005—2014 年）

机构	2005 年	2006 年	2007 年	2008 年	2009 年	2010 年	2011 年	2012 年	2013 年	2014 年
FRED HUTCHINSON CANC CTR	793	1017	1201	1358	1682	1788	2103	2218	2288	2602
PACIFIC NW LAB	662	858	1068	1299	1598	2041	2465	2820	3235	2865
CHILDRENS HOSP PHILADELPHIA	768	959	1181	1330	1613	1662	1845	2130	2502	2850
SHANGHAI UNIV TCM	22	46	92	164	253	416	677	1100	1738	2473
DOW CHEM CO USA	1952	1869	1607	1720	2025	2343	2528	2524	2930	2899
AUSTRALIAN NATL UNIV	1170	1450	1718	2087	2477	2551	2639	2873	2776	2818
KINKI UNIV	1724	1851	1945	2023	2077	2156	2375	2622	2661	2730
UNIV OULU	2018	1987	2037	2084	2452	2526	2792	2641	2639	2748
TOKYO INST TECHNOL	855	1084	1312	1619	1779	1896	2100	2348	2474	2807
UNIV TEHRAN	197	216	337	492	700	1044	1484	1905	2263	2606

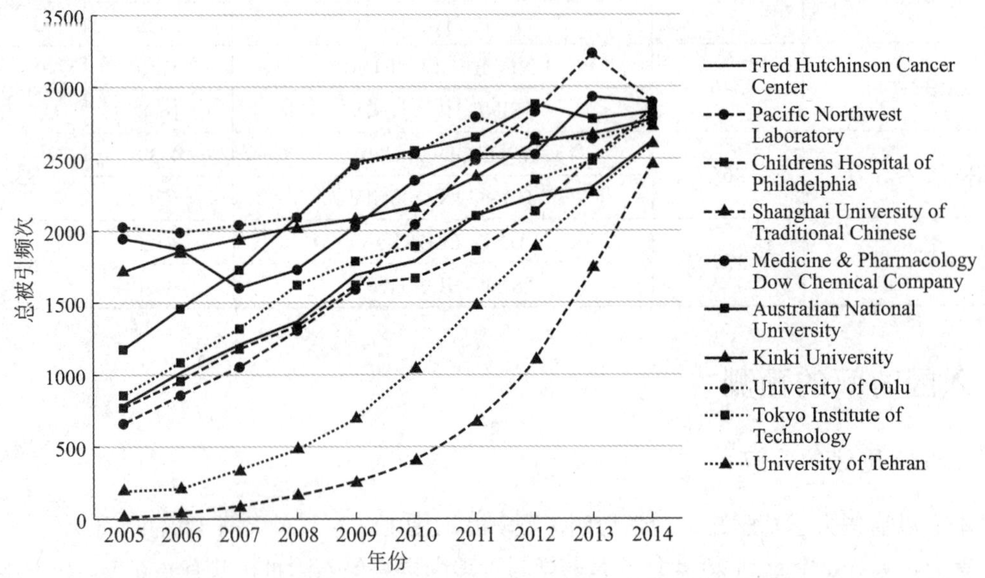

图 1　药学与毒理学学科排名末 10 位入围机构的 ESI 总被引频次（2005—2014 年）

图 1 表明，各机构 ESI 总被引频次曲线波动范围较大，为减轻个体差异的影响，本文使用 10 个机构的总被引频次的平均值，近似代表该学科入围的最低阈值，将其定义为 ESI 入围线。然后检索得到清华大学药学与毒理学学科在 2005—2014 年的 ESI 总被引频次，见表 4。

表 4　清华大学药学与毒理学学科和 ESI 入围线的 ESI 总被引频次（2005—2014 年）

	2005 年	2006 年	2007 年	2008 年	2009 年	2010 年	2011 年	2012 年	2013 年	2014 年
ESI 入围线	1016	1134	1250	1418	1666	1842	2101	2318	2551	2740
清华大学	89	173	281	439	627	884	1223	1636	2063	2576

2.2　入围时间预测方法

图 2 展示了药学与毒理学学科在 2005—2014 年这 10 年中的 ESI 入围线以及清华大学在该学科的历年 ESI 总被引频次信息，其中横轴为时间信息（以 2004 年作为起始的零点），纵轴为总被引频次。可以看出这 10 年里，该学科的 ESI 入围线以及清华大学在该学科的总被引频次均呈现显著的上升趋势。显然，只有清华大学药学与毒理学学科的 ESI 总被引频次增速超过该学科 ESI 入围线的增速时，该学科才有可能入围。本文采用函数拟合的方法得到两条曲线函数来近似表达这种变化的趋势，因此，两条拟合曲线的交点即对应的入围时间。

拟合过程：以实际年份与 2004 的差为自变量 x，分别以清华大学该学科 ESI 总被引频次以及该学科 ESI 入围线的总被引频次为因变量 y。选用线性函数、二次多项式函数、指数函数 3 种曲线函数分别对清华大学药学与毒理学的 ESI 总被引频次以及该学科的 ESI 入围线进行拟合。①线性拟合：该函数原始数据表达形式为 $y=\beta_0+\beta_1 x$[11]。②二次多项式拟合：该函数原始数据表达形式为 $y=\beta_0+\beta_1 x+\beta_2 x^2$[11]。③指数函数拟合：该函数原始数据表达形式为 $y=\beta_0\times e^{b_1\times x}$[11]。应用 Excel 2013 进行上述 3 种曲线函数拟合[12]。

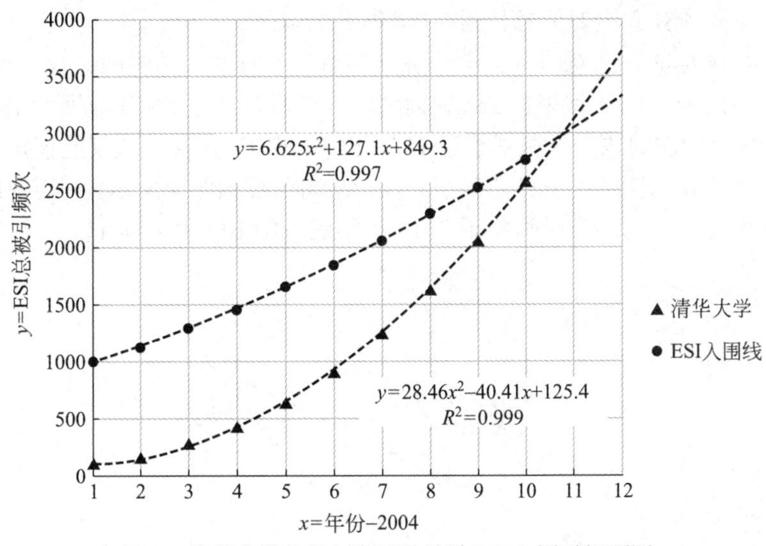

图 2　清华大学药学与毒理学学科 ESI 入围时间预测

对所拟合函数进行统计学检验：①拟合优度评价：本文选用 $R^2=\dfrac{\sum_{i=1}^{n}(\hat{y}_i-\overline{y}_i)^2}{\sum_{i=1}^{n}(y_i-\overline{y}_i)^2}$ 作为拟合优度指标来评价线性函数、二次多项式函数和指数函数的拟合结果，指标越接近 1，曲线拟合优度越好。②用拟合优度最好的函数进行预测，并与实际结果比较。

2.3 预测结果

2.3.1 3 种曲线函数的拟合优度比较

对 2005—2014 年的清华大学和 ESI 入围线在药学与毒理学学科的 ESI 总被引频次数据，分别进行线性函数、二次多项式函数和指数函数拟合，结果如表 5 所示。利用 R^2 对 3 种拟合结果进行拟合优度评价，清华大学和 ESI 入围线均为二次多项式函数的 R^2 最接近 1，表明该二次多项式函数表达的 x 与 y 的关系与实际数据趋势最吻合，故采用二次多项式函数拟合并预测清华大学和 ESI 入围线的 ESI 总被引频次（见图 2）。

表 5 3 种曲线函数拟合清华大学和 ESI 入围线的 ESI 总被引频次

机构	函数类型	函数	R^2
清华大学	线性	$y = 272.71x - 500.8$	0.9344
	二次多项式	$y = 28.466x^2 - 40.416x + 125.45$	0.9996
	指数	$y = 86.752e^{0.3628x}$	0.9751
ESI 入围线	线性	$y = 200x + 703.6$	0.9902
	二次多项式	$y = 6.625x^2 + 127.1x + 849.3$	0.9971
	指数	$y = 908.37e^{0.115x}$	0.9947

2.3.2 由拟合曲线获得预测时间

由图 2 可以直观看到，两条曲线的相交点在 2014 年与 2015 年之间，据此得到清华大学药学与毒理学学科 ESI 入围时间预计为 2014 年下半年。

研究团队用同样的方法对清华大学经济学与商学学科的入围时间进行了预测研究。经济学与商学学科约 99%的文献来自 SSCI，而清华大学只订购了 SSCI 数据库 1998 年以来的数据，ESI 总被引频次的数据来源基于近 11 年 SCI-E/SSCI 论文，故仅能模拟检索 2009 年以来清华大学和 ESI 入围线的 ESI 总被引频次，绘制曲线如图 3 所示。利用曲线拟合模型，并预测清华大学经济学与商学学科将于 2016 年年底入围 ESI 世界前 1%。

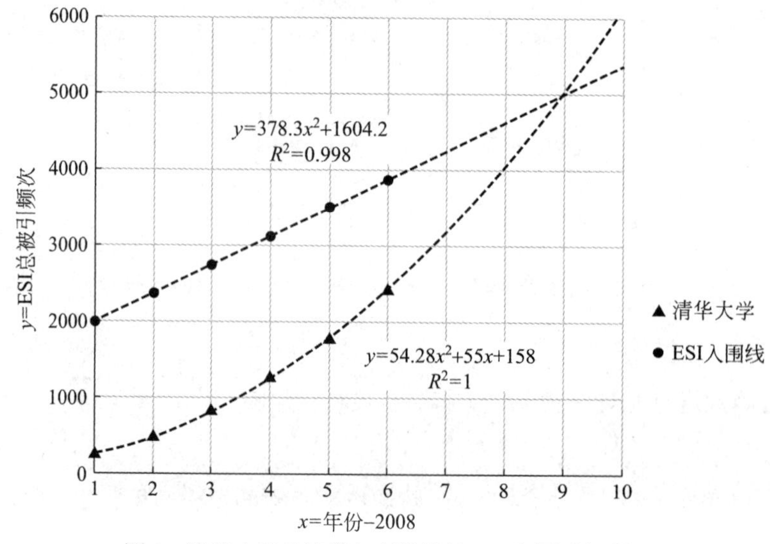

图 3 清华大学经济学与商学学科 ESI 入围时间预测

3 预测误差原因分析

以上预测方法基于模拟检索与曲线拟合模型。任何基于数学模型的预测都不可避免地存在误差，在此对可能产生预测误差的原因进行分析探讨。不过，除“入围机构数变化”“所取末位入围机构数量”对模拟结果产生些许直接影响外，其他误差原因对于清华大学和入围线的影响都是同时存在的，对最终预测结果的影响微小。

3.1 入围机构数变化产生的影响

ESI 数据库每两个月更新一次，每次入围机构的数量都有细微变化[13]。对于 ESI 经济学与商学学科，更新于 2014 年 5 月 16 日的入围机构数为 231 个。现实中，清华大学经济学与商学学科提前一年于 2015 年 11 月入围，而当时 ESI 经济学与商学学科入围机构数增加到 258 个，清华排第 257 位。本文预测入围时间时入围标准参考的是 2014 年 5 月 16 日 ESI 末位上榜机构的总被引频次，其模拟的是清华大学经济学与商学学科进入世界前 231 位的时间。故而入围机构数的变化会干扰入围时间的预测精准度。机构数增加会导致入围相对容易，入围时间提前；相反，机构数减少会导致入围时间推后。

3.2 所取末位入围机构数量产生的影响

本文所用入围线的获取方法是利用入围学科排名末 10 位机构的总被引频次取平均值作为该学科入围的最低阈值。末位入围机构数量的增多会导致入围线的升高，入围模拟时间相应推后；反之，机构数量的减少会导致入围模拟时间的相应提前。

3.3 以静态变化模拟动态变化产生的误差

在过去近 11 年中，末位机构是动态变化的。预测按照清华大学与入围线都维持当前变化趋势，实际变化趋势很难预料，有很多突发因素可能带来机构论文产出突变，偏离原来的轨迹，比如学科带头人的引进和调离、引入论文激励政策、加强与领军学术机构合作等[14]。

3.4 利用 Web of Science 模拟还原 ESI 数据产生的误差

ESI 数据库论文数的统计来源为 SCI-E 和 SSCI，总被引频次的统计来源为 SCI-E、SSCI 和 A&HCI，而在模拟检索操作中，ESI 论文数也同样来自 SCI-E 和 SSCI，但是由于 Web of Science 平台的检索功能限制，总被引频次只能来自 Web of Science 核心合集，除来自 SCI-E、SSCI、A&HCI 三库的主体被引频次外，还包含来自 CPCI-S/CPCI-SSH/ESCI 等其他数据库的被引频次，无法简单区分。因此模拟的总被引频次比实际数值略大，带来的后果是整体 ESI 数据的模拟值略高于真实值。

对于 SCI-E、SSCI 收录的 1000 余万条文献，ESI 将不属于综合类期刊的所有文献归入其所属期刊所对应的学科；而对于综合类期刊文献，ESI 对其进行了二次归类。例如对于综合类期刊 *Science*、*Nature* 中的文献，ESI 根据该文献的参考文献来源期刊所属主要学科领域将其归入相应学科[9,10]。本文所采用的模拟检索数据将所有非综合类期刊文献归入其所属期刊所对应的各学科领域，但无法将综合类期刊中的文献逐篇归入各学科领域，因此导致各学科 ESI 的模拟值低于真实值。

3.5 SSCI 数据库年限不足带来的限制

尽管可供图书馆选购的数字资源种类和数量日益增多，但由于经费原因，图书馆购买数字资源的种类及其年限会受到限制[15]。清华大学图书馆只购买了 SSCI 数据库 1998 年以来的数据，导致本文在预测经济学与商学学科 ESI 入围时间时仅能模拟 2009—2014 共 6 年的数据。样本空间不足会影响对函数曲线走势描摹的精准度，可能造成预测结果与真实值存在一些误差。

3.6 作者单位不规范带来误差

论文的机构归属依据“作者单位”字段判定，然而，同一机构发文作者在论文“作者单位”一项中对机构名称的拼写并不完全统一。由于“作者单位”的不规范[16]，尽管 Web of Science 平台对机构名称的不同拼写形式进行了归并，却并不全面，所以无法统计到每种拼写形式。在实际操作中即使利用机构扩展来模拟也无法准确到机构的每一篇论文，也会造成检索结果低于机构实际发表论文数，从而导致论文总被引频次偏低，带来的后果是整体 ESI 数据的模拟值低于真实值。

4 结语

ESI 从国际论文影响力角度提供学科评估的动态量化指标。论文是科研成果的重要形式，因此利用 ESI 数据进行学科评估具有一定的合理性[17]，对于定位重点发展学科、衡量与世界一流学科差距具有积极意义。

仅仅密切关注跟踪 ESI 数据还不够，应深入研究挖掘其潜在数据价值。本文以清华大学为例，从 ESI 未入围世界前 1%学科中预判最有可能尽快入围的两个学科，得到量化的入围差距，并运用曲线拟合模型方法预测入围时间。经后期验证，预测时间与实际入围时间基本相符。清华大学药学与毒理学于 2014 年 7 月如期入围；而经济学与商学则主要由于入围机构数由 231 家增加到 258 家的缘故，于 2015 年 11 月提前一年入围。由此说明，本文介绍的方法是科学的，也是实用可行的。在此分享，希望对同行深入开展学科情报分析服务、对管理层提供学科规划决策参考有所借鉴。

参考文献

[1] 国务院关于印发统筹推进世界一流大学和一流学科建设总体方案的通知[J]. 中华人民共和国国务院公报, 2015(32): 110-114.

[2] 张伟, 宋鹭. 中国高校进入 ESI 前 1%学科统计调查及对大陆高校学科建设的启示[J]. 清华大学教育研究, 2011(6): 36-45.

[3] Essential Science Indicators (ESI) [EB/OL]. [2016-03-09]. http://esi.incites.thomsonreuters.com.

[4] Web of Science (WOS) [EB/OL]. [2016-03-09]. http://webofknowledge.com/WOS.

[5] 万跃华. ESI中国168所高校综合排名(2016年1月) [EB/OL]. [2016-03-02]. http://blog.sciencenet.cn/blog-57081-952161.html.
[6] 董政娥, 陈惠兰. 基于ESI和InCites数据库的东华大学学科发展预测[J]. 东华大学学报(自然科学版), 2013(5): 689-694.
[7] 顾东蕾, 武莹, 邱家学, 等. 基于WOS的学科发展预测研究[J]. 现代情报, 2014(6): 32-40.
[8] 秦萍, 李雪琛, 梅秀秀. 高校潜力学科发展预测研究[J]. 情报杂志, 2015(1): 88-91.
[9] Essential Science Indicators Scope and Coverage [EB/OL]. [2014-04-23]. http://ipscience-help.thomsonreuters.com/incitesLiveESI/ESIGroup/overviewESI/scopeCoverageESI.html.
[10] Essential Science Indicators Journal List [EB/OL]. [2014-04-23]. http://ipscience-help.thomsonreuters.com/incitesLiveESI/ESIGroup/overviewESI/esiJournalsList.html.
[11] 陈晓坤, 魏长升. 现代统计学[M]. 北京: 清华大学出版社, 北京交通大学出版社, 2009.
[12] 艾自胜, 张长青, 单连成, 等. Excel 在曲线拟合中的应用[J]. 苏州大学学报: 医学版, 2008, 28(5): 759-762.
[13] 周晓鸥, 陈惠兰. 基于ESI的学科数据计量分析——以东华大学入围ESI学科为案例[J]. 图书馆理论与实践, 2013(7): 38-40.
[14] 高敏. 基于ESI数据库寻找学科最佳合作伙伴初探[J]. 江苏科技信息, 2013(19): 36-37.
[15] 钟翠娇. 基于资源采购经费最优配置的图书馆实践述评[J]. 图书与情报, 2016(3): 82-85.
[16] 邹荣, 范爱红, 姜爱蓉. 基于DSpace构建科研论文管理系统[J]. 现代图书情报技术, 2009(10): 90-94.
[17] 张晓阳, 韦恒. 中国高校ESI学科排名与教育部学科评估结果相关性分析[J]. 图书情报研究, 2015(2): 44-47.

作者贡献说明:

管翠中：提出研究思路，设计研究方案，采集、清洗和分析数据，撰写论文；

范爱红：提出研究思路，设计研究方案，撰写论文；

贺维平：提出研究思路，设计研究方案，采集、清洗和分析数据；

赵　杰：采集、清洗和分析数据；

孟　颖：采集、清洗和分析数据。

原载《图书情报工作》2016年第60（22）期

中国英文科技期刊的国际影响力比较研究*

范爱红　梅　洁　李　津　管翠中　伍军红

摘　要：[目的]掌握中国英文科技学术期刊的发展现状与国际影响力情况，为我国英文科技期刊国际化发展提供政策参考。[方法]对中国英文科技学术期刊基本现状进行分布统计分析，基于《中国学术期刊国际引证年报》与JCR数据，进行期刊国际影响力的全面计量和多维度比较分析。[结果]我国英文科技学术期刊发展势头良好，整体国际影响力不断提升，但期刊布局与发展尚不均衡，与出版强国相比还有差距，有较多国际引用来自国内机构。[结论]国家的英文科技期刊扶持政策已见成效，应持续支持；建议进行学科与地域布局规划，针对两极分化进行统筹调整，建议在国际影响力评价指标中增加“海外机构引用比例”。

关键词：中国英文科技期刊；科技期刊；学术影响力；期刊评价；期刊国际化

1　引言

学术期刊作为成果发布和学术交流的重要载体，代表着一个国家科技、经济、文化和社会发展的综合实力，其出版内容与国际影响力关乎国家的创新能力、学术核心竞争力以及国际话语权[1]。英语是国际学术交流的主流语言，对于非英语国家而言，创办英文期刊可弥补由母语带来的期刊国际学术交流障碍[2-4]，英文期刊的质量和规模也决定了其可为本国学术成果提供的国际舞台层次。大力发展中国英文学术期刊，不仅具有带动提升期刊整体国际影响力、扩大国内学术成果传播等积极意义[5]，还可为国内优秀学术成果提供优质的国际发布平台、减少非英语国家普遍存在的优秀稿源海外流失现象。而鉴于科技成果的特殊性，一个国家英文科技期刊水平的整体提升，更是可以在一定程度上达到保护由本国研究成果产生的知识产权和国家利益的目的[6]。我国近年来对英文科技期刊发展非常重视，中国科协等六部委于2013年和2016年先后组织实施两期“中国科技期刊国际影响力提升计划”，有效扶持了一批国内优秀英文科技期刊的发展。

在此背景下，国内近年涌现出很多英文学术期刊相关研究，研究角度主要集中于英文期刊的出版信息统计[7-12]、国际影响力评价及指标研究[13-18]、期刊国际化发展研究[19-24]等方面，其中不乏有价值的研究成果。但是受数据采集能力制约，国内学者在期刊国际影响

* 基金项目：国家社科基金项目“英文版中国学术期刊的国际影响力评价与发展策略研究”（项目编号：14BTQ055），梅洁为本文通讯作者。梅洁、伍军红工作单位为《中国学术期刊（光盘版）》电子杂志社有限公司。

力评价研究中通常依赖 Journal Citation Reports（JCR）数据库进行分析[3-4,13-17,19]，或者对个别期刊进行国际引文分析[25]，难以对非 SCI/SSCI 收录期刊的国际影响力情况进行全面量化评价，也难以将中英文期刊的国际影响力与国际期刊进行比较，从而影响对中国英文学术期刊国际影响力的整体把握。

本研究项目在 JCR 数据的基础之上，利用由中国学术文献国际评价研究中心和清华大学图书馆联合发布的《中国学术期刊国际引证年报》（2012—2015 版，以下简称《年报》）底层数据，运用数据挖掘技术，对中国英文学术期刊的国际影响力情况进行了全面统计评价[本文涉及的 JCR 数据分析均基于 2015 年 6 月发布的 JCR（SCI Edition），该报告对收录期刊在 2014 年度的影响力指标进行统计分析]。篇幅所限，本文侧重对作为主体的自然科学学科的英文学术期刊进行发展现状梳理与国际影响力比较研究，并对代表性个刊进行了深入的施引文献来源机构分析研究，在展示近年来相关政策效果的同时，也希望为我国英文学术期刊的发展策略提供参考与建议。

2 中国英文科技学术期刊发展现状

通过对国家新闻出版广电总局发布的“第一批认定学术期刊名单（共 5756 种，2014 年 11 月）”[26]及“《中国学术期刊影响因子年报》统计源期刊名单（共 4909 种，2015 年 12 月）”[27]进行并集统计可知，截至 2015 年年底，我国持有国际标准连续出版物编号（ISSN）及国内统一刊号（CN）且正在刊行的英文学术期刊共有 258 种（不含文摘资讯类等非学术期刊）。其中，CN 号末位字母为 N—X 的科技期刊共有 239 种（占 92.6%），除 1 本为“英德”双语外，其余全部为纯英文出版。本文基于这 239 种英文科技学术期刊进行研究。

在 2010—2014 年的五年间，我国英文学术期刊总发文量约 13.4 万篇，其中英文科技学术期刊发文约 13.1 万篇，占 97.8%。进一步归纳办刊信息，可以看出我国英文科技学术期刊具有以下整体特点：

（1）办刊机构地域分布不均，研究机构为主体

239 种英文科技学术期刊的办刊机构分散于内地 23 个省份。其中，合计 127 种科技期刊的办刊地在北京，占 53.1%，地域分布高度集中。除北京外，超过 10 刊的省份为上海（25 种）、湖北（11 种）、江苏（10 种）；而河北、江西、海南、宁夏、广西、内蒙古、青海、西藏这 8 省份则为空白。此外，239 种英文科技学术期刊中，66 种期刊的主办单位有 2 家以上。具体的机构性质为：“研究院所”101 刊，“学协会”88 刊，“大学”78 刊，“出版社/杂志社”33 刊，含有医院、政府机构、企业在内的“其他类机构”共 17 刊。除研究机构主体外，还有 4 家大型国有企业主办英文科技学术期刊，值得关注。

（2）英文科技期刊数量稳速增长，部分期刊出版周期较长

从出版发行情况来看，改革开放以来，我国英文科技期刊从零基础开始，发展迅猛，2000 年之后基本保持 5 年 30 种以上的创刊速度（见表 1）。258 种英文学术期刊的平均出版周期为 2.18 个月，长于中文学术期刊的平均 1.72 个月，这应与英文期刊稿源不足和编辑审稿难度较大有关。调查研究显示，出版时滞长，对学术传播与期刊影响力都不利[28]。而对于时效要求颇高的科技期刊而言，我国有 41%的科技英文期刊的出版周期超过 3 个月（含）。

表 1 中国英文科技期刊创刊年分布

时间	1979 年及以前	1980—1984 年	1985—1989 年	1990—1994 年	1995—1999 年	2000—2004 年	2005—2009 年	2010—2014 年
创刊数量	15	29	39	38	20	34	34	30

（3）主要学科大类均有覆盖，各学科英文期刊分布不均

按照《中国图书馆分类法（第五版）》和 2015 版《年报》分类标准，现有 239 种英文科技期刊覆盖了全部 10 个自然科学基本大类（见表 2）。其中，有 40 种以上的英文学术刊物的基本大类为：工业技术（62 种）、数理科学和化学（45 种）、医药卫生（40 种）。而交通运输、环境科学·安全科学、航空航天三个大类的英文期刊则分别不足 5 种。

对 10 个基本大类进一步细分，可见 64 个次级学科的英文期刊数量差距较大，其中“生物学”“数学”“物理学”“无线电电子学、电信技术”“自动化技术、计算机技术”“综合性科学技术”6 个次级类目的期刊数量超过 10 种，而“临床医学综合”“农业工程”“电气工程”“轻工业”等 15 个次级类目的办刊数量为 0。此外，即便同属一个学科大类，各次级学科之间的办刊数量也存在较大差距。例如“天文学、地球科学”下属的 8 个次级学科中，“天文学”“测绘科学技术”“资源科学”的办刊数量明显低于其他次级学科。

而在 2014 年度 SCI 收录的中国英文科技期刊中，期刊最多的 5 个基本大类分别为“数理科学和化学（35 种）”“工业技术（29 种）”“天文学、地球科学（18 种）”“医药、卫生（18 种）”“生物科学（15 种）”。收刊最多的 5 个次级学科为“生物学（15 种）”“数学（11 种）”“化学（9 种）”“物理学（8 种）”“综合性科学技术（6 种）”，而“交通运输工程”大类则无期刊进入 SCI。

表 2 中国科技学术期刊学科分布

《中图法》自然科学大类	英文期刊数量	SCI 收录刊数
N 自然科学总论	20	6
O 数理科学和化学	45	35
P 天文学、地球科学	32	18
Q 生物科学	23	15
R 医药、卫生	40	18
S 农业科学	10	2
T 工业技术	62	29
U 交通运输工程	4	0
V 航空、航天科学技术	2	1
X 环境科学、安全科学	4	2

注：部分期刊存在跨学科现象，故各层级学科刊数之和大于英文科技学术期刊总数 239。另有两刊属于交叉学科，同时被 SCI 和 SSCI 收录，不计在内。

3 中国英文科技期刊国际影响力指标分析研究

所谓学术期刊的国际影响力是指期刊传播的学术内容及期刊的品牌，所引发的国际学术界关注和思考，并取得其认同，甚至改变其思维、观点和行为的能力，反映了国际学术界对期刊及其所报道内容的重视程度[1]。

在期刊常用的影响力定量评价指标中，“他引影响因子”与“他引总被引频次”作为经典指标组合，可分别客观反映期刊的“近期”和“总体”影响力[18]，本文采用其作为期刊国际影响力评价指标。

3.1 我国英文科技期刊的国际影响力发展趋势

对《年报》（2012—2015 版）的底层数据进行分析，得到 2011—2014 年我国英文科技学术期刊的国际影响力指标变化特征（见图 1），分析如下。

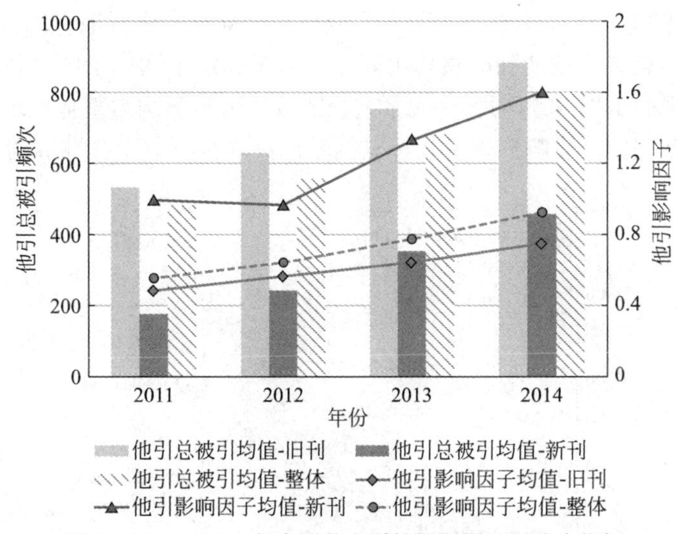

图 1 2011—2014 年中国英文科技期刊国际影响力指标

（1）英文科技期刊整体国际影响力大幅上升

由图 1 可知，在 2011—2014 年，我国英文科技期刊的他引总被引频次、他引影响因子持续 4 年稳定增长。他引总被引频次由 2011 年的刊均 481 次增至 2014 年的 795 次；他引影响因子由 2011 年的刊均 0.553 增至 2014 年的 0.921，两项指标各年增幅均达 65%以上，体现出我国英文科技期刊良好的发展势头。

（2）英文科技新刊整体水平较高，载文量相对较少

为比较分析创刊年对于英文期刊国际影响力的影响，本文将近十年（2006—2015 年）创刊的期刊定义为“新刊”；将 2005 年（含）之前创刊的期刊定义为“旧刊”。在该定义下，239 种英文科技期刊中，共有新刊 60 种、旧刊 179 种。经统计，年均可被引文献基本维持在新刊 60 篇/刊、旧刊 130 篇/刊的水平。新刊载文量基本为旧刊的一半，说明新刊稿源相对不足。另外，虽然由于创刊年份短、载文量低等因素导致科技新刊的他引总被引频次显著低于旧刊，但新刊历年的刊均他引影响因子却约为旧刊的 2 倍（见图 1），说明新办英文科技学术期刊的刊载文献内容总体具有较高学术水平。

（3）国际影响力指标稳定增长的个刊基本都是 SCI 来源期刊

在 239 种英文科技期刊中，他引总被引频次与他引影响因子连续 3 年同时持续增长的期刊有 86 种（新刊 16 种），其中 65 种为 SCI 收录期刊；连续 3 年（2012—2014 年）他引总被引频次增幅超过 100 且他引影响因子增幅超过 0.05 的期刊有 30 种，除 *Frontiers of*

Medicine，其余 29 种全部为 SCI 收录期刊。说明国外权威数据库为期刊学术传播与影响力提升提供了强大助力。

3.2　我国英文科技期刊的当前国际影响力对比

3.2.1　我国中、英文科技期刊与 JCR 来源期刊的国际影响力对比

为掌握我国英文期刊整体的国际影响力状况，依据 2015 版的《年报》底层数据与 JCR 数据，将我国英文期刊、中文期刊与 JCR 国际期刊在 2014 年获得的国际影响力评价数据同时放入“他引影响因子-他引总被引频次”双对数坐标系中进行散点图分析。

由图 2 可见，英文科技期刊的整体国际影响力指标水平远优于中文科技期刊，与代表国际高影响力水平的 JCR 来源期刊有大量重叠区域，国际影响力整体表现较为优秀。但仍有少量英文科技期刊国际影响力评价指标数据较低，甚至不敌中文刊群的平均水平。

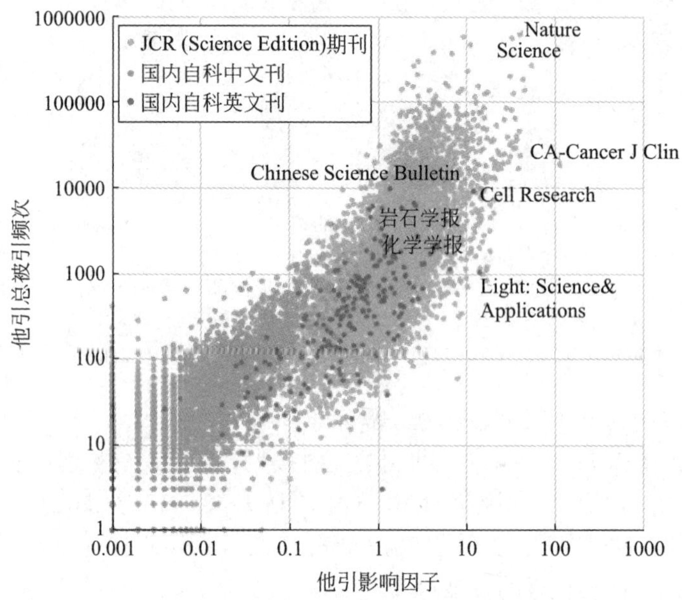

图 2　双对数坐标系下的 2014 年中国科技期刊与 JCR 期刊散点图

3.2.2　我国英文科技期刊的 JCR 影响因子分区分布

近年来，被国际知名数据库收录的中国英文期刊逐年增加，当前我国 239 种英文科技期刊中，128 种被 SCI 收录、173 种被 Scopus 收录，分别占 54%和 72%，超过半数，说明我国英文科技期刊整体已初具国际影响力。

由表 3 可见，SCI 收录的中国英文科技期刊的 JCR 影响因子呈阶梯状分布，Q1—Q4 依次增多（若期刊属于多个 JCR 学科，则以影响因子分区最高的学科进行统计）。18 刊进入 Q1 区，即国际高水平学术期刊中各自学科的排名前四分之一。Q2、Q3、Q4 区的期刊数量基本相当，约 30%。

Q1 区的 18 种期刊，数量占全部中国英文科技期刊的 7.5%，可视为国际影响力第一梯队，具备冲击国际名刊的潜力，其中约 50% 的期刊已三年以上稳定位列 Q1 区，排名基本

呈逐年上升趋势。从学科分类角度来看，Q1 区期刊主要集中于数理科学和化学（3 刊）、生物科学（7 刊）、医药卫生（2 刊）、工业技术（2 刊），航空航天、农业科学、地球科学、自然科学总论各 1 刊。

表 3 2014 年 SCI 收录中国英文科技期刊影响因子分区分布

JCR 影响因子分区	期刊数量（比例）
Q1	18（14.1%）
Q2	35（27.3%）
Q3	36（28.1%）
Q4	39（30.5%）

3.3 非英语国家的英文科技期刊比较研究

英语国家享有巨大的办刊语言优势。为客观把握我国英文科技学术期刊的发展情况，将我国英文科技期刊与德国、日本、法国、意大利、西班牙这 5 个非英语国家的 2014 年 JCR 收录期刊进行整体比较（表 4）。

表 4 2014 年 JCR 收录非英语国家英文科技期刊数量及比例

国别	英文期刊数量（比例）
中国（有 CN 号）	128（86.0%）
日本	200（85.5%）
意大利	86（71.7%）
德国	381（65.9%）
法国	61（35.1%）
西班牙	20（27.0%）

从英文期刊收录量来看，我国英文科技期刊中有 128 种被 JCR 收录，与其他 5 国相比位于中上水平，但同德国、日本等老牌期刊强国相比依然差距较大。从 JCR 收录各国期刊中的英文期刊所占比例来看，中国、日本这两个亚洲国家的英文科技期刊收录比例位列前二名。由此可见，与欧洲语言相比，亚洲语言在学术国际传播中或更具劣势。

在各学科期刊中，无论是他引影响因子还是他引总被引频次，各国均出现了“平均值大于中位值”现象，从侧面印证了包括我国在内的非英语国家中，英文刊办刊水平两极分化且一流刊物偏少是一个普遍问题（见图 3）。

3.4 中国英文科技期刊的施引文献来源机构分析研究

作为世界权威数据库，SCI 收录的期刊与论文被学术界普遍认为可代表国际主流期刊与主流科学[12]，因此 SCI 引用频次是考察科技期刊国际影响力的重要指标。然而 JCR 数据库公布的期刊被引频次仅能反映来自 SCI/SSCI 期刊的引用次数，不能反映施引文献中有多少真正来自海外机构。为此，本文尝试对中国英文科技学术期刊被 Web of Science 核心合集（SCI/SSCI/CPCI-S/CPCI-SSH）中的期刊与会议论文引用的施引文献来源机构进行了统

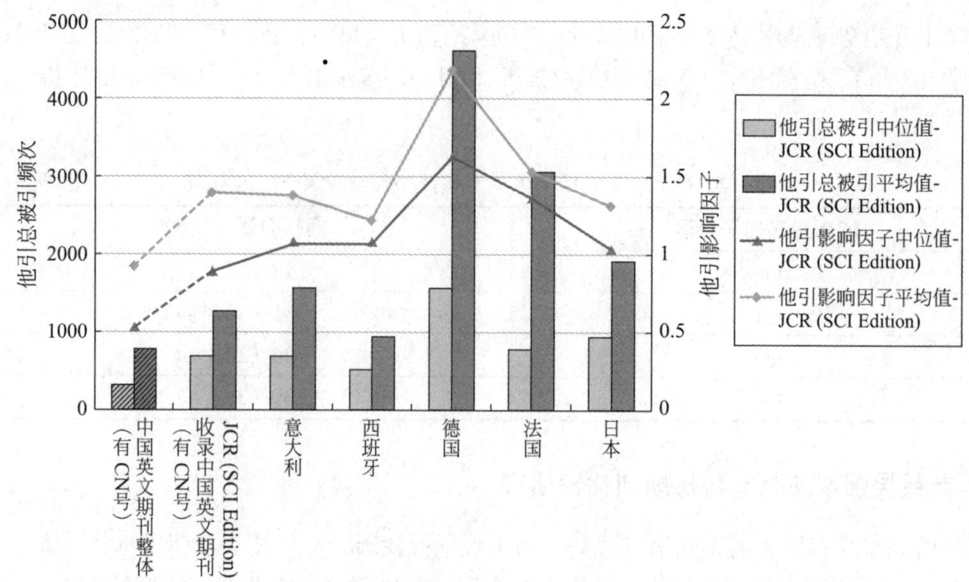

图3 6个非英语国家英文期刊的2014年国际影响力指标对比

计分析与研究，结果发现：2015年我国239种英文科技期刊在Web of Science核心合集中的引用次数约为24.4万次。其中，有44%的引次来自“纯粹的海外机构发文”，即文献作者中无一人来自国内机构；12%的引次来自中外合作发文，剩余的44%的引用则来自包括港澳台在内的中国学者发表在国际期刊或国际会议上的文章。

另外，对三种国内公认的高国际影响力个刊 *Cell Research*（1990年创刊）、*Light: Science & Application*（2012年创刊）、*National Science Review*（2014年创刊）的2015年度Web of Science施引文献进行分析，可以发现：尽管三种期刊的海外期刊引用比例均高达90%左右（见图4），但其中相当比例的引次来自国内机构，即被国内学者发表在海外期刊的文章引用。*Cell Research* 有65%～80%的引用来自海外机构，另两种期刊的海外机构引用比例基本在40%～50%［*Light: Science & Application* 在创刊当年（2012年）的引次较低，仅为20次，其中海外机构引用14次，远低于其后各年引次。故2012年的70%的海外机构

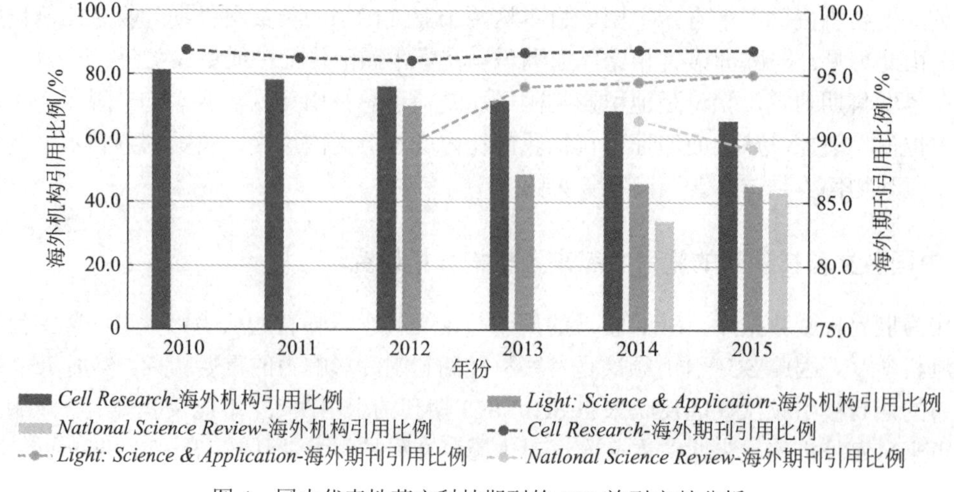

图4 国内代表性英文科技期刊的JCR施引文献分析

引用比例有一定特殊性]，或与新创刊有关。即便如此，这三种英文科技期刊已具备相当不俗的国际影响力，是中国英文期刊的标杆。

4 关于我国英文科技学术期刊发展的思考

4.1 英文科技期刊整体发展势头良好，与世界强国仍有差距

近几年，国家对英文期刊的国际化发展给予了较大力度的扶持激励政策，包括基金支持和 CN 号审批的倾斜，已初见成效。当前我国英文科技学术期刊的整体发展态势良好，进入黄金发展期。由本文上述分析可见，近年来中国英文科技期刊的国际影响力逐年大幅提升，当前整体国际影响力指标水平与国外 SCI 期刊已处于可比较态势，已有一小批中国英文科技期刊在本学科 Q1 区与国际高水平学术期刊比肩。新刊数量稳步增长且学术水平和国际化起点很高。少数领军英文期刊在所属学科的国际期刊中影响因子名列前茅，异军突起，如: *Light: Science & Application*、*Cell Research*、*Molecular Plant*、*Communications in Nonlinear Science and Numerical Simulation* 等。在良好势头下，国家扶持政策还需要长期持续。国内办刊人一方面要树立信心，相信我们可以办出世界品牌的一流期刊，另一方面也要看到不足与挑战。即使与德国、日本这些非英语国家相比，我国的英文期刊数量与国际影响力也还有很大差距。无论宏观层面还是微观层面，我国英文科技期刊的发展都仍旧面临诸多问题。

4.2 英文学术期刊的布局与发展尚不均衡，需整体规划调整

我国英文学术期刊的布局不均衡主要表现在地域分布和学科分布。地域过于集中，应由北京等少数几个文化大省（直辖市）向全国辐射，鼓励在更多省份创办英文新刊，带动全国期刊整体国际化发展。英文科技期刊的学科分布需要站在国家科技发展的全局高度进一步统筹。目前英文期刊数量仍旧不足，应有规划地继续创办新刊，优先填补学科空白点或薄弱点。在“我国优势学科高影响力期刊不多，学科优势有待发挥”[13]的大背景下，应根据《国家中长期科学和技术发展规划纲要（2006—2020）》，在我国优势学科与重点发展领域布局英文期刊，让高影响力期刊数量与学科发展相匹配，关注并将扶持政策向那些期刊弱势学科倾斜。

当前我国英文科技期刊整体发展很好，但是发展并不均衡，差距很大，甚至是两极分化。关注优秀期刊的同时也应看到，仍有一些英文科技期刊国际影响力甚微，甚至不及中文期刊。其原因也是多样的，不同英文科技期刊的学科领域、办刊基础、主办单位实力、编辑队伍、经费条件、发展理念等情况各不相同，都会直接影响期刊发展。需要建立竞争淘汰机制，创造条件让优秀英文期刊尽快做强走出去，对长期不适应国际化发展的期刊进行评估调整。

4.3 海外机构引用比例可作为一项国际影响力评价指标

本文对中国英文科技学术期刊的施引文献来源机构进行了分析研究，可以看到，国际引文的施引文献中有近一半来自国内机构的贡献[11,25]。这其实是正常现象，无可厚非。我国

是科技强国，也是论文大国，SCI 发文量已居世界第二。中国学者会更关注本国期刊，在写 SCI 论文时自然会更多引用本国期刊文献，而这些来自国内机构的引用也助力中国期刊的国际学术传播。但是，我们在评价英文期刊国际影响力时，应该更看重海外机构的引用，这部分引次才是期刊“走出去”的实证，也是国家提升英文期刊国际影响力计划真正希望达到的效果。鉴于国内英文期刊的实际国际影响力或小于其在 JCR 指标中所体现出来的水平，建议在英文期刊国际影响力评价指标中增加“海外机构引用比例”。本研究项目也将对中国英文学术期刊进行更深入的施引文献来源机构研究。

参考文献

[1] 中国学术期刊国际引证年报 2015 年[R]. 北京：中国学术期刊（光盘版）电子杂志社, 2014, 12.

[2] Peter. C. Katz, Mary. C. Berge, 文献芳, 等. EiCompendex 收录期刊标准[J]. 哈尔滨工业大学学报, 2001(6): 872-874.

[3] 王珏. 我国科技期刊国际竞争力评价研究[D]. 武汉：武汉大学, 2010.

[4] 王琳. 亚洲地区化学综合类期刊的国际化程度分析[J]. 中国科技期刊研究, 2010, 21(6): 805-808.

[5] 李廷杰, 谢淑莲. 中国科学院学术期刊在国内外的地位现状及走向世界的对策[J]. 中国科技期刊研究, 2002, 13(6): 467-473.

[6] 村橋俊一. わが国欧文誌の現状と問題点[J]. 情報管理, 2004(3): 149-154.

[7] 张月红, 林昌东, 李江, 等. 有多少英文版学术期刊（不含港、澳、台）?[J]. 中国科技期刊研究, 2003, 14(2): 148-152.

[8] 马峥, 俞征鹿, 潘云涛. 中国英文科技期刊出版情况的统计分析[J]. 中国科技期刊研究, 2014, 25(10): 1277-1281.

[9] 鲍国海. 1887～2009 年中国英文版科技期刊文献计量分析[J]. 中国科技期刊研究, 2010, 21(2): 151-160.

[10] 潘云涛, 张玉华, 马峥. 中国英文版科技期刊的综合学术指标分析[J]. 中国科技期刊研究, 2003, 14(6): 614-617.

[11] 任胜利, 祖广安. 我国英文版科技期刊的现状分析[J]. 编辑学报, 2004, 16(4): 303-305.

[12] 任胜利. 2014 年我国英文版科技期刊发展回顾[J]. 科技与出版, 2015(2): 9-13.

[13] 杜耀文, 宁笔. 成绩 • 挑战——2015 年度我国英文版科技期刊发展回顾[J]. 科技与出版, 2016(2): 28-34.

[14] 陈光宇, 顾凤南, 周春. 2003 年 SCIE 收录我国中英文版科技期刊的比较分析[J]. 中国科技期刊研究, 2006, 17(6): 1128-1130.

[15] 刘筱敏, 马娜. 中国科协科技期刊国际影响力分析[J]. 中国科技期刊研究, 2014, 25(3): 335-339.

[16] 刘筱敏, 马娜. 中、日、法、德四国科技期刊论文及影响力特征分析[J]. 中国科技期刊研究, 2014, 25(12): 1499-1503.

[17] 王淑华, 王亨君. 我国英文版学术期刊的国际影响力分析[J]. 编辑学报, 2009, 21(2): 173-175.

[18] 伍军红, 肖宏, 等. 科技期刊国际影响力评价指标研究[J]. 编辑学报, 2015, 27(3): 214-218.

[19] 王琳. 亚洲地区化学综合类期刊的国际化程度分析[J]. 中国科技期刊研究, 2010, 21(6): 805-808.

[20] 王亨君. 科技期刊国际化研究[M]. 武汉: 中国地质大学出版社, 2011.

[21] 仲西瑶, 步召德. 我国英文版科技期刊加快国际化进程的思考[J]. 中国科技期刊研究, 2014, 25(2): 299-302.

[22] 徐晓, 葛建平, 蔡斐, 等. 英文科技期刊稿源国际化探讨[J]. 编辑学报, 2012(S1): S70-S72.

[23] 王继红, 骆振福, 都平平, 等. “国际影响力提升计划”对非 SCI 期刊的影响——以 International Journal of Mining Science and Technology 为例[J]. 中国科技期刊研究, 2015, 26(10): 1084-1089.

[24] 邱芬, 国荣, 赵大良. 综合性大学学报英文版向专业期刊转型之路——Journal of Pharmaceutical Analysis 的创办和国际化探索[J]. 中国科技期刊研究. 2014, 25(8): 1083-1086.

[25] 徐海丽. JCR 收录我国英文版力学期刊学术影响力现状分析[J]. 科技与出版, 2013(12):101-105.

[26] 国家新闻出版广电总局. 第一批认定学术期刊名单公示[EB/OL]. [2015-12-08]. http://www.gapp.gov.cn/news/1663/231784.shtml.

[27] 中国学术期刊（光盘版）》电子杂志社.《中国学术期刊影响因子年报》统计源列表（2015 年版）[EB/OL]. http://www.jif.cnki.net/Core/DataCenter/doDownLoadCJFD.aspx?action=source&year=2015.

[28] 陈理斌, 武夷山. 世界学术期刊出版周期与期刊影响力关系探索[J]. 情报学报, 2010, 28(10): 1554-1564.

作者贡献声明:

范爱红：牵头组织项目研究，确定论文选题、设计论文框架和研究内容，参加论文撰写与修订，参与文献调研；

梅　洁：论文起草与修订，参与设计研究思路，文献调研与数据收集整理，参与文献内容分析；

李　津：参与项目研究，参与文献调研分析，参与数据收集整理；

管翠中：参与项目研究，参与数据整理，绘制图谱；

伍军红：指导项目研究，参与确定论文研究内容，参与修订论文。

原载《中国科技期刊研究》2016 年第 11 期

清华大学科技查新系统的开发与实践

李凤侠　战玉华　赵军平　孟　颖　周媛莎

摘　要：为了更好地开展科技查新服务，提高科技查新的规范化、信息化、网络化管理水平，清华大学图书馆自主开发了科技查新系统。该系统基于B/S结构进行灵活的人性化设计，囊括科技查新工作的所有业务流程和管理流程，并通过严格的权限管理加以保障。系统分为用户模块和工作模块，其中工作模块包括五个子模块：查新管理、系统管理、查新统计、查新助手、我的信息，具有自动生成报告号、自动生成查新报告、自动计费等全新功能。

关键词：科技查新；管理系统；规范化；信息化

1　科技查新系统开发的必要性

"科技查新"是指查新机构根据查新委托人提供的需要查证其新颖性的科学技术内容，按照《科技查新规范》操作，并做出结论[1]。

"科技查新"出现二十多年来，许多高校图书馆、情报所陆续取得查新资质，面向本单位或社会开展科技查新服务。其中，教育部已分6批共批准在84所高等学校设立教育部部级科技查新工作站，以充分发挥高校图书情报职能和科技信息咨询服务优势，为科学研究提供优质的情报服务[2]。

随着科技查新工作的深入，一些查新机构相继开发了自己的科技查新系统。如中国科学院的科技查新检索服务平台[3]、扬州大学图书馆的科技查新 Web 服务系统[4]、浙江大学图书馆的科技查新工作平台[5]、苏州大学的科技查新管理系统[6]等，这些系统多侧重于网上接受查新课题申请、课题信息统计等功能[7]。

清华大学图书馆原来也有一个查新系统，但功能比较简单，大量的工作还需要手工操作，不能满足当前科技查新的需要。为提高科技查新工作的效率，提高查新的管理水平，亟须开发新的科技查新管理系统。

1.1　科技查新业务需求

科技查新服务广泛应用于科技立项、科研成果鉴定、科技奖励申报等过程中，查新需求量逐年增加，而且经常时间较为紧迫，为此，需要用新的技术和手段提高查新工作效率。

1.2 管理模式落后

原有的科技查新管理系统功能较少且简单，计算机化程度低。其功能主要有：用户通过网络填写查新合同；查新员网上取查新报告号，查新报告完成后，逐一填写查新项目登记表导入系统；系统可对查新工作进行简单的统计和检索。落后的管理手段和模式严重影响了科技查新业务的拓展。

1.3 缺乏有效的辅助手段

清华大学科技查新工作站严格遵照科技部颁发的《科技查新规范》和教育部发布的《教育部科技查新工作站查新报告撰写规范》进行科技查新工作，不但对查新报告质量有很高的要求，对查新报告及文献附件的格式要求也非常严格。但由于不同数据库的文献输出格式不统一，查新人员需要花费大量时间和精力对文献进行整理和去重。

基于以上因素，亟须开发新的科技查新系统，满足如下需求：

① 用户可很方便地提交查新申请及合同。

② 查新人员可借助计算机技术减轻工作量，尤其是一些低科技含量的烦琐工作，提高查新效率。

③ 管理者可改革工作流程，全方位提高科技查新工作的管理水平。

2 设计思路

计算机网络技术的迅速发展使新系统的开发成为可能。本查新系统为基于网络（B/S）的业务开展和管理平台，采用微软公司 ASP.NET 动态服务器页面技术，结合 SQL Server 2005 关系型数据库，在 Windows 2003 Server 操作系统平台上运行。其中：

① Web 服务器为 IIS，采用 Microsoft Visual Studio.NET 开发。采用动态服务器页面技术 ASP.NET 建立在公共语言运行库上的编程框架。

② 系统后台采用 c#语言，前台采用 Jquery、Ajax 技术编写在服务器上能生成强大功能的应用程序。

③ ADO.NET 提供平台互用性和可伸缩的数据访问，用户通过浏览器浏览动态网页。由于传送的数据均为 XML 格式，因此，任何能够读取 XML 格式的应用程序都可以进行数据处理。事实上，接受数据的组件不一定是 ADO.NET，可以是基于 Microsoft Visual Studio 的解决方案或运行在其他平台上的任何应用程序。系统通过 ADO.NET 从数据库中获取相关信息，自动填充到查新报告 Word 模板中，自动生成查新报告。

本系统于 2011 年开始由图书馆科技查新馆员设计，经过近一年时间的设计开发、测试、修改及试运行，于 2012 年 4 月正式投入使用。使用一年多来，实现了规范化、信息化、高效化的科技查新处理和管理，取得了很好的效果，并在不久前召开的“2013 中国高校图书馆发展论坛”上荣获优秀案例奖。

3 功能模块

本系统采用 B/S 结构，不需要安装客户端，通过 Web 浏览器（IE、Firefox 等）即可方便使用。有两个主要的功能模块，分别为用户模块和工作模块。其中：

用户模块：用户可直接在线提交查新申请和正式合同、跟踪查新处理进程，无须注册。

工作模块：查新人员的综合业务管理平台，包括五个子模块：查新管理、系统管理、查新统计、查新助手和我的信息。

3.1 用户模块

用户通过清华大学图书馆主页中的链接进入查新系统的用户界面（见图1）后，可以在线提交查新申请、查看常见问题FAQ、跟踪查新处理进程，不需要注册。

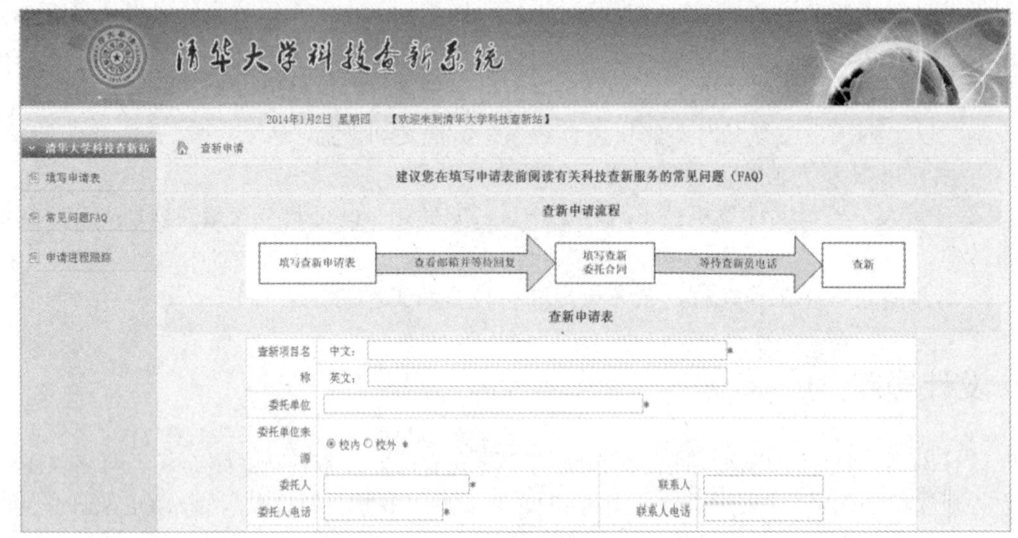

图1　用户界面

在查新申请表中，用户需要：

① 填写：项目的中英文名称，委托单位，委托人名字及其电话、E-mail，联系人名字及其电话、E-mail等；

② 选择：委托单位来源（校内、校外）、查新目的（科技立项、科技成果鉴定、科技成果奖励、博士论文开题、参赛、其他等）、查新范围（国内外、国内、国外）、希望取报告时间（系统默认为正常日期）。

用户提交查新申请表后，查新申请自动转入后台管理界面的查新管理子模块中的"新查新申请"，如果还未批准通过，则状态显示为"未批准"，并飘红，提醒管理员进行处理。如果已经审核通过，则系统会自动发一封电子邮件到联系人邮箱，用户单击邮件里的链接就可以填写正式的查新合同。

利用该模块，大大简化了用户的工作流程，工作人员可以及时查看、处理用户的查新申请。

3.2 工作模块

工作模块（即后台管理模块）是查新工作人员的综合业务服务管理平台（见图2），包括五个子模块：查新管理、系统管理、查新统计、查新助手、我的信息。对于这五个子模块，管理员、审核员、查新员这三种角色分别有不同的操作权限，如只有管理员才能对“系统管理”子模块进行操作，审核员和查新员页面则没有该模块显示。

图 2　工作界面（管理员）

3.2.1 查新管理模块

查新管理模块是查新系统的核心模块，包括新查新申请、已受理查新、处理中查新、待审核查新、已完成查新、拒绝的查新、撤题的查新等。通过查新管理模块：

① 系统自动生成查新报告号，而且保证报告号的连续性。如果由于撤题等原因造成报告号空缺，系统会自动用新的查新课题补充。

② 查新负责人可以受理查新申请，进行查新任务的分配或撤题。

③ 查新人员可以主动认领查新任务、下载查新合同、处理查新，包括自动生成查新报告、报告送审、电子签名、报告归档等。

④ 系统自动计费、查新员进行费用确认。

其中，“处理中查新”是查新员对查新任务的处理模块。点击“处理中查新”，查新员可以看到本人还未完成的查新申请的列表，包括报告号、项目名称等。对于每一个查新申请：

① 点击“项目名称”，可以查看并下载具体的查新委托合同。

② 在“报告处理”栏中，查新员如果单击“拒绝分题”，该申请自动回到“已受理申请”，等待管理员重新分配或者由其他查新员认领；如果查新用户要求“撤题”，则可以单击“撤题”删除该查新课题。

③ 查新员接受该课题后，单击“处理查新”进行后续处理操作。

“处理查新”流程（见图 3）包括：

① 查新报告的撰写、修改和上传。系统自动依据查新合同及其后续操作流程、查新规范要求的模板生成报告框架，查新员可以下载、修改报告，然后单击“报告处理”将报告上传到系统中。

② 查新报告的送审。单击“送审”，选择审核员，请审核员审核查新报告。

③ 查新费用的核对。系统可根据查新收费标准自动计算查新费用，既节约了时间，又不容易出错。

④ 查新报告、附件等信息的存档。在查新报告审核通过、报告及附件上传、用户已经缴纳费用后，单击"存档"，则该查新课题处理完毕，所有信息存档，供以后查询、统计。

图 3 查新处理（费用核对）

3.2.2 系统管理模块

系统管理模块是查新系统的支撑模块，功能非常灵活。只有系统管理人员（超级用户）可以对系统的各种参数进行设置，包括机构信息维护、FAQ 问题维护、邮件模板维护、查新目的维护、检索库名维护、价格参数维护和工作人员管理等。

当前，根据查新流程，系统可以自动生成并发送的邮件有 9 种，大大提高了工作的自动化水平，有力保障了查新任务及时进入下一环节，及时提醒用户。

用户提交查新合同时，查新目的填写经常不规范。为了规范管理，便于统计，系统允许管理人员新增、修改、删除、启用、禁用"查新目的"选项，如科研立项、博士点基金、新教师基金、科研成果鉴定、科研成果奖励等，用户通过勾选就可完成查新目的填写。

检索库名维护主要是根据《科技查新规范》要求新增、修改、删除需要进行检索的中文文献数据库，为自动生成查新报告提供后台数据。

工作人员管理由管理员完成，不但可以增加、修改查新工作人员，更重要的是赋予工作人员不同的系统使用权限，及时启用或禁用查新人员使用系统的权力，大大提升系统的使用安全。

3.2.3 查新统计模块

统计模块是系统中非常重要、不可或缺的模块，也是管理系统功能完备的重要标识。利用本查新系统，可对某段时间内的查新工作分别按照查新员、委托单位、查新目的、查新范围、查新状态、查新点、查新费用进行统计，全面掌握查新课题的分布概况。此外，还可以统计未受理的查新申请量，用以考察机构整体查新能力和实际需求之间的差距，统计结果可以输出 Excel 文档。

3.2.4 查新助手模块

顾名思义，查新助手是查新人员的帮手。系统提供“检索数据去重”“近义检索词库”“国外库列表”等查新助手，帮助查新人员提高查新效率。

（1）检索数据去重

通常，中文查新数据库至少有十几个，包括中国知网、万方数据的期刊论文、学位论文、会议论文、科技成果等数据库，以及中国科技期刊数据库、国家知识产权局专利数据库等。不同数据库的文献输出字段名称和格式各不相同，“检索数据去重”功能将不同数据库的文献按类型集中，剔除相同文献、计算文献总数并统一编号，可分别按照附件中要求的详细记录格式、查新报告中要求的《文后参考文献著录规则》（GB/T 7714—2005）格式导出，大大节省了查新人员整理附件和撰写查新报告的时间。

“检索数据去重”（见图 4）的原理是：①将不同数据库的字段名称进行标准化处理；②将某个或某些字段设为“去重字段”，根据“去重字段”对文献进行重复性检测，找到重复文献并予以剔除；③每种文献类型的字段名称、去重字段等可以根据需要设置和维护更新。以期刊文献为例，不同数据库中的“篇名”字段分别有“篇名”“【题　名】”“题名”“Title-题名”“Title”等多种形式，通过“检索词维护”功能将其标准化为“篇名”字段，并作为“去重字段”，这样篇名相同的两篇论文可以去重、作为一篇文献导出。通过对不同文献类型及其相应字段的设置和维护，实现了检索结果的统一格式导出，且没有重复。

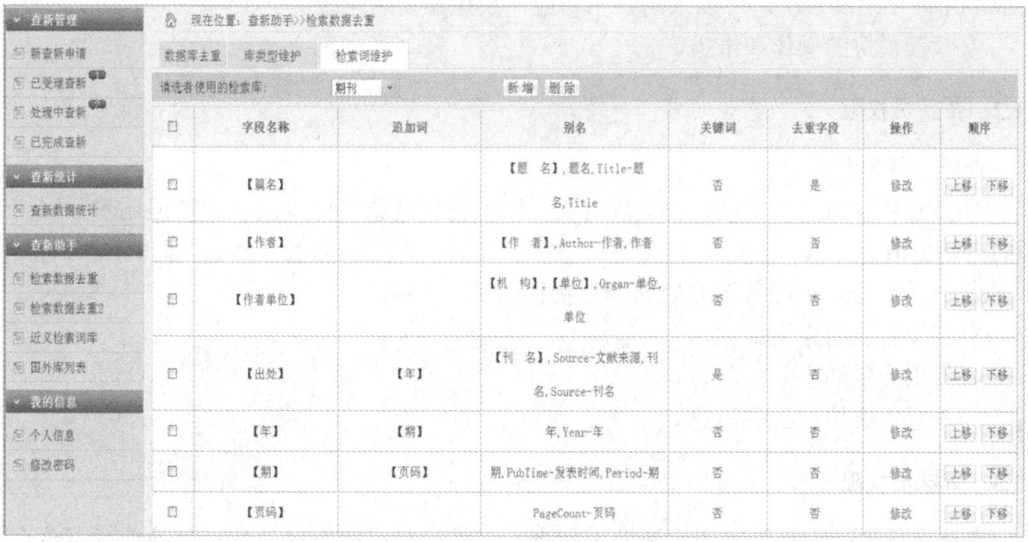

□	字段名称	追加词	别名	关键词	去重字段	操作	顺序
□	【篇名】		【题　名】,题名,Title-题名,Title	否	是	修改	上移 下移
□	【作者】		【作　者】,Author-作者,作者	否	否	修改	上移 下移
□	【作者单位】		【机　构】,【单位】,Organ-单位,单位	否	否	修改	上移 下移
□	【出处】	【年】	【刊　名】,Source-文献来源,刊名,Source-刊名	是	否	修改	上移 下移
□	【年】	【期】	年,Year-年	否	否	修改	上移 下移
□	【期】	【页码】	期,PubTime-发表时间,Period-期	否	否	修改	上移 下移
□	【页码】		PageCount-页码	否	否	修改	上移 下移

图 4　查新助手（检索数据去重）

（2）近义检索词库

“近义检索词库”是可以自行维护的功能之一，将常见的、不容易表达全面的某一主题概念的同义词、近义词及不同书写形式归纳总结，建立一条记录并命名。利用该功能，可方便、有效地提醒查新人员选择检索用词，避免因用词不全造成漏检，是查新人员的得力帮手。此外，近义检索词库还嵌入了中国知网的“翻译助手”，实现查新系统内外数据库检索词的联合检索。

（3）国外库列表

“国外库列表”具有整理国外数据库输出格式的功能，导入 Dialog 联机时的外文数据库记录后，系统可以按照查新报告要求的格式自动输出数据库列表，代替了原来的逐项录入。

3.2.5 我的信息模块

个人信息的维护模块，包括基本信息和密码维护。使用权限，只能由管理员修改。

4 系统优点

4.1 严格的权限管理

为了保障安全运行，系统实行严格的权限划分和管理，使查新人员各司其职，达到系统化和规范化管理的目标。根据查新人员业务划分，有管理员、查新员、审核员三种权限。

4.1.1 管理员权限

管理员拥有使用系统的最高权限，包括：

① 查新人员的增加、修改。

② 查新人员的启用、禁用。所有查新人员的信息均不删除，但如果某查新人员不再需要或不允许使用该系统，可以采用禁用功能，禁止其使用系统。

③ 管理模块的操作和维护。

4.1.2 查新员权限

查新员权限包括：

① 查看所有新查新申请、已受理查新，以了解新查新申请以及已受理但还未分配或认领的查新申请。

② 查看、处理自己名下的处理中查新和已完成查新。

③ 统计自己的查新量。

④ 使用查新助手。

⑤ 查看、维护自己的信息。

4.1.3 审核员权限

审核员权限：除可以使用查新助手和查看、维护自己的信息外，只有处理待审核查新的权限。

4.2 规范的流程管理

根据科技查新业务的实际需求，清华大学科技查新工作有一套严格的流程（见图 5）。

查新系统严格按照此流程开发设计和实现，旨在提高工作效率和管理水平。工作流程体现委托人和查新机构之间的密切联系，也为科技查新提供了充分的质量保障。

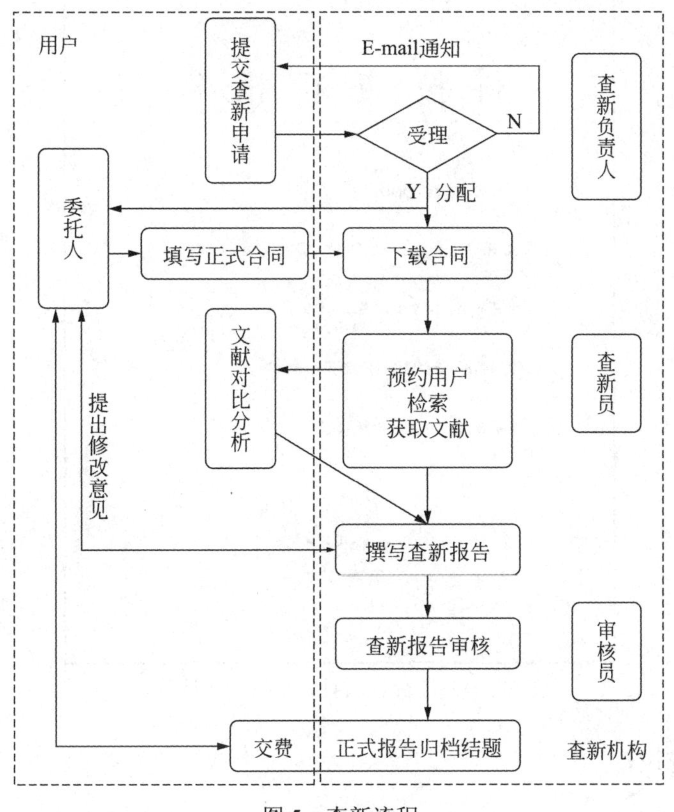

图 5　查新流程

4.3　快捷生成查新报告

依据教育部发布的《教育部科技查新工作站查新报告撰写规范》，查新报告的撰写必须符合规范要求。

利用本查新管理系统，可以自动生成符合规范的查新报告的全部框架内容，有效地减少了部分工作量。其中：

① 报告封面的全部内容以及正文中的查新项目名称、查新目的、科学技术要点、查新点与查新要求，系统可以依据查新合同自动生成。

② 查新机构、查新员及审核员声明、附件清单、备注等，系统自动生成，多数内容固定不变，仅有个别需要查新员修改。

③ 文献检索范围及检索策略、检索结果、查新结论这 3 项，除部分共性内容自动生成外，其余部分则需要由查新员依据检索过程和文献分析结果撰写，这是查新报告的核心内容。

目前，系统中包含查新范围分别为国内、国外或国内外，查新点为单个或多个的 6 种查新报告模板，系统依据查新合同中的要求自动生成相应的查新报告（见图 6）。

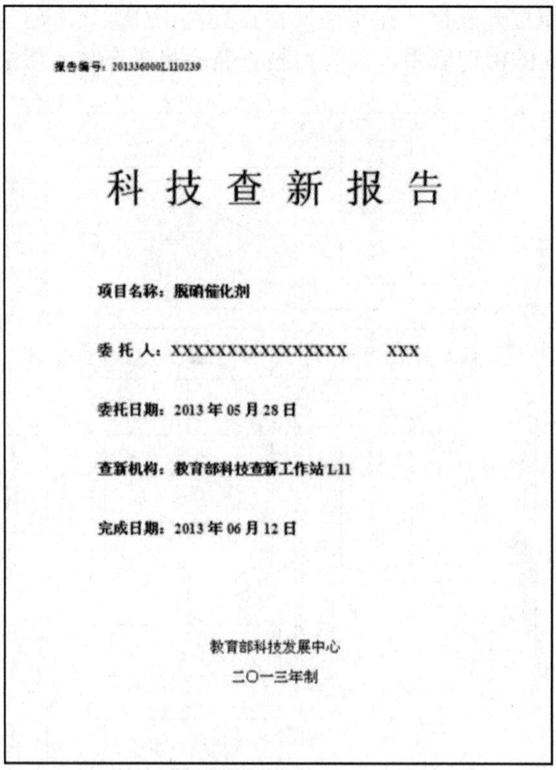

报告编号：201336000L110239

科 技 查 新 报 告

项目名称：脱硝催化剂

委 托 人：XXXXXXXXXXXXXXXX　　XXX

委托日期：2013 年 05 月 28 日

查新机构：教育部科技查新工作站 L11

完成日期：2013 年 06 月 12 日

教育部科技发展中心

二〇一三年制

图 6　自动生成的科技查新报告（封面）

4.4　灵活的系统设计

从科技查新业务的长远发展考虑，为保证及时适应科技查新业务的变化，科技查新系统的设计非常灵活。主要体现在：

① 查新任务可以由管理员分配，也允许查新员主动认领、拒绝查新任务。

② 查新员可以选择审核员。审核员也可以拒绝审核。

③ 已受理查新、处理中查新仍然可以撤题。

④ 系统管理模块中的 7 大功能都可以自行维护。

⑤ 业务统计可以选择输出字段。

⑥“检索数据去重”模块中可以维护文献类型。更为重要的是，当某一数据库的输出字段、名称、格式发生变化时，可以维护字段的别名，以保证输出功能正常，格式统一。

⑦ 近义检索词库的自行维护。

⑧ 管理员可以在管理员、查新员、审核员之间转换角色。

4.5　全面的业务统计

如前所述，系统提供了多种统计入口，实现按受理时间、完成时间、查新目的、查新范围、查新点、查新状态、查新费用、委托人、委托单位、未受理申请进行统计，统计结果可以导出，生成 Excel 文档。管理员既可以统计全部，也可以统计个人业务量。查新员和审核员则只能统计自己完成的查新任务。

4.6 方便的查新助手

系统设计了多个查新助手，其中检索数据去重省去了附件中中文文献的整理过程，近义检索词库则在检索过程中对检索词的选取起到辅助作用。

5 待加强之处

科技查新系统正式使用一年多来，大大方便了查新用户和查新人员，提高了查新效率和查新质量，效果非常明显，达到了预期目标。

随着科技查新工作的不断发展，会不断产生新的问题，系统也相应地需要开发新的功能，以促进查新工作的规范化和效率化。

科技查新过程中涉及 Dialog 联机系统以及部分馆购资源，而不同数据库的文献输出格式不统一，并且检索结果会有重复，需要花费大量时间对其进行去重和整理。针对国内十几个数据库的中文文献，系统已通过“检索数据去重”功能实现了文献的去重和统一格式输出。但针对外文数据库及 Dialog 系统中的外文文献，现阶段，系统还无法实现外文文献的去重和统一格式整理。这是近期系统开发设计的重点，虽然有一定的难度，但如果开发成功，可以进一步提高工作效率。

参考文献

[1] 谢新洲, 滕跃. 科技查新手册[M]. 北京：科学技术文献出版社, 2004.

[2] 教育部科技发展中心[EB/OL]. [2013-07-21]. http://www.cutech.edu.cn/cn/index.htm.

[3] 郑菲, 陈朝晖, 文奕, 等. 中国科学院科技查新检索服务平台的设计与实践应用[J]. 现代图书情报技术, 2010(11): 79-83.

[4] 朱世清. 基于 EC2.0 的科技查新 Web 服务系统的设计与实现[J]. 图书馆学研究, 2012(2): 33-38.

[5] 马景娣, 田稷. 基于 Web 的科技查新工作平台设计与实现[J]. 现代情报, 2005(3): 164-165, 7.

[6] 张云坤. 基于 AJAX 的科技查新管理系统[J]. 大学图书情报学刊, 2008(6): 30-32, 43.

[7] 李广利, 李书宁. 科技查新报告自动生成软件的设计与实现[J]. 现代图书情报技术, 2013(2): 82-87.

原载《大学图书馆学报》2014 年第 2 期

新环境下高校信息素养教育实践的创新探索

韩丽风　曾晓牧　林　佳

摘　要：在迅速变化的信息技术与教育环境中，如何因时而变、因馆而宜、不断创新，开展适合高校发展的信息素养教育实践，是每个高校图书馆面临的挑战和机遇。本文系统梳理新环境下清华大学图书馆信息素养教育实践的创新举措：顺应教育信息化的发展趋势，运用新技术改革教育模式；立足高校发展定位与需求，融入学校学术生态；研究信息素养教育新理念，加强科学规划与实施；契合用户群体需求特征，利用新媒体提升传播效果。清华实践经验可概括为：以信息素养新理念为指导，积极利用新技术、新媒体开拓创新实践，全方位嵌入学校人才培养流程，有效融入学校学术生态，力争紧跟大学教学科研和人才培养的步伐，与新时代大学生的需求同步。

1　研究背景与意义

信息素养教育是高等学校人才培养的重要环节，是高校图书馆的一项基本任务。教育部 2015 年印发《普通高等学校图书馆规程》第三十一条明确要求："图书馆应重视开展信息素质教育，采用现代教育技术，加强信息素质课程体系建设，完善和创新新生培训、专题讲座的形式和内容。"铁打的图书馆，流水的学生，高校教育的特征决定了信息素养教育的长期性和周期性。信息技术与教育环境在迅速发展变化，新一代用户需求也在不断演变，对信息素养教育有着直接而长远的影响。2016 年美国大学与研究图书馆协会（Association of College and Research Libraries, ACRL）发布《高等教育信息素养框架》，作为《美国高等教育信息素养能力标准》（2000）的更新版，新框架提出"信息素养是指包括对信息的反思性发现，对信息如何产生和评价的理解，以及利用信息创造新知识并合理参与学习社区的一种综合能力"，并采用了元素养、元认知等全新理念，为新时期信息素养教育的创新发展提供了新的视野。在新型环境下，高校图书馆的信息素养教育如何围绕高校发展的目标，以新理念为指导，与时俱进，不断开拓发展思路，创新实践模式，是每个高校图书馆面临的挑战和机遇。近年来关于新环境与信息素养教育的研究文献较多，包括关于 MOOC 与信息素养教育[1,2]、关于 ACRL 新框架的解读[3,4]以及关于新媒体与信息素养教育的研究[5,6]，但多为某一主题方面的研究，而缺乏对具体图书馆综合新环境以及所在高校学术生态等多方面因素考量的实践剖析与思路研究。清华大学图书馆自 1998 年建立学科馆员制度之日起，信息素养教育始终是面向学生群体的主要学科服务内容，笔者系统梳理近年来本馆信息素养教育实践的创新举措，总结发展思路，思考未来，亦为同行提供借鉴参考。

2 顺应教育信息化的发展趋势，运用新技术改革教育模式

信息技术对教育领域的影响是深远并全方位的。为贯彻落实国家《教育信息化“十三五”规划》，充分激发信息技术对教育的革命性影响，2018 年 4 月教育部发布了《教育信息化 2.0 行动计划》[7]，从国家宏观层面引领推动“互联网+教育”模式的全面实施，加快实现教育现代化的步伐。信息素养教育与信息技术密切关联，提升信息技术应用水平，加强教育模式改革，促进信息技术与教育深度融合、创新发展，成为新时期高校信息素养教育的重要改革方向之一。

2.1 积极尝试在线教育

随着在线教育蓬勃发展，在线学习资源日益丰富，越来越多的用户习惯随时随地自主学习。近些年大规模在线开放课程（MOOC）发展迅速，“互联网+教育”模式在高等教育领域取得了显著成果，国外知名平台有 edX、Coursera 等，国内则涌现出学堂在线、中国大学 MOOC 等一批优质的在线教育资源。MOOC 在信息素养教育领域进展迅速，据调研统计，国内已开设了 30 余门信息素养类 MOOC 课程，而且方兴未艾。

2016 年 6 月，笔者所在的清华大学图书馆（以下简称“本馆”）在学堂在线平台（http://xuetangx.com）推出“信息素养——学术研究的必修课（通识版）”课程，由多位资深教师合作主讲，共持续 12 周。与国内其他同类课程相比，本馆 MOOC 课程在内容上围绕学术研究展开，突出“学术性”，全面涵盖信息意识、信息检索、信息评估、信息管理以及学术规范、学术发表的全流程；在教学方法上，或以新闻事件、科学现象为话题，引起学生好奇心，然后逐步分析、层层深入；或以典型的科研课题为案例，带领学生寻求、不断探究、修正解决方案，培养学生的批判性思维；在教学中通过每小节的随堂练习，及时配合相关技能训练，有效提升学生解决问题的能力。在课程视频录制中邀请学生参与，以师生讨论的形式进行讲解，增强在线学习者的代入感。课程设论坛供学习者讨论互动，学习者完成课程后，课后练习分数累计达标可获得相应证书。截至目前，校内外选课人数超过 3 万人。在线课程不仅有利于共享优质资源、促进自主学习、扩大信息素养教育的受益面，同时也为教师开展混合式教学、翻转课堂等改革探索奠定了基础。

2.2 利用雨课堂提高教学效率

“雨课堂”（http://ykt.io/）是清华大学在线教育办公室 2016 年开发推出的一款免费的智慧教学辅助工具，它将教学工具巧妙融入 PowerPoint 与微信平台，提高课堂教学的互动性，并实时采集教学数据，促进教学管理。其主要功能包括：课前预习材料（视频、语音、课件）和课后复习材料推送到学生手机；课上幻灯片同步推送；课堂考勤点名、实时练习、调查、测验；还有弹幕、发红包等时下流行元素，使教学互动方式更年轻化，更有亲和力；以及从预习、课堂到课后全周期、即时化的教学数据统计分析功能。

雨课堂的使用方法简单便捷。教师首次使用雨课堂需要在教学用机上安装雨课堂程序，PowerPoint 菜单栏则出现雨课堂插件，教师可在教学课件中增加习题、测试、投票等互动元素设计，每次上课时点击“开启雨课堂授课”即可生成二维码，学生上课时首先用微信扫描二维码（或输入课堂密码），则进入了课堂学习，实现手机与教师电脑同步。由于手机屏幕较小，上课时一般不建议学生使用手机观看课件，而是通过电脑观看教师课件，仅使用手机进行课堂互动，如提交习题答案、发弹幕、投票、对未听懂的内容点击“不懂”等。雨课堂使用场景不限于课堂，在大型会议或小型活动中使用雨课堂均可提升现场互动效果、活跃现场氛围。

2.3　探索混合式教学，改进教学效果

以 MOOC 为代表的在线课程无疑为大学教育提供了优质的素材，而面对面教学亦有其不可替代的优越性，如何充分利用线上与线下两种教育模式的优点，提升教与学的效率，是课程教学改革的关键点。混合式教学旨在采用“线上”和“线下”相结合的方式开展教学，改善传统教学中学习主动性不高、参与度不足以及学生个体差异等问题。

作为一款基于移动设备的教学软件，雨课堂为开展混合式教学探索提供了新的方案，混合式教学因此演变为“基于移动通信设备，网络学习环境与课堂讨论相结合的教学情境”[8]。近两年来本馆多位教师利用 MOOC 课程资源和雨课堂尝试进行混合式教学探索。例如，“图书馆概论”是我校面向大一、大二本科生开设的信息素养课程，共 16 学时。在混合式教学改革中，学生用 4 个学时采用 MOOC 课程形式进行自主学习与小组讨论，2 个学时为实地参观和现场操作，10 个学时为线下授课，教师利用雨课堂优化教学设计方案，制作雨课堂课件增加课前预习推荐、课堂习题、测试、投票（小组比赛环节）等互动内容，实现与 MOOC 视频（以及优酷等网络资源）无缝链接，优化了学生的学习体验，显著提高了学生学习参与度，并通过在线教学数据即时掌握和分析学生学习行为、过程和特点，加强教学效果评估与监测，采用形成性评价与总结性评价的学习评估机制，取得明显成效。

另外，教学微视频以阐释某一知识点为目标，以短小精悍的视频为表现形式，便于学生随时利用碎片时间按需学习，而信息素养教学内容中有较多部分涉及实际操作，与传统的 PPT 和文本形式相比，通过微视频可以更好地呈现教学内容中的动态操作部分。本馆多位教师根据课程特点设计制作了基于案例的微视频以辅助学生学习，微视频不是单纯地呈现操作方法，而是通过具体科研课题的文献检索来讲解使用方法，而且课题案例多选自本校重点科研项目以及学生毕业论文的真实课题，契合学生需求，提升线上线下教学效果，目前仍在持续进行中。

3　立足高校发展定位与需求，融入学校人才培养新生态

高校图书馆的建设和发展应与所属高校的建设和发展相适应。图书馆的信息素养教育应与高校人才培养的定位和发展相适应，与高校教学、科研的生态环境相融合。

3.1　面向学校国际化的发展格局，信息素养教育不断提升国际化支持力度

近年来清华大学积极推进国际化人才培养模式，努力增强学生的国际视野和全球胜任

力。一方面，为在校学生开拓多种形式的海外学习研究、交流与实践机会，学生出国学习交流人数不断增加。另一方面，加强与世界一流大学深度合作，创设面向中外学生的国际教育项目，例如清华—伯克利项目、苏世民学者项目、西雅图全球创新学院以及亚洲大学联盟等，吸引优秀的海内外学生到清华学习深造。目前，清华大学在校攻读学位的国际学生达 2800 余名，包括 1200 余名本科生，1600 余名硕士与博士研究生。此外，每年有近千名国际交换生、短期访问学生来本校学习。

随着学校国际化发展步伐加快，图书馆配套跟进面向国际学生的信息支持规划。在资源保障中注重引进国内外优质信息资源，优化英文主页建设、英文资源揭示、英文空间标识等基础信息环境，并为国际学生提供英文参观导引、英文指南、英文培训等专项支持，帮助国际学生克服语言障碍带来的不利因素，快速了解图书馆，充分利用信息资源开展学习研究。同时本馆积极筹备开设新型英文信息素养课程，进一步提升面向国际化人才培养的信息素养教育水平。

另外，图书馆还积极参与学校创新创业教育实践。多年来本馆馆员担任多项“大学生研究训练（SRT）计划”“国家级/北京市大学生科学研究与创业行动计划”指导老师，以项目促进学生信息素养、创新性思维、学术探究、跨学科交叉以及团队协作能力的训练，为学校创新创业型人才培养、学生的成才和成功助力。

3.2 开设信息素养类微沙龙，有效融入学校学术新生态

“微沙龙”是清华大学研究生会于 2014 年推出的服务于校内师生学术交流的平台，旨在促进构建小规模、常态化、跨学科的学术交流机制，培养学生参与学术交流的习惯，营造“有温度”的校园学术氛围。微沙龙搭建在微信公众号“清华大学小研在线”中，师生通过工作证号或学号登录后使用，每位师生均可随时发起和参与所感兴趣的微沙龙，每场参加人数限制为 5～20 人。学校与校内十家咖啡厅签约合作，出资支持为每位参加微沙龙的师生提供 15～30 元的咖啡消费券（系统根据信用机制管理参加者的消费额度）。截至 2018 年 8 月，本校师生已举办微沙龙 2.4 万余场，累计 12 万人次参加，其中学校领导、院士专家、国际学者等亲自参与起到了引领示范效应，微沙龙已成为清华大学学术交流新生态的重要组成部分。

为增强在学校学术活动中的显示度，使信息素养教育资源更广泛地被发现、被利用，从而更好地融入学校学术新生态，图书馆积极尝试通过微沙龙开展更灵活、更互动、更深入的信息素养教育活动。微沙龙开设地点不局限在图书馆培训教室，可以在咖啡厅，还可以走入院系。图书馆微沙龙一般先由发起人讲解基本要点，然后组织、引导、启发参加者充分讨论、共同提高。与传统讲座活动相比，微沙龙的教学内容精练，主题针对性强，现场互动活跃，学习氛围轻松，教与学的效率高。活动结束后，参加者可以进行评论，分享收获体会（累计可增加个人经验值及消费额度）。

作为深化信息素养教育、拓展学科服务的新途径，目前本馆学科馆员通过微沙龙形式已举办多场微讲座，普遍受到读者的好评。微沙龙的评论机制有效保存了读者及时的体验和评价，一位读者留言：“第一次参加这种微沙龙活动，感觉虽微却精，虽小却妙。精在主题专注，妙在参与度高，每个人都投入其中，把沉睡的思想碰撞出来，期待下次活动”“信

息素养的提升对研究生阶段的科研生活很有帮助，授人以鱼，不如授人以渔，受益匪浅！感谢各位老师分享的心得，让我结合自身经历，学习到新的信息获取技能，希望越来越多人能加入进来，共享我们的知识”。

4 研究信息素养教育新理念，加强科学规划与实施

作为国际信息素养教育领域的风向标，美国ACRL《高等教育信息素养框架》（以下简称《新框架》）的发布在业界引起了强烈的反响。清华大学图书馆组织团队翻译了《新框架》，并及时和同行共享[9]，在馆内组织研讨、反思，以改进和提升实践。

4.1 认识信息素养内涵与外延的发展，改进拓展教育内容

ACRL《新框架》拓展了原有信息素养概念范畴，提出信息素养的6个框架元素：权威的构建性与情境性（Authority Is Constructed and Contextual）；信息创建的过程性（Information Creationas a Process）；信息是有价值的（Information Has Value）；探究式研究（Research as Inquiry）；对话式学术研究（Scholarship as Conversation）；战略探索式检索（Searching as Strategic Exploration）。每个框架元素下设有“知识技能”和“行为方式”的若干内容，分别从技能、能力和态度、认知层面上进行阐述。

《新框架》采用了元素养（学生作为信息消费者和创造者参与合作所需的综合能力）、元认知（对“认知过程”的认知，即学生对自己思考过程、学习过程的认识和理解，即“批判式反省”）等新型概念，元素养要求从行为、情感、认知及元认知上参与到信息生态环境中。本馆教师在教学中积极探索将《新框架》新理念融入教育内容中，包括强调信息资源的多元性，合理评估其价值，并正当使用；强调信息检索的策略是不断探索、优化的过程，以及对信息检索过程本身的反思；在参与式信息环境下，学生既是信息消费者，也是信息生产者、传播者、创造者，强调学生的参与度和创造力，促进学生在不同层面参与学习社区，进行学术交流和对话，遵守规范，承担责任；加强对学生态度、认知、思维以及综合能力的培养，超越信息技能的训练；加大基于实际情境的案例教学，促进信息素养能力培养与学术、生活等学习目标的融合等。

4.2 促进多方合作，从整体上设计和推进信息素养计划

《新框架》指出，信息素养教育不能通过一两次课程一蹴而就，而是“需要通过渐进而系统的方式融入学生不同阶段的学术活动中”，并明确指出了不同身份的相关人员（如图书馆员、院系教师和教学管理者）应在推进信息素养教育中分工与协同合作，以“挖掘信息素养的巨大潜能，使其成为更有深度、更系统完整的学习项目”。本馆近些年来与多方加强合作，不断完善信息素养教育体系的建设，持续推进信息素养教育的普及与深化。

在新生入学教育阶段，图书馆与学校不同部门合作，面向不同身份学生（本科生、研究生、留学生），分层次嵌入学校整体的迎新流程，以图书馆体验、信息素养意识培养以及基础操作技能为主，开展普及、导引式教育。

学分课程是系统培养学生信息认知、信息素养能力的教育模式。本馆目前开设的系列

学分课程包括“图书馆概论”（低年级本科生）、“文献检索与利用”（理工类、社科类、化工类）、“文献检索与工具书利用”，以及面向研究生的“信息资源获取专题利用”“文献检索与论文写作”课程。另外，MOOC 课程资源可以满足学生在线学习、自主学习提升信息素养的需求，同时为开展混合式教学提供线上素材。

专题培训讲座旨在对学生进行专项技能与方法的训练拓展。本馆“信息•资源•研究”系列讲座围绕学术研究的需求进行设计，分为“新生上路”“学科初探”“开展研究”“挖掘宝藏”以及“工具助力”5 个模块，共 30 个专题，使学生高效掌握开展学术研究必备的信息方法与技能。

为满足个性化的用户需求，图书馆与院系合作积极推进嵌入式信息素养教育。既包括在“学堂班学术之道”“大学精神之源流”等通识课程中嵌入信息素养教育相关内容，也包括学科馆员与院系任课教师合作，嵌入其相关专业课程；还包括批量个性化定制项目，如应邀为学生部学生发展中心、深圳研究生院、附属医院、基础工业训练中心等不同的受众群体不同的需求集中定制多场个性化讲座，多数已成为常年合作项目。例如每年秋季学期嵌入附属玉泉医院的“临床医学系列讲座”，为一线医师和博士生提供 8 场定制讲座，受到师生欢迎。

4.3 努力发掘用户资源，积极推进协作式学习

ACRL《新框架》高度强调学生在信息素养教育中的参与度与创造力。2018 年 5 月，图书馆推出旨在发掘优质用户资源、推进用户协作式学习的“信息达人”分享计划，并成功举办第一期分享活动，“信息达人”计划目标是以信息有效利用为着力点，增强新兴信息技术、研究方法的训练，突出数字素养、新媒体素养以及研究素养等新型信息素养教育内容，完善信息素养教育体系，全面提升用户信息素养。该计划与计算机、信息科学类相关院系科协、学术社团合作，由相关学科馆员负责组织推进，使其成为可持续的、特色的学科服务项目。

本馆原有课程和培训讲座是信息专家主导式的教育模式，信息达人分享计划则是用户协作式教育模式，其关键在于发现用户中的优质资源，发挥其独到的信息优势，令分享更贴近学生群体，也有助于训练学生的综合素养，包括信息素养能力，以及沟通、表达、创新思维等能力。馆员在其中的角色在于营造积极的学习环境，从教学者转换为促进者、指导者[10]。每期分享活动以微沙龙的形式组织实施，更自然地融入学校学术交流社区，有助于构建活跃的信息共享用户群，助力学习和科研。

总体而言，ACRL《新框架》理念具有前瞻性和引领性，本馆的工作还只是初步探索，未来需要继续研究、解读，并结合本馆具体情况开展深入的实践行动。

5 契合用户群体的需求特征，利用新媒体提升传播效果

文献[11]指出国内高校信息素养教育存在对当前世代大学生的个性特征认识不够，教育培训活动的供给方式不能匹配其需求的问题。高校图书馆必须不断研究大学生群体的需求与行为，与时俱进、持续创新信息素养的教育内容与方式。当前在校大学生已经是在网络环境下成长的一代，较之其他社会群体，他们对于新型网络技术、网络资源有天然的适应

性，易于接受新鲜事物，对于微信、微博等社交新媒体接受度非常高，高校图书馆积极利用新媒体可以提升多方面的读者服务工作。

5.1 从典型信息检索案例入手，利用新媒体广泛传播

2018 年 6 月，本馆微信公众号发布了一则学科馆员撰写的长文——《回望全球 70 年》。"从 70 年内前每个国家人均寄多少封信，到 30 年前每人拥有多少台电视和收音机，再到现在有多少互联网用户"——该文从人们日常关注的数据谈起，从当下热点领域话题"大数据"入手，首先展示了统计年鉴资源的专业魅力，然后以实例讲解统计数据的查找方法，生动有趣，娓娓道来，引人入胜，该推文被广泛关注和转发，阅读量达到 3000 余次，远超过同期公众号的其他信息。另外，《天才之火与利益之油》（讲解专利知识的检索与利用）、《Amazing!百科全书带给科幻大师阿西莫夫的心灵冲击》等同系列微信推文均收到好的反响。

案例教学法已普遍应用于当今的信息素养教育实践中，其受益面是课堂学生小众群体，优秀的教学案例可以促使信息素养能力迁移到用户实际使用情境中，创新性地将案例式教学内容通过新媒体传播，可以达到广泛的共鸣和传播。

5.2 从用户评价着眼，加强价值营销

在价值营销的理念中，学习者的体验、评价、口碑、学习的成效是颇具说服力的营销资源。2018 年 4 月，本馆微信公众号发布一篇推文《同学，你的留言已被图书馆扶上墙了》，该文从培训讲座的读者调查反馈中选取部分留言，并以编者调侃的方式答复，语言幽默风趣，在短短两天内阅读量达 2200 余次。又如，在新学期开课之际，本馆微信平台推出《给学弟学妹的一封信》一文，由学生助教从一位学长的视角推介图书馆课程，阅读量近 3000 次，达到有效的传播效果。这一系列微信推文从对学习者价值的角度着眼，并用年轻化的语言传播信息、推广内容，融入学生群体，成功扩大了教学及培训的影响。

"酒香也怕巷子深"，无论是信息素养教育的内容传播，还是活动宣传，为吸引大学生目标群体的广泛关注和参与，利用微信等新媒体传播在实践证明中是有效的手段[12]，然而优质、创意、与用户需求紧密关联的内容是用户参与转发、迅速传播的关键，这需要不断沉淀优秀的教育经验，结合新媒体的特征，进行高质量的研究和创作，形成长效的传播影响力。

6 总结和思考

在新型教育信息环境下，清华大学图书馆以新理念为指导，积极利用新技术、新媒体开拓信息素养教育的创新实践，全方位嵌入学校人才培养流程，有效融入学校学术生态，力争紧跟大学教学科研、人才培养的步伐，与新时代大学生的需求同步，取得了一定成效。本馆的实践和思路有一定代表性和借鉴意义，但各馆的具体实施路径应因校而宜、因馆而宜。

事实上，本馆信息素养教育实践中仍然存在一些矛盾和困惑。例如，嵌入式信息素养教育与学科教学、科研活动融合的规模不够和深度不够，仍有很大发展空间，需要学科馆

员与学校教学科研管理层、院系专业教师深化合作，形成常态化的专业信息素养教育协同机制[13]。然而，深度的嵌入专业课程对学科馆员的人力、能力都提出了更高的要求。这些问题在一定程度上源于迅猛发展的信息技术、无限的用户需求与图书馆有限人力的矛盾，如何结合本校发展规划，客观评估本馆的人才优势，并善加利用外界资源（如 MOOC 资源、用户资源、专业机构等），不断创新教育机制和模式，积极探索信息素养教育的最佳实践，是实践工作者长期努力的方向。

参考文献

[1] 潘燕桃, 廖昀赟. 大学生信息素养教育的“慕课”化趋势[J]. 大学图书馆学报, 2014(4): 21-27.

[2] 黄如花, 李白杨. MOOC 背景下信息素养教育的变革[J]. 图书情报知识, 2015(4): 14-25.

[3] 刘彩娥, 冯素洁. ACRL 的《高等教育信息素养框架》解读与启示[J]. 图书情报工作, 2015, 59(9): 143-147.

[4] 秦小燕. 美国高校信息素养标准的改进与启示——ACRL《高等教育信息素养框架》解读[J]. 图书情报工作, 2015, 59(19): 139-144.

[5] 刘丽. 新媒体环境下高校图书馆信息素养教育优化策略[J]. 中国高校科技, 2016(1): 114-115.

[6] 黄文君, 李珍连. 基于新媒体环境下的高校图书馆学生用户信息素养教育[J]. 农业网络信息, 2016(4): 67-69.

[7] 教育部关于印发《教育信息化 2.0 行动计划》的通知[EB/OL]. [2018-07-20]. http://www.moe.gov.cn/srcsite/A16/s3342/201804/t20180425_334188.html.

[8] 冯晓英, 王瑞雪, 吴怡君. 国内外混合式教学研究现状述评——基于混合式教学的分析框架[J]. 远程教育杂志, 2018(3): 13-24.

[9] 韩丽风, 王茜, 李津, 译. 高等教育信息素养框架[J]. 大学图书馆学报, 2015, 33(6): 118-126.

[10] 彭立伟. 美国信息素养标准的全新修订及启示[J]. 图书馆论坛, 2015(6): 109-116.

[11] 周剑, 王艳, XIEI. 世代特征, 信息环境变迁与大学生信息素养教育创新[J]. 中国图书馆学报, 2015, 41(4): 25-39.

[12] 朱伟丽. 移动互联网时代信息素养教育的微策略[J]. 中华医学图书情报杂志, 2015, 24(1): 71-74.

[13] Moselen C, Wang L. Integrating information literacy into academic curricula: A professional development programme for librarians at the University of Auckland[J]. The Journal of Academic Librarianship, 2014, 40(2): 116-123.

原载《图书情报工作》2018 年第 62（24）期

以情报素养培养为目标的“文献检索与利用”课程教学内容的模块化设计

花 芳

摘 要：本文提出了情报素养的概念。它是指“利用高质量的信息理性抉择的能力”。通过分析人们解决问题的过程，得出理性解决问题的四个关键行为要素是“检索、分析、推理与评价”。文献作为知识的载体，是高质量信息的来源。由此得出文献检索与利用能力构成了情报素养的核心。应用情报素养这一概念，将“文献检索与利用”课程的教学内容设计为一套从海量公开的信息源中提取目标情报的分析方法，并以“知源、知取、知用、资料管理”四个模块形式呈现。尝试利用“文献检索与利用”课程培养人们获取与利用高质量的信息理性解决问题的能力，学生的学习成果—课程报告证实了教学内容模块化设计的合理性及有效性。

关键词：情报素养；文献检索与利用；教学内容；模块化

1 文献课教学内容存在的问题分析

1.1 重检索轻利用，教学内容缺乏标准化

从本质上讲，“文献检索与利用”（以下简称“文献课”）是一门讲授信息获取与利用方法的课程。随着信息时代的到来，该课程本该彰显更大的价值，但它至今未获得学生足够的重视。以清华大学为例，每年选课人数仅为本科生入学人数的 1/3，主要原因之一是教学内容与学生需求脱节。重检索轻利用一直是文献课普遍存在的问题，这从记录教学内容的正式载体——教材可见一斑。笔者在最大的中文电子书库——读秀中，用书名“文献检索”或“信息检索”搜集最近十几年出版的相关书籍，2000—2016 年共有 1300 本，年均收录 76 本。由此推断，相关书籍年平均出版至少几十种，出版数量可观，但同质化现象突出。选择有代表性的教材分析后，得出以下结论：绝大多数教材都是基于资源编排，主要介绍信息资源及检索知识，利用部分仅占很少篇幅。如北京大学的《数字信息资源的检索与利用》[1]、南京大学的《信息检索（多媒体）教程》[2]、北京师范大学的《互联网信息资源检索与利用》[3]。基于资源编排的优点是：信息资源介绍全面，当需要了解某类资源或某个数据库时，便于查询。但作为教学内容，缺乏系统性。尽管有少数教材涉及信息利用，如上海交通大学的《文献信息检索与论文写作》[4]，但也只是提供针对专业层面的利用方法，如论文写作、学术规范等，而非普通人适用的一般方法。还有一些教材尝试以信息素养的

概念组织教学内容，典型代表如华东理工大学的《文献检索与知识发现指南》[5]，江苏大学的《文献检索与信息素养教育》[6]，武汉大学的《信息素质教程》[7]，以及笔者 2006 年发表的相关论文[8]，但都未能将信息检索与利用的内容构成一个“有机体”。另外，文献资源数量众多、系统庞大，要在极为有限的学时里进行全面介绍是不可能的。现实的情况是，任课教师大都根据课时情况优先选择自己认为重要的资源进行讲解，这导致了另一个问题，即教学内容缺乏标准性。

1.2 问题的原因

导致文献课教学内容与学生需求脱节的根本原因是未厘清信息检索与利用的关系。从学生——信息使用者的角度来看，利用是目的，检索仅仅是手段。尽管利用离不开检索，然而检索通常只能提供事实与数据，却无法产生理解力。搜集到的信息要成为指导人们行动的情报、谋略，还需要分析与解读。这意味着人们需要掌握一套利用信息的实用方法。同时，由于 Google、Baidu 等功能强大的搜索引擎的出现，使得信息检索与获取的难度大大降低，当然信息质量问题依然存在，尤其是在信息爆炸式增长、信息来源多元化的今天，如何获取高质量的信息仍然是人们需要面对的问题。因此，信息评价与筛选成为文献课的另一个重要内容。

那么，文献课该教些什么才能使其价值最大化呢？下面将对文献课教学内容的设计问题展开论述。

2 文献课教学内容的设计思想及依据

2.1 满足社会需求是基本设计思想

文献课作为一门方法与技能课，要使它的价值最大化，其教学内容必然由社会需求来决定。那么，当今社会对人才的需求是什么？个人需要具备什么样的能力？美国学者、哈佛大学教育改革负责人瓦格纳用了十年时间进行大量调研后，提出当今社会所需要的是创新型人才，他们必须具备以下七项关键能力[9]：①批判性思维与解决问题的能力；②评估与分析信息的能力；③好奇心与想象力；④灵活性与适应力；⑤跨界合作与以身作则的领导力；⑥有效的口头与书面沟通能力；⑦主动进取与开创精神。瓦格纳还认为面向未来的教育必须将这七项关键能力的培养贯穿始终。这迫使我们深入思考：文献课能为提升人们的这七项能力做些什么？

2.1.1 提升人们解决问题的能力是当今社会的现实需求

在瓦格纳提出的七项关键能力中，解决问题的能力是“根本”。理由说明如下：首先，问题解决需要方案，而方案的制订离不开信息的评估与分析，为了提高信息分析质量，需要批判性思维；为了发现有价值的问题并能创造性地加以解决，必然需要好奇心与想象力。其次，一个人若能够有效地解决问题，他就能很好地应对快速变化的世界，这也意味着他必然具有灵活性与适应性。最后，为了解决人类共同面临的复杂问题，人们需要合作，需要有效沟通的能力，需要有影响他人的能力，需要主动进取与开创精神。

信息社会使每个人面临三大挑战：信息超载、终身学习、全球化竞争。在这三大挑战中，难度最大的是全球化竞争，它意味着要解决前人从未遇到过的问题，要完成以前从未做过的事情。它无现成答案可寻，而必须自己找出问题的解决方法，而且不能仅仅满足于“我已经有了答案”，还需要从众多方案中选出最优，这实际上是要求人们能像科学家那样理性地思考与创造性地解决问题。提升解决问题的能力是现代公民有效应对挑战的关键，它即是当今社会的现实需求。

2.1.2 掌握文献检索与利用技能应对挑战

文献，作为研究成果的记录，是高质量的信息来源，因此掌握文献检索与利用技能，也就掌握了一套获取与利用高质量信息的方法，它将使人们有效应对各种挑战。以人们面对的三大挑战为例。首先，掌握了专业化的文献资源管理方法，就能实现信息的有序化与定位，从而有效地避免信息超载。其次，文献作为知识的记录，是最好的学习资源，而掌握文献检索与利用的技能是实现高效独立学习的前提，是终身学习的保障。最后，文献作为一种高质量的信息来源，对它的获取与分析能力构成了个人理性处理问题的基础。

2.2 建模——信息利用能力的表征

2.2.1 理性抉择是人们成功解决问题的共有特征

既然解决问题的能力是根本，而问题解决又是信息利用的典型场景，那么人们成功解决问题所具有的共同行为特征，就是文献课教学内容的设计依据。人们解决问题的一般流程是：提出问题；搜集证据；构造假说解释问题；设计方案；实施方案；评价效果。通常解决问题的方案有多种，为了获得最佳方案，人们需要考察和评价解决问题的各种可能性，依据可靠而充分的理由做出选择，这一过程即为理性抉择，它包括以批判性思维评估与筛选证据，通过逻辑推理对证据进行分析与组合，最终获得行动方案，实现以最小代价解决问题。理性抉择所包含的基本行为是“分析、评价、推理”。其中，“分析是指将材料分解成‘部件’，即基本单元，并确定各部件之间的相互关系以及与总体结构之间的关系”[10]；“评价是指基于准则和标准做出判断。最常用的准则包括质量、效果、效率和一致性等”[10]。选择与评价相伴，它指从若干对象中找出符合要求的。故评价是前提，而选择则是目的。推理是指由一个或一些命题得出另一命题的思维过程[11]。命题是指对事物是否具有某种属性做出的判断。

2.2.2 利用信息有效解决问题的能力的概念表征

为了描述人们利用信息有效解决问题的能力，笔者提出了情报素养（Intelligence Literacy）的概念，它是指利用情报理性抉择的能力。这种能力并非天生的，而是由后天的训练和实践所获得的。

（1）情报素养是指利用高质量的信息理性解决问题的能力

情报素养可以从字面上简单地理解为利用情报的能力。所谓情报，人们普遍接受的观点是“情报是指为实现某种特定目的，主体有意识地对有关的事实、数据、知识等进行加工的产物”[12]。钱学森则从情报的价值特征及实现过程出发，将情报定义为“为了解决一个特定问题所需要的知识”[13]。它有两层含义：一是情报是有用的，它总是与某个具体问题的解决联系在一起；二是情报是知识，不是假的、乱猜的，它是对信息去伪存真、系统化后所得的结果。因此，从情报所具有的知识性而言，可以说情报一定是与某个特定问题相关的高质量的信息组合，而情报素养的本质则是“利用高质量的信息理性解决问题的能力”。

（2）情报素养的基本行为要素

利用高质量的信息理性抉择的过程包含信息搜集与利用两个阶段。在信息搜集阶段，需要从信息源中提取可靠的相关信息，这分两步走：首先确定要解决的问题，并据此选择合适的信息源，从中检索相关信息；其次从相关信息中筛选可靠的信息。在信息利用阶段，则需要从可靠相关的信息中提取有用的素材，并将它们结构化，使之成为解决问题的行动方案。它包括定义问题，利用批判性思维筛选证据，基于证据的分析与推理获得对问题的解释，由此形成解决问题的一种设想。由于看问题的角度不同，同一个问题会有多种解释。看似满意的答案有很多，而最好的答案却独一无二。为此需要评估方案，从中选出在现有条件下解决问题的最佳方案。由此得出情报素养所包含的基本行为要素是：检索、分析、推理、评价，它们是人们利用信息理性解决问题所必需的基本行为。

2.3 教学内容：传授一套从海量信息源中提取目标情报的分析方法

根据情报素养的行为要素，将文献课教学内容设计为一套从海量信息源中提取目标情报的分析方法，包括从公开的信息源——图书馆和因特网中提取相关信息，利用批判性思维筛选信息，对信息进行分析与意义构建。

3 教学内容的模块化呈现

笔者从信息利用的四个基本问题“查什么、何处查、如何查、如何用”入手，同时针对人们所面临的信息超载问题，即海量数据的涌现，将教学内容以“知源、知取、知用、资料管理”模块结构加以呈现，以保证教学内容的一致性。如图1所示。

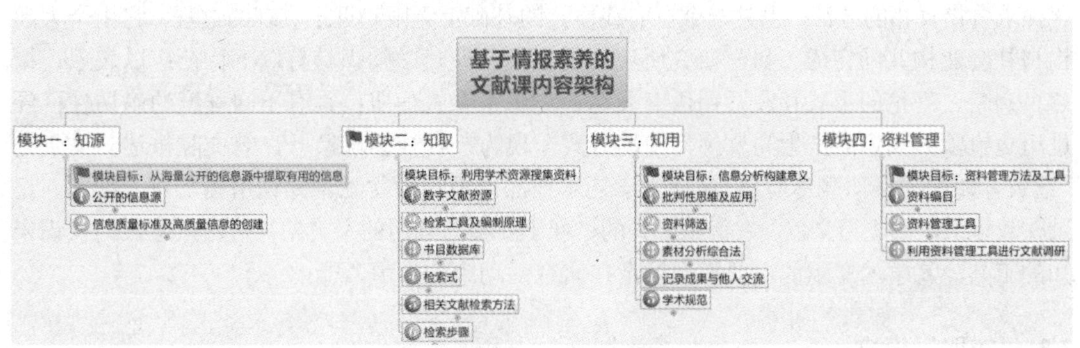

图1 文献课教学内容的四模块结构

3.1 “知源”模块

模块一“知源”，解决“查什么、何处查”的问题。目标是从海量公开的信息源中提取有用的信息，其内容结构如图2所示。

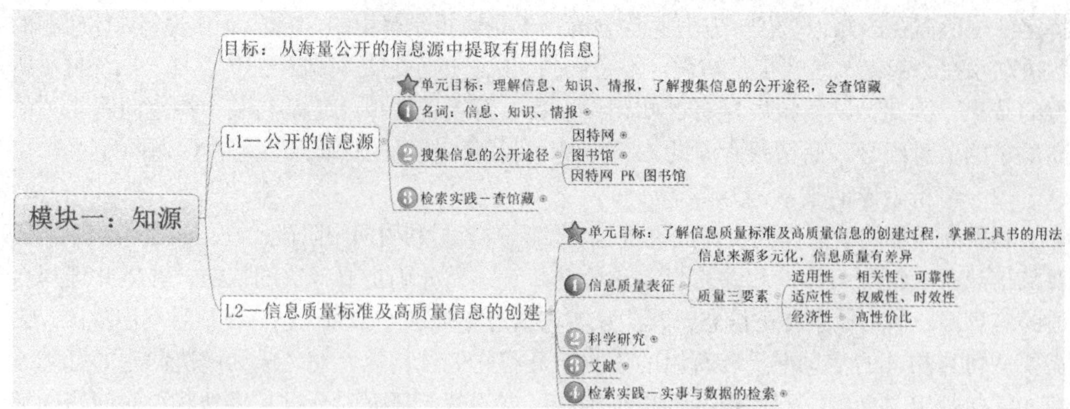

图2 “知源”模块的内容结构图

模块一“知源”包含的内容要点如下：①基本概念：信息、知识、情报及相互关系。信息是神经中枢对载体刺激的感知与描述[14]，它经过人脑接收、选择、存储、加工、组合后成为知识。知识是人类对客观世界认识与经验的总和。信息与知识的区别在于，信息是对个别现象与事实而言，属于感性认知层面，而知识则是互相关联的、系统化的信息组合，属于理性认知层面。情报是为了解决某个具体问题所需要的知识。情报的价值具有潜在性，只有被利用才能实现其价值。这意味着文献记录的知识并不都是情报，只有当它被提取出来，用于解决问题，才转化为情报，故情报也被称为“激活了的”知识。情报具有智能性、战略性、行动性的特征[15]，被人们用来决策和解决问题。情报的效用表现为启迪思想、开阔眼界、增进知识、提高认识能力、帮助人们解决问题。效用性是衡量情报价值的重要标志。②搜集信息的公开途径。因特网概述，包括资源特点，网络搜索技巧，网上免费的学术资源；图书馆的功能、资源及服务；因特网与图书馆在资源质量及使用方面的特点比较。③信息质量的表征。根据美国学者朱兰（J. M. Juran）博士的质量三要素“适用性、适应性和经济性”观点[16]，可以得出高质量的信息具有以下特征：相关、可靠、权威、时效性强和性价比高，它们即是信息质量的判断标准。④高质量信息的创建过程。科学研究既是一种探求事物真相的方法，也是一个在实践检验的基础上无限趋近于真理的过程，它由个人建构与社会建构共同完成。科学研究所获得的结果，即科学知识具有以下特征：以表象、概念、判断、理论的形式存在；用语言表达；逻辑上令人信服；具有不同程度的确切性；经过历史检验；知识的产生与发挥作用的方式呈现为一种社会现象[17]。⑤文献概述。文献是“记录有知识的一切载体”，它包括文学艺术作品以及科学文献。知识用语言符号编码、记录在载体上，便成为文献，它们是公开的、便于传播与利用的人类精神财富，是人们认识未知的工具。⑥学术文献的主要类型以及在研究活动中的作用。

3.2 “知取”模块

模块二“知取”，所要解决的问题是“如何查”。目标是从学术资源中搜集资料。该模块的内容结构如图3所示。

“知取”模块的内容要点如下：①数字文献资源。数字文献资源是指数字化的文献集合，多以数据库的形式存在。结合最重要的科学情报源——电子期刊数据库，讲解全文数

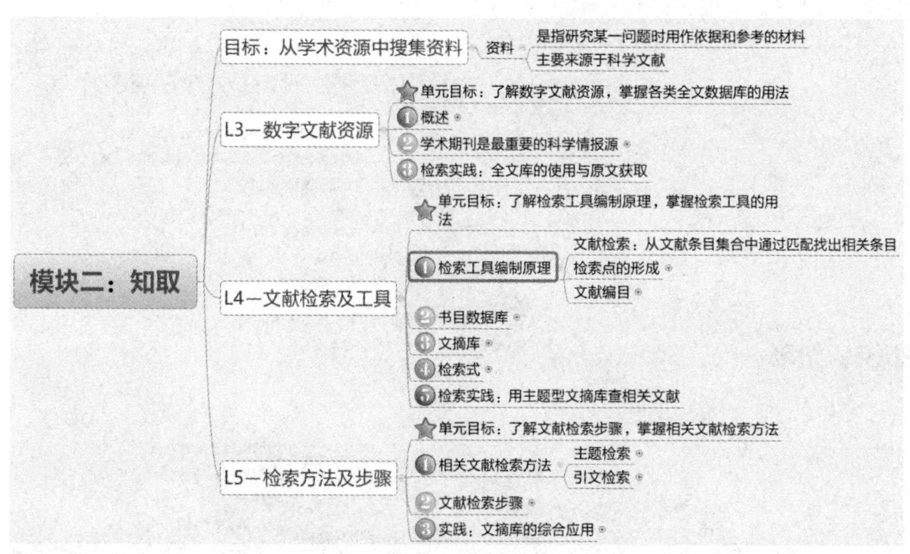

图 3 “知取”模块的内容结构图

据库的特点及使用方法。②文献检索及工具。文献检索是指从文献条目集合中通过匹配找出相关条目。检索工具编制原理包括文献有序化方法、检索点的形成以及文献编目方法。③书目数据库。书目数据库是指用关系型数据库管理的文献条目集合，它是计算机文献检索工具；书目数据库的结构及类型；典型书目数据库——文摘库的特点及使用方法。④检索式。为有效表征计算机文献检索过程，笔者将检索式明确定义为“检索提问的逻辑表达式，由检索词以及系统支持的检索算符和检索字段构成”[18]。借助于检索式，人们可以再现检索过程，对检索结果进行验证，极大地方便了检索经验的交流与分享。⑤检索步骤。利用计算机检索相关文献的步骤可以概括为：分析检索课题、选择检索工具、选择检索词、编制检索式检索、检索效果评价及指标、原文获取。⑥三类检索问题。根据文献在研究活动的作用，将资料搜集归纳为三类检索问题：查事实与数据、查相关文献、查馆藏。

3.3 “知用”模块

模块三“知用”，所要解决的问题是“如何用”。目标是信息分析构建意义。从搜集到的相关资料中提取有用的信息作为研究素材，并对其进行分析与推理，使素材集合结构化。该模块的内容结构见图 4。

“知用”模块的内容要点如下：①批判性思维（critical thinking，CT）。思维是指认识主体运用表象、概念等对认识对象进行判断、推理，得出结论的活动。思维存在固有弱点，如思维习惯一旦形成很难改变，此时经验意识会阻碍灵活思维与全面判断，预期模式会使人“视而不见”，倾向于看到想要看到的，而忽视其他；而先入为主、“想当然”的习惯会导致错误的思维定式。为了提高对复杂问题的分析质量，需要借助于批判性思维，它是一种理性的、反思性的思维，其基本原则是：独立思考，不抱偏见，强调对证据以及推理过程的考察，任何观点的获得都是基于对事实的思考。在资料筛选与研究素材搜集中应用批判性思维，以保证后续分析所用的信息是可靠的。②资料筛选。好资料的标准是相关、可靠、有说服力。可从资料类型、作者及出版社、外界评价以及内容分析几个方面判断资料的可靠性。

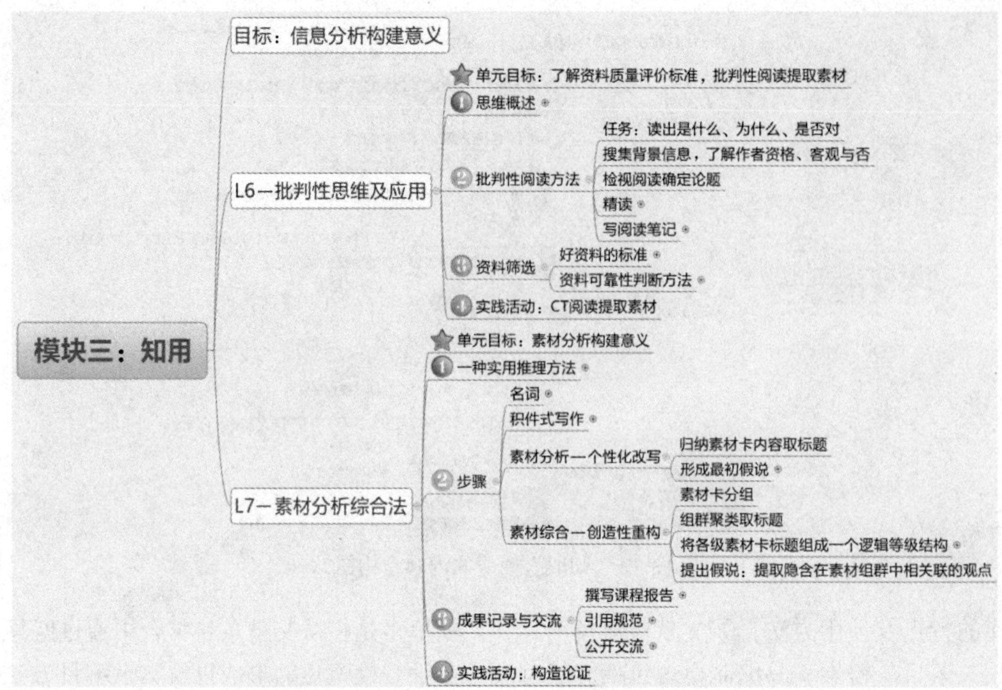

图4 “知用”模块内容结构图

③批判性阅读提取素材。素材是指研究某个具体问题时用作依据的材料。它主要来源于阅读笔记。④利用素材分析综合法构建意义。素材分析综合法是笔者提出的一种基于逻辑推理的信息分析方法，其作用在于使思维过程结构化与显性化。在此借用了王立竹提出的“积件式写作、个性化改写、创造性重构”[19]三个词组来表示该方法的三个步骤。第一步，积件式写作：通过批判性阅读搜集素材并制作素材卡。第二步，素材分析：归纳素材卡内容取标题；由于素材卡标题需要围绕具体问题选取，故这一步也称为个性化改写。第三步，素材综合：素材卡分组聚类，归纳素材组内容取标题；用 Word 目录功能将各级标题设置为不同级别，生成目录，使素材卡集合组成一个符合逻辑的等级结构[20]。素材综合，本质上是主体围绕着所要解决的具体问题，将自己的思维活动结构化的过程，故也称为创造性重构。⑤研究成果的记录与交流。以书面形式记录研究过程及成果。⑥引用规范。参考文献作为研究基础，其选择与引用是研究过程的一部分，这应体现在书面报告中，包括对参考文献的选择必须遵循相关性、公开性、时效性原则，而对他人成果的引用必须遵循准确性、适当性、规范性原则。

3.4 “资料管理”模块

模块四“资料管理”。目标是用专业化的方法及工具管理个人资料，应对信息超载。该模块的内容结构如图5所示，内容要点如下：（1）资料编目。即将资料中有检索意义的特征记录下来，这一步称为著录，著录结果称为款目或条目。内容标引，即将资料内容特征用词组、分类号等方式加以揭示；编排款目，指将款目集合按资料特征组织编排。（2）资料管理工具的类型及功能介绍。

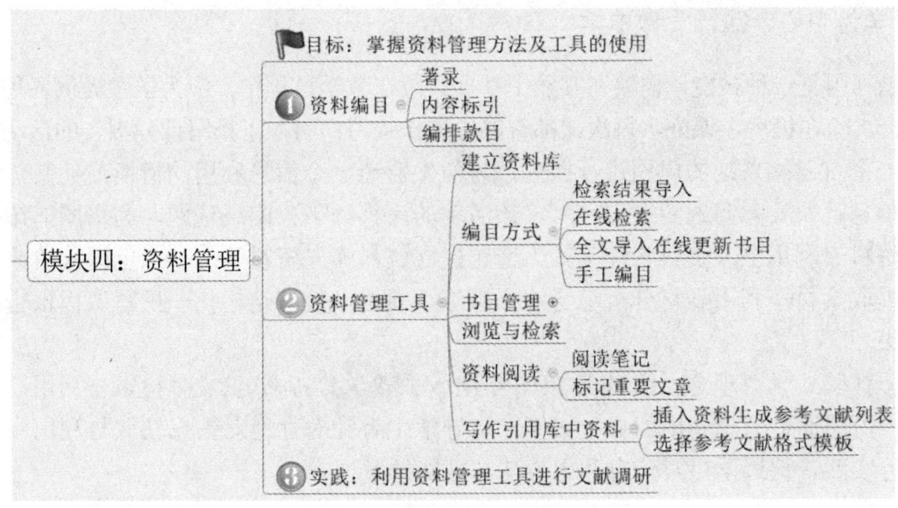

图 5 “资料管理”模块结构

4 模块化教学内容的具体应用

4.1 课时分配

以下给出文献课模块化教学内容的一个具体应用，将四模块结构按 16 学时 8 次课展开。各模块所包含的课次名称及教学要点见表 1。

表 1 教学内容四模块结构的展开

模块名称	课次名称	每次课的内容要点及实践活动	课次数	学时数
知源	L1—公开的信息源	几个名词（信息、知识、文献、情报）；因特网，图书馆。实践活动：查馆藏	2	4
	L2—信息质量标准及高质量信息的创建	信息质量评价标准，高质量信息的创建过程，科学研究，文献及类型。实践活动：事实与数据的查找		
知取	L3—数字文献资源	数字文献资源概述；学术期刊是最重要的科学情报源；全文数据库的功能及使用。实践活动：查找各类文献及原文获取	3	6
	L4—文献检索及工具	文献检索的定义，检索工具编制原理，书目数据库、记录、字段、文档，典型的书目数据库——文摘库；检索式。实践活动：利用主题型文摘库查相关文献		
	L5—检索方法及步骤	主题检索、引文检索；文献检索步骤，检索技巧。实践活动：引文型文摘库的综合应用		
知用	L6—批判性思维与应用	思维的定义、类型、特点及固有弱点；批判性思维的定义、特征及原则；资料筛选，批判性阅读方法。实践活动：批判性阅读	2	4
	L7—素材分析综合法	素材分析综合法原理及应用；成果记录与交流；引用规范。实践活动：构造论证		
资料管理	L8—资料管理方法及工具	资料编目，资料管理工具的功能及使用方法。实践活动：利用资料管理工具进行文献调研	1	2

4.2 以学为中心、践行“做中学”

信息利用是一种技能，需要在实践中掌握。故在教学过程中，应为学生提供各种实践操作的机会，除在机房上课外，每次课都有课堂操作练习；引入了撰写课程报告的活动，让学生选择一个自己感兴趣的问题进行探究，为学生营造一个信息利用的情境，使其体验获取与利用信息解决实际问题的过程[21-22]。该活动的流程如下：围绕选题，利用图书馆与因特网搜集资料—利用个人资料管理工具为选题建立资料库—资料筛选，拟定阅读清单—批判性阅读提取素材—利用素材分析综合法分析组织素材，使其结构化—撰写课程报告，记录研究成果。

基于体验式学习理念，笔者于2016年出版了教学参考书《〈文献检索与利用〉案例集锦》[23]。力图通过信息利用的典型案例，指导学生有针对性地对信息获取与利用中的关键环节进行实践，促进学生对信息利用方法与技能的掌握。

4.3 效果评价

4.3.1 采用撰写书面报告作为考核方式

根据情报素养的教学目标，设计了课程报告模板，内容包括选题、资料查找、管理、利用以及学习效果自我评价五个方面（见表2），重点考查学生在“检索、分析、推理、评价”方面的行为表现。由于课程报告的好坏综合体现了学生获取与利用高质量的信息解决问题的能力，因此将其作为评价学生学习效果的依据。

表2 课程报告内容

名称	内容说明
1.选题简介	提供课题名称、选题来源，说明文献检索目的
2.搜集资料	所用检索工具名称及选择理由；资料搜集过程的记录（数据库名称、检索式及命中数，简要说明检索结果的相关性）；总结自己在资料搜集过程中的经验教训
3.建立资料库	利用个人资料管理工具建立与选题相关的资料库，保存有用的文献条目；生成重要的资料清单
4.资料阅读与汇总	研读资料搜集素材；就选题涉及的重要概念，提供权威解释及资料来源；从选题中提炼出一个研究问题，利用素材分析综合法分析组织素材，构造假说，解释问题
5.学习效果自我评价	判断自己在第一次课的作业中提出的“对本课程的目标期望与需求”是否达到？还有什么问题？以及本课程需要改进之处或其他感想

4.3.2 教学效果

2014—2015年，笔者主讲的文献课共有533人选修。从学生完成的课程报告质量看，他们通过文献课学习，在获取与利用高质量的信息解决问题的能力方面均有所提高。教学内容及教学模式得到学生的认可与好评。笔者在清华大学近两年的教学评估中均为优秀。学生在课程评价“学有收获”以及“学习资料”两项中给出了98分的高分。

5 结语

21 世纪的工作、学习和公民责任要求人人具备思考能力，能分析、判断、推理、解决问题，并能与他人有效沟通。这些能力已不只是社会精英才需要掌握的，而是所有人必备的基本生存能力。本文提出了情报素养的概念，用以表征人们利用信息有效解决问题的能力，并以此为依据，将文献课的教学内容设计为一套从海量公开的信息源中提取目标情报的分析方法，旨在培养学生独立思考、理性解决问题的能力。

参考文献

[1] 肖珑. 数字信息资源的检索与利用[M]. 北京：北京大学出版社, 2013.
[2] 沈固朝, 储荷婷, 华薇娜. 信息检索（多媒体）教程[M]. 北京：高等教育出版社, 2015.
[3] 符绍宏, 雷菊霞, 邓瑞丰. 互联网信息资源检索与利用[M]. 北京：清华大学出版社, 2012.
[4] 王细荣. 文献信息检索与论文写作（第 5 版）[M]. 上海：上海交通大学出版社, 2015.
[5] 吉久明, 孙济庆. 文献检索与知识发现指南[M]. 上海：格致出版社, 上海人民出版社, 2013.
[6] 秦殿启. 文献检索与信息素养教育[M]. 南京：南京大学出版社, 2008.
[7] 燕今伟, 刘霞. 信息素质教程[M]. 武汉：武汉大学出版社, 2008.
[8] 花芳, 孙平. 利用“文献检索与利用”课培养大学生的信息素养[J]. 图书情报工作, 2006, 50(10): 128-130.
[9] 瓦格纳. 教育大未来[M]. 余燕, 译. 海口：南海出版公司, 2013.
[10] 安德森. 布卢姆教学目标分类学：分类学视野下的学与教及其测评（完整版）[M]. 蒋小平, 张美琴, 罗晶晶, 译. 北京：外语教学与研究出版社, 2009: 60, 62.
[11] 金岳霖. 形式逻辑[M]. 北京：人民出版社, 1979: 139.
[12] 梁战平. 情报学若干问题辨析[J]. 情报理论与实践, 2003, 26(3): 193-198.
[13] 钱学森. 科技情报工作的科学技术[J]. 情报学刊, 1983(4): 4-13.
[14] 肖峰. 重勘信息的哲学含义[J]. 中国社会科学, 2010(4): 32-43, 220-221.
[15] 包昌火, 江洁, 王秀玲, 等. 信息分析和竞争情报案例[M]. 北京：清华大学出版社, 2012: 10-13.
[16] 朱兰, 戈弗雷. 朱兰质量手册[M]. 焦叔斌, 陈运涛, 戴淑芬, 译. 北京：中国人民大学出版社, 2003.
[17] 卡赞采娃. 情报活动的科学组织[M]. 高昶, 译. 北京：科学技术文献出版社, 1987: 12.
[18] 花芳. 文献检索与利用（第二版）[M]. 北京：清华大学出版社, 2014: 117.
[19] 王立竹. 新建构主义：网络时代的学习理论[J]. 远程教育杂志, 2011(2): 11-18.
[20] 花芳. 文献检索与利用（第二版）[M]. 北京：清华大学出版社, 2014: 225-237.
[21] 花芳, 程爱平, 曾晓牧. 以“学”为中心：文献检索与利用课程的教学设计理念[J]. 教育探索, 2008(11): 63-64.
[22] 花芳. 文检课——一个进行学生学术规范训练的有效平台[J]. 图书情报工作, 2010, 54(7): 105-107.
[23] 花芳, 战玉华.《文献检索与利用》案例集锦[M]. 北京：清华大学出版社, 2016.

原载《图书情报工作》2016 年第 60（16）期

中韩高校图书馆用户教育比较研究

魏成光　李晓红

摘　要：随着中韩两国图书馆学界学术交流活动日益频繁和深化，图书馆学领域的合作研究和协作越来越多。在高校图书馆用户教育方面，两国各具特色。本文从中韩高校中各选取了四所有一定代表性的图书馆，从高校图书馆用户教育的内涵、发展史、课程设置、传统用户教育和网络用户教育等方面进行了分析和比较研究，并基于此预测了未来图书馆用户教育的发展趋势。

1　绪论

追溯图书馆用户教育的发展历史，可以从19世纪后期图书馆公共服务职能首次被提出算起。1876年，Samuel S. Green和Ottis Robinson等在*Library Journal*（《图书馆杂志》）的创刊号上发表论文提出了图书馆的教育职能，论述了用户教育的重要性，同时也强调了图书馆馆员作为教育者的重要性。此后关于图书馆用户教育的研究和实践活动逐渐发展起来。第二次世界大战后，随着世界各国高校图书馆的学术交流逐渐增多，高校图书馆馆藏信息量飞速增长，各种信息存储的组织化、系统化不断完善的同时，用户对于信息使用方面的教育需求日渐增加，高校图书馆用户教育逐渐开展起来。随着中韩两国图书馆学界学术交流活动的日益频繁和深化，图书馆学领域的合作研究和协作也越来越多。在图书馆用户教育方面，两国各具特色。本文就中国与韩国高校图书馆用户教育进行了对比分析及研究，并基于此预测了未来图书馆用户教育的发展趋势。

2　中韩高校图书馆用户教育比较

本文首先对中韩图书馆用户教育的内涵和发展历史进行了比较，然后从中韩高校中各选取了四所具有一定代表性的高校图书馆，其中中国高校选择了北京大学图书馆（以下称C1）、清华大学图书馆（以下称C2）、浙江大学图书馆（以下称C3）、复旦大学图书馆（以下称C4），韩国选取了首尔大学图书馆（以下称K1）、延世大学图书馆（以下称K2）、中央大学图书馆（以下称K3）、釜山大学图书馆（以下称K4）等高校图书馆作为研究对象，将选定的中韩高校图书馆用户教育按照教育的手段和形式分为传统的图书馆用户教育和网络用户教育进行了比较研究。

2.1 用户教育的内涵比较

国内学术界对于图书馆用户教育的理解和定义不尽相同。《图书馆学情报学词典》中的定义为："是通过教育帮助读者获得有效地利用图书馆资源的方法，已经成为图书馆的经常性任务之一。"[1]《图书馆管理词典》中定义为："读者教育，又称用户教育，有计划、有目的地指导读者（用户）利用图书情报资源的教育活动，是图书馆读者服务工作组织管理的重要内容，是读者（用户）获得利用图书馆及文献检索基本知识，提高利用文献检索能力和藏书利用率的重要途径。"[2]《新编图书馆学情报学词典》中则定义为："对读者开展的如何利用图书馆及图书馆资源的一种专业性教育辅助活动，可以帮助读者获得最有效地利用图书馆资源的各种方法及技巧，是图书馆读者工作的重要组成部分。"[3]

韩国图书馆学会定义的图书馆用户教育的概念为："针对图书馆组织机构、服务内容、设施、馆藏资料及其检索方法等内容对用户开展的一系列教育活动的总称。"[4]

两国定义基本相同，图书馆用户教育的内容都是以图书馆资源和图书馆馆员为中心，图书馆馆员围绕着馆藏资源和其他可利用的信息资源对用户进行信息使用的教育。高校图书馆用户教育可以被定义为教学和科研提供主动的有效检索及利用信息的教育服务。主要的教育内容大致可包括如下几个方面：①让用户了解各种类型的信息源；②各类信息的入藏处；③用户了解并明确表达自己的信息需求；④信息源的组织方式；⑤获取信息的方式和技术；⑥信息检索结果的评价。

2.2 用户教育发展史比较

目前从中韩有关图书馆用户教育研究方面的文献中可以看出，中韩高校图书馆用户教育发展阶段大致可以分为初创期、开发期和成长期三个阶段。

19 世纪后半期到 20 世纪三四十年代可以看作中韩两国高校图书馆用户教育的初创期。中国高校图书馆用户教育较早就出现了萌芽。1874 年缪荃孙在成都尊经书院开设了书目问答。此后东南大学、金陵大学、岭南大学、北京大学、浙江大学等分别陆续开展了书目教育、图书馆利用方法等相关的图书馆用户教育，直到新中国成立前这一段时期都可以视为我国高校图书馆教育发展的雏形。韩国高校图书馆用户教育在第二次世界大战前，主要以各种小规模讲座或者参观培训等形式对高校图书馆用户进行信息检索与利用的教育。

20 世纪三四十年代到 20 世纪 90 年代为高校图书馆用户教育的开发期。用户教育也逐渐从以参观图书馆、发放各种使用指南、培训讲座等形式转向正规的课程教育。同时各种教育的手段、内容、方式、教育模型等研究日益增多。1949 年以后，中国各大学针对大学生意识形态培养和专业课程设置的特点，以高校图书馆为主的图书馆目录、图书馆利用和各种检索工具利用等教育课程逐渐广泛地开展起来。进入 70 年代后期，随着改革开放，高校图书馆用户教育也进入蓬勃发展期。特别是 1981 年教育部颁发了《高等学校图书馆工作条例》明确提出了高校要将文献检索课作为教学科目中的一个环节，以各种形式对用户进行图书馆及信息利用教育。在西安交通大学、哈尔滨工业大学等一些高校中，图书馆用户教育以正规的教学科目"文献检索课"的形式开始出现。1992 年国家教委又颁发《文献检索课教学基本要求》，具体地对文检课的性质与任务、教育内容与要求、教学大纲、授课时数、教学对象等进行了明确的规定和要求。韩国高校图书馆用户教育则是在第二次世界大战之后，利用各种小规模讲座或者参观培训等形式对大学的学生和教授进行信息检索和利用教育，西江高校图书馆首先于 1975 年开始将用户教育列为正规的教学课程，从此进入了韩国高校图书馆的用户教育的发展期。此后各个大学纷纷针对学校的专业设置和教授、学生的需求，陆续开设了包括正规学分课程教育在内的多种形式的用户教育。进入 20 世纪 80 年代，随着信息内容爆发式的增长，信息检索和利用越来越受到重视。1990 年开始，在韩国中央大学以历史系为首的院系和本校学生的要求下，图书馆用户信息检索利用教育课程针对各院系的学科专业特点和信息需求，以与专业课程结合的形式开展教育。1991 年，韩国延世大学图书馆以讲座和正规课程两种形式，开始就图书馆联机目录和各学科相关的书目，以数据库资源利用为中心内容开展图书馆用户教育，此后逐渐在韩国高校图书馆普遍开展起来。

20 世纪 90 年代至今，除传统的图书馆教育以外，网络环境下的用户教育相关研究和实践逐渐增加，这一时期除采用传统的图书馆用户教育以外，同时利用基于网络的多种技术手段方式对用户开展教育。教育对象和学校的层次特点不同，用户教育的内容、形式、手段方法等都日趋多样化，进入了全新的高速生长阶段，截至 2010 年，中国的 106 所“211”高校图书馆中，有 98 所高校图书馆开展了不同形式的用户教育，占总数的 92.5%，有 8 所高校图书馆没有开展用户教育[5]。90 年代中后期至今，韩国高校图书馆用户教育随着计算机、网络技术在图书馆各业务环节的应用以及信息数字化的发展，网络方式的用户教育也逐渐成为韩国高校图书馆用户教育的一种重要的方式和手段。

2.3 中韩高校图书馆开设的正规课程教育比较

在大学的教育课程体系里，信息检索课被多数大学列为大学生应学习的重要公共基础课之一。为了帮助学生掌握信息检索知识，根据实际需求从浩如烟海的大量信息中灵活运用各种检索技术查询及获取所需要的文献信息，提高自身学习、研究及解决问题的能力，必须开展提高学生的信息意识和信息技能等重要的信息素质的教育课程。

目前在中国大学里开展的信息检索教育课大多是由高校图书馆的专业馆员或者专业教师为学生开设的。在本文选定的四所国内高校图书馆中，北京大学图书馆开设的课程主要针对资源和资源的利用进行检索技能培训。清华大学图书馆开设正式列入学校教学计划的本科生和研究生的必修课或选修课课程较多，共 9 门，分别面向校园内不同层次的用户进行信息利用教育。浙江大学图书馆开设课程以馆员指导和学生自主学习为主，充分激发学生的能动性和潜能。复旦大学图书馆针对学生的专业，分文、理、医三个学科分别授课。其中浙江大学图书馆和复旦大学图书馆都特别针对医学专业的特点开展生物信息数据检索、重要医学网站介绍、医学情报调研、科技论文、医学综述文献和医学学位论文写作等教育。

本文选定的四所韩国高校图书馆中，首尔大学图书馆开设了面向全校学生共同选修的“图书馆情报检索”课程。延世大学图书馆则是将信息检索教育内容加入到大学基础课“文书写作”课中，对用户进行信息利用教育。中央大学文献情报系面向全校开设“网络资源利用”课，以各种网络数据库检索为主要教学内容，并结合图书馆的讲座教育来培养学生的信息利用的能力。同样，釜山大学也是由文献情报专业面向全校开设名为“信息与社会”的全校通选课程，主要讲解各种信息源及其利用方法，特别是各种网络数据库的检索。另外，该课程还针对现代信息社会的特点向大学生讲授信息生产和利用过程中信息与社会的关系、现代化的信息技术和信息伦理相关的内容。

下面就针对中韩高校图书馆开设的信息检索课课程设置（见表 1）、教学内容（见表 2）情况进行比较分析。

表 1　中韩高校图书馆信息检索课课程设置

<table>
<tr><th></th><th>课程名称</th><th>课程类别</th><th>课程属性</th><th>学分</th></tr>
<tr><td>C1</td><td>电子资源的检索与利用</td><td>研究生、本科生</td><td>任选</td><td>2</td></tr>
<tr><td rowspan="9">C2</td><td>文献检索与利用（化工类）</td><td rowspan="6">本科生</td><td>必修、限选</td><td>1</td></tr>
<tr><td>文献检索与利用（理工类）</td><td>必修、限选、全校性任选</td><td>1</td></tr>
<tr><td>文献检索与利用（社科类）</td><td>限选、任选</td><td>2</td></tr>
<tr><td>中文工具书使用</td><td>必修</td><td>1</td></tr>
<tr><td>文献检索与工具书利用</td><td>限选、任选</td><td>2</td></tr>
<tr><td>图书馆概论</td><td>全校性任选</td><td>1</td></tr>
<tr><td>信息存取原理与技术</td><td rowspan="3">研究生</td><td>全校性任选</td><td>2</td></tr>
<tr><td>信息资源管理</td><td>全校性选修</td><td>2</td></tr>
<tr><td>信息资源获取与专题应用</td><td>全校性选修</td><td>1</td></tr>
<tr><td rowspan="2">C3</td><td>计算机信息检索</td><td rowspan="2">研究生、本科生</td><td>全校性选修</td><td>2</td></tr>
<tr><td>生物医学研究信息快速获取和评价</td><td>全校性选修</td><td>2</td></tr>
<tr><td rowspan="2">C4</td><td>电子文献检索</td><td rowspan="2">研究生、本科生</td><td>全校性选修</td><td>2</td></tr>
<tr><td>医学信息检索与利用课</td><td>全校性选修</td><td>2</td></tr>
<tr><td>K1</td><td>图书馆信息检索</td><td>研究生、本科生</td><td>全校性选修</td><td>2</td></tr>
<tr><td>K2</td><td>文书写作（协同课程）</td><td>本科生</td><td>全校性选修</td><td>3</td></tr>
<tr><td rowspan="2">K3</td><td>信息社会论</td><td>本科生</td><td>全校性任选</td><td>3</td></tr>
<tr><td>网络信息检索</td><td>本科生</td><td>全校性任选</td><td>3</td></tr>
<tr><td>K4</td><td>信息与社会</td><td>本科生</td><td>全校性任选</td><td>3</td></tr>
</table>

表 2　中韩高校图书馆信息检索课程教育比较

		国内大学				韩国大学			
		C1	C2	C3	C4	K1	K2	K3	K4
信息资源及组织	馆藏教育	√	√	√	√	√	√	√	√
	资源类型和内容	√	√	√	√	√	√	√	√
	分类与目录	√	√	√	√	√	√	√	√
	检索语言	√	√	√	√	√	√	√	√
检索技能	信息检索技能	√	√	√	√	√	√	√	√
	专业信息检索	√	√	√	√	√	√	√	√
	搜索引擎教育	√	√	√	√	√	√	√	√
	检索实习	√	√	√	√	√	√	√	√

续表

		国内大学				韩国大学			
		C1	C2	C3	C4	K1	K2	K3	K4
其他信息素养教育	毕业论文撰写	√	√	√	√	√	√	√	×
	信息与社会	×	×	×	×	√	×	√	√
	相关信息技术	√	√	√	√	√	×	√	√
	信息伦理	×	×	×	×	√	×	√	√

通过表1与表2的比较我们可以看出，目前在中国和韩国大学的教育课程里也都开设了信息检索和利用方面的教育课程。不同的大学设置的课程内容不完全相同。有的倾向文献资源介绍，有的则更多讲解检索技能和与之相关的计算机技术的内容，有的则加入了学生的论文写作、信息与社会、信息伦理等相关的教育内容。中国高校图书馆开设的课程都以资源介绍和检索技能为主，强调课程的实用性。而在韩国大学里，图书馆作为教学辅助机构，一般很少以正规的教育课程形式出现，大多以讲座或者作为大学基础课的一部分内容与其他课程协同授课的方式参与到正规的课程教学中。例如延世大学就是作为文书写作课程的一部分参与到教学活动中。图书馆馆员一般也不从事教学活动。所以学校开设的信息检索和利用、信息素养教育等相关的课程一般都由设有信息管理专业的院系教师或者外聘专业教师进行讲授。如中央大学和釜山大学，文献情报系开设的信息素质教育课程虽然与图书馆开设的文献检索课内容都涉及信息检索和利用，但是在教学中加入了信息与社会、信息与技术、信息道德方面的内容，不仅培养学生实际利用信息的技术和能力，更强调培养学生全面的信息素质。

2.4 传统用户教育比较

本节将高校图书馆开展的传统用户教育分为传统的图书馆利用教育和正规信息检索学分课程教育两部分分别进行比较。

总的来看，传统的图书馆用户教育强调以图书馆的规章制度、信息资源和图书馆设施等为中心内容，对用户开展教育。主要的教育形式可以分为入馆教育和辅助教学研究的辅助学习教育。另外在本节还对用户对于图书馆这些传统教育的用户反馈信息收集和各图书馆在用户教育方面的资金和人力投入情况等做了比较。比较结果详见表3。

通过以上比较结果可以看出中韩高校图书馆在传统用户教育的内容和教育形式方面没有明显的差异。传统的入馆教育内容和教育形式主要是以图书馆参观、发放图书馆利用指南等各种宣传品及举办各种主题展览和宣传活动等形式对读者进行教育，使其熟悉图书馆的馆藏资源情况、馆藏分布、图书馆提供的各种服务项目和规章制度。

中韩高校图书馆在辅助教学研究的辅助学习教育方面的内容和形式也基本相同，主要以图书馆馆员讲授为主，为大学的师生开展各种形式的教育。主要有OPAC检索技术培训、面对各学科领域的一般化数据库检索培训和针对特定学科领域开展的专题数据库讲座。为了培养用户的互联网资源的利用能力，还开展相应的互联网检索技能培训等教育。同时中韩高校图书馆也都针对这些教育开展多样化的用户调查，来收集用户对教育的意见和反馈信息。

表 3 中韩高校图书馆传统用户教育情况比较

		中国大学				韩国大学			
		C1	C2	C3	C4	K1	K2	K3	K4
入馆教育	图书馆指南等宣传品	√	√	√	√	√	√	√	√
	馆舍参观	√	√	√	√	√	√	√	√
	举办专题展览	√	√	√	√	√	√	√	√
	各种主题活动	√	√	√	√	√	√	√	√
辅助学习	OPAC 检索培训	√	√	√	√	√	√	√	√
	数据库检索培训	√	√	√	√	√	√	√	√
	专题数据库讲座	√	√	√	√	√	√	√	√
	互联网检索技能培训	√	√	√	√	√	√	√	√
用户反馈	用户调查	√	√	√	√	√	√	√	√
教育资源配置	专门预算	×	×	×	×	√	√	√	√
	专业教师	√	√	√	√	√	√	√	√
	用户教育空间设置	√	√	√	√	√	√	√	√

此外从高校图书馆用户教育经费预算、专业教师的人员配置和独立的用户教育空间设置等资源配置方面来看，韩国高校图书馆在图书馆的预算经费中基本都考虑到了对用户教育的投入，对经费基本都做了单独的项目预算。相反，国内的高校图书馆虽然也有相应的经费，但是一般都没有在预算里作为单独的项目列出，而主要是从图书馆日常办公经费或者设备经费等项目中支出。中韩高校图书馆都对用户教育的师资、设备和空间给予了投入，在图书馆开辟的电子阅览室或者文献检索实习室等专门空间内由专业的馆员对用户开展信息利用教育。

2.5 网络用户教育比较

利用现代化的网络技术开展网络图书馆教育是指读者不需要到馆接受教育，通过网络浏览器对图书馆网站的资源进行浏览，熟悉图书馆的馆藏资源、馆藏分布、服务项目和规章制度，以及资源利用方法等的一种用户教育形式。是利用数字图书馆结点和网站对用户进行的图书馆和各种信息的检索利用的、基于 Web 的、在线信息素质教育，不受时间和空间的局限。同时数字图书馆与用户之间是一种互动的关系，即图书馆通过网络可以根据不同的受教育者实施不同层次的教育内容，如可以针对以某一特定学科为知识背景的图书馆用户，包括教授关于某一领域的主要信息源和某一学科研究的特殊方法进行网络教育，也可以面向所有用户传授信息检索和利用的综合知识。而用户通过网络可以根据自己的特定需求在线咨询图书馆员，从而了解相应的检索方法和技能，并进行讨论和实践。可以实现教与学之间的实时交互性和学习协同性，为数字图书馆的用户教育提供了新的教育模式。下面就针对中韩高校图书馆用户网络教育的情况进行比较（见表 4）。

表 4 中韩高校图书馆用户网络教育情况比较

		国内大学				韩国大学			
		C1	C2	C3	C4	K1	K2	K3	K4
图书馆导览	平面导览	√	√	√	√	√	√	√	√
	3D 导航	×	×	×	×	√	√	√	×
资源使用教育	帮助文档	√	√	√	√	√	√	√	√
	OPAC 多媒体教程	√	√	√	√	√	√	√	√
	专题库检索多媒体教程	√	√	√	√	√	√	√	√
	阅读器及相关软件与信息技术使用教程	√	√	√	√	√	√	√	√
网络参考咨询教育	FAQ	√	√	√	√	√	√	√	√
	电子邮件	√	√	√	√	√	√	√	√
	电子公告牌	√	√	×	√	√	√	√	√
	博客（Blog）	√	×	×	×	√	√	√	√
	即时通信工具	√	√	×	√	×	√	×	×
	RSS	×	√	×	√	√	√	√	×
	手机服务	√	√	×	×	√	√	√	√
在线多媒体互动教学系统		×	×	×	×	√	√	×	×

通过表 4 可以看出，中韩高校图书馆网络用户教育的内容基本相似，但是韩国高校图书馆在先进教育技术手段的使用方面明显优于中国高校图书馆。

中国高校图书馆网络图书馆导览基本以静态的网页形式进行展示，而韩国的首尔大学、延世大学和中央大学则采用虚拟现实的 3D 导航形式，使用户摆脱了枯燥的网页浏览，在网络上访问图书馆就好像亲身进入图书馆一样，在导航系统的指引下了解图书馆的各种设施、资源以及服务。

通过网络为用户提供的资源使用方面的教育项目和教育内容基本相同，都通过网络为用户提供了各种数字形式的帮助文档、OPAC 多媒体教程、专题库检索多媒体教程、阅读器及相关软件与信息技术使用等各种资源使用教程。

网络参考咨询方面，中韩高校图书馆基本都能以 FAQ、电子邮件和电子公告牌等为用户提供咨询和教育服务。博客（Blog）作为宣传图书馆和开展图书馆教育、和用户进行互动的重要手段，本次调查的中韩高校中，四所韩国高校图书馆都建立了博客，而中国只有北京大学图书馆提供了博客服务。即时通信工具的使用方面，韩国高校图书馆中只有延世大学图书馆提供了 MSN 在线即时咨询服务，而中国高校图书馆中三个图书馆都提供了 QQ 或 MSN 在线即时咨询服务。四所中国高校图书馆中有 2 个图书馆提供了 RSS 服务，韩国的四所高校图书馆中有三个提供了 RSS 服务。手机服务是图书馆在用户服务和用户教育方面提出的一种服务手段，本次调查的中国四所高校图书馆中只有北京大学图书馆和清华大学图书馆为用户提供了手机图书馆服务，服务内容也主要停留在初级阶段，主要是借还信息和图书馆使用方法等一般信息服务，而韩国四所高校图书馆则全部面向用户开展了手机图书馆服务。服务既包括一般的借还信息和图书馆使用方法等，也为用户进行信息推送和对用户进行资源使用相关的教育。四所图书馆都各自开发了本馆专用手机应用程序供用户在手机上下载和安装使用，图书馆可以通过该程序为用户提供丰富的个性化信息服务，并对用户进行信息教育。

另外，除了延世大学图书馆通过在线多媒体教学系统对图书馆用户进行信息素养教育，目前中韩高校图书馆基本都还没有图书馆针对用户教育的在线多媒体教学系统。

3 结论

通过对中韩高校图书馆用户教育比较分析可以看出，我国用户教育发展相对较早，一般重点高校图书馆都配备了负责用户教育的专职馆员，教育内容为基本以信息检索与利用为主的一般的信息素养教育和专业领域的信息利用教育，特别是文献检索课重视对教学质量、教学大纲等的可以量化的教育。在教育手段上也是以传统的面对面授课方式为主，在教育手段和技术方面，利用多样的现代化技术进行网络教育方面多采用网站课件下载等单一落后的方式，通过网络进行实时的多媒体教育方面还显不足。与我国的情况相比，韩国的高校图书馆基本都没有配备专职的负责用户教育的教师馆员，教育内容除了涵盖信息检索与利用信息素养教育以外，文献检索课对用户还进行一系列的信息与社会、信息与技术等方面的相关内容。与我国相对单一的高校图书馆网络教育技术手段相比，韩国的多数高校图书馆充分利用了先进的现代信息技术，提供在线的 3D、多媒体视音频、手机信息推送等形式的在线教育。

随着信息资源爆炸式的增长，以及各种新的现代化信息技术手段应用于图书馆用户教育，以培养用户信息素质为教育目标的用户教育的形式和教育手段更加多样化，教育内容和教育层次更加丰富，高校图书馆用户教育正在从以图书馆员主导模式向以用户需求为中心模式转变。

第一，用户信息利用形态研究。用户信息需求多样性决定了在开展用户教育时，要熟知教育对象的专业和学术层次，通过问卷调查或其他各种形式和手段获得用户实际的信息感受需求（felt needs of information），同时对当前的用户教育的满意度和用户的感受做好即时的用户反馈信息的收集。用户信息需求和利用形态研究是图书馆开发新的教育模式和教育内容的重要依据。

第二，用户信息体系构建。基于用户信息需求调查，针对不同的信息资源和检索工具进行用户教育，培养用户的信息素养，即培养用户的信息理解能力和构建用户结构化信息检索体系。如信息资源的种类和特征、资源的索引方法、相关资源；信息来源、简单检索和高级检索等检索技法、检索结果获取、检索结果评价、用户信息道德等。

第三，教育方法研究。高校图书馆作为校园内兼具教育职能的机关，不仅面向教学工作，同时还要对校内用户的研究提供积极有效的信息服务。针对不同的用户需求不仅采用讲座、导览、检索技能培训等面对面的传统教育方式，还需要积极利用网络和现代化的技术对用户进行网上教育与网络课程教育。将传统的以图书馆资源和馆员为中心的、集中的、单向的用户教育模式与以用户为中心的有针对性、灵活性、互动性的用户教育模式有机地结合，建立多层次、多方位、多元化信息用户教育体系，从而逐步实现全方位的高校图书馆用户教育。

第四，教育技术手段开发。以先进的现代信息技术为手段，如手机短信平台或专用的手机应用程序、Podcast 广播、RSS 教育信息定制、开设专门的用户教育 Blog、利用各种社交网等将教育内容以各种媒体形式实时进行推送服务。另外还可以通过 QQ、MSN、NATE、SKYPE、雅虎通等在线即时通信工具为用户提供实时的信息利用指导和教育服务，使高校图书馆用户教育的形式和教育手段更加多样化，教育内容和教育层次更加丰富。

参考文献

[1] 周文骏. 图书馆学情报学词典[M]. 北京：书目文献出版社, 1991: 96.
[2] 黄方正，王可权. 图书馆管理词典[M]. 北京：知识出版社, 1994: 298.
[3] 丘东江.《新编图书馆学情报学词典》[M]. 北京：科学技术文献出版社, 2006.
[4] 사공철 등편. 도서관학-정보학용어사전[M]. 사울:한국도서관협회, 1996: 162.
[5] 侯聃. 高校图书馆用户教育工作调查分析[J]. 情报探索, 2010(6): 121-123.
[6] 北京大学图书馆. http://www.lib.pku.edu.cn [EB/OL]. 2011-04-16.
[7] 清华大学图书馆. http://www.lib.tsinghua.edu.cn [EB/OL]. 2011-04-16.
[8] 浙江大学图书馆. http://libweb.zju.edu.cn [EB/OL]. 2011-04-16.
[9] 复旦大学图书馆. http:// www.library.fudan.edu.cn [EB/OL]. 2011-04-16.
[10] 首尔大学图书馆. http://library.snu.ac.kr [EB/OL]. 2011-04-16.
[11] 延世大学图书馆. http://library.yonsei.ac.kr [EB/OL]. 2011-04-16.
[12] 中央大学图书馆. http://library.cau.ac.kr [EB/OL]. 2011-04-16.
[13] 釜山大学图书馆. http://pulip.pusan.ac.kr [EB/OL]. 2011-04-16.

原载《山东图书馆学刊》2011 年第 3 期

新信息技术应用

十年创变　朝夕不辍
——前进中的清华大学图书馆信息技术部（2011—2021）

张成昱　张　蓓　刘聪明　邹　荣　周　虹　赵　阳　远红亮

摘　要：清华大学图书馆信息技术部承担图书馆信息技术服务支撑环境的建设和运行管理业务，在数字资源建设和组织、数据和知识服务系统建设、多媒体和数字化、泛在服务等方面进行了大量卓有成效的工作。

1　信息技术部的过去、现在和未来

1.1　信息技术部概述

在20世纪，图书馆信息技术以服务于图书馆业务自动化为主要目标，因此自动化部最早成为图书馆信息技术部门。随着数字图书馆的发展和普及，信息系统成为图书馆信息技术发展的核心要素，对信息系统的规划和建设成为我们工作的重中之重，因此系统部又成为我们的新名称。近几年，通过对系统部和数字化部的整合，全馆信息技术的业务归于一体，所以我们又有了一个新的称谓：信息技术部。

清华大学图书馆信息技术部承担图书馆信息服务支撑环境的建设及运行管理，负责组织并实施图书馆信息系统的研发、部署和运行维护，为图书馆日常业务运行及面向读者的各类信息服务提供技术支持和运维保障。承担各类学术数据的整合处理及应用分析，为学校及图书馆核心业务需求提供数据支撑。承担数字学术资源的建设、管理、传播和保存，负责数字化资源加工及相关项目管理。参与信息化校园建设，为校内信息系统集成、数据共享提供技术保障。

1.2　图书馆信息技术部内涵发展

A. 优势

- 处于一个相关良性的发展环境之中。
  大环境是国家对于信息资源建设和服务非常重视，学校也对数字资源在新时代高校教学科研基础支撑环境建设中的作用给予充分的重视，清华大学在社会上的名气也给我们一定的优势和激励。

- 拥有一支经过考验的技术队伍。

  部门的业务骨干经多年的培养，逐步形成了一个相互合作、有效协调的团队。业务能力和技术水平能够胜任日新月异的数字图书馆技术发展。
- 在数字图书馆领域有丰厚的历史积淀。

  从20世纪数字图书馆起步开始，部门参与了数字图书馆发展的全过程，在数字资源建设和管理、异构数据资源的组织、移动图书馆等方面积累了大量成功的经验。
- 部门文化包含浓厚的创新意识。

  部门文化传统中，创新一直是一条主线，这不仅体现在各种项目的开发和研究中，也体现在各种日常业务工作中。这种思维方式是部门业务发展的重要方法论基础。

B. 短板

- 后备力量不足，梯队建设没有形成惯性。

  由于客观因素，近几年后备力量有些跟不上，没有规范化、制度化地形成技术梯队的建设制度。这不利于部门的长远发展。
- 具有计算机专业背景的人员不足。

  由于图书馆人力资源建设的局限性，计算机专业背景的馆员数量还不足，这对我们进一步提高计算机技术应用的专业化和规范化构成阻碍。
- 计算机基础设施建设存在系统化缺陷。

  由于经费和预算制度所限，计算机基础建设还跟不上当代信息技术和应用的发展，尤其是相关的管理制度建设和实施还不足以适应图书馆计算机网络环境不断优化的客观要求。

1.3 信息技术在图书馆的应用发展趋势

数字图书馆从技术层面上看，不仅受制于技术发展的内容，也受制于技术更新的速度。由于图书馆越来越处于跟踪技术而不是引领技术的地位，如何及时有效地利用new technology（新技术），甚至emerging technology（新兴技术），是我们面临的考验。

在过去十年里出现的、变得无处不在的技术加速了信息的产生和传播，并导致学者、学生和公众创造与使用信息的方式发生深刻变化。数字产品的数量和多样性前所未有，机器学习技术的扩散使数据成为“世界上最有价值的资源”，这种趋势为研究型图书馆提供极具吸引力的机会。在信息的使用者手边存在如此多信息的时代，图书馆员作为信息的服务者，如何帮助用户应对数据泛滥和数字内容的短暂性和脆弱性，需要图书馆员的技能和经验，也许更重要的，是提升对于信息技术的有效利用。

1.4 “十四五”规划的任务目标和内容

实施“开放科学”支持计划。把握“开放科学”发展机遇，充分发挥图书馆在“知识传播”生态链上的专业优势，整合“全球开放获取运动”带来的资源优势和政策优势，图书馆拟协同科研院、文科处等校内机构拟定机构知识资产（学术论文、科研数据等）管理方案，推进清华大学知识资产在“开放科学”背景下快速传播。

实施资源泛在服务计划。结合疫情期间在线科研、在线教学对文献资源保障的要求，拟定后疫情时期文献资源泛在服务方案。从依托物理场馆和校园网环境的资源保障服务转向适用于多种应用场景、多类用户群体的资源保障服务，立足移动互联环境，系统改善资源服务环境。

实施文化资源传播服务计划。截至 2020 年 6 月 1 日，图书馆累计加工的数字化资源总量已达到 90 TB，此类资源饱含清华文化属性（民国时期清华出版物等），完整性好、独特性强、文化价值高，且已具备网络发布条件。“十四五”时期，图书馆拟协同校内相关机构，结合清华历史事件节点陆续发布系列特色数据库，面向世界进一步传播和弘扬清华文化。

1.5　数字图书馆前沿研究

人工智能的应用。基于 NER（命名实体识别）技术进行文本资源的重组；利用图像语义分析作读者行为分析，可行的应用场景包括：读者异常行为警报；座位管理的自动化；基于对话机器人的自动参考咨询。

数字人文是近来图书馆界比较关注的一个领域，由于清华大学在文科建设方面下的功夫很大，我觉得从信息技术角度介入这个领域是我们部门应该认真考虑的。数字人文研究中心（the center for digital humanities，CDH）在北美发展很快，一些大学图书馆纷纷介入，CenterNet 是一个为促进数字人文和相关领域合作而建立的数字人文中心的国际网站。截至 2018 年 1 月，CenterNet 统计的全球数字人文中心有 193 个。美国数字人文中心 73 个，其中 16 个属于联盟或协会，57 个由学校组织主办。57 个数字人文中心中，由学校层面直接主办或学校其他院系主办的有 40 个，由图书馆主办的有 12 个，由图书馆和学校其他院系联合主办的有 5 个，即由图书馆主办或参与主办的数字人文中心约占 30%。

古籍数字化的未来发展。纸介质资源的数字化近几年在有些人眼里是一个已经完成的任务而被束之高阁，其实由于纸本文献的多样化，很多数字化工作并没有想象得那样轻而易举，更遑论已经彻底完成。我一直有一个 Digitalize All（全数字化）的思路，就是不出于特定古籍研究科目考虑，仅仅出于古籍本身内容、材质、形制等进行全覆盖的数字化，使之成为未来古籍研究的可靠对象，顺便也达到了古籍保护的效果。

2　创新、实践、沉思

2.1　计算机基础设施建设和管理

2019 年竣工的图书馆数字中心机房按照中华人民共和国住房和城乡建设部与中华人民共和国质量监督检验检疫总局 2017 年发布的《数据中心设计规范》（GB 50174-2017）完成图书馆现有机房的改扩建项目。改扩建之后的图书馆机房应达到 B 级数据中心的各项指标。改扩建之后的图书馆机房及辅助区域总面积为 415 平方米，其中机房面积为 160 平方米，包括机房一（大机房）100 平方米，机房二（小机房）60 平方米。改扩建之后的图书馆机房应满足图书馆资源保存、保护、在线访问等业务需求，预期满足未来 10 年业务发展需求。改扩建之后的图书馆机房兼顾高性能计算机运行的环境需求。

2.2　图书馆核心业务发展（从 INNOPAC 到 ALMA）

为了应对资源环境和用户获取资源行为的变化，加强对电子资源的管理，清华大学图书馆从2017年10月起选用以色列Exlibris公司的产品ALMA作为图书馆资源管理的业务系统，并将与之匹配的Primo为用户界面提供资源发现服务。

ALMA系统作为云端图书馆资源管理系统，替代了传统的ILS、电子资源管理、链接服务、发现服务等系统，将这些分散的数据、系统和服务整合，实现了图书馆纸本、电子和数字资源的一体化资源管理。自2017年10月上线以来，图书馆的资源管理流程不断优化，电子资源订购逐步规范，电子资源揭示效率大幅提升，系统与图书馆界主要的联机编目系统无缝关联，纸质资源揭示效率稳步提升。系统与云台购系统对接，实现采访数据批查重、批下订，提升了采访工作效率。系统支持多种流通政策，与学校统一身份认证、新生入学开通借书权限、毕业生离校、自助借还、水木搜索Primo等系统对接，极大地方便了读者的使用。

2.3 泛在服务保障和信息安全

随着网络和大数据时代的来临，图书馆不再以馆舍和纸本资源建设为重点，而是注重电子资源建设，注重在线信息资源服务。电子资源是图书馆的重要馆藏，在学校的科研教学工作中占有举足轻重的地位。由于知识产权保护的需要，大部分电子资源是限制在校园网合法IP范围内访问的。但是随着网络技术的发展，越来越多的读者希望从任意网络访问图书馆电子资源。清华图书馆一直积极寻求各种技术和方法，期望满足读者访问电子资源的需求。尤其受新冠疫情影响，我校师生在校外访问电子资源的需求激增，图书馆校外访问系统等服务平台也面临巨大的挑战。同时，电子资源获取渠道各异，读者远程获取资源的过程较为复杂。为此，2020年7月起，图书馆启动电子资源泛在服务计划，协同多家电子资源供应商和信息化技术中心拓展电子资源授权管理方式，并主导开发智能网关服务平台。读者可以直接点击图书馆主页上数据库说明页“访问入口”，智能网关会对IP进行自动判断并智能化地引导访问。如果读者在校园网内，将直接引导读者到数据库原始地址进行访问；如果读者身处校外，页面将跳转到登录页面，通过清华大学统一身份认证后再开启该数据库的校外访问。智能网关根据师生联网地点，智能引导其至最优的访问渠道，帮助本校师生在泛在环境下无缝获取电子资源。

2.4 学者库和数据建设与服务

学者是高校学术研究的主体，全面、准确地追踪其学术产出，对洞悉学术前沿、促进科研合作，甚至抑制学术不端，都有着非常重要的意义。清华大学聚集了一大批在国内外具有相当学术影响力的学者，学者本人和学校对于利用其学术成果，展示科研实力、客观分析科研能力始终具有需求。而清华大学图书馆作为校园内关键的信息服务节点之一，一直积极基于自身拥有的文献资源优势，在数据服务方面充分发挥着作用。

图书馆从2009年筹建本校学者库服务平台，采用数据挖掘的理念和方法，从收集、采购的海量文献资源中挖掘清华学者的学术文章；借鉴Clarivate Analytics（科睿唯安，原汤森路透—知识产权与科技）、ResearcherID等设计思想，为挖掘到的清华学者建立学术唯一标识，全面汇集学者完整学术周期内的学术文章，可视化展示学者丰富的研究成果及科研合作网络；提供文章被收被引情况的自动追踪服务，协助学者甄别、整理及发布个人学术文献，帮助学者快速了解自己的科研影响力，实现学术产出的规范化管理。

2009年，图书馆受香港大学、Clarivate Analytics等机构的标识服务启发，开始筹划建设学者库；2012 年，学者库测试系统问世；2014 年，学者库试运行，主要针对 5 个重点院系的百余位学者开通试用，其中不乏全球物联网创始人、院士、国家杰出青年基金获得者；2015 年，平台建设纳入学校化建设项目，并完成 500 名学者服务页面的示范性建设；2016 年，平台建设纳入学校“十三五”规划，与学校科研系统进行对接；2018 年起，图书馆积极参与学校基础数据建设，学者库服务已经覆盖全校教师，为我校职称申报、年度考核等工作提供数据支持，为提升教师信息填报效率助力。

进入 2021 年，图书馆正在开放科学的大背景下深耕学者库，大力推进符合发展趋势的机构知识库建设，为广大师生提供科学数据 DOI 注册服务，以及数据检索、共享和出版传播等方面的咨询服务。

2.5　数字化与多媒体

A. 以项目建设带动理论与实践研究（2003—2009 年）

2003 年，清华大学图书馆从自身实际情况出发，以 CADAL 项目为依托，自筹资金建立了资源数字化加工中心（属于原数字图书研究室）。在建设过程中，注重流程管理，不断优化数字化流程，不仅降低了数字化成本，而且大幅提高了数字化效率，总结经验并形成一条完善的馆藏资源数字化流程（见图 1）。

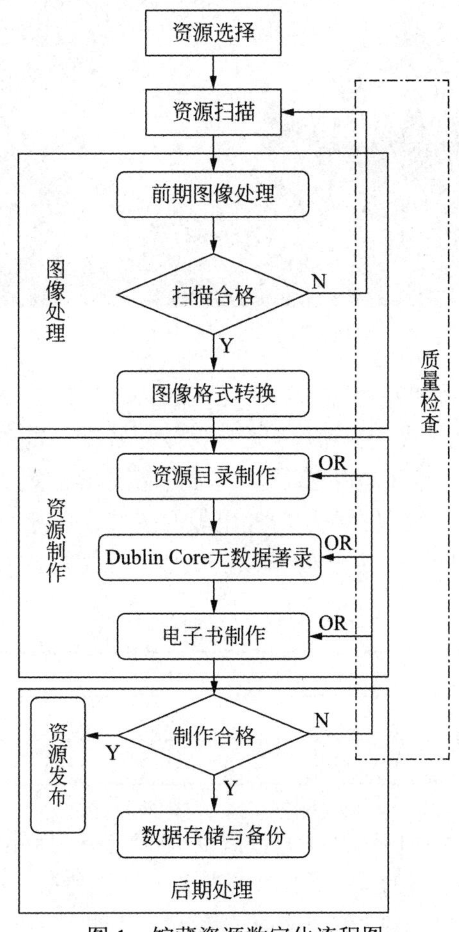

图 1　馆藏资源数字化流程图

参加并完成多项数字图书馆项目建设，进一步带动了数字图书馆的理论与实践研究（见表1、图2）。

表1 数字图书馆项目

序号	项目名称	项目来源	时间
1	大学数字图书馆国际合作计划（CADAL）项目一期	教育部	2003—2005年
2	中文数学数字图书馆	图书馆	2004年
3	清华大学机械史数字图书馆	图书馆	2005年
4	中国科技史数字图书馆资料库	教育部	2006年
5	中国水利史数字图书馆	图书馆	2008年
6	中国科技史数字图书馆	CALIS	2010年

图2 中国科技史数字图书馆

B. 以数字化资源建设促进特色馆藏数字化（2010—2015年）

随着图书馆资源数字化的进一步深入，逐步开始对我馆珍贵文献，尤其是民国珍贵期刊进行数字化（原数字化部）。民国文献是清华大学图书馆馆藏的重要组成部分，清华大学图书馆收藏了丰富的民国文献，主要包括民国时期出版的图书、期刊、报纸，内容涉及科学总类、哲学宗教、自然科学、应用科学、社会科学以及史地、语文与艺术八大类（见表2、图3）。

表2 部分民国期刊列表

《一二·一二周刊》	《八德杂志》	《人言月刊》
《清华周刊》	《三三半月刊》	《大夏通讯》
《山西教育公报》	《文化先锋》	《天津半月刊》

其中，《清华周刊》创刊于1914年3月，截至1937年5月共出版676期。抗日战争全面爆发，清华南迁，《清华周刊》被迫停刊。1947年2月复刊后，只出了17期便再次停刊。《清华周刊》是学生刊物，是当时影响力很大的综合性刊物，在中国教育史上是鲜见的。

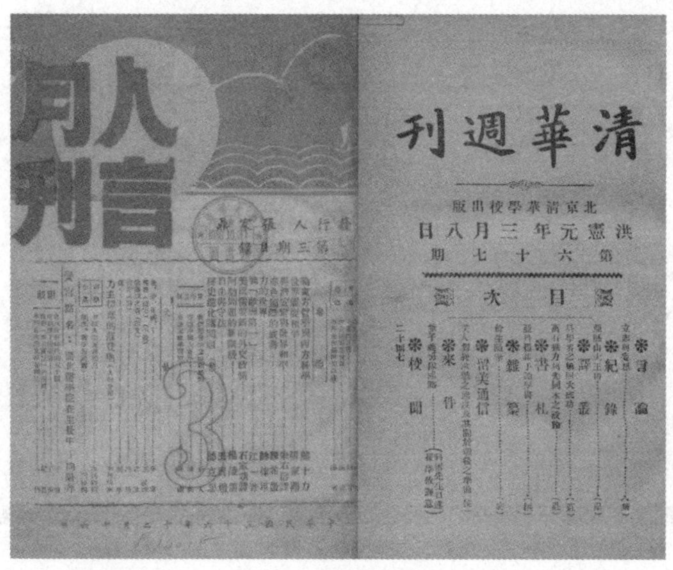
清華週刊

北京清華學校出版
洪憲元年三月八日
第六十七期

目次

言論
紀錄
譯叢
書社
雜纂
留美通信
來件
校聞

图 3 《清华周刊》

为了让更多的人了解和认识并利用这一珍贵的历史文献，采用 24 位彩色将其数字化并发布供读者使用（见图 4）。

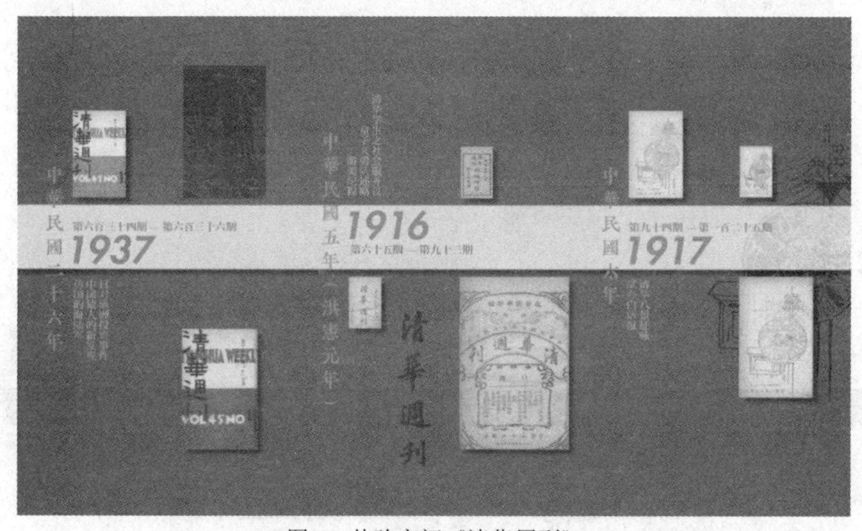

图 4　体验空间《清华周刊》

C. 以信息技术为依托提升数字资源服务（2016—2020 年）

近年来，我们以技术为依托，开发建设了“教学参考服务平台”“清华大学校刊特色库”等多个数据库平台（见图 5），不断提升图书馆数字资源服务。无论是早期的数字图书馆项目，还是近年来的教参系统以及各类专题数据库，我们都把服务作为唯一宗旨。服务的形式、服务的范围以及服务的内容在不断变化，而始终不变的是服务的宗旨。

以“清华大学校刊数据库”为例，目前该数据库已经发布。与以往不同的是，此次平台的建设更多从使用者的角度考虑，不是简单的元数据对应 PDF 格式的文件，而是将期刊以篇为单位进行切分，并与元数据一一对应，并将每一篇进行超链接。提供给用户的既是

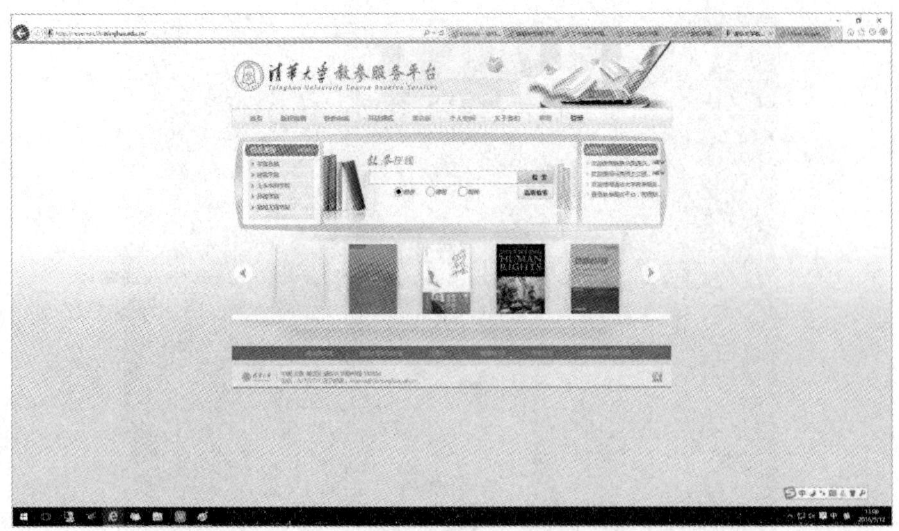

图 5　清华大学教参服务平台

一期一期完整的期刊，也可通过超链接的方式链接到每一篇。同时为更好地提高用户界面友好程度，增加了鼠标悬停提示标题等功能（见图 6）。

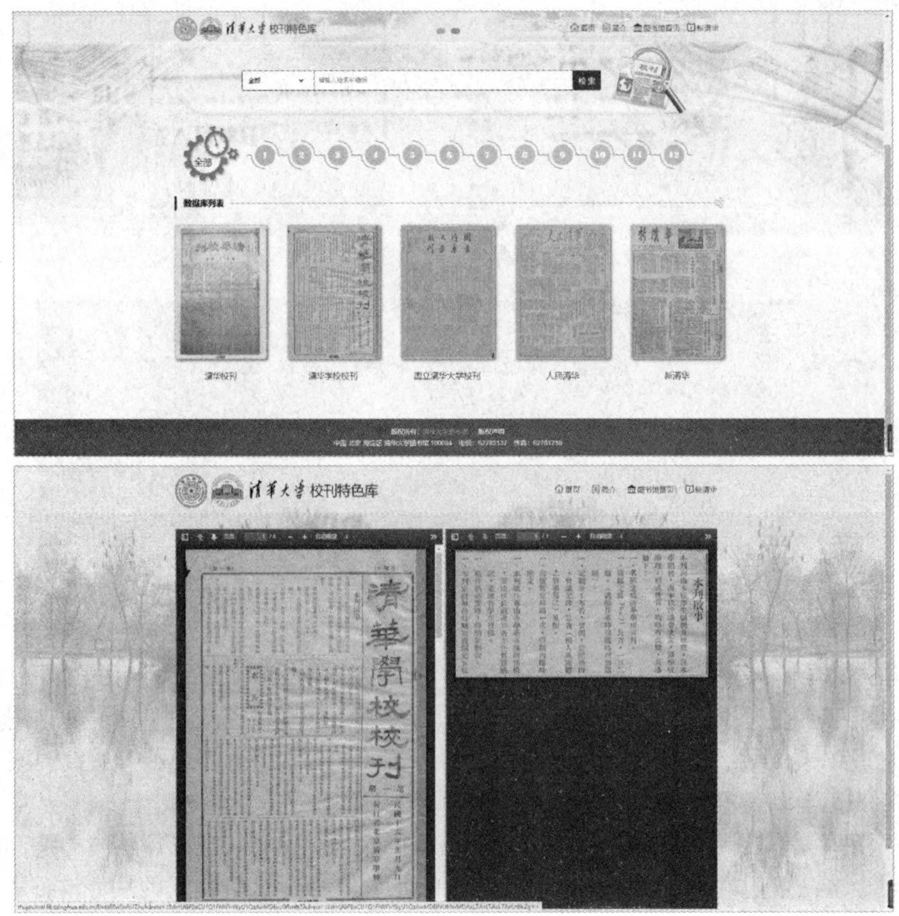

图 6　清华大学校刊特色库

D. 以数字资源为基础推动数字人文建设（2021 年至今）

经过近 20 年的发展与积累，图书馆各业务部门立足不同业务需求，筛选优质特色资源进行数字化加工或直接采集原生的特色数字资源，形成若干独立的数字资源集合，累计数字资源总量约 100 T。已经数字化的馆藏特色资源基本情况见表 3。

表 3　数字化馆藏特色资源基本情况

书刊类型	来源	种数	册数	页数	占用空间（T）	单机浏览种数	印刷出版种数	网络发布种数
古籍	CADAL 一期古籍	429	16982	2476001	1.5			429
古籍	CADAL 一期线装民国图书	326	28630	1277938	1			326
古籍	CADAL 二期古籍	85	2960	521609	2			85
古籍	零散扫描古籍	260	1388	240442	18		260	
民国图书	CADAL 一期	684	684	172044	0.5			684
民国图书	CADAL 二期	2233	2233	523171	2			2196
民国期刊	珍贵期刊	600	1480	746370	60			
民国学位论文	新中国成立前学位论文	1013	1013	97159	6	961		
清华周刊			591					
清华校刊			2902					

未来将从数字化到数据化再到碎片化，进一步开展数字人文方面的研究与建设，目前已经联合特藏部申请 CADAL 中心数字人文项目，深度开发《清华周刊》。2020 年年底，我们又申请“清华大学信息化建设项目——图书馆数字资源管理平台建设”，为进一步开展数字人文研究奠定了丰富的数字资源基础。

3　大事记（2011—2020 年）

2011 年

- “水木搜索”于 2011 年 12 月 28 日上线。
- 机器人“小图”获得了读者和同行的认可，康奈尔大学李欣馆长接受采访。
- 申请到国家社科基金课题“基于用户体验的移动数字图书馆服务整合与系统集成研究”。
- 完成国家图书馆的数字图书馆长期保存课题“数字资源长期保存元数据调研”报告和“国家图书馆长期保存相关技术研究”报告的撰写工作，提交最终成果。

2012 年

- 实现了基于 Shibboleth 校外访问数据库 Web of Knowledge 和数据库 IEL，是大陆地区首家使用这种服务的图书馆。

- 完成教育部2008年人文社会科学规划课题“基于无线广域网的移动数字图书馆实现和服务机制的若干关键问题”相关结题工作，获得结项证书。
- “二维码技术在清华图书馆的相关应用”案例在2012年的北京高校数图年会上获得了案例评选一等奖。

2013年

- 2013年6月图书馆发布微信服务。利用微信消息接口，将图书馆热点信息、馆藏书目系统、热门学术期刊、文科馆座位实况等查询功能嵌入微信应用。读者在社交网络环境里，通过指令互动即可便捷地使用到图书馆的服务和资源。在2013年迎新活动中，还特别实现“新生微信征言”功能，拉近图书馆与读者的距离。微信服务颇受读者喜爱，不到1年的时间，累积关注人数3038人；微信互动7081次。
- 移动图书馆方面的应用在iworld博览会上进行展示。

2014年

- 原创视觉空间系统开始使用。
- 项目“OurLib Cloud: Connecting Scholarly Information with Under-supported Researchers in China”获得emerald LIS基金推荐奖。
- 组织公司和部门力量全面推动清华学者ID项目（ThuRID）的开发和应用。经过2年多的酝酿，1年的设计开发，ThuRID终于走出实验室与业内专家、校内学者、馆内领导见面，并在业界、清华5个院系学者、馆内领导中取得热烈反响。

2015年

- 在六家虚拟桌面厂商（VMware、方物、森图、微软、思杰、深信服）中选中了微软云桌面作为最终方案。
- 学者学术身份标识系统建设项目组在2015年中国高校图书馆发展论坛大会上提交应用案例《清华大学图书馆ThuRID系统建设案例》，获得了一等奖。

2016年

- 新版多媒体公告系统于2016年年初上线。
- 顺利完成学者库在学校信息化建设项目中的验收，并启动了二期建设，在工物、航院、自动化等多个院系推广服务。学者数据已经在人事制度改革、科研成果统计工作中起到了有力的支撑作用。
- 设计北馆创新空间中数字学术可视化展示服务，这个服务涉及清华历年国际合著文献情况展示和民国时期清华重要发文展示两部分内容，以及“清华记忆”“清华周刊”“新书电子书阅览”“文物展示”等区域。

2017年

- 开始协议人员聘用。
- 2017年4月，技术部作为主力，配合我馆建设的“清华印记”互动体验区正式开放。

- 10 月 5 日，新一代图书馆管理服务系统 ALMA 上线。
- 在“北京高校数字图书馆年会”提交案例《中国科学数据出版与引用的实践》并做报告，获得二等奖。

2018 年

- 学术产出数据精细化管理，通过多种维度，利用不同形式对我校的学术产出数据开始精细化管理，2018 年推出了相应的服务。图书馆为校科研院提供 SCIE 季报和年报、学术产出院系认领清单和学科分类统计报告等。
- 对民国时期《清华校刊》《清华学校校刊》《国立清华大学校刊》，以及《人民清华》《新清华》等合订本期刊扫描并进行后期图像处理，累计扫描 12935 页（A3 幅面），单份（非压缩文件）存储 2.26 T。

2019 年

- 机房改造工程胜利实施，相关设备从主楼回迁。
- 参与上海图书馆 2019 开放数据应用开发竞赛，提交的作品“丹红印记”荣获一等奖。
- 完成澳门科技大学学者库 1 期建设。
- “利用专利产出数据提升清华大学的学术影响力”案例在首届“全国图书情报案例学术研讨会暨图书馆创新案例大赛”中荣获一等奖。

2020 年

- 在疫情期间，有效地保障了图书馆信息技术服务的可靠和高效。
- 环控系统新增定制化需求分析与跟进落实、优化温湿度二维监控平面图、两套环控系统告警信息及阈值一致性核对与管理、微信告警功能实现与测试、电话告警语音及播报内容优化。

ResearcherID 现状分析及应用启发

窦天芳　张成昱　张　蓓　邹志华

摘　要：学者是学术研究的主体，全面准确地追踪学者的学术成果对分析学术动态、洞悉学术前沿乃至抑制学术不端都有重大意义。但是，“姓名拼写歧义”导致人们很难判断成果归属，难以给予学者相应的认同和评价。2009 年，汤森路透提出 ResearcherID 的概念和方案，即通过为学者分配 ResearcherID 并以此关联、追踪学者的学术活动，来应对“姓名拼写歧义”。文章对 ReseacherID 的产生背景、注册机制及衍生服务进行详细调研，分析了 ResearcherID 注册学者的分布及发展现状，阐述了 ResearcheID 的相关产品 ORCID 与 ReseacherID 的渊源及关系。文章最后讨论了 ResearchrID 的潜在价值及应用前景。清华图书馆借鉴 ResearcherID 的理念开发出 ThuRID（清华学者库）系统，并在清华大学的人事管理、科研管理中发挥出学者标识及其关联数据的重要价值。

1　引言

作者误认是追踪文献过程中的常见问题。在数字知识服务的大背景下，消除文献中作者姓名拼写歧义（姓名消歧）、准确定位目标学者及其研究成果、解决学术界的“Who is Who”[1]问题变得迫切且必要，一切与“人”有关的知识服务都无法回避学术界的“Who is Who”的问题。近年来，全球范围有影响力的资源出版商[2]、平台服务商[3]、公益组织及联盟机构[2]、研究机构[4]都着手解决这一问题，并推出不同的解决方案。目前，典型的解决方案有：①利用智能算法进行姓名消歧[5]，建立目标学者与文献之间的关联；②注册机制，即鼓励学者本人通过注册建立个人姓名与文献之间的关联。汤森路透（Thomson Reuters）作为全球久负盛名的文献服务机构试图通过注册机制来解决这一问题。

汤森路透很早就关注研究成果的精确归属问题，并于 2009 年推出 ResearcherID（Researcher Identity）注册服务，意在为注册的学者分配唯一标识符。其工作原理非常简单，就是学者在 ResearcherID 中注册个人信息并提交个人著作，ResearcherID 为注册的学者分配学者唯一标识的同时建立了学者唯一标识与学者出版物之间的稳定关联。这种稳定的关联解决了学术出版物的精确归属问题，从而成为一切以“人”为核心的学术分析及知识服务的基础。“醉翁之意不在酒”，汤森路透也并不止步于提供 ResearcherID，而是积极探索建立在 ResearcherID 之上的富知识含量的衍生服务。

2 ResearcherID 注册与衍生服务

2.1 注册流程及个人文献管理

汤森路透依托 WOK（Web of Knowledge）平台的用户基础及在科研评价领域的影响力，为学者提供免费的 ResearcherID 注册服务。用户可访问 ResearcherID 页面注册，也可以在 WOK 平台集成的 ResearcherID 模块处提交注册请求，注册需提供姓名、地址、邮箱等个人详细信息，注册之后，用户将获得一个唯一标识。

注册过程完成后，学者可自行选择是否上传自己的学术出版物到 ResearcherID 的“我的著作”（My Publication）列表中。用户可通过两种渠道上传出版物：①使用在 WOK 平台检索得到的结果，发送到 ResearcherID[6]；②使用文献管理工具 EndNote Web 上传出版物列表[7]。换句话说，用户所有被 SCI 收录的文章都可以通过 WOK 平台直接导入 ResearcherID 管理，其他来源的出版物则可以通过 EndNote Web（RIS）等文献管理工具导入到 ResearcherID，这样的设计方式方便了用户尽可能多地将个人著作汇集到 ResearcherID 中。

2.2 学者唯一标识实验室

学者是学术研究的主体，探讨以学者为中心的知识组织模式正在成为新的研究热点。美国康奈尔大学的 VIVO[8]以 Cornell 多个知识资产管理系统中的数据为基础，建立学者与机构、课程、出版物、基金等之间的关联关系，以此揭示学者的研究兴趣。微软学术[9]以学者公开发表的学术出版物数据为基础，建立学者与学术出版物、期刊、会议、合作者之间的关联关系，以此揭示学者的学术产出和学术影响力。这些关联关系以人物索引为基础、构成了以学者为中心的知识关联网络，为研究者追踪某研究领域及其邻近领域的研究进展、了解某专业方向的研究脉络具有很大的实用价值。

ResearcherID 以学者自发提交的“我的著作”中的数据为基础，建立“学者唯一标识实验室”（ResearcherID Labs）。学者唯一标识实验室包括作者的合作网络（Collaboration Network）、引文网络（Citing Articles Network）两大模块。

“合作网络”模块以柱形图的方式展示与学者关系密切的（按合作发表文章的频次统计）合作者（Authors），合作者所属的研究领域（Research Area）、国家/地区（Countries/Territories）、研究机构(Institutions)，目的是建立学者唯一标识与合作者、研究领域、合作机构之间的关联关系，揭示以学者为中心的科研合作网络。“引文网络”则是基于“我的著作”中被 WOK 收录的文章被引数据，以柱形图的方式展示引用该学者文章的作者，引用作者所属的研究领域、国家/地区、研究机构等信息，此外，“引文网络”还提供被引量的时间分布曲线，目的是建立学者唯一标识与被引文章相关信息之间的关联关系，追踪该学者的学术影响力。

“学者唯一标识实验室”之所以称为“实验室”，是因为该模块并不成熟，原因有二。

一是“学者唯一标识实验室”的数据并不完备。首先，“合作网络”用于统计的数据并不是“我的著作”中的所有文章，而是“我的著作”中被 WOK 平台中的数据库收录的文章。“引文网络”中的引用文章量则是在上面的数据基础上，考察引用文章中被 WOK 收录的统计情况；此外，被 WOK 收录的文章信息并不完整，WOK 收录的 20 世纪 80 年代以前发表的文章普遍缺乏国家/地区、机构等信息。以这些数据为基础呈现的统计关系无疑与实际情况之间存在较大偏差。

二是“学者唯一标识实验室”的可视化呈现形式单一，互动性差。“学者唯一标识实验室”中所有的可视化视图均以横向柱形图的形式表示，如图 1 为“合作网络”模块合作者合作频次图。在这个横向的柱形图中，纵坐标为合作者姓名，横坐标表示合作的文章数量。众所周知，在科研合作网络中，合作者的关系及由合作者产生的国家合作、机构合作并不是简单的双向关系，而往往是多向的交叉关系，如甲与乙、丙、丁合作完成了文章 1，而甲与乙、丙合作完成了文章 2，甲与丙、丁完成了文章 3。这时候，二维的柱形图则不能完美地体现这种多向的交叉合作关系。在这一点上，康奈尔大学的 VIVO 采用星型图，清华的 ThuRID[10]采用圆形、矩阵、散射（星型）图，则能很好地完成交叉合作关系的呈现，比柱形图的展现内容更加丰富。“学者唯一标识实验室”的视图缺乏与用户的互动，用户看到的所有柱形图全部是静态图示。如图 2 为“引文网络”模块引文按年分布图，在这张图中，纵坐标是年份，横坐标是该年度被 WOK 引用文章的次数。如果用户希望进一步探究 2014 年哪些文章被引，被引频次分别是什么，则无法通过点选柱形图获得相应信息。随着可视化技术的不断演进，可视化视图的表现形式、表达信息的丰富程度、互动性等方面都有了长足进展，ResearcherID 在应用可视化技术、探索更丰富友善的可视化展现内容及形式上还有相当大的提升空间。

虽然这个“学者唯一标识实验室”并不完善，但是该实验室为以文献为基础、以人物为索引的新型知识组织方式给出了方向性示范，建立以学者为核心的知识关联网络是未来

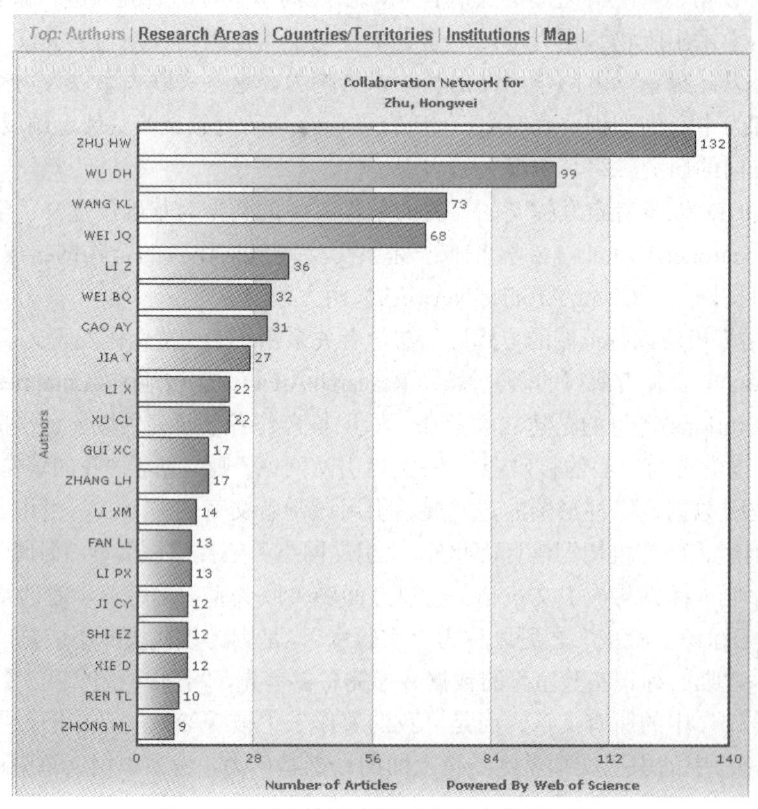

图 1 “合作网络”模块合作者合作频次图

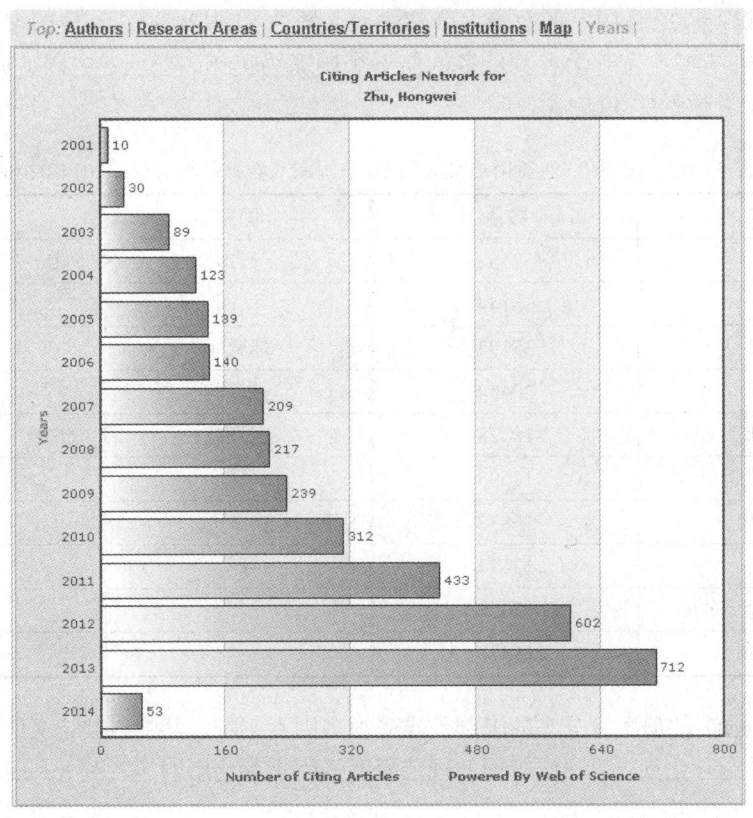

图 2 “引文网络”模块引文按年分布图

文献支撑科研服务及学术生产力分析的重要方向。香港科技大学的 HUB[11]已将 ResearcerID 和基于 ResearcherID 的“合作网络”作为学者文献计量分析的重要指标之一，台湾师范大学也以“合作网络”作为学术生产力分析的重要参考。当然，建立学者唯一标识及其以学者为核心的知识关联网络并非朝夕之功。在 ResearcherID 的数据基础之上，机构名称的规范、国别规范、合作者相关信息的著录规范都是影响与人密切相关的知识服务的重要因素。探讨并规范文献层面各种基础数据的方式方法将成为未来开展一切与人相关的知识服务的重要环节。

3 ResearcherID 注册学者分布及现存问题

ResearcherID 的注册学者数量可观，截至 2014 年 1 月底，ResearcherID 已有 38.8 万注册学者。持续追踪 2013 年 4 月以来 ResearcherID 注册学者的增长变化，可以发现 ResearcherID 注册学者以 51.99%的速度增长，在全球科技界呈现出迅猛发展的势头。本节从 ResearcherID 注册学者的国别分布和学科特点等数据来揭示 ResearcherID 当前的发展状况，并讨论影响 ResearcherID 发展的可能因素。

3.1 ResearcherID 注册学者的国别分布

ResearcherID 注册学者的国别分布很不均衡。表 1 对 388765 个 ResearcherID 进行国别分布统计，其中前20位国家的数量占全部注册人数的81.36%，前10位国家的数量占全部注册人数的61.74%；注册学者数最多的前五个国家为美国、巴西、中国、英国、俄罗斯，占全部注册学者数量的43.7%。

表1 ResearcherID注册用户最多的20个国家（数据采集时间：2014-02-09）

国家	数量	国家	数量
美国	57552	日本	10989
巴西	38144	法国	10149
中国	35193	葡萄牙	9701
英国	20454	马来西亚	8580
俄罗斯	18478	土耳其	8364
澳大利亚	17698	韩国	6462
西班牙	15838	加拿大	6444
德国	12474	芬兰	6444
印度	12351	波兰	4604
意大利	11828	罗马尼亚	4545

ResearcherID注册学者分布的国别差异受很多因素影响，其中科技论文的产出量、科研队伍的基数及国际化视野、科研管理的规范程度等因素都会影响学者对ResearcherID的认识和认同。

ResearcherID注册学者数量排在前10位的国家中，其科技论文的产出量（以2003—2013年被SCI收录的科技论文量统计）均排在全球前20位，其R&D（研究开发人员）数量占世界总量的排名均在前15位。

巴西的情况非常值得关注。巴西的科技论文产出居世界第15位，其R&D人员占全球R&D人员的2.3%，居全球第10位，但是巴西学者ResearcherID的注册比例为全球注册比例的9.8%，仅低于美国位居世界第二位。笔者认为巴西对科研的规范化管理是促使巴西学者在ResearcherID注册比例高的重要原因。巴西科技基金委与巴西高教基金委等联邦政府机构协调合作，共同开发巴西科技人才电子履历表和数据库（Lattes Platform），对巴西科技人才的科研成果进行规范化管理，并在Lattes平台中开放共享科技人才履历，巴西学者的基金申请及评审都基于Lattes平台的数据进行[12]。巴西学者的著作列表（publications）是其电子履历的一部分，规范整理、公开著作列表已经成为巴西学者寻求科研资助的规定动作，这种科研管理的要求及氛围，促进巴西学者在国际化的ResearcherID平台上注册，并公开发布自己的学者著作列表。

我国科技论文的产出量已居世界第二，从事科研人员的数量已居世界首位，但我国对学者学术论文的管理普遍松散，学者本人、科研信息管理部门、基金资助机构三种角色对学术论文规范管理的要求和诉求并不一致，学者本人对规范管理及开放共享自己的学术论文列表的需求并不强烈。在我国推广包括ResearcherID在内的“学者唯一标识”的工作也必将促进我国科研管理的整体水平、提高我国学术生产力分析能力，对整合科研资助、学术生产力分析、学术评价、科研合作等多角度的需求及统筹管理起到重要的作用。

3.2 ResearcherID 注册学者的学科分布

用户在注册 ResearcherID 时可自行选择是否提交学科关键词，按照用户自行提交的关键词词频统计，排在前 10 位的关键词集中在生物、医学、材料、生态等领域，它们分别是：癌症、生物信息、纳米科技、气候改变、流行病学、生态学、催化、纳米材料、生物材料、石墨烯（见表 2）。

表 2 ResearcherID 中的关键词分布（数据采集时间：2013-11-02）

癌症	生物信息	纳米科技	气候改变	流行病学	生态学	催化	纳米材料	生物材料	石墨烯
907	836	744	718	636	617	609	548	545	447

学者自发注册 ResearcherID，这表达了学者有在国际化的平台上明确并开放自己科研产出等相关信息的愿望。这种愿望反映出科学研究过程中“科研合作”的深层需求。当前，科学的综合性和复杂性迫使科学家逐渐放弃了原有的“单兵作战”模式，合作趋势日渐明朗化，并迅速成为科研活动的主流[13]。“科研合作”的基础是力量交叉、优势互补，学者急于在国际化的大平台上建立自己的学术身份，是寻求更广泛的科研合作及提高科研效率的有效手段。而在这种“科研合作”的大背景下，医学、生物、材料、生态等领域的学者需求较其他领域的学者需求要来得迫切。图书馆可以寻找本机构的优势学科和这些领域之间的交集，着力吸纳合适的目标群体，推广 ResearcherID 及相关学术唯一标识的建设。

3.3 ResearcherID 存在的问题

ResearcherID 的发展速度惊人，但也存在不少问题。这主要表现在以下两个方面：个人信息描述失范；“我的著作”列表数据残缺严重。

RsearcherID 依靠学者自发注册，注册时学者可自由填写个人信息，如机构名称（Institution）、系别（Sub-org/Dept）、关键词（Keywords）、地址（Address）等信息均由学者本人填写。由于学者在用词上的随机性，造成 ResearcherID 中重要的个人信息描述失范。这直接增加了 RsearcherID 数据汇总和分析的难度，也间接增加了 ResearcherID 数据重用的成本，限制了 ReseacherID 价值的发挥。

有些用户盲目注册 ResearcherID，并没有认真维护“我的著作”列表。分析注册机构为“Tsinghua University”的所有用户数据，其中仅 30.1%的用户在“我的著作”中有文章数据，69.9%的用户仅仅是注册了个人信息。追踪分析这 30.1%的“我的著作”列表的添加时间（Added Data），有 20.7%的用户一次性提交了“我的著作”，仅有 7.5%的用户持续维护“我的著作”。学者的著作列表数据不全，维护不可持续也是当前 ResearcherID 存在的最严重的问题。

4 ResearcherID 与 ORCID

讨论 ResearcherID 一定离不开讨论另一个学者唯一标识的产品 ORCID（Open Researcher and Contributor ID）。ResearcherID 依靠平台优势吸引学者自发注册学者唯一标识，来明确学术论文的精准归属。与此同时，出版商作为学术出版的源头也非常重视学术领域“Who is

Who”问题。一些出版商在接受用户投稿的同时要求用户提交个人信息并建立“学者唯一标识”。如Elsevier的Scopus ID，ACM的author ID都是出版商从源头规范“学者唯一标识”的有益尝试。还有一些组织机构试图通过联盟的形式吸收出版商、平台商及科研机构的已有成果，推动学者唯一标识的共享、开放及关联。

ORCID[14]就是这样一个联盟组织，其于2010年8月在美国宣布成立，通过创建学者唯一标识的中心注册处以及与现存的学者唯一标识框架建立开放透明的链接机制来解决学术交流中学者姓名混淆问题。这些学者唯一标识和建立在唯一标识之上的学者关系与学者的科研产出相连接，旨在加速科学发现的进程，提高研究社区中科研资助及科研合作的效率。

ORCID拥有非常广泛的联盟基础。目前的会员包括：以Elsevier、ACM为代表的出版商，以汤森路透、Pubmed为代表的平台商，以康奈尔大学图书馆、麻省理工学院图书馆为代表的大学图书馆，以Nature为代表的期刊等200多个机构。ORCID通过在会员中选举产生董事会，负责制定ORCID的管理政策。其中汤森路透David Kochalko作为OCRID的首届董事会成员参与ORCID的决策。

ORCID从成立起就积极推动与ResearcherID的合作链接机制。2012年11月，ResearcherID与ORCID完成深度整合，建立了两个系统之间学者唯一标识及科研产出数据的实质性关联和共享。目前，凡是在ResearcherID注册的用户都会收到是否同时注册ORCID的提示，学者注册及维护ResearcerhID的同时也拥有了ORCID的标识。同时在ORCID中注册的学者，如果同时拥有ResearcherID或者其他联盟机构的ID，ORCID会自动为用户建立关联，充分体现ORCID的联盟效应。截至2014年2月10日，ORCID拥有52.7万个活跃ID，其中有11.8万个ID拥有文章数据，文章数据总量达到332.98万。其中ORCID有超过50%的用户同时是 ResearcherID的用户。

与ResearcherID相比，ORCID具有如下特点：①可有效吸收来自出版机构的数据。ORCID联盟机构中广泛吸收了世界顶尖出版集团、学术机构、信息服务平台商，ORCID除接收学者自己注册外，还可以吸收这些联盟组织中学者唯一标识及其背后的文章数据。此外，ORCID因可与多家学者唯标识之间建立关联，将成为未来追踪管理学者科研产出的中枢机构。②可操作性强。ORCID提供批量下载和上传学者ID及其著作列表的功能，为以机构为单位组织并维护ORCID数据提供可能。同时，ORCID提供API可与第三方系统交互，更利于学者唯一标识背后的数据与其他科研信息系统的信息集成应用，从而产生全新的服务。可以说，ORCID较ResearcherID更适合数据的重用和共享。但ReseacherID有汤森路透强大的平台优势和稳定的用户群，其发展态势值得密切关注。

无论是ResearcherID还是ORCID，目前的版本提供的学术出版物主要是文章，基金、专利等更多学者的科研信息尚未包含在其中。

5 ResearcherID及学者唯一标识应用前景

ResearcherID为每个学者赋予一个唯一标识，就像为每篇学术文章赋予一个DOI一样意义深远。ResearcherID及学者唯一标识可以解决学术文章中姓名拼写歧义的问题，明确学术文章的精准归属，这将对基于学者本人及合作者的学术生产力分析、学者本人科研成果的规范化管理、提高科研合作概率和合作效率产生重大影响，是各种以人为核心的数据分析及创新服务的基础。以 ResearcherID 为代表的“学者唯一标识”在未来的学术活动中有非常广阔的应用前景。

5.1 利用 ResearcherID 的数据优势，最大化挖掘学术论文的价值

ResearcherID 依靠 WOK 平台的优势赢得全球学者的信赖，也是到目前为止解决学术领域“Who is Who”问题最有影响力的服务之一。鼓励学者积极参加 ResearcherID，在学术界创建自己的学术标识，同时汇集个人学术文章，这本身就是一个规范科研数据并积累数据的基础性工作。其直接的应用场景是将 ResearcherID 的链接嵌入学者个人主页，充分展示学者本人的学术实力。学者个人主页集中反映学者的学术经历、工作状况、科研兴趣及学术成果，学者学术水平的高低可直接由其发表的学术论著来体现。国内外很多学者已经开始在个人主页上嵌入 ResearcherID[15]，并借此链接中的“学者唯一标识实验室”中的“合作网络”“引文网络”充分展示自己的合作团队及学术影响力。

此外，ResearcherID 汇集了大量学者的学术文章，这些数据可与已有的机构仓储、科研信息管理系统集成应用，充分挖掘学术论文中多指标之间的关系及价值。学者的学术产出是所在科研机构的重要知识资产。一直以来，学者所在科研机构都非常注重这些知识资产的管理、追踪与分析，并希望以此为基础对机构整体的学术生产力进行深入的评估，但都因无法高效解决科研精准归属问题而收效甚微。可以说，各科研机构对建立学者唯一标识有强大的内在驱动力，有些先行的科研机构已经在讨论如何将 ResearcherID 和本校机构仓储[11]、科研信息管理系统[8]、学术生产力分析产品 Incites 进行有效整合。一旦科研机构可在统一的规范下共享学者唯一标识背后的数据，那么一个基于学者学术产出保存、管理与分析的全新世界必将来临。

5.2 借鉴 ResearcherID 理念，打造适合本地特色的科研支撑服务

为学者赋予“学者唯一标识”的理念像一缕清风，为图书馆挖掘学术文献价值、探索个性化科研支撑服务的新路带来全新启示。大数据时代已来临，基于海量数据及其分析的需求日渐旺盛。对图书馆而言，学术文献是图书馆服务的数据基础，挖掘学术文献的数据优势与“学者唯一标识”建设结合将迸发新的活力。

清华大学借鉴 ResearcherID 的理念，采用数据挖掘的理念和方法从清华购买的多来源数据中挖掘学者的文章数据，为清华学者建立清华学者唯一标识（Tsinghua University Researcher ID，ThuRID）。以 ThuRID 为基础，清华大学还面向学者本人汇集在校及来校前的学术文章、展示老师完整的学术历程，提供学术论文被收被引情况的自动追踪；面向同行提供学者的科研合作网络，方便同行追踪及拓展相关研究领域；面向科研管理部分提供指定专家学者的数据跟踪及分析。ThuRID 一经上线则得到清华广大学者的热烈响应，很多国际知名学者直接将 ThuRID 嵌入个人主页，学校及一些院系科研主管则请求扩大 ThuRID 的建设范围，让更多的清华学者享用 ThuRID 带来的服务。在 ThuRID 建设过程中，清华图书馆也积极推广 ResearchrID 的建设，鼓励学者积极注册 ResearcherID，并将 ThuRID 与 ResearcherID 建立链接，以便数据共享，创造图书馆、汤森路透、学者、数据挖掘商等多

角色共赢的局面并惠及多角色的需求。

6 结语

在数字信息环境中，图书馆已不满足仅担当“资源搬运工”的角色，而是积极探索更适合学者口味的个性化的知识服务，而所有与“人”有关的知识服务都必须以学者唯一标识的成果及数据为基础。ResearcherID 的发展速度及发展规模再次印证了赋予数字信息环境中学者唯一标识的迫切性。学者唯一标识在追踪学者学术产出、寻求科研合作、建立以学者为中心的知识关联网络等方面都有非常良好的应用前景。图书馆应认识到建立学者唯一标识问题的本质和重要性，积极推广学者唯一标识的建设，这将是图书馆面向科研前沿提供知识服务的重要契机。

参考文献

[1] Making a match[EB/OL]. [2013-10-05]. http://himmelfarblibrary.wordpress.com/2012/10/18/matching-who-is-who-in-research/.

[2] ORCID community[EB/OL]. [2013-10-05]. http://orcid.org/about/community.

[3] Why ProQuest Scholar Universe?[EB/OL]. [2013-10-05]. http://www.refworks-cos.com/cosscholaruniverse/.

[4] 杨欣欣, 等. 一种基于改进的 K-means 算法的人名消歧系统的设计与实现[J]. 计算机与数字工程, 2010, 38(8): 10-17.

[5] Quan Lin, et al. Disambiguating Authors by Pairwise Classification[J].Tsinghua Science & Technology, 2010, 15(6): 668-677.

[6] 如何从 ISI Web of Knowledge 平台向 ResearcherID 添加我的著作列表?[OL]. [2013-10-27]. http://ip-science.thomsonreuters.com.cn/media/wok511.pdf.

[7] 如何从 Endnote Web 向 ResearcherID 中添加我的著作列表[EB/OL]. [2013-10-27]. http://ip-science.thomsonreuters.com.cn/media/wok512.pdf.

[8] http://vivo.cornell.edu/.

[9] http://academic.research.microsoft.com/SilverlightInstall.

[10] http://rid.lib.tsinghua.edu.cn/.

[11] http://hub.hku.hk/.

[12] 李伟钢. 巴西人才计划与科研管理的技术支持[EB/OL]. [2014-01-12]. http://blog.sciencenet.cn/blog-652078-655383.html.

[13] 赵君, 廖建桥. 科研合作研究综述[J]. 科学管理研究, 2013, 31(2): 117-120.

[14] http://orcid.org.

[15] http://www.tsinghua.edu.cn/publish/phy/6032/2011/20110119133423350428886/20110119133423350428886_.html.

原载《图书情报工作》2014 年第 4 期

Smart Talking Robot Xiaotu: Participatory Library Service Based on Artificial Intelligence*

姚　飞　张成昱　陈　武

Abstract: The purpose of this paper is to introduce a participatory library service based on artificialintelligence (AI). AI technologies and various technologies for facilitating the use of the currently existing libraries and the third-party resources are combined in the new mobile andsocial networking environments to provide an innovative real-time virtual reference service. Special aesthetic design and library marketing measures are adopted to expand the gains of the service.Questionnaire survey, in-depth interview, and statistical analysis are conducted to evaluate the effects of the service. A smart talking robot called Xiaotu (female) is developed. This robot is regarded asa promising new online reference service modus operandi. Four factors contribute to the success of therobot, namely, AI, self-learning, vivid logo and language, and modular architecture. Xiaotu presents a participatory library service, in which users participatein the resources collection and become content co-creators. Her presence at anytime and anywhere on any kind of terminal maximizes her potential for the delivery of virtual reference services. Xiaotu has the potential to be a general reference robot or a costumed institute robot. AI is adopted in libraries to form an innovative online reference service. The participatory library service is practiced through a high-featured interactive communication. The aesthetic design of Xiaotu and the related promotions are new in libraries as well.

Key words: Artificial intelligence; Promotion; Participatory library service; Social networking; Talking robot; Virtual reference service

摘要：本文提出基于人工智能的交互式图书馆咨询服务，通过开发并运行智能机器人“小图”实现实时虚拟参考，达到提升用户体验、创新图书馆服务模式的目的。

1 Introduction

We now experience the world by immersing ourselves in it. We are increasingly mobile,

* The authors would like to thank Ms Jing Cao at Chinese Journal of Library and Information Science for giving suggestions in writing.

socially networked, and empowered with information. Libraries have to respond to the new update resulting from these new changes.

The "participatory library" is an emerging concept that was first coined by Lankes et al. (2007). It refers to the idea that a participatory library, as a truly integrated library system,must allow users to participate in the core library functions, such as the catalogue system,but not the periphery (Lankes et al., 2007; Nguyen et al., 2012). Nguyen et al. (2012) explained, justified, and moved forward the understanding of the concept. Emerging technologies and social media have enabled users to play new and extended roles, which they were unable to do in the past. In addition, the relationship between libraries and users are changing: users are changing from information users (consumers) to information (co-)creators and information providers; users are becoming (playing the role of) librarians; user-centeredness is being heightened; users are being offered more power; and there lationship is being balanced (Nguyen et al., 2012). The participatory library focusses on participation; the development trend of participatory librarianship cannot be doubted(Nguyen et al., 2012). "The thing is we need to remain the same focus and continue to offer ways for users to participate" (Nguyen et al., 2012, p. 344).

In the current study, we present an artificial intelligence (AI) talking robot called Xiaotu (female), which plays the role of a librarian in different locations on different terminals simultaneously and attracts users to participate in the resources collection in an in telligent and highly interactive manner. Xiaotu is involved in a wide range of topics and has her own logo, character, and even fans. This paper seeks to introduce Xiaotu to peers all over the world, hoping to shed light on how she becomes an influential participatory library service.

2 Background

The mobile wave has arrived. As of June 2014, among the internet accessing devices in China, the usage of the mobile phone is 83.4 percent, which exceeded the overall usage of PC (80.9 percent) for the first time (China Internet Network Information Center, 2014). Moreover, the usage of various types of mobile applications, including e-commerce,e-entertainment, information acquisition, and communication, among others, areincreasing significantly (China Internet Network Information Center, 2014). In 2012, a survey of 533 freshmen students randomly selected from the freshmen population ofthe Tsinghua University indicated that 58.9 percent of the participants have smartphones, and over 23 percent have other mobile terminals, such as iPads. In addition, the number of those accustomed to accessing the internet using mobile phones has reached 90.8 percent. We believe that these data have increased in last two years. Thus, mobile services have become necessary instead of merely being scattered.

Ample reports on mobile libraries have been made, and the literature is mainly related to four categories. The first category is focussed on mobile concepts, trends, and developments (Lippincott, 2010; McKiernan, 2010; Murray, 2010). The second is the discussion of the challenges, technologies, and solutions in terms of moving libraries tomobile devices (Jacobs,

2009; Jingru, 2013; Negi, 2014; Shi and Xia, 2014; Fu, 2014). The third category is on the kinds of library resources and services suitable to move to mobiledevices, and how these resources and services obtain the best presentation (Davidson and Dorner, 2009; Jensen, 2010). The last category is going back from devices to people, emphasizing the user-driven concept instead of the device-driven or technology-driven one (Tilstra, 2014; Bomhold, 2014; Nowlan, 2013; Wang and Zhang, 2011).

Mobile devices and technologies have received significant attention. Thus, we have become preoccupied with narrowing the gap between mobile libraries and these technologies. "Mobile access is access, no different from what is provided via the Internet, in person and through library instruction. Mobile access has become a ubiquitous form of communication" (Jacobs, 2009, p. 288).

Social networking has changed our lives. User behaviors have changed from searching information to logging on or staying in social network sites. Libraries have accepted that social technologies can help them achieve their mission of engaging with the community and have started to use a variety of social media tools to do so (Smeatonand Davis, 2014; Rutherford, 2008a, b). Various types of social media applications have been utilized in libraries, including Facebook, Twitter, Flickr, blogs, wikis, RSS feeds,YouTube, etc. In China, the Renren web site (equivalent of Facebook), Mibroblog(equivalent of Twitter), Youku (equivalent of YouTube), and Wechat, among others, have become popular. The main functions of social media related to digital libraries include providing information, marketing/promotion, peer-to-peer connections, and information sharing (Xie and Stevenson, 2014; Dickson and Holley, 2010; Nándezand Borrego, 2013).

Similar to the aforementioned mobile background, an extensive body of literature guides librarians in the manner of utilizing a particular social media tool/platform/technology to reach out to their library services or marketing clients (Rutherford, 2008a, b; King, 2012; Vassilakaki and Garoufallou, 2014; Smeaton and Davis, 2014; Chan, 2012; Luo et al., 2013; Yao et al., 2011a). We are delighted to learn that other researchers focus more on people in the socially networked environment instead of the social networking tools. Rutherford (2008b) determined that two of the critical factors for the successful implementation of social media tools within the library were staff training as well as staff acceptance of the tools (Smeaton and Davis, 2014). Libraries should foster a staff culture that will embrace social media use (Smeaton and Davis, 2014). Social technologies are aninevitable technological development, which warrants this question: why not think of social networking as the world we live in?

Various computer technologies have been developed considerably, including AI. McCarthy (2007) defined AI as "the science and engineering of making intelligent machines, especially intelligent computer programs." AI is an academic field of study, which analyzes the goal of creating intelligence, whether in emulating human-like intelligence (Wikipedia, 2015a). AI chat robot is a branch of AI and is aimed to talk to human users and make them unaware that they are talking with a robot but a real human.The distinguished representations of this AI branch include the Artificial LinguisticInternet Computer Entity (ALICE) chat bot (ALICE, 2015) and the Jabberwacky live chatbot (Jabberwacky, 2015), among others. On June 7, 2014, a Turing test competition organized by Kevin Warwick to mark the 60th death anniversary of Alan Turing waswon by the Russian chatter bot Eugene Goostman. During a series of five-minute-long text conversations, the bot convinced 33 percent of the contest judges that it was a human (Wikipedia, 2015a; The Verge, 2014). The event marks a milestone in computing history (University of Reading, 2014).

In general, we are living in a mobile and social networking environment in which emerging technologies rapidly change our lives. Mobile and social networks are not objectives, devices, platforms, and tools but the world; technologies should never be burdens but merely tools to make our lives better. Looking back at the history of the "digital library," which was quite new two decades ago but is now a ubiquitous presence, we believe that its legacy will be followed by the "mobile library" or the "social networking library." In view of the new mobile and social networking information environment, libraries are suggested to reconsider their relationship with users and provide more user-centered services, such as participatory library services.

In this section, we focus on a particular kind of a typical library service as a study case: the real-time virtual reference. Real-time virtual reference modus operandi has been a library service for years. This reference service is people-based on a few special platforms. In general, this people-based real-time virtual service utilizes two types of tools: tools specifically designed for libraries, as represented by Question Point and 24/7 Reference; and commercial instant messaging (IM) tools, as exemplified by QQ, MSN, aswell as other popular mobile and social networking chat tools, such as Wechat (2015).As of December 2010, Question Point has 1975 active users (QuestionPoint: 24/7 references services, 2010),which provides services to readers from 32 countries. In January 2010, the number of libraries overseas using IM tools totaled 1011; in China, 117 out of 535 libraries surveyed provided IM reference services (Ye, 2010).

However, this people-based real-time reference operation needs librarians on duty for its execution, is labor and time consuming and inefficient. This condition necessitates not only added labor costs, but also overlooked opportunities for effective and efficient delivery of reference services through different social media on PC or mobile synchronously (Yao et al., 2011b). By adopting applicable AI technologies into virtual reference service operation, libraries can save labor costs and extend the range of reference services to a significantly broader reading public by means of accessing social networking spaces both on PC or mobile terminals (Yao et al., 2011b). More importantly, it can provide a ubiquitous service accessible at anytime and anywhere on any terminal. The smart talking robot Xiaotu was developed under these considerations.

The robot project began in September 2009. The basic idea was to have the system built on the foundation of a mature application system rather than to start from scratch.The MSN talking robot, Xiao I Robot (2015) was developed and tested during the earlystage. Based on the reasons mentioned in the paper of Yao et al. (2011b), the open source software ALICE (ALICE, 2015) was finally chosen as a more suitable model for the system design of our library. The work based on ALICE was launched in September 2010, and the test run was started by the end of the same year. The first versionwas released in April 2011 both on the library homepage and various social networksites. Thereafter, we conducted a one-year cartoon image collection program called "Let's make Xiaotu more beautiful." In April 2012, the work that won the prizewas released officially as the logo of Xiaotu. In 2013, the main work focussed on mobile applications. Furthermore, a reduced and more serious version was released, which only included formal library FAQs to answer library-related questions. In 2014, Xiaotu was integrated into several other projects, such as the App of Tsinghua University Library and the Wechat official public platform of Tsinghua University.In addition, Xiaotu began to provide other libraries with institute accounts to customize their own reference services because of the influence in libraries. Although libraries have several automatic FAQ services, only a few of them could be called a talking/chatting robot.

3 Methodologies

The objective of the Xiaotu project is to provide real-time virtual reference services onlinefor a 24/7 and year-round coverage in the mobile and social networking environments based on AI by using various existing technologies and resources (Yao et al., 2011b).

AI is still considered in the early stages of development, and open source or freetools are preferred. ALICE (2015) was chosen unanimously as a more suitable model forthe system design. However, ALICE is a robot made in the USA; thus, Chinese localization is a prerequisite. The Chinese natural language processing is one of the keypoints to realize regarding the talking/chatting function in Chinese. Moreover, customized library features are considered. At this point, a principle was established that the current existing technologies and existing high-quality resources should be utilized as much as possible. Mobile and social media technologies were utilized inthe entire process and the promotions were coordinated with the aesthetic designs to expand the extent and coverage.

Several methods are selected for this project to obtain a detailed picture of the service. A questionnaire survey was conducted, which allowed the researcher to examine if the initial targets and claimed functions were achieved, how this new service was accepted by users, and obtain feedback after careful user testing. Semi-structuredin-depth interviews were conducted with key members of the library and enthusiastic patrons, exploring their attitudes, thinking, feeling and deep needs, and the potential application of Xiaotu, among others. Web log analysis was also conducted to provide certain data support.

4 Implementation and Features

We revisit Xiaotu (2015) before introducing our key implementation points. The appearance of Xiaotu is shown in Figure 1. It has an interfacing operational capability for the performance of interactive chatting, which is similar to that of MSN or QQ, or Wechat on mobile devices. Users need not go through the registration process to avail of the service to protect their identity and privacy. The main functions of Xiaotu include: first, natural language communication in Chinese; second, expert answers in professional fields, particularly related to Tsinghua University professors and thelibrary; third, book searching in the OPAC system; fourth, searching in Baidu Baike, China's version of Wikipedia; fifth, self-training and learning; and finally, interface to integrate with other systems.

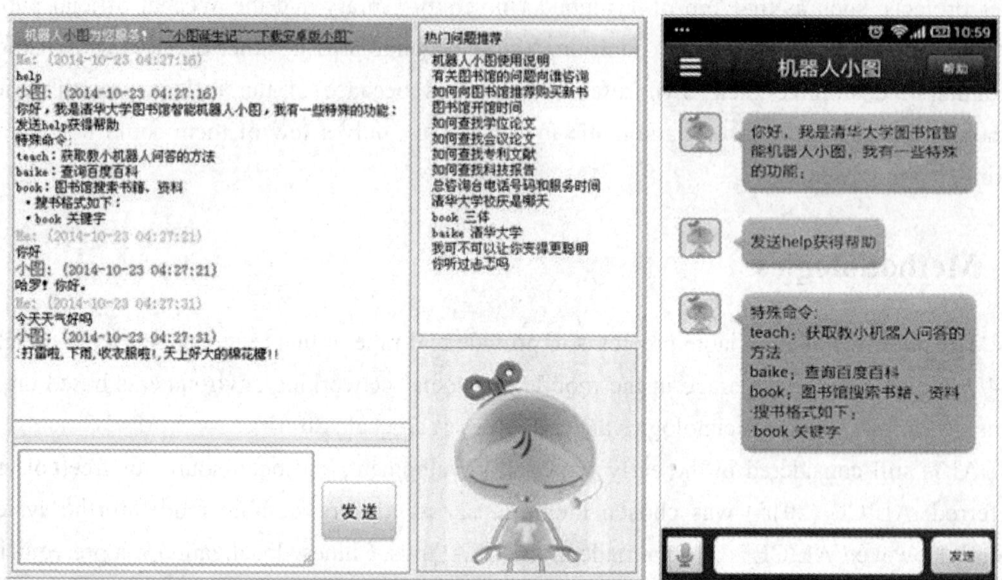

Figure 1 Appearance of Xiaotu

Notes: Left: PC version; right: mobile version

4.1 AI

The development of the AI of Xiaotu is based on ALICE (2015), which is referred to as Alice bot or simply Alice as well. ALICE is a natural language processing chatting robot that is considered a pioneer among all AI robots. It has won the Loebner Prize, which isawarded to accomplished humanoids or talking robots, three times (2000, 2001, and 2004) (Wikipedia, 2015b). ALICE was originally developed in 1995 by Richard S. Wallace. Moreover, Wallace invented the Artificial Intelligence Mark-up Language (AIML) to enable people to input knowledge into ALICE (Wallace, 2009, 2015).

ALICE adopts AIML as the descriptive language of the former. Knowledge databasein AIML format has a strong extendibility and extensive grammar-driven functions of reasoning. AIML is able to create and share knowledge in a single document conveniently based on a bundle XML tags, and can upload multiple AIML documents together to construct an even more intelligent robot (Yao et al., 2011b). ALICE has aneffective reasoning mechanism. Based on mode matching, with regulations for executing a session of heuristic and interactive conversation added, ALICE can beequipped with the capabilities of learning, reasoning, judging, information storing, and context acquiring, among others (Yao et al., 2011b). This capability can help her answer the questions she cannot answer. Refer to Yao et al. (2011b) for more details on the frame architecture of Xiaotu.

4.2 Chinese natural language processing

The lack of clear delimiters between words in a Chinese sentence renders the Chinese natural language processing unique from western languages (e.g. English) (Wong et al., 2010, p. 1). The word segmentation is a prerequisite in the Chinese language processing. Existing word segmentation methods are classified into three categories, namely, mechanical word segmentation, word segmentation based on statistics, and word segmentation based on understanding. Mature word segmentations commonly utilize all the three methods synthetically. The accuracy rate of the word segmentation has a significant relationship with the correlation and accuracy of the search results. Thus, after a careful study and comparison of several open source or free word segmentation applications, we adopted the NLPIR system (NLPIR, 2015) (named Chinese Lexical Analysis System (ICTCLAS) before 2014), which is the most popular Chinese word segmentation system developed by the Institute of Computing Technology (ICT) of the Chinese Academy of Sciences. NLPIR is composed of five functional modules, namely, Chinese word segmentation, POS tagging, named entity recognition, unknown words detection, and the user-defined dictionary (Wong et al., 2010, p. 60). NLPIR/ICTCLAS obtains a precision rate of up to 98.45 percent (Wong et al., 2010, p. 60).

Similarity matching, index, and words masking, among others, are executed following the Chinese word segmentation. In particular, several high-frequency stop words, such as "although," "by," "through," "as," "with" and other words used for acclamations, possessive cases, and connections, are removed. For special reasons, several censored and sensitive words are masked.

4.3 Resources utilization

A viable and large knowledge database is needed for Xiaotu to operate. A significant amount of valuable reference records, including concentrated FAQ items, have been accumulated by the Tsinghua University Library during the long-term reference service. In addition, a list of vocabulary entries relevant to the Tsinghua University and renowned professors of this university has been checked and edited, which are originally from Wikipedia and the Chinese counterparts of this web site. These contents would constitute a relatively extensive source of corpus upon which Xiaotu can operate comfortably and confidently.

A multiple-level corpora scheme is considered. FAQs and vocabulary entries with manual intervention construct the first-level corpus with the highest priority. Theremaining reference records are used for the second-level corpus. Data from other sources are sequenced based on the data quality.

In addition, we appreciate that other existing resources can be used, which included the OPAC system. Another valuable and trust worthy resources are certain third-party resources on the internet, such as Wikipedia and Baidu Baike (the Chinese counterpart of Wikipedia), among others. Therefore, an OPAC and a Baidu Baike search functions are developed to utilize these resources and to remedy the insufficiency of the present corpora.This development indicates the possibility of integrating the library and third-party resources into the robot. The inquirer can browse the information obtained from OPAC or Baidu Baike directly in the dialog box of Xiaotu with a link for further needed information.

4.4 Self-learning

To make Xiaotu more interesting, a self-learning function is provided. If users determine that Xiaotu lacks several knowledge, they can teach her to learn new knowledge in aninquiry-answer format. The teaching contents are recorded in a temporary file, which is invoked by the server in real time. This process means that the trained knowledge is mastered by Xiaotu and can be utilized in practical situations immediately.

Self-learning results in collecting items created by training and teaching from the users. Hence, the users actually become the information co-creators and providers during the interactive communication. The temporary file that accumulates knowledge in such undertaking will be checked, cleaned, and sorted later; the qualified items are added to a formal training corpus and others are thrown away. For example, the formal training corpus is the third-level corpus and the temporary teaching corpus is the fourth-level corpus.

4.5 Mobilization

Having worked significantly on PC, we refused to develop a native mobile Xiaotu App. Thus, the hybrid mobile App is preferred. The principle we follow is that wasteful duplications of effort should be avoided and the existing results should be utilized as much as possible. Using the interface provided by the PC server to transmit and receive data between mobile terminals and the server is a convenient way. Data processing is remained on the PC server and the key emphasis is the data transportation between theserver and mobile terminals.

The most important characteristic of the Xiaotu App is auto-speech recognition. The users can use mouthpieces to speak, and the auto-speech recognition module will convert the content of the voice to text, and respond based on the text. If users open the reading function of the App, then the returned result will be read the same time as it is displayed. The Xiaotu App realizes the talking function; by contrast, the PC version only achievesthe extent of chatting.

4.6 Social networking

Xiaotu quickly made her presence on the social networking web site Renren (Renren, 2015a), the equivalent of Facebook in China, for enhanced service accessibility. On the Renren web site, the library has a book reading group (Renren, 2015b) that has morethan 5000 members, 95 percent of whom are Tsinghua University students. Xiaotu is considered an intra-application on that web site (Renren, 2015c); users can use Xiaotu within Renren without leaving the environment.

The Xiaotu application on the Renren open platform made the first hit in using the robot. It was initially discussed among circles of friends on the site, but eventually spread rapidly. Moreover, mass media learned about Xiaotu for the first time through Renren.

4.7 Mobile social networking

Although several popular social networking sites have their respective mobile-version webpages or Apps, they are far from being popular on the mobile platforms in China. Todate, the most popular and successful mobile social networking application in China is Wechat (2015), a free IM tool provided by Tencent. Wechat supports voice, photo,video, and text messages. It provides various functions, such as public platform, friendscircle, and message propelling, among others, and is convenient to use in sharing information with friends. Without exaggeration, Wechat provides a new method to connect with friends.

Wechat provides public service accounts, which are used extensively by the government, mass media, and enterprises to present government affairs, news, messages, and promotional events. This platform has become the official information dissemination mode of these institutions. These public service accounts are mostly manual. Xiaotu possesses a public service account as well but responds in an automatic manner.

4.8 Aesthetic logo design

During the earliest stage of the Xiaotu project, the image of Xiaotu was Eva, a robot from the popular movie WALL-E produced by Pixar Animation Studios. At that time, the designer merely needed a robot image. However, we eventually realized the intellectual property rights implication. We decided that Xiaotu should have her own logo. In March 2012, we launched a one-year cartoon image collection program called, “Let’s make Xiaotu more beautiful.” This program gathered more than ten art design ideas from students, faculty members, and companies with art background. Finally, the work designed by Lei Chen, a lecturer from the Academy of Art & Design, Tsinghua University, won the prize. The persona of Xiaotu was unveiled in 2012 during the opening ceremony of the biennial library service month. Several beautiful posters and dozens of small animations were designed (Figure 2).

The design process had numerous considerations. First, Xiaotu is female because most of librarians in the Tsinghua University Library are female. Second, Xiaotu is approximately the size of a book because she is a talking robot without the need to do physical work. Another reason is that this size can be utilized easily for postcards and photos, as well as manufacture toys with a 1:1 ratio. Third, Xiaotu is a 3D girl whose body is composed of semi-transparent, hi-tech material, which provides a good visual effect. The arms and legs are transparent, flexible tubes. She is always wearing a pair of gloves, similar to traditional librarians. Her head is bigger compared to her body because she is a brainworker. She lacks a front tooth because the IT sister forgot one line of codes. She demonstrates various facial expressions and her body is supple to do various actions. The remontoir on her head looks like a bowknot and a "T," which refers her name "XiaoTu" (Xiao means "little"). Moreover, the "T" refers to her "birthplace," which was Tsinghua University. The remontoir is an attempt at humor, which could be understood by those who understand that the appearance of Xiaotu is beyond the conventional science and technology familiar to humans.

Figure 2 Logo of Xiaotu

Notes: Left: posters; right: animations. Designed by Lei Chen and copyright @Tsinghua University Library, used with permission

Xiaotu is endowed with her own individual characteristics. For example, her dream is to become a student of Tsinghua University other than being a staff member in the library. She hopes to have double-fold eyelids, which is impossible on a flat face that is actually the screen. Her talent is singing and dancing, especially popping. Her pet phrase is "Humanbeing can't stop me anymore" (which was suggested by the users). She likes flowers, friends, all kinds of foods, and does not like ghosts. She often tells herself that "Knowledgecan change one's life" or "Life just like a book," among others. The detailed design idea can be downloaded from the web site of Xiaotu (2015), although it is written in Chinese.

4.9 Promotions

From her début, Xiaotu has attracted significant attention and is constantly in the limelight resulting from the extensive publicity from the public news media, including traditional newspapers, as well as digital, internet, TV, and social networking media, both local and abroad. "If you are serious, it is more serious than you, and if you are kidding, it is not a bit worse than you," a comment from the Yangtse Evening News (2011). After an hour and a half telephone interview, Li Xin mentioned in her paper that "The OCLC report recommended strengthening virtual relationships along with reference quality. XiaoTu seems to have bridged the generation gap, entered the user's social network, and started a relationship faster than a real librarian could have" (Li, 2011). IOP publishing Librarian insider introduced Xiaotu as a new initiative happening at libraries and said that "Even with all these great stories, we've never covered a story about a talking robot – until now" (Librarian insider, 2012). However, we are not familiar with most of the publications of the public news media. Whether actively or passively reported by media, the frequent appearance of Xiaotu in various media platforms is a success in itself, which is beneficial to Xiaotu herself. In brief, Xiaotu was advertised and promotedin a big scale on these social media, whether desktop or mobile.

Another promotional strategy is to attend conferences and exhibitions. Xiaotu hasbeen invited to several exhibitions because of her increasing popularity. For example, she was invited to the 2013 Macworld|iworld Asia in Beijing on August 22—25, 2013; and to the Chinese Library Annual Conference in Shanghai on November 7—9, 2013. Inaddition, Xiaotu attended the academic conference organized by the Division of Digital Library as a technical case in Beijing on October 25—26, 2013.

Xiaotu becomes the mascot of Tsinghua University and has a series of related products. For example, cups printed with Xiaotu's logo were given as prizes or commemorative items to winners of special activities and participants during the centennial anniversary of the Tsinghua University Library in November 2012. Handbags with Xiaotu's images were designed, manufactured, and distributed during the aforementioned exhibitions and conferences. T-shirts with Xiaotu's logo and toys are under consideration.

5 Assessing the Influence and Findings

5.1 Questionnaire survey

In November 2014, a questionnaire survey was distributed through e-mail to 60 potential respondents who had records of participation in library activities. The population included undergraduates, graduate students, and staff members. The selection was made based on this consideration: compared with others, these users were more active and hadmore potential to test the functions of Xiaotu gradually and share their experiences. The actual number of respondents was 25. The response rate was 41.7 percent.

Accessing Xiaotu. The respondents were asked how they accessed Xiaotu. A total of 14 respondents (56 percent) knew Xiaotu through the library homepage, eight respondents (32 percent) accessed Xiaotu through social networking sites and mobile Apps, and three respondents (12 percent) did not use Xiaotu before.

First impression on Xiaotu (multiple choice). A total of 14 respondents (56 percent) provided the answer "funny," and 11 respondents (44 percent) answered "high-tech," and 11 respondents (44 percent) thought Xiaotu was promising but still have a long way to go.

Natural language communication. The respondents were asked regarding the Chinese natural language talking function. A total of 12 respondents (48 percent) thought the communication content was interesting. However, 23 sets of feedback comments were collected, which had more negative opinions than positive ones. The senegative opinions included lacking in knowledge, providing the wrong answers, and a deluge of meaningless information.

Library FAQ. The respondents were requested to test the FAQ function. A total of 15 respondents (60 percent) thought that the results of the FAQ function was OK; the rest thought that although the function was useful, the accuracy rate and the knowledge points needed enhancement to turn Xiaotu into a more credible reference service provider.

OPAC searching. The respondents were asked if Xiaotu needs to integrate the OPAC book searching function. The answer was yes because all of the respondents thought the function was necessary; they wanted to find what they needed through a dingle service provider, whether the service was OPAC or a talking robot. Thus, several respondents considered that the current book searching function in Xiaotu was too simple and should be further developed. For example, they cited providing the location information and map of the retrieved book with the returned content.

Baidu Baike searching. The respondents were requested to express their opinions on third-party searching. Four respondents (16 percent) thought that incorporating other search engines is no longer needed. Most of the other respondents agreed with this view that it was better than nothing. A few of them thought that using the content originating from third-party resources as the local corpus of Xiaotu was significantly better than using special commands to invoke the online information in time, which may necessitate the use of several crawlers.

Self-teaching function. The respondents were taught how to use the self-teaching function and were provided with several suggestions on this function. Three respondents (12 percent) expressed that they did not bother to use this function. The rest of the respondents thought that self-teaching was useful because it provided users an entrance to interact and provided a way to let Xiaotu gradually accumulate her knowledge.

AI technologies. When asked regarding AI, most of the respondents (24, 96 percent) thought that AI technologies were becoming the trend that would be gradually applied invarious fields. Libraries should use this kind of new technology to improve their services.

Logo and characters. Most of the respondents (23, 92 percent) expressed their affection for the cartoon logo of Xiaotu. One respondent thought that there was no relationship between the logo and the service, although the service itself was essential.The last one deemed that the logo attracted more attention than the service and made users ignore the service itself, which was not good for the service.

Improvements. When asked an open-ended question regarding the next most important thing to do, the respondents submitted 60 sets of information. This information could be classified into five types. In total, 23 sets of information (38.3 percent) were on expending the valuable knowledge of Xiaotu's brain to make her answer questions better and filtering out the meaningless and bad language; 15 sets of information (25 percent) suggested developing a crawler to obtain useful information on Wiki and Baidu Baike, among others, because it was quicker and more efficient than the manual system; 12 items (20 percent)were associated to add more university-or library-related information so that Xiaotu could be more Tsinghua specific or library professional; seven sets of information (11.7 percent) pointed out that the degree of AI was not high enough, a few technical problems should be solved, and that Xiaotu needs to cooperate with more mature AI robots; and three sets of information (5 percent) suggested increasing the discipline content to provide discipline special service.

5.2 In-depth interview

A semi-structured in-depth interview study was conducted. Three graduate students with information science backgrounds and two librarians were interviewed separately. Unlike the survey, the purpose of these interviews was to discuss extensively with studentsor staff members regarding the various aspects of Xiaotu, including the technical development, performance improvement, possible fields of application, marketing andpromotion, product seriation, and development prospects. We obtained several interesting findings from these interviews.

For patrons, AI is mysterious, highly technical, and attractive. They felt that Xiaotu was clever and answered the questions in a more interesting manner rather than rigidly and inflexibly. The talking/chatting process was interesting because they can talk about anything without being silent. Xiaotu's topics shifted smoothly from greetings to the weather to current events, among others. This process was an experience quite different from searching through the search engine using fixed keywords that patrons often met. Inaddition, patrons commonly feel a sense of achievement because after users trained Xiaotu, the knowledge points could be put into practice immediately. The logo of Xiaotu caught the eyes of the youths as well. The interesting, funny, but imperfect persona was inline with the popular aesthetic standard of young people. Being quickly accepted and loved by young users is no longer strange for Xiaotu. The participants noted that if Xiaotu merchandise items are available, such as toys or T-shirts, they would like to buy them.

Library professionals generally regarded that the adoption of applicable AItechnologies into real-time virtual reference services is a promising new online referenceservice modus operandi (Yao et al., 2011b). They paid more attention to the accuracy of Xiaotu in answering professional questions and the service efficiency. They were interested in how Xiaotu combined mature computer technologies and tools to developthe new service modus operandi and wondered how to deal with the numerous junk information injected by inconsiderate anonymous users. They thought that Xiaotu was fresh and took a positive attitude to it. Librarians do not have to worry that Xiaotu may possibly replace them. By contrast, librarians expect Xiaotu to play a significant role in the reference services. As the inspiration for the logo and character of Xiaotu, all the librarians conveyed their love because they thought that the funny and kind logo can balance the rigid and serious aura of a traditional librarian. They even suggested letting Xiaotu become the mascot of the library. Letting a cartoon robot be the celebrity of a library was perhaps a novel idea. As for sharing Xiaotu with other institutions, the librarians were willing to provide a customized reference service for sister/brother libraries because the service was for all users, patrons, or peers.

5.3 Statistical data

Xiaotu attracted significant attention during her début, with an average of 3000 visitors per day and more than 50000 per month at that time. The number of training items received through self-learning exceeded 3600 average requests in the next months. The Renren web site statistics indicated more than 7000 visitors per month, with the largest number of visitors in one day at 400. Thereafter, the usage of Xiaotu decreased gradually and stabilized after six months. From then on, Xiaotu has received stable visits except for a few special events, such as the logo unveiling or when being covered by TV or popular media. To date, the number of visitors is approximately 2000 and the number of using Xiaotu for classroom training purposes is approximately 1000 on a monthly basis, including mobile and social networking tools. A look at the task executions of the users for each web site access will show that the average number of interactive sessions is below ten, but the highest number exceeds 90. Statistics significantly drop, but the numbers are still better than the people-based real-time reference service system used in the Tsinghua University Library.

6 Improvements

Apart from the survey and interview results, studying the training records of Xiaotu, analyzing the contents reported by various public media, communicating with librarians in and outside the library, and discussing in several academic conferences have exposed several problems and the necessity to implement several improvements.

6.1 Unsuitable language

The unsuitable language problem is a visible problem. The self-learning function is highly featured, and almost all funny, live, and humorous dialogues are obtained in this way, which contributed significantly to a vivid Xiaotu. However, derogatory and bad language terms are used in Xiaotu by a few inconsiderate anonymous users. These unsuitable languages seriously affect the normal and effective operation of Xiaotu.Several measures are adapted to solve such abusive act: first, shielding words areadded; second, the temporary file recording the teaching items are checked and cleaned up periodically, with the qualified items added to the formal teaching corpus and others are thrown away; we call this process “brainwashing”; third, during sensitive periods, the temporary file is cleared every day (i.e. Xiaotu is brainwashed daily); fourth, the temporary file is not indexed; thus, although the training content are recorded, they are not immediately available; fifth, during several periods, the self-learning module is closed, so junk information cannot be injected at all; and finally, in certain special times, the server is thoroughly turned down and does not provide service. Xiaotu is commonly believed to be shut in a small black hut and is in self-introspection.

6.2 Quality level of intelligence

The second problem is the quality level of intelligence. The intelligence of Xiaotu is determined by two factors, namely, logical algorithm and the corpus capacity. The former is technical related and the latter is data-related. The degree and extent of making is related to the accuracy rate of the Chinese word segmentation and the similarity matching. Complicated algorithm formulations are being sought and adapted and moreoptimized technical means are pursued continually. Moreover, AIML knowledge databasesin major western languages, such as English, French, German, Italian, and Spanish, among others, are of considerable scale. In particular, the English AIML set includes informationitems for more than 54000 subject categories, which can nearly answer most of the questions requested in English (ALICE, 2015). However, a mature AIML Chinese knowledge database is still vacant. Currently, the reference records, data from wiki, and the accumulated classroom lecture materials with manual edition comprise the AIML knowledge database of Xiaotu, which place the total subject items to 12000. The cranial capacity of Xiaotu still needs to be enlarged to improve her intelligence quotient. Librarians, particularly subject librarians, are expected to provide several valuable corpora. Content collection activities could be held among users to enrich Xiaotu with trendy topics popular among the youth. The suggestion is that crawlers should be developed to obtain more information from the internet.

6.3 Multi-institute service

Librarians who work in other libraries show immense enthusiasm to Xiaotu. They take charge in using Xiaotu in their libraries to provide customized reference services to users. Benefitting from the modularized multiple-level corpora, Xiaotu provides enormous flexibility in adding, deleting, editing, or replacing corpora. This result offers the possibility of making Xiaotu a general reference robot by loading a general corpus or acostumed robot by using a certain corpora. The modularized architecture enabled the development of Xiaotu in a software as a service (SaaS) version. The server launchesmultiple robots simultaneously, with each robot belonging to a customer that is commonly a library or an institute. Sister/brother libraries could configure their own talking robot by uploading the corresponding corpora. Several libraries have used or are trying to use Xiaotu to provide their own reference services. These libraries include the National Library of China, Shanghai Library, China Agricultural University Library, Zhejiang Chinese Medical University Library, several military academy libraries, and so on.

6.4 Cooperation with other programs

Users feel that excessive apps should not be installed and they suggested Xiaotu to cooperate with other applications. Considering the suggestion, Xiaotu became a partnerin the activity dedicated to newcomers. Xiaotu was packaged into the App of the Tsinghua University Library, and embedded into the official public platform of Tsinghua University and Tsinghua University Library to be a service at different school levels.

7 Conclusions

The Tsinghua University Library has embarked on and accomplished significantly ininstigating a participatory library service in the new mobile and social networking information environments by designing, developing, and deploying an AI talking robot named Xiaotu.

A few bright spots in the Xiaotu project may be worth mentioning:

(1) We began the project by immersing it into the emerging mobile and social networking environments with the use of existing computer technologies and library resources, particularly focussing on providing a user-centered participatory service.

(2) The functions of AI, including Chinese natural language processing and selflearning, provide users with experiences that they have not had before. They become creators and information providers in using and achieve a sense of satisfaction in participation and sharing.

(3) The vivid character of Xiaotu and the humorous language significantly changed the persona of the library/librarians, which is/are often too rigid and inflexible, as well as added new energy into the library.

(4) The modularized architecture make Xiaotu conveniently share with other libraries, making it more acceptable by its counterparts.

(5) Xiaotu is a project initiated by a few young librarians without any funding during the early stage. It is known and accepted by users through social media. As its popularity grew, Xiaotu has gradually been a formal official service in the library. This kind of "staff-initiated" mode from the bottom(staff) to the top(curator) is generally regarded as more energetic and powerful than the "task assigned" mode, which is often from top to bottom.

In conclusion, the adoption of applicable AI technologies into real-time virtual reference services is generally regarded as a promising new online reference service modu soperandi (Yao et al., 2011b). The high-featured interaction between Xiaotu and its usersis strongly characterized by user participation.

References

[1] ALICE (2015), "A.L.I.C.E. Artificial Intelligence Foundation", available at: http://alice.pandorabots.com/ (accessed January 22, 2015).

[2] Bomhold, C. (2014), "Mobile services at academic libraries: meeting the users' needs?", *Library Hi Tech*, Vol. 32 No. 2, pp. 336-345.

[3] Chan, C. (2012), "Marketing the academic library with online social network advertising", *Library Management*, Vol. 33 Nos 8/9, pp. 479-489.

[4] China Internet Network Information Center (2014), "The 34th statistical report on internet development in China" (in Chinese), available at: www.cnnic.net.cn/hlwfzyj/hlwxzbg/hlwtjbg/201407/P020140721507223212132.pdf (accessed January 22, 2015).

[5] Davidson, G. and Dorner, D. (2009), "Selection criteria for mobile library collections", *Collection Building*, Vol. 28 No. 2, pp. 51-58.

[6] Dickson, A. and Holley, R.P.(2010), "Social networking in academic libraries: the possibilities and the concerns", *New Library World*, Vol. 111 Nos 11/12, pp. 468-479.

[7] Fu, Y. (2014), "Research on the App services of mobile library", *Library Tribune*, Vol. 34 No. 4, pp. 102-105 (in Chinese).

[8] Jabberwacky (2015), "jabberwacky.com", available at: www.jabberwacky.com (accessed January 22, 2015).

[9] Jacobs, M.L. (2009), "Libraries and the mobile revolution: remediation=relevance", *Reference Services Review*, Vol. 37 No. 3, pp. 286-290.

[10] Jensen, R.B. (2010), "Optimizing library content for mobile phones", *Library Hi Tech News*, Vol. 27 No. 2, pp. 6-9.

[11] Jingru, H. (2013), "Global village: mobile access to library resources", *Library Hi Tech*, Vol. 31 No. 3, pp. 467-477.

[12] King, D.L. (2012), "Social media", *Library Technology Reports*, Vol. 48 No. 6, pp. 23-27.

[13] Lankes, R.D., Silverstein, J. and Nicholson, S. (2007), "Participatory networks: the library asconversation", *Information Technology & Library*, Vol. 26 No. 4, pp. 17-33.

[14] Li, X. (2011), "Meet Xiao Tu, Robot referencer librarian", Kaleidoscope, available at: www.library.cornell.edu/staffweb/kaleidoscope/volume20/december2011.html#meetxiaotu (accessed January 22, 2015).

[15] Librarianinsider (2012), "Xiao Tu the talking robot at Tsinghua University library", No. 31, July,available at: http://ej.iop.org/pdf-nfs/insider/2012_librarian_insider_31.pdf (accessed January 21, 2015).

[16] Lippincott, J.K. (2010), "A mobile future for academic libraries", *Reference Services Review*, Vol. 38 No. 2, pp. 205-213.

[17] Luo, L., Wang Y. and Han, L. (2013), "Marketing via social media: a case study", *Library Hi Tech*, Vol. 31 No. 3, pp. 455-466.

[18] McCarthy, J. (2007), "What is artificial intelligence?", availablc at: www-formal.stanford.edu/jmc/whatisai/node1.html (accessed January 22, 2015).

[19] McKiernan, G. (2010), "Worldwide mobile phone adoption and libraries", *Searcher*, Vol. 18 No. 3, pp. 48-51.

[20] Murray, L. (2010), "Libraries like to move it, move it", *Reference Services Review*, Vol. 38 No. 2, pp. 233-249.

[21] Nández, G. and Borrego, Á. (2013), "Use of social networks for academic purposes: a case study", *The Electronic Library*, Vol. 31 No. 6, pp. 781-791.

[22] Negi, D.S. (2014), "Using mobile technologies in libraries and information centers", *Library Hi Tech News*, Vol. 31 No. 5, pp. 14-16.

[23] Nguyen, L.C., Partridge, H. and Edwards, S.L. (2012), "Towards an understanding of theparticipatory library", *Library Hi Tech*, Vol. 30 No. 2, pp. 335-346.

[24] NLPIR (2015), "NLPIR Chinese word segmentation system or ICTCLAS 2015", available at: http://ictclas.nlpir.org/ (accessed January 22, 2015).

[25] Nowlan, G. (2013), "Going mobile: creating a mobile presence for your library", *New Library World*, Vol. 114 Nos 3/4, pp. 142-150.

[26] QuestionPoint: 24/7 references services (2010), "Monthly report for December 2010", available at: http://questionpoint.blogs.com/questionpoint_247_referen/2011/01/monthly-report-fordecember-2010.html (accessed January 22, 2015).

[27] Renren (2015a), "Renren website", available at: www.renren.com (accessed January 22, 2015).

[28] Renren (2015b), "Tsinghua University Libarry on Renren platform", available at: www.renren.com/272174007 (accessed January 22, 2015).

[29] Renren (2015c), "Talking robot Tutu on Renren open platform", available at: http://apps.renren.com/xiaoiwebbot/?origin¼50001 (accessed January 22, 2015).

[30] Rutherford, L. (2008a), "Implementing social software in public libraries", *Library Hi Tech*, Vol. 26 No. 2, pp. 184-200.

[31] Rutherford, L. (2008b), "Building participative library services: the impact of social software usein public libraries", *Library Hi Tech*, Vol. 26 No. 3, pp. 411-423.

[32] Shi, G. and Xia, Q. (2014), "The mobile library research: review and prospect", *Journal of Library Science in China*, Vol. 40 No. 210, pp. 78-91 (in Chinese).

[33] Smeaton, K. and Davis, K. (2014), "Social technologies in public libraries: exploring best practice", *Library Management*, Vol. 35 No. 3, pp. 224-238.

[34] The Verge (2014), "Computer allegedly passes turing test for first time by convincing judges it is a 13-year-old boy", available at: www.theverge.com/2014/6/8/5790936/computer-passesturing-test-for-first-time-by-convincing-judges-it-is (accessed January 22, 2015).

[35] Tilstra, J. (2014), "From 'mobile first' to 'user first' ", available at: http://m-lib5.lib.cuhk.edu.hk/files/pdf/presentation/2b_03.pdf (accessed January 22, 2015).

[36] University of Reading (2014), "Turing test success marks milestone in computing history", available at: www.reading.ac.uk/news-and-events/releases/PR583836.aspx (accessed January 22, 2015).

[37] Vassilakaki, E. and Garoufallou, E. (2014), "The impact of Facebook on libraries and librarians:a review of the literature", *Program: Electronic Library and Information Systems*, Vol. 48 No. 3, pp. 226-245.

[38] Wallace, R.S. (2009), "The anatomy of A.L.I.C.E", in Epstein, R., Roberts, G. and Beber, G. (Eds), *Parsing the Turning Test: Philosophical and Methodological Issues in the Quest for the Thinking Computer*, Springer, The Netherlands, pp. 181-210.

[39] Wallace, R.S. (2015), "AIML overview", available at: www.pandorabots.com/pandora/pics/wallaceaimltutorial.html (accessed January 22, 2015).

[40] Wang, Q. and Zhang, C. (2011), "A study of user experience in Tsinghua wireless and mobiledigital library system (TWIMS)", *Chinese Journal of Library and Information Science*, Vol. 4 No. 1, pp. 50-65.

[41] Wechat (2015), "Connecting a half billion people just got more personal", available at: www.wechat.com/en/ (accessed January 21, 2015).

[42] Wikipedia (2015a), "Artificial intelligence", available at: http://en.wikipedia.org/wiki/Artificial_intelligence (accessed January 22, 2015).

[43] Wikipedia (2015b), "Artificial linguistic internet computer entity", available at: http://en.wikipedia.org/wiki/Artificial_Linguistic_Internet_Computer_Entity (accessed January 22, 2015).

[44] Wong, K.-F., Li, W., Xu, R. and Zhang, Z.-S. (2010), *Introduction to Chinese Natural Language Processing*, Morgan&Claypool Publishers, Princeton, NJ.

[45] XiaoI robot (2015), "www.xiaoi.com", available at: http://i.xiaoi.com/ (accessed January 20, 2015).

[46] Xiaotu (2015), Xiaotu, available at: http://166.111.120.164:8081/programd/ (accessed January 20, 2015).

[47] Xie, I. and Stevenson, J. (2014), "Social media application in digital libraries", *Online Information Review*, Vol. 38 No. 4, pp. 502-523.

[48] Yangtse Evening News (2011), "Chat with Tsinghua robot Xiaotu", available at: http://epaper.yangtse.com/yzwb/2011-01/03/content_253242.htm?div¼-1 (accessed January 21, 2015).

[49] Yao, F., Ji, L., Zhang, C. and Chen, W. (2011b), "Real-time virtual reference service based onapplicable artificial intelligence technologies: the debut of the robot Xiaotu at Tsinghua university library", *Chinese Journal of Library and Information Science*, Vol. 4 No. 2, pp. 12-26 (in Chinese).

[50] Yao, F., Zhang, C., Chen, W., et al. (2011a), "Study on integrating library services into social network sites: taking the book club of Tsinghua University library as a practice example", *Library Journal*, Vol. 30 No. 6, pp. 24-28, 23. (in Chinese).

[51] Ye, P. (2010), "IM reference service development status and trend analysis at home and abroad", *Journal of Modern Information*, Vol. 30 No. 7, pp. 83-86, 92 (in Chinese).

原载 Library Hi Tech,Vol. 33 No. 2, 2015

开发模式下图书馆微信公众平台服务的设计与实现*

张 蓓 窦天芳 张成昱 李洁芳

摘 要：[目的]通过设计和开发微信公众平台服务，扩展清华大学图书馆的服务渠道，提升读者体验。[应用背景]移动互联网的兴起，促使微信成为读者关注度较高的平台，以清华大学为例，近八成新生使用微信应用。[方法]基于微信公众平台的开发模式，利用其提供的消息接收和回复接口，将图书馆热点消息、馆藏书目系统等查询功能嵌入微信应用。[结果]读者在社交网络环境里，通过指令互动即可便捷地使用到图书馆的服务和资源。[结论]本应用可以丰富图书馆的服务形式，拉近图书馆与读者的距离。

1 引言

微信作为一款免费的手机即时通信应用程序，带来的“微生活”体验正渗透进社会生活的方方面面。由于微信的功能丰富，比短信、彩信等沟通方式更加灵活和智能，一经推出就迅速获得用户的青睐[1]。2012 年 8 月，腾讯公司在微信的基础上新增功能模块——微信公众平台[2]。个人和企业都可以打造微信公众号，实现和特定群体通过文字、图片、语音进行全方位的沟通与互动。微信公众平台方便快捷的信息传递方式很快被广大用户所接受，实现了沟通方式的变革。政府、媒体、企业等众多机构纷纷开设微信公众号，以微信为渠道进行服务推广。

对于高校而言，移动互联网迅速兴起，促使智能手机在读者中日渐普及，微信在校园里的受众人数不断增加[3]。图书馆服务与微信公众平台的有效结合，定将有益于读者。为了扩展服务渠道，优化信息呈现，提升读者的应用体验，清华大学图书馆积极实践，开通“清华图书馆”（Thu-lib）微信公众号，启用其开发模式，将图书馆 FAQ、馆藏书目系统查询等服务嵌入微信应用，丰富了读者与图书馆的互动。本文将详细介绍如何在开发模式下实现图书馆微信公众平台服务。

* 本文系国家社会科学基金项目“基于用户体验的移动数字图书馆服务整合与系统集成研究”（项目编号：11BTQ011）的研究成果之一。

2 设计方案

2.1 设计思路

微信公众平台的基本功能定位是群发推送、自动回复和一对一交流。它支持两种管理模式：编辑模式和开发模式。两种模式互斥存在。编辑模式提供简单的编辑界面，无须编程即可实现自动回复、自定义菜单等功能；开发模式则针对具有开发能力的公众号运营者，提供开发接口，可以实现更加个性化的服务。

由于微信已经成为读者常用的一款应用，很多高校图书馆陆续通过微信公众平台进行信息推送和人工咨询服务。而笔者认为应当充分利用读者常来常往的应用环境，提供更加丰富的图书馆服务，拉近读者与图书馆的距离。微信公众平台的开发模式为这一想法的实现提供了可能性。开发模式赋予公众号运营者相当高的权限，决定自动回复消息的处理逻辑和展现形式，可以作为微信公众平台集成图书馆传统服务的入口，嵌入图书馆热点消息查询、馆藏书目系统查询等功能。考虑到本馆在移动应用、资源整合等方面的实践经验，以及实现交互性强、功能丰富的微信服务期望，本文确立了“基于开发模式实现图书馆微信公众平台服务”的设计思路。

2.2 服务流程及架构

基于上述设计思路，整个服务的架构如图1所示。

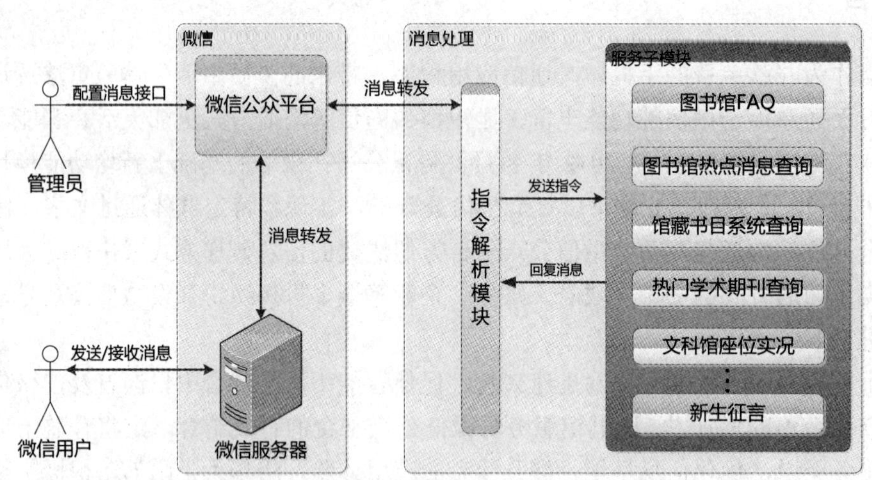

图1 清华大学图书馆微信公众平台服务架构图

在开发模式下，图书馆仍然可以通过微信公众平台的消息群发或一对一的方式与读者交流，但是主要的读者互动是基于自动回复进行的。具体流程为：

（1）管理员启用开发模式，在微信公众平台中配置消息接口，接入图书馆开发的微信消息处理模块；

（2）微信用户向微信公众号发送消息指令时，微信服务器将消息转发至微信公众平台；

（3）微信公众平台根据预先配置的接口，将消息转发给消息处理模块；

（4）消息处理模块会分析用户发送消息的内容，按照既定的业务规则生成回复消息并返回给微信公众平台；

（5）微信用户最终接收到回复消息。

消息处理环节的指令解析模块是微信公众平台服务实现的关键。它负责分析用户发送的消息指令并将其转化为对相应服务子模块的功能调用。这一设计模式的优势在于具有良好的可扩展性，能够根据读者需求，不断集成新的功能。

3 具体实现

3.1 消息接口配置

消息接口配置是让微信公众号具备图书馆服务功能的首要环节。开通微信公众号后，登录微信公众平台，启用“高级功能”菜单中的“开发模式”。接下来，要登记接口的 URL 和 Token，实现网址接入。Token 用于生成签名，内容可任意填写；URL 则填写图书馆用于消息处理的服务器资源。

信息提交时，微信服务器向填写的 URL 发送 GET 请求。请求包括 4 个参数：Signature（微信加密签名）、Timestamp（时间戳）、Nonce（随机数）和 Echostr（随机字符串）。消息处理服务器将检验 Signature，如果确认请求来自微信服务器则原样返回 Echostr 参数内容，表示接入生效，反之接入失败。

成功配置接口之后，所有发送至微信公众号的消息将被转发给所登记的 URL，并由指令解析模块和各个服务子模块完成消息的解析和回复。

3.2 指令解析模块

（1）消息接收

图书馆服务在微信中的呈现方式是通过消息的交互。指令解析模块负责解析来自微信服务器的 POST 请求，匹配消息类型和指令，调用具体的服务子模块处理。请求消息的格式为 XML，使用 Dom4j 解析。以下是请求消息样例：

```
<xml>
    <ToUserName><![CDATA[toUser]]></ToUserName>
    <FromUserName><![CDATA[fromUser]]></FromUserName>
    <CreateTime>1348831860</CreateTime>
    <MsgType><![CDATA[text]]></MsgType>
    <Content><![CDATA[cs#t:红楼梦]]></Content>
</xml>
```

其中，<MsgType>字段记录了请求的消息类型 Text（文本）。当然，也可以是 Image（图片消息）、Event（事件消息）等其他类型，相应的 XML 内容将有所不同[4]。对于该样例，指令解析模块会提取<Content>字段内容，并通过以下代码进行指令格式匹配，确定出该请求是“查询题名为《红楼梦》的图书”；然后执行 executeModule 函数，调用相应的服务子模块查询图书。

```
function executeCommand(cmd) {
    // 解析指令内容，确定子模块及调用参数
    (module, params) = parseCommand(cmd);
    // 执行子模块，完成指令要求功能
    executeModule(module, params);
}
```

目前，本馆微信公众平台服务所支持的文本消息指令包括两种：

①关键词指令：例如“新闻”“文科馆座位”“help”等；

②复杂功能性指令：例如“cs#t:题名”（按题名查询图书）、“jy#证号,PIN码”（查询个人借阅情况）等。

（2）消息回复

服务子模块接收到消息指令后进行响应和处理，查询结果会返回给指令解析模块重新封装，生成特定格式的回复消息XML。目前公众平台支持文本、图文、语音等回复形式。以回复文本消息为例，输入指令“cs#t:红楼梦”，将生成如下的回复消息XML。

```
<xml>
    ...
    <MsgType><![CDATA[text]]></MsgType>
    <Content><![CDATA[共10本
        1.《红楼梦》研究新论...
        ...
        更多：http://innopac.lib.tsinghua.edu.cn/search*chx/Y?SEARCH=t:
              红楼梦]]></Content>
    <FuncFlag>0</FuncFlag>
</xml>
```

要提升微信用户的应用体验，可以灵活地运用不同的消息回复形式。例如针对图书馆FAQ中的“馆藏布局”指令，生成图文回复消息XML。

```
<xml>
    ...
    <MsgType><![CDATA[news]]></MsgType>
    <ArticleCount>7</ArticleCount>
    <Articles>
        <item>
            <Title><![CDATA[馆藏布局]]></Title>
            <Description><![CDATA[详见：http://lib.tsinghua.edu.cn/about/collection.html]]>
                        </Description>
            <PicUrl><![CDATA[http://lib.tsinghua.edu.cn/about/thumbnails/newbuilding.jpg]]>
                        </PicUrl>
            <Url><![CDATA[http://lib.tsinghua.edu.cn/about/collection.html]]></Url>
        </item>
        <item>...</item>
    </Articles>
    <FuncFlag>1</FuncFlag>
</xml>
```

返回如图 2(a) 所示的图文消息，点击其中一项可以查看到具体楼层的布局信息，如图 2(b) 所示，这样的消息呈现更加生动。

(a) 回复图文消息

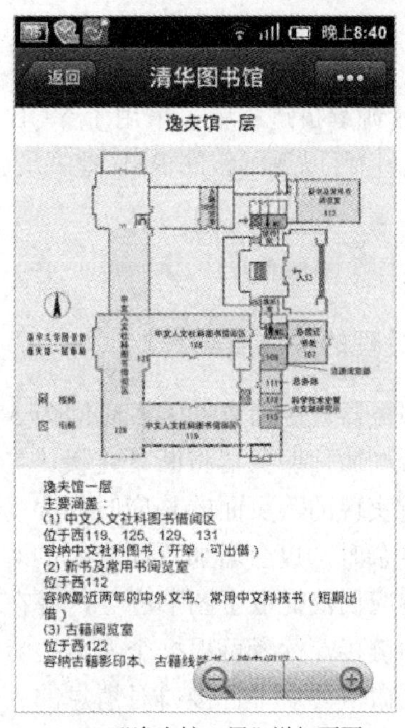

(b) “逸夫馆一层”详细页面

图 2 图书馆 FAQ

3.3 服务子模块实现

基于开发模式，可以在消息处理环节自由添加处理逻辑，因此服务子模块能够灵活扩展。当然，由于第三方系统的开放程度不一，服务子模块的实现方式也有所不同。图书馆座位管理系统提供完整的功能接口。服务子模块实现时，可以直接调用接口，将座位实况信息封装成微信消息。而基于本馆馆藏书目系统实现的按关键词、题名和作者查询图书，以及查询个人借阅情况的指令操作，没有现成的接口可用，其实现是使用 HTMLParser 模拟查询操作，解析查询结果页面，获得相关信息。以图书查询为例，程序通过模拟请求以下的图书查询页面，分析其页面结构，获取查询结果中的图书标题后封装成微信消息。

```
http://innopac.lib.tsinghua.edu.cn/search*chx/Y?SEARCH=t:红楼梦
```

除将微信与图书馆传统服务集成，还希望通过微信传播更丰富的图书馆信息。图书馆有书展、培训讲座等动态信息，如果通过人工维护的方式在微信应用中提供这些信息，工作量大且难以保证信息的及时同步，因此本馆充分利用已有的 RSS 源，实现了热点消息查询子模块。当用户向微信公众号发送指令（如“新闻”）时，系统将读取相应的 RSS 源：

```
http://lib.tsinghua.edu.cn/dra/rss/announcement
```

程序解析后将以回复文本消息的形式，返回包含新闻标题和网址的 XML。

```
<xml>
    ...
    <MsgType><![CDATA[text]]></MsgType>
```

```
    <Content><![CDATA[1. 清华映像——真人图书馆:读你千遍也不厌倦
    http://lib.tsinghua.edu.cn/dra/news/annoucement/5102
    ...]]></Content>
    <FuncFlag>0</FuncFlag>
</xml>
```

在 RSS 源解析过程中，采用了 YQL 技术[5]，解决不同版本 RSS 的兼容问题。以下的 YQL 查询语句可以返回新闻 RSS 源中最新的 5 条记录。

```
select title,link from rss
where url='http://lib.tsinghua.edu.cn/dra/rss/announcement' limit 5
```

3.4 消息处理的关注点

微信服务器规定请求的响应时间为 5 秒，因此针对微信消息的自动回复必须在 5 秒之内完成，否则微信服务器将断开连接，导致本次消息回复失败。例如查询图书的功能是基于页面分析实现的，页面的响应时间会受到网络条件等因素的影响而存在不确定性。页面结构过于复杂时，也会增加页面分析的难度，造成响应超时。因此，微信公众号对图书查询指令的响应仅仅提取了图书题名，并在回复消息 XML 的<Content>字段里给出指向完整查询结果的链接，读者可根据个人需要自行查看。

当然，微信公众平台接口对消息的内容大小也有限制，不超过 2048 字节。信息过长，服务会失去响应。这在生成回复消息时也是需要重视的。以热门学术期刊查询子模块为例，如发送指令“qk#Nature”到微信公众号，可以查询到 *Nature* 最新文章，如图 3 所示：

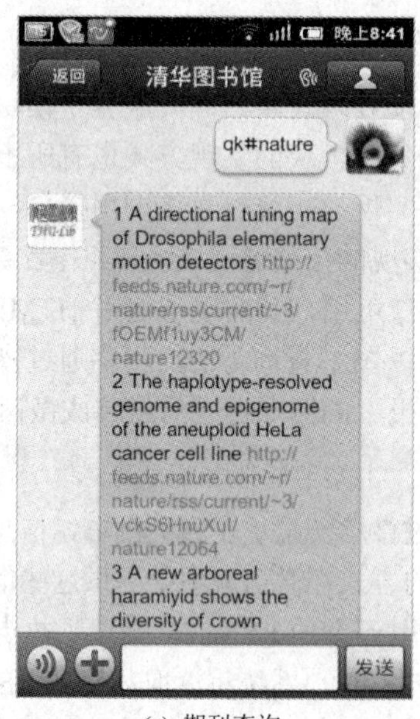

(a) 期刊查询

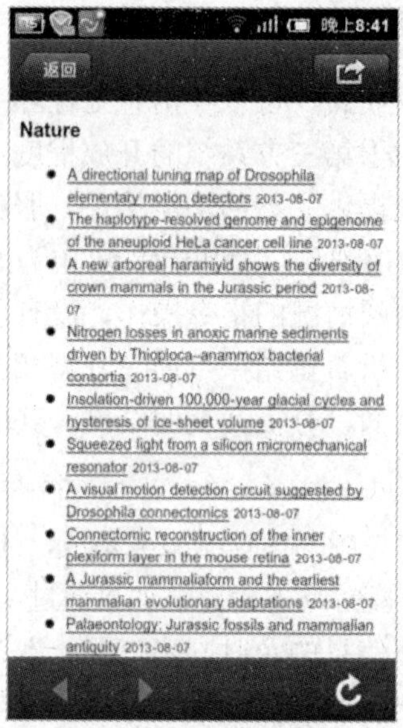

(b) 详细查询结果

图 3 热门学术期刊查询

期刊文章更新较快、内容较多，回复消息很容易超长。为了确保服务正常，同时兼顾一次请求返回最多信息，这里控制了返回期刊文章的数量，并在消息中附加完整结果集 URL，这样读者就能够查看到更多的结果。

4 结语

图书馆利用微信公众平台开展服务，可以轻松融入读者群，更加便捷地传播图书馆的信息和资源，同时也便于读者在社交网络环境里利用图书馆。“清华图书馆”（Thu-lib）微信公众号自 2013 年 6 月推出以来，累积关注人数超过 2000 人，交互消息量 3300 多次，并在读者迎新活动中发挥了重要作用。

微信公众平台的开发模式能够轻松地将图书馆已有的服务赋予微信公众号，具有很强的可扩展性。当然，公众平台对消息响应时间和内容大小均有限制，因此应尽量选择逻辑相对简单、回复内容比较简短的服务功能来实现。此外，还需要注意程序的性能优化，缩短其响应时间。未来，本馆将充分利用微信公众平台的开发模式，继续拓展读者服务，如开通借阅、图书续借、资源个性化推荐等。

参考文献

[1] 黄浩波, 何卫华, 叶青. 微信及其在图书馆信息服务中的应用[J]. 图书馆学刊, 2013(1): 62-64.

[2] 微信公众平台百度百科词条[EB/OL]. [2013-08-01]. http://baike.baidu.com/view/9212662.htm.

[3] 白浩, 郝晶晶. 微信公众平台在高校教育领域中的应用研究[J]. 中国教育信息化, 2013(4): 78-81.

[4] 微信公众平台消息接口指南[OL]. [2013-08-17]. http://mp.weixin.qq.com/wiki/index.php?title=消息接口指南.

[5] Yahoo! Query Language [OL]. [2013-08-10]. http://developer.yahoo.com/yql/.

原载《现代图书情报技术》2014 年第 1 期

基于学科知识的高校图书馆移动服务拓展探索*

张　蓓　窦天芳　张成昱　刘方盛

摘　要：以电子期刊 RSS Feed 作为核心数据源，介绍清华大学图书馆通过移动订阅、移动社交网络、主动推送等方式传播学科知识的具体实践，指出开展学科知识移动服务时在数据利用、应用场景、程序开发等方面需要注意的问题，以期为各图书馆提供借鉴，使移动图书馆的建设在满足读者知识需求方面发挥更大的作用。

1　引言

学科建设是构筑高等学校核心竞争能力的核心环节，图书馆作为学校的文献信息中心，是辅助学校开展学科建设的重要一员。高校图书馆的用户主体是本校师生，他们对于文献信息的需求以获取知识为目的，与本学科专业的教学和科研活动密切相关。如何应用现代信息技术进行学科知识服务，满足学科建设需要，是目前图书馆面临的重大课题。

伴随国内移动互联网通信技术和环境的逐步成熟，以手机为代表的移动终端成为重要的信息资源获取平台。CNNIC 发布的《第 33 次中国互联网络发展状况调查统计报告》显示，手机网民数量持续增长，继续保持第一大上网终端的地位[1]。各行各业的移动服务日趋主流化。聚焦高校图书馆，包括清华大学、北京大学在内的多家图书馆经过五六年的实践，移动服务建设已初具规模[2]。当然，面对手机等移动终端不断智能化、应用地位显著提高等情况，高校图书馆还需要持续拓展移动服务。利用移动图书馆开展学科知识服务，可以创造更便捷、体验更良好的应用环境，在满足读者知识需求方面发挥更积极的作用。本文将以清华大学图书馆（以下简称“本馆”）为例，详细介绍在学科知识移动服务方面进行的研究和实践，阐述利用移动图书馆发展学科知识服务的优势。

2　高校图书馆学科知识服务简介

知识服务是以用户需求为驱动，面向知识内容，通过对信息的析取和重组，帮助用户找到或形成解决方案的增值服务[3]。与传统的信息服务相比，知识服务对于服务质量的要

* 本文系北京高校图书馆研究基金 2012 年项目“基于学科知识的高校图书馆智能化移动服务拓展研究与实践”（项目编号：BGT2012103）和国家社会科学基金资助项目“基于用户体验的移动数字图书馆服务整合与系统集成研究”（项目编号：11BTQ011）研究成果之一。作者刘方盛工作单位为清华大学航空航天学院固体力学研究所。

求更高，服务层次也更加深入。高校所面对的服务对象是广大师生，是对知识有着专业化、前沿性等需求的群体。高校图书馆开展学科知识服务可以理解成通过挖掘知识资源、集成学科专业属性的知识产品，针对学科提供知识内容服务，以满足读者知识需求的过程。

在线信息咨询、学科知识门户、学术查新服务等已经成为高校图书馆日常的学科知识服务方式，但是要真正解决读者的实际问题，需要适应新时代、新环境的发展变化，因此完善的学科知识服务是一个动态的、不断创新的服务体系。高校图书馆以支撑学校教学科研为根本任务，而教学科研工作的开展需要实时关注相关学科或者领域的最新发展动态和前沿成果。例如，教师需要不断吸收新知识以更新知识结构，充实授课内容，及时传授给学生[4]；科研人员需要准确把握研究领域的最新信息。目前知识更新速度加快，文献老化周期快速缩短，读者对于信息时效性的要求不断提高。在这样的情况下，传统的服务方式不能完全满足读者需求，图书馆需要开辟新的服务渠道。移动图书馆作为数字图书馆发展的新方向，将使图书馆的服务得到有效延伸。以移动图书馆为平台提供学科知识服务，可为读者提供更为个性化和实时性的信息内容。

3 基于学科知识的高校图书馆移动服务

电子期刊作为图书馆文献资源的重要组成部分，在学术研究和高校教学中发挥着举足轻重的作用。而期刊的最新目次信息能够快速反映出相关学科的学术研究发展状态和趋势，具有重要的信息参考价值。随着互联网技术的发展，RSS（Really Simple Syndication）技术的应用迅速普及，高品质的电子资源平台纷纷通过 RSS Feed 的形式提供期刊的最新目次信息。清华大学图书馆对近 3 年的电子资源使用情况进行了分析，发现读者访问量高的前 150 种电子期刊中有近 8 成的期刊提供 RSS Feed。本馆及时捕获这些来自用户应用和期刊技术现状的信息，认为 RSS 技术可促成热门期刊的目次推送，高校图书馆可利用该技术手段对现有数据进行抽取、重组，挖掘新的应用，从而形成更贴合用户需要的知识服务。本文也将这些 RSS Feed 作为核心数据源，在学科知识移动服务的拓展上进行尝试。

3.1 移动订阅获取学科知识

Web 2.0 的发展催生了一系列应用，RSS 是其中有代表性的一项，用户利用它可以轻松获得感兴趣的网站内容。RSS 阅读分为离线阅读和在线阅读两种。离线阅读需要用户安装 RSS 阅览器，添加提供 RSS 服务的网站地址后，软件会实时将所订阅网站的更新信息发送到用户桌面。在线阅读器则不需要安装软件，只要联网就能够同步更新内容，通过浏览器进行阅读。本馆已经使用这些阅读器，开通电子期刊和新书通告等 RSS 订阅服务。

对于本馆已收集的电子期刊 RSS Feed 而言，读者订阅后可以及时获取最新的期刊目次信息。但是，较早应用的 RSS 离线阅读器多为计算机桌面软件，并不兼容手机等移动终端；而较为主流的在线阅读器，像 Google Reader 却在 2013 年 7 月不再提供服务，阅读功能也被整合到社交网络 Google+中。考虑到兼容性、服务稳定性等因素，本馆认为应该提供适用于移动终端的 RSS 阅读器，因此利用 HTML5 技术开发了电子期刊 RSS 订阅网站。该网站以受关注度高的电子期刊 RSS Feed 为基础数据（见图 1），直观地展示期刊封面、学科分类、收录情况等信息，读者可根据专业需求灵活订阅；通过“我的订阅”将获知期刊最新的文章列表，在网络条件允许的情况下直接进行在线全文阅读。

图 1　电子期刊 RSS 订阅网站

应用 HTML5 提供订阅服务的好处在于可实现无缝网络，无论是笔记本电脑、台式机，还是移动终端都可以很方便地使用。尤其是移动平台，对于 HTML5 的支持程度甚至优于桌面平台。iOS 和 Android 系统的内置浏览器均基于 WebKit 内核，不少 HTML5 的新特性最初都是在 WebKit 上实现，进而推广到其他内核的浏览器上的。同时，CSS3 提供了更多的风格和更强的效果，使得网站展示更加直观、生动。因此，HTML5 和 CSS3 的组合是开发兼容多平台网站的理想选择。此外，基于 HTML5 开发的网站能够通过开源框架封装成 iOS 和 Android 的原生应用，这有助于像高校图书馆这样的不以软件开发见长的机构提高开发效率，降低多平台维护的成本。

3.2　学科知识在移动社交网络中传播

智能手机的普及促使移动社交网络迅猛发展，微博、微信等应用随之兴起。特别是微信，在校园里的受众人数不断增加，很多高校已经开设微信公众号进行服务推广，实现热点消息推送、馆藏书目系统查询等功能[5]。以本馆为例，“清华图书馆”（Thu-lib）微信公众号启用短短 3 个多月，累积关注人数就超过 1600 人，交互消息量 2100 多次。为了轻松融入读者群，更加便捷地传播知识资源，本馆决定以微信为渠道开展学科知识服务。

利用程序对热门电子期刊及其 RSS Feed 进行收集整理和定时分析，形成及时获取期刊最新目次信息的信息库，将微信消息接口与期刊信息库集成，在微信公众平台中提供读者热门学术期刊查询功能。如图 2 所示，发送指令“qk#nature”给清华大学图书馆微信公众号（Thu-lib），可以查询到最新的 *Nature* 文章。这样，读者在社交网络环境里随时可以使用到图书馆，在一定程度上增强了读者黏性。

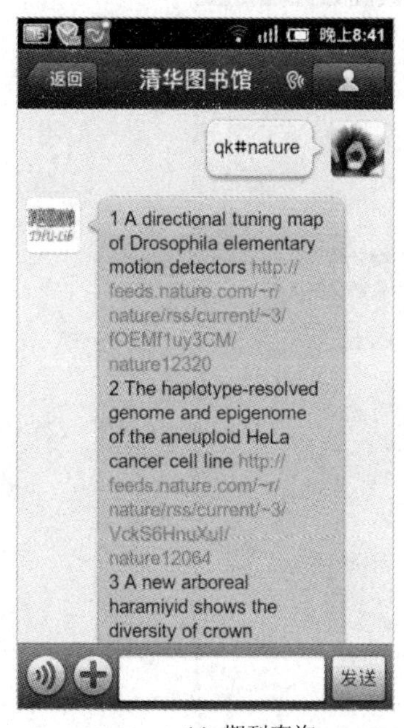

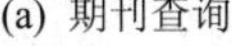
(a) 期刊查询

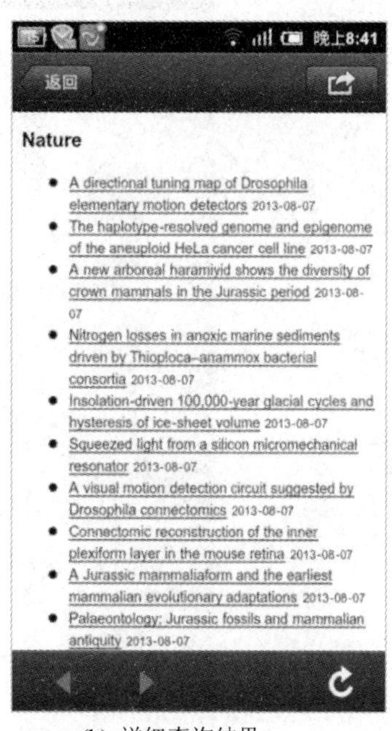

(b) 详细查询结果

图 2 热门学术期刊查询

微信等应用开放了接口，为灵活嵌入图书馆服务提供了更多的可能。设置多样性的指令格式，增加多种后台处理逻辑，当读者发送微信指令与图书馆互动时，就能使用到更丰富的功能。例如“qk#借阅证号”，后台程序接到这样的请求后，将触发对图书馆用户认证系统的查询，得出该读者所属院系、专业的信息；将这些信息与期刊信息库的期刊分类匹配或者连同读者订阅行为数据一起分析后，汇集出读者可能关注领域的最新期刊文章信息。在微信中这样的交互可以将适当的知识快速传递给读者，提高学科知识服务的精准性。同时，读者与微信公众号交互时必然处于登录状态，所有发送的消息请求均带有标识读者微信号的 ID 信息。因此，通过记录读者使用微信服务的情况，后期对这些数据进行整理和挖掘，图书馆可以更加准确地了解读者的关注点和使用习惯，从而为读者提供更加个性化的学科知识服务。

3.3 移动环境中学科知识的主动推送

随身性是移动终端与生俱来的特性，将手机、iPad 等设备扩展成学科知识的服务平台会使得读者的信息获取更加方便、及时。当然，除了通过查询等互动为读者提供知识信息，更能体现服务主动性的方式是信息的推送。彩信是常用的移动推送方式之一。它拥有比短信更大的信息容量、内容传播形式也更加丰富[6]。这些优势恰好可以用来推送更新频繁、数据量大的学术信息。本馆在电子期刊 RSS 订阅网站中设置“信息通知”开关功能。读者一旦确认接收图书馆的通知，系统就会根据其订阅列表，生成含有期刊最新目次信息的彩信，实时发送给读者（见图 3）。读者不用进行登录、输入指令等复杂操作，就能够直接获得信息。此举提升了图书馆学科知识服务的主动性。

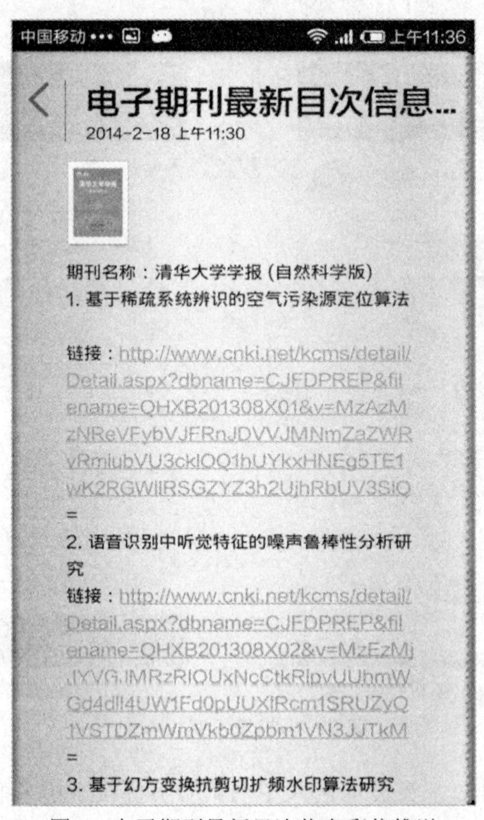

图 3 电子期刊最新目次信息彩信推送

由于高校读者对智能化移动终端的使用越来越熟悉，移动原生应用的通知功能也成为一种有效的消息推送方式。推送通知无须额外向通信运营商付费，运营成本较低。与彩信基于手机号码进行推送操作不同，移动原生应用的通知推送是基于移动终端设备 ID、使用不同移动操作系统提供的通知推送服务实现的，例如 iOS 系统提供 APNS 推送（Apple Push Notification Service）[7]，Android 系统提供 GCM（Google Cloud Messaging for Android）[8]。以推送最新期刊文章的通知为例，读者可以在多台移动终端上安装图书馆提供的移动应用，只要确认接收通知，移动应用便向 APNS 或 GCM 注册，获取移动设备 ID，系统将记录与用户相关联的移动设备 ID。系统会采用异步方式定时轮询读者的电子期刊订阅列表，当发现有新文章时，就会查询所有与用户关联的移动设备 ID，通过 APNS 或 GCM 将通知推送到读者的所有移动终端，使读者获知信息的来源更加广泛，确保了知识传递的及时性。

4 开展学科知识移动服务的体会和建议

智能手机、iPad 等在校园内的普及，将促使读者对移动图书馆的认知度不断提升。目前，本馆移动图书馆的用户数量已经达到 2.6 万人。图书馆可以把移动图书馆作为推动学科知识服务发展的切入点，拓展出全新的服务模式。在学科知识移动服务实践中，需要关注以下几点：

4.1 充分利用学科知识的来源数据

将电子期刊最新目次信息作为本馆学科知识移动服务的核心数据，有助于读者快速把握学术发展动向。电子期刊种类多，各种期刊更新频率不同、资源上线的时间也不固定。同时，电子期刊的 RSS Feed 虽然都基于 XML 格式，但是不同资源平台提供的 RSS Feed 遵循的标准不完全一致。对于多源 RSS Feed 进行完整的分析、良好的重现，一般需要借助第三方分析工具。本馆采用的是 YQL，它能够较好地解决各种不同格式 RSS Feed 的兼容性问题，同时 YQL 遵循 HTTP 协议的缓存机制，可避免对源服务器产生不必要的压力[9]。通过开发独立的程序，对多源 RSS Feed 进行分析处理，将最新文章信息解析为统一格式，保存至数据库，微信、彩信等任一服务渠道都可以按照各自的业务逻辑调用数据库，这样不仅提高了图书馆的开发效率，而且最大限度地增强了数据的复用性。

4.2 在恰当的场景中合理使用移动服务

尽管主动推送的服务方式能满足读者及时性的需求，但是推送频次过度也会招致读者的反感。电子期刊信息量大，一条彩信或者移动应用通知的容量相对有限，如 iOS 通知的限制为 256 字节。这就需要设置合适的推送策略，在保证对读者干扰较少的情况下，使信息能够最快到达。同时，各种服务方式应当相互配合，当推送内容过多时，可以精简内容，提供给读者可点击的链接，引导读者返回到移动网站或者原生应用中浏览更多内容。不同服务方式的混搭，也有助于提高读者对图书馆服务的关注度。

4.3 利用开源框架降低移动服务开发难度

智能化移动终端的兴起，使读者对于图书馆移动服务的需求不断增加。对于图书馆而言，开发适用于各种应用环境的移动服务，任务是艰巨的。因此，需要找出降低开发难度的方法。基于 PhoneGap[10]这样的移动应用开源框架，开发者可以使用 HTML5、CSS 和 JavaScript 技术实现主要的服务界面和业务逻辑，同时应用原生语言（Java、Objective C）开发的插件实现 Web 开发技术所无法实现的功能，如通知推送、二维码识别等。更重要的是，使用开源框架可以借助开源社区的力量，重用已有的插件和模块，避免重复造轮子。

5 结语

移动图书馆的建立拓宽了图书馆服务的时空范围，为读者提供了一种无所不在的图书馆服务环境。随着智能手机等移动终端的流行，未来利用移动图书馆开展学科知识服务将有更广阔的空间。借助移动终端随时随身的特点，图书馆进一步拉近了与读者的距离。而深度分析、挖掘、利用读者在电子期刊订阅、阅读等方面的使用数据，可以为读者提供更加个性化、精准性的学科知识服务。

参考文献

[1] 中国互联网络信息中心. 第 33 次中国互联网络发展状况统计报告[EB/OL]. [2014-1-28]. http://www.cnnic.net.cn/hlwfzyj/hlwxzbg/hlwtjbg/201401/t20140116_43820.htm.

[2] 管永昌. 国内外高校手机图书馆的对比研究[J]. 兰台世界, 2012(8): 71-72.

[3] 张晓林. 走向知识服务：寻找新世纪图书情报工作的生长点[J]. 中国图书馆学报, 2000(5): 32-37.

[4] 侯君洁. 高校图书馆学科知识服务需求调查与分析——以图书情报学科为例[J]. 内蒙古科技与经济, 2012(17): 126-128.

[5] 白浩, 郝晶晶. 微信公众平台在高校教育领域中的应用研究[J]. 中国教育信息化, 2013(4): 78-81.

[6] 付建材. 彩信新闻服务平台的设计[J]. 数字通信, 2010(4): 89-92.

[7] iOS Developer Library. Apple Push Notification Service[EB/OL]. [2014-2-3]. https://developer.apple.com/library/IOS/documentation/NetworkingInternet/Conceptual/RemoteNotificationsPG/Chapters/ApplePushService.html.

[8] Android Developers. Google Cloud Messaging for Android[EB/OL]. [2014-2-3]. http://developer.android.com/google/gcm/index.html.

[9] Yahoo Developer Network. Yahoo Query Language[EB/OL]. [2014-2-5]. http://developer.yahoo.com/yql/.

[10] Apache Cordova. PhoneGap Home Page[EB/OL]. [2014-2-8]. http://phonegap.com/.

原载《知识管理论坛》2014 年第 3 期

视频资源管理系统在大学图书馆的设计与应用
——以清华大学图书馆为例

远红亮　张成昱

摘　要：视频资源管理系统是一种视频资源发布和管理平台，它直接面向广大用户提供视频资源共享服务和视频资源长期保存服务。清华大学图书馆设计并应用了视频资源管理系统，主要功能模块包括视频资源上传、元数据编目、转码、发布、保存和权限管理等。视频内容包括学生原创作品、名人名师讲座、人文课程以及图书馆原创视频等，采取分角色权限控制、分部门资源管理、特色资源独立呈现、统一保存等方式，应用以来取得良好效果。在设计和应用视频资源管理系统过程中，应对视频类多媒体资源及其元数据有清晰的认识，要充分发挥资源管理系统的优势，有效整合、发布、分享和保存珍贵视频资源。

随着社会经济和科学技术的不断发展、信息化基础设施等条件的不断完善，数字化音视频和多媒体信息在人们日常工作和生活中随处可见，观看多媒体音视频资源已成为一种生活习惯。多媒体技术的发展以及多媒体资源的大量涌现给人们的生活、工作、学习和娱乐带来了深刻变化。图书馆作为大学校园的信息枢纽，保存和管理着各类文献和多媒体资源，其中视频类资源的数量和种类逐年增多，如何依靠先进的信息设施和技术手段整合丰富的馆藏视频资源、学生原创视频资源以及名人名师讲座资源等，为全校师生提供易于发布、管理和长期保存的视频资源共享服务，成为图书馆技术部门工作人员必须面对和思考的重要问题[1-2]。本文对清华大学图书馆视频资源管理系统的设计和应用予以分析和研究，以期为同行提供参考。

1　视频资源在清华大学图书馆的应用背景

清华大学图书馆现有三个分馆和八个部门，为全校师生提供文献和信息资源保障服务。其中信息技术部负责信息化基础设施的运维、信息化平台的建设和新技术调研应用等工作。内容管理平台一直是信息技术部关注和应用的重点平台，近年来，图书馆多媒体音视频资源越来越多，师生对多媒体音视频资源的喜爱程度也越来越高；因此音视频资源发布、管理和长期保存成为必须面对和解决的问题。清华大学图书馆视频类资源有如下几个来源：

第一，师生原创特色资源。例如，清华大学每年举办的学生节或毕业季，学生会自编自导一些原创视频作品，这些原创视频资源是清华大学图书馆特藏部重点关注和建设的一部分特色资源，特藏部希望把优秀作品长期保存发布展示出来。清华大学图书馆人文社科分馆定期举办名人名师交流和讲座活动并全程录制视频，他们一方面希望把这些有益的视频发布出来供师生学习和研究，另一方面需要一个管理平台实现资源的加工、发布、管理和保存。

第二，外购视频资源库。例如，知识视界视频教育资源库、库客数字音乐图书馆、畅想之星多媒体资源库等图书馆外购视频资源库。这些资源库分别独立运行，缺少统一检索入口，读者需分别到各个平台检索所需资源，使用体验不佳。缺少统一的视频资源管理系统进行异构资源整合。

第三，自建视频资源。例如，图书馆日常工作中举办的工作经验分享和学术交流活动会产生一系列视频资源，部分有参考和利用价值的资源希望共享并长期保存。

因此需要设计和定制开发一套视频资源管理系统，实现对视频对象的管理、发布、分享及元数据整合和资源长期保存等功能，满足广大师生对资源的使用需求和图书馆工作人员对资源的各种管理需求。

2 清华大学图书馆视频资源管理系统需求分析

系统需求包括系统访问方式、资源上传、资源管理、资源审核、用户和管理员权限设定、用户身份识别、资源量和访问量统计等[3-5]，主要内容如下：

（1）浏览器/服务器服务管理模式。读者使用浏览器访问系统、使用资源，图书馆管理人员通过浏览器登录系统后台管理资源和用户，系统管理员利用系统管理工具配置系统运行环境、服务升级、文件备份等维护工作。

（2）原创和自建资源动态上传和管理。系统需满足在校师生和图书馆工作人员通过浏览器上传各类原创和自建视频资源，并有权管理和分享自行上传的视频资源，图书馆工作人员可在系统后台补充完善读者上传资源的元数据信息。

（3）资源审核发布。图书馆资源管理员能够在系统后台对师生自行上传的视频资源进行内容审核、发布、栏目划分管理等功能。

（4）用户分角色、资源分部门的权限管理方式。清华大学图书馆现有多个分馆和部门，不同分馆和部门独立管理各自建设的资源内容，系统需具有按照角色为用户和管理员分配权限的功能，资源按照建设部门独立管理，同时要求资源集中检索、呈现和保存。

（5）移动设备播放支持。移动设备普及的今天，视频资源需满足各类移动终端设备通过浏览器直接播放功能。

（6）统一身份认证。日益增多的应用系统解决了读者多种需求，但记忆每个系统的登录名和密码也给读者带来了麻烦，为方便读者、简化操作流程，系统需要支持学校统一身份认证系统。

（7）资源数量与访问量统计。便于统计分析各种类型资源数量、资源使用量，能够以报表和图形分析呈现统计结果，统计分析结果有利于指导后续资源建设和资源服务工作。

（8）视频文件保存和备份。特色和自建视频资源是学校师生在教学、学习、学校生活中产生的宝贵财富，未来有重要的参考研究和历史意义。视频文件的保存、备份机制确保这些宝贵资源长期有效保存。

3 清华大学图书馆视频资源管理系统功能设计

3.1 系统建设目标

视频资源管理系统主要以视频内容为管理对象，实现资源管理、发布、共享和长期保存服务。在设计图书馆视频资源管理系统时要体现通用性、管理性、灵活性、扩展性和可靠性等原则。通用性是指要支持常用视频格式的上传，要支持电脑和移动设备上各类浏览器直接播放视频内容；管理性是指系统易于管理，功能完备，各种角色设置和管理权限分配合理；灵活性是指系统功能配置灵活，可整合其他系统资源元数据等；扩展性是指系统在软件和硬件层面能够适应不断增加的扩展需求，同时不影响现有功能和服务的正常运行；可靠性是指系统运行和数据存储要安全、可靠性高[6]。

3.2 系统总体结构及硬件配置

视频资源管理系统由 Web 服务、资源管理、格式转码、数据存储、资源分享以及统计分析等功能模块组成，系统总体框架如图 1 所示。

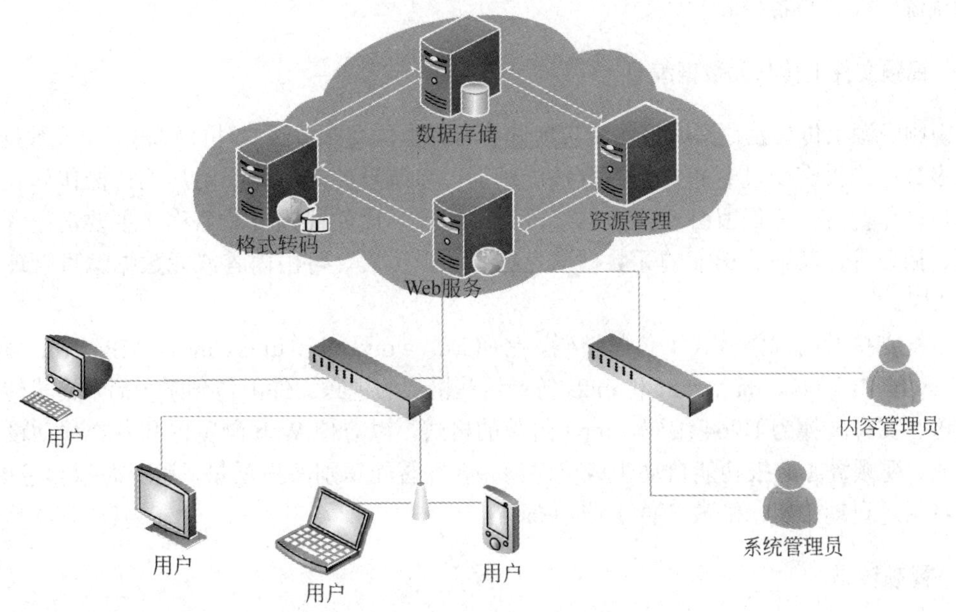

图 1 视频资源管理系统模块

（1）Web 服务器提供资源访问服务和后台管理功能，由 Centos6.7 虚拟机上部署的 Apache httpd 服务构成，虚拟机配置为四核双 CPU、4GB 内存、文件系统采取虚拟卷管理，可以随需扩展目录容量。

（2）转码服务器实现视频资源的格式转码服务，由一台 DELL 实体服务器组成，采用双 CPU E5-2630 2.3GHz、32G 内存、配置 Matrox G200eR 显卡，硬件显卡可提高转码效率。

（3）校园网用户和管理员可通过有线网络或校园无线网络直接访问资源管理系统；用户处于校外时，通过学校VPN访问视频资源管理系统。Web服务器通过万兆IP链路直连核心交换机9508，转码服务器通过千兆IP链路连接5100交换机，5100交换机与9508交换机之间采用万兆光纤链路连接。

（4）数据存储采用EMC Isilon X200+108NL系列和NL400系列两套横向可扩展NAS存储，视频资源文件存储于NL400系列存储上提供数据访问服务，108NL系列存储提供数据备份服务，两套存储之间通过EMC SyncIQ功能实现数据自动同步，以确保数据安全。

3.3 系统主要功能设计

3.3.1 Web服务

整个系统采用B/S（Browser浏览器/Server服务器）架构模式，用户通过浏览器进行资源上传、资源分享或资源查看；管理员通过浏览器访问系统后台进行资源管理和权限控制等操作。Web服务分为前端服务和后端系统管理两大部分。前端Web服务采用模板化设计，页面展示风格可灵活切换，支持用户在线编辑模板，支持用户按照不同专题自行组织资源，专题内资源按照分类呈现，分类可自行调整。不同部门建设各自的特色视频资源库，系统支持多站点发布，不同部门或分馆可根据自身资源特点，设计个性化发布页面，部门独立管理子站点资源，单独设置访问域名和公告等；总站自动收割子站点资源，所有站点数据由系统统一保存与备份。

3.3.2 视频文件上传与元数据编目

视频资源上传与元数据编目功能实现读者自行上传视频资源文件并编辑资源元数据。鉴于大多数用户没有受过专业资源编目技能培训，系统设计时，考虑用户上传操作体验、简化用户操作内容，只保留必要元数据字段为必填项，比如视频资源名称、主要责任者、关键词、摘要等，其他更详细的元数据信息待资源上传后，可由内容或元数据编目管理员补充完善[7]。

系统支持常用视频格式上传与转码，比如asf、wmv、avi、divx、mov、MP4、rm、rmvb、mkv、swf、flv、f4v、mts、m2t和mt2s等；这些格式的视频文件上传到系统后，格式转码模块将这些文件转换为H264编码、mp4封装的格式，以方便Web浏览器和各类移动设备直接播放。视频资源海报功能自动生成资源海报，并智能识别海报质量，避免海报颜色单一，同时对图片自动裁剪，缩放，便于应用布局。

3.3.3 视频转码

考虑到移动终端设备及浏览器直接播放视频资源的需求，视频转码功能将所有常用格式的视频文件转换为标准的、采用H.264编码的mp4文件，它是视频资源管理系统重要的支持子系统。资源转码实现不同类型资源的格式统一，将不同类型的资源转码为标准格式，支持常用浏览器和移动终端直接播放[8]。转码可由人工启动，针对单个资源自定义转码参数，也可提前预置参数实现批量转码。转码过程支持由调度系统调度多台转码服务器完成批量转码工作；可根据实际使用需求，采用文件分段转码模式满足用户短时间完成转码需求。转码系统采用 NVIDIA 、Intel 技术加速转码过程，还可搭载 NVIDIA 专业图形卡，协同 CPU 完成更为高效的转码工作。通过高性能转码服务，1T 资源，仅需 1 天时间便可快速发布到资源系统中，供用户在线访问。

3.3.4 用户角色及权限划分

资源管理平台的使用者包括普通用户、资源管理员、系统管理员、分馆管理员等用户身份，资源访问也分为校内校外或不同群组访问等情况，权限管理比较复杂，因此视频资源管理系统采用矩阵式权限管理策略，对系统中每个用户进行操作权限划分和管理，同时也对资源按照管理范围和访问范围进行权限设定，最后通过组策略将用户与资源进行双重认证，实现用户权限划分和资源管理功能，增强系统安全性。图 2 为权限管理示意图。

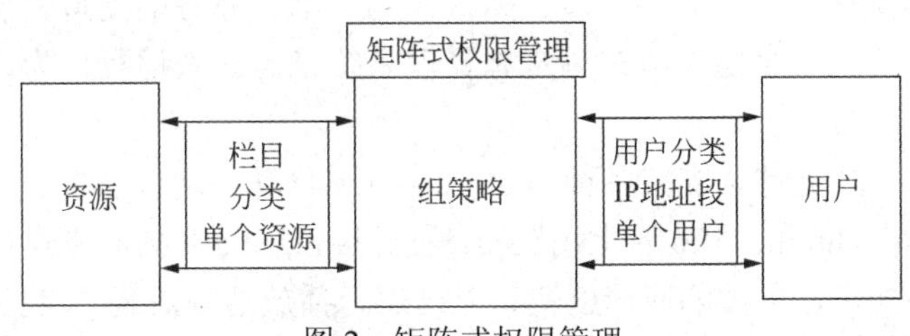

图 2 矩阵式权限管理

系统按照权限—角色—用户的方式进行管理员授权管理，对不同的用户赋予不同的角色，不同的角色赋予不同的权限，权限细化到每一个菜单项；资源审核以工作流方式进行，分级别设定审核工作流，可对特殊用户给予免审权限。另外，支持用户分组权限管理、按照 IP 地址段、用户名和资源进行权限管理；资源权限管理分为栏目、分类和单个资源三种粒度，单个资源权限分为浏览、点播、下载、上传等，同时资源分部门进行管理，例如特藏部管理的资源，人文社科分馆管理员无权管理且不可见；通过矩阵式权限管理策略，可全面保障资源管理需求，灵活实现所需权限分配方案。

3.3.5 资源分享

资源的分享、推荐、收藏、标签和评论等一系列交互功能有利于提高资源利用率、传播效率和资源交流讨论。分享功能可将视频资源信息与他人分享，有四种地址分享方式，包括：（1）网页地址分享，该地址直接复制到浏览器中即可打开播放；（2）播放地址分享，播放器播放视频的真实地址，复制到浏览器中会自动调用 flash 播放器播放；（3）框架地址分享，用于页面源码或者论坛等位置内嵌播放器使用；（4）内嵌地址分享，内嵌到网页或者 PPT 中可直接播放的地址。收藏功能将视频资源收藏到用户收藏夹，便于下次继续观看。标签库功能对视频片段进行打点标签，标签可添加关键词、标题、描述等，支持关键词逐键提示和关键词合并、删除等，支持按照标题、作者、描述、关键词等对标签库进行搜索。可将标签片段分享至微信、微博、QQ 等第三方应用平台。

3.3.6 资源统计

资源统计功能对系统中资源数量和使用情况进行统计，分为资源统计模块和使用统计模块。资源统计模块针对系统内所有资源进行统计，可统计不同时间段系统中资源的总量，包括用户上传数量、编目人员上传数量、不同栏目视频资源数量、不同视频格式节目数量等。使用统计模块针对系统内已被访问过的资源进行统计，主要统计每个资源的访问情况。例如某一资源被浏览总次数、被点播总次数、被收藏总次数、被下载总次数等，没被访问过的资源不会出现在使用统计明细中。查看系统访问日志，可查询出所有观看过该资源的用户信息、IP地址、观看时间等信息。所有统计信息可导出为Excel文档保存，也可在系统中以线形图、饼状图、区域图、柱状图呈现。

4 清华大学图书馆视频资源管理系统技术特点

清华大学图书馆设计并请专业软件公司定制开发的视频资源管理系统主要技术特点包括：全面移动终端支持、丰富对接接口、高效转码引擎、服务端支持大规模并发应用、存储节点横向可扩展等，可全面保障视频资源管理系统稳定高效运行，为读者和工作人员提供便捷服务。

（1）全面移动终端支持。支持各种android和ios移动终端（手机、平板）的浏览、点播服务；兼容firefox、chrome、IE6以上浏览器，采用html5+flash播放方式（优先采用html5），无须安装播放器和插件，点播响应速度快、无延迟、播放清晰流畅。支持IPv6协议，包括HTTP、TCP、UDP单播与组播。支持移动设备直接播放视频资源，利于资源的推广、传播和使用。

（2）丰富的对接接口。系统定位于资源管理平台，能够整合其他平台的数字资源，为其他应用系统提供对接服务，系统提供丰富的API接口，接口统一采用 WebServices技术，数据格式支持 XML和json 两种。API接口包括权限管理接口、资源元数据接口、资源统计接口、资源上传接口等。权限管理接口实现第三方系统对接权限分配功能，能实现学校统一身份认证。资源元数据接口可实现与第三方系统元数据交换，实现异构系统间资源整合统一呈现和检索。元数据功能根据用户实际需要定义资源描述字段，设定不同资源描述模型，每个模型对应一套资源描述模板，一个模型可以有多个栏目。

（3）高效转码引擎。转码模块采用CPU+GPU均衡架构，支持各种硬件编解码加速，采用高性能并行计算技术，大幅提升转码性能。转码模式有三种，第一种，平滑过渡模式，转码模块从资源平台取回待转码数据，转码完成后再送回到资源平台，此模式不影响资源平台正常使用，未转码资源仍采用专有播放器播放，转码完成资源自动采用页面嵌入式播放。第二种，迁移整理模式，转码模块从资源平台取回待转码数据，转码完成后将转码资源和原始视频都传送到新资源平台，完成资源从原平台到新平台的整理迁移。第三种，离线转码模式，转码模块扫描目录，批量转码音视频文件，并保存到指定位置。转码模块是视频资源管理系统重要的支持子系统，为移动设备直接播放资源提供了基础保障。

（4）支持大规模并发应用、存储节点横向可扩展。服务端内核在设计上采用了异步事件模型，摒弃了传统线程池模型，使服务端对CPU的利用大幅优化，提高了处理器的效率，内存复用算法极大地节约了内存使用开销，保障流媒体服务器处理每个并发单播流的内存使用量平均低于50KB，目前linux单机版支持2000以上并发用户量。视频管理服务器和转码服务器可根据应用需要分别搭建服务器集群，视频管理服务器集群可由一台或者多台服务器组成，为终端用户提供视频流传输控制服务，并对流量负载提供完善处理机制。转码服务器集群由一台或者多台服务器组成，按照设定的转码模板参数，以后台转码方式运行，实现视频文件统一转码服务。存储系统采用横向可扩展 Isilon 存储，可根据存储需求扩展存储节点，满足性能和空间不断提升的要求。

5 清华大学图书馆视频资源管理系统的应用现状

基于清华大学图书馆视频资源建设需求开发的视频资源管理系统具有权限设置灵活、易于用户使用和稳定运行等特点，目前视频资源管理系统采用总站加分站的运行管理模式，总站揭示所有被设置为发布状态的视频资源，分站揭示分馆和部门建设的特色视频资源。目前对外服务分站点有三个，包括：（1）人文社科分馆负责内容建设的真人图书馆，包括名人名师交流活动录像、新人文讲座视频资源等，如图 3 右侧所示；（2）特藏部负责内容建设的原创视觉空间，包括学生节原创电影、短剧和活动录像视频资源、特色海报、图片资源等，如图 3 左侧所示；（3）清华大学图书馆内部交流、学习、讲座、活动视频等资源，主要供图书馆工作人员交流学习之用。

图 3 特藏部与人文社科分馆子站点

所有站点视频数据文件集中存储保存，子站点内容维护管理采取分治模式，人文社科分馆和特藏部管理员独立管理各自部门的资源内容，服务器后台互相看不到对方管理的资源，避免误操作和混乱；两个子站点配置单独的域名方便独立推广。总体来看，视频资源管理系统在图书馆的应用主要完成了四个方面工作。第一，方便自建各种视频资源库。无论何种类型的活动视频和录像，常用视频格式文件都可以通过简单的上传操作和元数据编辑操作保存到系统后台统一管理。第二，便于视频资源的发布和分享。视频资源进入系统后，转码服务器自动将文件格式转换为支持移动设备和浏览器直接播放的MP4格式，灵活的角色和权限管理机制，方便视频资源发布和分享。第三，珍贵视频资源长期保存。视频资源存储于两套横向可扩展集中存储设备，存储数据实时同步，确保数据安全。图书馆每年持续投入人力和设备资源，保障珍贵视频资源长期有效保存。第四，便于视频类资源统一整合。除自建视频资源外，图书馆外购了视频资数据库，通过应用程序编程接口将第三方应用系统元数据整合到系统中，面向读者提供统一视图的资源整合服务，方便读者查询和使用。

6 结语

视频资源管理系统在图书馆的应用极大地提高了视频类资源的整合工作和自建视频资源库的管理、保存、推广使用工作。该系统既能够充分地展示、分享有价值视频资源，也能够为读者提供珍贵视频资料的长期保存服务。系统运行维护过程中，图书馆技术部负责系统软硬件运行环境保障，人文社科分馆和特藏部负责内容建设和内容管理，但是近年来图书馆工作人员流动性较大，给系统运行维护工作带来了不小的压力。定期举办系统使用培训、管理经验交流、建设合理的人员梯队能够在一定程度上缓解工作人员流动性大带来的问题。资源建设方面，除了上述已实现并使用的三个子站点，目前正在筹划利用该平台管理和分享图书馆音乐资源，筹建在线音乐图书馆，管理和发布图书馆收藏和购置的高品质音乐资源，建设重点为无损格式音乐播放和元数据规范问题。系统功能完善方面，栏目订阅、新资源邮件通知、站内信、视频播放记忆功能、手机App软件、前端界面美化、提升系统使用体验等是下一步的工作。

参考文献

[1] 赵琨. 大数据环境下图书馆音视频资源发展及建设研究[J]. 图书馆建设, 2015(2): 64-68.
[2] 李浩. 在“云”下享受无所不在的服务——网络环境下图书馆视频资源境遇及发展策略研究[J]. 上海高校图书情报工作研究, 2013(4): 27-29.
[3] 成星. 视频资源管理系统的设计[J]. 深图通讯, 2007(4): 30-32, 22.
[4] 周丽, 刘斌. 基于数字化校园的视频资源管理系统设计与开发[J]. 中国教育信息化, 2014(21): 48-50, 72.
[5] 单红彬. 图书馆数字视频资源自主建设和管理[J]. 山东图书馆学刊, 2013(1): 87-90.
[6] 杜景文. 论高校图书馆音视频资源的规范化建设[J]. 中国管理信息化, 2015, 18(20): 164.
[7] 陈洁薇. 图书馆视频资源著录和标引信息获取探究[J]. 图书馆建设, 2010(8): 49-51.
[8] 肖友能, 薛向阳, 曾玮. 视频转码技术回顾[J]. 通信学报, 2002, 23(8): 72-80.

原载《现代情报》2017年第12期

古籍全文数据库的建设

刘聪明

摘　要：随着信息检索技术与图像检索技术的发展与完善，建设功能齐全的古籍全文数据库必将成为古籍数字化的发展方向和总趋势。本文在回顾古籍全文数据库现状的基础上，探讨了未来古籍全文数据库应具备的功能与特点，并提出一些建设未来古籍全文数据库的策略。

关键词：古籍；古籍数字化；古籍全文数据库

长期以来，古籍文献存在着“藏”与“用”的矛盾，数字环境下这一矛盾日益突出。图像处理技术、存储技术以及信息检索技术的发展与完善，为矛盾的有效解决创造了良好的技术条件，古籍数字化成为古籍文献开发利用的总趋势。近年来，随着全文检索技术的发展，建设全文数据库成为古籍数字化的主要形式。

1　古籍全文数据库的现状

古籍全文数据库是指以计算机可读的字符代码形式或以古籍文献页面扫描的影像形式存贮古籍文献正文中的内容，计算机可进行处理与查询的数据库[1]。与古籍书目数据库相比，古籍全文数据库有了很大的进步。目前主要有文本全文数据库、图像全文数据库以及图加文全文数据库。

1.1　文本全文数据库

文本全文数据库是古籍全文数据库早期的形式，主要是通过人工将古籍全文录入数据库，再进行分类标引形成可检索的全文数据库。其最大的优势是为使用者提供了文本格式的古籍全文，可以实现全文检索，能够进行文本复制、字词统计等操作；占用的存储空间较小。其不足之处是古籍文献中的文字相当复杂，不仅有篆、隶、楷、行、草等书体之异，更有繁、简、俗、异、古等文字之别；输入不仅量大难度高，而且错讹难免，有失原貌，无校勘价值[2]。也就是说文本古籍数据库为利用者提供的是一种与古籍的原始面貌截然不同的全新形式，使用者如果研究版式、印刷、批注、印章等信息必须查阅原始古籍。由南开大学联合天津永川软件技术有限公司开发的“二十五史全文阅读检索系统”网络版就是这种形式。该系统提供了单项与组合检索功能，检索结果均以书名与卷次的形式列出，用户可以根据需要点击进入全文浏览界面。由于系统没有直接将检索词定位，用户进入浏览页面还需要再次查找定位。另外，该系统还为用户提供了阅读功能，用户可以逐卷逐页阅读全文。由于该系统全部采用了简体字，版面也是现代形式，所以用户无法找到阅读古籍的感觉。

1.2 图像全文数据库

图像全文数据库是引进扫描技术的结果。通过扫描古籍全文，建立图像数据库，同时著录相应的元数据，形成基于元数据的古籍全文数据库。其最大的优势是可以提供同原始古籍版式一致的数字古籍，用户可以研究古籍的版式，甚至可以研究古籍的批注与收藏者的印章等。最大的缺点就是用户只能基于元数据进行检索，无法进行全文检索与复制。由浙江大学和中国科学院研究生院共同牵头的 CADAL 项目[3]，在古籍全文数据库方面做了一定的尝试。该系统采用了比较先进的 DjVu 图像格式，开发了基于元数据的古籍全文图像数据库。由于没有对图像进行 OCR 识别，只能提供基于元数据的检索，无法实现全文检索。该系统仅提供了检索功能，用户无法进行浏览阅读。

1.3 图加文全文数据库

图加文全文数据库是综合利用图像处理技术与超链接技术形成的数据库，通过超链接将图像全文与文本全文进行对应，以达到全文检索并提供原始文献的目的。由书同文公司开发的《文渊阁四库全书》《四部丛刊》全文检索系统，是典型的图加文古籍全文数据库。它不仅提供了古籍的图像，同时还支持分类检索、书名检索、著者检索以及全文检索。在数据库建设时不仅进行了 OCR 识别与校对，为与原始文献对应还进行了二次排版。如此操作流程比较适合大部头古籍，对于零散的古籍就不太适用了。它虽然为用户提供了图文对照，但提供检索的还是 OCR 之后的文本。尽管与原始文献建立了对照，但检索词并不能够在原始文献中定位，只能在重新排版的文本上标示，需要在全文文本与原文图像之间来回切换。

2 未来古籍全文数据库的功能与特点

从前面古籍全文数据库现状可以看出，由于多数信息技术尚处于发展初级阶段，在古籍文献数字化建设时，一般将浏览与检索分开考虑，要么只提供纯文本，要么只提供图像文件，要么将图像与文本方式叠加，无法提供比较理想的全文数据库。但技术的发展已经为古籍全文数据库的建设提供了平台，不仅可以实现真正的图文模式，还可以提供更加便捷的利用途径。笔者认为，未来的古籍全文数据库至少应具备以下功能与特点：

2.1 浏览与检索功能

古籍全文数据库最大的优势是提供强大的检索功能。随着古籍研究者需求的日益增长和变化，他们不再仅仅满足于简单的检索，更多的还要浏览、欣赏包括书法、色彩、印章等信息在内的古籍文献。因此，古籍全文数据库应集检索与浏览功能于一身，既可浏览阅读又可查询检索。而且无论是阅读还是检索，提供给用户的应该是“原汁原味”的古籍，而非简单的文本信息或经过加工处理的现代版式的古籍。

2.2 智能转换功能

所谓智能转换应该是在检索时对用户输入检索词没有任何限制，无论是输入简体字还是繁体字，甚至是汉语拼音或其他语言，系统都能够自动进行转换。不仅仅是简单的浏览界面显示字体的转换，而是系统内部的智能转换。当用户输入简体、繁体、汉语拼音或其他语言时，系统进行自动转换，并检索输出所有对应的相关信息。智能转换功能，可以减少用户在输入检索词时不必要的麻烦，在一定程度上提高了用户查找与利用信息的效率。

2.3 检索结果准确定位功能

在输出检索结果时，应考虑古籍文献阅读和使用的特点，不能满足于仅仅提供包含检索词的页或卷的列表，而应该将检索词准确定位，并以显著的方式标识于原始古籍，以便用户判断是否满足需求。如果不进行准确的定位，研究者还需要进行二次检索，如果没有显著的标识，研究者还需要花时间浏览整页内容。检索结果的准确定位在一定程度上可以提高利用效率，可以帮用户在短时间内找到所需信息。

2.4 智能化的研究支持功能

所谓“研究支持功能”是指能够提供有关古籍内容本身科学、准确的统计与计量信息，提供与古籍内容相关的参考资料、辅助工具[4]。通过提供智能的研究支持功能，在为古籍研究者提供浏览检索古籍的同时，大大节约了研究者查找与统计信息的时间，还可以避免人工查找与统计的错漏，从而大幅提高信息的准确度。

3 未来古籍全文数据库的建设策略

信息技术的发展与完善为古籍全文数据库的建设提供了平台，使得建设更加智能的理想古籍全文数据库成为可能。经过多年的古籍数字化实践，笔者认为建设理想的古籍全文数据库应采取以下策略。

3.1 彩色扫描纸本古籍，提供高保真级数字古籍

随着扫描技术、存储技术等信息技术的发展和完善，彩色扫描高保真级数字古籍成为可能。之所以采用彩色扫描古籍，主要是因为古籍除采用黑色书写刊印外，还有从二色、三色、四色，一直套印到五色的情况[5]。而且有些古籍文献载体的物质特征，如纸张、墨色等是研究古籍文献的重要依据，也是古籍文献研究者相当关心的问题[6]。采用简单的黑白扫描，无法提供这些方面的信息，而采用彩色扫描很大程度上可以免去查阅原始古籍的烦琐。另外，多数古籍被辗转收藏，往往钤有名章、鉴赏章、训诫章或闲章，这些印章，勾勒了一部书的流传轨迹，是我们鉴定一部书的价值，特别是其文物价值的绝好依据[7]。彩色扫描古籍，可以为古籍研究者提供丰富细微的色彩信息，有利于研究者全面准确地欣赏

和研究古籍。国家图书馆出版社在出版《冀淑英古籍善本十五讲》时，其中的古籍插图也全部采用了彩色印刷，可见古籍的色彩对古籍研究的重要性。

3.2 对古籍进行OCR识别，形成双层图像格式，提供全文检索

目前，纯文本全文古籍数据库、图像全文古籍数据库，以及图加文全文古籍数据库，都无法实现真正的全文检索，无法在原始图像上定位检索词。研究者只能以现代方式检索文本古籍，要么基于元数据检索图像古籍，要么在文本与图像间来回切换。如果采用先进的OCR技术，将简单的图像转换为双层DjVu格式，即可解决以上不足。之所以采用DjVu，一方面，由于DjVu为了适应网络时代图像资源的发展需求，针对图像的不同的图层，采用了JB2与IW44等不同的先进图像压缩技术，独特的双层格式使其兼具图像与文档的特性，既能满足图像浏览的要求，又可实现全文检索的目标[8]；另一方面，为提供保真古籍，图像往往采用较高的分辨率和色彩，如果采用以往的图像格式，图像文件较大影响浏览传输速度，而DjVu是其他格式的几分之一甚至几十分之一。采用双层DjVu既可以提供高保真的数字古籍，同时也可保证浏览检索的速度。

3.3 建立繁、简、异体字对照表，提供智能化的古籍全文数据库

国家图书馆编著的《中国文献编目规则》[9]以及CADAL管理中心发布的《古籍著录细则》[10]都明确规定“著录文字按规定信息源客观著录，繁体字应以规范的繁体汉字著录”。多数古籍数据库系统采用繁体字，需要使用者在检索时必须输入繁体字，如果输入简体字则无法找到相应的古籍资源，这样就给使用者带来不便。在无法输入繁体字的情况下，将无法使用这样的数据库。至于异体字就更无法找到了。如果建立了繁、简、异对照表，不仅免去使用者检索时输入字体的种种限制，同时还可将与输入检索词对应的所有古籍全部找到，大大提高了系统的查准率与查全率。在建立对照表时，繁简对照表比较容易建立，我们只需利用繁简自动转换软件即可，例如可以使用Office自带的繁简转换。如果遇到繁简一对多的情况，有必要进行词典自定义。对于异体字的对照则需要古籍研究者更多的参与，因为对照表的建立将直接影响到古籍全文数据库系统的准确性与完整性。

3.4 建立科学合理的分类导航与目录、书签，提供集浏览与检索为一体的古籍全文数据库

数字化古籍的首要功能是提供读者阅读，因此没有浏览接口，数字化古籍就会成为一堆支离破碎的词汇或段落，无法阅读[11]。所以首先应该根据阅读纸质古籍的习惯，建立科学合理的分类导航，以便研究者浏览使用。所谓科学合理的分类导航应是以题名、责任者、出版者以及出版时间等多种方式建立导航，而不仅仅是以年代或某一固定的方式，这样可以满足用户的不同需求；其次，应将每册古籍建成具有目录、书签功能的多页文档，这样既便于数据库的建立，又便于用户的使用。

3.5 创建便捷的超链接，提供具有超链接设计的浏览阅读环境

数字化古籍最大的优势就是可以提供便捷的非线性阅读。通过超链接既可以与系统内部的相关资源建立链接，还可以与研究古籍密切相关的其他文献进行链接。比如，正文相

关内容之间的链接，正文与注释之间的链接，不同注释之间的链接，正文与相关知识、资料之间的链接，原文与在线词典的链接，甚至典籍内容与相关网站的链接等[12]。总之，通过超链接可以提供基于内容的古籍知识网络，可以为古籍研究者提供更加便捷的立体环境。

古籍全文数据库的建设，需要应用众多的信息技术，我们探讨的一些功能已在其他领域得到应用，而且比较成熟，需要我们结合古籍特点，加以借鉴与利用。由于古籍文献的特殊性，有些功能还需要进行专门的开发与研究。总之，随着信息检索技术与图像检索技术的发展，古籍数字化将逐步进入一个深层次开发阶段，建设功能齐全的古籍全文数据库必将成为古籍数字化未来的发展方向和总趋势。

参考文献

[1] 李璐. 古籍全文数据库建设的技术与实践[J]. 图书馆学研究, 2004(11): 22-25.

[2] 王世伟. 图书馆古籍整理工作[M]. 北京：北京图书馆出版社, 2000: 152.

[3] 高等学校中英文图书数字化国际合作计划. http://www.cadal.zju.edu.cn/Index.action, 2010-12-09.

[4] 李国新. 中国古籍资源数字化的进展与任务[J]. 大学图书馆学报, 2002(1): 21-22.

[5] 崔文印. 古籍常识丛谈[M]. 北京：中华书局, 2009: 15-16.

[6] 王世伟. 图书馆古籍整理工作[M]. 北京：北京图书馆出版社, 2000: 155.

[7] 崔文印. 古籍常识丛谈[M]. 北京：中华书局, 2009: 37.

[8] 刘聪明, 郑晓惠. DjVu 在资源建设中的应用及其探讨[J]. 现代情报, 2008(7): 86-87.

[9] 国家图书馆《中国文献编目规则》修订组. 中国文献编目规则[M]. 北京：北京图书馆出版社, 2005.

[10] 元数据规范及著录细则. http://www.cadal.cn/cnc/cn/jsgf/gj-zlgz2004026.pdf, 2010-11-09.

[11] 李明杰. 中文古籍数字化基本理论问题刍议[J]. 图书馆论坛, 2005(5): 100.

[12] 李国新. 中国古籍资源数字化的进展与任务[J]. 大学图书馆学报, 2002(1): 21.

基于 CADAL 数字资源元数据的 OpenAPI 检索服务系统的设计与实现*

远红亮　张　蓓　张成昱

摘　要：[目的/意义]通过设计和开发基于 CADAL 数字资源元数据的 OpenAPI 检索服务系统，方便 CADAL 成员单位把自身资源和 CADAL 相关资源进行有效的重组和整合，提供给读者新的混搭（Mashup）应用，方便读者检索和利用 CADAL 相关数字资源，提升读者使用体验。[方法/过程]基于 OpenAPI 开放技术框架，提供标准的应用程序接口，方便开发者以程序的方式访问 CADAL 数字资源元数据，以 JSON 或 XML 等格式返回检索结果，便于程序数据处理并实现资源整合与资源呈现。[结果/结论]CADAL 成员单位利用 CADAL OpenAPI 接口进行资源整合，读者在第三方应用系统上可以方便地检索出 CADAL 相关数字资源，提高 CADAL 数字资源的揭示、呈现和利用率，方便读者对 CADAL 资源的获取和使用。

CADAL 是大学数字图书馆国际合作计划（China Academic Digital Associative Library）的简称，它作为国家教育部公共服务体系建设的重要组成部分，在资源、服务和技术等方面构成我国高等教育数字图书馆的主要基础。通过多年的努力，CADAL 已经成为拥有多学科、多类型、多语种海量数字资源的，由国内外图书馆、学术组织、学科专业人员广泛参与建设与服务的，具有高技术水平的学术数字图书馆，是国家创新体系信息基础设施之一。以 100 万册（件）数字资源为核心，CADAL 构建了由两个数字图书馆技术中心（浙江大学、中国科学院研究生院）和 14 个数字资源中心（北京大学、清华大学、浙江大学、复旦大学、南京大学、中国科学院研究生院、上海交通大学、西安交通大学、武汉大学、华中科技大学、吉林大学、中山大学、四川大学、北京师范大学）组成的分布式资源建设、组织和传播体系[1]。截至 2016 年 12 月 31 日，CADAL 数字图书馆资源入库量为 2762837 册（件），在线量为 2428656 册（件）[2]。

近年来，不少高校图书馆已基于 Mashup（混搭）理念开展了形式多样的图书馆服务[3-6]，Mashup 中文翻译为“混搭”，是指将不同来源的数据和功能无缝组合起来，形成全新的、集成式的服务。清华大学图书馆从 2008 年开始尝试将这一理念引入 OPAC（Open Public Access Catalogue）系统，先后实现了在 OPAC 页面上汇集书封、短信、馆藏地图和多媒体资源等服务，目的是给读者提供多样化的信息资源和独特的应用体验[7]。Mashup 集成应用

* 本文系 CADAL 应用系统建设子项目“基于 OpenAPI 的信息检索系统”研究成果之一。

通常借助于开放的应用程序接口（Open Application Programming Interface, OpenAPI）技术得以实现，例如 Amazon、google、淘宝等网站也都通过开放 API 的方式提供数据和服务，便于第三方实现集成服务。OpenAPI 是一套协议功能集合，网络服务系统通过提供 OpenAPI，可以让开发者以程序的方式访问其数据和服务[8]，从而实现计算机软件之间、软件系统之间的数据通信和互操作。CADAL 数字图书馆包含有丰富的数字资源，用户通过浏览器访问 CADAL 数字图书馆[9]检索所需资源，且注册登录后可借阅电子书全文。如果把 CADAL 数字资源元数据通过 OpenAPI 的方式提供数据检索服务，第三方应用系统整合利用 CADAL 数字资源、提供新的混搭应用就有了可能，用户使用 CADAL 资源的渠道或方式也会更加丰富多样。因此设计与开发 CADAL OpenAPI 服务系统，可以更好地共享、揭示和利用 CADAL 丰富的信息资源，把 CADAL 资源与其他自有资源方便、有效而无缝地整合起来，建立包含异构资源的统一用户视图，实现跨资源、跨平台和跨系统的 CADAL 数字资源共享环境，服务于各个 CADAL 成员机构及其终端用户。

1 OpenAPI 检索服务系统设计方案

1.1 应用场景分析与设计思路

CADAL 数字资源系统与各个成员单位的 OPAC 系统完全独立异构，读者在进行书目检索时，只能在 OPAC 系统、CADAL 数字资源系统中分别进行检索，然后获取所需的资源检索结果（即在两个系统上传递同样的检索词，搜寻所需资源）。如果想一次性检索出本馆的书目信息以及 CADAL 数字图书馆中的书目信息，避免读者重复同样的操作，一种办法就是每个成员单位单独开发相应的程序，该程序模拟读者检索 CADAL 数字资源系统的过程，并把 CADAL 数字资源平台上的检索结果集成到自身 OPAC 系统之中，呈现给读者，以实现统一检索的效果。这种方式虽然可行，但是程序开发费时费力，一旦 CADAL 数字资源平台的页面进行升级改版，上述程序必须修改重写，极大地增加了各个成员单位技术投入的成本和难度，也不利于读者及时发现所需的书目资源。另一种办法就是开发一套访问 CADAL 数字资源的数据接口系统，有了标准的接口，各个 CADAL 成员单位图书馆在程序开发上的难度和工作量将极大地降低，同时如果接口系统与 CADAL 数字资源系统平台本身也保持独立性的话，无论 CADAL 数字资源平台底层技术层或者应用层页面有任何变化，都不会影响各个成员单位图书馆通过该接口检索 CADAL 资源平台中丰富的数字资源；也不会对已完成的程序有任何影响，只要调用本身没有变化，调用程序无须任何改变。

基于上述分析，设计一套基于开放标准规范的应用程序接口，成为连接各个成员单位图书馆的 OPAC 系统和 CADAL 数字资源平台最好的桥梁。因此，清华大学图书馆作为 CADAL 成员单位，着手建设基于 CADAL 数字资源元数据的 OpenAPI 检索系统。只要 OpenAPI 检索系统中的元数据与 CADAL 数字资源系统中的元数据保持一致，通过元数据可以产生到 CADAL 数字资源的全文访问路径，该接口系统就可以独立于 CADAL 资源平台存在。这样设计，一方面不会影响 CADAL 资源平台本身的访问，增加无谓的访问流量；另一方面由于接口系统只存放元数据本身，轻量级的系统更便于其他系统调用和后期运行维护等工作的开展。

1.2 OpenAPI 检索服务系统服务架构

基于上述分析，整个 OpenAPI 服务系统架构如图 1 所示。

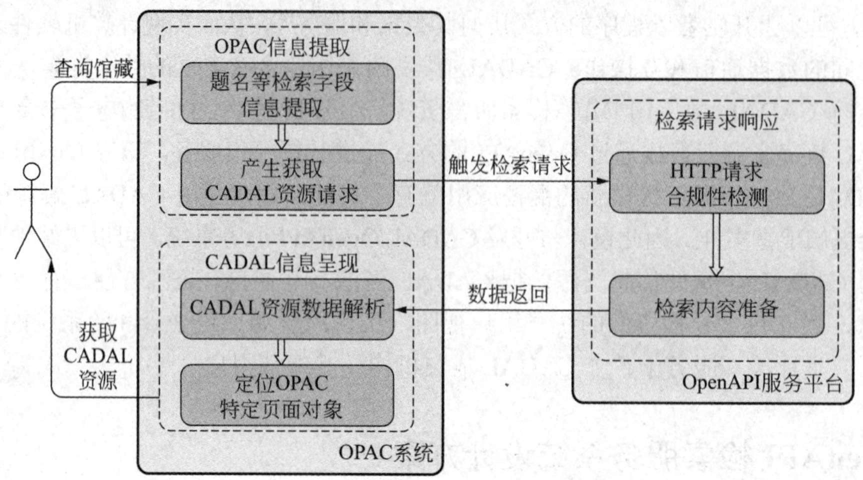

图 1 OpenAPI 服务系统架构示意图

OpenAPI 服务系统对图书馆读者透明。读者检索资源并获取到 CADAL 相关数字资源的具体过程如下：

（1）读者于第三方应用（如 OPAC 系统）上执行查询操作；

（2）嵌入 OPAC 系统中的接口调用处理程序提取读者输入的“题名”“ISBN”或者“关键词”等检索字段和检索值；

（3）嵌入 OPAC 系统中的接口调用处理程序触发 OpenAPI 接口调用，生成对 CADAL 资源的 HTTP 请求并发送到 OpenAPI 服务系统；

（4）OpenAPI 服务系统对于请求进行权限、语法等方面的合法性检测，然后准备检索结果提供给 OPAC 系统进行后续处理与呈现；

（5）OPAC 系统接收到 OpenAPI 服务系统返回结果，对返回数据进行甄别处理并将有效结果与 OPAC 系统馆藏检索结果进行资源整合呈现，供读者参考和使用。

OPAC 系统的运行环境、程序开发语言以及页面结构等情况可能各不相同，基于开放技术框架的 OpenAPI 服务系统提供独立的、通用的、标准化的应用程序接口，CADAL 各个成员馆通过标准化的接口调用以及程序处理将 CADAL 相关数字资源元数据信息整合到自身书目管理系统平台上，方便了读者在一次检索后，可以同时发现 CADAL 数字资源平台上的相关目标资源情况，提高 CADAL 数字资源的揭示和利用率。

2 OpenAPI 检索服务系统实现关键技术分析

2.1 元数据同步与处理

OpenAPI 接口服务系统批式导入 CADAL 数字资源平台的元数据，构建自身数据库内容，并提供建立完全索引、增量索引等功能，以保障有效性，与 CADAL 数字图书馆平台的

数据一致性（见图 2）。由于 CADAL 部分元数据字段著录不规范，例如元数据字段 Identifier（标识符）存放 ISBN 号码，但内容形式多样；原始数据中出现了 7-5323-6675-8|33016260、7-5323-6720-7、ISBN 7-5013-2145-0、ISBN:7-81035-966-5 等多种内容格式，不对它们进行预处理的话，将影响到后续检索的使用，因此元数据预处理阶段利用正则表达式对这类字段内容进行格式规范处理，以使其满足后续接口生成模块的处理要求。元数据规范化处理完成后，接口生成模块把元数据导入系统中，生成相应的索引文件，通过 OpenAPI 接口实现元数据信息的检索查询功能。另外 OpenAPI 服务系统提供不同机器间的索引同步机制，如用户量过高，可通过配置实现负载均衡。

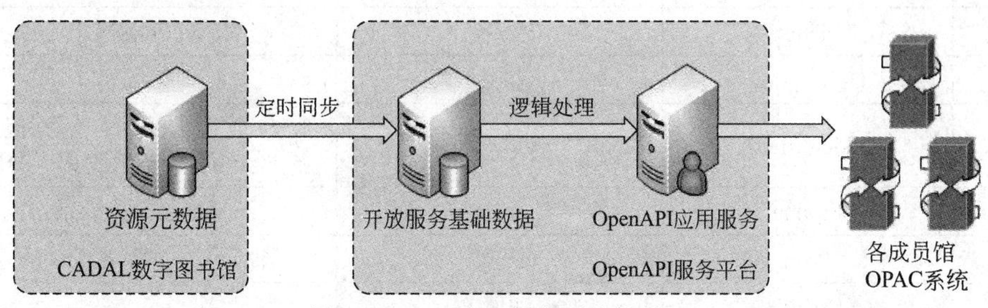

图 2　OpenAPI 元数据同步与处理

2.2　构建元数据 API 接口

原始的 CADAL 元数据由 Cbook、Cjournal 和 CjournalDetail 3 个 csv 文件构成，分别包含 107 万、6500 和 7 万多条记录，主要为古籍、民国图书、民国期刊、现代图书、学位论文、英文图书等。以 Cbook.csv 为例，具体数据结构如表 1 所示。

表 1　Cbook.csv 数据结构

序号	字段名	中文名	说明
0	BookType	资源类型	拼音或英文单词表示，资源类型的区分字段
1	BookNo	CADAL 资源标识 ID	主键多为数字，也有字母出现
2	CreateDate	创建日期	格式不唯一
3	Creator	作者	分隔符 |
4	Publisher	出版机构	分隔符 |
5	Subject	关键词	分隔符 | — -，；
6	Coverage	覆盖范围	分隔符 |
7	Contributor	其他责任者	分隔符 |
8	ContentLanguage	内容语种	主要为 chi 或 eng 分隔符 |
9	Relation	关联	分隔符 |
10	Rights	版权	分隔符 |
11	CharCreateTime	创建时间	
12	FullIndexed	全文索引标识	

续表

序号	字段名	中文名	说明
13	Type	类型	普通图书 古籍 or 影印古籍 民国图书 学位论文 English Book（不唯一）等
14	Path	存储路径	
15	Source	来源	少数记录出现分隔符 |
16	Title	题名	分隔符 |
17	Description	描述	分隔符 |
18	Identifier	标识符	部分资源存放ISBN号码，但是形式各异，需要处理后使用；分隔符 |
19	Format	格式	Image/Djvu(.djvu)
20	Page	页数	数字
21	HostID	主机ID	
22	bufferIdentifier		
23	LastDate	更新时间	

针对上述数据结构，OpenAPI服务系统利用Solr关联MySQL数据库，建立索引，Tomcat与Solr配合提供后续API服务。Apache httpd服务器提供检索请求分发、返回元数据数据量控制、IP权限控制等功能。系统服务运行环境为CentOS6.2操作系统。

Solr是一个高性能、采用Java开发、基于Lucene的全文搜索服务器[10]。它对外提供类似于Web-service的API接口。用户可以通过HTTP请求，向搜索引擎服务器提交一定格式的XML文件，生成索引；也可以通过HTTP GET操作提出查找请求，并得到XML格式的返回结果。Solr配置涉及新建索引、增量索引、设定索引项以及检索时是否使用分词和索引数据文件生成路径等工作，主要文件为db-data-config.xml、schema.xml和solrconfig.xml。

db-data-config.xml文件定义数据库连接以及建立相应的字段。部分配置代码如下所示：

```
<entity name="book" pk="BookNo" query="select * from book"
deltaQuery="select BookNo from book where Last_modfied>
        '${dataimporter.last_index_time}'">
<field column="BookType" name="BookType" />
<field column="BookNo" name="BookNo" />
        <field column="Title" name="Title" />
......
</entity>
```

schema.xml文件定义哪些元数据字段为索引项，读者检索该字段的时候是否使用分词以及具体分词库。部分代码如下所示：

```
<fields>
<field name="BookType" type="string" indexed="true" stored="true" />
```

```
<field name="BookNo" type="string" indexed="true" stored="true" required="true" />
<field name="ISBN" type="ikAnalyzer" indexed="true" stored="true" />
......
</fields>
solrconfig.xml 文件定义索引数据文件在服务器中的存储路径。
<!-针对表 book 定义索引数据文件的生成路径 -->
<dataDir>${solr.data.dir:/opt/solr/data/book}</dataDir>
```

2.3 接口的主要功能与参数

2.3.1 接口功能与格式

系统提供现有 CADAL 资源（包括古籍、民国图书、民国期刊、现代图书、学位论文、英文图书等）的元数据检索功能。以 CADAL 资源检索 API 为例，采用发送 HTTP 请求的方式实现该接口调用，基本形式如下：http://IP 或者域名/cadal/cbook/?q=检索字符串。其中，检索字符串=检索项:检索词，检索项可以是如下 16 个字段：BookNo（CADAL 资源标识 ID）、BookType（资源类型）、CreateDate（创建日期）、Creator（作者）、Publisher（出版机构）、Subject（关键词）、Coverage（覆盖范围）、Contributor（其他责任者）、ContentLanguage（内容语种）、Relation（关联）、Rights（版权）、Source（来源）、Title （题名）、Description（描述）、ISBN、Format（格式）。例如，调用接口 http://IP 或者域名/cadal/cbook/?q=Creator:P.AARNE，返回 XML 格式结果，其中<result name="response" numFound="1" start="0">，numFound="1"表示元数据检索命中一条记录，若无命中则 numFound 值等于 0；start="0"表示从命中结果集第 1 条开始返回元数据。每个<doc></doc>元素中间包含一条元数据记录，其中<str></str>元素记录字段值，例如<str name="BookNo">06313163</str>表示字段 BookNo 的值为 06313163，<str name="Title">环境污染及控制</str>表示字段 Title 的值为环境污染及控制，<str name="Publisher">东华书局・台湾</str>表示字段 Publisher 的值为东华书局・台湾，其他以此类推。

2.3.2 检索参数

使用上述 API 针对现有 CADAL 资源元数据检索时，可使用参数定义符合需求的调用请求。OpenAPI 服务系统提供的检索参数如表 2 所示。

表 2 检索参数

参数名	形式	说明
AND	q=检索子串 1 AND 检索子串 2 [AND 检索子串 N]	用于检索同时满足不同检索子串的 CADAL 资源记录
OR	q=检索子串 1 OR 检索子串 2 [OR 检索子串 N]	用于检索满足不同检索子串之一的 CADAL 资源记录
fl	&fl=返回字段 1[,| 返回字段 N]	指定检索命中记录的返回字段
score	&fl=score	返回检索结果的相关度得分，分值没有范围，针对每次不同的检索条件，具有相对值意义
start	&start=*	定义返回结果的起始记录数，默认值为 0

续表

参数名	形式	说明
rows	&rows=*	定义 1 次返回多少条记录，默认值为 10，且出于数据安全考虑，每次请求最多返回 10 条记录
sort	&sort=检索项 1desc|asc[,检索项 N desc|asc]	CADAL OpenAPI 服务系统默认按照相关度得分（score）降序排列检索结果。根据需要，可以在调用 API 的请求中增加参数 sort，指定返回结果的显示顺序
wt	&wt=*&indent=on	指定其他输出格式，常用输出格式包括：xml、json、python、ruby、php、phps、custom。同时，增加 indent=on，使返回结果以缩进形式显示

2.4 繁简体汉字转换

在 CADAL OpenAPI 接口系统推广使用过程中，香港城市大学图书馆希望试用该接口进行资源整合；而香港地区常用繁体汉字，繁体汉字与简体汉字的 UTF8 编码是不一样的，如果系统没有相应的处理机制，当读者分别检索同一个关键词的繁体汉字和简体汉字时，接口系统返回的结果集合可能不完全一致，即用繁体汉字检索时，接口系统只会返回繁体汉字相关检索结果；用简体汉字检索时，接口系统只会返回简体汉字相关检索结果；这种情况影响用户的使用体验，不利于 CADAL 数字资源的揭示和使用。

为解决上述问题，在系统中增加繁简体汉字转换模块，该模块使用 Java 工具包 HanLP，HanLP 主要调用两个 jar 包 hanlp-portable.jar 和 hanlp-solr-plugin.jar。在元数据建立索引时，将所有繁体元数据条目全部转换为简体汉字编码格式，所有元数据索引都以简体汉字编码格式保存。遇到检索词为繁体汉字时，接口系统首先把繁体汉字检索词转换为简体汉字检索词，然后再查找相应的元数据条目，经过繁简体转换处理后，无论读者输入的检索词是简体还是繁体，得到的检索结果集合都是一致的。该功能方便了使用繁体汉字的大学图书馆使用 CADAL OpenAPI 接口系统。

2.5 负载均衡

考虑到服务器单点故障、网络带宽、机器性能等因素，若遇到访问量比较大的情况，接口系统可能会出现反应迟钝或宕机等非正常状态，若元数据检索结果不能及时返回给第三方应用系统，可能会影响到第三方应用系统结果页面的加载与呈现。这种情况会直接影响终端读者的使用体验以及第三方应用系统的正常服务，因此 CADAL OpenAPI 系统实现了 2 台服务器间的索引自动同步。在用户访问量增大的情况下，可以通过 Apache 的配置，实现 HTTP 请求到主从服务器上转发，使 2 台服务器共同分担工作，达到负载均衡，提高 CADAL OpenAPI 系统的服务健壮性。实现时，在配置文件中定义负载均衡策略，部分配置代码如下：

```
<Proxy balancer://cluster>
BalancerMember ajp://主服务器 IP:端口 loadfactor=1 smax=5 max=25 ttl=30
BalancerMember ajp://从服务器 IP:端口 loadfactor=1 smax=5 max=25 ttl=30
</Proxy>
```

2.6 接口访问控制

CADAL OpenAPI 服务是一种授权服务，只有授权用户（包括机构用户和终端用户）才能有效使用。在接口访问控制机制方面，系统提供两种认证模式：基于 IP 控制和用户白名单的访问认证[11]。基于服务器端开发语言调用 API 时，需提供服务器 IP，且向 CADAL 申请用户账号；考虑到 JavaScript 等客户端脚本语言也有调用需求，但客户端脚本源码客户端可见，因此专门提供一组仅经过 IP 认证的 API，供使用此类语言开发的第三方应用系统调用，事先须提供调用 API 的所有客户端 IP 范围给 OpenAPI 接口服务系统，且此组 API 的检索结果仅呈现 CADAL 资源的部分元数据信息。

3 建设成效

3.1 接口调用统计

基于 CADAL 数字资源元数据的 OpenAPI 检索系统实现以来，截至 2016 年我国内地已有 28 所大学图书馆申请使用 CADAL OpenAPI 接口整合 CADAL 数字资源；另外，还有我国香港城市大学图书馆和美国康奈尔大学图书馆也在接洽试用该接口进行资源整合。2016 年，在这 30 所大学图书馆中，有 16 所大学图书馆的第三方应用系统发起了 OpenAPI 接口调用，第三方调用系统以 OPAC 系统为主，包括 Innopac 系统、Aleph 系统、汇文系统等，接口调用量统计如表 3 所示。

表 3　16 所大学图书馆调用 CADAL OpenAPI 情况

调用 OpenAPI 大学	调用次数	调用 OpenAPI 大学	调用次数
浙江大学	9031328 次	南京大学	1882479 次
清华大学	264841 次	北京师范大学	209 次
西安交通大学	161679 次	华东师范大学	1277866 次
南昌大学	2029525 次	中国海洋大学	1461051 次
宁波大学	813407 次	云南大学	578684 次
新疆石河子大学	79817 次	北方民族大学	263338 次
美国康奈尔大学	25 次	重庆大学	810170 次
四川大学	292 次	中国农业大学	201100 次

3.2 清华大学图书馆 Innopac 书目系统调用 CADAL OpenAPI 接口分析

以清华大学图书馆 Innopac 书目系统调用 CADAL OpenAPI 接口为例。读者检索 Innopac 馆藏时，程序分析检索结果记录，若“出版发行”字段有“民国”“民國”字样，或者出版时间在 1911—1949 年的图书会触发调用 CADAL OpenAPI 接口脚本程序，接口调用程序将对 CADAL 元数据检索命中记录进行数据选取，选取规则为检索命中记录的相关度得分大于 1 且比最大相关度的 1/2 高，将满足该条件的结果记录按照相关度得分排序呈现。考虑到

Innopac 系统页面布局、结果相关度等因素，页面最多整合显示 10 条 CADAL 相关数字资源记录。例如，读者基于题名字段搜索“朝花夕拾”，在结果列表点击“朝花夕拾：一九二七年著”打开该资源详情页面（见图 3）；接口调用程序处理后，在页面底部整合呈现了与读者输入题名“朝花夕拾”相关的 CADAL 数字资源全文链接，读者点击 CADAL 相关资源题名链接可直接定位到 CADAL 数字图书馆全文对象，使用 CADAL 数字图书馆账号登录后，可借阅该资源电子版全文。部分民国图书由于馆藏副本较少，给读者借阅造成不便。Innopac 书目系统调用 CADAL OpenAPI 接口检索并整合呈现 CADAL 相关数字资源，方便读者获取 CADAL 数字图书馆中民国图书电子版全文，在一定程度上缓解了读者民国图书借阅问题。

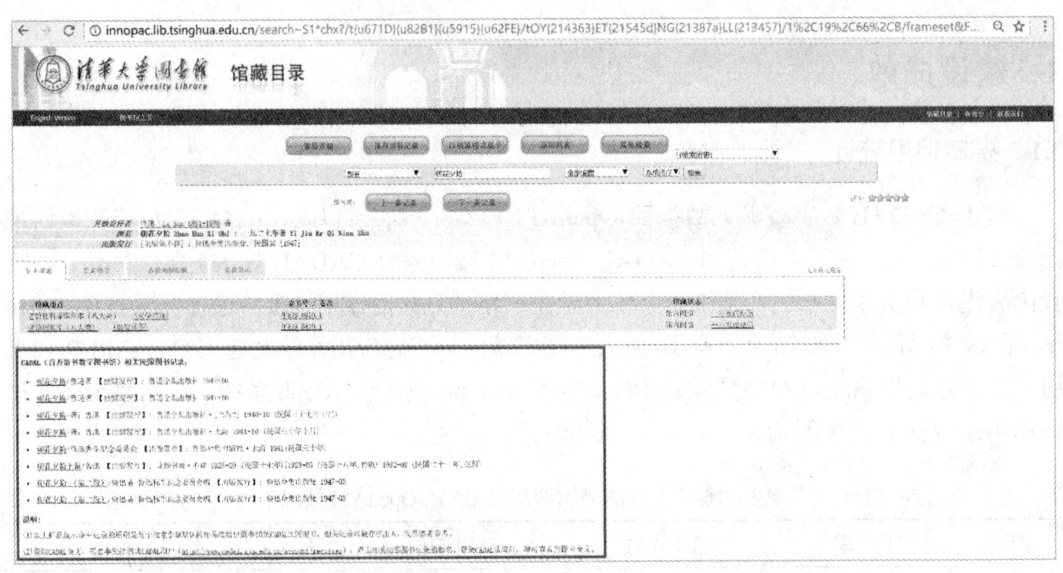

图 3　清华大学图书馆 Innopac 调用 CADAL OpenAPI 实例

整合呈现 CADAL 数字资源前，读者通过 Innopac 书目系统检索所需资源，Innopac 页面仅返回本馆馆藏检索结果，如图 4 所示；不会呈现如图 3 中加框部分 CADAL 相关资源检索结果；若本馆馆藏中没有读者所需资源，读者希望了解 CADAL 数字资源平台中是否包含所需资源，只能访问 CADAL 数字资源平台重新检索。在 Innopac 书目系统调用 CADAL OpenAPI 接口系统，实现 CADAL 数字资源整合呈现功能后，读者在 Innopac 系统上进行一次检索，Innopac 系统返回的检索结果既包含本馆馆藏详情，如图 3 所示；同时整合了 CADAL 数字资源平台相关检索结果，在图 3 加框区域中呈现了“朝花夕拾”相关的民国图书电子版访问链接。以“朝花夕拾”这本民国图书为例，清华大学图书馆该本文献的借阅规则为馆内阅览，不能外借；若读者不方便到图书馆内阅览该图书，那么 CADAL 数字资源平台中若有该图书的电子版全文并能够远程全文阅读将解决读者的需求，如图 3 加框部分整合呈现了 Innopac 调用 CADAL OpenAPI 接口后 CADAL 数字资源平台中相关的文献记录及全文链接，读者点击这些超链接即可打开 CADAL 数字资源平台全文访问页面，登录之后即可阅读文献全文。因此通过调用 CADAL OpenAPI 接口系统，提高了 Innopac 系统查询资源覆盖范围，方便了读者借阅文献图书，同时提高了 CADAL 数字资源的呈现和利用率。

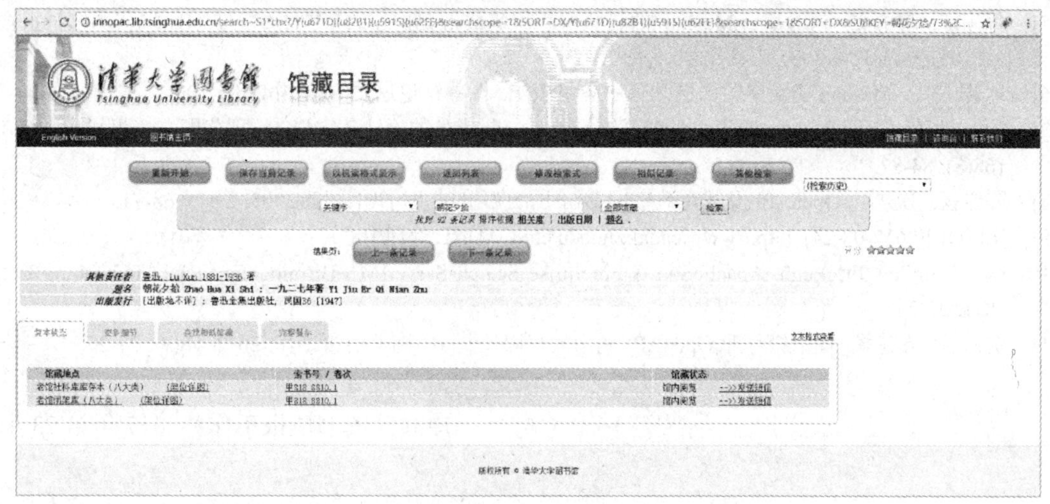

图 4　清华大学图书馆 Innopac 未调用 CADAL OpenAPI 实例

4　结语

CADAL 所独有的、丰富而多样化的数字资源以 OpenAPI 的方式开放给成员单位乃至其他机构，可有效提高资源的利用率，更有针对性地服务于个性化的用户群体，使 CADAL 的资源更好地发挥作用，成为服务于社会的公共财富。各个成员单位通过 OpenAPI 接口系统实现自有资源与 CADAL 资源的集成，既能保留原有系统的独立性，又可以将数字资源进行有效封装，扩充了读者获取资源的渠道和方式。

在 CADAL OpenAPI 检索服务系统推广使用过程中，笔者也发现一些问题。比如各高校图书馆编程技术力量不尽相同，熟悉的编程语言、OPAC 系统的运行环境、页面结构等差异比较大，部分图书馆实现 OpenAPI 接口调用整合 CADAL 数字资源存在一定难度，CADAL 管理中心应尽可能多地提供典型 OPAC 系统整合检索 CADAL 数字资源程序示例以帮助这些图书馆实现资源整合。目前图书馆读者在 OPAC 系统发现感兴趣的 CADAL 资源后，点击全文链接跳转到 CADAL 数字图书馆平台需输入 CADAL 平台的用户名和密码，认证成功后才可查看全文。读者在不同系统间多次登录、记忆不同账号密码，影响读者使用体验，后续考虑通过 CADAL 成员图书馆 IP 地址免认证或实现 OPAC 系统与 CADAL 数字资源平台统一认证功能解决上述问题。目前 OpenAPI 接口仅提供 CADAL 资源元数据检索功能，若未来 CADAL 管理中心开放全文数据，可考虑实现全文检索接口、个性化统计等扩展功能，使读者更便捷地使用数字资源。

参考文献

[1]　[EB/OL][2017-05-24]. http://www.CADAL.cn/.CADAL 管理中心.

[2]　[EB/OL][2017-5-24]. http://www.CADAL.cn/zydt/index1512.htm.CADAL 管理中心.

[3]　姚飞，窦天芳. 基于 Mashup 理念开展主动服务的探索与实践[J]. 图书馆建设, 2009(9): 57-60.

[4]　沈奎林，杜瑾. 利用 Mashup 提升图书馆服务能力——以豆瓣网和南京大学图书馆 OPAC 结合为例[J]. 现代图书情报技术, 2010, 198(10): 87-90.

[5] 曾满江, 李勇文. 利用基于Mashup的轻量级应用集成框架构建数字图书馆门户[J]. 现代图书情报技术, 2011, 203(3): 88-93.

[6] 严玲. 基于Mashup的数字图书馆学科服务组织[J]. 图书馆论坛, 2013, 33(4): 98-103.

[7] 周虹, 张蓓, 窦天芳, 等. 清华大学图书馆OPAC书封服务的设计与实现[J]. 现代图书情报技术, 2008, 168(8): 84-87.

[8] 陈定权, 莫秀娟. OpenAPI及其在数字图书馆中的应用[J]. 图书馆论坛, 2009, 29(1): 68-71.

[9] [EB/OL][2017-08-24]. http://www.cadal.zju.edu.cn/.CADAL管理中心.

[10] David Smiley, EricPugh. ApacheSolr 3 Enterprise Search Server[M]. Birmingham: Packt Publishing Ltd, 2011: 27-267.

[11] 贾西兰, 郭建峰. 图书馆行业OpenAPI利用的权限控制[J]. 图书情报工作, 2012, 56(7): 21-25.

原载《图书情报工作》2017年第23期

特色馆藏建设与图书馆史

清华大学图书馆古籍特藏资源的建设经验与创新服务

魏成光　何　玉　游战洪

摘　要：根据国内外图书馆的发展趋势，特色资源建设将是未来图书馆的发展重点。清华大学图书馆经过百余年的发展历程，积累了内容丰富、特色鲜明的特藏资源。文章从人物、事件、清华元素三个方面着手，结合时间、空间、专业三个维度，分析了清华大学图书馆古籍特藏资源的建设经验，并对各个特藏专题的建设思路、整理研究、保护修复与读者服务等做了全面总结，最后提出特藏资源建设必须立足为学校教学科研和人才培养服务，需要开展国内国际合作，实现特藏资源共建共享，还要突出地域、历史与现实的特色。

在开放的大数据背景下，图书馆的资源建设开始进入更加趋于同质化的时代，你买我买大家买，你有我有大家有。更加注重馆藏核心资源的建设，加强本馆特藏资源建设工作，挖掘馆藏资源的新价值，已经成为当下高校图书馆界的基本共识。重视特藏资源建设与服务等已经成为国内外图书馆界工作中最受重视的部分之一。

早在 1957 年，我国图书馆学的奠基人之一杜定友先生根据实践经验，就特别强调图书馆专藏的建设、研究与服务。在他的许多著述中都对此有明确的论述："专藏的范围应包括图书与资料，一般图书馆只注意收罗图书、杂志、报纸，而忽略了图片、档案、杂件。"他在论述地方文献收藏时说："对于本地生产品的商标、包装纸盒式样、特产手工艺品的图照（仅做展览时用）、歌谣及地方剧目说明等等，也要随时收集整理。"[1]"各馆藏书除供应一般读者的需要外，必须根据当地地理环境、建设需要、历史传统、藏书基础和读者的要求，做重点配备，重点发展。各馆应有若干专藏，每个专藏应配备专科研究员，为读者服务。"[2]强调了特藏资源的建设、研究与服务三位一体、密不可分的关系。美国研究图书馆协会对于特藏资源包含的内容范围的界定为："没有复本的手稿和档案资料、独一无二的或稀见的图书，还包括珍稀、价值高昂或与机构的历史、文化、政治、科学、艺术等方面有重要关系的纸质印刷型、照片、电影、建筑图纸、数字档案珍贵资料。"由此可见，图书馆的特藏资源既包括最初的特色文献收藏，又包括数字复合型资源，其中既有珍贵性的、历史性的传统特殊收藏资源，也有具有实际应用价值的现代特色的收藏资源，这些资源是本馆特有的，或者是其他馆少有的。

目前，哈佛大学、康奈尔大学、哥伦比亚大学、剑桥大学等欧美知名高校的图书馆都非常重视本馆特藏资源的建设与发展，在馆藏资源与服务投入比例中，特藏资源已经上升为其最重要的、突出本馆特色的建设工作之一。英国国立和大学图书馆常设会议（SCONUL）一项关于近十年来图书馆在相关服务中的介入重要程度的调查研究项目结果表明，相比信息素养、发现服务、机构库、研究数据服务等，图书馆的古籍特藏工作具有最强主导性和不可替代性的作用。国内高校图书馆近年来也日益重视本馆特藏资源的建设与服务。北京大学、中山大学、浙江大学、人民大学、上海交通大学等综合性大学及具有专业特色的专科大学基于自身的学科发展历史、所处的地理与历史环境与藏书基础，经过多年馆藏建设与积累，已经逐渐形成了具有本馆特色的古籍资源与一定规模的特色专藏。

清华大学图书馆经过110年长期精心的资源建设与积累，已经逐步形成多个体系完备的特色专题文献，对特藏资源的建设与服务重视程度逐步提升，不断探索适合清华大学图书馆自身发展的古籍特藏业务机构设置。于1993年成立科技史暨古文献研究所，2008年设立特藏部，2016年设立古籍部，2020年，将原古籍部、特藏部、科技史暨古文献研究所三个部门的资源与人员进行优化整合，成立古籍特藏部。多年来坚持引进与培养高水平古籍特藏专业馆员队伍与研究团队，逐步建设并完善清华特色的古籍特藏、专业研究与创新服务体系，不断对馆藏特色专题资源进行全面深入梳理，将古籍、特藏、研究、服务四个方面的业务工作深度融合，不断开拓新的古籍特藏收藏主题增长点，全面提升古籍特藏业务的管理与专业学科服务水平，在国内外高校图书馆古籍特藏专业业务方面具有较高影响力。清华大学图书馆“十四五”规划中对古籍特藏建设做了明确规划：“图书馆注重特藏资源建设，保持特藏资源独特性、珍贵性和历史性的特色，加强特藏资源研究与利用。”[3]为继续提升清华大学图书馆在学界与业界的影响力提供规划与政策保障。

清华大学图书馆的特藏建设坚持以图书馆总体发展规划为依据，在110年间通过购买、接受捐赠等多种方式收集汇聚了大量珍贵的特藏资料。经过不断建设梳理与探索，初步形成了以“人物主题”“事件主题”“清华元素”三个要素为中心，从时间、空间、专业主题三个维度出发建设、组织管理特色资源的模式，具体如图1所示。

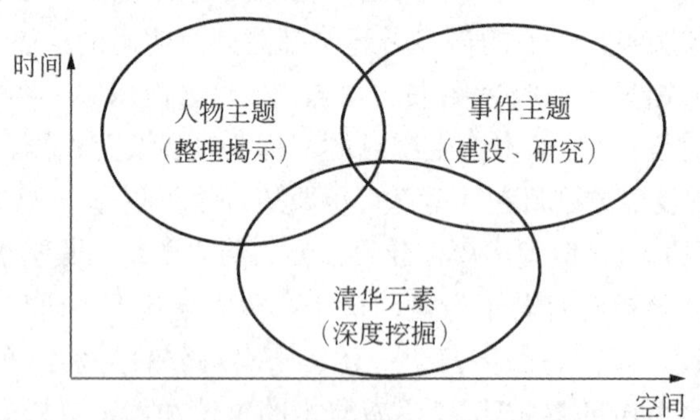

图1 清华大学图书馆古籍特藏建设模型

图书馆建设了具有清华特色的清华大学文库、清华校刊与周刊文库、清华大学学位论文库；建成基于名人捐赠专题资料的科恩图书室、爱泼斯坦文库、服部文库、“保钓、统运”资料专藏、玻尔文献专藏、吴冠中艺术资料库；基于重点专业研究需求建设了诺贝尔文学奖专藏、地方志及民间文书专藏、民国文献专藏及社会各界名人图书专架专藏系列等，全力为学校教学科研和人才培养提供支撑与保障。

1 基于“人物主题”的资源整理与揭示

清华大学在 110 年的历史长河中为国家和社会各领域培养了不可计数的研究与实践人才，图书馆在 110 年间收集汇聚了大量以“人物”为主题的各种专藏资料。近年来有计划地对有关清华学人与社会名人的馆藏资源进行挖掘整理，将重要人物的生平、著述及人物涉及的相关资料进行集中分类、加工整理、标引与关联揭示，逐步形成了清华学人与社会名人等“人物主题”的专题资源。

1.1 清华学人专题资料建设

清华学人专藏主要包括曾在清华任职的教师、工作人员和历届校友。图书馆收藏了包含清华自建校以来的校刊及其他内部或对外出版刊物，以及各种有关清华学人、事件、物品、历史资料等总数近 3 万册的书籍资料，按照规模分为名人专架、名人专室、名师文库、院士文库、校友文库五大类，形成了具有清华特色的清华文库。文库重点建设完成的图书专架有陈寅恪、邓叔群、端木蕻良、曹禺、费孝通、冯友兰、宗璞、贺麟、顾毓琇、龚育之、季羡林、金岳霖、梁启超、梁思成、林徽因、吕叔湘、马祖圣、潘光旦、浦江清、钱钟书、杨绛、沈从文、王国维、王佐良、文洁若、萧乾、闻一多、吴晗、吴宓、吴文藻、冰心、许国璋、许渊冲、张岱年、赵元任、朱自清等36位学人的图书专架。建成包含李学勤、杨绛与钱钟书、冯友兰先生的藏书、家具、用品等资料为基础的纪念资料专室。建成了戈革、龚育之、梅祖麟、谭浩强、傅璇琮、何兆武、贺麟共 7 位清华名师的著述文库；另外还收藏建设了邓稼先、顾秉林、华罗庚、杨振宁、李政道、钱三强、钱伟长、钱学森、王大中、吴良镛、朱邦芬、朱光亚等 82 位清华大学院士学术成果的院士文库。

图书馆学位论文收藏清华大学自民国时期建校以来至今各时期的本校毕业生公开的硕士、博士学位论文，博士哲学小论文，部分博士后进站前论文和出站报告，共计约 10 万册。基本完成了所有学位论文的全文数字化扫描，电子版原文逐步进入清华大学学位论文服务系统，基本实现了校园网内检索浏览与下载打印。

1.2 社会名人专题资料建设

图书馆特藏部自 2008 年成立以来，广泛联系与清华相关的社会名人、名师或其后人，积极获取相关资料的捐赠工作逐步成为特藏工作的重点工作之一。经过十多年的不懈坚持与努力，共征集到近 300 人约 6 万页的手稿、书稿、著作、稿本等非正式出版物和近 300 册社会名人的图书签名本，逐渐形成了清华学人的非正式出版物资料和名人签名本特色馆藏。已经整理建成的具有代表性的专藏有哥本哈根学派的创始人、诺贝尔物理学奖获得者尼耳斯・亨利克・戴维・玻尔（Niels Henrik David Bohr，1885—1962）先生的珍贵文献、照片和物品的玻尔专藏；伊斯雷尔•爱泼斯坦（Israel Epstein，1915—2005）生前珍藏的6382 册重要的国际共产主义运动理论及实践的研究专著以及爱泼斯坦本人的著作、照片及手迹的爱泼斯坦专藏；以早期革命历史文献为特色的陈丕显专藏；任继愈、冯钟芸专题资料，涵盖经济金融实践研究方面的专题资料——刘鸿儒专架。通过专业书商购买了全面反映西方近现代艺术史的外文专题文献专藏——艾伦斯、卡尔松与希尔斯文库等。这些涵盖了人文社会科学的各个领域。

2　基于“事件主题”的资源建设模式探索

清华大学图书馆在基于“事件主题”的资源建设方面，在积极探索资料内容收集与专业化整理揭示的同时，充分结合专题馆员的学科专业优势，依托专业院系努力开展专题资料宣传普及与基于资料的专业研究工作，与院系共建共享特藏资源，开创了图书馆基于事件主题资料的整理与图书馆角度资料研究结合的全新建设模式。

2.1　马克思主义思想专题文献专藏

清华大学对马克思恩格斯经典文献的收藏和整理可以追溯至百年前的建校伊始。根据相关文献记载，1949 年新中国成立以前馆藏外文图书数量超过 3 万册，其中与马克思主义相关的西文图书有 3500 余册、日文图书有 600 余册。这些文献包括从 1927 年开始出版的《马克思恩格斯全集》历史考证版第一版中的 9 卷以及梁赞诺夫编辑的《马克思恩格斯文库》2 卷本，此外还有大量马克思恩格斯涉猎过的哲学家、经济学家和社会主义思想家的著作。在这些图书中，有的盖有“北平国立清华大学”的钢印，有的盖有“国立西南联合大学图书馆”的收藏章，构成了今天清华大学系统收藏马克思恩格斯文献的历史起点。进入 21 世纪以来，清华大学图书馆对马克思恩格斯经典文献的收集、整理和研究工作进入了一个新阶段。于 2008 年接受了美国哲学家罗伯特·科恩教授（Robert S. Cohen，1923—2017）捐赠的其收藏的 21644 册书刊，并在此基础上建立了清华大学“科恩文库”，这些赠书中包含了很多与马克思主义相关主题的重要西文文献。同时也着手接收并整理已故日本东北大学服部文男教授的藏书共 20609 册，其中西文文献 4932 册，日文文献 15677 册，并于 2011 年在图书馆建立了“服部文库”。该藏书中包括了众多《马克思恩格斯全集》原文版本、多语种的全集翻译和重要系列期刊、《资本论》的版本库和日本马克思主义文献库等马克思主义经济学方面的主题资料，这使得“服部文库”本身就是一个具有示范意义的马克思主义专业文献库。此外，图书馆还接受了美国康奈尔大学有偿转让的近 9 万册人文社科图书，其中也包含少量关于马克思主义的重要外文文献。

近十年来，图书馆与清华大学马克思恩格斯文献中心合作，更加有步骤、有计划地开展专题资料的补充与更新。合作从国外购买了马克思《资本论》第一卷（1867 年初版）以及由黑格尔生前出版的著作初版等珍稀文献，丰富了《资本论》和德国古典哲学的版本收藏。查补了大量现有全集和定期刊行物的缺本。目前已经收集整理了近 5000 张马克思恩格斯原始手稿、高清影印图片，3 万余册书刊，形成了多语种、专业化和系统性的高质量马克思恩格斯文献库与珍本文献特色收藏。基于这些珍贵资料，与马克思恩格斯文献中心合作进行文献版本考证研究，出版《清华大学藏马克思恩格斯珍本文献图录》。深入探索出了图书馆与专业院系、研究所进行马恩文献共建与共同研究的模式，使清华大学的经典文献收藏与研究迈上了一个新台阶。

2.2 联合国裁军专题文献专藏

针对国内裁军专题原始文献极度匮乏的现状，经多方联系，图书馆成功接收由联合国裁军事务前首席政务官林国炯先生捐赠的个人收藏的联合国裁军专题资料。以这些资料为基础整理建设了联合国裁军专题文献资料。资料中包含英文、中文、法文、西班牙语、阿拉伯语等多国语种图书 2000 余册，期刊会议录 7000 余册，各类会议的原始资料与各类非正式出版物 5 万余件。资料主题横跨裁军、军备控制、防止核扩散、战略研究、外交、国际关系与国际安全、裁军外交、战略研究等多个领域。古籍特藏部在林国炯先生捐赠藏书的基础上，正设法将散落在各个专家、裁军大使手中的专著和资料集中到清华大学图书馆。经主动沟通联系，后又陆续接收了中国首任裁军大使钱嘉东先生、中国国防科技信息邹云华老师捐赠的一批军控类专著与内部军控文集等资料。经过持续的建设与更新补充完善，目前已经成为国内外研究联合国裁军问题、捍卫世界和平稳定、构建人类命运共同体的专题文献资源保障中心。

图书馆古籍特藏部联合资源建设部共同系统地对这批资料进行整理与揭示，并与信息技术部合作一同对其进行全文数字化。该专题文献库的建成可以与联合国数字图书馆中关于裁军专题的资料互为补充，极大地方便了国内学者对于世界裁军进程、军备控制、防止核扩散等主题的研究。

2.3 保护钓鱼岛运动专题文献专藏

20 世纪 70 年代，在美国的一批中国台湾、香港留学生发起了以“保卫钓鱼岛”为中心的爱国运动，运动持续十年之久，同时留下大批珍贵史料。2007 年 9 月，清华大学图书馆开始接受周本初教授及其他当年参加保钓运动者捐赠的大量相关刊物、资料和文献，并开始进行初步整理。2010 年，清华大学图书馆成立保钓资料收藏研究中心，正式开始深入收集整理“保钓运动”的相关文献资料，开展专业化学术研究。对全部保钓资料做了数字化扫描，建立了保钓资料数据库与网站，与海内外其他保钓资料收藏单位加强交流，并实现文献信息共享，充分发挥这批珍贵资料的使用价值。先后主办或参与了各类保钓运动文献整理与研究学术会议、展览，参与国家社科基金重大研究专项，出版了珍贵的历史文献集《春雷回想：清华大学图书馆保钓口述文集》《春雷声声》《春雷之后》《峥嵘岁月》《壮志未酬》等重要学术成果。2021 年 10 月，保钓中心被设立为北京市对台交流基地，将保钓中心逐步建成了联络海峡两岸、促进和平统一的纽带和桥梁。经过 12 年的发展，清华大学图书馆保钓资料收藏研究中心成为校内外了解与研究保钓运动历史的重要窗口。

3 基于“清华元素”资源的深度建设与挖掘

清华大学图书馆始终坚持突出清华特色，讲好清华故事，弘扬清华传统，宣传清华精神，反映清华文化，突出优势学科，深度建设与挖掘馆藏特色资源，为清华精神的传承与创新服务。

3.1 古籍与民国文献专藏

目前清华大学图书馆收藏一大批弥足珍贵的古籍、少数民族典籍及文物。这批珍贵的古籍早先购自浙江杭州丰华堂藏书楼，还有来自刘半农、卢木斋、金天羽、陶孟和等名家的捐赠，来自刘仙洲、张子高、陈岱孙等著名学者的馈赠或售卖，还包括原中央工艺美术学院图书馆收藏的近万册艺术类古籍。历经百年沧桑，目前馆藏中文古籍2.8万部、23万余册，西文善本数百种，其中《清华大学图书馆藏善本书目》收录善本书4623种、5086部，被《中国古籍善本书目》收录善本书1885种、孤本425种。此外，清华大学图书馆还珍藏有众多精美文物，其中包括青铜器1489件，甲骨1755块，兽骨、玉石器234块，古钱币217件，字画40幅，舆图、阵图27幅，清乾隆时期巨型缂丝佛像1幅（现展于清华大学艺术博物馆），碑刻墨拓近千幅。这批丰富多彩的文物珍品反映了不同历史时期的文化特点，具有很高的文物价值和艺术价值。2007年，经国务院批准，清华大学图书馆入选首批国家重点古籍保护单位。为了对这批珍贵的古籍资源和文物精品进行深度整理、研究与服务，清华大学图书馆于1993年设立科技史暨古文献研究所，2016年设立古籍部，古籍部与科技史暨古文献研究所共同承担古籍与文物的建设管理和服务工作，协同开展资源建设、学术研究与古籍阅览工作。在馆藏古籍、拓片普查与数字化的基础上，持续开展中西文古籍善本资源的挖掘整理与新古籍资源的建设工作。已出版了包括《清华大学图书馆藏善本书目》《清代缙绅录集成》等在学术界有影响力的古籍目录或影印古籍丛书。目前馆藏古籍普查工作进入收尾阶段，目录数据全部整理完毕后将陆续导入Alma系统，实现与其他馆藏资源在“水木搜索”内的一站式检索、预约与阅览服务。

清华大学图书馆收藏的民国时期文献主要来自百余年形成的历史馆藏积淀，包括图书、期刊、报纸、民国期间本校学生毕业论文、本馆馆史文献，以及民国时期的老照片、名人手稿等，具有馆藏结构合理、版本样态丰富、馆藏源流渠道广泛等特征。就资源类型而言，馆藏民国刊物稀见性强，民国图书签名本多，本馆老毕业论文、馆史档案、民间契约文书与老照片各具特色。共计图书近2万种，期刊报纸3500余种，本校学生毕业老论文800余册，本馆馆史文件及各类手稿近7000件。这批珍贵文献是研究民国时期清华校史、馆史、中国近代教育史乃至民国社会文化的一手史料，日益受到校内外研究者的关注与重视。

古籍特藏部已将这批历经战乱、劫后余生的珍贵史料做了系统整理和数字化处理，并陆续建成网络版的《清华校刊》特色库、《清华周刊》数据库、清华大学校史数据库，为校内外专家学者和一般读者提供专业服务。

3.2 方志与民间地方文书专藏

2007年，清华大学图书馆开始进行“地方文献特藏”专题建设工作，这项特藏建设工作是在时任校党委书记陈希同志的大力倡导和亲自推动下开展起来的。图书馆基于历史上长期积累地方志古籍的传统，在新时期主动与浙江、北京、福建、河北、吉林、安徽、山东、广东、广西、内蒙古等33个省、自治区、直辖市、特别行政区的政府联系，征集各地新编方志赠送清华大学图书馆。已收集全国各地新编地方志1万余册，包括省、市、县三级地志，还有科技、交通、医疗卫生、教育等行业志。从2011年起，图书馆在学校经费的大力支持下加大了方志资源的采购力度，购进了大批重印的历代方志与新方志。图书馆以这批征集及采购到的珍贵地方志作为特藏资源，在分馆人文社科图书馆内设置了“清华大学图书馆方志馆”专架，为全校师生提供服务。

自2010年起，清华大学图书馆配合历史系、中文系教学与研究的需求，在有关专家教授的精心指导和直接参与下，开始积极收集民间地方文书，作为“地方文献特藏”的持续补充。近十年来，坚持不懈，不断建设，迄今已收集入藏8万余件民间地方文书。这批文书资料年代跨越明、清两代及民国时期、新中国成立初期，内容涉及历史、政治、经济、文化等领域，地域涵盖山西、山东、河北等地，具体类型包括交易文契、合同文书、承继文书、私家账簿、官府册籍、政令公文、诉讼文案、乡规民约、信函书札等，跨越时间长，种类齐全，内容涵盖领域广，是了解中国封建社会后期社会实态的重要实物资料。

迄今有关中国北方地区历史文书的媒体报道和学术研究并不多见，北方民间地方文书在学术界尚属较为空白的领域。清华大学图书馆有计划地持续购进中国北方地区的历史文书，作为特藏建设的重点方向之一。古籍特藏部目前正与院系密切合作，逐篇整理著录，深度挖掘和研究揭示。这批特藏资源已经逐渐融入相关院系学科的教学科研工作，对清华大学近年来开展的社会经济学、社会学、历史学等相关学科的研究和研究生培养起到了重要的支撑作用。

3.3 新媒体资源收藏

随着5G时代的到来，各种新型数字媒体不断问世。古籍特藏部收集特藏资源，已不仅仅限于纸本特藏资源的收集，近年来开始收集校内发布的各类视频、电子海报、展览、电子出版物等原创资源，有计划地进行征集与整理。例如，征集了学生节、社会实践、挑战杯等纪实类作品，毕业季等半写实作品，“金紫荆微电影大赛”等创作类作品，这些资源都是校内原创的视频作品；收集了学生自主设计、排版、制作的记录校园建筑、风景、生活、学习、活动等精彩瞬间的照片；收集了反映清华大学丰富而独特的校园文化的毕业季留影、公益活动、社团活动、院系活动、学术活动、学生节活动等精彩照片；还收集了清华大学众多校内组织设计、排版、制作的介绍各种校园活动的展板。目前，古籍特藏部正在建设针对以上数字资源的管理发布平台，使这些内容丰富的数字资料得以保存与传承，与馆藏传统印刷型资料共同成为清华大学图书馆乃至清华大学文化传统的积淀。

古籍特藏部今后不仅需要持续加大力度，在动态中持续建设与更新已经形成规模的高质量特色馆藏，如新古籍、清华学人专题、马恩专题文献资料、保钓专题文献资料、联合国裁军专题文献资料、地方文书与方志资料、民国文献、校史与馆史资料等，深度挖掘与整理多年来积累的重要专题资源，而且需要继续挖掘馆藏珍贵资料，如阿特里尼·拉斯卡内德斯基金会捐赠的希腊书籍、日本东京工业大学梶雅範先生捐赠的科技史专题藏书、杨振宁先生捐赠的学术专题资料、冯文慈与张肖虎先生捐赠的中国近现代音乐资料专藏、JAEGER 教授捐赠的新中国具有影响的法国左派社会运动文献资料等。同时，还要继续与校内相关院系专家教授互动合作，积极开展专题文献的版本考证、资源汇编、深度专业研究、编辑出版等方面的合作研究，推出一批高质量的专著及专业论文等学术成果，逐渐建成具有清华大学特色、国内外具有一定影响力且有一定规模的专题文献研究中心。

古籍特藏部一定要结合学校学科发展规划及图书馆的总体建设规划，持续开展特色资料整理、揭示与读者服务的探索与研究，探究创新永远在路上。

4 古籍特藏资源的保护与服务

信息技术的快速发展推动了图书馆的转型升级，图书馆的资源载体形态经历了由纸本到数字的历史性转变。数字新技术对年轻读者的影响、读者对图书馆空间舒适度与个性化的客观需求，为古籍特藏业务工作的发展带来了新的机遇。新时代开展古籍特藏业务，需要全面解放思想，不断关注新技术的发展，关注读者信息环境的改变，关注读者使用图书馆内容和方式的变化，充分调研并适应读者服务需求，从满足教学与科研需求和读者对文献资源的需求出发，大力开展资源的数字化与平台建设，全面推进线上线下同步的资源阅读推广创新服务，跟上时代的发展变化。

4.1 古籍特藏资源的保护与修复

近十年来，在馆领导的大力支持下，古籍特藏部已经对馆藏古籍特藏的珍贵特色图书、期刊、报纸、手稿、信札、照片等珍贵文献进行了大量数字化的加工整理。馆藏珍贵的古籍、西文善本、民间文书、名人手稿等资源，除了具有一般的文献属性，同时还具有一定的档案或文物属性。近年来，古籍特藏部影印或整理出版了《缙绅录》《职员录》《现代中国之记录》《清华周刊》等一批珍贵的特藏文献，为读者利用这批珍贵文献提供了便利，同时也有利于原始纸本文献的保存。相继发布了诸如《清华校刊》数据库、《清华周刊》数据库、清华大学校史专题数据库、吴冠中艺术数据库、清华人学学生优秀作品数据库等高水平的专题特藏数据库，对多类型的资源进行深入的专业分类关联与文本挖掘的研究与实践，探索逐步进行深度有效的关联、整合，形成专业的知识网络图谱，同时使得这些珍贵文献得以以数字形式长期保存，为读者提供了完善的网络资源服务。

此外，清华大学图书馆目前正在精心建设具有一定规模和清华特色的文献修复中心，逐步深入开展对中文古籍、拓片与地方文书修复技术、造纸工艺技术、西文图书装订技术的研究，提升清华大学图书馆珍贵文献修复与长期保存的技术水平，在实践中锻炼与培养优秀的中西文特藏修复技术人才。

4.2 古籍特藏阅读推广

近年来，充分利用馆藏古籍特藏的文献资源和古籍阅览室的空间资源两大优势，全面开展日常馆藏古籍特藏文献的教学与科研嵌入式学科服务，直接为学校教学科研与人才培养提供支撑服务，同时不断推陈出新，开展系列古籍特藏文化普及活动，通过丰富多彩的形式，挖掘特藏文献资源的价值，传承和弘扬中华优秀传统文化。围绕馆藏古籍与特色资源，分享阅读古文献经典的创新方法、经典名著、重点篇章内容、独到的研究心得与古为今用的大智慧。举办以保钓资料库、马恩文献资料库、馆藏珍贵手稿等特藏资料为主的专题文献展，为读者展示了不同的研究选题和视角相关的主题文献。阅读推广活动在宣传古籍特藏资源的同时，为读者提供了近距离接触了解与阅览利用这些珍贵资料的机会，使他们更加了解图书馆，爱上图书馆。

根据国内外图书馆的发展趋势，特色资源建设将是未来图书馆的发展重点。古籍特藏业务工作需要根据清华大学与本馆的发展战略需求，紧紧围绕学校教学科研与人才培养方面对馆藏特色资料的实际需求，关注新技术的发展，关注读者信息环境的改变，关注读者利用图书馆内容和方式的变化，开拓进取，不断创新。首先，需要对已有的特藏资源建设进行深度梳理、挖掘和充实，开发隐藏的珍藏，发掘遗漏的藏品，开发研究型馆藏，挖掘特藏文献的学术价值和使用价值。同时需要对未来的特藏资源建设进行合理规划、布局和关联，特别注重特藏资源的收集、揭示、保护，为全校师生提供专业化、个性化服务。其次，需要与其他拥有特藏资源、数字化研发能力强的机构或个人开展跨地区、跨单位、跨领域的合作建设，开发与揭示更多学术价值高的独特资源，并遵循相关国际标准进行数据的发布共享，实现相关特藏资源的共建共享，既为本校学术研究和学科建设服务，同时也为国家和社会提供相应服务，开创具有世界一流大学杰出图书馆先进水平的清华大学图书馆古籍特藏业务工作。

参考文献

[1] 钱亚新, 白国应. 杜定友图书馆学论文选集[C]. 北京：书目文献出版社, 1988: 367.

[2] 杜定友. 图书馆怎样更好地为科学研究服务[J]. 图书馆学通讯, 1957(2): 50.

[3] 清华大学图书馆“十四五”规划（2021 年版）.

用特色馆藏打造多元文化教育的基础
——以清华大学图书馆特藏为例

袁　欣

摘　要：本文从清华大学的多元文化教育历史与现状出发，介绍了清华大学图书馆近年来着力建立的几个体现多元文化的海外特色专藏：保钓文献、服部文库、科恩文库。以这几种特藏文献为例，揭示清华大学图书馆多元文化特藏的突出特点，着重探讨多元文化特色专藏的建设拓展工作，指出这些反映多元文化的专题特色文献作为大学图书馆特藏资源的出现，既有别于普通的多学科外文文献的收藏，又打破了国内图书馆以中文古籍文献为特藏的观念束缚，在大学图书馆特藏建设领域有了新的多元文化拓展的尝试。本文还从国内外若干大学图书馆的多元文化特藏出发，阐述了多元文化特藏对多元文化教育的基础作用。

一、前言

海外很多大学图书馆都拥有自己独特的特色馆藏，而且一般具有较长的建立和发展历史。很多大学图书馆特色馆藏的建设历史与其建校、建馆的历史相当，例如哈佛大学图书馆、康奈尔大学图书馆、波士顿大学图书馆等。以北美地区为例，不少大学图书馆都建立了亚洲文献的相关特色馆藏，尤其是中国各个历史时期文献的收藏和研究格外引人注目，他们还专门建立了中国研究图书馆员学会进行各种形式的学术活动[1]。

随着全球网络化和多元化的交流和发展，越来越多的国内高校图书馆也相继开始发展本馆的特色馆藏。目前国内高校图书馆的特藏文献以中国不同历史时期的文献（包括古籍善本、民国书刊、历史文书等）、本校文库（包括校友文库、机构库等）、本校特色专业文献等方面为主要的建设方向。清华大学图书馆自2008年建立特藏部以来，除继承发展已有的历史文献专藏以外，还抓住契机，着力建设了一批具有特色的、反映多元文化的专藏，以此促进本校内、高校间、国内外多元文化的教育、研究与交流。

二、清华大学多元文化教育历史与现状

清华大学在建校105周年的历史上，多元文化教育从建校伊始一直贯穿至今。1908年美国退回部分庚子赔款，让清政府设学育才、资助学生赴美留学。1909年，清政府设立游美学务处，直接资助优秀学生赴美留学。之后由于招考合格、能直接赴美留学的学生人数

远远不足，所以在1911年建立清华学堂，1912年改名为清华学校，旨在培养留美预备生。当时开设学校的目的有三个：一是教导学生学习多学科科目，让学生可以直接升入美国大学；二是引入美国的风俗习惯和教授方法，让学生到美后不至感到不便；三是成立模范学校，让国内学校学习效法。为尝试人才的本地培养，清华学校于1925年秋设立大学部，1928年更名为“国立清华大学”。在学校的章程中，也明确参照“美国大学及专门学堂为标准”分设学科，通修和专修学分制。起初设立十类学科，学制为四年，参考了美国、英国及欧陆各国的通行做法，毕业以修足学分及毕业考试合格为标准。学生在大学毕业以后再择优派遣赴美[2]。

从清华校长的历史来看，从1909—1929年的二十年间，清华的主要负责人包括校长、副校长等12人，全部有海外留学经历，其中10人曾经留美，1人留日，1人留英[3]。因此在他们的办学理念中多元文化教育既是教育的基础也是教育的途径。在我校的老校歌中，“东西文化，荟萃一堂”“立德立言，无问西东”的词句也体现了我校兼收并蓄、东西融汇、古今贯通的传统治学理念。

清华建校早期很多课程都是采用英语教学，任教老师也大多是早年海外留学回国的知名学者。例如1925年开始设立大学部时学校聘请的教员中就有后赴英国和欧洲五国游学的朱自清先生，从清华留美预备学校留学美国和西欧的吴宓先生，从清华学校走出去、在哈佛大学获得博士学位的叶企孙先生等学贯中西的大师。同年成立的清华研究院聘请的四大导师王国维、梁启超、赵元任、陈寅恪更是以学识博古通今、中西融汇而闻名于世。100余年来，我校具有海外留学经历的教师一直保持在50%以上的水平（不包括海外访问学者的经历）[4]，他们的多元文化受教育背景，也注定了清华大学一直贯彻多元文化教育的教学理念。

1909—1930年，从清华直接招考或毕业后送出的学生达1482人，其中1289人都能查到明确的留美专业科目，早期清华学生毕业出国率达到近90%[5]。从民国时期近90%的留学率，到改革开放后毕业生60%～70%的留学率，再到现在我校毕业生不到20%的直接留学率[6]，虽然大学毕业后直接出国留学的比例在下降，但并非说明我校在逐渐封闭，恰恰相反，说明国家和学校的不断开放，让学生们获取西学知识、接受多元文化教育的途径逐步增多，学生除直接出国留学之外仍有多种途径可以感知天下、放眼世界。

现在清华大学积极开展多渠道、多层次、全方位的国际合作与交流，与一批世界知名大学签订了合作与交流协议，建立战略伙伴关系，通过联合学位培养等多种形式，开展学生的国际培养。2014年有5000余人次的学生赴海外交流，其中一些学生被派往哈佛、耶鲁、斯坦福、剑桥、牛津等世界一流大学[7]。每年有大批世界一流学者来校任教、短期讲学，开展科研合作或参加学术会议，众多国家和国际组织的政要及跨国公司的总裁来校访问、演讲。学校与世界著名大学和企业开展高水平科技合作。每年选派大批师生到世界各地开展国际学术交流，来校学习的外国留学生人数日益增加。目前清华大学与国外的多所大学建立了50多个校级交换培养或交流的项目，我校优秀在校生都可以申请参加。校内各学院非常重视国际交流，也建立了各自学院级的国际交流项目。例如美术学院的工业设计系、环境艺术设计系、视觉传达设计系、染织服装艺术设计系先后与芬兰赫尔辛基艺术设计大学，意大利米兰理工大学设计学院，韩国KAIST大学、憬园大学、建国大学，德国多特蒙德实用技术学院，丹麦寇丁设计学院等相关院系开展国际合作课程[8]。学生在学期间因公出国（境）人数稳步提升，学生国际化培养步入常态化。

三、清华大学图书馆的多元文化特色馆藏

在这样的建校历史和办学理念下，清华图书馆经过百年的发展，不但积累了数百万册的中外文书刊，还建立和挖掘了一批极具特色的特藏资源。我们把这些特藏资源分成两个大类：一类是清华特色的系列特藏，包括清华文库、清华老毕业论文、清华名人手稿、清华原创视觉空间等许多与清华历史、清华校友相关的资源，包括实体资源和数字资源，正式出版物和非正式出版物；另一类是专题特藏，这些特藏又可以按照时间、空间分为时代性特藏、地域性特藏和学科性特藏。其中时代性特藏包括2万多册民国时期书刊、4万多件老新闻照片、13万多件“文革”资料等；地域性特藏包括1万多册地方志、4万多件地方文书等收藏；学科性特藏包括经济史、哲学等学科方向的特色资源等。在各种专题特藏中，近年来我们抓住各种契机，着力建立和发展了若干富有多元文化特色的专题特藏，为我校多元文化教育提供了良好的文献基础，在此择其中典型资源管中窥豹，略探一二。

（一）保钓文献

“保钓运动”起源于20世纪70年代，是海外留学生掀起的“保卫钓鱼岛、统一祖国”运动。周恩来总理曾称赞保钓运动为“海外的五四运动”。在我校任职的一位教授，也是当年积极参与保钓运动的爱国人士吴国桢先生的牵线下，2007年起陆续有周本初等老保钓人士将30多年前保钓运动热潮时期产生的大量第一手文献资料捐赠给我馆，将当年整个运动如火如荼的情形通过这些文献生动展现在读者面前。在我馆领导远见卓识的特藏建设理念下，我们接收了这一捐赠并建立了保钓文献收藏研究中心。目前我馆有关“保钓、统运”的专题特藏，已陆续接收100多位保钓人士的捐赠，资料类型主要有报纸（包括手抄报）、期刊、海报、文稿、剪报等，实物数量已经达到14000多件，成为享誉海内外的特色馆藏之一，吸引了许多境内外读者前来参观、查阅和研究使用。

（二）科恩文库

这一专题特藏是2008年美国波士顿大学的科学哲学大师、物理学专家罗伯特·科恩教授捐赠给我馆的、他毕生的专业收藏。他40多年的收藏当中，包括科学哲学、社会科学、马克思主义研究及艺术领域类的英文、法文、西班牙文等多文种图书期刊22000余册，其中有260多卷的*Boston Studies in the Philosophy of Science*（《波士顿科学哲学研究》丛书）、*Vienna Circle Collection*（《维也纳学派文集》）、350多卷的*Syntheses Library*等科学哲学领域非常知名的系列大套丛书。《波士顿科学哲学研究》丛书包含了科恩先生主持的“波士顿科学哲学论坛”从1960年到1994年600多次研讨会的研究成果，内容涉及科学哲学和科学史等许多方面，包括马赫、亥姆霍兹、罗森菲尔德、弗莱克等知名学者的经典性科学哲学和科学史著作；弗兰克、格伦鲍姆、沃特金斯、希伯特、邦格、费耶阿本德、瓦托夫斯基等著名专家的纪念文集；追思卡尔纳普、汉森、拉卡托斯等专业人士的文集；国际上举

行的、重要的科学哲学领域学术会议的会议录；意大利、波兰、日本、希腊、中国、南斯拉夫、以色列等国家的科学哲学和科学史论文集[9]。可以说，这套丛书的出版发行，已成为 20 世纪国际科学哲学发展过程中的里程碑事件。直至现在，这套大型丛书仍在不断出版新书。

2017 年，科恩先生去世，其子女将科恩先生遗赠的 1966 册藏书赠予我馆。这些书是科恩先生最后几年一直保留使用的书刊，故而在内容和品质上又有格外的意义。

（三）服部文库

这是清华大学图书馆 2011 年建立的一个马克思主义经典文献的专题特藏。由于它是由已故马克思主义经济学家、日本东北大学的服部文男教授捐赠，故被命名为“服部文库”。其中最主体的部分包括马克思、恩格斯、列宁、斯大林等经典作家的著作以及相应的研究文献，这是一个非常专业的马克思主义文献库，是对各种《马克思恩格斯全集》的完整收藏、对《资本论》及其手稿的系统收藏。

服部文库对《资本论》的收集不仅版次齐全，文种也相当齐全，德、英、法、俄四个语种的《资本论》共计有 79 种之多。在服部文库中，既有《资本论》的各种原文版，又有各种不同的翻译版本和一流的研究文献，在这个意义上，服部文库堪称是一个《资本论》及其手稿的专业文库。

服部文库所收藏的马克思主义各种经典图书和杂志多达 20609 册，涉及日文、德文、俄文等多国语言的原版书刊，具有文种齐全、专业性强、原文版多等鲜明特点，其收录之完整，文献价值之高，在全国高校乃至全国各类图书馆中亦属罕见。

（四）其他在建专藏

除以上这些反映海内外人文社科领域多元文化的专题特藏之外，我们还建设有新闻学研究专藏——爱泼斯坦文库，收藏用一生见证中国发展的著名国际记者、老新闻人爱泼斯坦先生毕生收集到的、以中英文双语言为主的、有关中国的各种图书及新闻资料；有正在建设中的，有关联合国裁军、军控、军备专藏——林国炯文库，联合国裁军事务前首席政务官林国炯先生去世后，其夫人将林博士生前收藏的联合国裁军年鉴、军控、军备、国际安全、裁军外交、战略研究、生物武器公约、大会决议、裁军委员会决议等各种中英文文献资料悉数捐赠给我馆，建立了该领域独特的专题特藏；有华商特藏——收集海外华人、华侨、华商的各种相关原始文献及再生文献的专题特藏等。

这些专题特色文献作为大学图书馆特藏资源，既有别于普通的多学科外文文献的收藏，又打破了国内图书馆以中文古籍文献为特藏的观念束缚，在特藏建设领域有了新的多元文化拓展的尝试。

四、清华大学图书馆多元文化专题特藏的特点

（1）多来自捐赠：保钓专题资料的捐赠来自美国、加拿大、欧洲，以及我国港澳台地区；科恩文库的捐赠来自美国；服部文库的捐赠来自日本；联合国文献捐赠来自美国。因此

这些文献涉及多语种、多国家，明显带有来源国的很多社会特质和文化特质，是典型的多元文化的体现。

（2）收藏者皆为文献收集整理研究的亲历者：因为这些专题文献的收藏者原本都是学术大家，他们一生专注于某些领域的研究，密切追踪全世界范围内这些领域的研究进展状况，所以这些专题资料本身都不是内容广泛的收藏，而是主题鲜明、特色突出的收藏。例如中科院范岱年先生评价，科恩先生是国际科学哲学界中“最受欢迎的演说家，最明晰的评论家，旅行地区最广的国际知名学者，博览群书、文化修养最深的人物之一”。科恩先生发表论著的涉及领域，从物理学、物理学史到哲学和哲学史；从历史哲学到社会科学哲学，到马克思主义和马克思主义的教育哲学；从技术哲学到维也纳学派和法兰克福学派的哲学和历史等。值得注意的是，在所有这些领域，科恩教授做的都是前沿性工作，做出了新颖的、创造性的贡献，具有很高的学术水平[8]。科恩文库在反映西方科学哲学领域的前沿研究状况方面发挥了不可或缺的作用，很好地补充并极大地丰富了之前我馆的科学哲学领域以中文文献为主的馆藏。

（3）较完整地集中了某个主题的重要文献：能够反映同一主题下多个国家的意识形态和研究状况。以服部文库为例，该文库集中了服部文男先生及其父亲服部英太郎两代人在马恩文献收藏与研究中的丰硕成果。我校哲学系韩立新教授对这批藏书非常了解，专门撰文向学界介绍服部文库的建立及特点[10]，并给出了非常专业的介绍和评价。他指出，服部文库的最大特点是对德、俄、英、日文各种时期、各种版本的《马克思恩格斯全集》的完整收藏，这些全集构成了服部文库的基础。在一个文献库中，能够同时包括如此文种齐全且少有缺失的马列全集，这在国内高校图书馆中极为罕见。第二个特点是对《资本论》及其手稿的系统收藏。既有《资本论》的各种原文版，又有各种不同的翻译版本和一流的研究文献，在这个意义上，服部文库堪称一个《资本论》及其手稿的专业文库。服部文库的第三个特点是对国际上与 MEGA 有关的重点期刊和年鉴的收藏，这类期刊和年鉴的总数高达4972册。这样一些专业特点鲜明且非常齐全的马克思主义研究期刊收录在同一个文库中，这在世界上也很少见。这些期刊和年鉴的存在，对于我校乃至我国有志于马克思主义文献学研究的学者来说，无疑是一个巨大的福音，因为至少省去了去国外查找文献之苦。最后一个特征是对西方人文社科经典珍本的收藏，其中的珍本包括黑格尔和费尔巴哈等德国古典哲学家原版书籍。因此服部文库是马恩文献的重要专藏，也是多元文化集中反映的典型代表。

五、多元化特色专藏建设拓展工作

（一）以捐赠为基础，进行有目的、有计划的资源建设

科恩文库中的大型丛书，如《波士顿科学哲学研究》丛书直到现在仍在不断出版，我们以已有的科恩文库的收藏为基础，与相关海外出版社联系，不断补充后续新出版的多卷书，使之尽可能完整无缺。在对服部文库和本馆已有老馆藏中马恩文献充分了解的基础之上，我们以《资本论》版本、手稿影印件和研究资料为突破口，提出购买一整套完整的《资本论》初版计划，即购买马克思恩格斯在世时亲自修订出版的德、法、英、俄等语种的《资本论》初版，共包含10个版本，这将是国内唯一一套各种版本的、完整的《资本论》收藏。

再如保钓文献专藏，目前不但纸本资料馆藏量较大，而且几年来我馆专业馆员还不断对当年参加保钓运动的“老保钓人士”进行口述访谈，目前访谈进行了 70 余人，整理出文字资料 50 多万字，采集了数量可观的音视频资料，极大地丰富了保钓专藏的收藏范围；另外由于钓鱼岛近年来再次成为领土纷争的热点，所以从 2010 年开始，馆员们就有意识地收集当前与钓鱼岛相关的网络和媒体信息，致力于建设一个全面的“保钓、统运”文献资源体系。

（二）以资源为基础，切实推动学科发展

通过举办展览、与专业教授座谈、组织召开讲座、举办专题研讨会等形式，切实推动清华大学相关学科的研究和发展。例如保钓文献专藏，不但在馆内长期设有专题展室，而且还与国家海洋局、国家图书馆一起合作举办全国性巡回展览；多次邀请国内外有关保钓问题的研究专家学者召开国际研讨会；积极参与钓鱼岛古地图鉴定会；面向广大读者，举办保钓历史专题系列讲座等，切实推动了该学科领域的研究发展。我校人文学院历史系教授培养博士研究生将保钓文献作为博士学位论文的主要切入点；哲学系教授指导博士及博士后对马恩文献进行研究，发表原创性论文几十篇；新闻传播学院、华商研究中心的学者以我馆的爱泼斯坦文库、华商特藏文献资源为核心，培养学生了解历史，放眼世界。诸如此类，不胜枚举。

（三）开展多元化多层级服务方式

对于不同级别的文献、不同需求的读者，采取了多元化的服务方式。例如各专藏中对于已编目图书采用部分正常出借、部分馆内阅览的服务方式；专题期刊等纸本资料馆内阅览；各专藏中有些敏感资料应捐赠者的要求暂时不予公开；可公开的资源进行数字化扫描处理，再实现馆内单机电子化阅读、校园网内可访问和公共网络可访问等不同层级的服务方式。为了给专业研究者提供全面了解这些专藏全貌的途径，我们正在着手整理并计划出版这些专藏目录等。

（四）与专家学者联合开展研究工作

对于这些载体形式多样的专题特藏文献，在整理入藏的过程中，我馆还在专家学者的指导下独立开展研究工作，包括制定图书馆界尚无明确规范的若干非书刊文献类型的元数据标准；系统地编制资料目录；针对可以网络展示的资料，组织构建专题网站；以资料为基础，积极申请研究项目。例如我馆以保钓资料专藏为基础建立了专门的组织机构：保钓资料收藏研究中心，以中心工作为基础，申请到国家社科基金项目，积极开展研究工作，取得了一系列种类丰富的、卓有成效的研究成果，例如专题展览、专题网站、研究报告、发表论文、资料图录、口述史成果等。

六、多元文化特藏对多元文化教育的作用

尽管国内高校图书馆还鲜有专门反映多元文化特藏的报道，但纵观海外的知名大学

图书馆在多元文化的特藏建设方面，已经卓有成就，并在对本校、本国乃至跨国学生的多元文化教育方面起到非常重要的作用。

（1）丰富大学文化宝库

哈佛大学是世界一流大学，她的79个图书馆中收藏和反映多元文化的馆藏较多，包括：非洲和非裔美籍研究、希腊研究、亚洲研究、伊斯兰教研究、梵文研究、乌克兰研究等[11]。大学教育者可以根据这些多元化特藏文献，把文化的多样性、差异性、复杂性、不确定性贯穿在多元化教育过程中。这些多元文化特藏资源给大学的教育发展提供更多的选择性、多样性和创造性，极大地丰富了大学的文化知识宝库。

（2）促进各国文化之间的相互交流与融合

康奈尔大学是美国常青藤盟校之一，她拥有专门的非洲图书馆、亚洲图书馆等专业图书馆。这些图书馆中有关非洲研究的专藏展示了非洲祖先的历史、文化，美国的民权和黑人权利；有关东亚、东南亚、南亚等亚洲研究的相关特藏资源，号称拥有北美地区最大最全的亚洲收藏[12]。当前不同文明之间的共处共存是世界文明发展的主流，只有坚持多元文化，取长补短，世界才能更加丰富多彩。

（3）增强民族文化的活力

俄亥俄大学图书馆拥有多元化世界收藏，包括非洲专藏、拉美专藏、东南亚专藏、华侨专藏、马来西亚专藏[13]。他们在多元民族文化视野下的馆藏建设，让受教育者更好地了解其他种族、民族、宗教的文化，从而促进各民族之间多种文化更好地相互理解和共处。不可否认的是，许多接受多元文化教育的学者对本国本民族文化的继承、传播和弘扬都作出了显著的成就。

（4）促进多文化的繁荣发展

新加坡的官方语言是英文和中文，因此这两种语言在新加坡的文化传播中发挥着非常重要的作用。新加坡国立大学图书馆除总馆之外还拥有中文图书馆，收藏各类中日文献[14]。故发展多元文化特藏，有助于人们增强认同感和自豪感，并增进来自不同文化的人们相互理解从而推动世界多元文化的交流与发展。

（5）丰富大学德育的文化内涵

北京大学图书馆拥有多种多元文化旧藏，中德学会旧藏、中法大学旧藏、欧盟文献、美国文献等[15]。这些丰富的多元文化资源，吸引学生走进图书馆，接受知识的熏陶和启迪，使学生在扩展知识、开阔视野、自我教化过程中提高素养；通过多元化和人性化的读者服务工作，帮助学生了解历史、了解国情、认识人生，树立正确的世界观、人生观和价值观，塑造完美的人格。

七、结语

清华大学教育历史上，不同文化之间的交流融合在教育者和受教育者之间从未间断过，它们在互相交流、融合中不断发展进步。多元文化特色馆藏的建立和发展，需要图书馆付出大量的人力、物力和财力；需要有相关研究背景的馆员和专家参与；需要多渠道、多角度地开展服务工作和研究工作。清华大学图书馆的多元文化特藏资源特点鲜明、多元文化特藏建设目标明确。有效地发展多元文化的特藏资源，可以促进世界多元文化交流，对本校乃至国内外学者在该学科领域开展研究工作起到积极的推动作用。

参考文献

[1] 郑力人, 杨涛. 卷首语[M]//天禄论丛——中国研究图书馆员学会学刊. 桂林：广西师范大学出版社, 2015: 001-002.

[2] 曹云祥. 清华学校之过去现在及未来[M]//清华大学校史选编. 北京：清华大学出版社, 1991: 36-44.

[3] 清华大学校史研究室. 历任校长一览表（1909—1929）[M]//清华大学史料选编. 北京：清华大学出版社, 1991: 16-18.

[4] 清华大学校史研究室. 1925 年秋教员授课表[M]//清华大学校史选编. 北京：清华大学出版社, 1991: 338-341.

[5] 清华大学校史研究室. 历年留美学生分科统计表本校历年毕业生统计表[M]//清华大学史料选编. 北京：清华大学出版社, 1991: 56-71.

[6] 清华大学 [EB/OL]. (2015-03-12). http://www.tsinghua.edu.cn/publish/newthu/newthu_cnt/students/students-4.html.

[7] 清华大学 [EB/OL]. (2015-03-12). http://www.tsinghua.edu.cn/publish/newthu/newthu_cnt/students/students-4.html.

[8] 清华大学 [EB/OL]. (2015-03-12). http://www.tsinghua.edu.cn/publish/gjc/909/index.html.

[9] 范岱年. 杰出的科学家、哲学家罗伯特·科恩与中国[M]//我们的科学文化 2：阳光下的民科. 上海：华东师范大学出版社, 2008: 9-17.

[10] 韩立新. 清华大学“服部文库”的建立及其特征[J]. 高校马克思主义理论研究, 2015, 1(1): 33-43.

[11] 哈佛大学图书馆. 特藏介绍[EB/OL]. (2015-03-11). https://library.harvard.edu/find-library.

[12] 康奈尔大学图书馆. 特藏介绍[EB/OL]. (2015-03-14). https://www.library.cornell.edu/libraries.

[13] 俄亥俄大学图书馆. 特藏介绍[EB/OL]. (2015-03-15). https://www.library.ohiou.edu/about/collections/international-collections.

[14] 新加坡国立大学图书馆. 中文图书馆介绍[EB/OL]. (2015-03-18). http://libportal.nus.edu.sg/frontend/ms/chinese-library-ch/about-chinese-library.

[15] 北京大学图书馆.特藏介绍[EB/OL]. (2015-03-20). http://lib.pku.edu.cn/portal/cn/zy/zzzy/tecang.

本文获得第三届中美高校图书馆合作发展论坛（2015 年）论文一等奖。

原载《书海同舟——中美高校图书馆合作发展论坛论文荟萃（2011—2015）》（社会科学文献出版社，2017 年）

清华大学图书馆藏“保钓、统运”文献整理研究

何 玉 高 瑄 晏凌 边 烨

摘 要：目前，在全世界范围内，以“保钓、统运”文献作为主题特色资源收藏的机构，在收藏数量与种类上卓有成效的，当属两岸清华大学图书馆。北京清华大学图书馆收藏的“保钓、统运”特色文献，内容丰富，形式多样，史料价值高。这批文献主要由印刷型文献、视听型文献以及实物资料三种类型构成，其中“保钓、统运”刊物在整个运动过程中影响最大，呈现出刊物分布地域广，出版持续时间长；内容主题丰富，热点文章相互转载多；刊物文章多用笔名，作者自我保护意识强；刊物制作多集体完成，同期刻印笔迹各不相同；刊物受众以华人为主，出版语言多为中文等特点。这批文献正在获得越来越多相关领域专家学者的关注。

2007年9月，著名“保钓”人士、美国休斯顿大学退休教授周本初先生，正式将其保存了三十多年的“保钓、统运”文献资料捐赠给清华大学图书馆[1]。考虑到本批史料所具有的重要历史价值以及对未来两岸关系发展的长远影响，清华大学图书馆概然同意永久收藏这批历史文献，并组织整理、编目，供研究所用。这标志着我国大陆地区收藏、研究“保钓、统运”文献的正式开始。到目前为止，在海内外老“保钓”人士的热烈响应下，清华大学图书馆已经接收了119人次，1.3万余件“保钓、统运”文献的捐赠。这场发生在30多年前的爱国运动，其参与者主要由当时留学美国、加拿大、欧洲各国的我国台湾、香港学生所构成，并由初期的“保卫钓鱼岛”发展为促进祖国统一的运动。由于各种原因，这段历史一直鲜为人知。随着清华大学图书馆资料收集的增多以及研究的深入，这段爱国运动的一些具体细节才开始逐渐为世人所了解。本文拟以清华大学图书馆藏“保钓、统运”文献为基础，试图对这场运动中所使用的主要宣传资料，尤其是影响力较大的一些刊物的类型与特点进行分析，以便为这段历史以及后来研究者提供更为全面的史料。

1 “保钓、统运”的历史背景

中日甲午战争后，日本从中国夺取了钓鱼岛（我国台湾地区习惯称为钓鱼台）。“二战”后，根据《波茨坦公告》，日本应将钓鱼岛自动归还中国。但是美国却将钓鱼岛的管理权私相授给日本，这引起了中国政府的严正抗议，也激起了爱国留学生的强烈不满。1970年12月

16日，美国普林斯顿大学中国港台留学生首先成立“保卫中国领土钓鱼台行动委员会”，接着纽约、芝加哥、华盛顿、耶鲁、宾夕法尼亚、康奈尔等美国各大学港台留学生相继成立“保卫中国领土钓鱼台行动委员会”。1971年1月29—30日，中国留美学生2000余人在纽约联合国总部外游行示威，向日本领事馆及“国民政府”领事馆递交了抗议书及其他宣言文献。“保钓”运动如同星星之火，在北美迅速燎原。各地“保钓（分）会”开始有计划地举办钓鱼岛问题座谈会，出版“保钓”刊物，撰文驳斥美、日的侵略言行，呼吁台湾当局立刻采取行动，向日本提出抗议，争回钓鱼岛主权。除了北美与我国台湾地区的保钓运动，中国香港、欧洲、澳洲、日本等地，也掀起了此起彼伏的“保钓”示威游行[2]。

这场“保钓”运动对海外与我国台湾岛内青年学生的思想产生了深远的影响，唤醒了留学生强烈的民族意识，认识到要保卫钓鱼岛，维护中国的领土和主权完整，必须建立一个强大、统一的中国，并由此产生了关于“台湾前途”的大讨论。“保钓”运动逐渐发展成为“中国统一”运动的一部分。后人将其简称为“保钓、统运”。

2 “保钓、统运”文献的类型

这场历时十余年的运动衍生了内涵丰富、载体多样的文献资料。其主要构成可以分为三种：一是印刷型文献，包括图书、期刊、报纸、手稿、信函、剪贴、会议纪要、海报、曲谱等。清华大学图书馆收藏的该专题印刷型文献数量庞大，期刊与报纸共计4574件，单篇文章或简报计2585件，图书86册，来往信函1008件，其他印刷型文献（包括会议纪要、海报、曲谱等）计3800余件。二是视听型文献，包括电影胶片、幻灯片、照片、录像带、有声影片等。清华大学图书馆藏该类型文献数量颇多，仅幻灯片就有2300余张，照片数百张。三是实物资料，包括游行示威的徽章、袖章、额带、电影放映机等。这类资料清华大学图书馆收藏的绝对数量较小，但都颇具特色。这些文献载体各不相同，立体地呈现了20世纪70年代“保钓、统运”的历史风貌。

2.1 印刷型文献

印刷型文献是“保钓、统运”文献的主体，主要由非正式出版物构成，其中油印刊物占“保钓、统运”文献的绝大多数。例如，芝加哥大学保卫钓鱼台行动委员会发行的《钓鱼台快讯》（见图1），从1971年3月坚持到1978年5月，全部采用油印方式。由于海外“保钓、统运”文献中刊物种类众多，数量庞大，40余年来，分存于运动参与者手中，因此就馆藏而言，很多刊物卷期本身并不完整，有些卷期由多人捐赠，会有很多副本。针对此类文献特点，清华大学图书馆制定了非正式出版物的整理规范，进行了规范而有效的整理[3]。

在印刷型文献中，除刊物外，特种文献资料数量相当庞大。这里的特种文献主要指档案资料、笔记、图片、海报、曲谱、会议纪要、会议记录、舆图、简报等。略举几例。在游行过程中，参与者留下了许多珍贵的会议记录。美国东部高校中国留学生策划1971年4月在华盛顿游行示威前，来自美东13个学校的社团代表于2月14日在纽约哥伦比亚大学举行会议，详细讨论并落实了游行目的、游行日期、示威对象、游行演讲人、游行分工、

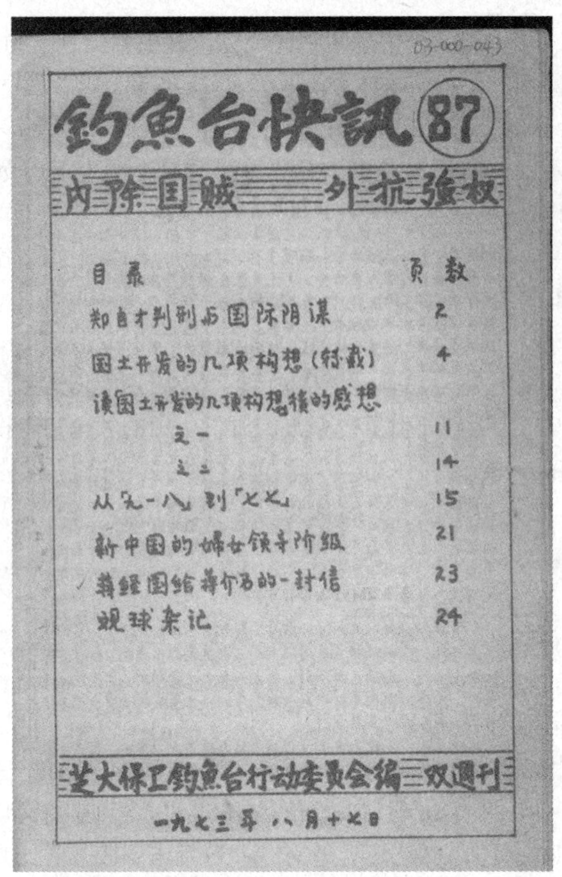

钓魚台快訊 87

内除国贼 外抗強权

目录 页数

郑自才判刑与国际阴谋 2

国土开发的几项构想（转载） 4

读国土开发的几项构想后的感想

之一 11

之二 14

从「九一八」到「七七」 15

新中国的妇女领导阶级 21

蒋经国给蒋介石的一封信 23

观球杂记 24

芝大保卫釣魚台行动委员会编 双週刊

一九七三年八月十七日

图1 《钓鱼台快讯》1973年8月封面

工作进度、标语口号、宣传品等。这些细节的统一是后来游行成功的基础。1971年，王浩、袁旂、李我焱等为了在《纽约时报》（*New York Times*）刊登《致尼克森总统公开信》（*An Open Letter to President Nixon*）（5月23日），发起签名运动，并留有募捐公开信。在“统一”运动时期，为了介绍新中国，在放映电影的同时，他们还介绍中国近代歌曲，诸如《我的祖国》《松花江上》《义勇军进行曲》《二月里来春光好》等曲谱也都保留下来。杨思泽先生1978年在美国留学期间，参加“保钓”示威活动，被国民党特务打伤。他将自己在美国游行的照片、旧金山医院的病历本、住院卡以及1980年回国治疗的介绍信、X光片、医生诊断证明、处方等文件，都捐赠给北京清华大学图书馆。这些文献对于后来人了解这场运动原貌，具有很强的说服力。

2.2 视听型文献

视听型文献是“保钓、统运”文献中的重要组成部分。除照片可以直接阅览外，电影胶片、幻灯片、录像带等，都需要转换成电脑可以播放的文件格式。特别是电影胶片，19世纪70年代使用的主要是8mm与16mm规格，需要特定的播放设备才能进行读取与数据转换（胶转磁）。清华大学图书馆已经将杨思泽先生、吴国祯教授、白绍康先生等捐赠的2300余张幻灯片与电影胶片转成了光盘文件。杨思泽与吴国祯教授捐赠的幻灯片，其内容主要是1975年前后回国访问祖国大陆的见闻，具有很强的历史资料价值。2012年恰逢清华大学图书馆百年馆庆，需要查找 20 世纪 70 年代清华大学图书馆的照片，刚好在杨思泽教授捐赠的幻灯片里找到了他 1975 年参观清华大学图书馆阅览室的照片，弥足珍贵。电影胶片很多是游行现场的记录，或者是对运动参与者的访谈，是不可多得的第一手史料。

2.3 实物资料

实物资料在“保钓”运动文献中数量较少，但是其视觉宣传效果特佳。清华大学图书馆目前收藏有周本初教授捐赠的游行标语“PROTECT TIAO YÜ TAI”、顾洵先生捐赠的游行徽章“CHINESE TIAO YÜ TAI”、额带“保卫钓鱼台”，这些实物资料与现场游行照片一起，呈现了鲜活的历史原貌。杨思泽先生捐赠的电影放映机，在“保钓”展室常年展出，辅以电影海报，引得读者频频驻足。

3 “保钓、统运”刊物的特点

在“保钓、统运”文献中，数量最多、影响最大的文献类型当属运动参与者自发刊行的各种刊物。清华大学图书馆藏“保钓、统运”期刊 361 种，报纸 67 种。这些刊物的发轫、高潮、转型或沉寂，都与海外“保钓、统运”的发展历程息息相关。整体而言，这批刊物呈现出以下几个特点。

3.1 刊物分布地域广，出版持续时间长

从地域分布来看，“保钓、统运”刊物刊行的主要地区集中在北美、我国台湾地区与欧洲，分别为 310 种，76 种，33 种，我国香港地区、日本与新加坡也有少量刊物。这些刊物发行数量不一，但是普遍持续时间较长。发行时间超过 4 年以上的刊物就有 52 种，影响力较大的有北美发行的《水牛》《钓鱼台快讯》《华府春秋》《柏城青苗》《群报》《新中国》《星火》《海内外》《新苗》《俄州通讯》等；在欧洲影响较大的有《欧洲通讯》，每期发行量约 1500 份，对象是欧洲各国的我国台湾地区留学生和华侨。我国台湾岛内影响较大的刊物当属 1976 年 2 月 28 日在台湾地区创刊的《夏潮》，它“引领青年走进社会底层，为群众服务、为社会献身、为历史开路”，“对 70 年代沉寂、封闭的台湾社会产生了深刻的影响”。[4]

自 1971 年 9 月安娜堡“国是大会”之后，参加“保钓”运动的人士分化成左、中、右三派。在激烈的政治斗争中，有些刊物停刊，有些刊物改名，如费城保钓会刊行了《费城保钓通讯》，在 1972 年之后，该杂志换成比较中性的刊物名字：《台风》和《惊蛰》，希望以中性风格接触到更多的读者，以便扩大刊物影响。右派刊物由于得到了台湾当局的支持，在纸质、装帧、印刷、发行量等方面都占有一定优势。

3.2 内容主题丰富，热点文章相互转载多

“保钓、统运”刊物在内容方面，关注的主题非常丰富，不仅对“保钓”运动进行报道与反思，还关心台湾地区的现状与前途，了解新中国，关注妇女权益与儿童教育，关注海疆问题，关注第三世界，反对政治迫害等。1974 年，我军在西沙海域的海上进行自卫反击战，并取得了胜利。洛杉矶、奥大中国问题研究会，加拿大雷城莎省大学莽原月刊，中西

部保卫南沙委员会等机构，为了让海外华人了解西南沙问题，编辑了《南海冲突专辑》《南海诸岛事件剪辑》《西南沙事件资料选辑》《中西部保卫南沙委员会特刊》等专辑与特刊，对热点问题进行专题报道。

“保钓、统运”刊物热点文章相互转载的现象很常见。例如，比利时“保钓委员会”发行的《钓鱼台激流》，不仅转载热点文章，如《明报月刊》的五百学人致蒋总统公开信，还转载美国芝加哥大学《钓鱼台快讯》的热点动态，转载日本《朝日新闻》、我国台湾地区《大学新闻》《中央日报》等报道。不仅如此，这些刊物在很显著的地方都写着“欢迎转载”“请翻印”“请传阅、请交换”等字样。这种相互转载的方式，迅速地扩大了消息传播的范围，也在一定程度上解决了稿源不足的困难。

3.3 刊物文章多用笔名，作者自我保护意识强

为避免国民党特务“打小报告”，给自己与家人造成困扰，“保钓、统运”刊物文章多用笔名投稿。如沈己尧先生曾用笔名“亚姚”“余舜先”“晓升”，刘实先生曾用笔名“老王”“黎明”“林阿土”，李雅明先生曾用笔名“子默”，周本初教授曾用笔名“高原”，叶先扬先生曾用笔名“中一”，谢定裕先生曾用笔名“丁一”，张系国先生曾用过笔名“诸葛四郎”等。由于年代久远，很多笔名所对应的真名，现在考察起来已经相当困难。

3.4 刊物制作多集体完成，同期刻印笔迹各不相同

40年后，老“保钓”林孝信先生回忆当年发行“保钓”刊物的方式时说，“那时候没有Email，没有传真机，连复印机都没有，要跟一群人保持联系是很不容易的。怎么办？我们就用小时候办刊物印刷的老办法：刻钢板！就是在钢板上，把通讯内容用手写的方式，刻在蜡纸上，然后用滚筒沾油墨，就可以把通讯印刷出来。这是在当时条件困难下，为了建立联系网，采用的办法”。[5]作为自发的刊物编辑人员，这些年轻人处于不同的学业阶段，流动性大，组稿不易，经常同一期刊物由多人制作完成，内部笔迹各异。《桥刊》第49期（1974年11月）改用打字之后，特地在封面上加以强调“自本期起本刊以打字版面出现”。

3.5 刊物受众以华人为主，出版语言多为中文

虽然“保钓、统运”刊物主要在海外发行，但是其受众仍以华人为主，面向留学生与华侨。钱致榕教授将这种现象称为“关门呼喊”，他认为，整个运动期间，除《纽约时报》刊登致美国总统公开信之外，面对美国社会的“告洋状”并不多。[6]的确，从刊物的文种与数量来看，中文刊物占绝大多数，英文刊物较少。清华大学图书馆藏该专题英文刊物45种，如*Akwesasne Notes*、*Tiao-yu Tai Special*、*Tiao-Yu Tai Newsletter*、*Third World*等，从中也能看出他们向西方世界表达诉求的种种努力。

4 结语

目前，在全世界范围内，以“保钓、统运”文献作为主题特色资源收藏的机构，有北京清华大学图书馆、新竹清华大学图书馆、哈佛燕京图书馆以及匹兹堡大学图书馆等学术

单位，其中在收藏数量与种类上卓有成效的，当属两岸清华大学图书馆。近期新竹清华大学图书馆开通了专题网站“钓运文献馆”[7]，反响良好。

北京清华大学图书馆于2010年10月成立了“清华大学图书馆保钓资料收藏研究中心”，开辟专门的“保钓”展室与文献资料阅览室，为海内外有志于研究海外“保钓”运动的师生、学者提供资料查询服务。经常有海峡两岸的研究生来资料室查阅资料，撰写论文[8]。这些文献得到了清华大学校内外国际关系研究、台湾问题研究等相关领域专家学者的关注。清华大学图书馆还举办了多次展览与学术报告会，宣传保钓运动，弘扬爱国主义精神[9]。另外，清华大学图书馆还对老“保钓”进行口述访谈，采访了老“保钓”70余人，积累了50余万字的口述文字材料，开通专题口述网站[10]。这些工作使得清华大学图书馆成为海内外具有影响力的保钓资料收藏研究重镇，并得到了中央领导与有关部门的重视与关注。

出于“不容青史尽成灰”的使命感，北京清华大学图书馆保钓资料收藏研究中心将继续深入整理、挖掘“保钓、统运”文献，为专业学者提供资料服务，并对广大青少年进行爱国主义教育。

参考文献

[1] 周本初向清华大学捐赠“保钓、统运”文献. 2007-09-29. [2012-06-06]. http://news.sohu.com/20070929/n252438519.shtml.

[2] 加美地区钓鱼台运动一览图. 北盟快报, 1971-05(2).

[3] 何玉, 贾延霞, 晏凌, 等. 高校图书馆非正式出版物的收集与整理. 图书馆建设, 2011(1): 28-31.

[4] 王津平. 七〇年代海外保钓运动与《夏潮》杂志的启蒙运动. 见：启蒙・狂飙・反思——保钓运动四十年. 新竹：清华大学出版社, 2010: 204.

[5] 林孝信. 保钓历史的渊源跟对海峡两岸社会的意义. 见：启蒙・狂飙・反思——保钓运动四十年. 新竹：清华大学出版社, 2010: 37-38.

[6] 钱致榕. 还原历史，挑战今朝：保钓主权之争. 见：启蒙・狂飙・反思——保钓运动四十年. 新竹：清华大学出版社, 2010: 11-12.

[7] 钓运文献馆——1970年代台湾海外留学生刊物暨保钓运动文献. 2012-02-03. [2012-06-06]. http://archives.lib.nthu.edu.tw/diaoyun/.

[8] 刘玉山. 中国留美学生保钓统一运动几个问题再探讨. 华侨华人历史研究, 2012, 3(1): 36-46.

[9] 何玉, 边烨. 海外“保钓”运动及其爱国主义教育价值. 中国教师, 2012(6): 44-46.

[10] 一九七〇年代“保钓・统运”口述历史. 2012-04-26. [2012-06-06]. http://baodiao.lib.tsinghua.edu.cn:4237/oralhistory/.

原载《大学图书馆学报》2012年第6期

清华大学图书馆藏民国毕业论文整理研究

尹 昕[*] 蒋耘中 袁 欣 刘聪明

摘 要：清华大学图书馆藏 831 篇民国毕业论文，写作年代从 1925 年至 1949 年，涉及文、理、法、工和师范 5 个学院 20 个院系，其作者和指导教授不乏知名学者。通过对照校史档案整理论文信息，以翔实的数据揭示了这批论文的年代、学科分布情况，以及外观方面的时代特点。在选题和写作方式上，这批论文呈现出关注国计民生、紧跟学术前沿、强调实证研究、注重外语能力、多见名师批语等特点，并与其他特色馆藏形成互补的整合效应。这批论文以其独特的文献价值逐步得到相关研究者的关注。

民国高校学生的毕业论文是民国文献的一种类型，以手写为主，副本极少[1]，存世不多。清华大学图书馆藏有 831 篇民国时期的毕业论文，作者包括了留美预科生、本科生和研究生，论文的数量和质量都具有一定的代表性，对其整理研究有助于一窥民国毕业论文的全貌。

清华大部分论文曾在抗战前从北京辗转运到昆明，胜利后又运回北京，历经战火轰炸与数次迁徙存留下来，非常之不易。20 世纪 90 年代特藏文库建立以来，图书馆又陆续收到一些知名校友的捐赠，如翻译家许渊冲先生将保存了 70 多年的毕业论文捐赠给母校，使得这批馆藏进一步丰富。

本文在整理馆藏的基础上，以翔实的统计数据，揭示了这批论文年代、学科的分布情况，以及外观方面的时代特点。通过对选题、材料和写作方式的剖析，揭示了清华馆藏民国毕业论文（以下简称“民国论文”）在反映民国时期大学办学特点、师生治学风貌和学科发展水平等方面具有独特的文献价值。

1 对馆藏民国论文的整理

能将八九十年前的论文保存至今并进行了初步的编目加工，归功于几代馆员的心血。在这批论文被调整到特藏部并作为特藏资源加以保存和提供服务后，特藏馆员开始了更彻底的清理工作，包括辨认字迹、核对档案、著录信息、统计分析四个阶段。

第一步辨认字迹。重点是论文题名、作者和导师姓名。难点在于几种情况：一是题名用草书英文书写；二是签名使用了名字的韦氏拼音；三是签名用字号或英文名代替中文姓

* 通讯作者：尹昕，ORCID：0000-0001-6205-5371，yinxin@lib.tsinghua.edu.cn。

名，多见于导师；四是姓名中的繁体字和异体字。解决这些难点需要馆员利用字典工具、查找搜索信息，逐步积累经验。

第二步核对档案。包括图书馆和档案馆所藏的各种同学录、校友录、学生学籍档案和历年教职员工档案。由于多数论文并没有留下明确的年级或学号信息，或者姓名字迹无法完全确定，所以需要将论文与档案一一比对，确定姓名、年级、院系和导师。

第三步著录信息。除编号、题名、姓名、年级、院系、导师、页码等基本字段外，为了更好地揭示、统计和分析，还录入了分数、评语、印章、论文性质、书写形式、排版、语种等字段。

第四步统计分析。完成前三步工作后，就可以方便地利用统计软件的筛选统计功能，实现研磨数据、细化分析。

2 民国论文时间跨度大、院系覆盖全

馆藏 831 篇毕业论文时间跨度大，涵盖了新中国成立前清华的四个时期：清华学校（1911—1928 年）、国立清华大学（1929—1937 年）、国立西南联合大学（1938—1945 年）和国立清华大学复员时期（1946—1949 年）。按照作者所在年级（即毕业年份）统计出各级论文数量，并根据历届毕业生人数[2]得出论文入藏比例（即馆藏论文数占当年毕业人数的比例），如图 1 所示。年代最早的为 1925 届的 2 篇，数量最多的是 1936 届、1937 届、1947 届和 1948 届，各有 100 篇左右。1925—1949 届的平均入藏比例为 16%，入藏比例最高的是 1947 届，达到 43%。

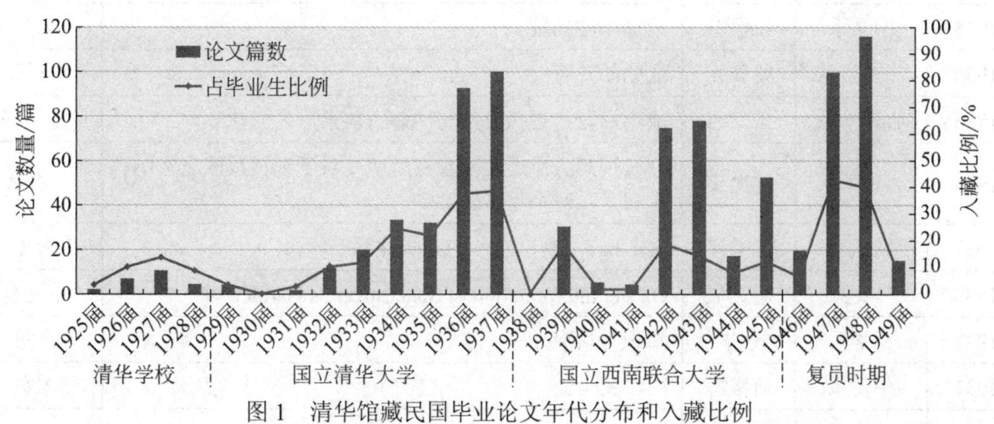

图 1 清华馆藏民国毕业论文年代分布和入藏比例

馆藏毕业论文院系覆盖较为全面。从 1925 年清华设立大学部至 1949 年新中国成立前，清华曾先后开办过文、理、法（商）、工、农和师范六个学院。馆藏论文覆盖了除农学院外的其他 5 个学院，囊括了 20 个院系，如图 2 所示。其中，经济系的 332 篇论文占到了总数的 40%，该系也是解放前清华毕业生人数最多的一个系。

馆藏中更为珍贵的是 2 篇国学院论文和 18 篇研究生论文。清华国学研究院于 1925 年开办，历时短、学生少，但声誉高。4 届学生最后顺利毕业的只有 70 人[3]，保留至今的 2 篇论文俱为梁启超所指导（见表 1）。1929 年清华开办研究院，1933 年始有毕业生，至新中国成立前总计培养了 70 余名学子，馆藏中研究生论文入藏比例为 25%。

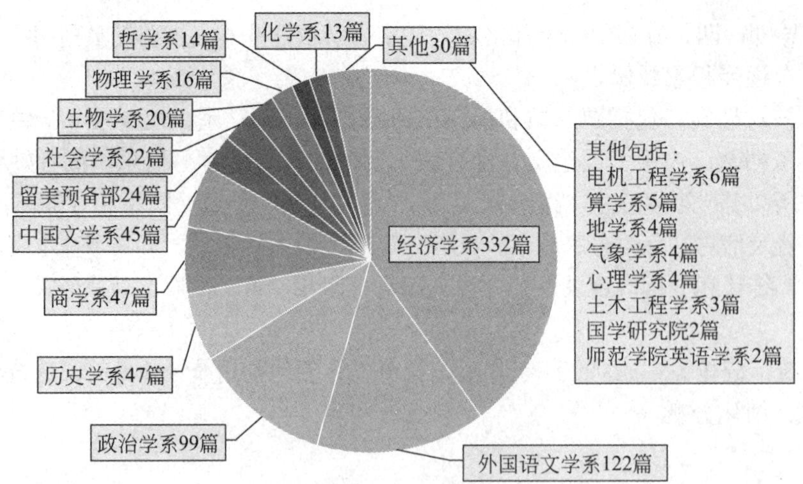

图2 清华馆藏民国毕业论文院系分布

表1 清华馆藏民国研究生毕业论文

年级	院系	作者	论文题目	导师
1927	国学院	管效先	孟子七篇中之仁义解	梁启超
1927	国学院	郑宗棨	中日历代关系	梁启超
1933	历史学系	朱延丰	突厥事迹考	陈寅恪
1935	历史学系	张德昌	清代鸦片战争前中西沿海通商之研究	未见
1935	历史学系	马奉琛	八旗兵制考	未见
1935	中文系	崔殿魁	萧选李注扬搉	未见
1936	历史学系	姚薇元	北朝胡姓考	未见
1936	心理学系	雷肇唐	成年白鼠之握执反应与注射古加素后之变化	孙国华
1936	心理学系	沈迺璋	白鼠视辨大小之差阈及视型明度对于视辨反映之影响，左右手同时举重试验	周先庚
1937	经济学系	王秉厚	Marshall（马歇尔）的经济体系	未见
1937	外文系	蔡文显	On the Interpretation of Shakespeare's Hamlet	王文显
1937	哲学系	任华	知识与信念	未见
1937	中文系	何格恩	曲江集考证	未见
1947	生物学系	陈培生	Studies on Leukocytes in Rabbits with Special Reference to Eosinophiles	未见
1947	政治学系	端木正	[中国与中立法]大纲	邵循恪
1949	地学系	张澜庆	湖南临武县钨锡矿之地质研究	未见
1949	生物学系	陈寯生	家鸽长期单偶的试验研究	未见
1949	物理学系	徐亦庄	二元合金之超格之理论	霍秉权
1949	哲学系	周礼全	论外物问题	金岳霖
1949	中文系	王忠	安史之乱前后文学演变问题	陈寅恪

3 民国论文外观的特点

区别于一般手稿，毕业论文一般有统一的写作格式和装订要求。1937 年制定发布的《国立清华大学学生毕业论文细则》[4]里就明确规定了毕业论文的格式，包括论文用纸、文本格式、标引规则和参考文献等，对中西文的格式还作了区分。尽管如此，不同时期的馆藏论文还具有一些各自的历史特点。

3.1 装帧与体例

从封面和扉页来看，国立清华大学时期的 296 篇论文总体来说外观比较统一，保存也相对完好。典型的紫色硬壳本，带黑色的护角，美观大方。扉页的论文题目、姓名、年级等条目有统一的标准格式。抗战胜利后 4 年的 250 篇论文，紫色硬壳本换成了土黄色软皮本，简洁朴素。论文外观的统一规范很大程度上得益于大学的平稳发展，因而在大学建制未全的清华学校时期，以及求学环境艰苦的西南联大时期，论文就呈现出开本大小不一，封面扉页也比较随意的特点。此外，有的导师偏爱扉页设计，如吴宓指导的十几篇论文，扉页都用艺术字体写成，风格鲜明，使人一望便知，如图 3 是图书馆学专家关懿娴在西南联大外文系的论文扉页。

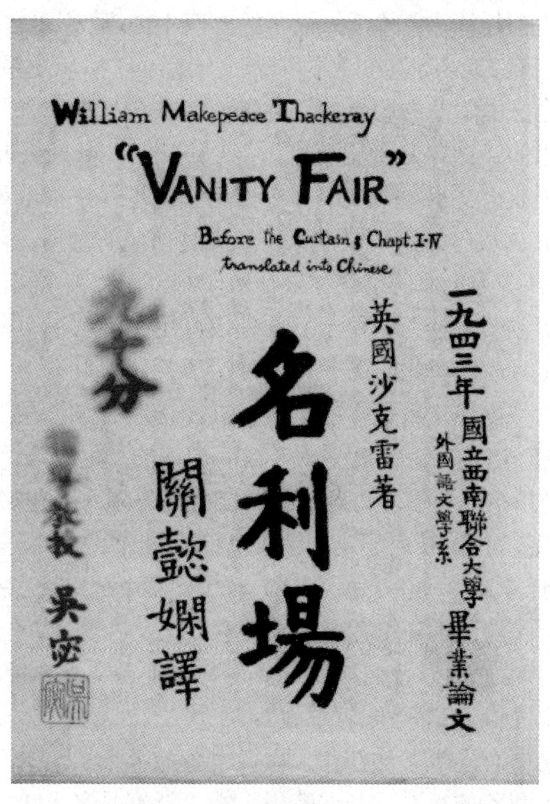

图 3 吴宓指导的 1943 届关懿娴《名利场》的扉页

从排版、书写和装订方式来看，早期论文采用竖向排版、毛笔书写、线装为主，后期逐渐过渡到横向排版、钢笔书写、胶装或铆钉装订为主，20 世纪 30 年代已出现了油印和铅印的论文，而英文部分多使用打字机。

从开本大小来看，以 16 开居多，最大的开本为 26 厘米×40 厘米。论文厚度多在 30~110 页。最厚的论文是政治学家沈乃正指导的《江苏省之省事务》一文，多达 752 页，洋洋洒洒近 19 万字。

从体例来看，多数论文有目录、序言、正文和参考文献等与当代学位论文相同的几大部分。目录以两级和三级居多，最多的达六级。有的论文凡例、脚注、尾注、图表索引俱全，标引非常规范。此外，还有精美的彩色手绘地形地貌图、矿产分布图、战争形势图等今天难得一见的论文写作方式，如美国史专家黄绍湘当年在清华历史学系论文中的手绘插图“明代开中先后图”。

3.2 稿纸与印章

稿纸是手稿鉴赏的一部分，也是清华馆藏论文的一大特色。

主流的稿纸是清华专用的论文稿纸。最早的如 20 世纪 20 年代“售品公社监制”（师生合办的消费合作社）的印有“清华学校”字样的稿纸，每页还印有绿色竖线便于书写对齐。1929 年开始统一为印有“国立清华大学稿纸”字样的稿纸，一般是 10×25 格的紫色格纸，还分为竖写的甲式和横写的乙式两种。

除了主流稿纸，还有各种特色稿纸。最早的一篇 1926 届论文，其稿纸印有“永丰德”字样，这是老北京的一家南纸店，现在已不可寻。一篇 1947 届历史系论文，其稿纸印有“大阪·宫崎纳”字样，是日本陆军的公文笺，不知作者从何处得来。一篇历史系研究生论文用的是 25×24 格大张的“张德昌专用稿纸”，纸质很好，可见作者（张德昌毕业后留校任教，他指导的学生毕业论文也在馆藏中）对论文非常重视。稿纸种类最为杂多的是西南联大的 261 篇论文，五花八门的稿纸似乎象征着当时动荡的时局。粗略统计，印有各种字样的稿纸就有 20 多种，多为上海的书局、报社所印制，也有少量昆明的，例如印有“中华书局”“开明”“昆明康益书报社”的稿纸。此外还有用土纸、练习簿写论文的，甚至有篇论文是用三种稿纸拼凑写成，由此即可一窥当时治学条件的艰难。

印章是另一大特色。出现次数最多的是“国立西南联合大学图书馆”和“清华大学图书馆资料专用章”两种，这是在论文提交图书馆后加盖的。也有政治系、中文系、物理系、算学系、心理学系 5 种系章，表明论文提交图书馆前在各院系也有加盖印章的情况。当然，最具特色的还是 20 多名教授的私人印章，包括擅长治印刻章的闻一多。西南联大时期，由于生活所迫，闻一多还曾挂牌治印，颇受欢迎。教授印章一般出现在打分或评语之后，可以作为指导教师的凭证。此外，还有作者的名号印章，以及“警言章”和“收藏章”等闲章。1927 届论文《中华医书考》的作者在最后一页写到，本论文“共费时二百二十小时”，并留下自己的名章和一个“格言章”，颇有意趣。

实际上，馆藏论文中有不少书法佳作。微微发黄的稿纸上，书写着或娟秀或工整的小楷，或行云流水或干脆利落的行书，开卷笔墨生香。特别是名人论文作为名人手稿，独具文化内涵，在市场上也价值不菲。从装帧到稿纸，从书法到印章，每一份手稿细细看来，都能展开一段故事。

4 民国论文选题和写作的特点

从选题、材料、研究和写作方式上，清华馆藏民国论文呈现出以下四个方面的特点。

4.1 关注国计民生，紧跟学术前沿

民国的 38 年有过短暂的发展时期，但更多时候是内忧外患、社会动荡。有志青年求学不忘民族前途，清华学子更是牢记庚款建校的耻辱，以学术救国为己任，他们关注国计民生的重大问题，力图寻求西方先进理论以改造旧中国。这在馆藏论文的选题上留下了鲜明的印记。其中社会科学的论文体现得最为明显。现以数量最多的经济学系论文选题为例。

粗略统计，有关货币学与币制改革的有 42 篇，有关金融学与银行改组的有 40 篇，有关汇兑统制和关税自主的有 13 篇。而币制改革、银行改组和关税自主是民国政府的重要经济、外交活动。抗战开始后，物价飞涨，政府实行管制政策，这一时期就有 19 篇论文与通货膨胀和战时物价管制有关。此外，还有探讨中国工业化道路的条件、方式和出路的，有考察中国邮政、钢铁、运输等各项实业发展情况的。这些选题偏好无不体现了老清华经济学“经世致用”的治学立场。

紧跟学术前沿的典型做法即是以欧美经济学派及其代表人物为题目。例如，20 世纪 40 年代凯恩斯主义在中国的影响日盛，以徐毓枬为首的教授们开始在西南联大推广凯恩斯的教学与研讨[5]。馆藏论文就有数篇以此为题。如 1943 届论文《凯因斯学说之研究》就凯恩斯代表作《就业、利息和货币通论》（1936）探讨了其货币学说和金融政策论。一篇 1945 届论文译介了《就业学说引论》，原作者琼・罗宾逊夫人是凯恩斯学派的重要代表人物。1948 届论文《英国的全民就业》使用凯恩斯的理论方法分析英国“二战”前后的就业情况。诸如此类的选题还涉及了多个重要流派，例如以马歇尔和阿瑟・庇古为代表的剑桥学派，以弗朗茨・李斯特为代表的德国历史学派和以古斯塔夫・卡塞尔为代表的瑞典学派。

除了主流的西方经济学，非主流的马克思主义经济学也进入了学生的选题范围。馆藏有分析资本主义经济危机的论文 2 篇：《工业恐慌之原因及教训》和陈岱孙指导的《马克思的资本主义恐慌学说》，专门研究马克思剩余价值学说的论文 5 篇，以及研究共产主义、社会主义、苏联的计划经济，俄国近代经济学家及其学说的论文十数篇。

4.2 善于就地取材，注重实地调查

新中国成立前清华曾在北京、云南昆明和湖南长沙（短期）三地办学，为实证研究提供了广阔天地。师生们就地取材，有数十篇论文就是以北京或云南的社会、经济、地理、气候等为题的。

有关北京的论文涉及了老建筑、市集、手工业、新闻业、电影业、警政事务、公用事业、社会救济业，以及职业流动、社区形成等题目，这些论文提供了丰富的民国社会资料，包括各种调研表格、报告。如一篇题为《北平市新闻事业调查》的论文，作者走访了北平有代表性的大型报社、中小报社、通讯社和报房报摊，获得大量一手材料，并搜集了中、外

文书籍杂志200余种作为参考，使其研究有了扎实的实证基础。一篇题为《北平市电影业调查》的论文，使用了导师李景汉制的“电影院调查表格”，还拍摄了当时平安、光陆、飞仙、国泰等电影院的照片，生动直观。又如气象学家李宪之指导的两篇论文，分别研究了北平春、冬两季的气候，有详细的气象数据和手绘的气象彩图。还有3篇论文以清华为题，其中的《清华大学工友生活研究》运用社会学的方法，对包括敌伪时期在内的各时期清华工友进行了调研，提供了罕见的校史资料。

以云南或昆明为题的论文集中于西南联大时期。抗日战争全面爆发后，有一队师生组成“湘黔滇旅行团”，徒步横跨湘黔进入云南昆明。他们沿途一边采集标本，一边了解当地风俗民情，开展社会调查，将迁徙变成采风和实地调研的过程。在云南的8年，以清华国情普查研究所为代表的联大师生开展了有计划、有组织、有步骤且形式多样的调查，形成了浓厚的实证研究的学术风气，留下了不少学术成果。馆藏论文中有关云南的题目就涉及烟、茶、盐专营制度，所得税的推行，财政问题，银行业，矿产，中等教育，国营工业，纺织业等多方面。这十余篇论文佐证了抗战时期南迁知识分子在云南的学术活动。

4.3 注重外语能力，利用外语文献

清华由留美预备学校发展而来，早期专为培养留学人才。成立大学后，少壮派教师队伍也以留学英美为主，包括一些外籍教授。这样的学习环境对外语的要求非常高。在非外文院系，英文都是必修课，一般为每周四至八学时，外文系则更多。这一办学特点对民国论文写作方式的影响体现在三个方面。

一是用英文写作。馆藏最早的一篇英文论文是1929年剧作家王文显指导的 *The sex problem of Henrik Ibsen*（《易卜生的性别问题》）。全部论文中有113篇用全英文写作，其中，非外文系的占到69篇。也就是说，用英文写作并非外文系的专利，文史哲等以外的院系都有英文论文。而最爱用英文的是理学院，整个理学院有76%的论文是用英文写成。原因可能是当时理科生毕业后出国深造的较多，而且外语也是跟进学科前沿的必要条件。

二是用译著当作毕业论文。这种情况今天已不多见，当时也只出现在本科生论文中，粗略统计共有139篇，以外文系和经济系居多。外文系所译原著多为国外文学名著、小说、诗歌集和剧本等，古典和现代的皆有。1933届石璞翻译的古希腊剧本《阿伽门农》还曾发表在《清华周刊》第4期上。在经济学系的论文中，译著皆是近现代影响较大的经济学家的著作、论文集和演讲集等，最常见的主题是货币学和金融理论。对于一些大部头的著作，会由两三名学生分章合译。例如赵人儁指导两名学生合译了英国经济学家杰弗里·克劳瑟（Geoffrey Crowther）的著作《货币与汇兑》。现代经济学作为一门外来学科，从翻译国外经济学家的代表作入手是民国常见的开展研究的方式，这也是一项利己利人的工作。

除英文外，还有少量翻译日文和德文等小语种的。例如余冠英和浦江清联合指导的《水浒传在日本文学史上的影响》，译自日文，原作者是日本汉学家青木正儿；文学家冯至（原名冯承植）指导的《通尼欧·克雷格》（现多译为《托尼奥·克勒格尔》），译自德文，原作者是德国文学家、诺贝尔奖获得者托马斯·曼（Thomas Mann）。

三是对外文参考文献的充分利用。馆藏中有30%的论文使用了外文参考文献，包括英

文、日文和法文等。早在留美预备学校时期，学生论文就开始使用外文参考文献了，最早的如 1927 届叶应坚的《中国与爪哇》、赵访熊的《拳匪之乱》，就使用了英文的书籍和报刊作为研究资料。令人叹服的是，西南联大因为战乱搬迁、交通不便，图书资料特别是外文资料已经很难获取，但馆藏联大论文中仍然有 30%使用了外文参考文献。

4.4 名师大家云集，多见评分批语

馆藏论文的指导教授中不乏名师大家，经过仔细辨认签章，能确认的有 100 余位，汇总如表 2 所示。更具价值的部分是导师的打分和评语。

表 2 清华馆藏民国毕业论文的指导教师名录

学院	指导教师
文学院	梁启超、陈寅恪、闻一多、朱自清、吴宓、卞之琳、冯友兰、金岳霖、张荫麟、浦江清、俞平伯、王力、杨树达、袁家骅、陈梦家、陈铨、雷海宗、吴晗等 45 名
法学院	陈岱孙、赵迺抟、徐毓枏、刘大中、戴世光、周炳琳、周作仁、杨西孟、赵人儁、张奚若、蒋廷黻、浦薛凤、沈乃正、王化成、萧公权、吴恩裕、赵凤喈、陈之迈、邵循恪、潘光旦、吴景超、吴泽霖等 42 名
理工学院	周培源、王竹溪、余瑞璜、霍秉权、赵访熊、段学复、熊庆来、高崇熙、钱思亮、李宪之、赵以炳、孙国华、周先庚等 24 名

导师打分信息的特别之处在于两种情况：同一导师的高、低分和一篇论文获两个分数。当时，外文系采用 5 级打分制，分为 E（超）、S（上）、N（中）、I（下）、F（劣）5 等级。馆藏有《屠格涅夫之妇女》等 5 篇论文获得了 E。其他院系常用的是百分制，例如闻一多指导的两篇论文《古乐府考》和《九歌湘神考》就获得了 95 分的高分，数学家段学复指导的论文 *Theory of Representation of Groups*（《典型群理论》）也得了 95 分，其作者万哲先后也成为著名数学家。名师也会给低分。例如《诗经中的比喻》一文，导师闻一多就只给了 60 分，段学复指导的另一篇论文《抽象代数概论》也只给出了 60 分。还有一种情况是两位教师联合指导一篇论文，馆藏有 12 篇论文就是两位导师给出了不同的分数。如余冠英和浦江清联合指导的《唐代自然诗人》，一位给了 70 分，另一位则只给了 62 分。这些特殊的打分信息，直接体现了老师的治学标准和教学理念。整个馆藏论文的打分情况也能在一定程度上反映民国时期对毕业论文的学术评价标准。

更能明确体现导师学术思想的是批语。有 40 余篇论文有导师的批语或代序。短的如梁启超对国学院 1927 届论文《孟子七篇中之仁义解》的 14 字批注："所论间有独到处，视初稿组织较进"（见图 4）。长的如 1936 届权国庆的《说文声系》，语言学家杨树达为其作序 3 页，接着王力为其作序 4 页，使人赞叹之余还想一探究竟，该文何德何能，能得两位名师如此厚爱。更有甚者，吴宓指导论文不仅设计风格独特的封面，还常常亲自为学生做校对，并先后写下了 12 篇批语之多。细细品读这些七八十年前的文字，一位严谨执着的教授形象跃然纸上。

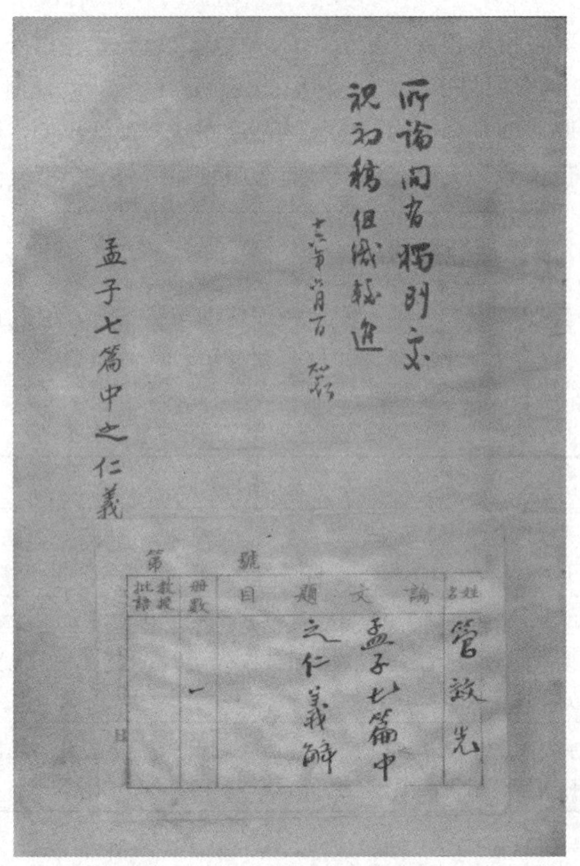

图 4 1927 届管效先《孟子七篇中之仁义解》上的梁启超批语

5 民国论文的价值与启示

除清华馆藏外，目前公开的、具有一定体量的民国毕业论文收藏包括：辽宁省图书馆所藏东北大学毕业论文 512 篇[6]，厦门大学图书馆所藏厦大毕业论文 1153 篇[7]，北京大学图书馆所藏燕京大学毕业论文（至 1952 年）2700 册[8]。民国论文在反映当时政治、经济、社会变革方面所具有的史料价值已开始被学界所认识[9]。

从另一个角度来说，毕业论文成为高校学生培养的一个必要环节，起因是 1905 年科举制度的废除，现代学科和学位制度传入中国，它的蓬勃发展正是在民国初年至中期。结合这一历史背景，本文试图抛砖引玉，着重阐述民国论文独特的文献价值和对图书馆特藏建设的启示。

5.1 文献价值

以清华馆藏为例，民国论文为以下三个方面的课题提供了最直接的原始材料，这是一般民国文献所不能替代的。

5.1.1 名家的教育和学术思想

首先，论文选题直接受导师指导，反映导师的研究旨趣。当时本科生在四年级伊始，研究生在入学之初，就需要与系主任和指导教授商定题目。导师们也非常重视。梁启超曾“连日与诸君讨论研究题目”，教诲学生选题应避免“空泛之弊”和“太大之弊”[10]，还有针对性地做了《指导方针及选择研究题目之商榷》的讲演。赵元任在《清华周刊》第354期上还列举了40个中国语言研究的选题供学生参考，这是他在二三十年代学术兴趣的一个佐证。

其次，40余篇导师批语和代序中，多有名家的未刊稿。例如吴宓的或长或短的12篇批语还从未收进吴宓的文集或著作集[11]，进入研究者的视野。这些未刊的指导论文和批语是吴宓教育生涯不可或缺的部分。

最后，论文作者中也不乏后来的国内外知名学者，如林家翘、葛庭燧、万哲先、杨联升、端木正、许渊冲、徐联仓、俞国华等。毕业论文记录了他们学术人生的起点，是研究其学术思想历程的重要文献。

5.1.2 大学办学特点

倚重外语，这不仅是清华，也是当时国内大学的一个办学特点。民国时期高校里的教材、考试和作业普遍使用英文[12]，毕业论文多用英文写作也就不是偶然了。一时西风压倒东风，清华大学1933年国文入学考试风波可以说是出题者陈寅恪对这种现象的反击。馆藏中恰好有一篇《清华大学二十四年度入学考试国文成绩研究》，正是对这一事件的回响。

尽管如此，老清华并未随波逐流荒废国学。这在中文系、历史系和国学院等的毕业论文中都能找到很好的例证。诸如1936届论文《说文声系》和1937届论文《〈列仙传斠补〉补》这种校勘的选题，又如1937届的《唐代传奇及其来踪去路》和《南北朝时关于佛教之诤论》这种考证的选题。这些学子在“平静的书桌”快要无处安放时，还默默坚守自我的学术追求，在国学和西学之间寻找平衡与发展。

5.1.3 学科发展水平

对于考察学科发展水平，特别是外来学科在民国的传播和影响，高校毕业论文也具有独特的文献价值。仅举一例，前述的有关凯恩斯主义的论文选题，实际上是民国学术界围绕凯恩斯展开的学术大讨论背景下的产物。对于凯恩斯主义在近代中国的传播和影响这一课题，一些民国毕业论文已经进入了相关研究者的视野，这包括燕京大学、武汉大学和南开大学的数篇以凯恩斯主义为题的民国论文[13]。相信包括清华图书馆藏在内的更多民国论文得到整理、公开和宣传，将会有助于这一类的研究。馆藏论文的这种文献价值在西方经济学、马克思主义经济系、政治学等学科领域普遍存在，亟待挖掘。

5.2 对特藏建设的启示

大学图书馆对民国论文加以保存、整理和研究，能使其与其他特藏文献形成互补，盘活资源，这主要体现在三个方面。

5.2.1 与新中国成立后的毕业论文形成延续性

除民国论文外，清华馆藏还有70篇新中国成立初期至1952年全国院系调整前的毕业论文，这些论文的作者大多是新中国成立前入学的，其中不乏冯钟璞、资中筠、黄祖洽等知名学者，导师不乏梁思成、林徽因等知名教授。特别是林徽因先生（1904—1955）晚年多病，她亲自指导的学生论文数量极少，而馆藏论文中有她亲自拟定并留下签章的评语。

这样，馆藏 1952 年以前的 900 余篇论文，与之后系统收藏的毕业设计和学位论文形成了一个很好的延续，有利于了解百年清华学生毕业论文的全貌。另外，馆藏 38 篇北京大学的民国论文也能补缺兄弟图书馆的馆藏。

5.2.2 对其他档案和特色馆藏形成互补

首先是对校史档案的补充校正作用。每一份毕业论文都包含作者的学籍信息，包括题目、姓名、院系、年级、学号、导师、论文写作或提交时间等条目。一些校史档案因年代久远，字迹模糊，或有错漏或遗失。毕业论文中的学籍信息正好能起到补充校正的作用。

其次，毕业论文中有不少知名教授、校友的签章，而这与馆藏名人手稿中的签章一起，对清华馆正在建设中的名人签名本特色数据库是一个很好的补充。

最为重要的一点是，这批毕业论文能与其他馆藏形成互补，从而有利于一些专题研究。例如，馆藏名人手稿库中，有一份史国衡 1946 年的英文学术论文 A MINING TOWN IN CHINA: A study of industry and society［《个旧矿城（工业和社会研究）》］，内容是他在清华大学国情普查研究所的学术成果。而毕业论文中恰好有一篇 1942 届论文《个旧之锡业》，两份学术文献都是佐证西南联大在云南的地理调研活动的珍贵文献。资源互补的潜力很大，还有待馆员和读者进一步挖掘其价值。

6 结语

目前，清华图书馆完成了这批论文的数字化工作，向读者提供馆内电子阅览服务，并且举办了一系列展览[14]和宣传活动，先辈们严谨的治学态度使当代学子受到了很大的鼓舞。同时，还吸引了一批学者如葛兆光[15]、谢喆平的关注，开展了相关学术研究。在他们的推动下，一些名人后代，如闻一多、俞国华的后人前来瞻仰先人的学术足迹，联络了校友感情。今后，图书馆员将致力于这批民国论文的出版工作，使之能得到更好的开发和利用。

参考文献

[1] 1937 年的《国立清华大学学生毕业论文细则》里明确规定了“研究生论文须誊录正副两本，本科生得只录一本”，入藏图书馆后，需经图书馆主任允许，才能抄录副本。见：清华大学校史研究室. 清华大学史料选编，第二卷[M]. 北京：清华大学出版社, 1991: 193-194.

[2] 清华大学校史研究室. 清华大学史料选编，第一至五卷[M]. 北京：清华大学出版社, 1991—2005.

[3] 孙敦恒. 清华国学研究院史话[M]. 北京：清华大学出版社, 2002: 173.

[4] 同[1]: 193-196.

[5] 宋丽智, 邹进文. 凯恩斯经济思想在近代中国的传播与影响[J]. 近代史研究, 2015, 1: 126-138.

[6] 辽宁省图书馆. 辽宁省图书馆藏民国时期东北大学毕业论文全集[M]. 北京：中华书局, 2015: 1-25.

[7] 厦门大学图书馆. 厦门大学图书馆藏厦门大学 1931—1952 年毕业生之毕业论文. [2015-08-15]. http://210.34.4.13:8080/biye/index.asp.

[8] 张丽静. 燕京大学学位论文的印本收藏与特色库建设[J]. 图书馆建设, 2011, 6: 39-40.

[9] 孙晶. 民国时期大学生毕业论文的整理与研究——以辽宁省图书馆为例[J]. 图书馆学刊, 2014, 6: 38-41.

[10] 梁启超. 梁任公教授谈话记[J]. 清华周刊, 1925, 352: 98-101.
[11] 最新的吴宓著作年谱参见: 许军娥. 吴宓著译系年目录辑要[M]. 新疆：伊犁出版社, 2000.
[12] 叶文心. 民国时期大学校园文化（1919—1937）[M]. 冯夏根等, 译. 北京：中国人民大学出版社, 2012: 3-8.
[13] 同[2]: 136.
[14] 清华大学图书馆. 百年清华园，十里稻花香——清华大学图书馆藏老论文展. 2014-10-31. [2015-08-15]. http://100.lib.tsinghua.edu.cn/article-1369.html.
[15] 葛兆光选编出版了 11 篇清华馆藏民国论文，参见：学术薪火：30 年代清华大学人文社会科学毕业生论文选[M]. 长沙：湖南教育出版社, 1998.

原载《大学图书馆学报》2015 年第 6 期

清华大学“图书馆”题名探秘

韦庆媛

摘　要：2012年，清华大学图书馆迎来了百年华诞，百年清华图书馆承载着丰富的文化信息，图书馆的相关话题也引发了人们的兴趣。图书馆主馆的馆舍由三期建筑构成，笔者在研究图书馆历史时，发现在图书馆二期（1930年3月开工，1931年11月竣工）的正门上方留下三个大字“图书馆”，“图书馆”题名曾被更换过，那么第一次题字为何人所题？为什么要更换？何时更换？更换后为何人所题？由于无法找到相关的文字记载，这些问题成了谜点。本文追根溯源，揭开“图书馆”题名尘封的迷点。

2012年清华大学图书馆迎来了百年华诞，百年图书馆主馆的馆舍由三期建筑构成。一期建筑由美国著名建筑师墨菲设计，采用20世纪初美国校园建筑中常见的风格，清水红砖墙，坡屋顶，1916年4月开工，1919年3月竣工，建筑面积2114.44平方米，用钢筋水泥建造，是中国第一座可以避火险的独立馆舍。二期建筑由中国著名建筑师杨廷宝设计，由一期建筑向西延伸，与原馆风格保持一致，扩建工程于1930年3月开工，1931年11月竣工，建筑面积5600平方米。接建部分天衣无缝，浑然一体，被称为接建史上的范例。三期建筑由中国著名建筑师关肇邺设计，1988年5月开工，1991年10月竣工，建筑面积20120平方米，在一、二期建筑的基础上继续向西延伸，与一、二期建筑风格保持一致，延续清华图书馆的文化传统。

百年清华图书馆承载着丰富的文化信息，图书馆的相关话题也引发了人们的兴趣。笔者在研究图书馆历史时，发现在图书馆二期的正门上方留下三个大字“图书馆”，“图书馆”题名曾被更换过，通过查找相关历史资料，揭开“图书馆”题名尘封的迷点。

1　20世纪30年代“图书馆”题名为何人所题？

关于图书馆二期正门上方的“图书馆”题名，黄延复先生（1928年生，1952年毕业于清华大学并留校工作）在《清华园风物志》中提出是于右任所题，苗日新先生（清华大学原基建规划处处长）在《导游清华园》中提出是郭沫若所题。因为找不到文字记载，这个问题的确存在疑问。

1928年罗家伦成为清华大学的首任校长，他延聘名师，整顿校务，使清华大学成为在全国有影响的大学。罗家伦对图书馆建设极为重视，他在就职演讲中说，“图书馆不厌舒适，不厌便利，不厌书籍丰富，才可以维系读者”，他认为，“清华现在图书馆书库及阅览室，均不敷用，拟再加扩充”。扩充部分即图书馆二期，建成后新楼上出现了“图书馆”题名。可惜此时罗家伦已经离开了学校。

民国时期有著名的四大书法家，谭延闿擅长楷书（1880—1930，字组庵，曾任国民政府主席、第一任行政院院长），吴敬恒擅长篆书（1865—1953，字稚晖，曾任中央陆军军官学校校务委员、国民革命军总政治部主任），胡汉民擅长隶书（1879—1936，字展堂，曾任国民政府立法院院长、中央常务委员会主席），于右任擅长草书（1879—1964，曾任国民政府监察院院长）。他们不仅擅长书法，还在国民政府中身兼要职。曾是蒋介石秘书的罗家伦任校长后，强化了清华大学与国民政府的联系，原挂在清华大学二校门上的“国立清华大学”牌匾由擅长楷书的谭延闿题写（见图1），“机械工程馆”由擅长篆书的吴敬恒题写（见图2），依此看来，居于学校重要地位的“图书馆”题名也应出自大家之手。

图1　谭延闿题写的“国立清华大学”牌匾

图2　吴敬恒题写的“机械工程馆”题名

图3是清华大学图书馆的老馆员李继先和陈荣恩夫妇留下的照片，原片注为“1931年在清华大学图书馆”，后面是刚刚建成的图书馆二期建筑，由李继先的儿子李豪先生提供。李继先（1907—1993），浙江绍兴人，武昌文华图书馆专科学校毕业，1930年9月到清华图书馆任事务员，负责英文编目工作。李继先的夫人陈荣恩（1908—1992），浙江绍兴人，武昌希理达高中毕业，中华大学肄业，与李继先同时来到清华图书馆，任杂志股助理。据李继先的儿子李豪讲述，1933年1月22日李继先、陈荣恩在清华大学工字厅举行了简朴、热闹的婚礼，由梅贻琦校长担任证婚人。

图 3 李继先（右）、陈荣恩（左）1931 年在清华大学图书馆门前合影

图 3 照片中人物背后的墙上出现了“图书馆”题名。图书馆二期建筑于 1931 年 11 月竣工，从照片拍摄时间来看，竣工的同时或不久之后，“图书馆”题名刻写到新大楼上。

图 4 为放大的 1931 年“图书馆”题名，从照片上来看，“图书馆”三字为繁体字，书写顺序从右至左，用隶书书写。“图书馆”题名左侧有落款，可惜落款无法辨认，不知为何人所题。

图 4 放大的 1931 年“图书馆”题名

在民国四大书法家中，于右任工草书，有“当代草圣”之誉。1931 年清华大学二十周年校庆，于右任曾为清华题写校训“自强不息　厚德载物”，刊登在《清华大学二十周年纪念刊》上（见图 5）。

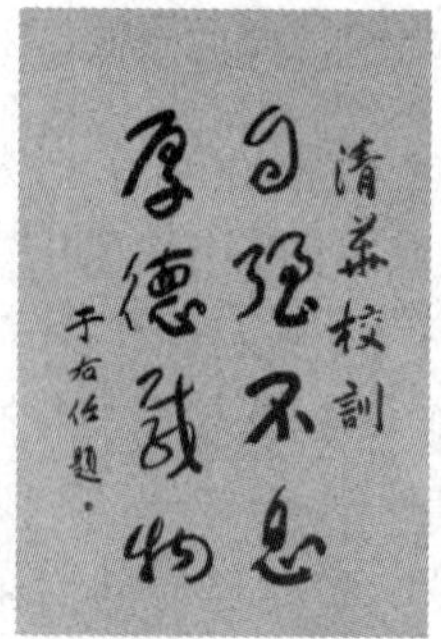

图 5 于右任 1931 年题写的清华大学校训

从于右任题写的清华校训字形上来看，“图书馆”题字的隶书字体与于右任书法的风格不符。2010 年夏铭智主编出版了《于右任书法大字典》，其中几乎收录了于右任的全部字体，仔细查看，清华的“图书馆”三个字，与于右任的“图”“书”“馆”三字笔法并不相像（见图 6）。

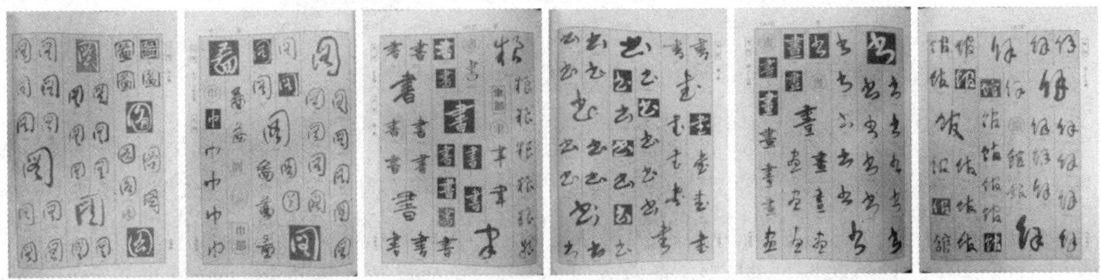

图 6 《于右任书法大字典》中收录的“图”“书”“馆”三个字的所有写法

从题字的特点来看，“图书馆”题字为隶书，在民国四大书法家中，胡汉民擅长隶书，笔者给出另一种可能，“图书馆”三字是否为擅长隶书的胡汉民所题？胡汉民于 1936 年去世，享年 57 岁。英年早逝，留下的书法作品不多，无法一一查考，在此也希望保存清华大学图书馆早期照片的人士提供帮助，以便有更多的直接证明。

2 “图书馆”题字何时换了模样？

图 7 是 1957 年 1 月清华大学土木工程系工业与民用建筑专业房 93 班女同学在图书馆门前留下的合影照片，由刘越清（见图 7 中左 4）提供。

图 7 1957 年 1 月清华大学土木工程系工业与民用建筑专业房 93 班女同学
（从左至右：潘清漪、匡敏玲、刘学孟、刘越清、王娴明、应诗慧、程瑞棣、沈淑芳、陈华丽、雷锡珊）

从放大的 1957 年“图书馆”题名（见图 8）来看，与 20 世纪 30 年代的题名明显不同，已经被更换过，左侧落款已被刮掉，新的题名没有署名，每个字周围隐约可见原来题名钉在墙上的痕迹。

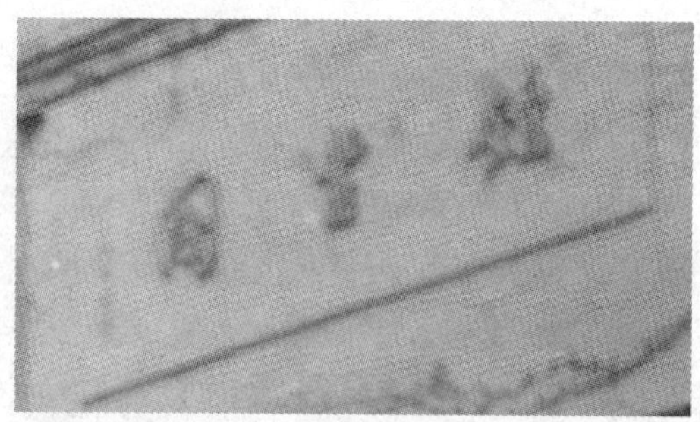

图8 放大的1957年“图书馆”题名

那么，20世纪30年代的“图书馆”题名是什么时候被更换的？为什么要更换呢？

有人推测，在日军侵占图书馆期间，“图书馆”题名被刮掉了。抗战期间，清华大学变成日军第一五二野战医院，图书馆成为医院本部，馆内藏书一本不剩，破坏非常严重。但从资料来看，日军主要是为了使用方便，而将馆内设施进行改装，未见对外观破坏的记载。

图9是刊登在清华大学1948年年刊上的照片，“图书馆”三个字依旧，说明直到1948年，“图书馆”的题名仍然是20世纪30年代留下来的。

图9 清华大学1948年年刊上刊登的图书馆照片

1948年12月15日清华园解放。据徐嘉云（1949—1950年就读清华大学农化系，原为西安市空军电讯工程学院主任教员）在《聆听郭沫若关于清华校庆的一席讲话》中回忆：“1950年4月，我作为清华农化系的一名新生，有幸在清华礼堂，聆听到郭沫若同志关于清华校庆的一席讲话，久久难忘！当时，他站在礼堂讲台，指着礼堂正上方一块横匾——‘寿与国同’四字向师生慷慨地讲：清华创办经费是由八国联军打败清政府而得到的赔款中挤出来，表面上是给中国教育事业作了善事。当时，清华建校，恰逢中华民国元年，所以，匾上就有‘寿与国同’一论。而今，代表中华民国的蒋介石政府已战败逃到台湾去了，所以这块匾也应该去掉！”

另据龚育之（1948—1951 年就读清华大学化学系，曾任中宣部副部长）发表在清华大学《校友文稿资料选编》第十二辑上的《我在清华的三年》一文：“解放以后，印象深刻的有：郭沫若，他演讲时，指着大礼堂讲台对面二楼座位后墙上方悬挂的大匾上的四个大字‘寿与国同’，作了一番调侃。”

据黄延复先生回忆：“清华‘解放’初期，曾经有过一次集中‘清除’建筑物上的‘反动遗迹’活动，其间，包括西体育馆外廊里的老罗斯福像、大图书馆大门上的于右任字，都被清除掉了。”

看来新中国成立初期，为了挥去不合时代音符的烙印，曾经对清华大学的“反动遗迹”进行过集中清除，包括“图书馆”题名在内。实际上，从 1951 年 5 月起，已经开始了在图书馆清除反动书刊的行动，学校成立专门委员会，“协助图书馆馆长检查图书馆现存政治上反动之书籍”，撤除后的书籍另行封存，不再流通。试想，如果“图书馆”题名为胡汉民所题，当时刺杀国民党左派廖仲恺的重大嫌疑足以使他的题字被去除。同时谭延闿题写的“国立清华大学”牌匾也被去除。然而奇怪的是，国民党右派吴敬恒题写的“机械工程馆”却保留下来。

图 10 是刊登在《清华大学建筑系一—四届毕业班纪念集》上的清华大学建筑系 1952 年毕业生姚富洲（1929—1966，1952 年院系调整由北大转到清华大学，原为西南交通大学讲师）在图书馆前的留影，标注的照相时间是 1952 年，从衣着与植物情况判断，应在春夏或夏秋季节，图书馆大门上方有题名。

图 10　清华大学建筑系 1952 年毕业生姚富洲在图书馆前留影

图 11 是张思敬老师（1947—1952 年就读清华大学物理系、土木工程系，曾任清华大学党委副书记）1952 年拍摄的图书馆外观照片，照片上可见爬墙虎叶子掉落后的筋骨，拍摄的时间应在深秋。在图书馆门前梯形台阶的外墙上写着：“苏联战后五年计划伟大成就图片展览”。1952 年新中国正在准备制订第一个五年计划，1952 年 8 月 17 日—9 月 22 日，周恩来总理率中国政府代表团访问苏联，就中国第一个五年计划轮廓草案和苏联交换意见，争取援助。为了配合当时的形势，图书馆举办了展览，这也证明此照片摄于 1952 年深秋无疑。

图 11 1952 年的图书馆

图 12 为放大的 1952 年原“图书馆”题名位置，已经没有“图书馆”字迹，仔细辨认，墙上原字除掉的痕迹清晰可见，因此可以断定，1952 年夏秋之际，原“图书馆”题名被除掉。

图 12 放大的 1952 年原“图书馆”题名位置

1957 年的图书馆照片显示，至迟到 1957 年，“图书馆”题名已经被更换。新的题字何时挂上去的？

笔者请教了清华大学原庶务科田书林老师。田书林，今年 82 岁，1952 年以前是北大工学院机工厂的工人，1952 年全国高等院校院系调整随北大工学院调到清华大学，先在工厂工作，因写得一笔好字，不久被调到学校庶务科，科长是段多朋。据田书林回忆：“大约在 1953—1954 年，办公室来了 2 个人，不清楚来人是从哪里来的，拿来打造好的‘图’‘书’‘馆’三个字，字是铸铜的，立体的，每个字独立，每字笔画连在一起，是一个整体，我拿起来掂了掂，‘啊，好沉哪!’，来人请庶务科把字挂上。当时在场的还有庶务科科长段多朋以及科员田光远，段多朋表示‘这事儿不属于我们这里管，你找找别的部门吧’。来人就把字拿走了，不知道字后来什么时候挂上去的。”

田书林先生描述的“图”“书”“馆”三个字与现存“图书馆”题名特征相符。当时的庶务科长段多朋已于20世纪90年代去世，田光远在“文革”期间下放鲤鱼洲农场时出了事故，溺水身亡，因此已无从仔细查考，但田书林先生非常肯定地说：“这事确实有。”

新的“图书馆”题名最晚在1957年挂到了原题名位置，但究竟是什么时候挂上去的，同样因为没有文字资料，也需要更多的照片资料给予佐证。

3 20世纪50年代“图书馆”题名为何人所题？

图13是2012年的图书馆，题字仍在。图14是放大的“图书馆”题名。现存的“图书馆”题名与1957年的“图书馆”题名比较，是同一个字迹，虽然看上去字迹有些变形，那可能是因为拍摄角度不同，字迹应该没有变过，仍然能够清楚地看到每个字周围原来题名钉在墙上的痕迹，这些痕迹与1952年、1957年的照片上的痕迹一致，也就是说，1957年以后，“图书馆”题名再没有更换过。

图13 2012年的图书馆二期建筑

图14 放大的2012年“图书馆”题名

据曾任清华大学图书馆副馆长的陈杰渝回忆，他和图书馆党办张宪云老师一起去看望离休老馆员赵正民（2006年去世），赵先生告诉来客：“图书馆”题名在新中国成立初期更换过，是从鲁迅先生的遗字中集出了“图”“书”“馆”三个字，挂到原来的位置。以后赵先生还几次提到这个事情。赵正民先生于新中国成立初期负责图书馆的总务工作，而更换题名的事情是由总务负责的，赵先生是亲身经历者，他应该知道其中的变故。后来好几位馆员都提到集鲁迅字的问题，可能源头正是在这里。

为了确认"图书馆"题名是否为集鲁迅的字而成，2012年2月，笔者请教鲁迅博物馆黄乔生副馆长，对鲁迅先生素有研究的黄馆长非常肯定地说：清华的"图书馆"三个字不是鲁迅先生的字，有点像郭沫若先生的字。于是笔者又请教郭沫若纪念馆研究室的钟老师。郭沫若纪念馆的馆长正是郭沫若先生的女儿郭平英女士，钟老师也请郭平英馆长进一步辨认，认为应该是郭沫若先生的笔迹，郭平英馆长表示："只是字看上去有点扁。"

郭沫若先生在20世纪50年代至60年代初期曾经为很多图书馆题名，据《郭沫若书信集》记载，1969年5月21日，郭沫若在给五弟翊昌的信中提到，翊昌想请郭沫若题写毛泽东主席诗词集联，郭沫若回信："你要我为你写成对联，我不便写。因主席年前有指示：'我们不要题字'。我自'文化大革命'发动以来便没有为人写字了，细想挂对联这样的习惯也是须得破除的。"郭沫若先生的"题名"活动一直持续到"文化大革命"之前，而这些题名基本上都留下了署名。

老馆员赵正民先生作为亲历者，他的说法不容忽视，"图书馆"的题名更换过是肯定的，但是关于新的题名是集鲁迅字的说法，是不是因为赵正民先生记错了呢？换过的"图书馆"题名没有署名，郭沫若先生在20世纪50年代至60年代初期的题字很多，没有署名的很少，而为清华大学图书馆题名，没有必要不留署名，这是否验证了"集字"之说呢？只是集字的人混淆了。选择郭沫若先生的字，是否和郭沫若先生1950年的那次讲话有关呢？又因为"集字"之说，而"只是字看上去有点扁"呢？

原载《中国档案》2012年第12期

清华大学图书馆初创时期的几个关键问题述证

韦庆媛

摘　要：清华大学图书馆在中国图书馆近代化发展过程中占有重要地位。使用清华大学图书馆和清华大学保存的第一手资料，对清华大学图书馆初创时期的图书室建立时间、最早的图书室地点、最早的图书室图书、图书室第一任主任黄光、第二任主任戴志骞、图书馆一期建筑工程、"清华学校图书室"改称"清华学校图书馆"的时间等关键问题进行辨析，澄清现有研究中有误或含糊不清的史实、观点和结论。

2011 年清华大学迎来百年华诞，2012 年清华大学图书馆正式迎来百年馆庆。作为百年老馆，一百年来历尽沧桑，有关的历史话题引发热议，馆庆期间也出版了一些有关的图书，但由于历史久远，对一些问题或因查找资料有限，或因使用的是第二手资料，使记述与史实有较大偏差。本文使用大量第一手资料，对清华大学图书馆初创时期的几个关键问题进行辨析，澄清现有研究中有误或含糊不清的史实、观点和结论。

1　最早的图书室建立时间

在《百年清华图书馆》一书中有这样的记述："1912 年 10 月 17 日，学校向外交部递交了将清华学堂改称清华学校的呈文。清华学校建立后，正式建立了小规模的图书室，称为清华学校图书室，这被认为是清华大学图书馆的起源。""但是，确切的日期到底是哪一天，迄今没有找到明确的记载。"[1]那么清华大学图书馆的起源具体为何时？

1908 年在驻美公使梁诚的努力下，终于促使美国同意将多收的庚子赔款逐年退还给中国，用于派遣中国学生赴美留学，退款从 1909 年 1 月 1 日起实行。1909 年 6 月在北京设立游美学务处，1909 年 7 月 10 日（宣统元年五月二十三日）颁布《遣派游美学生办法大纲》，计划在游美肄业馆内设立书库。[2]1909 年 9 月 28 日（宣统元年八月十五日）外务部在上宣统皇帝奏稿中，计划在清华园建筑图书馆。[3]

1911 年 4 月 29 日，清华学堂在清华园开学。著名学者吴宓于 1911 年就读清华，在《吴宓日记》中留下了最早关于"图书室"的记录。1911 年 5 月 2 日，"监督及'三长'在图书室接见中等科各室长，余亦偕众往。"[4]5 月 12 日，"总办于午十二时四十分在图书室接见各室长”。[5]6 月 2 日“本校代理公办颜惠庆君，……在图书室接见高等、中等科室长，余亦偕往”。[6]上述记载均提到图书室，表明建校之初已经有图书室存在。另据吴宓日记记载，1911 年 6 月 8 日，“今日校中清理书籍。学生凡有用学堂书籍者，皆依次携至图书室，分别购取、借用二项，凡借用者，即时盖图书（章）于上，作为学堂公书，读毕即当交还”。[7]这表明此前虽有图书室，教职员可以借书，但并没有制定正规的借阅手续，未正式对外开放，还不具备正式图书室的条件。当时图书室还没有设立专门的管理者，也是图书室并未正式开放的旁证。整理书籍后不及一月，6 月 30 日学堂开始放暑假，新学期于 8 月 25 日正式上课。1911 年 8 月 26 日，刘履堦借去《群学肄言》一册。在 1912 年 7 月整理书目时发现此书遗失，记录为：“查旧账宣统三年八月二十六日刘履堦借去，是否缴回无从查悉。”[8]表明此时借书手续仍未健全，没有规定明确的借书期限。

1911 年 10 月 10 日辛亥革命爆发，为了躲避战争，外籍教师纷纷离校，多数学生也因害怕战争而四散回家，同时清政府挪用了这一年退还的庚款去弥补镇压革命军费的不足，清华学堂经费断绝，11 月 9 日只好宣布停课。1912 年 5 月 1 日重新开学，7 月初放暑假，1912 年 8 月 20 日新学期开学。

1912 年 7 月，在暑假期间完成了《核对华文书籍与旧目录不符残缺不完全特记簿》，盖上了“清华学堂图书馆”的印章。据吴宓日记记载，1912 年 8 月 10 日，“校中之图书馆近复移设高等科，日来装车搬运，堆置纷乱，并停止阅书”[9]，10 天之后新学期开学。图书室的图书移往清华学堂大楼北面的平房内，此时书籍只有二千余册，放置在书柜中，所有书籍目录已经整理停当，移入新址只是整理顺序、排好架位的问题。而选在暑假期间搬运图书，可能正是为了开学开放。据此判断，1912 年 8 月 20 日图书室正式开门，这一天即为清华大学图书馆的成立日。由于当时规模较小，书籍较少，还没有独立馆舍，正式开门时称为临时图书室（The temporary library）。[10]

2　最早的图书室地点

《百年清华图书馆》记述：“按照戴志骞在《清华周刊》发表的《清华学校图书馆之过去、现在、及将来》一文中的记载，初创时期的清华学校图书室的地址设在清华学堂后面，一所名叫‘同方部’的建筑中”。[11]查戴志骞原文：“当时之馆址，即现下同方部之游艺室”[12]，那么“同方部”和“同方部游艺室”是否为同一地点？

1909 年年底，奥地利人斐士（Emil Sigmund Fischer）成为建筑游美肄业馆的承约人，修复清华园原有建筑工字厅、古月堂，新建了校门（现二校门）、一院（现清华学堂）。1911 年 1 月学部批准将游美肄业馆改为清华学堂，添建了二院、三院、礼堂（现同方部）、北院（美国教师住宅）。

高等科地点包括一院和二院，一院（清华学堂）为二层楼房，是高等科教室，北面是一排平房，再北面还有几排平房作为高等科宿舍。据 1911 年第一批来到清华的美国校医理查德·亚瑟·博尔特（Richard Arthur Bolt）1914 年发表的文章中所附“清华园全图”显示[13]，清华学堂北面的平房由西向东依次为：礼堂（现同方部）、庶务处、图书室，现在的同方部是那时的礼堂，大礼堂建成后称为旧礼堂，那时还没有挂上“同方部”的牌匾。而图书室并非在礼堂，而是在礼堂东面过庶务处后的平房内。

由后来旧图书室的用途变化可以追踪它的演变。新图书馆馆舍于1916年4月开工建设，1919年3月图书移入新馆。据1919年10月《清华周刊》记载，“手工教室则暂借旧图书室之地址”[14]，可知图书室搬走后，原址曾作为手工教室使用。1921年的《清华周刊》进一步证实：“清华之有图书馆，自民国元年始，当斯之馆址，即现时之手工教室，仅大房一间，小房二间。”[15]梁实秋在1923年曾描述清华学堂周围的环境：“（清华学堂）这座楼是三面的，……在此边一边就是手工教室、斋务处办公室、信柜室、旧礼堂，自东而西的一排，紧紧地把三面的大楼衔接起来，做成一个四方形，把草地围在中间。”[16]梁实秋描述的旧礼堂就是现存的同方部，手工教室就是“暂借旧图书室之地址”而建立的。

1923年，学校在清华学堂大楼的南面建起了新手工教室，1925年3月改称工艺馆，即现在的土木工程馆。手工教室搬走后，旧手工教室作为童子军军部，1924年10月，“本校童子军司令部本驻高等科之旧手工教室，现因本校童子军仅中四一级，遂将司令部搬移”。[17] 1925年3月，德育指导部筹备成立Social Center，“兹探得该俱乐室（旧童子军司令部）业将修理完竣，墙壁地板，皆经收拾清楚”，关于名称，“日前有用‘同方部’之建议，惟有意义不甚明了，未经采用”。然而最终还是使用了“同方部”的名字，1925年3月30日，“德育指导部经营之同方部（旧手工教室）举行开幕礼，师生百余人参加。”[18]“同方部除书报阅览室外，又有会话室、游艺室。”[19]这即是戴志骞所说的“同方部游艺室”，建在原临时图书室。至于原旧礼堂，据孟凡茂在《有关同方部位置和用途的考证》中所记，1930年改称同方部，即现在的同方部。[20]

综上所述，“同方部”和“同方部游艺室”并非同一地点，彼同方部并非今日之同方部，同方部原址在现在的同方部西侧，《百年清华图书馆》说法有误。原作为临时图书室的平房现已拆除，在原址建起了二层小楼，灰色砖墙，其建筑风格、用材、转角纹饰都与现存的同方部一致，现为清华大学《新清华》编辑部、校友会、基金会等所在地。

3 最早的图书室图书

据洪有丰在《二十年来之清华图书馆》记载：“本馆藏书数，民国元年之图书室，所藏图书，中西文共仅二千余册。”[21]

1911年4月29日清华学堂开学，1911年6月8日对学堂图书进行了清理，凡是借用学堂图书者，除已购买者可以为个人所有外，其余全部盖上“清华学堂公用书籍”章，作为学堂的公用书籍，这是清华图书室的第一批图书，可能当时还编有图书目录，可惜目录今已无存。

1912年7月对原有图书进行了核对，完成《核对华文书籍与旧目录不符残缺不完全特记簿》，其中“旧目录部数少而书柜内部数多者”162册，“旧目录无此书而书柜内实有此书”共1614册，“旧目录有此书而书柜内实无此书”56册，“残缺不完全之书”129册。

图书室收藏的中文图书，主要有传统古籍，如《史记》《左传》《资治通鉴》等，在“旧目录无此书而书柜内实有此书”中注明，《左传》七十部，每部十五本，共1050本。书目中有不少中小学教科书，如《高等国文读本》《中等教育国文法》《高等小学国文教科书》等。除文科外，还有大量理科教科书，如《解析几何》《代数学精义》《地质学》《格致科博物、理化书》等。地图收藏是当时图书室藏品的一大特色，收藏有《世界列国地图》《大清国暗射大地图》《京城详细地图》《中国矿产全图》等，民国元年大量购进各省地图，注明“元年新添”的就有江苏省、山东省、湖北省、湖南省全图及明细全图各一套，还有安徽省、直隶明细全图一套。

关于最早学堂图书的来源，没有明确记载。在《特记簿》“残缺不完全之书”中记有：“贷园丛书缺谈龙录一本”，后面注明“查旧目录即缺一本，此或系买时失查”。据此判断，最初的图书可能基本是通过购买而得。

4 图书室第一任主任黄光

《百年清华图书馆》中记述：“（图书室）最初的那‘一二位’管理人员的姓名，目前尚未查阅到确切的记载。有记载的是，清华学校图书室第一任主任名叫黄光”，“他在清华学校图书室担任主任的任职时间为1913年初至1913年底”。[22]《清华学校图书室第一位主任黄光考述》一文中也认为，黄光担任清华学校图书室主任的时间为1913年年初至1913年年底。[23]那么，清华学校图书室最初的管理人员情况如何？黄光究竟在什么时间担任图书室主任？

1911年2月颁布的《清华学堂章程》只设立庶务员若干，1911年7月10日通过的《清华学堂章程》，在教务内设立图书馆经理员，这是清华学堂设立图书馆管理职位的最早记录。1911年9月6日修订后的《清华学堂章程》，在第三十五条中明确规定“于教务内设教务员、图书馆经理员、彝（仪）器馆经理员”[24]。

据1921年《清华周刊》十周年纪念号“图书馆”中记载，1912年图书室“由庶务处派人管理，无主任”，1913年“黄光先生任主任”。据清华学校1913—1914年信息公告显示[25]，当时的图书室管理员（Librarian）为Tong Kwanlu，这是目前所见最早关于图书室管理员的记载。据清华学校1913—1914年校历可知，该学年于1913年9月10日开学，1914年7月结业。按照惯例，学校发布年度信息公告的时间应在那一学年度开始之前，因此1913年9月之前由Tong Kwanlu任图书室管理员，黄光没有担任图书室主任。

另据1914年8月出版的*The Tsing Hua Annual*记载，图书室主任（Librarian）为黄光。[26]黄光，1891年生，字朝栋，广东香山人，1912年暑期考入清华学校，按计划该级应于1913年暑期赴美留学。由于1911年辛亥革命爆发，清政府挪用了那一年退还的赔款去弥补镇压革命军费的不足，清华学堂经费断绝，1911级学生未能在1912年暑假如期赴美，只好留下与1912级一起上课，称为“继续班”。1913年暑期，学校经费只够将1911级先送出国，1912级继续留下与1913级一起学习，1914年8月一同赴美。1914年8月，由1912级毕业生42人、1913级毕业生34人，加之另招庚款留学女生10人、幼年生10人组成清华赴美留学生团队，由周诒春夫妇护送赴美留学。黄光就读耶鲁大学，1919年回国，曾任烟台上海商业储蓄银行分行行长、（台湾）中国交通银行马尼拉分行主任。

从黄光在清华学校读书的时间以及当时的图书室管理情况来看，黄光是在“继续班”学习期间兼任图书室主任，到他出国留学之前，一直担任这一职务，时间为1913年9月—1914年8月，是清华图书室的第一任主任。

5 图书室第二任主任戴志骞毕业学校及任职时间

戴志骞是中国近代著名图书馆学家，也是清华图书馆历史上影响最大的一位主任。关于戴志骞第一次留美就读的学校，《百年清华图书馆》中记述："1917年，在图书馆馆舍建造的同时，戴志骞专程赴美国纽约州立图书馆专科学校进修，学习图书馆学。"[27]郑锦怀在《戴志骞生平与图书馆事业成就考察》一文中记述："据我们考察，美国确实设有一所 New York State Library School，译成中文即为'纽约州立图书馆专科学校'；而纽约州立大学（New York State University）下面并未设有图书馆学校（Library School）。"[28]而据戴志骞档案资料记载："圣约翰大学文科学士，美国纽约州立大学图书管理学校学士。"《百年清华图书馆》中记述另一位曾任清华图书馆主任的留美学者洪有丰"1921年获纽约州立图书馆学院学士学位"。[29]而档案资料记为："美国纽约州立大学图书馆学学士，前国立东南大学教授兼图书馆主任。"戴志骞和洪有丰毕业于美国同一所学校，即New York State Library School，中国早期留美图书馆学家袁同礼、李小缘也毕业于这所学校，因此弄清楚它的发展脉络很有必要。

美国并不存在以 New York State University 命名的大学。据戴志骞介绍，美国的图书馆学校，"以下二所成立最早，在校毕业者，给予图书馆学学位：University of the State of New York，Library School，Albany，1887；University of Illinois，Library School，Ill.，1893."[30]美国的确存在一所"纽约州立大学"，但其英文名称为"The University of the State of New York"。The University of the State of New York（纽约州立大学）建立于 1784 年，它不同于我们通常所说的纽约州立大学 SUNY（The State University of New York）。这是一个"伞形组织"（Umbrella Organization），它行使教育行政机关的职能，SUNY（The State Unibersity of New York）和 CUNY（The City University of New York）都是它的成员[31]，当时的 New York State Library School 在它的管辖之下。

New York State Library School 前身为麦维尔 · 杜威（Melvil Dewey）于 1887 年在美国创办的第一所图书馆学校哥伦比亚学院图书馆经营学校（The School of Library Economy at Columbia College in New York City），1889 年随杜威迁至纽约（奥尔巴尼），称 New York State Library School，1926 年迁回哥伦比亚大学。[32]

在 The University of the State of New York（纽约州立大学）1915 年年度报告中有这样的描述："New York State Library School：This institution is a teaching department of the university. It admits to its first year class graduates of registered colleges or universities, and by this reason may be regarded as a graduate school, though it is properly classified as a professional school. In time its courses may be modified and increased to provide for the conferring of both the master's and the doctorate degrees in librarianship."（这是大学的教学机构，它招收注册学院或大学的毕业生。由于这个原因，虽然它属于专业学校，但可以被看作研究生院。现在为授予图书馆学硕士和博士学位而对课程进行改进和增加。）[33]由此得知，这所图书馆学校是高等学校，习惯上（按照戴志骞、洪有丰档案记载）称为"纽约州立大学图书馆学校"或直译为"纽约州立图书馆学校"。

关于戴志骞第二次赴美留学时间，《百年清华图书馆》记述："从 1923 年至 1925 年，（戴志骞）又赴美国学习进修。"[34]《戴志骞生平与图书馆事业成就考察》中记述："1922 年秋，戴志骞再次赴美留学。”实际情况是，按照当时清华学校的惯例，教职员在校工作满五年，即可申请休假或赴美考察研究。戴志骞第一次留美于1919年8月回国，到1924年8月已满5年，因此第二次申请出国，史料中有诸多关于戴志骞第二次留学时间的直接记载。据1924年5月30日《清华周刊》记载：“本校教职员章晓初先生、钟文鳌先生、戴志骞先生将于本年夏季赴美。”[35]1924年8月22日戴志骞等率领当年清华应届毕业生61人、上届毕业生3人，另加当年招考的自费生等其他留学生81人，共计145人组成的赴美留学生团队一同赴美。[36]因此，戴志骞第二次留学美国是1924年8月。

《百年清华图书馆》记述：“戴志骞不在期间，图书馆主任一职分别由……吴汉章（1923年暑至1925年暑）代理。”[37]由于记载戴志骞留学时间有误，直接导致了吴汉章代理图书馆主任时间的错误，实际上吴汉章于1924年8月开始代理图书馆主任。另据1925年《清华周刊》记载：“兹闻校中当局已决定今夏派马（约翰）先生到美研究体育，吴（汉章）先生到美研究图书管理云。”[38]1925年8月吴汉章赴美留学，“图书馆代理主任吴汉章先生赴美之后，戴志骞先生返校之前，主任职务暂由顾子刚先生代理”。[39]吴汉章实际代理图书馆主任时间为1924年8月—1925年8月。

6 图书馆一期建筑工程设计和建设时间

清华大学图书馆主馆的馆舍由三期建筑组成。一期建筑由美国著名建筑师墨菲设计，是中国第一座可以避火险的独立图书馆馆舍。据《百年清华图书馆》记述：“1916年4月，由泰来洋行承办，清华学校开始兴建独立的图书馆馆舍。按照当年的记载，新馆舍于1916年开始设计，1917年春开工兴建。”[40]那么图书馆一期建筑工程何时开始设计和建设？

据墨菲传记记载，1914年6月6日，墨菲完成了湖南长沙雅礼大学的设计工作后首次来到北京，清华学校决定聘请这位有朝气的年轻美国建筑师为清华未来校园的发展制定规划。1914年10月，墨菲（Henry Killam Murphy）和丹纳（Richard Henry Dana）完成了清华学校第二个校园规划及图书馆、体育馆、大礼堂、科学馆四大单体建筑的设计。[41]因此1914年10月已经完成了图书馆的设计工作。

另据当时的驻校建筑师庄俊在1916年记述：“此馆（指图书馆）由德商泰来洋行承造，已于四月初旬开工。”[42]庄俊为新图书馆馆舍的建筑监督，其记述的时间是可信的，新馆舍于1916年4月开工建设。此后《清华周刊》跟踪报道校内建筑工程的进展，如1916年5月“本校图书馆之洋灰地基现已完工”等，验证了新馆舍已于1916年4月开工建设的说法。

7 “清华学校图书室”改称“清华学校图书馆”的时间

关于“清华学校图书室”改称“清华学校图书馆”的时间，《百年清华图书馆》记述：“按照1917年《清华学校校务报告》记载，在迁入新馆舍的同时，清华学校图书室改称清华学校图书馆”。[43]迁入新馆舍是在1919年3月，按照上述记载，改名时间应为1919年3月，但1917年的《清华学校校务报告》无法记载还没有发生的事情。另据清华大学图书馆主页上记载：“1919年3月图书室独立馆舍（现老馆东部）落成，建筑面积2114平方米，迁入新馆舍的同时，更名为清华学校图书馆。”[44]郑锦怀在《戴志骞生平与图书馆事业成就考察》中采用上述说法，并进一步演化为："1917 年，戴志骞获得清华庚款津贴，于该年 8 月前往美国留学，而图书室主任一职则由袁同礼代理。"继而"戴志骞回国之际，清华学校图书室已经改称清华学校图书馆，于是戴志骞取代袁同礼担任馆长一职。"那么，"清华学校图书室"是否在 1919 年 3 月改称"清华学校图书馆"？

现存的档案资料为我们提供了判别依据。1916 年 10 月 7 日，图书室向"广学会"订购的《英德法美国民性与教育》等图书便签，上面盖有"清华学校图书室"印章，表明此时仍然称为"清华学校图书室"。而 1916 年 10 月 30 日向广学书会订购的《西清续鉴》等图书凭单，在"书收讫无误"下面盖有"清华学校图书馆"印章，表明此时已经改称"清华学校图书馆"，并启用了新的"清华学校图书馆"印章。此后公函用纸标题也变为"清华学校图书馆"，往来文件信函都开始使用"清华学校图书馆"印章。1916 年 12 月 21 日戴志骞写给瑞熙丞（瑞光，字熙丞，当时任清华学校会计室主任）自上海别发洋行购书付款的信函，上面盖有"清华学校图书馆"印章。[45]作为早期清华学校重要史料的《清华周刊》，自 1917 年 3 月 8 日出版第 99 期开始，全部改称图书馆。因此确定"清华学校图书室"改称"清华学校图书馆"的时间为 1916 年 10 月，而非 1919 年 3 月。

戴志骞于 1917 年 8 月第一次赴美留学，而 1916 年 10 月图书室已经改称图书馆，戴志骞留学之前就是"图书馆主任"，而非"图书室主任"。戴志骞回国是在 1919 年 8 月，图书室早已改称图书馆，但"主任"之称却没有改变，直到 1949 年 5 月著名社会学家潘光旦任上才改称"馆长"，此前历任管理者均为"主任"。戴志骞也不是取代袁同礼担任馆长一职，1914 年 8 月—1928 年 9 月戴志骞任清华学校图书室（馆）主任从未间断，两次赴美留学期间，先后由袁同礼、吴汉章、顾子刚代理主任，而戴志骞只是 On leave（休假）。

参考文献

[1][11][22][27][29][34][37][40][43] 百年清华图书馆编写委员会. 百年清华图书馆[M]. 北京：清华大学出版社, 2012：8、8、9、11、32、11、11、16、16.

[2] 遣派游美学生办法大纲[M]. 清华大学史料选编(一). 北京：清华大学出版社, 1991: 120-121.

[3] 外务部为兴筑游美肄业馆奏稿[M]. 清华大学史料选编(一). 北京：清华大学出版社, 1991: 3-4.

[4][5][6][7][9] 吴学昭整理. 吴宓日记[M]. 北京：生活•读书•新知三联书店, 1998: 61、67、81、85-86、256.

[8] 清华学校编. 核对华文书籍与旧目录不符残缺不完全特记簿[M]. 1912 年 7 月: 8.

[10][13] Richard Arthur Bolt. The Tsing Hua College, Peking[J]. The far eastern review 1914(February): 363-369.

[12] 戴志骞. 清华学校图书馆之过去、现在、及将来[J]. 清华周刊, 1927(408): 550-556.

[14] 新屋落成[J]. 清华周刊, 1919(174): 9.

[15] 图书馆[J]. 清华周刊十周年纪念号, 1921: 41-46.

[16] 梁实秋. 清华的环境[M]. 清华生活, 1923: 35.

[17] 童子军司令部搬家[J]. 清华周刊, 1924(321): 26.

[18] 德育指导部[J]. 清华周刊, 1925(339): 21.

[19] 张永平. 同方部的生活[J]. 清华周刊第十一次增刊, 1925: 94-96.

[20] 孟凡茂. 有关同方部位置和用途的考证[OL]. [2013-2-28]. http://www.tsinghua.org.cn/alumni/infoSingleArticle.do?articleId=10053626.

[21] 洪有丰. 二十年来之清华图书馆[M]. 清华大学史料选编(一). 北京：清华大学出版社, 1991: 449-465.

[23] 何玉, 高瑄, 郑小惠. 清华学校图书室第一位主任黄光考述[J]. 兰台世界, 2012(25): 64-65.

[24] 清华学堂章程[M]. 清华大学史料选编(一). 北京：清华大学出版社, 1991: 151-155.

[25] 清华学校编. The Tsing Hua College Bulletin of information[J]. 1913—1914: 5.
[26] 清华学校编. The Tsing Hua Annual[M]. 1914: 14.
[28] 郑锦怀. 戴志骞生平与图书馆事业成就考察[J]. 中国图书馆学报, 2011(4): 115-122.
[30] 戴志骞. 图书馆学简论[J]. 新教育, 1923, 7(4): 227-238.
[31] James D. Folts. History of the University of the State of New York and the State Education Department 1784—1996 (1996)[OL]. [2013-2-28]. http://www.nysl.nysed.gov/edocs/education/sedhist.htm.
[32] Francis L.Miksa. Melvil Dewey: The Professional Educator and His Heirs[J]. Library Trends, Vol. 34, Winter 1986: 359-381.
[33] The University of the State of New York Annual report[M]. 1915: 170.
[35] 教职员赴美[J]. 清华周刊, 1924(316): 28-29.
[36] 清华本届赴美学生姓名录[N]. 申报, 1924-07-03(14).
[38] 放洋已定[J]. 清华周刊, 1925(344): 27.
[39] 暂代主任[J]. 清华周刊, 1925(350): 34.
[41] Jeffrey W.Cody. Building in China: Henry K.Murphy's "Adaptive Architecture," 1914—1935[M]. The Chinese University Press of Hong Kong and University of Washington Press, 2001: 44-50.
[42] 庄俊. 记本校新建筑[J]. 清华周刊, 1916(77): 7.
[44] 清华大学图书馆网页[OL]. [2013-2-28]. http://lib.tsinghua.edu.cn/about/history.html.
[45] 韦庆媛. 早期清华图书馆名称考[J]. 图书馆建设, 2000(3): 80-82.

原载《国家图书馆学刊》2013 年第 4 期

民国时期清华文献购置制度的运行机制、成效及启示

董　琳

摘　要：自 1915 年清华开始出现推荐购买文献的活动，到新中国成立前，以教授决策购买为主体的推荐文献购置制度在清华运行了三十四年。通过对民国书刊文献、校史档案及清华图书馆藏购置文档的深入整理与研究，分析了民国时期清华文献购置工作的运行状况、机制和运转成效，阐述了对现今图书馆采购工作的启示。

关键词：购置；推荐；民国；清华

1　前言

民国时期大学图书馆采用较为灵活的推荐购买文献制度，既符合图书馆现代科学管理理念，又顺应大学发展需要，是民国时期图书馆文献采购工作的重要特色。一方面，以清华（按：清华大学在民国时期经过清华学堂、清华学校、国立清华大学、国立西南联合大学、复员后的清华大学五个主要发展阶段和学校名称的变化，文中统称清华）图书馆为代表的现代图书馆开始建立购书预算制度，有目标、有计划地购置图书；西方大学“教授治校”的理念渗透到图书馆，教授开始参与图书预算支配、图书推荐购买和审批决策工作；另一方面，清华历经了办学理念的调整、行政隶属关系的改变、大学改办、研究院和学系创办、预算制度确立、办学经费高低起伏和南迁合组西南联大等有关学校发展的重大历史事件；周诒春、梅贻琦等几代校领导，戴志骞、洪有丰、朱自清等多位图书馆主任，梁启超、王国维、陈寅恪等著名教授，在清华的建设过程中以图书购置为必须，通过增加经费、设置配套管理制度、积极参与购书决策等方式支持文献采购工作；此外，20 世纪 20 年代，清华改办大学、建立新学系，藏书不足供学术研究之用，“当此之时，国学书籍，尚有收藏家愿廉价出售善本者，而欧洲自大战以后，亦有大批绝版有价值之书出售，正吾人收集此种书籍之时。”[1]在这样的时代背景和学校环境下，以教授决策为主体的购置制度产生并逐渐发展，在支撑教学、科研和保护国家珍贵文献等方面成效显著。

民国时期，清华的专业文献购置流程是，先推荐或介绍，经校长、图书委员会成员、图书馆主任、学系主任等教授审批后，由图书馆采购。普通书刊则基本上由图书馆直接购买。此时清华的文献购置制度具有“教授决策为主体”和“推荐购买”的特点。目前，学

界未见探讨民国时期文献购置制度运行情况的成果，已有的相关研究集中于当下图书馆的购书工作。若想更加全面地认识文献购置制度在民国时期大学中的地位和作用，不仅要对其发展脉络进行梳理，还要在对历史文献和实物资料加以分析提炼的基础上，把握制度的运转状况、运行方式及执行成效，以期对现今图书馆文献采购工作提供可执行的经验借鉴，这是本研究的主要着力之处。

2 购置制度的运行状况

清华的文献推荐购买活动早在 1915 年已经开始，走过雏形期、调整期、稳定期和定型期，最终发展成一项校级制度，得到校内外相关机构、人员的广泛认可和参与，至 1935 年朱自清任图书馆主任时，全校一年的推荐购书预算已占总购书预算的 90%[2]，推荐购买已经成为图书馆文献采购的一种主要形式，延续运行至 1949 年新中国成立。

然而，购置制度的运行并非一帆风顺，过程中不断受到学校变革和使用者的批评等负面冲击，但整体来看，那些历史转折和矛盾问题成为制度向好发展的契机，推动文献购置工作不断向前发展。现列举几例购置工作中曾面临的问题及处理办法，以示运行之艰难。

（1）经费短缺。1919 年，清华购书预算增加至两万元[3]，数额是 1914 年的四倍，经费的增加带来推荐购书工作的繁荣，荐书参与人由科主任扩展到校内教员范围[4]。1921 年清华全面进入经费困难时期[5]，购书预算大幅下调，1923 年 3 月 23 日清华校内新闻：“该馆本年经常预算只批准一千元，所有用度均力从节俭。”[6]应对此变故，图书馆主任戴志骞判断并倾向将中文书作为购书重点，但购书经费缺乏造成的更广泛的不良影响依然存在：教员在未知经费不能支持的情况下，依旧将大量的购书信息投入图书馆中，图书购置陷入了一种“荐”而不能“购”的局面，缺乏合理购书规划的问题日渐显露。

（2）缺乏选书标准。图书馆选书困难，“惟学校图书馆之选购书籍最易受各科教授之指摘，盖学者往往对于一书之学理，观点各异，故选择时取舍亦有不同。即同科之教授，其所选书籍亦难得其余多数之同意，此殆各大学教授选择图书之常情也。”[3]针对教授提出的选书质疑，为避免采购书籍偏科，图书馆最初采用的处理办法是充分利用“图书委员会”，委员会成员由各科推荐并覆盖全校所有学科，购书预算的支配及购书事宜都由该委员会负责，以平衡各科专业图书的选购需要。[3]通过学科教授组成的“图书委员会”控制选书买书，旨在满足“学系需要”和提高“馆藏质量”，此两点无形中成为图书馆未成文的选书指南。

（3）缺乏统筹协调。缺乏统筹及其不良影响在学系内部和学系之间都不同程度存在。1926 年，戴志骞指出学系内部缺乏购书统筹的问题，“惟有数科之教师，人数甚多，若各人直接介绍，遂发生无统系之流弊。”[7]1932 年，《清华周刊》报道，“去年曾有几份全份的申报，大公报等报纸要求学校收买。据说这是属于历史方面的事物，应由某系单独购置。结果某系经费不够不能买，其他各系因为不相干予以拒绝，这几份可宝的现代史料终于失之交臂。”[8]学系内部缺乏统筹的问题势在必改，改革突破口在于以学系为单位进行推荐购买和购书预算的管理，“各系教师即可介绍需购书籍于各学系会”，“所需添购新书之预算，由各系自行规定，提交校中最高立法机关通过”[7]。此法更贴合学科需要，也能有效避免选书偏科。1926 年 4 月 15 日，《清华学校组织大纲》[9]明确规定学系主任有审定本系图书购置的权利和责任，为购置办法顺利按学系统筹和实施提供了组织和人员保证。针对学系之间缺乏统筹的问题，图书馆在实际采购中采用了学系合购、特批经费、经费周转等办法。

3 购置制度的运行机制

图书馆主任戴志骞、洪有丰都曾撰文描述过清华的文献购置流程和经费使用情况，《清华周刊》《清华学校校刊》中散见有关民国时期校内图书馆文献采购和推荐文献的报道，清华校史馆中存有自国立清华大学、西南联合大学、复员后至中华人民共和国成立前清华图书购置及付款办法、预算及开支记录、采购批文等档案文件，民国馆史文档中存有 1915—1937 年的购置书单、信函、订购单、发票等实物资料 2000 余套。上述历史资料基本覆盖了清华文献购置在民国年间的各发展时期，下文主要据此复原与探究清华图书馆购置工作的运行机制。

3.1 经费情况

在众多影响因素中，经费与文献购置工作各环节的关联作用最为密切。众皆以为清华依赖庚款等资助名目，经费一向充裕，实则不然，只是比较国内其他大学，“居于较高之列”[10]。1931 年，清华的岁出经费约 125 万，在全国各大学中排名第五位。但与国外大学相比，相差甚远，譬如 1931 年“哥伦比亚大学本年的预算，共有三千六百万美金”[17]。在实际运营中，清华曾长期处于经济拮据的状态下，办学经费曾出现过“庚款停付”[12-13]的实质性短缺[14]、“事业扩充”[12]的建设性短缺和“反对浪费”“撙节经费”[15-16]的控制性紧缩等现实困难。

相比国内其他大学而言，清华经费较为充裕、稳定，每年拨付确定的预算支持采买文献。1931 年，《清华大学二十周年纪念刊》所登刘本钊（1928 年前后任清华会计科科长）《二十年来清华之财政》一文，强调了书籍采购的重要性并介绍了图书购置费分配计划，“学校之良，每视内容是否充实，而书籍仪器之购置，为学校充实内容最重要者”，“按校务进行计划大纲之规定‘图书仪器购置费，至少当占总预算百分之二十’，则此后本校图书仪器之购置，尤当有多量之增加也”。从清华年度收支和购书经费[17-18]来看，自民国元年起，全校购书支出占比连续 17 年波浪式攀升，到 1929 年已超过 11%。目前掌握的 1920 年[4]、1935 年[2]和西南联大时期[19]学系购书花费明细，为了解各科、学系、研究所的购书经费使用情况提供了依据。需要指出的是，清华的专业文献曾以各科、学系、研究所等校内机构为单位组织推荐购买[7]，各科、学系、研究所的购书经费即推荐购书经费。

清华的文献购置工作在上述经济背景下展开，推荐购买类购书经费在年度购书经费中占比较高，充分体现了清华对于推荐购书工作的倚重。1920 年，包括物理、化学、数学在内的 23 个学科领域的推荐购书预算合计 8500 元，约占全校年度购书总预算的 78%。到 1935 年，包括生物、中文、土木、电机在内的 30 个学科领域的推荐购书预算合计 152160 元，约占全校年度购书总预算的 90%。西南联大时期经费和采购困难，图书馆文献采购近乎全部由学系推荐购买，包括中国文学、外国语文、历史社会、哲学心理教育在内的 17 个学科领域的推荐购书预算合计 35000 元，占学校全年总购书经费的 98%。

3.2 预算办法

清华图书馆购书费“向无定额，系由学校随意拨给。民国九年（1920）起，始立预算”。[18] 戴志骞曾以图书馆主任、图书委员会主席的身份创建并参与学校图书购置预算规划。沈祖荣曾于 1922 年言及清华图书馆预算，“戴君志骞以图书专家，详为布置，规定每年购书费为二万元”。[20]自 1920 年至西南联大时期，清华购书预算方案经过四次大调整，曾出现过四种分配和使用模式：①图书委员会负责制：1919 年，清华“图书委员会”成立，“由该会负责，决定预算之支配”[3]，“图书委员会将一部分购书预算，分配与各科。然后由各科教师介绍须购之新书”。[7] ②学系按需申报制：自 1925 年起，清华改为大学后，荐书预算及其支配权归各学系及研究所，“每年购书费之多寡，均有各学系及研究所教授自定之”。[21] ③学系平均分配制：至清华南迁，西南联大成立，购置工作各项流程更加完善，唯有购书经费曾调整为按系平均分配不尽合理。1938 年 6 月 2 日，西南联大哲学心理教育系主任汤用彤写信给国立西南联大常务委员会，以系务会名义对 1937 年长沙临时大学购书预算按系平均分配方案提出质疑，“如依系为单位之原则自属公允，但就哲学教育心理三学科之内容与范围言之则本系之预算实嫌不足”。[22] ④结合学系需求的平均分配制：国立西南联合大学图书馆购书办法对长沙临时大学时期的经费平均分配方案作出优化调整，开篇便明确购书费分配原则会考虑学系需求，“本馆购书费之分配由图书委员会斟酌各学系情形于编制预算时决定之”[23]，“各系购置图书应以各系图书经费预算所列之款数为限”。[24]相比之下，由需求方提出预算申请，在经费许可的前提下按需分配，使专业文献的采购更加便利，是较合理的预算模式。

3.3 参与方与人员

文献购置工作链条上，由教员、职员、学生、书商等校内外人员组成的荐书群体与购书审批方、接洽方、采购方、供书方、付款方共同协作，完成从提出购书需求到图书采购入馆整个购置流程。

荐书人员开始仅限于科主任，随着预算的增加，全校教员均可参与。随着购置制度的发展，参与荐书工作的各方人员不断调整，逐渐趋于合理并稳定（见表 1）。清华购置图书的最终购买决定权最初在校长手中，后转到图书馆主任，再到图书委员会。出于推荐数量太多、经费无力购买和学科统筹考虑，增加了学系审批人即各科教授和教授代表。1926 年，又因统筹需要，将学系审批人调整为系主任。学系作为审批方之一主要负责专业文献种类、内容、质量、价格等方面的把关和挑选，能够决定文献采购与否。这些推荐购买活动的审批决策方及人员均为教授，也即称为教授决策购买为主体的购置制度的原因。另外，图书馆作为购置制度的参与方之一，对购置预算管理、流程管理和文献采购工作负主要责任，并曾作为审批方之一负责文献采购前的查重和经费落实，切实推动推荐购书制度的执行和发展。

表 1　清华图书馆文献购置主要参与方及相关责任人

参与方	雏形期（1914—1918）	调整期（1919—1927）	定型期（1928—1937）	成熟期（1938—1948）
荐书方	科主任	初为教员、职员，调整后同学也可参与	教员、职员及同学	西南联大时期为系主任和著名教授，复员后为教员及同学
审批方	校长、庶务长	初为图书馆委员会内的科教授，调整后为学系会与图书馆主任两级审批	系主任与图书馆主任两级审批	系主任与图书馆主任两级审批
接洽方	科主任	科教授代表	系主任	系主任
采购方	图书馆	图书馆	图书馆	图书馆
图书提供方	书刊发行公司	西书及新书为发行公司，中文旧书为旧书肆或私人藏书	西书及新书为发行公司，中文旧书为旧书肆或私人藏书	西书及新书为发行公司，中文旧书为旧书肆或私人藏书
付款方	庶务处	初为庶务处，后为会计处	会计科	会计科

清华文献购置参与人员的历次调整受经费和采购理念这两个因素的影响最为明显：与购书经费之间存在正向关联关系，经费紧缩参与推荐的人员范围缩小、精简，经费充裕参与推荐的人员范围扩大。清华的采购理念具有“尊重专业”和“重视统筹”相结合的特点。在这个理念的指导下，学系和教授参与度逐步提高，专业文献均汇集到相关学系，由教授审定购买，普通书刊的选购也会尊重教授意见。整体来看，将购书参与人员安排与经费、采购理念等因素统筹考虑，文献购置从方法设计到实施更加规范化、合理化。

3.4　工作流程

1938 年以后，购置工作进入成熟期，成为一项校级制度，经历了长期运行考验，主体流程已基本固定（见图 1）。文献采购需求初分为专业文献和普通文献两类，专业文献的采购使用推荐购买的方式，普通文献采购图书馆大都自行处理，少数需会同学科教授磋商。清华图书馆设立有专门接收和处理文献推荐购买工作的处理流程，专业文献推荐者需填写制式介绍卡片（见图 2、图 3）或撰写荐购信，将所荐文献题名、出版发行信息、价格、推荐理由等内容列于推荐书单之上，又或直接在书目单、新书发行信息页上勾选、批注采选意见。推荐加购已有馆藏，则需要特别说明加购理由。已经有确定采购来源的文献，可标明采买渠道。购置工作执行学系与图书馆二级审批制度：荐书单先交学系审批，由学系确定购买意向并核查价格是否符合预算；后由系主任对审定的书目单再次进行审定、署名签批并加盖系章；交图书馆审核的荐书单，重点在于查重和核查预算，超出预算仍需购买的文献，需经系主任报图书馆主任呈校长特批。随后，图书馆会将书单中文献分为“照购”和“勿购”两类，“照购”的文献会据来源渠道分别生成购书单，购书单是图书馆交与书商或出版发行公司的采购凭证，经图书馆主任或经手人签字盖章并登记“书字第×号”后生效。购书单会在显著位置注明推荐每种文献的学系，以便采买经费的归口使用。无论文献能否顺利采买成功，图书馆都会将审批和采购情况通知学系和荐书人。

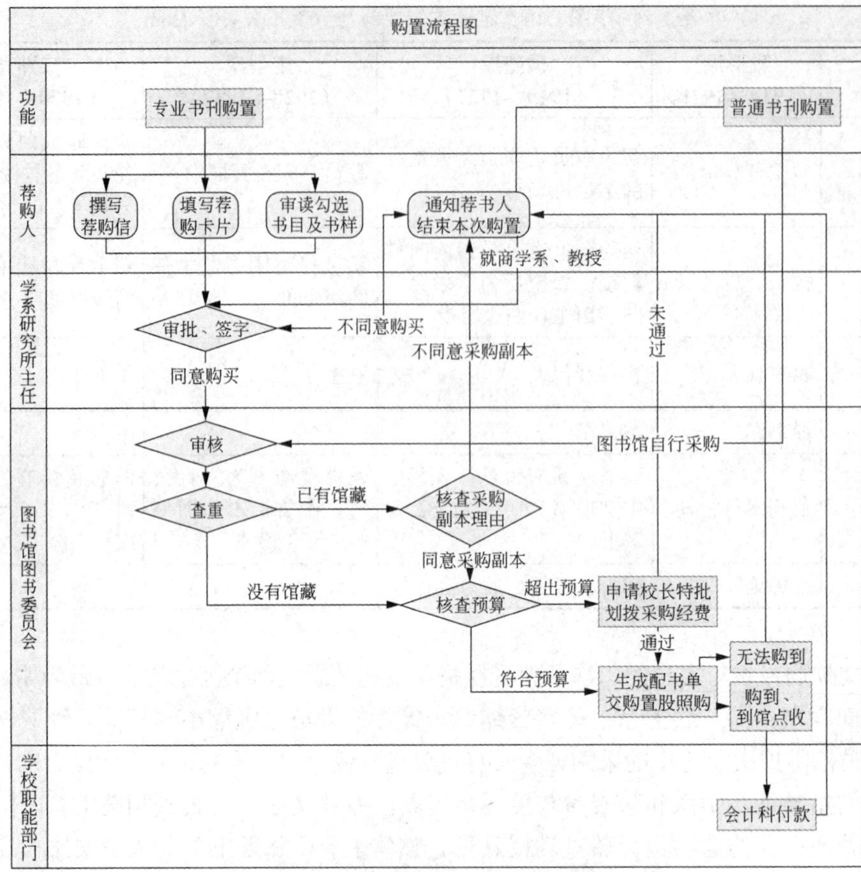

图1 成熟期的文献购置主体流程

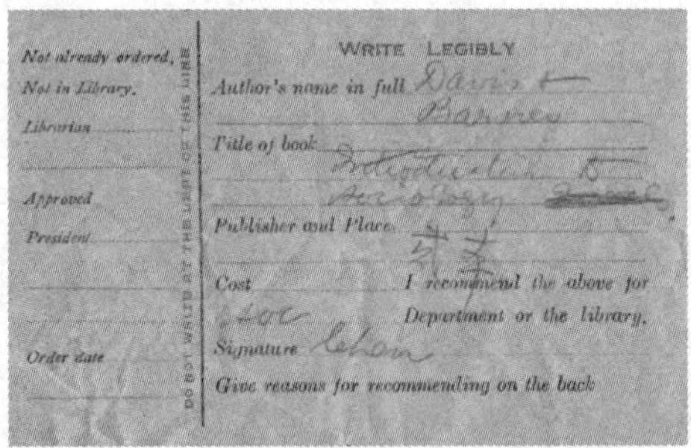

图2 1929年社会学系主任陈达用英文制式的荐书卡片

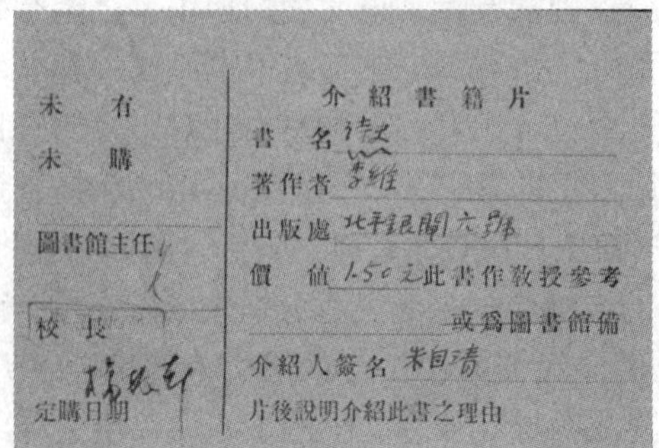

图3 1928年前后清华中文系教授朱自清用中文制式的荐书卡片

3.5 审批标准

“符合预算”和“不设复本”是图书馆的两条基本采购原则，学系推荐购买的文献如果图书馆未收藏且在预算范围内，均可采购。实际上，推荐文献最终是否会被采购，除了与文献的价值、价格是否在预算范围内等因素有关，也与执行的审批标准有直接关系。综合购置文档可知，除了两条基本采购原则，审批人会综合考虑文献的用途、质量、重要性、价款虚实等因素，并以此决定是否采购。对于特殊情况还会特殊灵活处理。现列举学系主任签批的两例文献如下，以初步了解审批标准的执行情况。

1926 年，朱自清为阅览便利请图书馆增加《增补丛书举要》复本一套，他于推荐信笺中签批了此书的馆藏状况和购买理由：“此书校中有两部，一在研究院，二在编目室。阅览室中无此书，殊感不便，故请添购一部。有此一书，阅览者即多有利用丛书之机会。”[26]《增补丛书举要》已有馆藏且有副本一套，按“不设副本”的采购原则，此书不应再获批采购，但事实上此书仍获批购买。可知，用途也是决定是否采购的标准之一，且该标准的执行优先级在“不设复本”之上。1926 年，研究院主任吴宓特允王国维采购《蒙兀兒史记》，吴宓在推荐信中签批：“王静安先生由天津购来蒙兀兒史记一部　价洋陆圆（此洋王先生代垫）此书藏本珍稀外间颇不易得请即加盖印章列入书库并备洋陆圆归还静安先生作为研究院购置为荷”。[26-27]可见，稀见文献凸显重要，因文献重要甚至可以执行先购后批的灵活购置流程。

4 购置制度的运转成效

清华教授决策的文献购置制度从 1915 年发端到形成特色制度，经过三十四年的漫长发展历程，一直沿用至新中国成立，表明其较好地满足了各参与方的某些特定需求。众多教师、职员、学生、学系、图书馆等校内外人员、机构参与其中，从不同角度反映了购置制度意义和价值。

第一，凭借购置制度，清华图书馆快速积累起一定规模、高质量的专业文献。

清华馆藏从无到有，快速获得大幅增长，又经战火毁坏、复原重建难关，较快恢复到战前水平，除了得益于经费保障，还与图书馆所采用的购置制度密不可分，清华购置制度的主体即推荐购买。清华建校初期为学堂建制，图书馆无旧藏，建校从搜集图书开始，1909 年学堂开学时仅有藏书 2000 多册。[28]经过近二十年的发展，到 20 世纪 30 年代初，清华“中文则已有十四万余册，西文书已有四万数千册”。藏书总量在全国四十一所大学中次于中山大学、燕京大学、北京大学，位居第四。[29]1937—1946 年，西南联大时期购书经费紧张，采买也异常困难。西南联大图书馆采取了学系主任、知名教授推荐选书的购置制度，教授在有限的预算下精心挑选图书，减轻了特殊时期的入藏困难。待 1946 年复员后，清华图书馆能够采集到优质的文献，从战争损失中快速积累起优质的文献，完善、独特的购置制度功不可没。校长梅贻琦发动中文系主任教授朱自清、在美清华教授冯友兰等、在美博士生校友参与选购图书。又有北平收回、昆明运回、联大分书及赠书入藏，至 1948 年 4 月馆藏图书已基本恢复战前水平。[30-31]《清华大学古籍善本书目》收录了馆藏善本 4600 余种，将书中所提楚辞、杜诗、易经三类专题珍本文献与购置文档比对，发现部分善本文献来自教授推荐。

第二，较好地满足了校内教师的教学和科研文献需要。

教学和科研工作中产生的文献需要是教师参与推荐的驱动力之一，清华购置制度为满足这些实际需要提供了经费、人员等各项采买保障，所以自该制度产生就得到教师群体的积极参与和支持，清华由此形成了一股推荐风气。

学系教授的荐书信中常见到该书用于某课程或指导学生等有关文献用途的描述，显示出所荐文献对于当时学校教学的助益作用。1929 年，陈达（Chen Ta，时任清华社会学系主任）推荐英文书籍 *Introduction to Sociology*（《社会学概论》）（见图 2），荐书卡片背面有用途说明，“此为社会学课本”。[32]1932 年，数学系教授杨武之、郑之藩联名推荐中译本《微分方程》并说明用途为“留作微分方程班学生参考之用”。[33]

民国时期清华知名学者云集，他们荐书、阅书、著书立说。有教授在荐书时便说明该书用于某项研究或某著书任务，也有教授系统推荐所研究某个专业领域内的书籍，显示出荐书与科研之间的关联关系，即荐书促进学术产出。如 1933 年 5 月，中文系急购《历代诗话续编》，朱自清批示并叮嘱图书馆“此书系中国文学系编纂诗话人系之用，购来即须分别剪贴，请勿登录为荷”。[34]此书后为朱自清所用，编成《诗话人系稿本》。[35]

第三，满足学生的阅读需要，发挥育人作用。

荐书的首要意义是有高质量的图书供读者阅读。民国学者所荐文献学术价值高，不仅满足了当时的阅读需要，有些幸存文献还带着名家题跋、批注、借阅记录等历史痕迹辗转流传，成为馆藏珍贵文献，至今仍被大学生读者阅读参考。民国时期清华教授、学者所荐书单是书目也是治学的法门，书单上列举推荐理由是教授对于专题领域研究成果和现状的解读，为学生研读提供了线索，对于指导学生阅读颇具针对性。

购置制度为学生提供了一种购书渠道。学生是校内除教师之外的庞大读者群体，他们因为课业、研究选题和阅读兴趣产生大量的文献需求，这些需求大部分已经通过教师推荐得到满足，少部分未被覆盖到的文献才会被学生推荐。学生积极参与选书、荐书，锻炼了利用图书馆和参与公共资源建设的能力。所荐书籍如得到学系和图书馆的认可，学识和自信心就会受到鼓励，这种经历起到的教育作用是对学校专业教育的一种有益补充。

第四，清华大学学系的创设和发展建立在文献购置的基础之上。

清华自 1924 年起停招高中两科学生，1925 年开办大学，1928 年改为国立清华大学，学系之废设极为频繁。1926 年，时任清华校长的罗家伦在其《整理校务之经过及计划》中认为图书和仪器的扩充“至迫切重要”，他提及 1929 年“市政工程和地理两系就要正式开办，清华关于这两系的设备图书，尤须注意”[15]，采办图书对于学系建立之重要可见一斑。

清华荐书教授中不乏各学系成立之初的参建者、首位系主任等学系元老级人物，已知 79 位荐书教授中 22 位曾担任过学系主任，明确主持或参与过学系创办工作的包括社会学系陈达、哲学系冯友兰和金岳霖、生物系刘崇乐等 10 位，他们将购置文献视作学系创办和发展建设中的一项重要工作。举例证一则如下，1925 年，清华学校设立研究院，研究院开办之初，主任吴宓和教授王国维便亲自入琉璃厂书肆寻访书籍[36]，此后又多次入琉璃厂挑选书籍[37]，足见书籍对于办学的重要性。

第五，对国内图书馆采购业务的发展起到了示范带动作用，促进了校际、馆际交流与合作。

1926 年，戴志骞在中华图书馆协会学术刊物《图书馆学季刊》第一卷第一期上发文将清华的推荐购书经验介绍给同行，“以供参考”，有推广应用之意。事实上，早在 1918 年，清华的购置办法已经开始对北京大学产生影响。1918 年 3 月 15 日，北京大学图书馆主任李大钊率馆员到清华学校参观，关注到当时清华图书馆的购置工作并有专门描述。[38]北京大学从 1920 年起设立购书预算和购书办法[39]，采用了教授决策购置办法，这发生在北大图书馆主任参观并了解了清华的购书办法之后，购书思路与清华如出一辙，略知清华对大学图书馆采购业务的带动作用。已知在民国时期开展图书推荐购买业务的还有北京师范大学图书馆。1918 年，顾颉刚所作《上北京大学图书馆书》介绍了北京高等师范学校图书馆由学生推荐购置图书的方法，1930 年前后北京师范大学国文系教授兼系主任钱玄同参与了购置。[40]另外，1923 年北大教授胡适应清华学生邀推荐国学书目[41]，并被清华图书馆照购。[42]1933—1947 年，国立北平图书馆文献学家赵万里曾多次受中文系所托为清华图书馆荐书、访书。民国时期大学之间、图书馆之间通过图书购置发生互动，促进了交流与合作。

第六，作为文献收藏的一种手段，保护了国家的重要文献。

20 世纪二三十年代，日、法、德、美、英等国的收藏家、游历家、传教士，以及国内专为西方文化机构、私人搜访古籍的掮客，也频繁光顾中国旧书铺、寺庙，并从中发现若干无价的古本孤刻，运往海外。1932 年，署名酉生的作者在《清华周刊》发表文章，强调了收藏古本中文刊物的重要性和紧迫性，该文同时号召清华担当保存典籍的使命。[8]

清华因购书经费稳定，加之教授慧眼识书，是早期进入市场采集古旧文献的较大买家之一。以清华中文系、历史系、哲学系等社科类学系为代表，一批批懂书爱书的师生依托推荐方式，收集近代资料。正如汪鸾翔荐《钦定明鉴》时言明，“此等书将来愈少愈贵如此时能预为搜罗似不为无益也”。[43]这些文献资料采购入图书馆后得到妥善保管，保护并延续了文脉，此举于国家乃幸事。

5 启示

如今，文献购置制度经过不断发展调整，在清华运行已超过百年，以清华为代表的大学图书馆经费充足，采买文献渠道多样且便利，学系教授已很少参与图书馆保障性文献的推荐购买工作，图书馆一度失去了对学系荐书的依赖性。但是，随着出版业的蓬勃发展，图书出版的数量和种类越来越多；大量新兴学科出现；特藏文献收藏和使用热度攀升；以图书馆采访馆员为中心的采访模式已不能满足所有层次读者的需求。而推荐购买作为一种曾经广泛使用的采访方法，以读者需求为导向，以专家决策为依据，在优化馆藏资源结构，满足图书馆特殊种类文献采购等方面具有一定优势，但苦于读者参与积极性不高，该项工作的开展并不顺利。总结并利用民国时期购置业务的运行经验，寻找其与现今文献采购工作的结合点，对于重新认识并发挥荐书效益，调动读者参与购买的积极性实有裨益。

第一，明确适合推荐采买的文献资源类型。现在各大学图书馆经费相对充裕，可以大量购买各种资源，包含普通专业书刊在内的保障性文献仍可由采访馆员采购，不确定的保障性采购可就商学系专家。不同于保障性文献的采购，大宗文献、采买困难的文献（如港台文献、稀见文献、老旧文献、外文文献）、整体购进的专题文献及特藏文献等补充性文献和特殊种类文献，由于采购经费高、寻访困难，学系或师生凭借单位或个人获取难度大，适合以推荐购买的方式由图书馆采购或图书馆与学系联合采购。

第二，建立特藏文献等特殊种类文献的长效购置机制。如今特藏文献等补充性文献与民国时期的文献购置有一些类似之处，都是通过访求、引荐、自荐所得，文献入藏价值的判断与荐书人和审批决策人的专业眼光和学识有直接关系。基于此，效仿民国时期的购置制度建立适合现代特藏文献的购买机制，能够扩大文献来源范围，引入更多的入藏机会。如果能将购置制度上升到学校层面，多方号召，从上而下推行，或可长久保持图书馆特藏文献采购工作的执行力度和成效。以清华图书馆地方志和地方文献建设为例，2007—2011 年，得益于校领导自上而下的推动，清华大学曾有过一段大规模的地方志和地方文献收藏发展历史，在短短四年时间内迅速建立起一定规模的地方志文献馆藏。[44]以专题入藏的特藏文献往往伴随着长期持续的收集工作，只有以教学和科研文献需求为导向，将特藏文献建设与需求紧密结合，建立起图书馆、学系或学校层面的受到大家广泛认可的特藏文献购置制度，专题特藏文献的建设工作才能长期有效开展，如果只是将其与某位领导绑定，随着领导的换届，该类文献收藏便可能被迫停顿。

第三，通过确立合适的受益关系调动专家参与购书的积极性。目前，清华大学图书馆在特藏文献入藏前一般都会请相关领域专家出具鉴定意见，以明确文献价值，从而判定是否入藏。在这种购置机制下，鉴定专家等同于推荐方，其鉴定意见等同于推荐理由。由于专业的相关性，鉴定专家大概率成为所荐文献的读者。民国时期，作为荐购福利之一，所荐书籍有些会作为参考书供荐书教授教学、科研之用，有些甚至直接入藏到发起推荐购买的学系，从而引发了一些与其他读者的使用矛盾。以史为鉴，鼓励专家参与特藏文献的采购入藏和组织整理，合理安排专家及相关学术团体使用所荐文献，同时兼顾其他读者的使用需要，才能充分体现购置机制的优越性，调动参与积极性，从而充分开发文献的使用价值。

参考文献

[1] 庄泽宣. 筹办清华大学专门科文理类意见书[J]. 清华周刊, 1925(353): 47.

[2] 二十四年度各学系及图书馆购书费支数及待付数[A]. 清华大学档案馆档案, 档案号: 1-2:1-100-8.

[3] 戴志骞. 清华学校图书馆概况[J]. 图书馆学季刊, 1926, 1(1): 94.

[4] 刘聪强. 清华图书馆[J]. 清华周刊, 1920, 增刊(6): 17-18.

[5] 曹云祥. 清华学校之过去现在及将来(清华之教育方针目的及经费)[G]//清华大学史料选编　第一卷. 北京：清华大学出版社, 1991: 36-44.

[6] 学校方面：图书馆新书[J]. 清华周刊, 1923(274): 20.

[7] 学校方面：图书馆 1926 年 3 月 12 日访图书馆主任戴志骞先生[J]. 清华周刊, 1926, 24(5): 297.

[8] 西生. 关于图书馆[J]. 清华周刊, 1932, 37(1): 115.

[9] 清华学校组织大纲（1926 年 4 月 15 日定）[J]. 清华周刊, 1926, 25(2): 160.

[10] 清华大学校史编写组. 清华大学校史稿[M]. 北京：中华书局, 1981: 56-57.

[11] 梅校长到校视事. 召集全体学生训话[J]. 国立清华大学校刊, 1931-12-4(1).

[12] 梅贻琦. 五年来清华发展之概况[J]. 清华周刊, 1936, 向导专号: 2-7.

[13] 二十二年度学校开学志略[J]. 国立清华大学校刊, 1933-9-15(1).

[14] 梅贻琦. 清华一年来之校务概况[J]. 清华副刊, 1933, 39(7): 3-5.

[15] 罗家伦. 整理校务之经过及计划[J]. 国立清华大学校刊, 1928(12).

[16] 二十五年度开学典礼纪事（摘要）沈秘书长报告[J]. 国立清华大学校刊, 1936-9-21(2).

[17] 刘本钊. 二十年来清华之财政[G]//清华大学校史研究室. 清华大学史料选编　第一卷[M]. 北京：清华大学出版社, 1991: 435, 440, 443.

[18] 洪有丰. 二十年来之清华图书馆[G]//清华大学校史研究室. 清华大学史料选编　第一卷[M]. 北京：清华大学出版社, 1991: 453-454.
[19] 西南联大关于图书经费等问题的笺函[G]//清华大学校史研究室. 清华大学史料选编　第三卷下[M]. 北京：清华大学出版社, 1994: 180-181.
[20] 沈祖荣. 民国十年之图书馆[J]. 新教育, 1922, 5(4): 784.
[21] 戴志骞. 清华学校图书馆之过去, 现在, 及将来[J]. 清华周刊, 1927, 27(11): 552.
[22] 请学校酌量增加本年度本系购书经费[A]. 清华大学档案馆档案, 档案号: X1-3:2-211-4.
[23] 国立西南联合大学图书购置办法[A]. 清华大学档案馆档案, 档案号: X1-3:2-18-67.
[24] 图书设计委员会 28 年度第一次会议记录（1939 年 10 月 11 日）[A]. 清华大学档案馆档案, 档案号: X1-3:2-211-22.
[25] 朱自清荐购《增补丛书举要》信笺[A]. 清华大学图书馆荐购文档, 文档号: 126-1-38.
[26] 会计科给王国维代购《蒙兀兒史记》的付款凭条[A]. 清华大学图书馆荐购文档, 文档号: 44-2-7.
[27] 吴宓就王国维代购《蒙兀兒史记》致信图书馆主任[A]. 清华大学图书馆荐购文档, 文档号: 155-1-12.
[28] 韦庆媛, 邓景康. 清华大学图书馆百年图史[M]. 北京：清华大学出版社, 2013: 4.
[29] 全国各大学二十年度之藏书量与在校师生及经费设备比较表[J]. 图书馆学季刊, 1933, 7(4): 654.
[30] 国立清华大学图书馆概况（1947 年 4 月）民国三十六年校庆写印[A]. 清华大学档案馆档案, 档案号: 1-4:2-45:1-25.
[31] 梅贻琦.复员后之清华（续）（1947 年 4 月）[J]. 清华校友通讯, 1947(2).
[32] 陈达推荐 Introduction to Sociology 的荐购卡[A]. 清华大学图书馆购置文档, 文档号: 72-2-19.
[33] 数学系教授杨武之、郑之藩荐购《微分方程》的信笺[A]. 清华大学图书馆购置文档, 文档号: 89-1-4.
[34] 朱自清荐购《历代诗话续编》的信笺[A]. 清华大学图书馆购置文档, 文档号: 104-1-2.
[35] 姜建, 吴为公. 朱自清年谱[M]. 北京：光明日报出版社, 2010: 118-119.
[36] 研究院：添购书籍[J]. 清华周刊, 1925(352): 80.
[37] 吴宓等赴琉璃厂订购书籍信笺[A]. 清华大学图书馆购置文档, 文档号: 26-1-5.
[38] 李大钊. 李大钊全集 第二卷[M]. 北京：人民出版社, 2006: 185-188.
[39] 北大的图书馆：图书馆的历史[J]. 北大生活, 1921(12): 23.
[40] 钱玄同先生与北师大——从其买书、借书、捐书、荐书说起[EB/OL]. [2021-01-05]. https://www.sohu.com/a/219872533_488227.
[41] 胡适. 一个最低限度的国学书目[J]. 清华周刊：书报介绍副刊, 1923(2): 38.
[42] 胡适先生介绍之书籍[A]. 清华大学图书馆购置文档, 文档号: 126-1-53.
[43] 汪鸾翔荐购《钦定明鉴》的信笺[A]. 清华大学图书馆购置文档, 文档号: 155-1-17.
[44] 清华大学人文社科图书馆方志馆揭牌[EB/OL]. [2021-01-05]. http://www.lib.tsinghua.edu.cn/about/newlibrary/newlibrary_news_021.html.

原载《大学图书馆学报》2021 年第 39（6）期

清华图书馆民国时期学生助理工作

高军善

摘　要：民国时期清华图书馆与校内外机构及个人之间的部分业务交际文档，当时幸得收存并保留至今，成为清华图书馆早期馆史研究的宝贵史料。在这批珍贵的清华馆史文档资料中，有图书馆学生助理工作文档220余件。通过对这批文档及相关资料的深入整理与研究，文章梳理了1913—1936年清华图书馆学生助理工作的发展脉络，详细介绍了1926—1936年清华图书馆学生助理员的聘任机制，以及学生申请助理岗位的原因与背景，阐述了民国时期清华图书馆开展学生助理工作的特点与意义。

图书馆工作的参与者除馆员之外，还有非馆员，比如公共图书馆的志愿者队伍，高校图书馆的勤工助学生。在清华大学图书馆，勤工助学队伍目前已成为图书馆建设中一支不可忽视的力量[1]，他们在时间密集、劳动密集、智力密集的图书馆工作岗位上，都拥有自己的优势和位置，而且人数、工时非微，作用可观。清华图书馆作为我国早期高校图书馆之一，早在民国之初清华学校图书室的初设时期，勤工助学工作就已经开始了，当时的勤工助学生称为学生助理员。然而那段时期距今已八十乃至百余年，当时勤助工作状貌何如，已难得一窥。值得庆幸的是，民国时期清华图书馆与校内外机构及个人之间的业务交际文档，在当时较长一段时期内得到了较为完整的收存，并最终保留至今，这批文档资料已成为清华图书馆早期馆史研究的宝贵史料。在这批珍贵的民国馆史文档中，图书馆勤工助学相关文档资料有220余件，其年代从1923年开始至1936年。由于1937年8月国立清华大学已经南迁，同国立北京大学、私立南开大学于长沙合组国立长沙临时大学，1938年4月底复迁至昆明，遂改称国立西南联合大学，直至1946年8月三校北返复校[2-3]，故清华图书馆从1912年建立至1936年期间的学生助理工作即为其民国时期学生助理工作的近乎全部。本文通过对民国时期清华图书馆勤助文档的整理并追溯相关报道资料，展现了清华图书馆1936年之前勤工助学工作的历史状貌。

1　早期记载：1913—1925年

清华图书馆始于1912年成立的“清华学校图书室”[4]，1919年迁入新建馆舍后改称“清华学校图书馆”，1928年8月17日，清华学校改为国立清华大学，图书馆随之更名为“国立清华大学图书馆”。时任国立清华大学图书馆主任洪有丰于1931年在《国立清华大学二十周年纪念刊》上发表了回顾文章《二十年来之清华图书馆》，该文在“历年主任一览表”中列出清华学校图书室第一任主任为黄光，任职时间为 1913 年年初至年底[5]。根据时任清华大学图书馆馆长邓景康、馆员韦庆媛于清华图书馆百年馆庆前所主编的《邺架巍巍：忆清华大学图书馆》中的“图书馆历任馆长一览表”，清华学校图书室第一任主任为黄光，其任职时间为 1913 年至 1914 年 8 月[6]。黄光，字朝栋，广东香山人[7]，1912 年考入清华学校高等科[8]。1913 年 7 月 1 日，黄光的名字出现在“清华学校高等科首届毕业学生名次一览表”中[9]，为 1913 年留美预备部 43 名毕业同学之一员[10]。1914 年 5 月“北京清华学校近章”第六、第七条称，“本校以四十星期为一学年，以每年九月为始，翌年六月为终”；“每学年分为二学期，自九月初旬至翌年正月杪，为上学期，自二月中至六月杪，为下学期”[11]。由此可知，黄光在担任清华学校图书室主任的前半年，即 1913 年年初至 1913 年 6 月，还是一名在校的高等科学生。而这也正是清华大学图书馆馆员何玉等的文章《清华学校图书室第一位主任黄光考述》的考证结论[8]。由此可知，清华图书馆的第一任主任最初正是由一名图书馆学生助理员担任的。图书馆主任是民国时期清华图书馆内最高行政主管的称谓，直到 1949 年 5 月潘光旦任上始改称馆长[12]。黄光卸任清华学校图书室主任后，戴志骞于 1914 年接任，直至 1928 年 9 月。戴志骞（1888—1963）1909 年 8 月入上海圣约翰大学本科学习，1912 年毕业获该校学士学位，1909 年秋即被该校聘为本校图书馆主任[12]，故其任该职的前三年一直为图书馆助理员身份。结合戴志骞在上海圣约翰大学的经历及后来到清华任职来看，从本校的在校学生中遴选优秀学生担任图书馆主任在当时很可能是正常现象，而由学生助理员黄光担任图书室主任也并不表明学校当时对图书室工作缺乏重视，这可能与当时我国缺乏图书馆专业人才有关。清华大学图书馆馆员何玉等则在其考述文章中推测，之所以一名在校学生就能担任图书室主任之职，可能与清华学校建立早期学校教职人员非常少有关，故而选拔校方比较了解、富有活力、组织管理能力超群的黄光担任此职[8]。

据洪有丰的回顾文章所述，清华学校图书室最初隶属于庶务处，于 1914 年夏从庶务处分出由学校直接领导[5,13]，并开始准许将书借出，此前书籍概不外借，仅供室内阅览[5,14]，阅览开放时间为每日上午九时至十二时[5,13]；1912 年藏书仅 2000 余册，1914 年前每年图书费仅 1000 余元[5]；馆员人数 1912 年为 1 名，1913—1916 年为 2 名[5]。笔者认为，虽然 1912—1913 年的馆员身份无从考证，但据时任图书室主任的身份及当时图书室的上述业务开展状况推断，当时馆员中包括学生助理员是大概率事件。

清华图书馆民国馆史文档中学生助理员之最早资料为 1923 年的三份文档。清华学校学生吴聪、朱湘分别于 1923 年 3 月、6 月致信图书馆主任戴志骞，申请暑假期间学生助理岗位。吴聪于信中说因将修学图书馆专业，望在馆中义务实习以作预备，为不挤占他人有偿助理机会，故而申请暑假助理工作。朱湘于信中详述中文编目之重要及其对目录学之兴趣，自荐暑假为馆中义务编目中文书籍。两封信末均由馆方注“复”字示已回复。馆史文档中还包括朱湘在此之前曾因荐购、赠书、建议、咨询致图书馆的五封书信，说明其对清华学校图书室之熟悉，故非贸然致函。上述两份文档表明，当时清华学校的学生助理工作均为有偿而非义务，确属勤工助学性质；而且学生助理岗位除在学期之内设置以外，在寒暑假期间也已设立。

第三份 1923 年助理工作文档为一份 8 人名单，包括三项内容：“调查与补充学生助理员合格者：高三（本文作者按：指清华学校之高等科三年级）周先庚（安徽）；高二 李效泌（山西）……班次不合格者：大一 马彦章（山西） 吴锡铨（江苏）；来函自荐过期者……”。该文件表明，清华学校图书馆学生助理员选聘工作当时已有例行日程，选聘时会考虑班次级别。

在 1925 年 6 月 18 日《清华周刊》第 11 次增刊之“一年来大事记”栏目中，题为“学生会方面（民国十三年八月至十四年五月底止）”一文中有如下内容：“选定本年学生助理员 上年本馆原有学生助理员二人。其一人留美，照例另聘一助理员，以补其缺。嗣为管理上周到起见，乃议定加聘一人。故本年所用学生助理员，共有潘光迥，苏开明，曹希武三人。”[15]随后又于 9 月在暑期后首期出版的《清华周刊》第 350 期新闻栏目中，在图书馆名下刊登如下内容：“新聘学生助理员 学生助理员潘光迥君今夏留美，遗缺已聘定包华国君接充”[16]。此二则新闻表明，截至 1924 年年底，图书馆学期内学生助理员为 2 个名额，从 1925 年才增至 3 个。笔者认为，第一则消息之所以出现于学生会名下，是由于时任图书馆主任戴志骞于 1924 年 8 月—1925 年 10 月赴美考察，在此期间的图书馆学生助理员聘任工作应是委托学生会承办，故而有此工作报道。于《清华周刊》中查有数则图书室职员受聘报道，但关于图书室学生助理员的受聘报道，仅此两则。

2 后期史况：1926—1936 年

2.1 文档介绍

本文对 1926—1936 年清华图书馆勤助工作的历史叙述，主要源自清华图书馆的 220 余件学生助理工作文档，除已于上文介绍的 3 件文档出自 1923 年外，其余文档均出自 1926—1936 年。于此十年间，清华图书馆历经戴志骞（任职至 1928 年 8 月）、洪有丰（两度任期为 1928 年 9 月—1931 年 7 月与 1934 年 10 月—1935 年 7 月）、王文山（任期为 1932 年 6 月—1933 年 10 月）、朱自清（任职于 1935 年 9 月—1936 年 9 月）、钱稻孙（任职于 1936 年 9 月—1937 年 7 月）五位主任及教务长张子高（两度兼职时间为 1931 年 7 月—1932 年 6 月与 1933 年 10 月—1934 年 7 月）、郑之蕃（任职于 1934 年 7—10 月）两位代理主任。其中，以戴志骞、洪有丰、朱自清三位主任的相关文档为多；而王文山、张子高、钱稻孙三位主任相关文档极少；郑之蕃因代理时间短且错过学生助理工作集中办理期，故而并未留有相关文档。通过综合分析判断，220 余件学生助理工作文档为清华图书馆于 1926—1936 年有关勤助工作相对完整的文档，但文档于王文山主任及张、郑两位代理主任时期共三年中有断档。在清华民国馆史文档中，学生与图书馆之间的交际文档共计 330 余件，勤助文档独占近七成之多，表明勤助工作是当时清华图书馆服务学生的一项重要工作。

这 220 余件学生助理工作文档绝大多数为信函，来自学生助理岗位申请方、推荐方和聘用方三个方面。其中，学生申请图书馆助理工作的信件有 150 余份。此类书信多数篇幅较长，内容主要是陈述申请原因，说明助理工作机会对支撑其完成学业以免辍学的重要性，以及自身申请优势和上岗后的工作态度。推荐书信 20 件，直接推荐方包括学校校长处、秘书处、教务处、教务长室及个人。除个人推荐信外，此类信函多篇幅较短，常汇集多位学生姓名及其年级、生源信息，并概总申请原因，请图书馆酌情安置。聘用方即清华图书馆，独立资料共 46 件，在申请方、推荐方资料上批注馆方处理意见者不计为独立资料。馆方资料均为图书馆对申请方及推荐方复信之手稿，因为馆方正式复信均已发致收信方手中，其中 41 件出自时任图书馆主任，5 件出自馆员。

学生助理工作文档所涉署名人物，包括向图书馆及本校其他部门申请助理工作的学生 230 余人，其中，向图书馆申请者 170 余人，本人直接给图书馆写信申请者 100 余人。所涉本校工作人员主要包括上文所述七位图书馆主任，以及图书馆员查修、田宝琛、沈学植、唐贯方、郑殿祥，时任清华校长曹文祥、金邦正，时任秘书长沈履，教师王文显等。

2.2 工作机制

在勤助文档中，洪、朱二人批复虽多，但多只在申请来信上拟出复信要点，并着人拟复或登记，其言甚简；馆员办理后通常于批示下标注“记”“复”“照复”；二人回复之独立文稿留存者仅 13 件。唯戴志骞回复手稿留存达 28 份之多，且复文耐心，内容翔实，流程显明。此处主要依据戴志骞先生的复信内容，复原与探究 1926—1928 年清华图书馆学生助理员聘任之工作机制，而该机制一直沿用至清华图书馆南迁。

2.2.1 工作流程

清华图书馆在学期内和寒暑假中均设学生助理岗位。凡申请者，无论自行向馆申请或经部门及个人推荐，均先存记入列。于每年五月初会同各教授评定，并以评议卡形式了解各任课教师对各申请人的学行评议，于五月二十日后向申请人函告结果。聘期为一学年，直至来年暑假；寒暑假期间是否上岗，亦需在聘前说明意向。馆方奉聘书两份，亦作合约，双方签字后各执一份。凡合格又暂时无岗者，均于选聘评定时排列次序作为候补，待有缺时依次递补。逾期及中途递交申请者，均暂记入被选名单，以待岗缺时补聘。

2.2.2 选聘标准

关于图书馆学生助理员的选聘标准，在戴志骞给水天同的复信手稿中曾两易其辞（图 1 中毛笔直列文字为初稿，毛笔添加与圈划为二稿修改情况，铅笔字为三稿修改内容；图 2 为第三稿整理誊抄），其于第二稿中写道：“本馆选聘学生助理员向于每年五月初，按请求者学行之优劣及经济情形评定函聘之。”而于第三稿中又特将选聘标准略去，改为“本馆选聘学生助理员向于每年五月内评定，六月初函聘之”。馆史文档中存有 1927 年皮名举、张敷荣等 17 名助理岗位申请生的学行评议卡（见图 3），评议卡于申请人名下设“Scholarship”“Teachers’ opinion”“Remarks”三栏，每位申请人前两栏内容均有 6～10 行，每行对应一任课教师，各任课教师于第二栏中标注评议意见。由此可见在戴志骞主持清华图书馆工作时期，其在选聘学生助理员时对学行之重视程度。而此处戴志骞所示学行、经济之选聘标准仅为会选中所议者，综合其他文档资料可知，选聘标准实则还有班次级别、聘期满年、是否已享补助津贴等。在学生助理文档中存有 1934 年度清华学生于各自生源省份领取津贴、补助、贷金的八人名单，根据其他相关文档判断，该名单系清华大学文书科供图书馆选聘评定学生助理员的参考资料。

2.2.3 招聘方式

清华图书馆在招聘学生助理员时，并未采取公开招聘方式。根据学生致图书馆申请信件

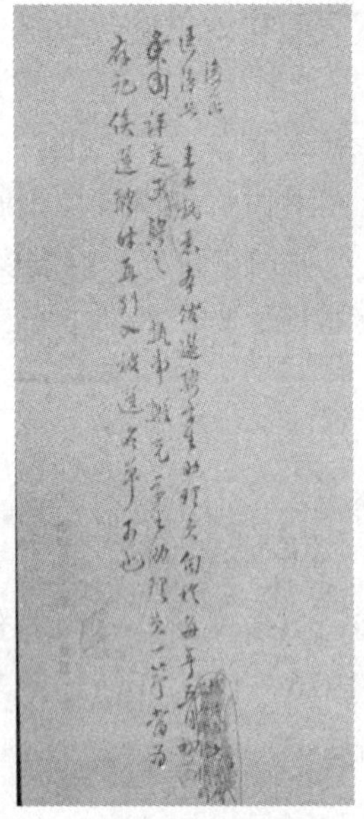

图 1 戴志骞复信手稿 1

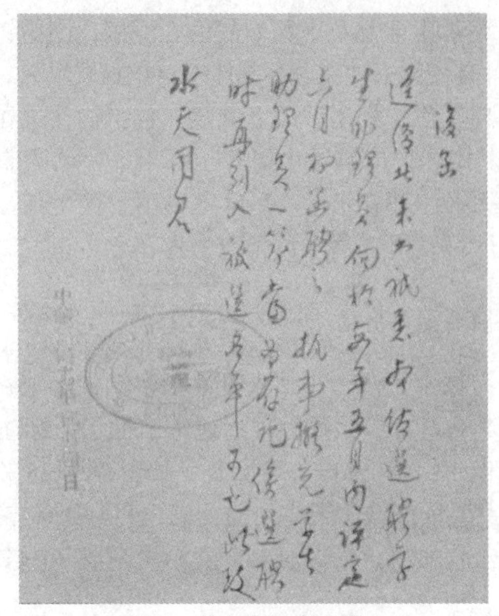

逕启者

逕启者来函祇悉敝馆选聘学生助理员向於每年五月内评定六月初旬函聘 执事拟充学生助理员一节当为存记俟选聘时再列入被选名单可也此致

水天同君

图 2 戴志骞复信手稿 2

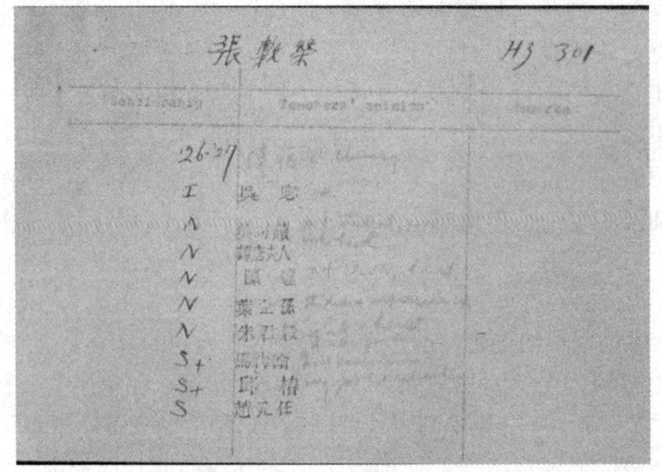

張敷榮 H3 301

图 3 张敷荣的教师评议卡

的内容，初次申请的学生绝大多数对学生助理员选聘流程并不了解，诸如何时申请，所需手续，有无空缺，选聘程序等。若是公开招聘，必定会有相当比例的学生在申请中透露相关信息，然而初次申请的学生均以探询之口吻，未曾现出一丝公开应聘的消息；而在戴志骞给学生的回信中，日期、流程、有无空缺都是必复之内容。直至朱自清先生于 1935 年 9 月—1936 年 9 月主持图书馆工作期间，申请学生邱永权还在给朱自清主任的信中写道：“我昨天才知道在图书馆工作须向主任请求。我曾向秘书处请求过工作，以为连图书馆都在内了。”以此足知，当时清华图书馆学生助理员选聘工作未曾向学生公开招聘。校长处、秘书处、教务处时有推荐信函转来图书馆，以为学生寻求图书馆助理工作，其中一些信件是申请助理工作的学生直接写给校长的。由此推断，在当时的清华，不仅图书馆，包括学校其他部门招聘学生助理员可能都不是公开招聘。笔者认为，之所以采取此种招聘方式与当时学生助理工作的运行状况密切相关。

2.3 运行状况

1926—1936 年，馆方收存了 100 余名学生直接向图书馆提交的助理岗位申请信 130 余件。申请信中屡有言及某某图书馆助理员面临毕业而欲递补者，而所言某某均无任何文档见存于馆史文档之中，故知图书馆助理员及其申请信未被馆方收存者确有其数。因申请者众而名额寡，学生多不能当年获聘，因落选而连续两年申请者，在馆史文档中颇有其人。在 1926 年、1927 年连续两年中，申请者均十五倍于岗缺名额，这种情形在同时期戴志骞给申请学生的回信中曾屡被提及，或可视为在戴志骞主持清华图书馆工作后期，图书馆学生助理岗位供需情形之一般写照。在王文山主持图书馆工作期间，《国立清华大学校刊》第四八二号（1933 年 2 月 16 日）发布一则图书馆通告："兹查近两年本校同学函致图书馆请求学生助理员位置之函件堆积甚多，且多失时效者，现拟告一结束。凡在本年二月六日以前所投递之请求书，概属无效。若愿随后递补，仍可继续来函。"[17]在此后洪有丰第二次主持清华图书馆工作以及朱自清主持图书馆工作期间，馆史文档中助理岗位申请的落聘批复率都是很高的。由此可知，于 1926—1936 年，清华图书馆学生助理岗位名额距学生所需甚远，学生求而不得者甚众。

在此期间图书馆学生助理员之数量及分岗名称、工时及薪金，在文档中并无完整记载，零散所涉之分岗名称有中文编目股排片、查复本、纳书助理、阅览室助理、参考室助理等，足见已非初期"襄理一切事务"之情形。根据助理工作文档，图书馆学生助理员名额自 1925 年夏由 2 人增至 3 人后，至 1929 年 7 月时仍为 3 人，此后便无名额信息记载。关于工时与薪金，临时助理员彭世元在给洪有丰的信中有"约定每星期四晚间三小时工作"之言；学生助理员钟烈錞、周锡荣在给朱自清主任的信中写道："每周仅五小时，月入约六元，遇纪念日放假，当不及此数"，"薪资甚微"，恳请增加工时。朱自清于信眉批复道："新来学生助理皆只五小时，现无法增加，俟暑假时再当持办。"因朱自清先生担任清华大学图书馆主任的时间为 1935 年 9 月—1936 年 9 月，而助理员时薪与工时在较长时段内一般稳定不变。由此推知，1935—1936 年，每周 5 小时及每月 6 元为新上岗助理员的工时与薪金；而经一定时限随工作久熟，助理员的工时与薪金或可延升。

2.4 申请原因及背景

2.4.1 申请原因

在 1926—1936 年的学生助理岗位申请书中，除一人向朱自清致函因感寒假颇无聊而作申请外，其余申请及推荐函件所述缘由，皆为经济困难，生活难以维持，无力续学但又不忍辍读；其中靠亲朋周济、借贷求学，乃至完全自谋学费、学费无着、因贫失学者不乏其人。于申请学生书中所陈种种致贫原因中，诸如时局严重、故乡沦亡、家乡经济每况愈下、乡村经济破产、旱涝无常、田地频灾、家父失业、战乱不断、重大变故等，多为共举之因。

2.4.2 时代背景：1926—1936 年

于此十年间的中国，政治上日渐动荡，1926 年国民革命军开始北伐战争，1927 年 7 月第一次国共合作破裂，中国社会动荡加剧，1936 年中国全面抗战已近在咫尺。经济上，外货倾销严重，农民生活贫困化[18]。1929—1933 年，资本主义经济危机爆发，世界经济受到严重破坏，陷入世界性大萧条，中国农业危机尖锐化[19]。在农村，“据国民政府南京中央农业实验所编的《农情报告》载，1933年全国各地农村借款和借粮债户分别占到农家总户数的56%和48%。换言之，半数以上的农村家庭深陷在债务漩涡之中”[20]。“大量的资料表明，不仅贫佃农负债的情况比比皆是，就是部分中农甚至富农亦有负债情况”[21]。在城市，据1934年10月上海市社会局对家庭收入和支出情况有记录的305个工厂工人家庭调查，有借贷的家庭占家庭总数的82.2%，有当物的占78%，有赊账的占48.5%[22]。一些清华学生以经济困难为由申请图书馆助理工作，便是在这样的历史背景下发生的；于清华图书馆学生助理岗位申请文档中，诸申请述由中频有与此背景相应者。

2.4.3 校园背景

在这一时代背景下，部分清华学生的经济困境是可想而知的。1927年2月，《清华校刊》第十八期刊载“清华学校大学部全体学生为请求免除学费上校长书”，发起请免学费运动，文中提到：“现在大学部，约有二百同学，足以自给者，或居多数，而甚感困顿者，大有人在。学校虽设有某种免费及资助办法，然此种办法，究非妥善，更非普益之道”[23]，该请求被评议会强辞否决。次年《清华周刊》于第二十九卷第三期刊载“大学部全体同学暂停请免学费运动宣言”[24]。1929年9月16日，《国立清华大学校刊》第八十六期刊载罗家伦校长布告：“本大学自本学期起，学生学费每学期减为十元（本文作者按：据《清华校刊》1927年3月第二十二期“关于学费问题的话”，当时清华学生学费每年40元）。”[25]1934年5月23日，清华大学第七十六次评议会通过《国立清华大学招收清寒公费生章程》[26]。通过统计，在1930年5月—1936年10月，《国立清华大学校刊》中助学金相关信息多达33则。由上述相关情况可略知当时一些清华学生经济之困境。

清华大学秘书处于1935年11月致函图书馆，“近日叠接本校同学来函请求课外工作，情颇迫切。兹特将其姓名、系别、年级、及住址抄录于后，并连同前已登记未及工作者一并送请誓阅。如遇贵处需用学生帮助工作时，即祈予以录用并希通知敝处，藉资存查为荷。”后附“诸介绍课外工作学生名单”，分五个部分：①无论何种工作均愿担任者；②愿任各系部抄写、整理等工作；③图书馆或他处整理工作；④愿任本系工作；⑤愿任招生助理员。名单共计73人，其中第三部分17人。故知，当时图书馆学生助理员仅全校学生助理员之一角耳。由此便不难理解在此期间图书馆主任何以对学生助理工作如此之重视。

3 特点与意义

3.1 工作特点

清华图书馆民国时期的学生助理工作开启于建馆之初，其工作机制主要由戴志骞主任在其主持图书馆工作期间创立并完善，一直沿用至1936年，“辅学、重学行、济贫、公平”是该机制的主要特点。为确保助理工作的辅学性质，图书馆对学生助理员的申请资格在年级、班次上有明确规定，限定助理工时且严格执行，可见清华图书馆方面对学生助理工作的辅学性质具有清醒认识和切实把控。由图书馆主任亲自主持学生助理工作，会同各系教授、参照申请人各任课教师所作学行评语、每年定期集中选聘、确定候补次序递补上岗，这些举措表明图书馆对助理员选聘工作的高度重视、学行优劣在选聘标准中的优先性，以及选聘的公平性。经济困难几乎是所有助理岗位申请人的主要申请原因，因此在助理资格与学行优劣之外，济贫便成为选聘的一个现实方针。为表上述特点，现举两例如下。

1926 年 6 月 22 日，校长处致信戴志骞："兹有外交部学务处介绍宗惟贤于暑假期内嘱为设法一席，藉为假期内读书之地。曾覆以图书馆助手津贴甚微，并谓原为本校寒苦学生而设。而今复来函，谓图书馆助手一缺无所不可，未知贵馆助手之中有无缺额。"戴志骞于次日函复时任校长曹云祥道："来示介绍宗惟贤君到本馆为助理员一节，查本年图书馆助理员只有包华国君以毕业出缺。本校寒苦学生在三、四两月内来函求补该缺者达十五人之多，而此十五人之家道皆寒，品学亦优，故选择颇为不易。嗣请各教授会同，超详细审查其品学，当于五月底共同选定高三学生魏明华君补充包之职务，并早已发表在案。宗君拟来馆充助理员一层，此时无从设法。"次年，中华教育改进社的张企文致函戴志骞，为其同乡龚君荐请图书馆助理岗位云："拟请先生照拂，于二席中予以一席。"戴志骞于 1927 年 5 月 5 日的复信手稿中写道："下学年本馆学生助理员只出两缺，而来函请補者达三十余人，且均家道寒苦之学生。本馆为公平起见，特会同各教授从长遴选之。龚君祖同亦在被选之列，能中选更妙，否则本馆以妨于环境，势难为龚君特别设法承讬一节，只有听诸各教授之公评耳。"于此复校长、朋友之信文中，尽显戴志骞先生主持图书馆学生助理员选聘之重学行、济贫、公平之理念与刚正无私之行事风格。

在馆方复信底稿中，仅有五件出于馆员口吻，日期均在 1929 年 5—7 月，概由馆员沈学植复信，大意尽似"洪先生临行曾嘱，俟其返校后再规定办法"。由此可见清华图书馆早期各主任于学生助理员工作亲力亲为之风范。

3.2 工作意义

图书馆学生助理作为图书馆与学生之间的一种特定关系形式，能够在没有任何行政力量的干预下自然产生并长期存在，表明它能够较好地满足清华图书馆与学生双方的某些特定需求。"学生助理"是从图书馆角度对这种关系的命名，而"勤工助学"则是从学生角度对这种关系的命名，同种关系的两种名称所反映的正是这种关系对双方的不同意义。

3.2.1 对学生助理员的意义

"勤工助学"即以勤工方式辅助求学。在民国时期清华图书馆这一特定时空中，"勤工"也具有其特定的助学含义。首先是经济助学。在 20 世纪二三十年代的中国，助理工作对接济贫困学生、维持其完成学业颇显重要。学生助理员虽然薪资微薄，然其功用并不在于改善生活，而在于对生活之接济、对学业之延续，可免当时学生助理员辍学之虞。1929 年下学期起，学生学费每学期为 10 元[25]；1933 年时上海工人月薪一般为 20 元，1929—1936 年中国物价又相对稳定[27]，所以 1936 年时图书馆学生助理员月入 6 元乃至更多的薪金，对贫困学生维持生活、接续学业而言算得上一份有力的经济支持。其次是励行助学。清华图书馆民国时期的助理员选聘制度首重学业与品行，受聘者实则于学行上得到了与会教授和各任课教师的普遍认可，故受聘学生能于此中受到鼓励，亦能使部分有自卑感的学生产生自信。再者为便读助学。图书馆助理工作能令学生助理员对图书馆的作用有更全面深入的认识，掌握更多利用图书馆的知识、技能和资讯，获得利用图书馆的便利条件，因此能起到便读助学的作用。最后是工育助学，即学生助理员能够通过勤助工作本身的经历、体验和磨砺产生自我教育作用，这种自我教育既是学生教育的应有之义，也是对学校教育的一种补充与助行，而其助行效果有时是日常学习所难达到的。

由于工作目的主要不是充实学习生活，而是渡过难关以继学业，所以勤助阶段很可能是助理学生求学生涯中的一段非常时期，此时学生助理员很可能会经历特殊的心路历程，留下特殊的生命烙印。艰难岁月的磨砺能使助理学生在心理和精神上变得更为强大，而在清华图书馆的勤助经历也便成为其人生积淀和精神财富中的一部分。

在清华民国馆史文档 170 余名图书馆学生助理员申请名单中，笔者通过百度网站和知网以人名检索，其中在科技、教育、艺术、政治等领域有所作为、有所成就、较为知名者至少在 53 人以上，包括：蔡承新、曹毓俊、曾炳钧、戴昭然、董凤鸣、高琦、宫日健、龚祖同、郭见恩、郭晓岚、郝复俭、何家麟、李崇伸、李鼎声（李伟）、李效泌（李效民）、李秀洁、刘辉泗、罗懋德（罗念生）、吕凤章、吕明义、马玉铭、牟乃祚（牟永锡）、皮名举、秦馨菱、史国衡、水天同、宋士英、孙承烈、孙方铎、孙绍先、覃修典、唐永健、陶守文、田保生、王万福、魏明华、吴敬业、夏坚白、谢家泽、徐炳华、徐永瑛、徐煜坚、许维翰、张德昌、张敷荣、张厚英（张自清）、张人俊、赵文璧、赵玉森、郑冠兆、周先庚、朱湘、朱驭欧。由于勤助文档实则覆盖 7 年，故于 1913—1936 年共 24 年间未能列入统计名单的图书馆学生助理员理应为数不少。例如，爱国革命烈士施滉（1900—1933），于 1916—1924 年在清华学校学习期间曾任图书馆学生助理员[28]，而馆史文档中并未出现他的名字。

3.2.2 对清华图书馆的意义

图书馆学生助理员能对图书馆起到替代补充、活跃和桥梁三种作用。结合文档中偶尔透出的少数几个助理岗位名称来看，阅览室助理、参考室助理岗位承担的是图书馆中的时间密集型工作，其劳动强度低但极耗时，由有责任心的学生助理员代替馆员承担，学生可以在进行工作的同时读书学习、完成课业，这样既能解脱馆员以从事更需要他们的工作，也能给学生助理员兼顾学习与经济助学的机会。编目排片、查复本、纳书助理则属于简单重复型或体力型工作，学生助理员也能很好地替代馆员。由于清华图书馆早期藏书语种已颇丰富，图书馆中必然会有譬如小语种图书编目这些一般馆员知不能及的知识密集型工作，图书馆能够有机会通过选聘特殊学生助理员发挥其知识优势，补充图书馆的工作能力。上述替代与补充作用表明，图书馆开展学生助理工作能够节约馆员配额，有助于图书馆实现人力资源的合理配置。

1928 年 8 月 17 日，南京国民政府议决清华学校改为国立清华大学，任命罗家伦为国立清华大学校长。罗家伦到任后整顿教务，裁汰冗员，增聘教授。短短两个月内，清华图书馆 1928 年原有 19 名馆员中离去 11 人，到 1929 年馆员人数才恢复至 13 人[29-30]。因此，在 1928 年及以后几年间，学生助理员对填补清华馆员空缺之作用，显然较普通情形更为必要。

学生助理员作为"特殊馆员"较普通图书馆员年轻、思想活跃，其工作见解自然会有独到之处，这便能给馆员以启发，为图书馆工作注入活力。同时，他们又是图书馆的"特殊读者"，能够成为图书馆与学生群体间的桥梁，将学生方面的相关资讯、对图书馆的感受、评价、意见等信息及时反馈给图书馆，因此，图书馆助理工作也是图书馆获取学生反馈意见的方便途径。

今日清华图书馆勤工助学的工作局面自然远超民国时期，而重视学生助理员对图书馆发展的重要作用，这一点则是在清华图书馆早期便已奠定成型的理念。

4 结语

清华图书馆是中国最早的高校图书馆之一，由于清华学校建立的特殊历史背景与时间点，清华图书馆非但不像更早建立的京师大学堂藏书楼（即北京大学图书馆前身，1902 年设立）那样留有中国古代藏书楼的影子，反而从建馆之初便在西方近代图书馆思想的治理下起步与发展。戴志骞在清华图书馆主持工作十四年，是清华大学图书馆的卓越奠基人，他在清华图书馆初期逐步建立并完善成型的学生助理工作机制，在中国高校图书馆勤助工作史中，可谓浓重绚烂的一笔。

参考文献

[1] 庄玫, 刘春红. 图书馆的特殊“馆员”——试论清华大学图书馆勤工助学工作[J]. 高校图书馆工作, 2009, 29(5): 88-90.

[2] 何玉, 高瑄. 西南联大时期的清华图书部[J]. 大学图书馆学报, 2012, 30(3): 119-122.

[3] 蔡武. 西南联大在长沙[N]. 科教新报, 2013-04-03(7).

[4] 韦庆媛. 清华大学图书馆初创时期的几个关键问题述证[J]. 国家图书馆学刊, 2013(4): 76-82.

[5] 洪有丰. 二十年来之清华图书馆[A]. 清华大学校史研究室. 清华大学史料选编　第一卷[G]. 北京：清华大学出版社, 1991.

[6] 图书馆历任馆长一览表[A]. 邓景康, 韦庆媛. 邺架巍巍：忆清华大学图书馆[C]. 北京：清华大学出版社, 2011: 182.

[7] 游美毕业回国学生一览表[J]. 见：清华一览(1926).

[8] 何玉, 高瑄, 郑小惠. 清华学校图书室第一位主任黄光考述[J]. 兰台世界, 2012(25): 64-65.

[9] 清华学校高等科首届毕业学生名次一览表[B]. 清华大学档案, 全宗号 1. 目录号 1. 案卷号 24.

[10] 1913 年留美预备部同学[A]. 清华大学校史研究室. 清华大学史料选编　第四卷　解放战争时期的清华大学（1946—1948）[G]. 北京：清华大学出版社, 1994: 638.

[11] 北京清华学校近章（1914 年 5 月）[A]. 清华大学校史研究室. 清华大学史料选编　第一卷　清华学校时期（1911—1928）[G]. 北京：清华大学出版社, 1991: 159-168.

[12] 韦庆媛. 戴志骞研究史料辨析[J]. 大学图书馆学报, 2014, 32(2): 111-117.

[13] 戴志骞. 清华学校图书馆之过去, 现在, 及将来[J]. 清华周刊, 1927(408): 550-556.

[14] 清华大学校史研究室. 清华大学九十年[G]. 北京：清华大学出版社, 2001: 13.

[15] 一年来大事记：学生会方面（民国十三年八月至十四年五月底止）[J]. 清华周刊, 1925(增刊 11): 82.

[16] 图书馆：新聘学生助理员[J]. 清华周刊, 1925(24): 24.

[17] 图书馆通告（布字第三十五号）[J]. 国立清华大学校刊, 1933(482): 1.

[18] 任杰. 民国时期的民间借贷与农村经济——以二十世纪二三十年代的四川为例[D]. 成都：四川师范大学, 2013.

[19] 钟山. 二十世纪二、三十年代大萧条与 2008 金融危机之比较研究[D]. 成都：西南财经大学, 2010.

[20] 傅建成. 二三十年代农家负债问题分析[J]. 中国经济史研究, 1997(3): 24-31.

[21] 韩文昆, 王元琪. 二三十年代中国农民田赋负担及农家生活贫困化分析[J]. 陕西经贸学院学报, 2000(4): 64-67.

[22] 周仲海. 建国前后上海工人工薪与生活状况之考察[J]. 社会科学, 2006(5): 83-91.
[23] 清华学校大学部全体学生为请求免除学费上校长书[J]. 清华校刊, 1927(18): 4.
[24] 大学部全体同学暂停请免学费运动宣言[J]. 清华周刊, 1928, 29(3): 209-210.
[25] 校长布告一[J]. 国立清华大学校刊, 1929(86): 1.
[26] 国立清华大学招收清寒公费生章程[J]. 清华周刊, 1934, 41(13/14): 222.
[27] 肖第. 民国时期京沪粤的工资和物价[J]. 上海商业, 2013(18): 60-61.
[28] 何玉. 战斗在清华大学图书馆的地下党组织[J]. 北京党史, 2012(1): 55-56.
[29] 清华大学档案. 教职员名录（1928—1929）[B].
[30] 韦庆媛. 洪有丰在清华大学图书馆[A]. 邓景康, 韦庆媛. 邺架巍巍：忆清华大学图书馆[C]. 北京：清华大学出版社, 2011: 200-207.

原载《图书馆建设》2020 年第 4 期

科技史与古文献研究

持续推进科学研究和古籍文物的整理、保护工作
——科技史暨古文献研究所十年工作回顾

冯立昇

清华大学科技史暨古文献研究所（以下简称“科古所”）是1993年经校务委员会批准成立的校级科研机构，在原图书馆科技史研究组与古籍组基础上组建而成，聘请著名技术史专家华觉明先生担任首任所长，旨在继承和发扬清华研究工程技术史的传统，并依托清华大学图书馆丰富的古籍文物资源，开展科技史和古文献的研究及古籍整理工作。

本所肩负传承清华大学科技史研究优良传统的使命。1952年，刘仙洲副校长向教育部提议在清华大学成立“中国各种工程发明史编纂委员会”，10月获教育部批准。这一机构后改为“中国工程发明史编辑委员会”，办公室设在清华图书馆，负责搜集和整理中国古代典籍中关于工程技术的史料。在搜集大量史料的基础上，刘仙洲编著了《中国机械工程发明史（第一编）》（1962）和《中国古代农业机械发明史》（1963），奠定了中国机械史学科的基础。虽然此项工作后因“文革”终止，但搜集的上万条珍贵史料成为研究者开展学术研究的重要材料，具有很高的学术价值。1980年，经学校校长工作会议批准，在图书馆成立科技史研究组，继续从事科技史料的整理研究工作。从20世纪80年代开始，先后编辑出版了《中国科技史料选编》（1981—1982）、《清代匠作则例》1—6卷（2000—2009）、《清华大学图书馆藏善本书目》（2003）、《清代缙绅录集成》95册（2008年）等古籍整理著作，编著了《中华科技五千年》（1997）、《中国近代科学先驱徐寿父子研究》（1998）、《中国农业机械发明史（补编）》（1998）、《中国机械工程发明史（第二编）》（2004）、《汉字中的古代科技》（2004）、《彩图科技百科全书·器与技术》（2007）、《中日数学关系史》（2009）等学术著作。相关成果在国内外学术界都产生了较大的影响。其中，《中华科技五千年》和《彩图科技百科全书》获国家科技进步奖二等奖，《清华大学图书馆藏善本书目》和《汉字中的古代科技》获北京市哲学社会科学优秀成果二等奖。经过近二十年的不懈努力，研究所发展成为国内外有影响力的中国技术史与中国典籍文献研究中心。

最近十年来，在清华大学图书馆的领导和相关院系的支持下，科古所依托馆藏资源，不断推进科学研究和古籍整理、保护工作，在科技史、古文献研究和古籍整理保护工作方面又取得了突出的成绩，在国内外相关专业领域产生了重要影响。下面分两个阶段加以回顾和总结，同时对研究所今后的工作与规划作简要的展望。

一、“十二五”时期工作回顾

“十二五”时期，科古所在馆藏古籍文献整理和保护方面不断加大工作力度，努力为学校人文社会科学学科与文理交叉学科建设提供文献资源支持，同时在中国科技史和中国古文献研究方面取得了突出的成绩，发表了大量相关研究成果，成功组织了第五届和第六届中国科技典籍国际会议，扩大了学术影响，对我校相关学科建设也起到了促进作用。

1. 馆藏古籍与文献资源的发掘、整理与利用

揭示、发掘和利用馆藏古籍资源是科古所的长期工作内容。清华馆藏古籍地方志比较丰富，有1500多种，从2011年开始，我们对馆藏方志类书籍进行进一步的整理、编目工作。在此基础上，我们于2014年开始《清华大学图书馆馆藏珍本方志丛刊》的编辑工作，该书被列入国家“十一五”重点出版规划项目“著名图书馆藏稀见方志”系列。先后由宋建昃、王雪迎、冯立昇完成选目工作，在数字化部的协助下对数字化的20多种古籍方志进行了核对、补页、著录版本信息等工作，宋建昃、王雪迎撰写提要20多篇，该书在2015年8月由国家图书馆出版社出版，共计36册。当年9月，图书馆与国家图书馆出版社共同组织召开了《清华大学图书馆藏稀见方志丛刊》新书发布会暨历史文献整理出版座谈会（见图1），取得了良好的效果。

图1 《清华大学图书馆藏稀见方志丛刊》整理成员在新书发布会上合影

宋建昃、王雪迎应国家清史编纂委员会文献组约请，承担点校馆藏清代稿本《督楚公牍》和清内府密档《科尔沁郡王奏稿》的工作，成果纳入“国家清史编纂委员会”《清史文献》编纂项目，作为《晚清文献七种》中的前两种于2014年10月由齐鲁书社正式出版。

冯立昇主编的《江南制造局科技译著集成》，是获得2014年度国家古籍整理专项经费资助的重大出版项目，从2015年开始，先对馆藏江南制造局翻译和刊行的数学天文著作进行了整理，同时去上海图书馆复制了江南制造局翻译、其他书局刊行的数学译著。2015年，邓亮担任分卷主编的《江南制造局科技译著集成·天文数学卷》交由中国科技大学出版社出版。

受清华大学出版社和学报编辑部的委托，科古所对民国时期的《清华学报》进行了系统的整理与研究，在此基础上编撰了《〈清华学报〉选萃——中国现代学术的开源》（冯立昇、邓亮主编）一书，完成了包括文献选择、录入和提要撰写、编辑校勘等工作。科古所多位同事进行了文献核查与校对工作，保证在 2015 年 12 月学报创刊百年专题展之前印出了样书。我们考证清楚了学报的准确创刊时间，调查了目前国内藏书单位收藏早期《清华学报》的情况，从上海图书馆和北大图书馆复制了清华图书馆所藏缺失的部分早期学报封面和目录，相关工作受到出版社、学报编辑部的好评。该书 2016 年由清华大学出版社出版。

科古所一直重视对馆藏古籍文献的整理和价值揭示，并积极参加国家古籍保护中心组织的《国家珍贵古籍名录》的申报工作。2011 年寒假中，按照国家古籍保护中心要求，组织申报第四批国家珍贵古籍名录。申报工作由冯立昇担任负责人，宋建昃、刘蔷、冯立昇承担了申报书的填写工作，包括撰写版刻的源流、鉴定、传承的说明文字并且扫描和拍摄书影等内容，王雪迎、邓亮参与了选书、核查工作。当了解到馆藏甲骨可申报国家珍贵古籍名录后，我们在第二年及时填表进行了补报工作。2013 年馆藏甲骨与《注陆宣公奏议》等七种古籍一同入选第四批《国家珍贵古籍名录》（见图 2）。自 2011 年开始，刘蔷受邀以全国古籍评审工作委员会成员的身份，作为子部评审专家，分别参加了第四批至第六批国家珍贵古籍名录的评审工作。从 2015 年开始，我们又启动了馆藏甲骨申报“世界记忆名录”项目的工作。

图 2　馆藏甲骨入选《国家珍贵古籍名录》证书

科古所还积极组织参与国家古籍保护中心开展的各项工作，包括填报各种统计数据和表格，组织参与整理《国家珍贵古籍名录》古籍题跋的撰写等。刘蔷、宋建昃、冯立昇承担了《中华再造善本·明清编》一书中的清华馆藏古籍善本的提要撰写工作。清华图书馆还作为主办单位之一参加了国家图书馆举办的“古籍普查重要发现暨第四批国家珍贵古籍特展”活动。我们还参加了国家古籍保护中心的“《国家珍贵古籍名录》中古籍题跋整理项目”，对我馆入选《国家珍贵古籍名录》前三批的古籍题跋进行了全面整理，包括题跋（含过录跋）、校跋、观款等内容，并及时向保护中心报送。

“清华图书馆藏古籍文物珍品展”是列入清华百年校庆的一项重要活动，由科古所负责馆藏古籍文物珍品展的组织工作，包括选择展品、撰写文字说明、布置展品、展板制作、讲解和接待参观校友和来宾等一系列工作。我们除选择清华馆古籍珍品入展外，还选择有重要文物价值的甲骨、青铜器等不同类型的文物入展，包括铜镜、字画、碑刻墨拓及清乾隆巨型缂丝佛像等。此次展览取得了良好的社会效益，超过了以往历次展览的规模，展示了百年老校深厚的人文积淀与底蕴。同时，刘蔷、冯立昇参加了清华百年校庆出版物《清华藏珍》一书的编撰工作，承担了清华文物与古籍精华图片的选编与说明的编撰工作。2013 年我们与学校文科处合作，筹备了馆藏古籍文献展和“清华简”研究成果展。我们重新设计了宣传海报，遴选 27 种古籍文献，分古籍珍品、科技古籍、彝文文献、舆图四个部分，与“清华简”成果一同布展，于 4 月 26—28 日校庆期间顺利展出，吸引了众多师生和校友参观，获得了好评。

我馆收藏的文物具有很高的学术价值和收藏价值，科古所参与具体的保管工作。2015 年 5—6 月，我们先后两次对我馆收藏的珍贵文物——青铜器和甲骨，进行了详细的摸底排查工作，并甄选出精华部分进行拍照、测量尺寸、编制图录。反复核对各种数据，轻拿轻放文物，圆满准确地完成了这项重要工作，为以后的文物著录和管理打下良好的基础。

由于馆藏文物、古籍的学术价值高，我们经常会因此承担重要的接待任务。清华大学出土文献研究与保护中心于 2014 年向教育部申报出土文献与中国古代文明研究协同创新中心，图书馆及科古所是重要支持单位，馆藏文物、古籍是评审专家重点考察的内容之一，学校对申报工作高度重视，我们在 6—7 月做好了汇报内容准备和接待工作。2014 年 7 月 14 日教育部专家考察古籍书库，由于准备认真、介绍充分，对成功申报发挥了较重要的作用。冯立昇作为协同创新中心重大课题项目组成员，参加了课题的相关调研工作。又如 2015 年 3 月 4 日下午，科古所接待了国家文物局副局长宋新潮、博物馆司司长罗静等一行十几位专家来我馆观摩珍贵文物和善本古籍。我们对馆藏文物、古籍珍品认真介绍和解说，文物专家们逐一鉴赏，对馆藏文物的价值和保管工作给予了肯定。（见图 3）

图 3　2014 年 7 月 14 日教育部专家在校领导陪同下考察馆藏文物、古籍

2. 科研工作

“十二五”时期，科古所共发表论文60余篇，出版著作10余种（部），在中国科技史、中国科技典籍和古代文献整理与研究方面取得了突出成绩，获得多项奖励。下面仅对其中部分较重要的成果作简要介绍。

冯立昇主持的教育部全国高校古籍整理研究工作委员会重点科研项目“《畴人传》及其续编整理研究”，在2012年完成了全部点校和注释工作，成果是100多万字的《畴人传合编校注》（冯立昇与邓亮及本所研究生张俊峰共同完成），这是《畴人传》及其各续编的第一个注释本，具有重要的学术价值。该书获得国家新闻出版署的古籍整理出版基金项目的资助，于2012年12月由中州古籍出版社出版。该书在2013年8月获得全国优秀古籍图书奖一等奖，该奖是目前唯一的全国古籍整理专业图书奖项（见图4）。2015年3月在河南省新闻出版广电局组织的优秀图书评选中，该书又荣获河南省优秀图书一等奖。

获奖证书

冯立昇

您的著述《畴人传合编校注》

一书（出版单位：中州古籍出版社）荣获2012年度全国优秀古籍图书奖 一等 奖。特颁此证。

中国出版工作者协会
古籍出版工作委员会
2013年8月

图4 《畴人传合编校注》获奖证书

刘蔷主持的教育部全国高校古籍整理研究工作委员会重点科研项目“《天禄琳琅书目》研究”于2012年正式结项，46万字的《天禄琳琅研究》一书于2012年9月由北京大学出版社出版。该书是关于清代宫廷善本书目《钦定天禄琳琅书目》及相关藏书的重要研究成果，于2014年10月获评第十三届北京市哲学社会科学优秀成果奖二等奖（见图5），该著作为此次评奖中“图书馆学、情报学、文献学”二级学科下唯一获奖成果。

刘蔷受邀赴美国哈佛大学哈佛燕京图书馆访问一年，撰写馆藏中文善本书志，负责其中清代史部善本部分。作为5位合作撰写者之一，《美国哈佛大学哈佛燕京图书馆藏中文善本书志》（全6册）于2011年6月由广西师范大学出版社出版，并于2014年年初获得第三届中国出版政府奖（图书奖），该奖是全国新闻出版领域的最高奖项。

高瑄主持的教育部CALIS特色库建设重点项目“中国科技史数字图书馆建设”，由科古所负责文献整理与内容建设实施工作，建成了面向研究人员和大众的“中国科技史数字图书馆”数字资源系统及网络平台。项目整合了中国科技通史及中国数学史、中国天文史、

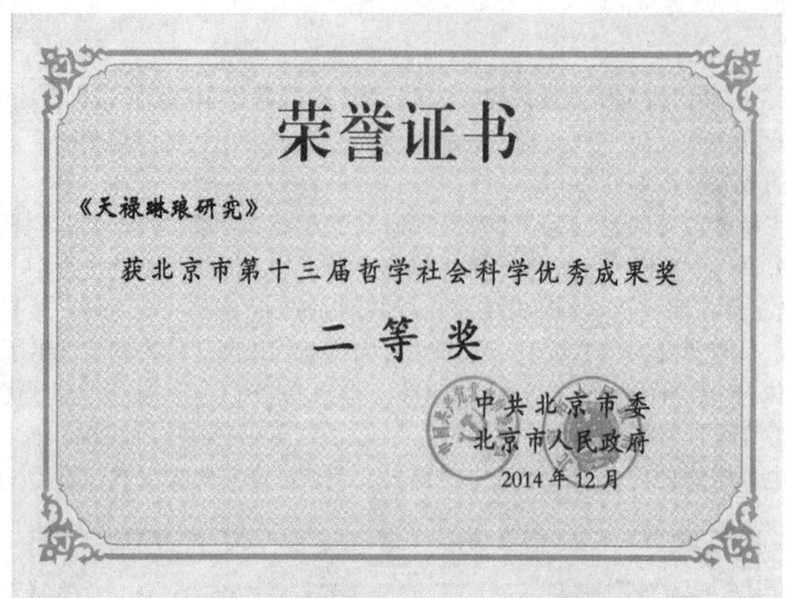
荣誉证书

《天禄琳琅研究》

获北京市第十三届哲学社会科学优秀成果奖

二 等 奖

中共北京市委
北京市人民政府
2014年12月

图5 《天禄琳琅研究》获奖证书

中国机械史、中国水利史、中国建筑史、中国造纸史、中国纺织史、中国军事科技史、中国陶瓷史9个子系统及分学科平台。各分学科平台又根据学科资源特点，含有科技典籍原文、典籍目录（提要）、研究论著目录、工程史料卡片、图像动画、人物专题等栏目。该项目于2012年4月顺利通过验收。此项工作对科技史的研究工作起到了支撑、促进作用。

冯立昇参与了我校出土文献研究与保护中心承担的教育部重大公关项目“出土简帛与古史”课题的工作，担任子课题“清华简《算表》研究”负责人。参与完成了清华简《算表》的整理工作，在2014年1月7日的清华简第四次成果发布会上，该成果受到学界和媒体的重视。英国《自然》杂志记者对冯立昇进行了采访，关于清华简《算表》的专题报道也在英国《自然》杂志网络版发表（被清华新闻网全文翻译）。中央电视台等多家媒体报道了整理成果。出土文献中心李均明研究员与冯立昇合作撰写了《清华简〈算表〉概述》（《文物》2013年第8期）、《清华简〈算表〉的形制特征与运算方法》（《自然科学史研究》2014年第1期）两篇论文，全面介绍了清华简《算表》整理研究成果。冯立昇在《科学》杂志2015第3期上发表了《清华简〈算表〉的功能及其在数学史上的意义》的论文。2013年7月冯立昇在英国曼彻斯特大学召开的第24届国际科学史大会（ICHSTM 2013）上作了题为“中国早期的算表与算法”的英文报告。2014年8月，又在日本东京召开的国际数学家大会的卫星学术会议上，作了关于《算表》的特邀报告，均受到与会学者的重视和好评。

刘蔷主持的国家社科基金课题“海内外现存清宫天禄琳琅书的调查与研究”，聚焦清朝乾隆皇帝的善本特藏，首次全面深入地对这批中国古代最大的宫廷善本藏书进行研究，完成了海内外六十余家图书馆以及私人藏家手上的存世天禄书的调查，多篇论文发表在《故宫博物院院刊》《文献》《清华大学学报》等核心期刊上。她受到台北故宫博物院的邀请，以利荣森交流访问学人身份，在台北故宫博物院开展了半年的访问研究，并在台湾大学、淡江大学、东吴大学和台北故宫博物院等处举办多场学术演讲，扩大了研究的学术影响。项目于2014年年底完成，通过全国同行专家匿名评审，2015年11月公布了结项结果，被评为优秀。两部研究成果《天禄琳琅研究》（北京大学出版社 2012 年）、《天禄琳琅知见书录》（北京大学出版社 2017 年）出版后，广受学界好评，不仅引起了公众对我国存世珍贵古籍现状的关注，还直接促进了两岸故宫博物院和相关收藏单位在此方面的交流合作。此外，她在 2013 年成功申报了教育部全国高校古籍整理研究工作委员会规划项目“《鸥堂日记》《窳櫎日记》点校整理”，整理清末著名浙东学人日记稿本。刘蔷还参加了国家新闻出版署重大科技攻关项目“中华字库工程·宋元印本文献用字的搜集与整理”项目工作，该项目是被写入《国家“十一五”文化发展纲要》的重大文化项目，为子课题“文献总目调研与编制”的负责人。

2012 年 5 月科古所组织本所研究人员和历史系教师成功申请了清华大学人文社科振兴基金重点研究项目“西汉铜镜研究”（冯立昇担任课题组组长）。课题组于 2012 年 5 月和 10 月分别在我校和郑州召开了有关“汉代铜镜文化”的学术研讨会，交流学术论文 30 余篇。课题负责人王纲怀和冯立昇组织海内外学者编写了《汉铜镜文化》两大册书稿，于 2014 年 3 月由北京大学出版社正式出版。2014 年 4 月，科古所与北大出版社在清华图书馆召开了课题成果发布会，其成果受到与会专家学者的好评。

科古所还成功申请了两项中国科协的老科学家学术成长资料采集工程项目，2012 年冯立昇成功申报了《潘际銮学术成长资料采集》课题，研究对象是我校机械系教授潘际銮院士。在潘际銮院士的配合下，根据项目要求要进行了资料的采集和口述采访，到 2015 年，已完成研究报告和全部资料的采集工作。游战洪 2014 年又成功申报《吕应中学术成长资料采集》，这是科古所第二次主持中国科协的老科学家学术成长资料采集工程项目，课题因故延期，目前已进入收尾工作阶段。

游战洪应邀参加了军事科学院重大课题研究报告《国际战略格局发展趋势及对策思考》撰写工作，担任科技战略格局分报告负责人，完成研究分报告《未来 5～10 年世界科技发展趋势及其对国际战略格局的影响》，课题研究总报告荣获 2013 年军事科学院军事科学优秀成果一等奖。

3. 重要学术会议的组织

“十二五”时期科古所多次组织学术会议，包括先后两次组织召开了“中国科技典籍国际会议”。“中国科技典籍国际会议”是中国科技史领域一个重要系列国际会议，已成为国内外学者开展中国科技典籍学术研究与交流的重要平台，颇具影响力。由科古所和中科院自然科学史研究所及我校科技与社会研究所共同主办、科古所承办的第五届中国科技典籍国际会议（The 5th International Symposium On Ancient Chinese Books and Records of Science and Technology）于 2011 年 9 月 23—25 日在清华大学成功召开。来自国内外 26 家大专院校、研究机构、出版机构的 67 位代表参加了这次会议，其中包括来自日本的 5 位学者、德国的 2 位学者、韩国的 1 位学者和中国香港的 1 位学者。本届会议收到中英文论文 47 篇，共设大会报告 8 场，专题分组报告 37 场。由科古所和纽约市立大学、中科院自然科学史研究所共同主办、纽约市立大学曼哈顿学院与科古所共同承办的第六届中国科技典籍国际会议（The 6th International Symposium on Ancient Chinese Books and Records of Science and Technology）于 2014 年 10 月 2—8 日在美国纽约市立大学曼哈顿学院成功召开。冯立昇代表会议组委会致开幕词，来自中国、美国、日本、韩国的70多位代表参加了这次会议（见图6）。本届会议收到论文60余篇，共设大会报告10多场，专题分组报告40场。

图6 第六届中国科技典籍国际会议合影

2014年4月，科古所组织在清华大学召开了东亚数学典籍研讨会，来自国内和日本的近50位学者参加会议，在数学史界产生了较大影响。同时，科古所与出土文献研究与保护中心共同承办了清华简《算表》研讨会，来自国内和美国、日本的近40位学者参加了会议，对清华简《算表》进行了深入探讨，引起了学术界的关注和重视。

二、“十三五”时期工作总结

“十三五”时期，科古所持续推进馆藏古籍及文物的整理、保护工作与科学研究工作，在古籍整理、科技史和古文献研究方面都取得了新的进展，出版了多种古籍整理著作，发表了大量科技史与古文献研究成果，组织了科技典籍与科技史的国际学术研讨会和专题性学术研讨会，在国内外相关专业领域产生了重要影响。

1. 馆藏古籍文献、文物整理研究与保护工作

“十三五”时期，科古所加大了馆藏古籍文献和文物的整理与保护工作，取得了许多新的重要成果。

从2016年年初开始，我们加快了《江南制造局科技译著集成》的整理工作的进度。先后到上海图书馆、华东师范大学图书馆和中山大学图书馆复制了数种清华馆藏中没有的制造局科技译著版本。2017年，整理完成了科技译著162种，共计30册，交中国科技大学出版社出版。到2018年年初，整套书全部出齐。每种译著都配以详细提要介绍，涉及天文学、数学、物理学、化学、地学、测绘学、气象航海学、医药卫生、农学、矿业冶金、机械工程、工艺制造和军事科技等学科领域，我们在提要中对绝大多数译著的外文底本进行了查找和考证。该书可为科学技术史专业的教学、科研提供比较翔实的中国近代科技史和中外科技交流史的原始资料，具有很高的学术价值。

该书受到学界的好评。武汉大学李明杰教授在《中国古代科技文献整理出版七十年回望（1949—2019）》一文中指出：“2017 年，冯立昇主编的《江南制造局科技译著集成》，影印江南制造局翻译和引进的 162 种科技译著，涉及天文学、数学、物理学、化学、地学、测绘、气象、航海、医药卫生、农学、矿学冶金、机械工程、工艺制造和军事科技，每本译著都撰有提要，颇有价值。”（见《出版科学》2019 年第 5 期，此文为教育部哲学社会科学重大攻关项目“中国古代科技文献整理与研究”成果）。2019 年 9 月，《江南制造局科技译著集成》（见图 7）获评 2017—2018 年度安徽省社会科学成果奖二等奖。

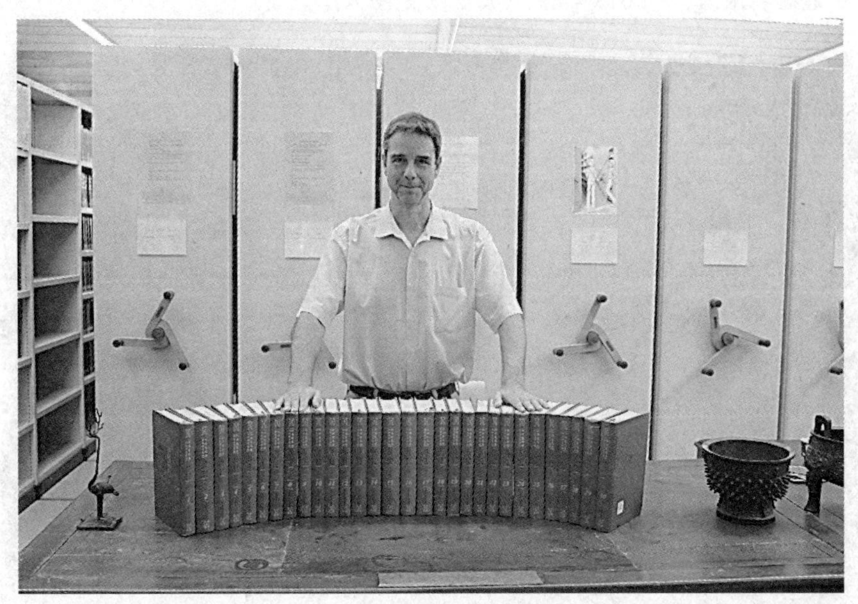

图 7 《江南制造局科技译著集成》2018 年入藏英国剑桥李约瑟研究所图书馆（莫弗特馆长拍照留念）

2019 年 3 月，《清华大学稿抄本日记丛刊》（清华大学图书馆编）由国家图书馆出版社出版。该书选编馆藏十五位作者的十九种稿抄本日记并进行整理。编排主要以日记起始时间先后为排序依据，同时兼顾作者的生卒年，共编成二十四册。十九种日记中，一种为元人所撰《郭云山日记》，其余十八种为清人日记。日记作者包括各界名人要员，他们的日记从不同侧面反映了当时的社会政治、经济、教育、科技和文化的变迁，内容极为丰富，有重要的文献价值。本书获得国家古籍整理出版专项经费的资助，选编与整理工作由冯立昇、王雪迎承担，提要由王雪迎、冯立昇撰写，其中冯立昇撰写了《郭云山日记》《惜分阴轩日记》《皇华劳瘁》（祥麟日记）、《甲午日录》和《澄怀堂日记》五种日记的提要，其余日记提要均由王雪迎撰写。《丛刊》整理过程中，得到了科古所多位同事的帮助。冯立昇还应约在《图书馆研究与工作》杂志上发表了《〈清华大学图书馆稿抄本日记丛刊〉的文献价值》一文，阐述了《丛刊》的特点和价值。在年末该杂志优秀论文评选中，此文被评为 2019 年度“十大优秀论文”。2021 年，《丛刊》荣获全国古籍出版社百佳图书二等奖。

科古所还积极推动《北洋政府职员录集成》整理、出版工作。科古所曾承担的国家清史编纂委员会文献整理类项目《清代缙绅录集成》，其史料价值颇高，出版后受到学界的广泛好评。而《北洋政府职员录集成》汇编整理工作是《清代缙绅录集成》的延续，精选影印馆藏民国北洋政府时期《职员录》及相关人名录 50 余种 200 余册，汇编成书 109 册，2019 年 8 月由大象出版社出版。冯立昇撰写了前言和编辑体例，并对全书内容进行了核对、复查。2020 年 3 月 4 日，《中华读书报》"书评周刊"用整版篇幅刊发《〈职员录〉中的北洋史》一文，《中华读书报》公号同时转发该文，全面介绍了这套书的内容、特点及其文献价值，一些图书馆和研究机构将该书作为民国史研究的重要史料向读者推荐。

与此同时，科古所还积极推进馆藏文物与文献的保护和利用工作，馆藏甲骨文入选第四批国家珍贵古籍名录后，又与国内其他 10 家甲骨文收藏单位联合申报了联合国教科文组织的《世界记忆名录》，于 2017 年申报成功（见图 8）。

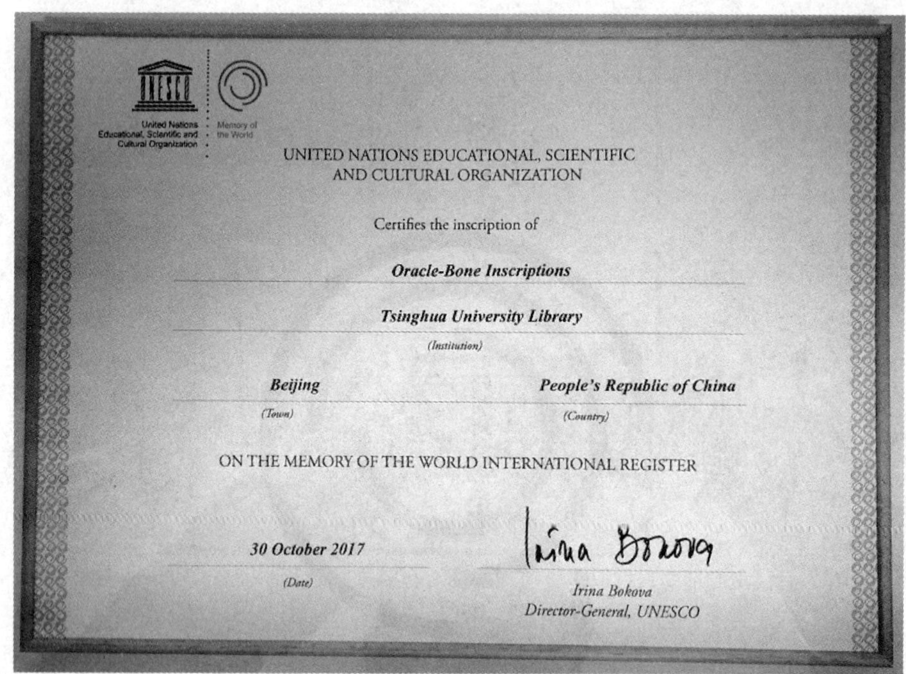

图 8　清华图书馆藏甲骨文入选《世界记忆名录》证书照片

2017 年我们对图书馆藏青铜器进行了整理研究，与基础训练中心合作对其中 6 件代表性青铜器（含商代、西周和战国藏品）进行扫描测绘和 3D 打印建模与复制工作，并在图书馆李文正馆"清华印记"中的体验空间长期展示 3D 打印 1∶1 复制品。此外本所还组织了申报第 5 批和第 6 批国家珍贵古籍名录的工作，同时开展了大量的古籍修复工作，在古籍与文献保护方面取得了突出成绩。

2016 年 3 月—2018 年 3 月，我们对全部馆藏古籍进行了清点工作。清点在架书共 2 万 7000 余种，24 万余册。针对各种零散古籍，汪健君、冀朝鼎、联大等未做函套部分进行清点，这部分残缺问题多，长期积压难度大，对照标注为无书的目录一一清查，终于将记录补全。2018 年 3—4 月，在完成古籍清点工作后，科古所与古籍部全体成员又参加了古籍库的搬家工作。此后，为准备文物库搬家，测量了文物尺寸，定做了新的文物收藏盒。2018 年 7 月顺利完成了文物搬家工作，在当年将文物一一入盒，存入文物保险柜。古籍文物搬到新库后，保管条件大为改善。此后，在 2019—2020 年，科古所又参与了古籍与文物管理制度的制定工作。2020 年还参与馆藏文物的清点、建档、拍照和编目修订工作，完成了《馆藏文物账目图录》，为进一步的保管和整理工作打下了基础。此外，在2020年启动了馆藏古籍目录的修订工作，全面审核修订各条著录内容，对其中有的书名、作者、版本问题较为复杂的著录进行补充、完善，还要辅以入库核对。全年总共修改、调整了约25000条著录、70000 项数据。现在数据核对工作已基本完成，此项工作现已进入收尾阶段，付佳、刘蔷和游战洪承担了具体工作。

2. 科研工作

“十三五”期间，科古所在科技史、古文献研究和古籍整理方面都取得了重要进展，其中科技典籍文献整理与研究成果尤为突出。

除了前面介绍的《江南制造局科技译著集成》，科古所多数成员参加了《中华大典·数学典》的编撰工作，并负责《数学概论分典》的编撰工作，完成共计150余万字的书稿，分为算学的起源与发展、算学的功能、记数法和计算工具、数学教育与考试、数学与度量衡、数术与算学、数学游戏、中外数学交流、中西数学关系与比较9个总部。主要收录了中国古代数学著作的序跋、数学典籍的注疏、二十四史《律历志》《艺文志》及其他文史典籍中对数学的起源、内容、意义和功用以及数学教育与考试、中外交流、数学与其他学科的关系等的著述资料，被《中华大典》审读专家认为是近年来完成的一部高质量的《中华大典》分典著作。在2018年国家出版基金组织的基金资助图书评估中，该书获评基金优秀图书。

2020年，科古所又完成了两项重要的科技典籍文献的整理工作：一是刘蔷对宋人苏颂所撰《新仪象法要》的整理注释工作（由湖南科学技术出版社出版）；二是冯立昇整理编辑的《三上义夫著作集》中的《中国数学史·中国科学史卷》（由日本评论社出版）。

此外，刘蔷完成了国家哲学社会科学基金“海内外现藏清宫天禄琳琅书现状的调查与研究”课题，获准结项，其成果《天禄琳琅知见书录》被鉴定为优秀等级。本书是系统研究考察清宫天禄琳琅藏书存留散佚及其学术价值的专著，共计一百余万字，于2017年4月由北京大学出版社出版。出版后获得学界好评，被认为是“近年来不多见的版本目录学研究力作和古籍整理成果”。付佳完成了对古文献学家赵万里的系列研究工作，编辑出版了《赵万里文存》（2016年江苏人民出版社出版）一部，撰写了五篇学术论文，作为北京市社科基金青年项目成果，对赵万里的生平和学术进行了全面、深入的论述，也对古籍在民国时期的流转、图书馆学者的学术特点、北平图书馆的馆藏特色等相关问题进行了深入探索。此外，她还编著了《杜钢百文存》，2018年由江苏人民出版社出版。

科古所先后承担了多项古文献研究与古籍整理项目。如，2015年刘蔷参加国家社科基金重大课题“四库提要汇辑汇校汇考”项目，是五个子课题之一“四库集部提要汇辑汇校汇考”课题组负责人。2018年刘蔷参加国家社科基金重大课题“北美汉学发展与汉籍收藏的关系研究”项目，是五个子课题之一“哈佛大学汉学研究的特色及成就”课题组负责人。2018年付佳成功申报了全国高校古籍整理研究工作委员会项目“《惜分阴轩日记》点校整理”，目前已完成课题工作。2020年刘蔷成功申报国家社科基金课题“海内外现藏北宋刻本的调查与研究”，她还担任了2020年度国家社科基金重大课题“天理图书馆藏汉籍调查”子课题二“日本天理图书馆所藏汉籍的复制影印与数据库建设”的课题组负责人。冯立昇作为子课题负责人，承担了2020年度国家社科基金重大项目“17—20世纪国外学者研究中国宋元数理科学的历史考察和文献整理”子课题一“亚洲学者研究中国宋元数理科学的历史考察”的工作。冯立昇还主持了2020年度教育部哲学社会科学大课题攻关项目“晚清物理学文献整理与研究”子课题一“晚清物理学编译著作研究”的工作。

在中国科技研究方面，由科古所原所长华觉明和冯立昇主编的《中国三十大发明》一书，是基于长期的科技史学术积累，组织全国30多位科技史及相关领域学者撰写的一部兼具学术性与普及性的著作。该书于2017年出版后获得了读者好评，并受到媒体的广泛关注，产生了重要的社会影响，先后入选2017年度“中国好书”，获第十三届“文津图书奖”（见图9）和科技部2018年全国优秀科普作品奖。2019年入选改革开放“40年中国最具影响力的400本科学科普书”，2020年年初又入选“40年中国最具影响力的40本科学科普书”。中科院院士刘嘉麒研究员和资深科学史专家万辅彬教授等学者先后写了书评，对该书给予了高度评价。2020年，该书的英文版由德国著名的Springer出版社出版。

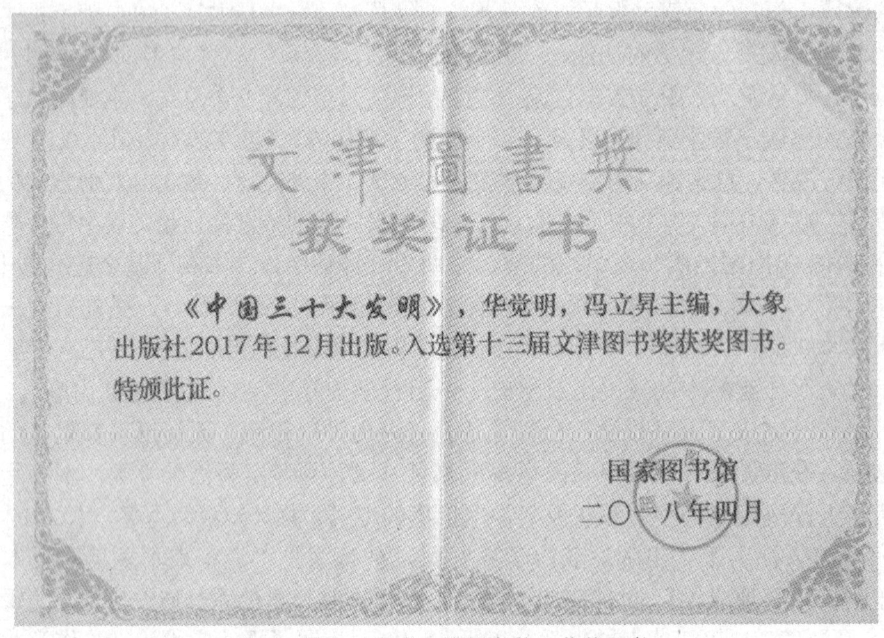

图9 第十三届“文津图书奖”获奖证书

此外，科古所积极推进传统工艺的研究，参与组织传统工艺专家编撰《中国传统工艺集萃》丛书的工作（冯立昇任总主编，现已出版三种），组织编著了《中国手工艺：工具器械》（冯立昇为第一作者），该书于2016年9月由大象出版社出版。

科古所参与策划和编写的《造物的智慧——中国传统器具原理与设计》，是利用三维动画技术，反映中国古代科技成就、探索重新发现我国传统器具精华的电子出版物，冯立昇担任总审定，游战洪是主要撰稿人之一。该出版物为“十三五”国家重点出版项目，2017年先后获第四届中国出版政府奖音像电子网络出版物奖（电子出版物奖）和第六届中华优秀出版物奖（电子出版物奖）等多个奖项。

“十三五”期间，科古所又承担了两项中国科协的老科学家学术成长资料采集工程课题。冯立昇于2016年承担了“温诗铸院士学术成长资料采集”课题，目前已完成全部资料采集和研究报告的撰写工作。邓亮在2018年成功申报“田方增学术成长资料采集”课题，目前已完成全部资料采集和研究报告主体的撰写工作。邓亮自2016年以来还参加中国科学院重大咨询项目《共和国科技史》的工作，担任子课题“共和国科技史·天文学史”的负责人，目前已完成课题全部工作。

科古所在中国技术史与中国科技典籍文献研究方面居于国内领先地位，并在国际学界产生了一定影响。在 2018 年的国际科学史研究院（International Academy of the History of Science，IAHS）新增成员选举（两年以上评选一次）中，冯立昇当选为通讯院士（2019 年 5 月确认）。IAHS 是国际科学史界的最高荣誉机构，成立于 1928 年，总部设在巴黎。该机构由院士和通讯院士组成（现有成员约 400 人），成员为终身荣誉称号（见图 10）。这也意味着科古所的科技史研究工作在国际科学史学界获得了认可。

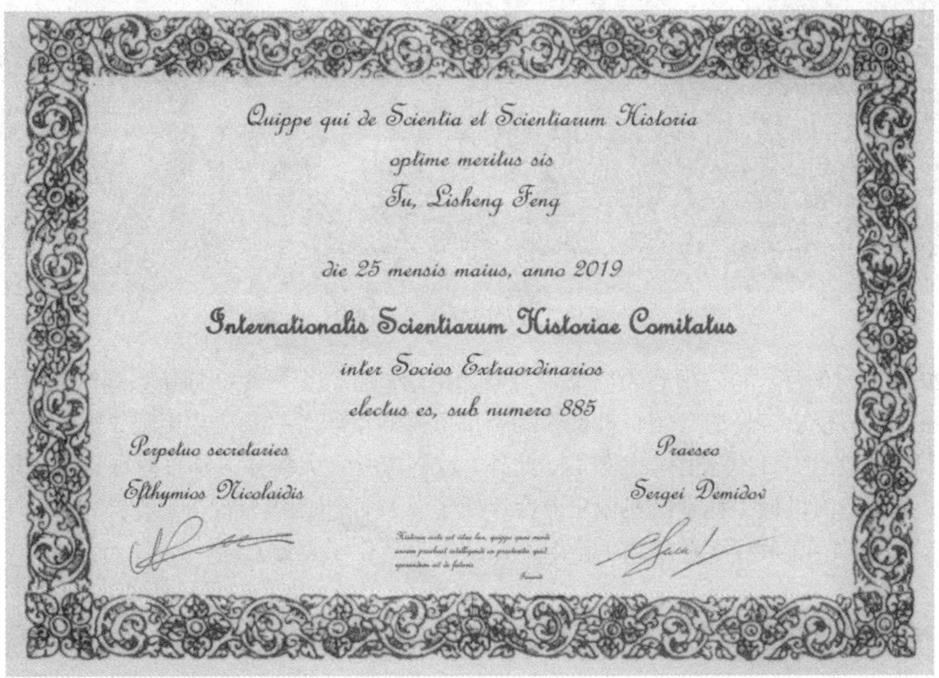

图 10　国际科学史研究院通讯院士证书

3. 学术会议的组织

“十三五”时期，科古所多次组织或参与组织学术会议，扩大了我们在国内外学术界的影响。

科古所与清华大学丘成桐数学科学中心于 2016 年 3 月共同在三亚学术论坛组织了“东亚数学典籍国际学术研讨会”（The Mathematical Texts in East Asia Mathematical History Workshop），来自中国和美国、日本、丹麦、韩国的 30 余位学者参加了会议，会议在国内外都产生了较大影响。冯立昇担任会议组委会主席，并在会议上做了题为“大传统与小传统：中国数学史研究的一个新视角”的主旨报告，邓亮作在会议上宣读了论文，都受到与会学者的好评（见图 11）。

2017 年 6 月，科古所与清华大学科技与社会研究中心共同组织了“中国近现代科学技术社会史学术研讨会”，会议在清华人文社科图书馆报告厅召开，来自国内高校和中科院等研究机构的 30 名学者参加了会议。

图 11 “东亚数学典籍国际学术研讨会”代表合影

2020 年 10 月，科古所代表图书馆参与“纪念刘仙洲诞辰 130 周年系列活动”组织工作，图书馆与校史馆、档案馆、机械学院等单位共同组织了“刘先生诞辰 130 周年纪念大会”，冯立昇在会议上代表图书馆发言。此外，由科古所牵头联合学校教育研究院、校史馆、科学史系和中国机械工程学会机械史分会组织了“刘仙洲工程教育与工程技术史研究学术论坛”，校内外 40 余名学者参加了论坛，在学术界产生了良好影响。

三、今后科研工作的展望

科古所的重点研究方向是中国科技史、科技典籍和古代文献研究，这些方向体现了我们的综合优势，具有鲜明的特色。图书馆所藏有 23 万余册的古籍文献和 4000 余件文物，这是本所开展中国科技史和古文献研究的基础。我们确立的研究方向具有科技史和古籍文献资源结合的优势，和我校人文学院校的科技史与文史学科也有优势互补的作用。科古所在“十四五”时期将继续推进和深化这些方向的研究工作。

1. 进一步开展中国科技史与科技典籍的研究，推进所承担的教育部哲学社会科学重大课题子课题“晚清物理学编译著作研究”的工作，完成“晚清物理学编译著作研究”系列论文和报告。推进本所承担的国家社科基金重大项目子课题“亚洲学者研究中国宋元数理科学的历史考察”的研究工作，完成相关研究系列论文和报告。整理编撰《中国珠算典籍汇编》(冯立昇主持)，该书已入选“十四五”国家重点图书出版规划。完成本所承担的《中华文化百部经典》之《畴人传》一书的整理与编撰工作。

2. 深化古籍目录与文献学的研究。如从版本学的角度对北宋刻本进行深入、系统的研究，完成所承担的国家社科基金课题“海内外现存北宋刻本的调查与研究”。开展海外汉籍的深入调查研究，推进所承担的国家社科基金重大项目子课题“日本天理图书馆所藏汉籍的复制影印与数据库建设”的工作。完成《天禄琳琅书目校正》（刘蔷承担）的撰写工作，该书已入选国家“十四五”重点图书出版规划。

3. 推进对馆藏甲骨文进行整理研究，完成科古所承担的“古文字与中华文明传承发展工程”项目“清华藏甲骨整理”的工作。在近两年编著《清华大学图书馆藏甲骨选萃》一书，选择近百余片馆藏精品甲骨，详加著录、拍照，收入照片、拓片及释文，揭示其文献和学术价值。最后编著《清华大学图书馆藏甲骨》一书，按照李学勤先生提出的甲骨分期、分类原则，全面、细致整理清华甲骨，完整揭示清华甲骨的整体面貌。同时开展馆藏甲骨的数字化加工工作，获得图像和释文、著录信息等多种数据，制定馆藏甲骨元数据规范与著录规则，建成清华大学图书馆藏甲骨数据库。

4. 对馆藏古籍目录进行全面修订、完善。将修改后的目录纳入国家古籍普查系统中，将未经著录的古籍进行整理、编目，争取将完整的馆藏目录以纸质著作方式出版。

5. 推进清华科技史的研究。近年来，科古所的研究方向已延伸到近现代科技史，相继参与和完成了一批现代与当代科技史的研究课题，研究工作较多集中于清华科技史的研究。今后将进一步推进相关工作，完成《刘仙洲工程教育与发明史文集》的编辑出版和目前承担的机械系系史、精仪系系史的编撰工作。

“十四五”时期，我们计划与国内外研究机构共同主办第七届中国科技典籍国际会议，推动中国科技典籍研究领域的国际合作研究。进一步深化科技史和古文献研究工作，发表一批高水平的研究论文。努力实现将科古所建成国际上有影响、国内领先的中国科学技术史与古代典籍研究中心的目标。

开拓与传承：刘仙洲与清华大学的机械史研究*

冯立昇

摘　要：刘仙洲（1890—1975）是中国机械史学科的主要奠基人。文章从学术史角度对刘仙洲在清华大学开拓中国机械史的研究工作和推动机械史学科发展的贡献进行了较为全面的梳理和考察。内容包括他早期对中国机械史研究的开拓工作、新中国成立后对中国机械史的系统整理与研究、他的治学方法及其特色和他的学术工作的传承与影响。

中国机械工程技术史的现代研究发端于20世纪二三十年代，两位清华大学的学者张荫麟、刘仙洲和国家博物馆的王振铎先生是中国机械史早期研究的主要开拓者。张荫麟早在20世纪20年代就开始涉猎中国古代机械史的某些专题研究。刘仙洲的研究工作虽起步稍晚于张荫麟，但从20世纪30年代初期起，其便长期致力于中国机械史的发掘整理与系统研究，成为这一研究领域最重要的奠基人。

1　早期的开拓工作

刘仙洲，原名鹤，又名振华，字仙舟（见图1）。1890年1月27日出生在河北完县唐行店村一个农民家庭，8年的私塾学习使他打下了良好的古文基础。1907年，他考入保定崇实中学，后在保定育德中学学习并毕业。1913年春，考入北京大学预科。次年夏考入香港大学

图1　刘仙洲（20世纪30年代在清华大学期间）

* 基金项目：清华大学自主科研计划课题“中国近现代科学技术的社会史研究”，项目编号：2012Z0116。

工学院机械工程系，1918 年夏毕业并获得香港大学工程科学学士学位，经伦敦大学审查被评为“头等荣誉”（First Class Honours）。从香港大学毕业后，刘仙洲返回母校育德中学，在留法勤工俭学高等工艺预备班任机械学教员。1921—1924 年任河北大学物理教员、农业机械讲师。1924—1928 年，任北洋大学教授、校长，1928—1931 年任东北大学教授、机械系主任等职，1932 年，受聘清华大学机械工程学系教授，成为我国著名的机械工程学家和工程教育家[1]。

早在 20 世纪二三十年代，刘仙洲就开始关注中国机械工程学科的本土化和学术独立发展问题。当时在中国工程教育多直接采用欧美等国的原版教材，教科书普遍采用欧美等国的工程规范、数据，存在明显脱离中国工业实际的情况，特别是对工程教育普及和学术自主发展有不利影响。刘仙洲是从历史的高度上认识这一问题的。他指出：

> 西洋工程学术输入吾国，可略分为三期。第一期明末万历、天启年间。第二期在前清同治及光绪初年。第三期则自清光绪二十一年以后，北洋、南洋、京师、山西等各大学之相继设立工科以迄于今。第一期除少数有远识之士，一般人实不知加以重视。故彼时用中文译著工程书籍者，除王徵之《远西奇器图说》、李之藻之《测量全义》、熊三拔之《泰西水法》，及焦勖《火攻挈要》外，实不多睹。第二期，适当太平天国之后，外患日急，有识之士，多懔于西人之船坚炮利，而倡中学为体西学为用之论。故对于工程学术，急谋输入。并由江南制造局锓版印行，以广流传。……由公家从事提倡而为有计划之译书事业，盖以此时为最盛，惜后未能继耳。在第三期，设工科于大学之中，不可谓不重视工程学术，唯创办之初，因人才缺乏，为教授者，多为延聘西人，故课本亦遂采用原本文。……吾国自办学校采用新式教育以来，虽已有四十年之历史，而用中文编译之工程之书籍。反远不及第二期为多，本国人教授本国人以实用学术，恒用外文课本，且有时更用外国语讲解焉。长此不易，则吾国工程学术，恐永无独立之期，其间影响于工程学术之普及者，尤为重大也。[2:1-2]

他认为：“大学中之工程教育，不仅有每年造就若干工科毕业生之责任，同时对于全国中等工程教育及一般从事工业爱好工程学术之人，亦负有一种领导与供给参考资料之责任。”[3:983]为此，他主张用本国文字编写工程教科书和著述，不遗余力地推动工程学术的本土化和学术的自主发展，并一直“居恒以此为念，授课之余，每从事编译，成就甚微，然各种工科课程应各有相当之中文课本以渐达于能用本国文字教授工程学术之主张，则始终未变”。[2:2]多年来，他在多所大学始终坚持用汉语授课，且倾注了极大的精力编写中文机械工程教科书和读物。他编写的《机械学》（1921）、《蒸汽机》（1926）、《内燃机》（1930）、《机械原理》（1935）、《热工学》（1948）等十几种中文教科书，多次再版，被国内工科大学和中等专业学校广泛采用，为发展我国机械工程教育事业做出了不可磨灭的贡献。

到清华大学执教后，他结合工程教育与教学，从事古代机械工程史研究。他努力发掘古代的科技文化遗产，并在工程教育与研究中加以应用。1933 年 5 月他在《清华周刊》上发表了《中国旧工程书籍述略（以民国以前线装书为限）》一文[3:98-100]，对民国前中国的工程技术书籍进行了梳理，整理出了较为详细的书目提要。鉴于当时中文工程著述极其匮乏的情况，他指出当时的工程教育亟须开展三个方面的研究：（1）整理旧工程书籍；（2）从速编订工程名词；（3）有计划编译新工程书籍和编辑刊行工程刊物，而史料整理是其最基础的工作。此时刘仙洲受中国工程师学会编译工程名词委员会的委托正在进行《英汉对照机械工程名词》的编订工作，他查阅明朝以来涉及工程的书籍，抄录各种名称卡片上万张。与此同时，他也开始分门别类地整理机械史料，进而开展了机械史的专题研究工作，先后发表了多篇有关论著、论文：

（1）《中国机械工程史料》，《清华大学土木工程会刊》，1935 年；

（2）《三百年前中国第一位机械工程学家王端节传略》，《清华机工月刊》，1937 年第 1 卷第 7、8 期合刊；

（3）《王徵与我国第一部机械工程学（附图）》，《新工程》，1940 年第 3 期；

（4）《中国在热机历史上的地位》，《东方杂志》，1943 年第 39 卷第 18 期；

（5）《王徵与我国第一部机械工程学》，《真理杂志》，1944 年第 1 卷第 2 期；

（6）《三十年来之中国机械工程》，收入中国工程师学会主编《三十年来之中国工程》一书，1946 年；

（7）《续得中国机械工程史料十二则》，《工程学报》，1948 年第 3 卷第 12 期。

上述著述中，1935 年出版的《中国机械工程史料》（约 6 万字）是刘仙洲先生早期最重要的开拓性成果。该书首次依据现代机械工程分类方法整理了中国古代机械工程的史料，包括绪论、普通用具、车、船、农业机械、灌溉机械、纺织机械、兵工、燃料、计时器、雕版印刷、杂项、西洋输入之机械学 13 章，分别考述各项机械的发明人、古代机械的构造与记载，并附有许多插图，初步勾勒出了中国古代机械工程的基本轮廓。而深入的专题研究，是从研究明代机械工程人物王徵开始的。1937 年 6 月，他在《清华机工月刊》上发表了王徵传略。接着又在 1937 年 7 月完成了《王徵与我国第一部机械工程学》一文，这是他完成于清华大学的第一篇重要机械史专题学术论文，原计划在当年预定于太原举行的中国工程师学会年会上宣读并在中国机械工程学会的刊物上发表，但“因抗战事起，年会停开”，他也随学校南迁而南下任教，论文未能及时发表。该文内容包括：（1）引言；（2）传略；（3）不合理的记载；（4）译《奇器图说》的动机及其经过；（5）当时一部分士大夫接受西洋科学的精神；（6）当时在中国的传教士与西洋学者的关系；（7）所译《奇器图说》的内容；（8）所著《诸器图说》的内容；（9）译《奇器图说》；（10）《诸器图说》的版本和结论 10 个部分，并另附插图 8 幅，对王徵和他的机械工程翻译与研究工作进行了全面深入的探讨。直到 1940 年，刘仙洲在西南联大机械工程学系任教期间，才将这篇重要论文在学术期刊上正式发表[4]。1943 年，主持《真理杂志》的方豪先生决定在第二年王徵逝世 300 周年时出版纪念特辑，并希望收录此文。因此，刘仙洲又对原稿稍加删改和补充，交由《真理杂志》发表。在西南联大期间，刘仙洲一直坚持用自己编写的《机械原理》等中文教科书授课，在完成繁重的教学任务的前提下仍开展机械史的研究，除对王徵及其著作研究外，他还发表了《中国在热机历史上的地位》一文，也是机械史专题研究的重要成果，在学术界产生了较大影响。在联大期间，他还搜集到重要机械史料 10 余则，不幸在复员回迁时遗失。《续得中国机械工程史料十二则》是 1948 年上半年重新搜集后对《中国机械工程史料》的重要补充。其文献涉及《古今注》、唐封演《封氏闻见记》、唐张鷟《朝野佥载》、宋苏颂《新仪象法要》、清初刘献廷《广阳杂记》等，其内容包括指南车、记里车、自雨亭、木人自动、木人自语、木獭捕鱼、木人行觞、十二辰车、水力浑天仪、自鸣钟、机弩、气阻力等。[5]这些工作为此后开展更为系统和深入的研究工作打下了基础。

2 新中国成立后对中国机械史的系统整理与研究

新中国成立后，刘仙洲担任过清华大学院系调整筹委会主任、第二副校长、副校长、第一副校长、国家科委技术科学学科组副组长、国务院科学规划委员会机械组副组长等多种学术任职，1955 年被选聘为中国科学院学部委员和中国科学院中国自然科学史研究委员会委员、中国古代自然科学及技术史编辑委员会委员。

1952 年，刘仙洲向教育部提议在清华大学成立“中国各种工程发明史编纂委员会”，当年 10 月获得批准，这一机构不久改为“中国工程发明史编辑委员会”[6]。刘仙洲随即在清华大学图书馆组织专人着力搜集和整理资料，开始“邀请数位专门帮助搜集资料的人员，共同检阅古书。后来中国科学院又支援了一位专人，在城内的北京图书馆和科学院图书馆阅书”[7]。中国工程发明史编辑委员会办公地点设在图书馆，直接隶属于学校，由刘仙洲直接领导，其主要工作是进行中国工程技术史料的搜集、抄录和整理研究。起初的资料搜集工作主要集中在机械工程、水利工程、化学工程、建筑工程四个方面，后进一步扩大范围，扩展为一般机械、机械制造工艺、农业机械、纺织机械、天文仪器、交通工具、兵工、化工、手工艺、河防水利、建筑、地质矿产及杂项共 13 大类。查阅范围遍及丛书、类书、文集、笔记、小说、方志等多种古籍。该委员会建立后对中国机械史乃至工程技术史的研究起到了重要的推进作用。他亲自指导有关教师与图书馆员开展机械史料的搜集、整理工作，并一起进行抄录资料卡片的工作。先后参加史料搜集整理工作的有常审言、刘剑青、赵濯民、郭梦武、耿捷忱、李素娴、徐萱铃等。他们都有较好的古文基础，或从事过文字抄录工作，受清华大学聘请专门进行资料搜集整理工作。如 1953 年调转中国工程发明史编辑委员会工作的耿捷忱，少时读过私塾，“七七事变”前在燕京大学引得编辑处任书记，新中国成立后在清华大学历史系近代史研究室工作；由刘仙洲先生介绍来的郭梦武，曾任北京大同民报社校对、天津永兴洋纸行董事会书记等职。赵濯民主要在北京图书馆和科学院图书馆进行整理工作，他是刘仙洲在育德中学读书时的同学。他们在清华大学图书馆、北京图书馆（现国家图书馆）和中国科学院图书馆等藏书单位查阅典籍文献，使用统一格式印制的资料卡片（见图 2）抄录有关的工程技术史资料，使整理工作得以顺利推进。到 1961 年时，他们已查阅了 9000 余种古籍。

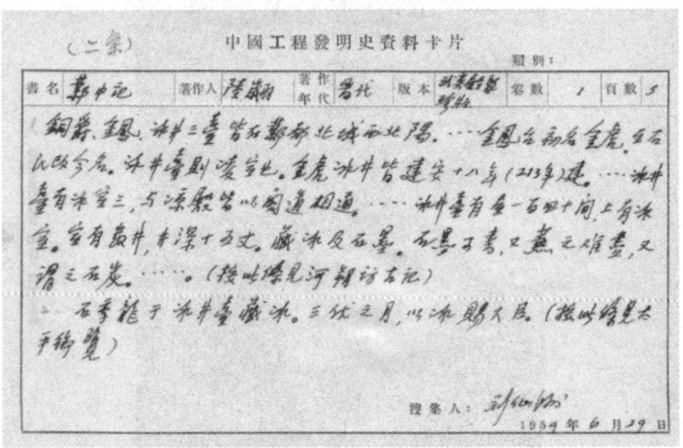
（二条）　中國工程發明史資料卡片

類別：

書名 鄴中記　著作人 陸翽　著作年代 晋　版本 [illegible]　卷數 1　頁數 5

（铜爵、金凤、冰井三台皆在邺都北城西北隅。……金凤台初名金虎，至石氏改今名。冰井台则凌室也。金虎、冰井皆建安十八年（213年）建。……冰井台有冰室三，与凉殿皆以阁道相通。……冰井台有屋一百四十间，上有冰室，室有数井，井深十五丈，藏冰及石墨。石墨可书，又燃之难尽，又谓之石炭。……。（按此条见河朔访古记）

二、石季龙于冰井台藏冰。三伏之月，以冰赐大臣。（按此条见太平御览）

搜集人：刘仙洲
1959 年 6 月 29 日

图 2　刘仙洲先生 20 世纪 50 年末抄录的工程史资料卡片

抄录的资料卡片存放在清华大学图书馆，供校内外专家学者使用和参考，对当时机械史整理研究有重要的作用。在清华大学科技史暨古文献研究所藏一资料卡片袋上写有一段文字：“中国科学院自然科学史研究室（自然科学史研究所前身）研究生王安才借去资料卡片式百份，兹收回。”（见图 3）这是当年的借阅记录，说明这些资料卡片当时也为校外研究者所利用。另有一纸条上记有“周世德同志送来资料三十份”（见图 4）。周世德是中国科学院自然科学史研究室的造船史专家，这三十份资料是他借阅后还回给中国工程发明史编辑委员会的资料，还是他将自己搜集到的工程史资料赠送给了编辑委员会，现无法确定。周世德与刘仙洲当时有较多联系，不排除他给刘仙洲先生提供过资料。

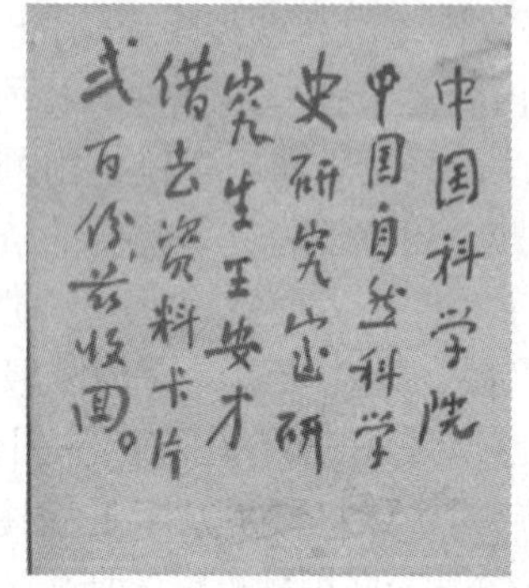

中国科学院中国自然科学史研究室研究生王安才借去资料卡片式百份兹收回。

图 3　机械史资料卡片借阅记录

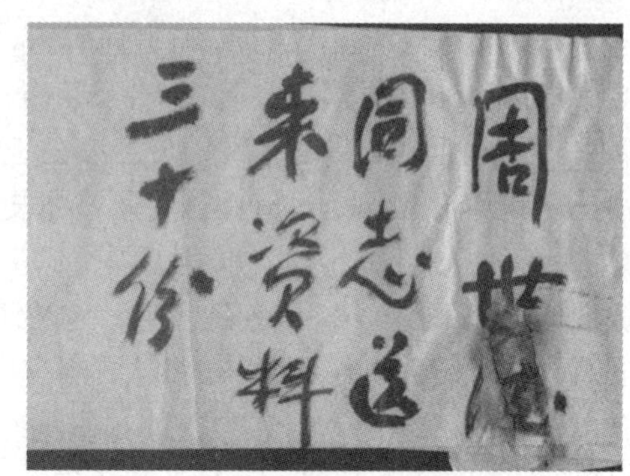

周世德同志送来资料三十份

图 4　接受周世德先生资料记录

刘仙洲非常重视原始资料的搜集，他还经常光顾北京的古旧书店，搜集涉及机械的古籍。他日积月累，收藏了近万册线装书（见图 5），其中 8000 多册捐赠给了清华大学图书馆。在搜集文献资料的同时，他也十分关注考古发掘成果，努力搜集与机械相关的文物资料，并得到中国历史博物馆和太原、西安、洛阳、上海等地博物馆的帮助和支持，获得相关文物照片和拓片等资料。在主持汇集中国工程史料工作的同时，刘仙洲依据文献史料和最新考古成果，开展了一系列的机械史专题研究工作，在许多问题上得出了自己的结论，

图 5　刘仙洲先生在书房读古籍（1957 年 3 月）

发表了多篇学术论文。在此基础上，完成了中国机械史研究的奠基之作《中国机械工程发明史》（第一编）。该书的初稿完成于 1961 年 4 月，全书正文 127 页，当年 10 月由清华大学印刷厂铅印并精装发行（见图 6）。不久刘仙洲将该书提交到中国机械工程学会 1961 年的年会上，供同行参考并征求意见。

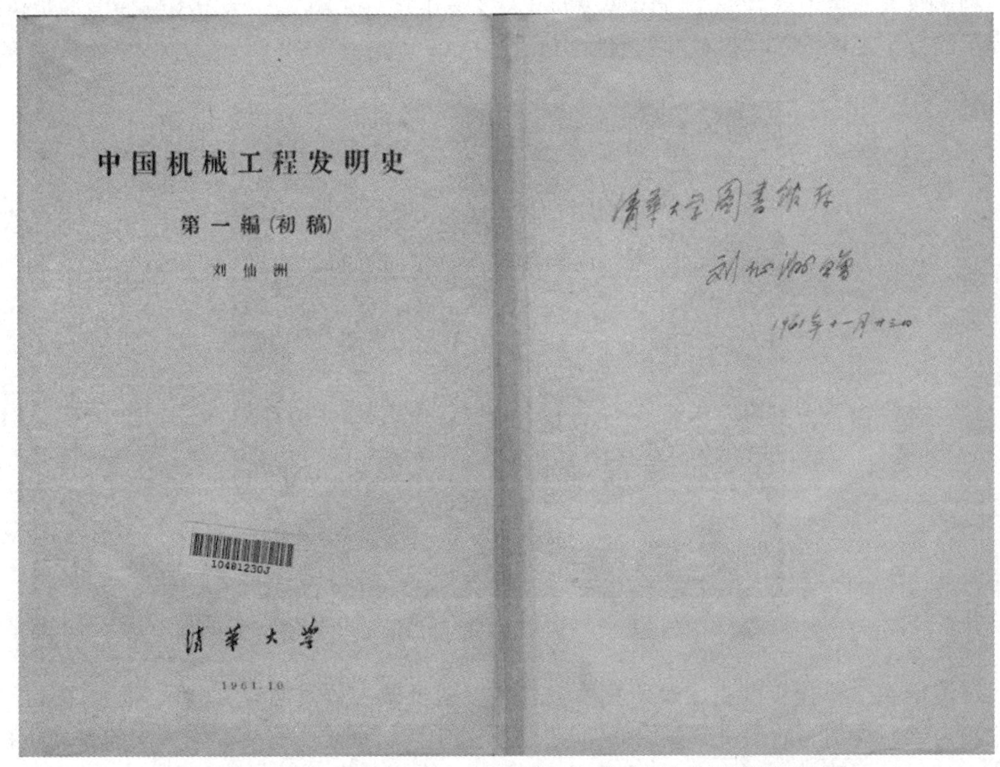

图 6 《中国机械工程发明史》（第一编）初稿内封与刘仙洲赠书签名

刘仙洲在序言中强调："詹希元五轮沙漏里边所用的四对齿轮的排列法曾根据自然科学史研究室钱宝琮同志的意见加以改正。……又在重要发明里，有十几种已由中国历史博物馆把它们复原出来，则多赖该馆领导人的大力支持和王振铎同志及几位技术工人同志的努力。"[7:VI]《中国机械工程发明史》（第一编）初稿修改后，于 1962 年 5 月由科学出版社正式出版，同时印刷了 16 开的精装本和平装本。比较初稿和正式出版本，可以发现书的内容有所删改和补充，插图有较多调整和替换。正式本增加了 5 页的结束语，讲述了刘仙洲对科学技术史与发明的一些规律性问题的认识，还讨论了社会制度对科技发展的影响。正式本的自序较初稿自序多了如下内容："一部分出土的古代齿轮范、古代齿轮和汉墓壁画的照片系沈阳东北工学院刘致信同志及太原、西安、上海等地博物馆供给。初稿写成以后，曾蒙严敦杰及席泽宗同志等校阅一遍，并提出十多处应当改正之处，我已尽量加以改正。"[8:IV]

《中国机械工程发明史》（第一编）是第一部较为系统的中国古代机械史的著作，论述了中国古代的主要机械发明成就，从机械原理和原动力的角度出发梳理了中国古代机械工程技术发展的脉络。他在该书绪论中指出："根据现有的科学技术科学知识，实事求是地，依据充分的证据，把我国历代劳动人民的发明创造分别的整理出来，有就是有，没有就是没有。早就是早，晚就是晚。主要依据过去几千年可靠的记载和最近几十年来，尤其是解放以后十多年来在考古发掘方面的成就，极客观地叙述出来。”[8:1]这部著作中的《中国在原动力方面的发明》一章，很快被译成英文在美国出版的《中国工程热物理》（*Engineering Thermophysics in China*）第1卷第1期上发表。[1:215]

刘仙洲在编撰《中国机械工程发明史》（第一编）过程中，同时还指导研究生和中国历史博物馆研究人员一起开展了古代重要机械的复原工作（见图7）。书中多幅插图都是按照他提出的方案复原的古代机械和仪器模型照片。

图7 刘仙洲在中国历史博物馆指导研究生进行指南车复原研究（1961年）

在清华大学科技史暨古文献研究所藏有《中国机械工程发明史》（第一编）部分原始照片和为该书绘制的插图及少量原稿，这些资料是中国机械史学科史和学术史的重要资料。图8为刘仙洲复原的一行、梁令瓒发明的水力天文仪器实物照片的正反两面，反面所标图号为“图122”，在1961年版初稿中该照片为图123，但在1962年版正式版中，该照片则为图121，说明图片进行过调整。图9为清华大学科技史暨古文献研究所藏的詹希元五轮沙漏复原推想图（印制在薄纸上）。该图与《中国机械工程发明史》（第一编）两个版本中

图8 一行、梁令瓒水力天文仪器复原物照片

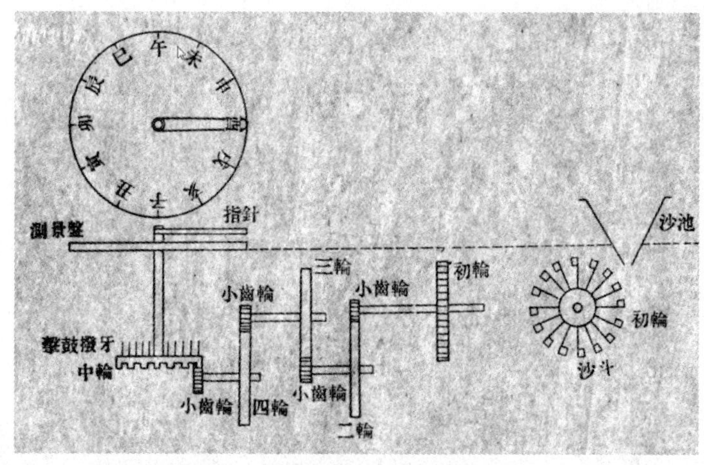

图 9　詹希元五轮沙漏复原推想图

的五轮沙漏推想图中的四对齿轮的排列法不同，却与 1956 年发表的《中国在计时器方面的发明》一文中给出五轮沙漏复原推想图相同，表明刘仙洲在该书初稿中已根据钱宝琮建议进行了修改。

刘仙洲自幼生活在农村，对中国传统农具和农业机械情有独钟，早在 20 世纪 20 年代他就设计过水车和玉米脱粒机。他反对盲目照搬外国的大型农业机械，主张从我国农村具体情况出发，改良传统农业机械，使其符合机械学原理，从而实现古为今用。他一直关注我国农业机械的发展，中国农业机械史自然也是他研究的重点方向。1963 年他撰写的《中国古代农业机械发明史》问世，该书包括引言、第一章整地机械、第二章播种机械、第三章中耕除草机械、第四章灌溉机械、第五章收获及脱粒机械、第六章加工机械、第七章农村交通运输机械和结语部分，是第一部全面论述中国古代农业机械成果及其发展的著作。该书出版后，引起日本学术界的高度重视。著名农史专家天野元之助在《东洋学报》上发表了以“中国农具的发达——读刘仙洲《中国古代农业机械发明史》”为题的文章，对该书内容详加介绍和评论。[9]

上述两部著作在国内外长期被科技史和相关领域学者反复引用，成为研究中国机械史的奠基之作。在这两部书出版前后的十多年里，刘仙洲先后发表了一系列专题研究论文，反映了他的研究工作不断扩大和深化的过程：

（1）《中国在原动力方面的发明》，《机械工程学报》，1953 年第 1 卷第 1 期；

（2）《中国在传动机方面的发明》，《机械工程学报》，1954 年第 2 卷第 1 期；

（3）《中国在计时器方面的发明》，《天文学报》，1956 年第 4 卷第 2 期（1956 年 9 月在意大利召开的第 8 届国际科学史会议上宣读）；

（4）《介绍〈天工开物〉》，《新华》半月刊，1956 年第 10 期；

（5）《王徵与我国第一部机械工程学》（修订版），《机械工程学报》，1958 年第 6 卷第 3 期；

（6）《中国古代对于齿轮系的高度应用》（与王旭蕴合作），《清华大学学报》，1959 年第 6 卷第 4 期；

（7）《中国古代在简单机械和弹力、惯力、重力以及用滚动摩擦代替滑动摩擦等方面的发明》，《清华大学学报》，1960 年第 7 卷第 2 期；

（8）《中国古代在农业机械方面的发明》，《农业机械学报》，1962 年第 5 卷第 1、2 期连载；

（9）《我国独轮车的创始时期应上推到西汉晚年》，《文物》，1964 年第 6 期；

（10）《关于我国古代农业机械发明史的几项新资料》，《农业机械学报》，1964 年第 7 卷第 3 期。

其中许多专题研究成果，在学术界产生了影响。如《中国在计时器方面的发明》一文，1956 年 9 月在意大利召开的第 8 届国际科学史会议（见图 10）上宣读。他在文中提出，东汉张衡的水力天文仪器中，已采用水力驱动和齿轮系，并有机械日历。这些观点受到与会西方学者的高度重视，英国著名科技史家李约瑟当即接受了他的结论，改变了学术界的认识。

图 10 参加第 8 届国际科学史会议部分中外学者合影
（左 2 为刘仙洲，左 3 为李约瑟，左 4 为李俨）

此后他进一步对张衡的水力浑象进行了复原研究。1959 年在《机械工程学报》上发表的《中国古代对于齿轮系的高度应用》，提出了张衡浑象的齿轮和凸轮传动机构复原模型。

1966 年由于遭遇“文革”，刘仙洲与清华大学的机械史整理研究工作被迫中断。一段时间之后，中国工程发明史编辑委员会的工作得到部分恢复。编辑委员会的成员在动乱时期仍尽可能坚持工作，到 1969 年年底，中国工程发明史编辑委员会共查阅古籍 21100 余种。截至 1971 年年底，共抄录资料卡片 12554 条，抄本 3929 件。刘仙洲也重新开始了机械史研究工作。“文革”后期他发表了两篇机械史的论文，其中后一篇是他根据新的资料修订后重发的论文：

（1）《我国古代慢炮、地雷和水雷自动发火装置的发明》，《文物》，1973 年第 11 期；

（2）《我国古代在计时器方面的发明》，《清华北大理工学报》，1975 年第 2 卷第 2 期。

1973 年他曾帮助天津市文物管理处鉴定天津西郊出土的元代农具。1973 年 5 月 15 日，天津市文物管理处专门写信给刘仙洲表示感谢（信函原件保存在清华大学科技史暨古文献研究所）。1970 年，在刘仙洲 80 岁生日那天，他工工整整写下《我今后的工作计划》，并拟出《中国机械工程发明史》第二编共十章的写作提纲。此后文献资料逐渐齐备，他撰写了少部分初稿，可惜因客观情况和疾病，未能如愿完成。

3 刘仙洲的治学方法及其特色

刘仙洲先生研究中国机械工程发明史，治学严谨，一丝不苟，锲而不舍。他的研究方法与特点可概括为以下几个方面：

（1）广查古籍文献，发掘一手资料，对古文献资料进行甄别和考证。

（2）科学分类，归纳整理。按照近代机械工程的体系、分类方法和研究方法，归纳、分析和研究中国古代各类机械工程发明。例如，他在《中国机械工程发明史》（第一编）中，先从一般机械的定义和分类入手，然后按照简单机械、弹力、惯力、重力和摩擦力、原动力与传动机五个方面展开论述。《中国古代农业机械发明史》的编撰体系，则是将我国古代农具和农业机械分为整地机械、播种机械、中耕除草机械、灌溉机械、收获及脱粒机械、加工机械和农村交通运输机械七大类，将我国古代丰富多彩的农用工具和机械分门别类地纳入机械工程体系中。

（3）注重文物考古资料，把古文献资料和考古出土实物结合起来开展研究，以揭示古代机械工程发明的真实历史和发展规律。他密切关注考古新发现，有时还亲临现场考察，研究出土文物。如果看不到实物，便向各博物馆索要图片和拓片，与古文献资料珍藏在一起。

（4）通过古文献记载和出土文物的分析，结合科学实验，开展古代机械的复原。如他提出了张衡浑象和指南车等古代仪器与机械的复原模型，又与中国历史博物馆王振铎先生合作，将它们复制成能运转的木制模型，在历史博物馆展出。

（5）关注留存下来的传统机械的研究，通过对传统机械实物的考察，分析古代机械的结构原理，以多重证据还原历史；由今见昔，察今知古。如为了更好地解释“耦耕”方法，他不仅依据文献加以论证，还关注对流传下来的传统农具的考察，通过调查山西潞安地区使用镏犁情况，他纠正了自己在《中国古代农业机械发明史》中关于镏犁的说法，并认为潞安镏犁有助于说明从“耒耜耕”到“犁耕”的演变过程。[10]

（6）注重古为今用。机械史的研究成果在机械工程名词统一和自编机械工程教科书工作中发挥了重要作用，并对机械工程教育产生了深远的影响。他修订的《英汉机械工程名词》，在确定术语、译名和编写中文机械工程教科书时都很好地吸收了机械史的成果，其中翻译的“熵”“焓”等名词非常贴切。

刘仙洲认为当时有三种现象需要通过实事求是的科技史研究来纠正：一是西方科学技术史学者只知道中国有造纸、印刷、罗盘、火药四大发明，此外似乎就没有其他重要的发明了；二是自 1840 年鸦片战争后，中国有一部分知识分子过于自卑，认为中国在各种科学技术的发明上都不如西方，甚至认为什么也没有；三是另一部分读书人妄自尊大，认为中国什么都有，“在古书里找到同西洋某种科学技术影似的一两句话，就加以穿凿附会，说这些东西我国早已发明过”[8:129]。

刘仙洲先生对机械史的外史问题也有所关注。他在《中国机械工程发明史》（第一编）结束语中指出：“大体上在十四世纪以前，中国的发明创造不但在数量上比较多，而且在时间上多数也比较早。但是在十四世纪以后，除火箭一种仍有显著的发展以外，一般的我们都逐渐落后于西洋。这种现象的基本原因是和社会制度有关。”他认为，西方资本主义社会科学技术与商品生产互为因果，互相推进，而中国封建社会的统治者对于科学技术的发明创造一向不够重视，八股文取士的制度使绝大多数知识分子对科学技术的发展不热心。

4 学术研究的传承与进一步拓展

1975 年，刘仙洲先生去世，“中国工程发明史编辑委员会”撤销，相关工作又陷入停顿状态。但多年来搜集的数万条珍贵史料保留了下来，它们可成为研究者开展相关学术研究的重要材料，具有很高的学术史料价值。因此，学校考虑继续开展相关资料整理与研究工作。“文革”之后的 1980 年，经清华大学校长工作会议批准，在图书馆成立科技史研究组，继续从事中国工程发明史料的整理和研究工作，对已搜集的资料进行增删，按专题编辑《中国科技史料选编》多个分册。

1991 年，图书馆科技史研究组（科技史暨古文献研究所前身）向学校科技处申请“中国古代机械工程发明史研究”课题，获准立项，目标是完成刘仙洲先生未竟的事业，编写《中国机械工程发明史》第二编和《中国古代农业机械发明史》补编。1993 年正式成立科技史暨古文献研究所，为进一步开展相关工作提供了保障。正是继承和发扬了刘先生研究机械史的优良传统，机械史研究在清华又有了长足的发展。首先完成的是张春辉所著《中国古代农业机械工程发明史》补编，全书 20 万字，插图 232 幅，1998 年由清华大学出版社正式出版。补编与刘仙洲先生的《中国古代农业机械发明史》一脉相承，继承和发扬了刘先生研究机械工程发明史的优良传统，并在学术上又有新的发展，主要表现在两个方面：一是在刘先生研究的基础上补充了 20 世纪 60—90 年代近 30 年的考古材料，运用大量文献资料，严格按照历史发展顺序，论述自上古至清中叶我国古代农具、农机具、农业机械发明和发展的历史，并结合社会背景和技术背景，正确评价各种农具和机械的作用，资料更加丰富，证据可靠，立论公允；二是吸收了中国农业机械史研究的最新成果，反映了农机史研究的新水平，并有独到的学术见解。《中国机械工程发明史》（第二编）更是直接继承了刘仙洲先生的学术思想和编史工作，同时也有所变通和发展。从刘仙洲先生生前所拟研究计划的十章目录中选取七章，重新研究撰写。课题组成员不断变动，早期研究工作时断时续，进展很不顺利。直到多年后才陆续确定最终撰稿人，编纂工作开始进入正轨。最终的撰稿分工是：科技史暨古文献研究所张春辉教授撰写第二章农业机械、第四章陆路运载机械和第五章水路运载机械，并负责全书统稿；科技史暨古文献研究所游战洪副研究员撰写第三章纺织机械、第六章军用机械；精密仪器与机械学系吴宗泽教授撰写第一章机械制造工艺；人文社会科学学院刘元亮教授撰写第七章天文仪器与计时器。该书于 2004 年由清华大学出版社出版。这两部书的出版，完成了刘仙洲先生未竟的工作。

科技史暨古文献研究所在开展工作时较好地继承了 20 世纪五六十年代形成的优良传统。张春辉和戴吾三在 1997 年承担了国家博物馆复原唐代江东犁的委托项目，考证了记载江东犁的古文献《耒耜经》的 18 个版本，在此基础上按照 1∶1 复原了江东犁。复原品作为展品参加了由国家文物局与中国历史博物馆举办的“中国古代科技文物展”，受到有关方面的好评。复原品现作为展品收藏于国家博物馆。古代机械、工具与仪器发明史一直是研究所的主要研究方向，有很多相关研究工作。已毕业的多位研究生的论文选题都与古代机械与仪器史相关。目前本所研究人员发表中国古代机械与仪器史研究论文数十篇。1998 年科技史暨古文献研究所成立了水运仪象台课题研究组，并于 1999 年以“水运仪象台工作原理的研究和复原试验”为题成功申请国家自然科学基金项目。该课题由高瑄研究员主持，研究人员分为历史文献研究、工作原理分析研究和计算机仿真实验三个小组，利用文献学、现代机械学原理以及计算机仿真技术，对水运仪象台进行全面的复原研究。

科技史暨古文献研究所还依托清华大学图书馆开展了中国机械史数字图书馆建设工作，将 50 多年来积累的中国机械史的卡片资料、重要典籍、研究论著等资源数字化，建成容量较大、便于检索的机械发明史资料数据库。此外，与计算机系等单位合作，建立了中国机械史数字图书馆原型系统，汇集了关于机械与仪器的文本、手稿、图纸、照片、动画、视频等多媒体资源数据，并积累了数字化展示古代机械与仪器发明的经验。

近年来，刘仙洲先生开创的机械史研究领域得到了进一步的拓展，国内同行的工作又延伸到了传统机械的田野调查与相关文化遗产的保护方面，《中国传统机械调查研究》（张柏春、张治中、冯立昇等著，大象出版社，2006 年）和《中国手工艺 • 工具器械》（冯立昇、关晓武、张治中等著，大象出版社，2016 年）是这方面比较突出的成果，科技史暨古文献研究所师生（戴吾三主持）还翻译了《手艺中国：中国手工业调查图录》（北京理工大学出版社，2011 年）一书，这些工作对相关传统技艺类非物质文化遗产的保护起到了促进作用。

参考文献

[1] 董树屏, 黎诣远. 刘仙洲传略[M]//刘仙洲纪念文集. 北京：清华大学出版社, 1990: 207-210.

[2] 刘仙洲. 机械原理 • 序[M]. 上册. 北京：商务印书馆, 1934.

[3] 刘仙洲. 中国旧工程书籍述略（以民国以前线装书为限）[J]. 清华周刊(工程专号), 1933, 39(10).

[4] 刘仙洲. 王徵与我国第一部机械工程学[J]. 新工程, 1940(3): 1-10.

[5] 刘仙洲. 续得中国机械工程史料十二则[J]. 工程学报, 1948, 3(2): 135-138.

[6] 高瑄. 清华大学“中国工程发明编辑委员会”[J]. 中国科技史料, 1990(4).

[7] 刘仙洲. 中国机械工程发明史（第一编）初稿 • 序[M]. 北京：清华大学印刷厂, 1961: V.

[8] 刘仙洲. 中国机械工程发明史（第一编）[M]. 北京：科学出版社, 1962.

[9] 天野元之助. 中国における農具の発達—劉仙洲《中国古代農業機械発明史》を読んで—[J]. 東洋学報, 1965, 47(4): 57-84.

[10] 刘仙洲. 关于我国古代农业机械发明史的几项新资料[J]. 农业机械学报, 1964, 7(3): 194-203.

原载《自然科学史研究》2017 年第 2 期

论《天禄琳琅书目》对后世版本目录之影响*

刘 蔷

摘 要:《天禄琳琅书目》是中国第一部官修善本书目，在著录体例方面多有创见，对清代藏书家讲究版本鉴定、注重善本著录的风气影响深远，直接开启了近世版本目录学的兴盛。从编纂体例、目录体裁、"重在鉴藏"的编目思想三个方面，条分缕析其对当时及后世版本目录的影响。

《天禄琳琅书目》（以下或简称《天目》）为提要体版本目录，前后两编共著录了1000余部善本书，均为内廷藏书之精华。这部书目是我国第一部官修善本目录，沿袭汉代以来书目解题传统，在著录、编排等体例方面多有创见，于清代藏书家讲究版本鉴定、注重善本著录之风气影响深远，直接开启近世版本目录学之兴盛。作为官修目录，更是极具导向性，主导了其后近三百年善本书目编纂风尚，其体例甚至远播海外，近代美、日、韩等国所编汉籍书目亦深受其影响。

版本目录在中国古代目录学史上发端较晚，宋、明虽有簿记版本于藏书目录的做法，但都甚为简略，影响不大。清朝初年，版本目录异军突起，自钱曾（1629—1701）《读书敏求记》肇始，稍后毛扆（1640—1713）《汲古阁珍藏秘本书目》、孙从添《上善堂宋元版精钞旧钞书目》都以记载书籍版本特征、考订版本流传为主要内容。到乾嘉年间，版本目录一时蔚然大观，版本研究呈现繁荣景象，在这个发展过程中，《天禄琳琅书目》起到了巨大影响，兹从体例、体裁、鉴藏风尚三个方面予以分析。

1 编纂体例

明人书目在书名下附记版本，并不少见，如晁瑮《宝文堂书目》、徐𤊹《红雨楼书目》、李鹗翀《江阴李氏得月楼书目》等，但尚未发展到整部目录皆以版本目录面目出现的程度，明代也始终没有出现一部以赏鉴为宗旨、以善本特藏为著录对象的善本目录。近代善本书目的盛行，创始于钱曾《述古堂宋版书目》，将98种宋版书集中、单独立目，然体例过简，真正集大成者是《天禄琳琅书目》。《天禄琳琅书目》记皇家善本特藏，每书"详其年代、刊印、流传、藏庋、鉴赏、采择之由"[1]，以解题形式逐一记述书名、卷数、著者、内容大要、序跋、题跋、藏书源流、版本、印记等内容，实际上是开创了我国鉴赏书目程序之先河。此例一开，嘉庆以降，诸多书目皆是鉴赏书目，体例尽是仿《天禄琳琅书目》，较著名

* 本文是国家社会科学基金课题"海内外现存清宫天禄琳琅书的调查与研究"（项目编号：09BTQ016）成果之一。

者有：嘉庆、道光间有黄丕烈（1763—1825）《百宋一廛赋注》、吴骞（1733—1813）《拜经堂藏书题跋记》、陈鳣（1753—1817）《经籍跋文》、孙星衍（1753—1818）《平津馆鉴藏书籍记》、张金吾（1787—1829）《爱日精庐藏书志》、瞿镛（1794—1846）《铁琴铜剑楼藏书目录》；同治、光绪间有朱学勤（1823—1875）《结一庐书目》、陆心源（1834—1894）《皕宋楼藏书志》《仪顾堂题跋》、丁丙（1832—1899）《善本书室藏书志》、耿文光（1830—约1908）《万卷精华楼藏书记》；民国间有：叶德辉（1864—1927）《郎园读书志》、邓邦述（1868—1939）《群碧楼善本书目》、傅增湘（1872—1949）《藏园群书题记》、张元济（1867—1959）《宝礼堂宋本书录》等。约举数例说明之：

乾嘉间藏书大家黄丕烈，是清代私人藏书家中最具代表性的一位。他为自己的藏书编过三种目录，一《所见古书录》，二《百宋一廛书录》，三《求古居宋本书目》，在读书、校书过程中他还撰写了大量题跋。这些目录和题跋注重考订版本源流，偏嗜宋元旧刻，既反映了黄氏藏书特色，也体现了乾嘉时代佞宋之风尚，后人评价他的题识："于版本之后先，篇第之多寡，音训之异同，字画之增损，授受之源流，翻摹之本末，下至行幅之疏密广狭，装缀之精粗敝好，莫不心营目识，条分缕析，跋一书而其书之形状如在目前。"[1-2]黄丕烈还曾明确提到用《天禄琳琅书目》之例，在他所藏影宋钞本《韩非子》上有其嘉庆七年（1802）所作长跋，记得此书经过甚详，称此书为钱曾述古堂抄本，曾经季振宜、汪启淑旧藏，甚为精雅，铭心绝品，乃以卅金购得。后见宋刊本于张古余处，两本皆有缺漏，黄氏即以两本参校补足，并以别纸影钞宋刻之真者，念其流传不易，"因并描其藏书诸家图书，以志源流。首列'张敦仁读过'一印，此书得见之由也。每册图书，未能悉摹，兹但取其一，次其先后。每印所在，遵《天禄琳琅》例，注出某卷某叶，日后得见宋刻，欲定余手校所据本者，可按此知之。"[2:256]

不仅著录内容，《天禄琳琅书目》以版本年代编次，这一做法亦为黄丕烈所继承。嘉庆七年（1802），黄丕烈迁居苏州东城之悬桥巷，构专室储所藏宋椠本，名之曰"百宋一廛"，据张钧衡说："（黄丕烈）撰《所见古书录》，专论各本，以宋椠一，元椠二，毛钞三，旧钞四，杂旧刻五。并未编定。"[3]此《所见古书录》稿本，黄氏友人瞿中溶见过，有"甲乙编、丙三及附编，共二十册，观之，属其缮出清本，拟为编校以待付梓"。[4]稿本后归陆心源皕宋楼，但并未见于日本静嘉堂，现已不知下落。稿本虽已不存，但显然其编次方法与《天禄琳琅书目》如出一辙。

与黄丕烈往来密切的海宁吴骞，藏书处名"拜经楼""千元十驾"，亦以精善著称，其子寿旸辑先父题跋二百余则，成《拜经楼藏书题跋记》一书，"其中辨误析疑，兼及藏书之印记，书版之行款，钞书之岁月，莫不详识"。[5]与《天目》一样，不以揭示图书内容为主旨，而注重刊版年月、册籍款识、收藏印记的描绘和版本源流的考订。

同一时期另一位大藏书家阳湖孙星衍，编有三部体制各异的目录著作，但无一不受《天目》之影响。《孙氏祠堂书目》以书名标目，将同书异本统归一种书下，如《天目》一样广收同书异本。其《平津馆鉴藏书籍记》《廉石居藏书记》云："皆录宋元明椠及旧钞精本，多为《四库》未录者，每书着其刊刻年代、人名、前后序跋、撰人，并记行款字数、收藏家印记，视晁、陈诸目，更为精备。"[6]他的《平津馆鉴藏书籍记》著录了所藏菁华338部，依宋版、元版、明版、旧影写本、影写本、外藩本为序。孙氏编写此书的初衷，是受到阮元进呈四库遗书并纂成《四库未收书提要》的影响，欲将个人藏书的善本部分选出编目，进呈朝廷，因此体例上照依《天禄琳琅书目》，编排以版刻朝代为次，同类版本再按经史子集编排。每书下著录书名、卷数、作者、前后序跋、阙补、藏印等，完全继承了《天目》的做法，并有所细化，对版心、行款、耳题、板框高广等版本特征的著录更加留意。

嘉庆二十五年（1820），常熟张金吾将其八万卷藏书略加诠次，编成二十卷的藏书目录，继而择传本较稀及宋元明初刊本暨传写文澜阁本，另为一编，撰成善本书目《爱日精庐藏书志》。每书之下依次为书名、卷数；版本及收藏情况；作者；解题，包括考订刊刻源流、比勘版本异同及内容评价；历代书目著录；原书题跋、后人题识等。“观其某书必列某本旧新之优劣，钞刻之异同，展卷具在，若指诸掌。”[7:273]《爱日精庐藏书志》解题内容序次有致，规范划一，载录原书序跋、藏书题识等不遗不繁，是清代中期所出现的第一部名实相符的藏书志。尽管张金吾强调是编所载皆“有关实学”[7:275]，但其收录范围与彰显善本之本意与《天禄琳琅书目》一脉相承，版本著录上较之《天目》更为规范、完善。

仁和朱学勤《结一庐书目》以宋、元、旧版、抄本、通行本分类，类下又分经、史、子、集，每书各记书名、卷数、撰者、版本、册数。与《天禄琳琅书目》相同，鲜明地采用了版本目录的体式。

独山莫友芝（1811—1871）之子莫绳孙（1844—1919）整理刊刻了其父的大部分著述，其中《宋元旧本书经眼录》十六卷，记郘亭先生所见宋、金、元、明各代椠本、抄本和稿本130余种，每书皆有解题，考订版本。绳孙在同治十二年（1873）七月十九日致黎庶昌的信中，谈到了此录编订情况：

> 先君《旧本书经眼录》，侄编为三卷，附录一卷，缮成清稿二册寄上，请姑丈细阅删订后为作一序，再行付梓。……侄前编次时检家中书，唯《天禄琳琅》一书专载旧本，乃以宋元明刊本、旧钞本各为类，故侄约依其例编之。[8]

光绪十二年（1886），江标客粤东，见莫友芝所编《丰顺丁氏持静斋书目》四卷本，因“（原书目）虽分四部而新旧杂糅，属重编之。爰以宋、元、校、抄、旧刻五类，分别部居。”[9]收录丁日昌藏书529部，编排体例上弃内容而从版本，表明了对版本目录的认同和支持。此目除未摹印章、未列阙补外，与《天禄琳琅书目》体例几乎无异。

清末山西灵石藏书家耿文光（1830—约1908），自述二十四岁起，开始研读《天禄琳琅书目》和《四库全书总目》，以为治学之门径，云：“予为目录学，多取诸此。”[10]后以二十余年之功，倾毕生读书心得于其《万卷精华楼藏书记》一四六卷。《精华记》按四部分类，每书下首标书名、卷数，低二格为注，低三格为按语。注先撰人；次版本，两本都佳则遵《天禄琳琅书目》之体例另标一目；次解题；次录序跋；次采本书要语；次集诸家说，依马端临《经籍考》、朱彝尊《经义考》之例。辨版本精粗，是佳本皆依孙星衍、莫友芝两家书目之例，记行数、字数、刊刻年月、古版之式及作伪之迹。

民国时江宁邓邦述为其家藏编《群碧楼善本书目》《寒瘦山房鬻存善本书目》二目，今人乔衍琯评曰：

> 邓氏于所藏书，多躬加题记，再四校雠，蚕眠细书，录稿盈箧。书目仿《天禄琳琅》例，区别刊钞，各分四部，再依朝代。《群碧目》卷一宋刻本，卷二元刻本，卷三明刻本，卷四明嘉靖刻本，卷五、卷六钞校本而稿本附焉；《寒瘦目》卷一宋本、元本、景宋钞本、景元钞本，卷二明刻本，卷三明嘉靖本，卷四钞校本，卷五、卷六明钞本、

名人手钞本，卷七自校本。其嘉靖刻本不入明本者，欲以见其百靖斋之名不虚立也。比较两总目，亦可见其鬻书前后所藏之丰俭矣。每书之序跋，刊印时地，藏书印记等，著录甚悉。宋元旧本并及其牌记。诸家题跋识语，则备存之。而殿以邦述自撰题跋，于书之撰人生平，内容概要，递藏源流，藏家故实，均有述及。[11]

1939 年，张元济助潘宗周校所藏宋版书，成《宝礼堂宋本书录》一书。书中除仿效其他书目著录提要、流传、刊刻、授受、优劣、前贤手跋题识、板式、避讳、藏印等项外，还全面罗列刊工姓名[12]，明定为版本著录项之一。善本书目体例更为科学缜密，并最终使版本著录走上了规范化的道路。此目最得《天禄琳琅书目》精髓，不仅采用了据版本年代编次的排序方式，而且独采《天禄琳琅书目》之法，详细罗列各家印章，略存原印款式及大小，但没有在印文之外勾摹原印形状，或因排印不如刻版方便，且没有区别朱文、白文，在著录藏印上尚未达到《天禄琳琅书目》的完善程度。

清代乾隆年间的两大官修目录《四库全书总目》与《天禄琳琅书目》，对后世书目都有重大影响，有些书目依四部分类，部类下再以著者时代为序，一如《四库》之体系；有些则以版刻时代为次，同时代再按四部类分，一如《天目》之做法。主要以哪种方式编排，关键在于编纂者的价值取向，即内容与版本孰者更重。而编纂者考虑个人藏书特色，对编排与著录加以调整，既是对目录学实践的新探索，也反映了两大目录体系对善本书目的交互影响。有不少善本书目，表面上看是遵用《四库总目》体例，分经、史、子、集四部，但对每一部书的介绍则侧重于版本特征，就其本质来说，仍属于《天禄琳琅书目》一派。黄丕烈等赏鉴家自不必说，被认为是基本照搬《四库全书总目》体系的张金吾《爱日精庐藏书志》，于版本之优劣、抄刻之异同，均详考之，同样体现出重视版本价值的取向。有些书目将《天禄琳琅书目》与《四库全书总目》的体例加以变通发展，如聊城海源阁杨绍和（1830—1901）《楹书隅录》，依《四库》之四部为序，书名目录下均注明版本，每卷下又增加子目录，如“子部 宋本十六 金本一 元本三 明本二 校本四 钞本四”，“这样既解决了版本著录问题，又不分割每部内容；因有书名目录，就既醒目又方便查找”。[13]类似的编法，还有其子杨保彝所编《海源阁藏书目》，按四部分卷，每部又分宋本、元本、校本、钞本依次编排，颇为清晰，被后人推为“此类目录中编得最有条理的”。[14]有些书目部分承继《天目》遗风，如详列阙补之做法，则有汪士钟的《艺芸书舍宋元本书目》；载录藏书题记之做法，则有周中孚《郑堂读书记》、叶昌炽《滂喜斋藏书记》等。

民国以至当代的目录学家们对《天禄琳琅书目》都有很高评价，如姚名达（1905—1942）认为：“成为善本目录之规程”[15:335]，“后来撰善本目录者，莫不谨守其法焉”。[15:337]钱亚新（1903—1990）认为：“《天禄琳琅书目》前后两编在版本目录，尤其善本目录中，是超越前人所编同类的书目，它比《读书敏求记》《汲古阁藏书目录》《季苍苇藏书目》以及《百宋一廛书录》都要详备得多、品质优秀得多。特别所立的把书都装订成册加以护函，既便直立排架，又易于取还的‘函册’和‘印章’‘阙补’三个项目是具有创新开拓之功，其影响之大，首屈一指。当然，其中有些地方，还未臻于完善，略有失误，过于烦琐，考证疏忽。然而瑕不掩瑜，该书目是集前人善本书目的大成。”（钱亚新. 略论天禄琳琅书目[J]. 河南图书馆学刊. 1989（1）：30。按：钱先生以为天禄琳琅书被装订成册，加以护函，是为了“既便直立排架，又易于取还”，认识有误。明清以来的通常做法是，即便线装书外加装了函套，仍是平置于书架之上。将线装书如同洋装书一样直立排架的做法，出现于民国时期，是借鉴西方图书馆管理方式的结果，但亦不多见，笔者所知，仅见于清华大学图书馆及南京大学图书馆两家。）王绍曾（1910—2007）认为："版本目录自乾隆间于敏中等奉敕编《天禄琳琅书目》，详记各书版本锓梓年月、刻书之人及收藏印章，一代藏家，奉为定式，至晚近而更趋严密，形成规范。每举一书，必须记其版式、行款，兼及纸张、墨色、字体、刀法、讳字、刻工、牌记、校勘衔名及前后序跋，厘篇卷之存佚，考镌刻之时地；孰为钞配，孰为递修，亦须一一登录，且有记版刻之匡高、广狭者。"[16]来新夏（1923— ）认为："它是为版本目录学奠定基础的重要著作。这项工作虽然宋代尤袤的《遂初堂书目》和清初钱曾的《读书敏求记》已开其端，并所有发展；但是，记版刻年代、刊印、流传、庋藏、鉴赏、采择如此详备，仍应以《天禄琳琅书目》为集大成之作。"[17]两者都肯定了《天目》不仅是版本目录的典型，而且为善本书目的版本著录奠定了模式，使善本书目的著录内容日益规范。时至今日，黄裳、黄永年诸先生的版本题跋，对版本特征的描述，显然也是与《天禄琳琅书目》秉承一脉的。

不仅私家书目，当代公藏汉籍善本书目亦是无不踵例《天目》，以志其珍藏。以我国台湾《"国立中央"图书馆善本书目初稿》为例，在其书末"善本图书编目规则"中，规定善本书目应著录下列各项：

1. 书名、卷数、册数；
2. 著者、注释者、校订者、节录者、编辑者；
3. 板本；
4. 手批者，手校者，手书题跋者，或过录批校题跋，于板本下空一格着之；
5. 版匡大小；
6. 残缺卷叶；
7. 印记。[18]

这七项内容，除"版匡大小"一项，其他几与《天禄琳琅书目》著录项目完全一致。《天目》中确立的版本著录项目，也尽为大陆图书馆遵行的《古籍著录总则国家标准》所采纳。不只是善本书目的编纂，《天禄琳琅书目》的影响还体现在那些并非以推重版本为宗旨的其他类型书目上。例如民国四年（1915）浙江图书馆项士元所编《台州经籍志》四十卷，采录隋至近代台州所属各县人士著述4000余种，记一郡之文艺，"是志分类则略依纪氏《库目》，解题则仿晁氏《读书志》、陈氏《解题》；复遵马氏《文献通考》、朱氏《经义考》，详载序跋论断存佚；参《铁网珊瑚》《天禄琳琅》，间采题跋姓名、收藏印记，盖欲藉以阐发潜幽"。[19]以上种种，皆足以显示《天禄琳琅书目》无论是典型性还是广泛性上，均对后世书目的编纂产生了深远的影响。

2 目录体裁

古典藏书目录，从反映藏书的广度和深度上，可分为藏书总目、善本书目、解题目录三种类型。基于不同的善本选择标准，将藏书中最具价值的部分甄选出来，以提要的形式加以揭示，是清初以来公私藏家的普遍做法，这类目录著作信息量大，兼有考订之功，在藏书目录中学术性最高。解题目录按其体式，又可区分为题跋集及藏书志。如清初钱曾的

《也是园藏书目》《述古堂书目》即钱氏藏书总目，《述古堂宋元本书目》为其善本目录，而《读书敏求记》则是钱曾所撰藏书题跋记的辑录成编，它“不仅恢复了书目的解题传统，更开了藏书题跋记目录体裁的先例”。[20:2]题跋体提要不拘一格，形式自由，作者对一书内容、版本、校勘等方面的考订、研究心得，甚至藏书授受源流及得书经过都可记录其中，自《读书敏求记》发其端，这类体裁一直深得人心，有很多著名书跋流传于世，如黄丕烈《士礼居藏书题跋记》《荛圃藏书题识》、吴骞《拜经楼藏书题跋记》、顾广圻《思适斋书跋》、陆心源《仪顾堂题跋》等。

藏书志则是清代中期以来出现的一种新的解题目录体式，这类目录往往从登录藏书入手，在编制目录时，依照一定的预立章程，收录哪些书、如何著录、编排次序，都有规范体例，行文也略为拘谨，不如题跋、书话的活泼自如。藏书志的出现，是书籍历久弥珍、人们愈发重视的必然结果，藏书家们已经不能满足简单的书名、卷次、作者著录，力图在编目中体现版本考订的成果，以凸显藏书的版本价值，于是在提要中备载版本特征、收藏源流成为必要内容。藏书志是对善本书目的深化、细化，因此也被后世称为“善本书志”。“藏书志”之名，始见于张金吾《爱日精庐藏书志》，有学者认为正是此书创建了古典书目中“藏书志”这一新体制。[20:105]诚然，《爱日精庐藏书志》体例严谨，实至名归，但从目录编制过程和体裁角度来考察，早于它的官修《天禄琳琅书目》应是出现最早、也颇为典型的一部藏书志。

《天禄琳琅书目》是官修目录，同时又是皇帝的私人藏书目录，所收乃昭仁殿的秘籍珍函，“掇其菁华，重加整比”[21]。文臣们要向皇帝说明，若仅采用客观描述，则无以彰显内廷藏书之文物价值，故为每书撰写一篇提要，提要内容限于单个藏本的描述与考订，旨在版本鉴赏，不具有普遍意义。书前凡例详细规定了收录标准、著录项目与编排次序，尽管成于众手，但大体上较为统一规范。与以《读书敏求记》为代表的题跋目录相比，《天目》呈现出典型的版本解题书目特征，无论编排方法，还是著录项目都是以往从未有过的，实际上是一种新的书目提要体裁，虽无“藏书志”之名，而有其实。加之皇家藏书目录的显赫地位，此书一出，引领时人纷纷效仿，傅增湘曾经眼一部清嘉庆十三年（1808）朱邦衡手写本《天禄琳琅书目》，其上有朱氏跋语，称当时“士大夫家皆尊重是书”[22]，正说明了社会上的普遍重视。

《天禄琳琅书目》之后不久，就出现了相当一批藏书志式的私人藏书目录，至清末瞿、陆、丁、杨四大藏书家皆有藏书志之作。藏书志的编者各自发挥所长，有以辑录序跋、是正文字为特色的《爱日精庐藏书志》《皕宋楼藏书志》《抱经楼藏书志》；也有以考订版本、注重流传源流为特色的《平津馆鉴藏书籍记》《滂喜斋藏书记》《楹书隅录》等，风格多样，内容不一。时至今日，藏书界已广泛接受“藏书志”这一体裁，当代海内外公藏单位中多有组织力量编写善本书志之举，已出版的有《美国国会图书馆中文善本书录》（1957）、《普林斯顿大学葛思德东方图书馆中文善本书志》（1975）、《（台湾）“国家”图书馆善本书志初稿》（1996）、《美国哈佛大学哈佛燕京图书馆中文善本书志》（1999）、《香港大学冯平山图书馆藏善本书录》（2003）、《武汉市图书馆古籍善本书志》（2004），《柏克莱加州大学东亚图书馆中文古籍善本书志》（2005），等等。

当我们审视《天禄琳琅书目》的体例、体裁时，不能忽略它宫廷鉴赏目录之性质，编者们之所以对藏印、题跋、阙补等过分措意，是为了有裨赏鉴和玩阅，这也是其他书目不能与之相埒之处。笔者认为，《天禄琳琅书目》名为“书目”，但它借鉴了书画赏鉴书目的内容，由此形成了独特的体例与写法，可谓一书兼具版本目录的三种基本体裁——书目、题跋、书志，而后世同类著作往往取其一端或数端而仿之，并未出现一部完全绍继其做法的著作，因此在中国古代藏书目录中，《天禄琳琅书目》是一个特例。

3 “重在鉴藏”之编目思想

在乾隆帝的重视与推动下，访求典籍、整理文献成为朝廷的重要文治手段，儒臣们在“辨章学术，考镜源流”的传统书目意旨下编制了《四库全书总目》，而对皇家善本藏书的整理，则是仿照书画目录的体例，编制了《天禄琳琅书目》。两部同为乾隆时期官修目录，因旨趣不同，而体例迥异。《天禄琳琅书目》视古书如古董，逐入书画鉴赏的办法来鉴赏书籍，强调“重在鉴藏”，这引发出书目编纂的另一种新观点，既表明了用文物价值高低为首要标准评价版本，在乾嘉时代已深入人心，又得到了官方的认定；同时其中所展现的皇室藏书的风范与心态，一定程度上也引领了整个社会的藏书风尚。

梁启超在谈到《天禄琳琅书目》时说：“考书目记板本者，始尤延之（即《遂初目》），然明以前初未特珍旧椠也。自清两钱（谦益、曾）以宋板相矜尚，世渐趋之。及此书以鉴赏书画之体制编书目，书籍及成为‘古董化’或‘美术欣赏品’，为簿录界别开一派。”[23]

昌彼得认为《天禄琳琅书目》：“盖仿鉴藏书画之体倒以编书目，而异于前代之秘阁目录也。自此例一开，嘉道间孙氏平津馆、张氏爱日精庐以降收藏之家，咸踵其绪，志其珍秘。”[24]

《天禄琳琅书目》乃“官书言板本之始”[25:3]，它单纯重视古书版本的文物价值，却忽略了在校勘等其他方面的学术功用，这种思想迅速为社会所接受，在一定程度上助长了版本学中的形式主义倾向。但我们也应注意到其出现之学术背景，乾嘉学风重考据，追求古书的本来面目，为校勘古籍势必要广罗诸本，要求有更专门的版本目录来考订异同，别白得失，是故有别于《四库全书总目》，以《天禄琳琅书目》为代表的版本目录遂大量涌现。对乾嘉时期的版本目录，后人褒贬不一，批评者认为收集古书只为赏玩，而不大顾及内容，此乃“古董家数”；肯定者认为注重宋元古本，描述版本特征，考订版本源流，客观上有裨于学术研究，是乾嘉考据学者言必有征、实事求是的治学精神在目录学上的一个具体体现。因此从考据学研究发展来看，《天目》中所宣扬的“重在鉴藏”思想，自有其积极意义。

即使在学术背景有所不同的现代，各家善本书目或藏书志，仍是继承了《天禄琳琅书目》“重在鉴藏”的思想，突出古籍善本的文物价值，将考订、鉴定版本放在首位。以当代最具权威的全国性古籍联合目录——《中国古籍善本书目》为例，尽管编者们将“善本”之收录范围定义在“三性”即“历史文物性”“学术资料性”和“艺术代表性”三个方面，但观其实际收录情况，所收如果不是宋元本、旧钞本或名家批校题跋本，就必定强调以流传稀少为前提，尤其乾隆六十年（1795）以后之刻本，即便学术性和艺术性再高，若是传世多，流传广，也不会被收入其中。这样的善本观念，与明代中期之前属于校勘学范畴的善本概念有着明显的差异，显然，编纂于20世纪80年代的《中国古籍善本书目》，收录善本的首要标准仍旧是版本的珍贵、罕传，与《天禄琳琅书目》一般，“重在鉴藏”而已。

《天禄琳琅书目》是我国第一部官修版本目录，是一部完整意义的善本书目。它和《四库全书总目》一样，都继承了此前同类目录之长，又加以创新，显示出相当的学术功力；

况且皆出于“敕撰”，上行下效。在宏观上，它影响了其后数百年的善本书目编纂风尚，对后世目录著作产生了广泛持久的示范效应，出现了众多受其影响的成果；在微观上，其编排系统，著录细密，这些著录项目大多沿袭至今，仅作局部的扩充和规范，对善本书目这一重要目录类型，确实有开先创制的意义。尽管它“部次简单，不足以言分类也”[25:222]“辨别未精，版本多误，未可悉采信也”[25:78]“过于烦琐，考证疏忽”[26]，但瑕不掩瑜，《天禄琳琅书目》于目录学之高度并不因此而减退，它在中国目录学史上仍然占有相当重要的地位，系中国目录学史上经典之作。

参考文献

[1] 庆桂著. 左步青校点. 国朝宫史续编[M]. 北京：北京古籍出版社, 1994: 745-792.
[2] 黄丕烈著. 屠友祥校注. 荛圃藏书题识[M]. 上海：上海远东出版社, 1999.
[3] 黄丕烈. 百宋一廛书录.//贾贵荣，王冠. 宋元版书目题跋辑刊[M]. 第 3 册. 北京：北京图书馆出版社, 2004: 117.
[4] 瞿中溶. 瞿木夫先生自订年谱[M]. 民国二年（1913）刘氏嘉业堂刻本，清华大学图书馆藏，其中“道光五年八月十三日”下，第 56 页。
[5] 吴骞. 拜经楼藏书题跋记. //中华书局编辑部. 清人书目题跋丛刊[M]. 第10册. 北京:中华书局, 1995: 597.
[6] 孙星衍著. 焦桂美, 沙莎标点. 平津馆鉴藏书籍记廉石居藏书记孙氏祠堂书目[M]. 上海：上海古籍出版社, 2008: 713.
[7] 张金吾. 爱日精庐藏书志[M]. 北京：中华书局, 1990.
[8] 张剑. 莫友芝年谱长编[M]. 北京：中华书局, 2008: 546-547.
[9] 江标. 丰顺丁氏持静斋宋元校抄本书目.//贾贵荣, 王冠. 宋元版书目题跋辑刊[M]. 第 2 册. 北京：北京图书馆出版社, 2004: 49.
[10] 耿文光. 苏溪渔隐读书谱[M]. 清光绪十五年（1889）刻本, 北京大学图书馆藏, 卷二, 第 15-16 页。
[11] 邓邦述. 群碧楼善本书目[M]. 台北：广文书局, 1999: 1.
[12] 杜泽逊. 张元济与《宝礼堂宋本书录》[J]. 古籍整理研究学刊, 1995(3): 15.
[13] 丁延峰. 论南瞿北杨的藏书特色[J]. 图书馆理论与实践, 2006(1): 113.
[14] 程千帆, 徐有富. 校雠广义 • 版本编[M]. 济南：齐鲁书社, 1991: 456.
[15] 姚名达. 中国目录学史[M]. 上海：上海古籍出版社, 2002: 335.
[16] 王绍曾. 目录版本校勘学论丛[M]. 上海：上海古籍出版社, 2005: 242.
[17] 来新夏. 古典目录学浅说[M]. 北京：中华书局, 1981: 144.
[18] 屈万里. “国立中央”图书馆善本书目初稿. //屈万里. 屈万里先生全集[M]. 第十六辑. 台北：联经出版事业公司, 1985: 303-337.
[19] 江曦. 章太炎佚文三则[J]. 文献, 2006(2): 153.
[20] 严佐之. 近三百年古籍目录举要[M]. 上海：华东师范大学出版社, 2008.
[21] 纪昀. 四库全书总目[M]. 北京：中华书局, 1965: 731.
[22] 傅增湘. 藏园群书经眼录[M]. 北京：中华书局, 2009: 424.
[23] 梁启超. 图书大辞典 • 簿录之部 • 官录及史志.//梁启超. 饮冰室合集专集[M]. 第 18 册. 上海：中华书局, 1936: 38.
[24] 昌彼得. 中国目录学讲义[M]. 台北：文史哲出版社, 1973: 222.
[25] 叶德辉. 书林清话[M]. 上海：上海古籍出版社, 2008.
[26] 钱亚新. 略论天禄琳琅书目[J]. 河南图书馆学刊, 1989(1): 30.

原载《国家图书馆学刊》2011 年第 12 期

首座一体化壳式低温核供热堆的诞生*

游战洪

摘　要：1989 年 11 月，清华大学核能技术研究所研制成功世界上第一座投入运行的一体化自然循环壳式低温核供热堆——5 兆瓦低温核供热堆，开辟了中国核能供热的新领域。5 兆瓦低温核供热堆的安全技术特点是，采取一体化布置、全功率自然循环冷热、水力驱动控制棒、双层承压壳、中间隔离回路、非能动余热载出，其应用前景广阔，可用于冬季供暖、热电联供、海水淡化、空调制冷。

低温核供热堆是一种专门供热的反应堆。由于反应堆离供热区不能太远，需靠近供热用户，建在人口稠密区域附近，因此它的安全可靠性要求之高甚于核电站。国外从 20 世纪 70 年代就开始探索用核能供热，苏联、联邦德国、瑞士设计自然循环微沸腾式水堆，瑞典和芬兰联合设计 SECURE 池式压水堆，加拿大研制 SLOWPOKE 自然循环池式压水堆，法国设计一体化低压压水堆——热水瓶式供热堆。但是，直到 20 世纪 80 年代中期，国际上该领域的进展几乎仍处在研究和设计阶段，例如，苏联计划建造 4 座功率为 500 兆瓦的自然循环微沸腾式水堆供热堆，但终未建成。

一、5 兆瓦低温核供热堆的研制过程

早在 1981 年 12 月，在中国第一次小型供电、供热反应堆会议上，清华大学核能技术研究所（以下简称核能所）专家就提出了在中国发展低温核供热堆的倡议。1982 年 10 月，核能所对原有游泳池式屏蔽试验反应堆（即 901 堆）进行技术改造，准备进行低温核供热试验。随后通过改进堆芯物理及热工设计、设置中间隔离回路等措施，把反应堆的出口温度提高到 45℃。

1983 年 11 月 14 日，改造后的 901 堆低温供热系统投入运行，开始对核能所三座实验大楼共 16200 平方米的建筑面积供暖，实验证明供热效果良好。在累计供热的 50 多天内，室内温度达到 16～18℃，比燃烧同热当量的煤供暖室温高 4～5℃。现场监测表明，核供热对环境并无污染。

1984 年 2 月 21 日，这项实验成果通过了技术鉴定。鉴定会由国家教委主持，国家计委、国家科委、核工业部、电力部、石油部等有关部委及哈尔滨市、沈阳市、北京市等地

* 本文相关工作受科技部创新方法工作专项“名老专家学术传承整理”（2008IM020400）项目、清华大学自主科研计划“中国近现代科学技术的社会史研究”（2012Z01016）支持。

方共 30 多个单位的 50 多名代表参加了会议。技术鉴定委员会由核、电、能源规划、环境保护等方面的 12 名专家组成。会议一致认为："清华大学核能技术研究所利用反应堆的余热供暖，在技术上是可行的，运行是安全的，供暖效果良好。这次实验的成功，在国内首次实现了实验规模的核供热，开辟了一条核能应用的新途径，对进一步发展地区性的工程规模的低温核供热起了一定的促进作用。"[1]

为发展核供热堆，核能所系统地调研和考察了国际上核供热堆研究的发展情况，花了一年的时间进行比较与论证，最后确定一体化壳式核供热堆方案。这种堆省去了昂贵的主循环泵及主回路管道，可实现全功率自然循环，既节省了投资，又减少了一回路发生破损的可能性，同时不需要外动力，依靠自然循环就可以在停堆后将余热排到大气中，具有良好的非能动安全性。

核能所在主持完成低温核供热试验，证明低温核供热的现实可行性和安全可靠性之后，向国家科委争取立项和经费支持，低温核供热堆的研究正式列入国家"六五"科技攻关计划第 17 项"核能开发研究"的重要课题，首次得到了几百万元的经费支持。为掌握一体化自然循环壳式堆核供热技术，核能所提出建设一座 5 兆瓦低温核供热堆，并完成该堆方案设计。科研人员用了近两年的时间，完成了堆本体及 26 个子系统的设计，绘制设计图纸约 5 万张，并撰写约 300 万字的设计说明书和其他文字资料。

1985 年，作为国家"七五"重点攻关项目，5 兆瓦低温核供热堆被批准由核能所建造，整个工程项目包括科研开发，总共投入 1900 万元的经费。1985—1988 年，核能所先后开展了 50 项科学研究，其中设计创新 10 项，新产品、新技术开发 19 项，试验研究 12 项，软件开发 7 项，并攻克了 13 项重大关键技术难关，最终实现了一体化全功率自然循环、采用新型水力驱动控制棒这两个"世界第一"的技术创新目标。

1986 年 3 月，5 兆瓦低温核供热实验反应堆正式动工兴建，土建工程于 1987 年 9 月 10 日完工。1987 年 5 月，由哈尔滨锅炉厂加工制造的压力壳和安全壳运抵现场进行安装。1988—1989 年春，进入堆内构件和各项辅助系统的全面加工安装阶段。1989 年 5—8 月，核能所有关工程技术人员对 5 兆瓦低温核供热堆 26 个系统进行了初装料前的分系统调试和综合调试，完成 66 项试验。8 月 10—19 日，国家核安全局委派调试监督检查组，对选定的 10 个系统的 20 项试验进行了现场验证、监督及验收。9 月 28 日，国家核安全局局长周平代表核安全局向核能所颁发 5 兆瓦低温核供热堆首次装料批准书。10 月 9 日，在国家核安全局专家监查组的监督下，5 兆瓦低温核供热堆顺利进行装放核燃料。由核工业总公司生产的 1292 根铀燃料棒共 12 大盒、4 小盒元件，成功地装入堆芯。11 月 3 日，5 兆瓦低温核供热堆首次临界运行成功。12 月 16 日，达到 5 兆瓦满功率。

5 兆瓦低温核供热堆刚刚临界，联邦德国总理科尔的核能总顾问弗莱厄博士（Hans Frewer）就发来贺电："这不仅在世界核供热反应堆的发展方面是一个重要的里程碑，同时对解决在中国以及其他很多国家存在的污染问题方面也是一个重要的里程碑。"[2]联邦德国西门子公司电站联盟（KWU）反应堆概念及发展部高级经理戈兹曼（G. A. Goetzmann）于 1989 年 11 月 10 日发来贺电："你们的试验供热堆是世界上第一座这种类型的模式堆……这种大型核供热站将为解决中国的燃料运输，并以较低廉的价格提供不污染环境的清洁能源等问题做出重大贡献。"[2]

1989 年 12 月 19 日，在国家核安全局专家组的监督下，5 兆瓦低温核供热堆完成了 72 小时满功率连续运行试验，然后开始向核能所工作区的全部建筑物供暖。截至 1990 年 3 月 22 日，连续安全供暖 101 天，完成了预期的供热试验任务。试验证明，5 兆瓦低温核供热堆性能优异、运行可靠、操作方便，并达到设计指标，是一种理想、安全、清洁的集中供热热源。

1990 年 9 月 17 日，5 兆瓦低温核供热试验反应堆通过了由国家计委、国家科委、国家教委和财政部主持的技术鉴定和项目验收。鉴定委员会一致通过的鉴定意见认为："5 兆瓦供热堆是世界上第一座投入运行的壳式供热试验堆。它的研制成功是一项具有国际水平的重大科技成果。"验收委员会一致通过的验收结论指出："5 兆瓦低温核供热堆研制成功是一项具有世界先进水平的重大科技成果。它不仅填补了我国在核供热领域内的空白，为我国核能利用开拓新途径打下了良好基础，也使我国在这一领域步入了世界先进行列。"[2]

二、5 兆瓦低温核供热堆的安全技术特点

1979 年 3 月 28 日，美国三英里岛核电站发生堆芯熔化的严重事故，在国际核能界引起很大震动。1986 年 4 月 26 日，苏联切尔诺贝利核电站发生堆芯熔化的重大事故，造成了大量放射性物质逸出到环境中的严重后果，这是世界核电发展史上最严重的一次核事故。这两起核事故进一步表明，核安全是核能发展的生命线，核能技术的先进性首先要体现在核安全性能上。

在美国三英里岛和苏联切尔诺贝利核电站发生堆芯熔化的严重事故后才建成的清华大学 5 兆瓦低温核供热堆，实现了一系列安全技术创新。5 兆瓦低温核供热堆工作压力 1.5 兆帕，堆芯出口温度 186℃，三重回路供水温度可达 90℃，采用一体化布置、全功率自然循环冷却、水力驱动控制棒、双层承压壳、中间隔离回路、非能动余热载出等先进安全技术，具有优良的非能动安全特性。

1. 一体化布置

核压水堆一般设有水泵和蒸发器，这些设备采用分置式设计，通过管道连接起来。从安全角度考虑，分置式设备存在的潜在危险就是管道破损，管道破损可导致堆芯失水，甚至造成堆芯熔毁。5 兆瓦低温核供热堆的主回路设备如反应堆、水泵和热交换器均布置在压力壳内，减少了连接管路及阀门，从而大大降低了一回路管线破损概率，提高了反应堆冷却的可靠性。这种一体化布置的设计比分置式设计更安全，可以避免由管道破损引起的安全隐患。

2. 全功率自然循环冷却

所谓"自然循环"，就是利用水因温度不同造成密度差，使水自然流动循环冷却堆芯。由于不需任何外加动力就可实现全功率自然循环，因此 5 兆瓦低温核供热堆取消了较易损坏的转动部件——泵，令运行可靠性增加。停堆后，余热是通过自然循环向外载出，即使外电源及事故备用电源均发生故障，反应堆的冷却也有保证。

为研究较低压力下微沸腾时自然循环的稳定性，核能所专门建造了一个试验回路，用电加热器模拟反应堆释热元件，用平行流通模拟堆芯热功率不等的燃料组件流道，采用计

算机做在线处理，根据参数波动的幅度来判断其稳定性。试验回路台架于 1985 年建成，1986 年完成了第一组试验。通过运用自然循环稳定性的试验研究成果，5 兆瓦低温核供热堆的三重回路输热系统实现了全功率的自然循环：主换热器布置在压力壳内，一回路系统没有主循环泵，冷却剂依靠堆壳内冷区和热区的密度差完成自然循环。

3. 水力驱动控制棒

控制棒是启动、关闭反应堆，调节反应堆功率，保证反应堆安全的关键设备，要求能在数百度高温、上百个大气压的环境中准确拖动中子吸收元件，并且在事故工况下，能安全可靠、迅速地落入堆芯。其行程达 2～3 米，运动精度为 0.5 毫米，传统的控制棒由堆顶通过电磁机械传动，传动链长达 4～5 米，结构复杂且成本昂贵。水力控制棒的传动以反应堆冷却剂水为介质，通过泵加压后，注入到安装在堆内的水力步进缸，通过流量变化控制缸体运动，拖动中子吸收元件。它具有结构简单、安全性好、成本低廉等优点，避免了两根棒同时提升和连续提棒的可能性，排除了弹棒事故，因而提高了反应堆的安全性。

1984 年春天，西门子公司电站联盟专家来核能所讲学，介绍了水力传动的原理。核能所的科研骨干从中受到启发，决定在 5 兆瓦低温核供热堆上采用这种控制棒。但从联邦德国引进该控制棒，需要花费大量外汇购买专利，因此他们决定自己研发。他们提出对孔式水力步进传动的概念，以代替联邦德国的槽式水力传动方案。此外针对 5 兆瓦低温核供热堆控制棒数量少、每根控制棒当量大的特点和防止弹棒，又提出有限注入的概念，并设计了脉冲缸。

为测试控制棒水力传动装置，核能所建造了一系列试验回路，包括室温试验回路、高温试验回路、多组试验回路及堆芯模拟装置、控制棒位置指示器试验装置等。其中，室温试验回路的目的在于选择合理的结构方案并研究其流动阻力特性。为使控制棒经得住长期考验，选定参数后进行了 20 万次以上的试验，试验结果表明，在整个控制棒行程上，传动装置均能稳定地工作。

1986 年 2 月，核能所已建成高温试验台，当时联邦德国的温度试验只达到 90℃。从 1988 年起，由于没有反应堆的支持，联邦德国的水力棒研究工作陷入停顿状态。而核能所在 5 兆瓦低温核供热堆大项目的支持下继续进行试验，高温试验达到了 190℃，最终实现了从实验室试验到反应堆实用。1989 年 11 月，5 兆瓦低温核供热堆成功使用水力传动控制棒并投入运行。

4. 双层承压壳

在美国三英里岛事件中，核电站的二号机组反应堆发生严重的失水事故，致使堆芯冷却条件迅速恶化，堆芯燃料元件损伤超过 70%，其中 35%～45%的元件熔化，有 50%的气态裂变产物释放到安全壳中，其中挥发性裂变产物碘和铯绝大部分溶解于安全壳的水中，而气体裂变产物氪和氙存留在安全壳的空气中，因此事故产生的直接危害不大。

切尔诺贝利核电站使用的反应堆为石墨水冷反应堆（石墨沸水堆），该堆以石墨做慢化剂，水做冷却剂，冷却水流过燃料管被加热至沸腾，产生的蒸汽直接供给汽轮机，发电效率较高，比较经济，但冷却剂转换为蒸汽时，会出现正反应性，很可能引起温度与功率同时上升，自稳定性较差。这种石墨水冷反应堆没有对付放射性的第三道屏障——安全壳，严重违背了纵深防御原则和有关安全设计准则。由于操作员一连串的错误操作，结果反应堆瞬发超临界，导致功率剧增，冷却水流量下降，燃料过热，压力剧增，造成堆芯熔化。堆内随即生成大量蒸汽，熔融的燃料碎粒与水发生剧烈化学反应，引起蒸汽和氢气爆炸，石墨燃烧，在很短时间内就发生化学爆炸，炸毁了反应堆和部分建筑物，放射性物质被抛向上空，散入环境。切尔诺贝利核电站事故后不久，苏联核能专家和苏联政府就做出结论，认为这种反应堆的结构和设计上的缺陷是事故产生的主要原因，工作人员操作失误只是事故发生的诱因。1992 年，国际核安全咨询组在分析大量事故资料后肯定了这个结论。

5 兆瓦低温核供热堆采用压力壳与安全壳双层承压壳的双保险安全技术措施，压力壳和安全壳都能承受住反应堆工作压力。5 兆瓦低温核供热堆的安全壳为紧贴承压式，压力壳和安全壳之间的空隙较小。当发生压力壳破损事故时，冷却剂被排放到安全壳内，在安全壳与压力壳的压力达到平衡后，就能最终抑制住冷却剂的进一步流失，并可保证堆芯始终被水淹没，有效防止堆芯失水、裸露熔毁事故。

5. 中间隔离回路

5 兆瓦低温核供热堆在反应堆主回路和热网回路间设置了中间隔离回路，将反应堆主回路的水与热网隔开，中间回路的压力高于反应堆主回路压力，可有效防止反应堆中带有放射性的水漏入热网。

6. 非能动余热载出

由于反应堆中的核燃料产生的裂变产物具有强放射性，因此停堆后仍有剩余衰变热会不断排出。2011 年 3 月，由于发生超强地震和海啸，日本福岛第一核电站全厂断电，应急柴油机停止运行，正在运行的 1、2、3 号机组堆芯隔离冷却系统长时间失效，堆芯余热无法导出，结果堆芯燃料包壳的锆在高温下与水发生化学反应，释放出大量氢气，氢气通过安全壳排气释放到反应堆厂房，累积在厂房顶部，浓度升高，最后引发氢气爆炸而产生核泄漏。

对比福岛核事故，5 兆瓦低温核供热堆采用非能动的余热载出系统，不依赖外加动力的部件来载出反应堆停堆后的余热，是一种安全可靠的设计。两个独立的余热冷却系统能够可靠地载出反应堆余热，余热沿上升管流（烟囱）传向厂房顶上的空冷器，在空气中冷却。在余热载出系统中，没有需要外加动力的部件，即使外电源失效，也可以长期维持堆芯的适当冷却。

1988—1989 年，国家核安全局组织了 100 多位多领域的专家对 5 兆瓦低温核供热堆进行了全面安全评审。核能所的科技人员先后撰写了 330 万字的资料，回答了专家们提出的 1200 多个问题。经过一年半的安全审评，专家得出结论：5 兆瓦低温核供热堆具有较好的固有安全性，能满足核安全的基本要求，不致对工作人员、公众和环境造成辐射损害和污染。

1989 年 9 月 5—6 日，5 兆瓦低温核供热堆进行应急演习。国家核安全局委派 18 名专家组成应急演习监查审评组，对 5 兆瓦低温核供热堆的应急演习进行观察与监督审查。这是中国首次进行核设施应急演习，同时也是颁发5兆瓦低温核供热堆装料批准书前必须通过的重要程序。6日上午，演习圆满结束，获得好评。监查审评组认为这次演习很成功，核能所做了开创性工作，为今后其他核设施的应急演习提供了宝贵经验。9月9日，在国家核安全局的监督下，核能所举行了中国首次反应堆运行操作人员资格考核，一批运行人员顺利通过考核，获得高级操纵员和操纵员证书。

5兆瓦低温核供热堆于1990年被评为"国内十大科技新闻"之一，1991年获得国家教委科技进步特等奖，1992年获得国家科技进步一等奖。1995年3月5日，低温核供热堆作为取得突破性进展的5项重大研究项目之一，列入国务院《政府工作报告》中。

三、5兆瓦低温核供热堆的应用前景

低温核供热堆具有优良的安全特性，而且系统设备简单，主要设备均可以在国内生产，造价较低，建造周期短。无论从资源保护和环境保护角度思考，还是从缓解运输紧张以及经济成本的角度考虑，发展核供热都是非常必要的。

清华大学5兆瓦低温核供热堆的顺利建成和安全运行，表明了发展低温核供热堆是核能民用的一条捷径。低温核供热堆可作为城市集中供热的一种干净清洁的热源。据统计，中国的一次能源用于发电仅占25%左右，而70%左右的能源用于各种形式的供热；德国、俄罗斯、日本等国以热能形式消耗的能源也占总能源消耗的 60%～70%。用核能取代化石燃料进行供热，发展前景比用核能发电更广阔。

与使用化石燃料的火电和常规供热相比，使用核燃料的核供热在经济效益和环境效益方面占相当优势。从经济方面看，尽管核供热站的早期投资要高于同等功率的燃煤供热站，但核供热的运行费用、燃料成本比煤供热低许多。例如在哈尔滨建造一座400兆瓦热功率的核供热站，每年即可节省原煤约60万吨。

中国的煤藏分布不均，煤的运输平均距离达到400公里，给交通运输带来沉重的压力。据统计，全国40%的铁路运力、30%的水运能力都被运煤占用，若再加上灰渣的运输，所占运力更为可观。若采用核供热，每年核燃料的消耗量很少，几乎不占运力，这样可以很有效地缓解运输紧张的状况。例如中国北方城市的一座200兆瓦热功率的核供热站，可向300万～400万平方米的建筑物供暖，产生的热能相当于25万～30万吨原煤产生的热能，因此采用核供热可节约4000多个列车车皮的原煤运量以及约1000个列车车皮的废渣运量。

利用低温低压的反应堆供热，不仅可以缓解能源紧张和交通运输紧张的状况，而且可以有效减少环境污染。据《欧洲核能综览》1996年7—8月号报道：1996年，全世界运行中的核电机组已有430套，总装机容量达338吉瓦。欧洲的核装机容量为166吉瓦，约占世界核装机容量的50%，其中德国和法国的核装机容量为85吉瓦。法国和德国运行中的核电厂的发电量如果改用硬煤来产生，每年就得多排放4.95亿吨二氧化碳。一座热功率200兆瓦的烧煤供热站每年向大气中排放二氧化硫约4000吨、二氧化碳约100万吨、烟尘数百万吨，而一座同功率的核供热站的这些排放物可忽略不计，可显著减轻冬季大范围长时间的雾霾污染。

低温核供热堆的三个热工回路产生的90℃饱和蒸汽，不但可以提供廉价的低温热水以满足民用采暖供热，同时可以兼顾多种工业用汽需要：进行低温发电，由单纯冬季供热向热电联供过渡；开展综合利用，如辐照单晶硅、生产同位素及进行活化分析等；在堆内设置辐照回路，利用反应堆泄漏的中子做辐照源，进行各种辐照加工生产。

为配合200兆瓦低温核供热堆示范工程建设，清华大学核研院（1990年核能所改为核能技术设计研究院，2004年改为核能与新能源技术研究院）开展了“八五”国家重点科技攻关项目“低温核供热堆综合技术研究”，进行了冬季供暖运行、热电联供、海水淡化及制冷等试验。

1. 冬季供暖运行

5兆瓦低温核供热堆一建成，就开始向核研院5万平方米的建筑面积供暖。截至1992年3月26日，已成功完成三个冬季的供暖运行，总运行时间达8174小时，供暖质量良好。运行试验表明，5兆瓦低温核供热堆操作简便，运行可靠，其可利用率（实际运行天数占计划运行天数的百分比）高达99%。三个冬季的供暖运行试验充分体现出5兆瓦低温核供热堆的一体化、自稳压、全功率自然循环、水力驱动控制棒与棒位测量、非能动的余热载出、喷射式注硼、控制保护、参数测量以及信息处理等先进技术。此外，5兆瓦低温核供热堆还具有良好的自调节功能。当天气、供热面积等原因引起负荷变化时，不需人为地使用控制棒，便可自动完成功率跟随调节，甚至在极端事故工况下，也能自动向安全的运行状态过渡。由于具有很好的固有安全性，连续三年的运行对周围环境及热网没有造成任何放射性的不良影响。

2. 热电联供

1991年8月，核研院与武汉长江动力公司、清华大学热能工程系协同攻关，完成5兆瓦核供热堆72小时热电联供功率运行，首次实现了低温核供热堆热电联供。这次热电联供试验，利用反应堆核燃料核裂变释放的热量产生热水，然后在蒸汽发生器中生成低压蒸汽，以推动汽轮发电机发电，最后利用冷凝水的余热进行供热。热电联供可提高低温核供热堆的经济效益，令核供热比燃煤锅炉更有竞争力。一座热功率200兆瓦的低温核供热堆在给建筑面积400万平方米的建筑供热的同时，还可发电约1.3万千瓦，使核供热堆经济效益提高20%～30%。

3. 海水淡化

低温核供热堆热电联供产生的余热还可用以海水淡化。据分析，热功率200兆瓦的低温核供热堆每天可生产淡水12万立方米，此外同时产生的1.3万千瓦左右电量可满足海水淡化厂本身的用电需求。

4. 制冷

1992年6月，清华大学核研院与河南省开封通用机械厂、清华大学软件开发中心合作，利用5兆瓦低温核供热堆与吸收式溴化锂制冷工艺，成功实现核能空调制冷运行。5兆瓦低温核供热堆产生的蒸汽，通过双效溴化锂吸收式制冷机，可产生6℃的冷水，其被连续送往房间进行制冷，最终完成72小时制冷运行。制冷技术的试验成功，使得低温核供热堆不仅可用于我国北方城市的供暖，还可用于南方城市的空调制冷，扩大了低温核供热堆的应用领域，提高了经济效益和社会效益。

核研院随后开展了“九五”国家重点科技攻关项目——“200 兆瓦核供热堆工程关键技术验证试验研究”，项目包括对 200 兆瓦供热堆示范工程设计的验证，供热堆工程抗震验证试验，控制棒水力驱动系统综合性能试验及寿命考核，燃料组件和控制仪表的工程验证实验等。1998 年 3 月 27 日，项目通过了国家计委组织的专家验收。

从 20 世纪 80 年代中期至 21 世纪初，核研院为低温核供热堆的产业化进行了长期不懈的努力。核研院设计的壳式低温核供热堆示范工程向有关单位申请立项，并经相关部门批准，先后决定或计划在哈尔滨、大庆、吉化、沈阳等地建造。采用低温核供热堆在山东进行海水淡化的项目，由有关业主上报项目建议书，并经领导部门批准立项。核研院还在国际原子能机构的推动和支持下，尝试向国外输出核能海水淡化技术。但由于种种原因，低温核供热堆产业化的进展并不顺利，至今仍未实现。

当今中国，发展安全、环保、高效、经济的低温核供热，无论是用于北方冬季供暖，还是用于南方夏季空调制冷，都不失为明智的可持续发展选择。利用低温核供热进行海水淡化，对解决中国沿海城市淡水资源短缺、能源紧张和环境污染问题也具有重要意义。期待影响低温核供热堆产业化的有关问题能早日得到解决，让这项高新技术得以广泛应用，造福人民。

参考文献

[1] 清华大学核能技术设计研究院院长办公室. 清华大学核能技术研究所利用反应堆余热低温供暖实验成功. 清华大学核研院资料（三）, 1998: 2.

[2] 马栩泉. 知难而进，众志成城——清华大学核研院的发展历程（修改稿）. 清华大学核能与新能源技术研究院院长办公室, 2007: 165、171-172.

原载《科学》2016 年第 5 期

江南制造局科技译著底本新考*

邓 亮

摘 要：江南制造局翻译馆翻译了 200 余种著作，涉及数学、天文学、物理、化学、地学、医学、农学，以及机械、工艺、矿冶、军事、航海等众多领域，对中国科学技术的近代化做出较大的贡献。学界对于江南制造局译著的底本来源有较丰富的研究成果，但仍有数十种未得以解决。文章通过对译著和西文原著的比对，考证或补正出 30 种江南制造局译著的底本来源。

关键词：江南制造局；译著；底本

晚清政府相继开办了一些官办译书机构，翻译西方科技、军事、政史、教育等著作，以学习西方。其中江南制造局翻译馆是持续时间最长，译著最多，且影响最大者。关于江南制造局译著书目的原始材料不少，如傅兰雅（John Fryer, 1839—1928）《江南制造总局翻译西书事略》（1880），江南机器制造总局所编之《江南机器制造总局书目》（1902），魏允恭《江南制造局记》（1905），陈洙等编撰的《江南制造局译书提要》（1909），以及附录于不同时期译著的《上海制造局译印图书目录》等。有关译著底本信息的原始材料亦有数种，包括英文版《江南制造总局翻译西书事略》（*An Account of the Department for the Translation of Foreign Books at the Kiangnan Arsenal, Shanghai*.1880。以下简称《译书事略》英文版），所附书目表中包括已出版译著 81 种，已译未刊译著 45 种，尚未译完 13 种，并分别给出书名、作者、译者、出版年、卷数、价格等信息[1]；1884 年国际健康展览会中国参展目录中的一份参展书目表（《傅兰雅档案》已提及），包括江南制造局译著 65 种，以及 10 种附刻书[2]；傅兰雅《格致书室售书目录》各版中包含部分译著的书名、作者、译者、卷数和售价等，如 1894 年、1896 年版分别附有 73 种（含刊于《格致汇编》4 种）、63 种制造局译著的信息。[3-5]学界对于江南制造局译著的书目已有较为深入的研究成果，对底本来源也有相当的考证，尤其是对傅兰雅参与翻译的译著已有较全面的考证，但由于原始材料记录有误或前人考证不确，仍有少数错误或不准确之处，同时由于 1896 年后未见关于译著底本信息的新的原始记录，因此不少后期的译著的底本来源尚不清楚。得益于网络电子图书或有关数据库的发展，作者近年复核或考证江南制造局译著的底本，取得了一定的成果，特整理成文，以供研究者参考。

* 此文蒙业师韩琦研究员多番审查，提出详细的修改意见，并提供早年从英国剑桥大学复制回来的 1880 年英文版《江南制造总局翻译西书事略》，这些对论文之修改尤为重要；冯立昇教授提供诸多资料与研究信息，并对论文写作、修改提出细致的建议；师妹孙琢从美国复制《算式解法》1898 年英文本，为解决此书底本问题提供关键帮助。谨此一并感谢！

一、研究回顾

学界对于江南制造局译书活动、傅兰雅及其贡献等已有大量研究，取得丰硕成果，兹不一一列举，现仅就涉及译著底本的相关研究作一回顾。

贝奈特（Adrian Arthur Bennett）《傅兰雅译著考略》一书，附录二为傅兰雅译著书目，是基于 Richard Gregg Irwin 博士的成果重新分类编辑整理而成，共 140 种，其中 89 种为江南制造局译书；附录三整理出其他西人翻译的制造局译著，其中金楷理（Carl Traugott Kreyer, 1839—1914）33 种，林乐知（Young John Allen, 1836—1907）19 种，伟烈亚力（Alexander Wylie, 1815—1887）9 种，玛高温（Daniel Jerome MacGowan, 1814—1893）2 种。此两份书目中有关制造局译著的部分，除 15 种明确标注底本不明外，其余均给出西文底本或可能的来源，但有少量不准确者或错误者。[6]此书是其后杜石然、潘吉星、王冰、王扬宗、艾素珍、戴吉礼（Ferdinand Dagenais）等工作的重要参考。潘吉星考察了明清时期化学译著，包括 28 种江南制造局译著中与化学有关的化学类、医学类、农学类译著，其中关于底本的介绍，多参考贝奈特之书。[7]王冰对明清物理学译著的研究，收入 21 种江南制造局译著，其中包括 7 种未印书，底本信息几乎全部来自贝奈特，有 9 种未考证底本。[8]熊月之也对江南制造局译著有所介绍，并整理出一份 151 种译著的目录，但 62 种缺底本信息。[9]王扬宗整理出江南制造局译著共计 241 种，是目前最全的目录，对底本来源涉及较少，多数来自贝奈特之书或《译书事略》英文版，但指出《埏纮外乘》《工业与国政相关》《西药新书》等底本的信息。[10]艾素珍对清末出版的地质学译著的研究中也论及江南制造局译著 9 种，同样对底本来源有所涉及。[11]戴吉礼在傅兰雅原始档案、贝奈特、王扬宗等研究的基础上，整理出《1869—1911 年傅兰雅翻译的 157 部中文书籍名单及相关的词汇表》，其中有一些重复，底本或来源几乎全部沿用自贝奈特之书，但也有一些新的考证，如《俄国新志》《西国陆军制考略》《保富述要》等。[12]上海图书馆编《江南制造局翻译馆图志》基于前人的研究成果，为每种译著撰有简单提要，但底本考证上未有进展。[13]

此外，近年来陆续有一些专题研究，在制造局译著底本考证方面取得一些新成果。韩琦依据《教务杂志》（*The Chinese Recorder and Missionary Journal*）中的记载，指出江南制造局续译本《谈天》的新增部分是根据英文的第 10 版，增加了 15 年来天文学的新发现。[14]樊静、冯立昇也对《谈天》底本作了考证，指出新增《侯失勒约翰传》多译自约翰・威廉（John Williams）所写的"侯失勒讣告"，传中所附侯失勒画像采自论文集 *Leisure Hour*。[15]王扬宗更正了《格致小引》底本书名之误，指出底本为 Science Primers 丛书中赫胥黎之 *Introductory*（《科学导论》），而非 *Introduction to the Science*。[16]咏梅考证出《物理学》三编的日文底本分别为：明治三十一年八月出版之《物理学》（上篇）第 16 版，明治三十二年五月出版之《物理学》（中篇）第 15 版，以及明治三十二年十二月出版之《物理学》（下篇）第 14 版，分别由丸善书店、南江堂、小谷卯三郎出版。[17]王幼军确认了《决疑数学》的底本是《大英百科全书》第 8 版中的伽罗威《概率论》[18]，改正了《译书事略》英文版以来所称部分来源于《钱伯斯百科全书》，而之前这一说法曾得到广泛认可[19]。孙磊考察了 4 种有关蒸汽机著作的底本，但忽略了傅兰雅、贝奈特、戴吉礼或其他学者的工作。实际上，《译书事略》英文版中已经给出 4 种著作的书名、作者等，而贝奈特书中又考证出《汽机必以》《汽机新制》《兵船汽机》等 3 种的底本信息。但孙磊考证出《汽机发轫》底本为美以纳（Thomas J. Main）和白劳纳（Thomas Brown）合著之 *The Marine Steam Engine*，1860 年第 4 版，又指出《汽机新制》的底本初版时间为 1865 年，均较前人有所进步。[20]齐赫男考证出《意大利蚕书》底本为丹吐鲁（Dandolo）1815 年意大利文养蚕专著之 1825 年英译本 *The Art of Rearing Silk-worms*[21]，但他也未注意到贝奈特书中已经给出底本。吕道恩考证了《测地绘图》及卷 8 所附浙蜜斯《照印法》的底本分别为：Edward C. Frome 之 *Outlines of the Method of Conducting a Trigonometrical Survey*, 1862 年第 3 版；以及 Alexander de Courcy Scott 之 *On Photo-zincography and Other Photographic Processes Employed at the Ordnance Survey Office*，1853 年第 2 版。[22]同样地，此文未注意到《译书事略》英文版已给出《测地绘图》的书名和作者，贝奈特书中已经考证两者的底本，只是贝奈特所称《照印法》底本版本信息不同。艾俊川根据戴吉礼《傅兰雅档案》中的线索，确定《保富述要》的底本为 James Platt 之 *Money*，并推测底本为 1889 年英国第 19 版的美国再版本。[23]柴巍考证出《水雷秘要》的底本为 Charles William Sleeman 之 *Torpedoes and Torpedo Warfare*，1880 年初版[24]，较之《格致书室售书目录》1896 年版中的简要提示更进一步。黄麟凯、聂馥玲考证出《化学鉴原》译本中的更新和增补的内容来源于《化学鉴原补编》的底本。[25]魏甜子推测《航海简法》的底本为那丽（John William Norie）之 *A Complete Epitome of Practical Navigation*，大约是由 1864 年出版的第 18 版翻译而成[26]，较之《译书事略》英文版的相关信息更准确。刘秋华考证出《算式集要》第 4 卷底本来源为爱尔兰教育委员会监制的《学校用测量学教程》（*A Treatise on Mensuration: for the Use of Schools*）第 11 章。[27]

二、底本新考

尽管已有研究对江南制造局译著的底本问题有了相当的成果，但梳理之后发现，仍有 60 余种译著的底本来源不清楚或存在疑问。以下为笔者近年来所考证出的 30 种著作的底本信息，其中 13 种为补正前人不确之观点，4 种非科技类译著。

《西美战史》2 卷 16 章，又名《一八九八年之西美战史》，法兰西国勃利德（Charles Louis Marie Bride）著，上海李景镐译，光绪三十年（1904）刊。此书底本为 *La Guerre Hispano-Américaine de 1898*（Paris, 1899），是最早的介绍美西战争的著作之一，主要描述在古巴第二次独立运动时期，美国为争夺古巴、菲律宾等殖民地，于 1898 年 4 月与西班牙发生战争的起因、经过、和约等事。此译本在 20 世纪 50 年代前是唯一一部描述美西战争的中文著作。译者李景镐，字希周，求学于上海广方言馆，后留学法国，曾与俞同奎、吴匡时等人建立中国化学会旅欧支会。

《美国宪法纂释》21 卷，附《美国宪法》《美国续增宪法》1 卷，美总统海丽生（Benjamin Harrison, 1833—1901）著，慈溪舒高第口译，海盐郑昌棪笔述，江浦陈洙润色，光绪丁未（1907）刊行。此书底本为 *The Constitution and Administration of the United States of America*（London, 1897）。胡晓进指出底本，但未指出具体版本。[28]海丽生即美国第 23 任总统，1889—1893 年在任。附录之《美国宪法》7 章，《美国续增宪法》15 章，是为美国宪法 7 条，以及 1907 年前已经完成的 15 条美国宪法修正案。舒高第（1844—1919），字德卿，浙江慈溪人，曾留学美国学医，又入神学院学习，1873 年获神学博士后回国，是江南制造局最主要的口译人员之一，译书 20 余部。

《欧洲东方交涉记》12 卷，英国麦高尔（Malcolm MacColl, 1831—1907）辑著，美国林乐知、宝山瞿昂来同译，光绪六年（1880）刊。1884 年参展目录称此书底本为 *The Eastern Question by Macguire*，贝奈特、戴吉礼等人从之。经查，此书底本为 *Three Years of the Eastern Question*（London, 1878），主要描述了俄罗斯与土耳其于 1853—1856 年发生的克里米亚战争的始末，英法等国由此展开的外事交涉，以及各国外交政策、国家关系之变化等。

《列国陆军制》9 卷，美国提督欧泼登（Emory Upton,1839—1881）著，美国林乐知、宝山瞿昂来同译，光绪十五年（1889）刊。底本应为 *The Armies of Asia and Europe*（New York, 1878），此书同年有伦敦版，主要内容为日本、中国、印度、波斯、意大利、俄国、奥地利、德国、法国和英国等亚欧国家军队的官方报道，以及一些从日本到高加索的旅行信件，但中译本未包括中国和旅行信件。

《算式解法》14 卷，又名《算式别解》，英国好司敦（Edwin James Houston, 1847—1914）、开奈利（Arthur Edwin Kennelly）同著，英国傅兰雅口译，金匮华蘅芳笔述，无锡周道章校算，无锡孙景康覆校，光绪己亥（1899）刊行。《傅兰雅档案》以及多种书目与已有研究均称底本为 *Algebra Made Ease*，然而经过对比之后发现，其真实底本为两位作者的另一部著作 *The Interpretation of Mathematical Formulae*（New York, 1898）。又，由于此书中译本第一卷署名好敦司，其后各卷署名为好司敦，第一卷应该是误刻，这也是各种沿误的来源。

《电学》10 卷，又名《电学全书》，英国瑙埃德（Henry Minchin Noad, 1815—1877）撰，英国傅兰雅口译，无锡徐建寅笔述，光绪五年（1879）刊行。底本为 *The Students's Textbook of Electricity*（London, 1867）。《译书事略》英文版、参展目录中给出简略书名和作者，贝奈特考证出底本，此后各论著从之。又此书有卷首一卷，或译自 David Brewster（1781—1868）所撰 *History of Electricity*，载于 *The Encyclopaedia Britannica*（《大英百科全书》）第 8 版第 8 卷，1855 年。

《电学测算》1 卷，不著撰者，长洲徐兆熊译述，乌程王汝驹、江宁陈炳华校勘，约刊行于 1906—1908 年。此书底本是 Thomas O'Conor Sloane（1851—1940）之 *The Arithmetic of Electricity*（New York, London, 1891），主要介绍了欧姆定律、电阻计算、导线截面积、电路连接、功与功率、电池、电机与电动机、计算方法等内容。每章俱设题，可作教课之用。徐兆熊，字子璋，江苏长洲人，肄业于南洋公学，曾于 1904 年随汉阳铁厂总办三品衔候选郎中李维格、其父候选郎中徐庆沅及英人彭脱游历日本、欧美等国考察制炼钢铁机器，1909 年后留学英国。

《无线电报》1 卷，英国克尔（Richard Kerr, ?—1915）撰，美国卫理（Edward Thomas William, 1854—1944）口译，上海范熙庸笔述，光绪庚子（1900）刊行。书凡 8 章，前有泼利斯（William H. Preece, 1834—1913）所作序言、作者之小引各 1 篇，补编 13 款。底本是 *Wireless Telegraphy Popularly Explained*（London, 1898），同年另有纽约版，介绍了无线电报之发展历程，涉及无线电报的原理、发现、验证、用途等，主要介绍了林赛（James Bowman Lindsay, 1799—1862）、普利斯、马可尼（Guglielmo Marconi, 1874—1937）、洛奇（Oliver Joseph Lodge, 1851—1940）对电报机的改进等。

《气学丛谈》2 卷，未署著者，英国傅兰雅口译，金匮华蘅芳笔述，上海时务报馆石印，1897 年。王扬宗据《译书事略》英文版，指出此即已译未刊书中之《风雨表说》，并进一步指出底本来源为《大英百科全书》第 8 版之 Barometer 条目。此书上卷和下卷前五条主要介绍了气压计、温度计的发展历史，涉及各种气压计、温度计的发明者、原理与利弊等。

卷下其余部分为使用气压计进行高度测量。底本为Sir John Leslie（1766—1832）所撰写之Barometer 和Barometrical Measurements两个条目，载于第4卷。

《化学源流论》4卷，英国化学师方尼司（George Fownes, 1818—1849）辑，乌程王汝驸译述。底本为Fownes之*Chemistry, as Exemplifying the Wisdom and Beneficence of God*（London, 1844）。潘吉星已考证出作者，但根据江南制造局购书目录推测底本为《理论与实用基本化学教程》（*A Manual of Elementary Chemistry Theoretical and Practical*），实误。此书是一部论述生物化学之著作。方尼司此书曾获得英国皇家研究所（Royal Institution）设立之首届阿克顿奖（Actonian Prize）。此奖设立之初衷，是为奖励那些在特定学科中阐释上帝的智慧与仁慈的优秀论文。王汝驸翻译时，对书末有关自然神学的论述部分作了节略。

《无机化学教科书》3卷21章，附图25幅，英国琼司（Henry Chapman Jones, 1854—1932）原著，长洲徐兆熊译述，上海曹永清绘图，新阳赵诒琛校勘，光绪戊申年（1908）出版。此书是一种无机化学教科书，卷1介绍了几种常见气体的制取方法、流体的做法，卷2主要介绍硫化氢体系的定性分析方法，卷3则是定量分析的体积方法，各章后附有习题。与所见1911年修改版章节、内容、图例等进行对比，可知底本来源是*Practical Inorganic Chemistry for Advanced Students*。又根据1911年版版权信息可知，此书初版于1898年，1903年重印，1906年修改版。由于未能获见其他版本，因此具体版本有待确定。

《西药新书》8卷，英国马汀台耳（William Harrison Martindale, 1840—1902）、韦斯考脱（William Wynn Westcott, 1848—1925）同辑，慈溪舒高第口译，阳湖赵宏笔述，长洲赵毓森初校，江浦陈洙覆校，民国元年（1912）刊。王扬宗给出底本作者及书名*The Extra Pharmacopoeia*。复核之后可知，此书底本为马、韦《大药典》所附之关于疾病和病症的治疗索引，即Therapeutic Index of Diseases and Symptoms Appended to *The Extra Pharmacopoeia*（London, 1910）。

《内科理法》3编22卷，英国虎伯（Robert Hooper, 1773—1835）撰，茄合（William Augustus Guy, 1810—1885）、哈来（John Harley）参订，慈溪舒高第口译，新阳赵元益笔述，前编武进孙鸣凤校字，后编桐城程仲昌校字，上海曹钟秀绘图，光绪十五年（1889）刊。此书是清末译介之西医著作中论述内科学最全面的著作，前编总论病原与医理；后编习练医事，论述身体结构、疾病在部分器官之体现、发热与否与局部疾病之关系等；专病10卷，分类论述神经系统、循环系统、呼吸系统、消化系统、泌尿系统、内分泌系统以及眼科、耳科、皮肤病等各种疾病，包括疾病分别、病症、病情发展情形、病因、诊断、治疗等。Robert Hooper是英国皇家医学院医师，著有多部畅销的医学著作。此书即《译书事略》英文版尚未译完之《医学总说》，王扬宗据此进一步认为底本为*The Physician's Vade Mecum*（1833）。复核之后可知，底本为Augustus Guy与John Harley修订的*Hooper's Physician's Vade Mecum*（London, 1874, 第9版）。

《妇科》不分卷，52章，附图266幅，美国纽约医学院妇科教习汤麦斯（Theodore Gaillard Thomas, 1832—1903）著，慈溪舒高第、海盐郑昌棪同译，光绪庚子年（1900）刊。此书是清末介绍西方妇科学知识最全面的著作，底本为*A Practical Treatise on the Diseases of Women*（Philadelphia, 1880，第5版），论述了妇科的基本知识，以及诸如阴道炎、宫颈炎、子宫肌瘤、卵巢囊肿、子宫内膜炎、宫颈糜烂、盆腔炎、痛经、月经不调、白带异常、不孕症、宫外孕等常见病，以及每种妇科病的解释、病理、种类、病因、病症、辨别及治法等。Thomas 在欧洲学医，后任美国哥伦比亚大学医学院教授，执行并报告了首例卵巢切除手术。

《产科》不分卷，英国产科医院首座密尔（Alexander Milne）纂，慈溪舒高第口译，海盐郑昌棪笔述，光绪三十年（1904）刊。此书为产科专著，论述了妇女生殖器官，产育之理，以及产前筛查、各种产科病症、生产方式与处理、产后护理等事。此书底本为 *The Principles and Practice of Midwifery with Some of the Diseases of Women*（New York, London, 1884, 第 2 版）。

《农务全书》上、中、下编各 16 卷，美国哈万德大书院农务化学教习施妥缕（Frank Humphreys Storer, 1832—1914）撰，慈溪舒高第口译，新阳赵诒琛笔述，上编刊于光绪丁未年（1907），中编刊于宣统元年（1909），下编未署具体刊刻年。Storer 是哈佛大学农学教授。此书从作者 1871—1897 年的讲稿辑录而来，主旨是讨论农学中与化学相关的知识，但同时也涉及植物学、动物学、物理学等多个学科，是一部较为全面的农学著作，对务农者或农学生具有指导意义。上编 13 章，讨论植物与土壤空气关系、水土关系、耕种方法、农具、肥料之功效、磷肥、氮肥等。中编 14 章，主要讨论各种肥料，如动植物废料所成肥料、腐殖质、青肥、堆肥、粪便、钾肥、镁肥、钠肥等，介绍各种肥料之来源、成分、功效等。下编 14 章介绍肥料用法历史，轮种、烧荒、灌溉等土地管理事项，以及苡仁、大麦、草料等作物种植与经营等。底本为 *Agriculture in Some of Its Relations with Chemistry*（New York, 1897）。此书至少有 7 个版本。1887 年初版 2 卷，卷 1 有 18 章，卷 2 有 22 章；1892 年版为第 4 版，卷 1 有 18 章，卷 2 有 23 章；1897 年为第 7 版，3 卷，各 16 章。笔者所见第 7 版又有 1897 年、1899 年、1903 年、1905 年、1906 年、1910 年等各版。

《农学初级》1 卷，英国旦尔恒理（Henry Tanner）著，英国秀耀春口译，上海范熙庸笔述，光绪戊戌年（1898）刊。此书论述了农学的基本原理，涉及土壤、植物、各种肥料、耕种方法、家畜等，介绍了若干农业技术，如杀虫法、引阳光法、玻璃罩法、释放电气法、汽机取水、电机犁田法等。底本为 Tanner 之 *First Principles of Agriculture*。根据范熙庸弁言称，此书前五章按照第七版翻译，第六章之后按照第九版翻译，并将第九版第二章论种子附入原译第二章之后。

《农学津梁》1 卷，英国恒里汤纳耳（Henry Tanner）著，卫理口译，汪振声笔述，光绪二十八年(1902)刊。此书与《农学初级》大同小异。底本为 *Elementary Lessons in the Science of Agricultural Practice*（London, 1881）。值得注意的是，同一西人 Henry Tanner，《农学津梁》与《农学初级》中译名不同。这一现象并非特例，他如 William Augustus Guy，《法律医学》中译为该惠连，《内科理法》译名为茄合。这说明制造局晚期译书时在翻译规范、术语统一上已出现一定程度的混乱。

《农学理说》2 卷，美国以德怀特福利斯（Edward Burnett Voorhees，1856—1911）撰，乌程王汝骋口译，新阳赵诒琛笔述，光绪丙午年（1906）刊。此书卷上论及农作物之生长原理与过程，土壤之来源、分类、成分，土壤改良，制造肥料等，卷下论及轮种法、种子选择与改良，以及动物生长原理与化学成分、饲料之成分与分类、饲养规则、动物之遗传与变异、动物繁殖与种类、牛奶厂产品种类、等级、制造等事。底本来源为 Voorhees 之 *First Principles of Agriculture*（New York, Boston, Chicago,1895）。所见另有 1896 年与 1898 年重印本，但版权均属 1895 年版，因此具体版次不清楚。

《农务化学简法》3 卷，美国固来纳（Tuisco Greiner, 1846—1914）著，英国傅兰雅口译，上海王树善笔述，新建蔡澄校订，光绪癸卯年（1903）刊。此书卷 1 论述植物生长所需的养料，介绍了植物体内各主要元素及其所合成化合物；卷 2 论述泥土、粪便、灰、腐肉等肥料与功用，以及化学肥料之制造，并介绍各种售卖肥料的养分构成与价格。卷 3 介绍植物与泥土之养分，种植苜蓿作肥料，在轮种、果蔬、菜园、湿地等条件下的用肥料法，土壤肥瘠测验方法，以及农业生产原理等，以论述运用农务化学知识而增收获利。贝奈特书中怀疑作者是 Grenier，但书名不知，戴吉礼从之。此书底本为 Greiner 之 *Practical Farm Chemistry*（Buffalo , 1891）。

《农务土质论》3 卷，美国伟斯根辛农学书院教习金福兰格令希兰（Franklin Hiram King, 1848—1911）撰，美国卫理口译，上海范熙庸笔述，光绪庚子年（1900）刊。作者 King 是威斯康星大学农业物理学教授，后曾任美国农业部土壤局局长，被称为美国土壤物理学之父，1909 年曾访问中国、日本、朝鲜，并就此撰写《四千年农夫》。此书底本来源为 *The Soil, Its Nature, Relations, and Fundamental Principles of Management*（1895），主要论述土地管理，纲领中扼要指出日光、空气、水、生物等与农务、土地紧密相关的各种事物的功用，以及从事农业生产当借鉴潮水、空气、水等循环不息之道理，其后各章分别论述土壤之本质、来源、消耗、密度、成分、热度，以及水土保持、植物生长、泄水灌溉、耕种施肥等事。据所见 1911 年版得知，此书初版于 1895 年，1900 年前有五次重印，因此底本版次不能确定。

《种葡萄法》12 卷，美国赫思满（George Husmann, 1827—1902）著，慈溪舒高第口译，江浦陈洙笔述，上海曹永清绘图，民国元年（1912）刊。此书介绍了当时美国葡萄之种植情况，涉及葡萄种类、品种改良、土地整理、栽种方法、牵藤搭架、葡萄生长期及处理方法、病害及处置、修剪方法与器具，以及俄亥俄州、纽约黑村江地区、密苏里州、密西西比州、新墨西哥州、得克萨斯州南方等地之葡萄种植业。底本为 *American Grape Growing and Wine Making*。因中译本中提及 1898 年葡萄种植事，因此底本或为 1898 年之后出版的某版次。

《船坞论略》1 卷，附图 1 卷，英国傅兰雅辑译，华亭钟天纬笔述，桐城程瞻洛校字，光绪二十年（1894）刊。此书介绍纽约大船坞建造工程之结构、情形、过程、方法、用料等，英国船坞的构造与特点，通过斜坡上拉船舶入船坞停泊以便修理之方法，以及其他各种新式船坞，并比较各种形式船坞的利弊。根据中译本中所附书目可知，此书从《格致汇说》《工程字典》《工程字典副本》中辑录而来。由此查知部分内容来自 *Spons' Dictionary of Engineering*（vol. 4, London, 1872）之 Dock 条目以及 *Supplement to Spons' Dictionary of Engineering*（vol. 2, London, 1879）之 Docks 条目，尚有部分待考。

《美国铁路纪要》3 卷，美国柯理（Thomas McIntyre Cooley, 1824—1894）集，乌程潘松译，善化章寿彝校，光绪二十三年（1897）刊行。《美国铁路汇考》又称《铁路汇考》，13 卷，美国柯理集，英国傅兰雅口译，乌程潘松笔述，金匮华蘅芳删订，新阳赵元益重校，光绪己亥年（1899）刊行。此两种书同底本，即 Cooley 所编辑的 *The American Railways*（New York, 1889）。原著为论文集，收入 Thomas Curtis Clarke（中译本中称柯拉格）等 13 人关于美国铁路的论文。《美国铁路纪要》所收入 3 篇论文，对照《美国铁路汇考》，则是卷 1、卷 2 和卷 4。原书附图有 200 余幅，中译本未见。主编者 Cooley 曾任美国密歇根州大法官，1887 年出任主管铁路运输的州际商业委员会首任主席。贝奈特书中考证出《美国铁路汇考》的底本，称"*The American Railways* by T. C. Clarke et al."，但未指出《美国铁路纪要》为同一底本，《傅兰雅档案》沿用，但称作者为克莱克，《江南制造局翻译馆图志》指出两者同底本，但径称作者柯里为 T. C. Clarke，且称《美国铁路纪要》亦为傅兰雅口译、潘松笔述，则误。

《绘地法原》1 卷，未署著者名，美国金楷理口译，怀远王德均笔述，光绪元年（1875）刊。此书主要论述朔望交食、测定经纬、绘图诸法等。《译书事略》英文版、1884 年参展目录、傅兰雅 1896 年格致书室售书目录、贝奈特等均称底本信息为“*Mathematical Geography* by Hughes”，戴吉礼《傅兰雅档案》称 Hughes, *Principles of Mathematical Geography*。经查，底本或为 William Hughes 所著 *A Manual of Mathematical Geography*，由于只获见 1852 年第 2 版，与中译本比较，内容、图例均能对应，可知此书确系底本来源，但版本未定。William Hughes（1818—1876）是英国地质学家，曾任国王和女王学院地质学教授。

《炼金新语》不分卷，共 10 章，附图 83，英国矿师奥斯吞（William Chandler Roberts-Austen, 1843—1902）著，慈溪舒高第、海盐郑昌棪同译。此书主要论述金类性质，以及各种冶炼方法。作者 Roberts-Austen，英国冶金学家，曾任职于皇家造币厂，为铸币权威，1875 年当选英国皇家学会会员，1882 年任英国皇家矿业学院冶金学教授，1899 年受封爵士爵位。奥氏体（Austenite）即以其姓氏命名。底本来源为 *An Introduction to the Study of Metallurgy*。所见 1894 年第 3 版，1898 年第 4 版，1902 年第 5 版，均为增订版，12 章，但各章内容略有增减。经过对比后发现，中译本内容来自为前 10 章。又根据中译本卷首书名之后有“一千八百九十一年”，可以推测当为 1891 年版。

《相地探金石法》4 卷，英国喝尔勃特喀格司（Samuel Herbert Cox, 1852—1910）著，乌程王汝骈译述，光绪癸卯年（1903）刊行。艾素珍在《清代地质学译著及其特点》一文中称作者为 Albert Ceges。经查，底本来源为 *Prospecting for Minerals*。中译本共 17 章，附图 41 幅，卷首有作者 1898 年序，书末附有王汝骈译于光绪壬寅年（1902）冬之“相地探金石法名目表”。所见有 1898 年初版、1906 年第 4 版修订版和 1908 年第 5 版修订版，均为伦敦 Charles Griffin & Company Limited 公司出版，均为 18 章。对比可知，中译本未翻译第 18 章。又根据第 4 版和第 5 版前所附序言可知，第 3 版出版于 1903 年，未见有第 2 版出版信息。因此此书底本可能为 1898 年首版，不能排除第 2 版的可能。

《矿学考质》上编 5 卷，美国奥斯彭（Henry Stafford Osborn, 1823—1894）纂，慈溪舒高第口译，海盐沈陶璋笔述（卷 2 后称海宁沈陶璋笔述），江浦陈洙勘润，上海曹永清绘图；下编 5 卷，美国奥斯彭纂，慈溪舒高第口译，江浦陈洙笔述，光绪丁未年（1907）刊。经对比可知，底本为 *A Practical Manual of Minerals, Mines, And Mining*（Philadelphia, London, 1895, 第 2 版），中译本译自其中第一部分，即 Part I, Economic Treatment and History of the Useful Minerals。

《制机理法》8 卷 21 章，附图 227，英国觉显禄斯（Joshua Rose, 约 1845—约 1910）著，英国傅兰雅口译，金匮华备钰笔述，光绪己亥年（1899）刊。贝奈特称底本为“*Mechanical Engineering Workshop Companion* by an unidentified British author”，此后戴吉礼、《江南制造局翻译馆图志》从之。戴吉礼在《傅兰雅档案》中还提及一条信息，称 Rose, *Machine-shop Practice*。经查，底本来源为 *The Complete Practical Machinist*。比较所见之 1876 年版 20 章附图 130 幅，1887 年第 15 版 21 章附图 356 幅、1895 年第 19 版 22 章附图 395 幅，其中 1887 年本应是 1885 年第 13 版重印本。经过对比发现，中译本文本内容基本对应，图例较 1876 年版多 112 幅，较 1887 年少 112 幅，较 1895 年版少 153 幅。因未见更多版本，因而具体底本版次待考。

虽然作者试图一一考证出所缺失的底本来源信息，但由于各数据库收录版本不全，仍尚有30余种译著的底本信息有待考证，即便是已有考证结果，也难免有不甚确切或错误之处，敬请方家指正。又，文章仅仅列出底本考证的结果，具体的对照分析与研究，将另文发表。

参考文献

[1] Fryer J. *An Account of the Department for the Translation of Foreign Books at the Kiangnan Arsenal, Shanghai* [M]. Shanghai: American Presbyterian Mission Press, 1880.

[2] The Inspector General of Customs. *Illustrated Catalogue of the Chinese Collection of Exhibits for the International Health Exhibition* [M]. London, 1884.

[3] Fryer J. *Catalogue of the Chinese Scientific Book Depôt* [M], Shanghai: The Presbyterian Mission Press, 1894.

[4] 戴吉礼, 周欣平, 赵亚静, 等, 弘侠中文提示.傅兰雅档案（第二卷）[G]. 桂林：广西师范大学出版社, 2010: 328-331.

[5] Fryer J. Chinese-Language Books, Charts and Maps for Sale at the Chinese Scientific Book Depôt in 1896//Adrian Arthur Bennett. John Fryer.1967: 112-135.

[6] Bennett A. A. *John Fryer. The Introduction of Western Science and Technology into Nineteenth Century China* [M]. Cambridge, Mass.: Harvard university Press, 1967.

[7] 潘吉星. 明清时期（1640—1910）化学译作书目考[J]. 中国科技史料, 1984, 5(1): 23-38.

[8] 王冰. 明清时期（1610—1910）物理学译著书目考[J]. 中国科技史料,1986, 7(5): 3-20.

[9] 熊月之. 西学东渐与晚清社会[M]. 上海：上海人民出版社, 1994.

[10] 王扬宗. 江南制造局翻译书目新考[J]. 中国科技史料, 1995, 16(2): 3-18.

[11] 艾素珍. 清代出版的地质学译著及特点[J]. 中国科技史料, 1998, 19(1): 11-25.

[12] 戴吉礼, 周欣平, 赵亚静, 等, 弘侠中文提示. 傅兰雅档案（第二卷）[G]. 桂林：广西师范大学出版社, 2010: 639-652.

[13] 上海图书馆. 江南制造局翻译馆图志[M]. 上海：上海科技文献出版社, 2011.

[14] 韩琦. 传教士伟烈亚力在华的科学活动[J]. 自然辨证法通讯, 1998, 20(2): 57-70.

[15] 樊静, 冯立昇. 晚清天文学译著《谈天》版本考[J]. 内蒙古师范大学学报（自然科学汉文版）, 2007, 36(6): 694-700.

[16] 王扬宗. 赫胥黎《科学导论》的两个中译本——兼谈清末科学译著的准确性[J]. 中国科技史料, 2000, 21(3): 207-221.

[17] 咏梅. 饭盛挺造《物理学》的日文底本及其与中译本的比较[J]. 内蒙古师范大学学报（自然科学汉文版）, 2005, 34(3): 335-340.

[18] 王幼军.《决疑数学》——一部拉普拉斯概率论风格的著作[J]. 自然科学史研究, 2006, 25(2): 159-169.

[19] 郭世荣. 西方传入我国的第一部概率论专著《决疑数学》[J]. 中国科技史料, 1989, 10(2): 90-96.

[20] 孙磊. 江南制造局蒸汽机译著研究[D]. 北京：中国科学技术大学, 2011: 22-23.

[21] 齐赫男.《意大利蚕书》研究[D]. 北京：中国科学技术大学, 2011: 19-25.

[22] 吕道恩. 晚清测绘学译著《测地绘图》的研究[D]. 北京：中国科学技术大学, 2011: 10-25.

[23] 艾俊川.《保富述要》：第一部汉译货币银行学著作[N]. 金融时报, 2011-12-09, 第11版.

[24] 柴巍.《鱼雷图说》研究[D]. 北京：清华大学, 2013: 31-33.

[25] 黄麟凯, 聂馥玲.《化学鉴原》增补内容来源考[J]. 自然科学史研究, 2014, 33(2): 158-172.

[26] 魏甜子. 技术与奇谈：晚清西方航海学知识的译介[D]. 北京：中国科学院自然科学史研究所, 2014: 33-38.

[27] 刘秋华.《算式集要》底本考[J]. 中国科技史杂志, 2015, 36(1): 28-32.

[28] 胡晓进. 清末民初美国宪法在中国的翻译与传播[J]. 华东政法大学学报, 2015(3): 95-103.

原载《自然科学史研究》2016年第9期，有删减

万历刻本《药师坛科仪》的版刻与价值
——兼论明代经厂之设立与职能

付　佳　冯立昇

摘　要：清华大学图书馆藏《药师坛科仪》一部，为明万历二十七年司礼监经厂初刻本，全国孤本。此书版式疏朗，刻印精工，具有典型的经厂本风格。全部经文皆为汉藏双语对照，从左至右横排书写，是目前可见最早的横排汉文书籍之一。此书内容为藏传佛教药师佛仪轨，主持刊行者为番经厂掌坛太监，卷首有序记录了译经、刊刻缘由和经过。由序文引申出目前尚有争议的明代内府经厂之建立和职能的问题，经过辨析可知，明代内府专门的刻书机构司礼监经厂成立于永乐皇帝迁都之后，而北京皇宫中的番经厂、汉经厂、道经厂为宗教活动场所，不负责刻书，与司礼监经厂职能不同。

我校图书馆古籍库中，有数种珍稀明刊佛经，如宣德九年（1434）聚宝门来宾楼姜家所刊《佛说大乘菩萨正法经》，万历二十七年（1599）内府经厂所刻《药师坛科仪》《百拜忏》等，据目前调查来看，皆为孤本。其中以《药师坛科仪》最具价值，不仅刻印精良，在排印方式上也颇有特色，于古籍版本研究有典型意义，卷首之序文对于分析目前尚有争议的明代内府刻书机构经厂之设立、职能亦可提供参考。

一

《药师科坛仪》为藏传佛教药师佛仪轨典籍，由明万历年间番经厂掌坛太监郑利主持翻译、刊刻，我校所藏为万历二十七年内府司礼监经厂初刻本。此书采用经折装，仅一册，共二十五页，后半部分有阙失。卷首开端有扉画三页，次有郑利所作《御制药师坛科仪序》，经文部分为汉藏双文书写，文段末尾间插有八宝吉祥图案。明代内府刻书一向以选材上乘、雕刻精工、印刷精良闻名，而佛教典籍是司礼监经厂刻书的重点，是皇室或内宫之人为宗教信仰或政治交往所刻，投入人力物力最多，故明代内府所刊佛经之刻印质量尤高，备受赞赏，如周绍良《明永乐年间内府刊本佛教经籍》一文中就对明内府所刻佛经之刻印工艺称赏有嘉[1]。此部《药师坛科仪》，版式宽大、行格疏朗、字大如钱，字迹工整、清晰，有典型的“经厂本”风格。此书版式上最为突出的特点在于汉藏双文横向排印，而扉页插图、装帧方式也值得一提。

此部《药师坛科仪》经文部分由香文、灯文、水文、药师佛十二大愿和讃诗组成，每部分都为双语逐段对应，汉文在前，藏文在后（见图1）。两种以上文字并行的刊本，以清代满汉、满蒙汉文合刊本较为常见，清代以前为数不多。虽然自元代开始，即有汉梵或汉藏双语刻印的佛经，但传本稀少，今人论著中常以国家图书馆藏明永乐九年（1411）所刻《圣妙吉祥真实名经》为汉藏对照刻本的范例[2-3]，但实际上此部佛经仅有前后御制序文为汉藏双语所刻，经文部分仅为藏语，且汉文、藏文内容独立成篇，与此部《药师坛科仪》同一页中双语并行的样式也不同。两种差异极大的字体并行，雕刻工序更为复杂，需要更为高超的刻板、印刷技艺，也反映出更高的书籍刻印水平。而此部《药师坛科仪》的排版方式也很值得关注。此书除序言外，汉藏双文对照部分的汉字全是从左至右横排书写，与今天通行的横排本完全相同。汉文书籍排版由竖排变为横排，是中国书籍出版印刷史上的一次重大变革。一般认为，最早出现的横排汉文书籍是晚清时期的中英文字典，如1815—1823年澳门东印度公司印刷所出版的英人马礼逊编写的《华英字典》及1902年商务印书馆出版的严复编《英文汉诂》等，这是在英文的书写方式影响下而作的调整。但事实上，梵文、藏文都是从左到右横排书写，早在汉魏时期梵文佛经传入中国时，其书写方式已为人所关注，如梁沈约曾指出“叶书横字，华梵不同”[4]。此部《药师坛科仪》，自是受了藏文书写方式的影响，为了便于双语对照的排版，汉语部分皆采用了从左至右横向书写。不仅是同一页中与藏语逐句对照的讃诗如此，就连单页中只有成段的汉字也都采用横排书写的方式，这比早期的英汉字典中多为横排的单字、词语还更进一步。故而，由梵文、藏文翻译而来的佛经受梵、藏书写方式的影响，成为横排汉文书籍之源头，较之晚清时期受英文影响而出现的横排双语字典，要早很多。研究汉文书籍的排版方式的演变，不应忽视佛经，尤其是梵汉、藏汉双语刊行的佛经应是重点考察对象。除了此部《药师坛科仪》，本馆新发现的另一部《百拜忏经》，同为明代司礼监经厂刊刻，汉藏双语横排本，都可以作为早期横排汉文书籍的范例。

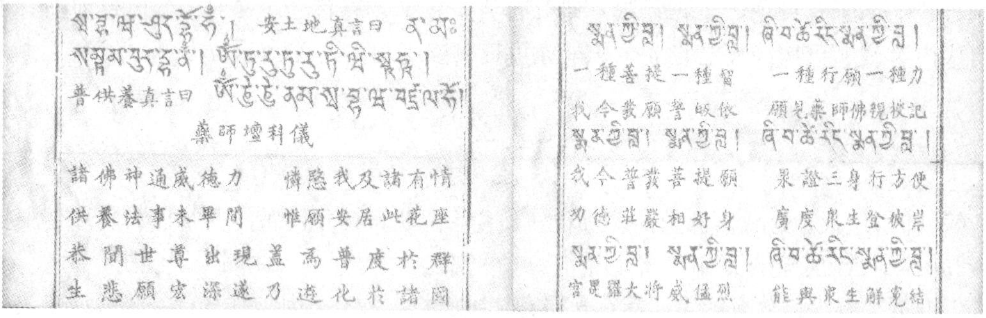
安土地真言曰
普供養真言曰
藥師壇科儀
諸佛神通威德力 憐愍我及諸有情
供養法事未畢間 惟願安居此花座
恭聞世尊出現蓋為普度於群生悲願宏深遂乃遊化於諸國
一種菩提一種智 一種行願一種力
我今發願誓皈依 願呈藥師佛親授記
我今普發菩提願 果證三身行方便
功德莊嚴相好身 廣度衆生登彼岸
宫毘羅大將威猛烈 能與衆生解冤結

图1 《药师坛科仪》

宗教版画在版画史上占有重要地位，明代内府所刻佛经版画又属版画中的上乘之作，也值得关注。此部《药师坛科仪》卷首有三页扉画，内容为密宗药师坛城中诸神佛形象，上端中央为药师佛，两旁为日侍尊者、月侍尊者，下方四周为十二药叉、四大天王，四大天王中央还有牌记题写“今圣上万岁万万岁”，突出了此书的御制性质和供奉者身份。此版画雕刻细致、线条清晰，前两页药师佛和十二药叉的形象连为一体，为双页合幅，前后衔接融洽，体现出较高的艺术性和雕刻技艺。唯线条略显生硬，较之永乐时期内府所刊《圣妙真实吉祥名经》《大悲观自在菩萨总持经咒》中圆润流畅的精美版画，稍逊一筹。而此书虽译自藏密经卷，但图画并不具有密教色彩，佛像构图都与中原神佛形象接近。

此部《药师坛科仪》的装帧形式为经折装。因是从左至右横向排版，不同于一般经折装为左右翻页，而是上下翻页，与书画装裱中的推篷装相同。过去有的古籍版本论著中曾将经折装等同于梵夹装，而实际上这是两种不同的书籍装帧形式，这在李更旺《古书史中梵夹装并非经折装考辨》[5]、李致忠《中国书史研究中的一些问题——古书经折装、梵夹装、旋风装考辨》[6]等文章中已辨析清楚。但相关著述在叙及藏文佛经时，至今仍有误题梵夹装者[7]。实际上，本馆所藏《药师坛科仪》《百拜忏经》，以及笔者所见其他明刊藏文佛经包括两部官刻梵文大藏经，都为经折装，明代于内地所刊的藏文佛经，与西藏地区抄写、刊印佛经多用梵夹装不同。

就内容上看，《药师坛科仪》是一部供奉药师法坛的仪轨之书。所谓仪轨，即指仪式轨则，此书主要内容即为药师坛仪式中所念经咒，包括香文、灯文、水文、十二大愿和讃诗。明代宫廷中人，上至帝王后妃，下至宫女太监，普遍信奉藏传佛教，永乐至万历年间曾先后两次刊印藏文大藏经，宫中置有佛堂僧侣，每逢节日庆典，常常设坛作法事。药师佛在藏传佛教中有重要地位，随着藏传佛教在内地传播，元明时期有多种藏文药师经轨被翻译成汉文。明代宫廷供奉药师佛之风极盛，《药师坛科仪》在万历二十七年翻译刊行之后，曾一度流行，应有多次重刻，今尚存两种明末重刻本。其一为崇祯九年（1636）刻本，卷末莲花座牌记题："乾清宫近侍御马监太监朱敬宗诚造《药师坛科仪》六部，施舍流通，集斯功德，专为保佑自身康泰、福寿延长、凡向时中、吉祥如意。崇祯九年岁次丙子孟秋吉日造。"从此本的行款格式来看，仍为"经厂本"，与前述万历刻本不同的是，前者是为皇帝后妃祈福，由御赐刊行，而此版是由太监私人出资为自身祈福刊行。另一刻本为亦有牌记题曰"东四牌楼灵床胡同沈家印行"。这里的沈家，应是皇城周边的私家书坊，嘉靖十五年（1536）所刻的一部《佛说高王观世音经》也有同样的牌记，说明《药师坛科仪》还从宫廷流传至民间。传抄、刊印佛经本身就是信仰供奉的一种形式，《药师坛科仪》既于设坛做法有实用性，且篇幅较短，便于传刻，是容易受到供奉者尤其是地位较低的供奉者欢迎的。这两部重刻本并无藏文，格式上也采用传统的汉文竖排形式。内容上较万历刻本也有所增改，在经文中间增加了仪式步骤说明的小字，如"首者起身，鸣乐，旋绕执幡，乐止举云""鸣乐一段，立定，起第二愿"等，突出了此书仪式指导的实用性。两种重刻本版幅较小，刻印也显得有些粗糙，质量上自是不及万历刻本，但此两部皆为完本，首尾都有数幅版画，图画内容与万历刻本不同。此两种重刻本亦仅各存一部，藏于国家图书馆，均钤有"长乐郑氏藏书之印"，为郑振铎西谛旧藏。郑振铎是研究版画的行家，注重收藏刻有版画的古籍，此二书或许正是因为刻有较为精美的版画而入西谛之选。

二

万历所刊《药师坛科仪》卷首有序，叙述此书刊刻过程和缘由：

盖闻佛生西域，法演东流，番汉二音，梵语明显，其番者秘密深妙，奥理难明。是以弟子系内府西番经厂钦依掌坛，既秉密教，叨受皇恩，思无寸効之诚，未进纤毫之报，昼思夜忖，欲报无由。惟《药师坛科仪》，唱解行筹，消愆雪咎，乃佛慈方便之门，实消灾之径路也。虽古流传，未注汉解，特起诚念，诠入药师十二大愿，忏悔斋主，往业今消，愿愿放生，咸蒙蠲释。每载讚诗，汉音明注，弘显道场，阐扬法事。欲刊流行，以示明显。恭奏当今圣主，鉴斯善念，钦赐净资，命工刊板，印施流传。愿祝圣皇之万寿，诚祈洪福以无疆，皇妃天眷寿永无穷，玉叶金枝咸英茂盛，边陲静谧，海宇晏安，雨顺风调，吉祥如意，永远相传，规模不朽矣。发心弟子御马监太监郑利。大明万历己亥年冬月吉日造。

序中记载此书由番经厂掌坛太监郑利主持翻译、刊刻。今存明刊藏文佛经中，还有一部《药师佛八如来坛场经》，也是郑利主持刊刻，卷首亦有类似序言云：

今西番经厂掌坛弟子郑利受今上圣主隆恩，思无补报，募请钦赐银两，命工重刊，上为报洪恩，下为保黎庶，弟子郑利虔恳西僧锁南陆竹详译经旨，深奥无穷，意难尽彻，略表其尤，命是为序，永远流传，以彰圣善云耳。大明万历丁未岁孟春吉日刊。

两篇序文中皆言及番经厂和刻书，牵涉了古籍出版史上一个具有争议的问题，即明代内府刻书机构经厂的具体设置，所谓汉经厂、番经厂、道经厂的职能为何。经厂本作为明代官刻本的代表，为人熟知，但学界至今对经厂这一刻书机构的认识仍不甚清晰，也有歧见。一般认为，明代内府刻书之所为司礼监经厂，下设汉经厂、番经厂、道经厂，分别刊印不同种类的书籍。如张舜徽《中国文献学》："司礼监设有汉经厂、番经厂、道经厂。汉经厂专刻经、史、子、集四部之书，番经厂和道经厂则分刻释、道二家之书。"[8]之后戴南海《版本学概论》、毛春翔《古籍版本常谈》、程千帆《校雠广义·版本编》等多同此说。对此翁连溪曾作出反驳，他根据明人刘若愚《酌中志》中关于汉经厂、番经厂、道经厂的记载，提出"三经厂是为释道僧侣诵经、梵唱之所……绝非刊刻书籍的地方"。[9]本文就此争议，在介绍《药师坛科仪》的基础上，再对明代内府刻书机构经厂的建立和职能作一些考辨。

从时序上看，洪武、建文时期宫廷内府已设刻书机构刊印书籍，但并不设在司礼监。据《明太祖实录》，内府机构司礼监成立于洪武十七年（1384），起初并不负责刊刻图书。《太宗实录》中载永乐七年（1409），皇帝命司礼监刊印《圣学心法》，是有关司礼监刻书最早的记录。至于经厂，文献中最早有确切年代的是关于"番经厂"的记载，康熙《清凉山新志》："辛卯春，上遣中官侯显及大智法王，如西土求经，得梵筴归，敕寿梓于番经厂。先印一藏，送五台山菩萨顶供养。"（按：书中原文"辛卯"误作"辛巳"）[10]可知永乐九年（1411）年已有番经厂。大学士张居正曾作《番经厂记》，言及明代番经厂之建立变迁：

番经来自乌思藏，即今喇嘛教，达摩目为旁支曲窦者也。成祖文皇帝贻书西天大宝法王延致法尊尚师等，取其经缮写以传。虽贝文梵字不与华同，而其义在戒贪恶杀，宏忍广济，则所谓海潮一音，醍醐同味者也。厂在禁内偏东，与汉经厂并列，岁久亦渐圮矣。穆宗庄皇帝尝出帑金，命司礼监修葺。今上登大宝，复以慈圣皇太后之命，命终其事。经始隆庆壬申，至八月而告成事，垂诸久远焉。万历元年四月八日，建极殿大学士张居正撰。[11]

从两种叙述中可见，明代早期设立番经厂应跟明成祖敕命刊刻藏文《大藏经》有直接关系，当时的番经厂确实具有刻印佛典之职能。不过，张居正虽然在万历时期皇宫内重修番经厂的记文中追溯自永乐皇帝刊刻番经，但万历时期北京皇宫内的番经厂跟永乐时期刊刻藏文大藏经的番经厂应并非一处，因为明成祖敕命刊刻藏文《大藏经》之时，都城尚在南京，过了近十年北京皇宫才修建完成。明成祖命人自西藏取回《大藏经》并敕命刊刻，整个刊印过程均在南京完成，所以当时的番经厂，也应该在南京，但具体何处，现无法查考。

隶属于司礼监的专门刻书机构——经厂的成立时间要更晚一些。据晚明宫人刘若愚所作《酌中志》云："棂星门迤西，曰西酒房，曰花房，曰大藏经厂，即司礼监经厂也。"[12]可见经厂即大藏经厂的简称，则司礼监经厂原也为刊刻《大藏经》而设立，确切地说是为雕刻永乐北藏而设。虽然之前朱元璋和朱棣都曾敕命在南京刊刻过汉文《大藏经》，但洪武南藏刻于南京蒋山寺，永乐南藏刻于南京大报恩寺，未在皇宫之中专设经厂。明孙国敉《燕都游览志》曾引司礼监大藏经厂碑记之内容，云：

> 按碑记，皇城内西隅有大藏经厂，隶司礼监，写印上用书籍及造勅龙笺处。内有廨宇、库藏、作房及管库、监工等处官员所居。藏库则堆贮历代经史文籍、三教番汉经典，及国朝御制书诗赋文翰印版石刻于内。作房乃匠作印刷成造之所，其印板久用模糊，则入池洗复用。建自正统甲子，历至嘉靖戊午，世宗皇帝造元都宫殿，将本厂大门拆占，廨宇等项虽存，而官匠出入狭隘不便。隆庆改元，元都拆毁，其后内监展拓，旧基重加修饰，始于万历三年二月，落成于五月。[11]

此段文字是古籍中有关司礼监大藏经厂设置和沿革最详细的材料，不仅记录了各处设施、用途、分工，还明确记载了大藏经厂建成于正统九年（1444）。不过，永乐北藏开雕于永乐十九年（1421），完成于正统五年（1439），由司礼监负责刊刻。故碑记中所谓经厂建自正统九年，可能是指独立的经厂建筑落成时间，而实际上经厂的成立要更早，在永乐北藏开凿之时即设。经厂设立之后，就专门负责书籍刻印，也并不只刻印佛经，还刊刻皇帝御制诰典，御定编纂书籍如四书、五经、性理大全，以及供内宫人员阅读使用的书籍等，种类、数量众多。后来往往将所有明代内府刻书包括永乐之前的内府本统称"经厂本"，实则并不完全准确。

又据《酌中志》载，明代北京皇宫内府共设二十四衙门，包括十二监、四司、八局。司礼监居十二监之首，其中经厂设掌司四至六员，"只管一应经书印板及印成书籍，佛藏、番藏、道藏，皆佐理之"。[12]而在二十四衙门之外，还有若干机构，其中就有汉经厂、番经厂、道经厂，并叙此三厂之职能：

> 皇城内设汉经厂，内臣若干员。每遇收选官人，则拨数十名习念释氏经忏，其持戒与否，则听人自便。如遇万寿圣节、正旦、中元等节，于宫中启建道场，遣内大臣观礼，扬旛挂榜如外之应付僧一般……番经厂习念西方经咒，宫中英华殿所供西番佛像，皆陈设近侍司其香火……道经厂演习玄教诸品经忏。凡建醮做好事，亦于隆德、钦安等殿张挂幡榜，穿羽流服色……每厂掌印太监一员，贴厂、司房各数十员，于各衙门带衔。[12]

可知，明代北京皇宫中之汉经厂、番经厂、道经厂都具有准寺院、道观性质，负责从事念经、开坛、做法事等宗教活动。此三厂与司礼监经厂相较，职能不同，是不同的机构，也不归司礼监管辖，并无专门的人员配置，其人员仍隶属于内宫其他监、司，汉、番经厂掌印太监多由御马监太监担任。所在地点也不相同，司礼监经厂在皇宫西隅，棂星门迤西，而汉经厂、番经厂皆在皇城东部，御马监北边。故而，若因汉经厂、番经厂、道经厂有“经厂”之名，而认为其为司礼监下属的不同刻书机构，是不正确的。陈楠《法渊寺与明代番经厂杂考》一文认为，张居正《番经厂记》中所载隆庆年间重修番经厂，与顺义王俺答汗请求赐番经有关，指出此时番经厂仍有刻书功能[13]，也有失当。据《神宗实录》载：“（万历元年四月）顺义王俺答奏，选得金字番经并剌麻僧为传送经典。礼部题行顺天府造金字经三部，旧金字经四部，黑字经五部，选得番僧，翌日早回，毋淹迟生衅。报可。”[14]明确记录了赐予俺答汗的经书为顺天府所造，而不是出自内府。万历年间还曾雕刻一部藏文《大藏经》，也是由司礼监经厂所刊，《酌中志·内府经书纪略》皆有记录。

汉经厂、番经厂、道经厂虽不是刻书机构，但从前引《药师坛科仪》《药师佛八如来坛场经》的序言来看，刻印经书是信仰供奉的重要方式，宗教活动中也需要各种经书，故而像郑利这样的番经厂掌坛应常参与刻经活动。许多内官都有一定的文化水平，番经厂人员还需要学习梵语、藏语等，如西天高僧桑渴巴剌就曾奉敕于番经厂教授内臣梵语、番经及坛场等，内官们还能一定程度参与藏文佛经的翻译和传播。因此，汉、番、道三经厂的设置对明代内府刻书也有一定的推动作用。

参考文献

[1] 周绍良. 明永乐年间内府刊本佛教经籍[J]. 文物, 1985(4): 39-41.
[2] 缪咏禾. 中国出版通史[M]. 北京：中国书籍出版社, 2008: 397.
[3] 史金波, 黄润华. 中国历代民族古文字文献探幽[M]. 北京：中华书局, 2008: 222.
[4] 沈约. 均圣论. 沈约集校笺[M]. 浙江：浙江古籍出版社, 1995: 147.
[5] 李更旺. 古书史中梵夹装并非经折装考辨[J]. 文物, 1986(6): 57-60.
[6] 李致忠. 中国书史研究中的一些问题——古书经折装、梵夹装、旋风装考辨[J]. 文献, 1986(2): 218-240.
[7] 罗树宝. 中国古代图书印刷史[M]. 长沙：岳麓书舍, 2008: 194.
[8] 张舜徽. 中国文献学[M]. 上海：上海古籍出版社, 2009: 53.
[9] 翁连溪.明代司礼监刻书处——经厂[J]. 紫禁城, 1992(3)：22.
[10] 老藏丹巴. 清凉山新志[M]. 北京：宗教文化出版社, 2016: 62.
[11] 于敏中. 日下旧闻考[M]. 北京：北京古籍出版社, 1985: 617, 645.
[12] 刘若愚. 酌中志[M]. 北京：北京古籍出版社, 1994: 94, 116-121, 141.
[13] 陈楠. 法渊寺与明代番经厂杂考[J]. 中国藏学, 2006(2): 141-142.
[14] 神宗实录[M]. 明实录：第 51 册. 台湾“中央”研究院历史语言所校印, 1962: 392.

原载《第九届中国印刷史学术研讨会论文集》，文化发展出版社，2017 年

编　后　记

2022年清华大学图书馆迎来了110年华诞，馆庆期间举办了系列活动，其中一项是馆庆纪念文集的编纂。自建馆以来，清华图书馆人在服务中开展研究，又通过研究促进服务水平的提高，在建设研究型世界一流大学图书馆的过程中不断探索和创新，发表了大量研究成果。2002年九十周年馆庆时图书馆编辑出版了《继承　创新　发展：清华大学图书馆建馆90周年纪念文集》，2012年百年馆庆时编辑出版了《探索　改革　奋进：纪念清华大学图书馆百年华诞论文集》，馆庆文集由时任图书馆学术委员会委员们共同编选，汇集和展示了馆员们在图书馆工作中实践与研究的成果，出版后得到了业界的关注和肯定。馆庆秩年时由学术委员会编辑出版纪念文集的做法，遂成为本馆的一项传统。

我们首先确定了论文的入选原则，选取2011—2021年发表于核心期刊或国内外重要学术会议的论文，第一作者均为本馆馆员，所选论文具有一定代表性，每位作者原则上只入选一篇。然后经过细致梳理，初步选定论文。再与论文作者反复沟通，逐一确认，并加上内容摘要，按规范统一格式。除甄选有较大影响的已发表论文外，我们还向图书馆领导及各部门、分馆负责人约稿，对其主管领域的工作以综述或研究报告形式撰写专文，回顾近十年的业务发展，展望未来前景，从实践探索到理论研究，从发展规划到创新举措，尽可能全面地展现我馆在各方面所取得的成就。这些研究报告或集中于文集第一单元“图书馆建设与发展”，或作为以下各单元的首篇，方便读者对相关工作和研究有总体了解。

文集共收录了清华大学图书馆工作人员近十年来发表的优秀论文和研究报告66篇，分为图书馆建设与发展、资源建设与信息组织、读者服务与阅读推广、信息服务与信息素养教育、新信息技术应用、特色馆藏建设与图书馆史、科技史与古文献研究七个单元，力求全面地反映本馆近十年来的学术研究面貌。文集以一百一十年馆庆活动的总名称“书香守正 笃行创新”为书名，由图书馆图强基金支持出版经费。限于篇幅，万字以上长文未能收录其中。

在出版之际，衷心感谢清华大学图书馆金兼斌馆长亲自撰写序言，蒋耘中书记亲自执笔总结图书馆党建工作，感谢书中所有著者和同事们给予我们的信任和支持，感谢清华大学出版社张维嘉编辑的专业精神。编者水平有限，书中如有错漏，伏望方家同行，不吝赐教。

刘　蔷

2024年9月21日